ベトナム：
勝利の裏側

Huy Đức
フイ・ドゥック

中野亜里=訳
Nakano Ari

めこん

Bên Thắng Cuộc

序言

　過去を誠実に理解しないまま、未来に着実に歩を進めることはできない。私たちがその過去に関与し、責任を負っていればなおさらである。

　私はこの本を、1975年4月30日の出来事の描写から始めている。その日、13歳の少年だった私は、丘の麓で、午後の授業までの一時(ひととき)を、友達と相撲をとって過ごしていた。その時、スピーカーから「サイゴンが解放された」というニュースが流れた。私たちは勝負をやめて解散した。

　私たちが受けた教育によれば、南部では20年にわたる辛く惨めな日々に終止符が打たれたはずだった。歴史の新たな時代を迎えて、私は社会主義教育が詰め込まれた頭の中で考えた。「道に迷った若者たちを教育してやるために、早く南部に行かなければ」と。

　だが、困窮した故郷の村を離れるチャンスが訪れるよりも先に、南部のイメージは私にも伝わってきた。国道1号線に、飛龍(フィーロン)［南ベトナムの運輸会社］のマークが入った長距離バスが姿を現すようになり、貧困に喘ぐ村々の脇に、時おり賑やかな人だかりができるようになったのだ。髪を肩まで伸ばし、ベルボトムのズボンを履いた若者が、バスから跳び降りて旅客の乗降を手伝っていた。彼がドアに飛びつくや否や、バスはクラクションを鳴らし、アクセルを入れて勢いよく発進するのだった。数十年たった今でも、私はバスの両側面に書かれていた「快速」という垢抜けた派手な字体を覚えている。その時まで、私たちの目に入る大きなベトナム文字と言えば、横断幕に印刷された「社会主義建設」と「打倒アメリカ」を呼びかける勇ましいスローガンだけだったのだ。

　当初、フィーロンのバスが運んできたのは、ごく簡素な品物だった。ぴかぴかの自転車がバスの屋根に積まれていることもあった。南北分断の際に北部に集結し、統一後に再び南部を訪問してきた人の指には、一対の金の指輪が光っていた。幸運にも無事復員した兵士の背嚢には、プラスチック製の人形──寝かせると目を閉じ、オギャーと泣くすぐれもの──が括りつけられていた。

南部みやげとして北ベトナムの兵士に人気があった人形(小高泰氏提供)

私たち子供は、兵士たちが背嚢の底に隠して持ってきたマイ・タオ[作家、1954年に北部から南部に移住、1977年に国外に脱出した]やズエン・アイン[作家・ジャーナリスト、1954年に北部から南部に移住、南北統一後は作品が発禁処分となった]の本を読んだ。そして、『森に降り積もる雪』[1]や『鋼鉄はいかに鍛えられたか』[2]よりも身近な文学の世界を知った。近所に住んでいた北部集結組の人は、南部を訪問してAKAIのラジオカセットを持ち帰った。それのおかげで私たちは、故郷を離れて前線にいる兵士が、母や子を思い出している様子を知った。彼らが歌の文句のように、「チュオンソンの山でホー伯父さん[ホー・チ・ミン]を思う」だけではなかったことをだ。私たちは、教科書に書かれた南部とは別の、もう1つの南部があることを知ったのである。

　北部にいた時、私は「全国が迅速に、力強く、着実に社会主義に進む」時代に、故郷の青年たちが堤防を造り、運河を掘るのを見た。また、南部で戦争に勝った人々が「世界が変わり、やがて新しい国土ができる」ことを渇望するさまを目にした。そして、青年たちが掘った運河が、社会主義の役に立たないばかりか、雨季が来るたびに私の村に洪水をひき起こすのを目の当たりにした。

　1983年、私は軍の専門家としてカンボジアに派遣される前に、サイゴンで1年間訓練を受けた。その間、士官学校の同期生だったチャン・ゴック・フォン[3]の2人の妹たちが、毎週私に4、5冊の本を持ってきてくれた。私は映画館や音楽学校、歌劇場というものを知るようになった。「解放」8年目のサイゴン

1　中国の革命小説。
2　ソ連の革命小説。
3　映画監督。

はどん底状態だったが、それでも私にとっては文明世界だった。その頃、街のどこへ行っても、辻ごとにシクロの運転手が、くたびれた姿で客を待ちながら黙々と読書に励んでいた。彼らは思想改造収容所から釈放されてきた人々だった。私は、親しくなったシクロの運転手たちの話を通して、サイゴンの実情を理解するようになった。

　1997年の夏、『トゥオイチェー［若者］』紙の数人の記者たちが、様々な理由から職を辞した。ドアン・カック・スェン、ダン・タム・チャイン、ドー・チュン・クァン、グエン・トゥアン・カイン、フイン・タイン・ズィォウ、そして私フイ・ドゥックである。私たちは日常的に顔を合わせて、他の同業者たちと意見交換した。トゥイ・ガー、ミン・ヒエン、テー・タイン、ファン・スァン・ロアンといった記者たちである。テー・タインも、その頃、『フーヌー・タインフォー［街の女性］』紙の編集長の職から追われたばかりだった。『トゥオイチェー』の編集長だったキム・ハインも同様に、愛着を持つ報道の仕事を続けられなくなっていた。

　私たちは時事問題について、また世界やベトナムの出来事について、あれこれ語り合った。ある日、ドー・チュン・クァンの自宅に集まった時、そこにトゥアン・カイン記者も居合わせた。反共主義者とされていた歌手カイン・リーを賞賛する記事を書いたために、弾圧を受けた記者である。彼は私にこう言った。「この国で何が起こったか、改めて書くべきだよ。それは歴史なのだから」。誰もトゥアン・カインの言葉を気にとめなかったが、私は、彼が言ったことが頭にこびりついていた。そして、ある決意をもって、それまでよりも具体的な資料収集の作業を続けた。1975年以後のベトナムの悲劇に満ちた歴史を、1冊の本にまとめるためだ。

　ベトナム共和国［南ベトナム］政府側の人々の子弟も含め、多くの若者は、1975年4月30日のサイゴン「解放」後については、社会主義教育が作った歴史しか知らない。自分の両親に起こったことさえ正確に知らない人は多い。

　1980年代の前半まで、「プロジェクトII」[4]や「Z30」[5]など、数百万人の運命を変えた政策が、わずか数名の指導者によって決定されていた。一般庶民はもち

---

[4]　ベトナム在住華人に金と引き換えに非公式の出国を認めた政策（1978〜1979年）。
[5]　不当な手段で財を成した者を「改造」する措置（1983年）。

ろん、共産党政治局員でさえ知らなかった者は多い。学校や宣伝機関が提供する情報を通してしか、歴史にアプローチできないために、ベトナム人どうしの間で無用な衝突や争いが発生した。本書によって、一般庶民だけでなく、良識ある共産党員も、責任感をもって事実を受け入れるだろうと私は信じている。

　本書は1975年4月30日から始まっている。それは、北部が南部を解放したと多くの人々が信じた日だった。しかし、その後の30年以上を注意深く見直せば、多くの人は驚きを禁じ得ないだろう。解放されたのは北部の方だったのだ……と。経済学者や政治学者、社会学者には、歴史上の事象をより詳細に研究してもらいたい。本書は、「改造」「資本家打倒」「通貨切り換え」政策など、4月30日以後のサイゴン、そしてベトナム全体で起こったことを淡々と描写している。1970年代後半の2つの戦争、すなわちクメール・ルージュ［カンボジアの共産主義勢力］と中国との戦争や、1975年以後に国外に脱出した難民についても記している。また、農民や中小の商工業経営者、小商人たちが、自由な生活権を獲得するために立ち上がった事実にも言及している。

　本書のための資料は、私が20年以上かけて収集したものである。そして、2009年8月から2012年8月までのまる3年を執筆に費やした。下書きは、数人の友人と歴史学者に送ってチェックしてもらった。アメリカの著名なベトナム研究者5名も含まれている。そして、修正、加筆の後、2012年11月に完成原稿をベトナム国内のいくつかの出版社に送った。だが、原稿は突き返された。アメリカとフランスでは、名のあるベトナム語書籍の会社から、出版してもよいという申し出があった。しかし、私は本書について個人で責任を負い、また本書の客観性を守るため、自分で本を読者のもとに届けることにした。

　本書は、事実を追い求めた一ジャーナリストの作業の集大成である。私は、歴史の証人たちと出会い、情報を得る貴重なチャンスに恵まれたが、それでも本書にはまだ不備な点があるだろう。ハノイ政府が資料を公開したあかつきには、補足されるべき点もあるかも知れない。読者の助言を得て改訂を重ね、より完成されたものにすることを願っている。歴史上の事実はありのままに伝えられるべきであり、事実は私たちに決して避けて通れない道を示している。

2009～2012年　サイゴン～ボストン

ベトナム:勝利の裏側

目 次

序　言　1
主要用語・人物説明　10

第1部　南部

第1章
4月30日 ……………………………………………… 21
　　1. 湿原から　23
　　2. スァンロック陥落　26
　　3. 将軍「ビッグ・ミン」　29
　　4. キャンプ・デーヴィスの降伏受理　33
　　5. 退役准将グエン・ヒュー・ハイン　35
　　6. 包囲下のサイゴン　38
　　7. 第390号戦車　42
　　8. 降伏　46
　　9. 自決　50

第2章
社会主義改造 ……………………………………… 53
　　1. 最初の日々　55
　　2. 傀儡政権　60
　　3. 傀儡軍　62
　　4. 離散家族の再会　70
　　5. 「反動主義者」への弾圧　75
　　6. 収容所と改造　89
　　7. 面会と差し入れ　93
　　8. 改造学習　98

第3章
資本家階級の打倒 ……………………………… 105
　　1. X-2作戦　107
　　2. 通貨切り換え　109
　　3. 奸商　115
　　4. 私営商工業改造　124
　　5. 2つの資本家家族　129
　　6. 新経済区　134

第4章
「華人迫害」 ……………………………………… 139
　　1. 第五列　141

  2. ジュネーヴ協定　144
  3. 中国の思惑　146
  4. 西沙群島　152
  5. 「トロイの木馬」を恐れて　158
  6. 「華人迫害」　161
  7. プロジェクトII　169
  8. 第69委員会　172
  9. カットライ事件　178

第5章
戦争 …………………………………………………………………181

  1. 南西部国境　183
  2. ポル・ポト　187
  3. 綱渡りの国王シアヌーク　190
  4. クメール・ルージュと民主カンボジア　197
  5. 歴史的な敵　202
  6. 先制攻撃の失敗　206
  7. 一辺倒　210
  8. 再び軍服をまとい　220

第6章
国外脱出 ……………………………………………………………227

  1. 逃亡する人々　229
  2. 「愛国的知識人」から　233
  3. 「一般庶民」まで　241
  4. 海に出るまで　251
  5. 難民キャンプまでの道　257

第7章
「解放」 ………………………………………………………………267

  1. 変わるサイゴン　269
  2. 新経済区　274
  3. 焚書　279
  4. 断髪キャンペーン　283
  5. 革命とは混乱である　289
  6. 人心　294
  7. 生まれる場所を間違えた人々　297
  8. 青年突撃隊の「扉」　303
  9. 「反乱」　308
  10. 「皮膚病が再発したサイゴン」　316

第 2 部 レ・ズアンの時代

第 8 章
統一 ……………………………………………………………… 323

    1. ベトナムは 1 つ　325
    2. 「北化」政策　329
    3. 社会主義　334
    4. 「ホー伯父さんの道」　338
    5. みな 1 人で 2 人分働いている　346
    6. レ・ズアンと南部の愛　348
    7. 執政と専制　361

第 9 章
障壁突破 …………………………………………………………… 371

    1. 行き詰まり　373
    2. 国営商業　376
    3. 機械は打ち捨てられ、工員は土を耕す　382
    4. 飢えからの脱却　386
    5. 6 中総決議　391
    6. 物価手当て　393
    7. 障壁突破の旗印　395
    8. もぐりの請負い制　400
    9. キェットが障壁を破り、リンが標的になる　410
    10. 誰が誰に勝つか　414

第 10 章
ドイモイ …………………………………………………………… 417

    1. ダラット会議　419
    2. 新しい作業グループ　423
    3. 歴史の目撃者　429
    4. 新経済政策から　434
    5. バオカップの城壁突破まで　438
    6. 価格・賃金・通貨の改革　440
    7. 総司令部に銃弾を撃ち込む　450
    8. レ・ズアン時代の終わり　452
    9. ゴルバチョフが果たした役割　456
    10. ドイモイ宣言　461
    11. レ・ドゥック・トの掌　463
    12. 指導部の交代　470

第11章
カンボジア……473

1. ポル・ポト派は村の入口に、われわれは村の出口に　475
2. 革命の輸出　484
3. 大国思想　487
4. 孤立　493
5. 北方の脅威　495
6. 成都会議　501
7. 「ポスト・ベトナム」のカンボジア　504

補遺1.
戦車390号と843号の真実 …… 512

補遺2.
その後のビッグ・ミン …… 515

訳者あとがき　519

参考文献　522

| 地図 |

地図1　ベトナム全図　12-13
地図2　南部　14-15
地図3　サイゴン市街　16
地図4　ベトナム南部・カンボジア　17

[　　]は訳註。　　　　　　　地図5　中越国境　18

●主要用語・人物説明（初出に＊を記した）

ベトコン……「ベトナムの共産主義者」を意味する蔑称。
ベトミン……ベトナム独立同盟の略称。1941年にホー・チ・ミンの指導下で結成され、1945年8月に日本軍に対する一斉蜂起で権力を奪取した。
サイゴン－ザディン……現ホーチミン市とビンズオン、ロンアン、テイニン各省にまたがる旧行政区域。
テイグエン……現コンゥム、ザライ、ダックラック、ダックノン、ラムドン各省にまたがる中南部の高原地域。
ドンタップムオイ……現ロンアン、ティエンザン、ドンタップ各省にまたがるメコンデルタの湿地帯。
ヴェトバック……抗仏戦争期に抵抗勢力の主要拠点が置かれた北部山岳地域。現在はカオバン、バックカン、ランソン、ハザン、トゥエンクアン、タイグエン各省を含む北部一帯を指す。
チュオンソン……ベトナムとラオスの間を南北に走る山脈。ホーチミン・ルートが通り、それを目標とする爆撃で多くの犠牲者が出た。
コンソン島……南シナ海のコンダオ諸島の中の島。フランスによってコンダオ刑務所が置かれ、南ベトナム政権下で政治囚が収監された。
キャンプ・デーヴィス……南ベトナムのタンソンニュット空港の中にあり、南ベトナム政府と臨時革命政府の合同軍事委員会が置かれた。

ヴォー・ヴァン・キェト……No.6ザン。1922〜2008年。1976年よりホーチミン市（サイゴン）党委書記。1991〜1997年首相。
ヴォー・グエン・ザップ……1911〜2013年。1946年より人民軍総指揮官。1948〜1980年国防相。
ヴォー・チー・コン……南ベトナム解放戦線幹部会副議長。南北統一後は共産党政治局員、国家評議会議長、国防評議会議長を務める。
ヴァン・ティエン・ズン……1917〜2002年。1974年より北ベトナム人民軍大将。ホーチミン作戦司令官。1980〜1987年国防相。
グエン・ヴァン・ティォウ……1923〜2001。1965年南ベトナムのクーデター後、国家指導評議会議長に就任。1967〜1975年大統領。
グエン・ヴァン・リン……No.10クック。1915〜1998年。1961年より党南部中央局書記。1964年より同副書記。1975年よりホーチミン市党委書記。1986〜1991年党書記長。
グエン・カオ・キ……1930〜2011年。1965年の南ベトナムのクーデターで実権を掌握。1967〜1971年副大統領。1975年アメリカに亡命。
グエン・コ・ティック……1980〜1991年外相。ASEAN諸国やアメリカ側との交流に努める。
グエン・ズイ・チン……グエン・コ・ティックの前任の外相。1982年にヴォー・グエン・ザップらと共に党政治局員を解任される。
グエン・ティ・ビン……1927年生まれ。南ベトナム解放民族戦線代表としてパリ和平会議に参加。ベトナム共和国臨時革命政府外相。1992〜2002年国家副主席。
グエン・ティ・ミン・カイ……インドシナ共産党（後のベトナム労働党・共産党）の初期の女性指導者。1930年代に南部で革命運動を指導。
グエン・チー・タイン……人民軍大将、党政治局員。1964年より党南部中央局書記。
グエン・ドゥック・タム……党政治局員。1980〜1991年党中央組織委員会委員長。
グエン・ヒュー・ト……トン・ドゥック・タン死去後の北ベトナム大統領代行、国家評議会副議長などを歴任。ベトナム祖国戦線議長。
グエン・ヒュー・ハイン……1923年生まれ。南ベトナム軍最後の参謀総長補佐官。
ゴ・ディン・ジェム……1901〜1963年。1955年より南ベトナム大統領。1963年のクーデターで殺害される。
スァン・トゥイ……1963〜1965年北ベトナム外相。ベトナム戦争パリ和平会談の北ベトナム代表団長。
ズオン・ヴァン・ミン……1916〜2001年。1963年の南ベトナムのクーデターで実権を掌握。1964年より大統領。グエン・ヴァン・ティォウらのクーデターで失脚後、第三勢力として活動。
チャン・ヴァン・チャ……1919〜1996年。1968〜1972年南ベトナム解放軍副司令官。ホーチミン作戦副司令官。1975年よりサイゴンの軍政を担当。

主要用語・人物説明

チャン・クアン・コ……1986年より党中央委員候補。外務省北米局長、駐タイ大使を経て外務次官となる。
チャン・クォック・フオン……No.10フオン。1924生まれ。ホーチミン市党委副書記、ハノイ市委副書記を歴任。1976〜1982年、1986〜1991年党中央委員。
チャン・クォック・ホアン……1952〜1982年公安相。1982年にヴォー・グエン・ザップらと共に政治局員を解任される。
チャン・ゴック・リエン……1923〜2011年。抗米闘争を指導。1976〜1977年ベトナム祖国戦線中央委員。1977年より同市人民評議会議員、法制委員長。
チャン・スァン・バイック……1986年より党政治局員、書記局員。1989年の東欧の民主化運動を支持し、政治局、書記局、中央委員会から除名される。
チャン・ティエン・キエム……1925年生まれ。1969〜1975年首相兼国防相。
チュー・フイ・マン……ベトナム人民軍大将、人民軍政治総局長、党政治局員。
チュオン・チン……1907〜1988年。北ベトナムの土地改革時の党書記長。土地改革の誤りの責任をとって辞任。1986年レ・ズアンの死後、後任として再び党書記長に就任。
ド・ムオイ……1917年生まれ。1978年より南部の私営商工業改造委員長。1988〜1991年首相。1991〜1997年党書記長。
トー・ヒュー……詩人。1960年より党政治局員。文化相、副首相を歴任。1986年に副首相・政治局員を解任される。
トン・ドゥック・タン……北ベトナム内相、党中央委員、ベトナム祖国戦線中央委議長を歴任。
ファム・ヴァン・ドン……1906〜2000年。1955年から1987年まで北ベトナム・統一ベトナムで首相、外相を務める。1986年に党政治局員を引退。
ファム・フン……1912〜1988年。1967年より党南部中央局書記・南ベトナム解放軍政治委員。1971年より内相。1987〜1988年首相。
ファン・ヴァン・カイ……1972年から南ベトナムに派遣され、ホーチミン市人民委副委員長などを務める。1991年より党政治局員、1997〜2006年首相。
フィン・タン・ファット……1969〜1976年南ベトナム臨時革命政府首相。南北統一後は副首相、国家評議会副議長、ベトナム祖国戦線中央委員会幹部会議長を務める。
ホアン・ヴァン・ホアン……ヴェトバック解放区建設の指導者。レ・ズアン指導部の反中国路線を批判し、1976年に党中央委員・政治局員を解任され、1979年に中国に亡命。
ホアン・クォック・ヴェト……1925年より抗仏運動に参加。ベトナム労働総同盟主席、最高人民検察院長などを歴任。祖国戦線名誉議長。
ホアン・コー・ミン……1936〜1987年。南ベトナムからアメリカに亡命後、ベトナム解放統一国家戦線を設立し、祖国の再解放を試みるが、1987年のベトナム軍との戦闘で死亡。
ホアン・トゥン……党機関紙『ニャンザン』編集長、スタット出版社社長。党書記局員。1964〜1987年国会議員。
ホー・ゴック・ニュアン……1935年生まれ。南ベトナムの『ティンサン』紙政治記者。1975年以後はホーチミン市のベトナム祖国戦線委員会副委員長。
マイ・チー・ト……No.5スァン。1922〜2007年。1978〜1985年ホーチミン市人民委主席。1987〜1991年内務相。レ・ドゥック・トの末弟。
レ・ズアン……No.3ズアン。1907〜1986年。ホー・チ・ミンの後継者として1960年に党第1書記に就任。1976年より書記長。
レ・タイン・ギ……1960〜1980年副首相、外相兼国家計画委員長などを歴任。1982年にヴォー・グエン・ザップらと共に党政治局員を解任される。
レ・ドゥック・アイン……1920年生まれ。ホーチミン作戦の副司令官。カンボジア侵攻を指揮。1982〜1991年国防相。1992〜1997年国家主席。
レ・ドゥック・ト……1911〜1990年。1956年より労働党組織委員長。パリ和平会談の北ベトナム代表特別顧問。
レ・ホン・フォン……インドシナ共産党の初期の指導者。サイゴンで革命運動を指導。

コードネームについて……家庭で兄弟姉妹を上から順に数字で呼ぶ習慣があり、革命家のコードネームにもその数字を使用していた。「1」はなく、長男長女は「No.2」、次男次女は「No.3」と呼ばれる。「No.10」なら9番目の子ということになる。

ベトナム社会主義共和国　省・都市名 (現在)

1　ハザン
2　トゥエンクアン
3　カオバン
4　ランソン
5　ライチャウ
6　ラオカイ
7　イェンバイ
8　バックカン
9　タイグエン
10　ディエンビエン
11　ソンラ
12　ホアビン
13　フート
14　ヴィンフック
15　バックニン
16　バックザン
17　クアンニン
18　ハノイ市 (中央直轄市)
19　ハイフォン (中央直轄市)
20　ハイズオン
21　フンイェン
22　タイビン
23　ハナム
24　ナムディン
25　ニンビン
26　タインホア
27　ゲアン
28　ハーティン
29　クアンビン
30　クアンチ
31　トゥアンティエン・フエ
32　クアンナム
33　ダナン (中央直轄市)
34　クアンガイ
35　ビンディン
36　フーイェン
37　カインホア
38　ニントゥアン
39　ビントゥアン
40　ザライ
41　コントゥム
42　ダックラック
43　ラムドン
44　ダクノン
45　ビンフオック
46　ビンズオン
47　テイニン
48　ドンナイ
49　バーリア・ヴンタウ
50　ホーチミン市 (中央直轄市)
51　ロンアン
52　ドンタップ
53　アンザン
54　ティエンザン
55　ベンチェ
56　ヴィンロン
57　チャヴィン
58　カントー (中央直轄市)
59　ソックチャン
60　キエンザン
61　ハウザン
62　バックリョウ
63　カマウ

地図1　ベトナム全図

地図2　南部

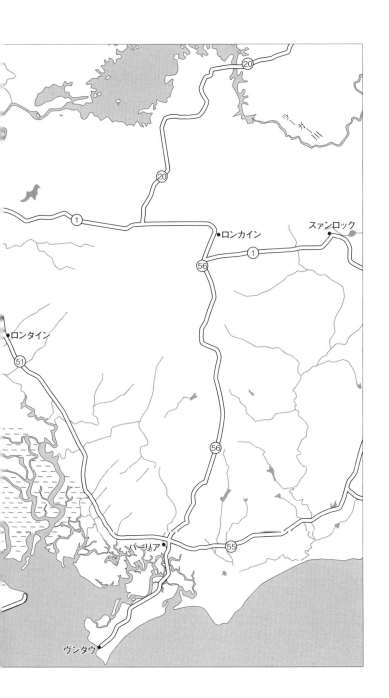

地図3　サイゴン市街

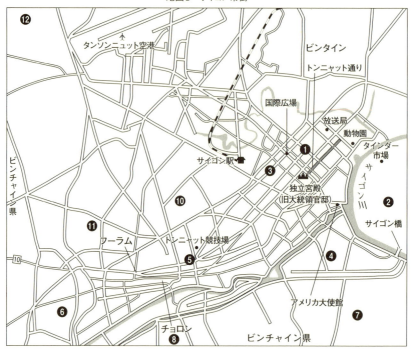

地図4　ベトナム南部・カンボジア

地図5　中越国境

第1部

南部

第1章
4月30日

サイゴンの大統領官邸に最初に突入したとされている843号戦車を見学する生徒たち
（ハノイ、訳者撮影）

●訳者解説

　1973年1月のパリ和平協定締結後、米軍はインドシナ地域から撤退し、南ベトナムはサイゴン政府と、南ベトナム解放民族戦線を中心とする臨時革命政府が並立する状態となった。臨時革命政府は、サイゴン政権打倒後は南部に民族和解政権を樹立する構想を持っていた。しかし、1975年1月、北ベトナムの労働党（後の共産党）政治局は、南ベトナムを武力で「解放」することを決定し、この作戦をホーチミン作戦と名付けた。

　南部「解放」は、当初は1975〜1976年の2年がかりで実行されることになっていたが、米軍の後ろ盾を失った南ベトナム軍は総崩れとなり、労働党政治局は1975年3月にサイゴンの攻略を決定した。サイゴン政権打倒は南ベトナム解放民族戦線が主体とされていたが、その実体は北ベトナム軍であった。北ベトナム軍兵士は、南部に入る時に北ベトナム国旗を解放戦線の旗に替え、解放戦線を装ってサイゴンに入城した。

　南ベトナム国内では、サイゴン政府のグエン・ヴァン・ティウ大統領に対する辞任要求が高まり、北ベトナム・解放戦線側と対話できる民族和解政権の樹立に期待がかけられた。和解の交渉ができる人物として、国民的な人気の高いズオン・ヴァン・ミン将軍が選ばれ、サイゴン陥落の2日前に新大統領に就任した。

　1975年4月30日、北ベトナム軍はサイゴンに入城し、2年計画だったホーチミン作戦はわずか5ヵ月で完了した。北ベトナム側はズオン・ヴァン・ミン政権を完全に否定し、全面無条件降伏を要求。ミン大統領は国営放送を通じて、全軍に停戦と占領軍への権力委譲を命令した。

1975年4月30日は、ベトナム戦争が終結した日、南ベトナムの兄弟たちが武器を手離し、北ベトナムに降伏した日である。それは、20年以上にわたる「骨肉相食む内戦の悲劇」に終止符が打たれた日だった。しかし、銃を捨てたからといって、それで平和になったわけではなかった。

1. 湿原から

　1975年4月30日の早朝、ヴォー・ヴァン・キェット*が率いる一団は、ビンチャイン県の「木の葉で覆われた薄暗い」区域に辿り着いた。レ・ドゥック・ト*は党の南部中央局に入り、22日前にホーチミン作戦の司令部の設置が決定されたことを公表していた。同時に、ヴォー・ヴァン・キェットをサイゴン−ザディン軍管委員会の特別党委書記に、レ・ドゥック・アイン*を副書記兼軍管委員会委員長に選出することも決定した。コードネームNo.10クックことグエン・ヴァン・リン*は、軍の主力部隊と協働する蜂起部隊を率いる任務を負うことになった。

　キェットは、約2個小隊分の軍属の一部（本来は100人いたが、当時は約50人に減っていた）と共に、ロックニン県の中央局の根拠地を出て、ホンダ67を駆ってカンボジア側から進入した。ロンアン省モーヴェットの国境で車両を捨て、そこからは徒歩で進んだ。キェットは日本のJVC［日本ビクター］の3波ラジオを肌身離さず携帯していた。ハノイ放送は「嵐が巻き起こった」という唄をはとんど途切れることなく流し続けた。それは急テンポで「ナーティエン［中部のクアンチ省の戦略的拠点］よりテイグエン*を渡り／海へと至る／心ははずむ／共に進もう／その時が来た」と、戦意を鼓舞する歌だった。

　その時が来た！　指揮官の様子を見ていた兵士たちは、心の中で今度は首尾よく行くだろうと感じていた。だが、指揮官は何も言わなかった。4月27日、キェットの一団は、ヴァムコードン川を渡ってドゥックホア県のミーハイン村に至り、先にそこで潜伏していたマイ・チー・ト*率いる一団と合流した。その当時、サイゴン−ザディン地区委［地区の共産党支部］の副書記を務めていたコードネームNo.5スァンことマイ・チー・トは、市内の活動の重要な部分に精通

6　1975年4月14日。

していた。2つの部隊は合流して一体となった。黒い農民服にサンダルといういでたちで、ズボンをたくし上げで田んぼを突っ切っていく険しい表情の男たちが、わずか数日後に「東洋の真珠」と呼ばれるサイゴンの街で権力を握ると考えた者は、誰もいなかっただろう。

　翌朝、まだ白い朝靄が立ち込めている頃、キェットの一団が一時停止した地点から、野原の向こう側に戦車のごつごつしたシルエットが見えた。最初それを敵の戦車だと思った者もいたが、靄が晴れるとはっきり分かった。「戦車だ、友軍の戦車だ！」。キェットは手紙を書いて固く封をし、レ・ドゥック・アイン中将に届けるよう、秘書のファム・ヴァン・フン（コードネームNo.3フン）に命じた。レ・ドゥック・アインは、その時もまだホーチミン作戦の副司令官を務めており、軍団に相当する規模の第232団を指揮して、西南方面からサイゴンに入城することになっていた。フンが進む道では、畦道や水路に砲弾が転がり、労働奉仕団がどやどやと行き交い、戦車が轟々とうごめいていた。レ・ドゥック・アイン将軍はNo.6ザン（キェットのコードネーム）に返事を書き、やはり固く封印してフンに持って帰らせた。後にファム・ヴァン・フンは、その手紙が「G時」に関するものだったと知ることになる。「N日G時」すなわち1975年4月29日の0時0分、それは革命軍の全5部隊がサイゴンに一斉攻撃をかける時だった。

　4月29日の正午、部隊は湿地を横切り、ビンチャイン県［現ホーチミン市ビンチャイン郡］タンニュットのパイナップル園に入ったところでキャンプを張り、食事の支度をした。煮炊きの藁を燃やした煙を見つけて、1機のヘリコプターが飛来し、機銃を乱射した。そこからほど遠くない場所にリーヴァンマインの兵営があったが、もうその頃には、兵士たちは敢えて外に出ようとしなかった。その夜、タンニュットで、キェットの隣のハンモックで休んでいたフンは、砲声を耳にして、「わが軍がタンソンニュット空港［現タンソンニャット空港］に進攻した」と悟った。2人ともどうしても眠ることができず、何度も寝返りをうっていた。4月30日の朝、マイ・チー・トと状況を報告し合っている間も、キェットは兵士にラジオ放送をチェックさせ、交代で炊事するよう指示することを忘れなかった。前の晩から、みな米の一粒も腹に入れていなかったのだ。

　午前9時30分頃になると、サイゴン放送が不自然に沈黙し、やがてアナウ

ンサーの声が「国民の皆さん、大統領の声明をお聞き下さい」と告げた。人々はみなラジオの周囲に集まり、ズオン・ヴァン・ミン*大統領の演説に耳を傾けた。大統領はこう語った。

「われわれの路線、方針は、同胞の生命を守るため、民族の和解と協調をめざすことである。ベトナム人が徒らに血を流すことを避けるため、私は民族和解の実現を深く信じる。それゆえ、私はベトナム共和国［南ベトナム］のすべての兵士諸君が、平静を保ち、戦闘を停止し、それぞれの場に留まるよう求める。南ベトナム共和国臨時革命政府の兵士諸君にも、同様に戦闘を停止するよう求める。われわれはここに南ベトナム共和国臨時革命政府を受け入れ、同胞どうしの無益な流血を回避し、秩序を維持しつつ政権を委譲することを、共に協議する所存である」

ミン大統領の発表が終わると、ヴォー・ヴァン・キェットは命令した。「荷物をまとめろ！」。部隊の兵士たちは、それまで食事をする暇さえなかったが、それでも十分満たされた思いで、平原を渡り、道路へ出て、サイゴンの西の入口にあたるフーラムをめざした。路傍では、南ベトナム軍の兵士たちが軍服を脱ぎ捨て、銃や装備をあちこちに放棄していた。首都防衛隊の兵士たちは、最初は重い装備を担いでいたが、とてもやっていられないと思ったのか、やはりそれらを放り出した。1個大隊の兵士がまとめて投降した所もあった。革命軍の政策説明を聞くまでもなく、みなさっさと自分の郷里に戻っていった。南ベトナムの体制がまたたく間に崩壊したため、キェットはとても気が急いた。彼は、昔サイゴンに住んでいて土地勘のあるNo.4タィックとNo.9アインを呼びつけ、命令した。「同志諸君、車両を調達しろ。急いで主力軍を先導してサイゴンに入れ！」

No.9アインとNo.4タィックが道に出ると、サイゴン方面からオートバイを走らせてきた労働者の格好をした2人組と行き会った。アインが「俺たちは解放軍だ。俺たちを乗せてサイゴンまで戻ってくれないか？」と声をかけると、2人の労働者はいそいそと「わかりました」と応じた。アインはフーラムまでまっすぐ行くつもりだったが、幹線道路に出ると、GMC［ゼネラルモーターズ（GM）の商用車］のマークをつけた軍用トラックが道の片側に停車しているのが見えた。どこの部隊が乗っているのか分からなかったが、トラックには解放軍

旗が掲げられていた。アインが「君らは運転できるのか？」と聞くと、1人が「私が運転手だ」と答えた。アインはトラックを点検し、良い車だと見ると、「徴用」されたばかりの2人の「兵士」に命じて、オートバイを道路沿いの民家に預けさせ、トラックに乗り換えてサイゴンに向かった。

　その頃、国道10号線を徒歩で進んでいた主力軍の兵士たちは、トラックに出会うと喜んで車両によじ登った。アインは運転手の横に、キェットとNo.5 スァンがその後ろに座った。4、5人の兵士が、護衛のため車のトランクの両側にしがみついていた。解放軍旗を掲げたGMCのトラックが街に入るのを見た青年たちが、何人かオートバイでついて来た。途中、南ベトナム軍の兵士たちが、軍服と軍靴を脱いで走り去って行く姿があちこちに見えた。道端に集まった人々は、サイゴンに初入城する「ベトコン*」指導者の1人を乗せた米軍のトラックに道を譲った。

　その日、ヴォー・ヴァン・キェットとマイ・チー・トを運んだGMCのトラックに乗っていた兵士の中には、30年もジャングルの戦闘に耐え通した者もいた。トラックの脇を流れ去る街の風景に、彼らは思わず満面の笑みを浮かべた。後になって、その時の自分の感覚をうまく説明できる者はいなかったが、人生の中で、その4月30日という日よりも大きな喜びを味わった時はなかっただろう。

2. スァンロック陥落

　ヴォー・ヴァン・キェットの一団がサイゴンの中心部に入ろうとしていたちょうどその時、第2軍団第203旅団の戦車が、歴史の1頁の最後の数行を書き終えようとしていた。

　「サイゴンの戦略的包囲」計画は、N日から始まった。チャン・ヴァン・チャ*将軍によれば、当初は、西部方面でレ・ドゥック・アイン将軍が指揮する第232部隊も、少なからぬ困難に直面した。東部方面では、4月9日の夜から10日の明け方にかけて、第4軍団の2個師団がロンカイン省［現在のドンナイ省］の省都スァンロックを攻撃した。部隊は省都の防衛線を繰り返し叩いて突破口を開き、速やかに市の中心部に展開した。しかし、省知事の公邸に解放軍旗を掲げ、他

の一連の軍事拠点も占領した4月10日、南ベトナム軍の空挺旅団がヘリコプターで到着した。緊急支援と「第18師団の精神を守る」ことがその目的だった。

4月15日までに、南ベトナム軍第3軍団のほぼすべての装甲車両と、空挺予備軍、海兵隊所属の1個旅団相当の兵力が復帰してきた。スァンロックの戦いは、あらゆる戦役の中で最も激烈なものと見られている。南ベトナム軍は、大量殺傷能力のある2種類の爆弾、デイジーカッターとCBUを投下した。グエン・ヴァン・ティウ*大統領は、「スァンロックを失えばサイゴンも失う」として、可能な限りの全戦力を投入したのだ。

アメリカのUPI通信は4月12日、「スァンロックは南ベトナム軍の戦闘能力を試す場所として選ばれた」と報じた。スァンロックで解放軍が苦戦し、多大な死傷者を出した時、サイゴンのメディアは「ベトナム共和国の軍事力は回復した。まだ体制を維持するに十分な力がある」と評した。

チャン・ヴァン・チャ将軍によれば、その状況に「ファム・フン*、ヴァン・ティエン・ズン*両同志、そしてレ・ドゥック・ト*までが大いに不安を覚えた」という。「戦いはあまりにも激しく、わが方の部隊がこの時点で多数の死傷者を出すのはまずいと憂慮された。それゆえ、指揮官たちは兵士を省都から撤退させることを考えた。私は、自分が最前線に行って現場の具体的な状況を把握し、指揮官たちと一緒に現状打開の方法を考えよう、と提案した。みなそれに同意した」と、チャ将軍は記している。4月11日の午後、チャ将軍は、ラーガー川の岸辺に駐屯していた第4軍団の指揮所に赴いた。そこで指揮をとっている将校たちの意見を聞いて、チャ将軍は結論を下した。「スァンロックは防衛線の中で最も重要な拠点である。それゆえ、可能な限り多くの勢力を集中してきた。しかし、現在、敵勢力はわが方よりも優位にある。われわれは、もはや偶然の要素には期待できない。したがって、スァンロック攻撃を継続しても利はない。もし、わが方がゾウザイ三叉路を占領してそこを維持すれば、防衛線の外に到達でき、必然的にスァンロックの重要性はなくなる。そうなれば、即座にビエンホアを標的に据えることができる」。この作戦案は全員一致で採用された。

7　デイジー・カッターとCBUは、1973年以前はヘリコプターの離着陸のために地上の障害物を除去する目的で使用されていた。

8　Trần Văn Trà, 1982, p.254.

9　Ibid, p.255.

ホーチミン作戦と名づけられた作戦の準備のため、第1軍団が北部から一斉に南下した。第2軍団は海岸線に沿って進みながら作戦を遂行した。チャ将軍は記している。「部隊が到着しても弾薬が届いていなかった。戦車が目的地に着いても、ガソリンは尽き、砲弾は1、2発しか残っておらず、補給が必要だった。参謀部と兵站部の要員は任務に忙殺され、1日に数日分の仕事をこなしていたが、それでも気持ちは浮き立っていた[10]」

　4月18日、党政治局代表レ・ドゥック・トと作戦司令部は、最終計画にゴーサインを出した。レ・ズアン*は、その前の電信7号の中でこう書いている。「私はヴァン（ヴォー・グエン・ザップ*）と協議し、判断を下した。第3軍団と第1軍団（すべての歩兵と武器弾薬類）の大部分が、大規模な攻勢をかける地点に向かうには、準備にあと数日を要する。今はまだその時ではない[11]」。4月21日の明け方、スァンロックの南ベトナム軍の最後の防衛線が崩れた。かろうじて残っていたレ・ミン・ダオ将軍麾下の第18師団の4個大隊は、陥落した街からヘリコプターで脱出しなければならなかった。

　1975年4月、アメリカのジェラルド・フォード大統領は、ホワイトハウスでの記者会見で、グエン・ヴァン・ティウ大統領が辞任して、代わりに「ハノイと対話できる」政府が樹立される可能性について質問されると、「私は、その国の国民に選ばれた元首に対して、辞任を命ずる権限など持っていない[12]」と答えた。しかし、それから2週間余り後の4月20日、フォード大統領とヘンリー・キッシンジャー国務長官は、ティウ大統領に「辞任を検討する」ことを示唆するよう、駐サイゴン大使グラハム・マーティンに命じたのだった。

　ホワイトハウスが望んだのは、ティウ大統領の辞任と併せて、ソ連の助力で北ベトナムと交渉し、「アメリカと関係のあるベトナム人が国外に脱出するための日数を確保する」ことだった。「ティウはかなり冷たい態度で、自分は祖国のために最善を尽くすだろうと返答した[13]」。しかし、翌日の4月21日の正午頃、スァンロックが陥落すると、大統領は執務室にチャン・ティエン・キエム*首相とチャン・ヴァン・フオン*副大統領を呼び、辞任の意思を伝えた。その

10　Ibid, p.258.
11　Ibid, p.261.
12　Kissinger, 2003, p.536.
13　Ibid, p.543.

日の夕刻、ティウ大統領はテレビで自らの辞任と、チャン・ヴァン・フオン副大統領に権限を委譲することを発表した。

4月22日の午後3時30分、ハノイからレ・ズアン第1書記の名で前線に電文が送られた。「各方面に直ちに指示を出せ。慎重に時を見計らって、軍事攻撃と民衆の一斉蜂起を実行する。行動の過程で各方面が協働し、攻撃と蜂起を同時に遂行せよ。好機を摑めば、われわれは必ず全面的な勝利を得る」[14]

4月26日、作戦司令官のヴァン・ティエン・ズン将軍と、チャン・ヴァン・チャ将軍が前線の指揮所に移動した。2日後にレ・ドゥック・トとファム・フンも到着した。その頃には既に情勢ははっきりしていた。サイゴンは完全に包囲されていた。西方では、革命軍の第232団所属の第5師団が南ベトナム軍の第22師団に攻撃を開始し、タンアンからカウヴォイまでの間では第16連隊がビンディエン橋とアンラック橋を占拠した。第115連隊と117連隊はフーラムを占領した。さらに西方では、国道4号線がカイライで遮断された。

同日、第8軍区の第8師団が、タンアンに続くチュンルオン三叉路がある区域で国道4号線を完全に遮断した。第9軍区の部隊もカイヴォンからバーカンの間を制圧した。メコンデルタを走る唯一の戦略道路は寸断された。東方では、やはり4月26日に、第2軍団がヌオックチョンに通じる訓練基地に砲撃をしかけ、ロンタインの街を攻撃。翌27日にはバーリア市社［省の下の行政単位］を占領した。15号線は完全に遮断された。26日の夜、第116特攻連隊がドンナイ高速道路の橋梁を撃破し、第10特攻連隊がフオックカインからドンチャイン三叉路までの区域を攻撃して道路と河川を通行止めにした。ビエンホア空港は130ミリ砲の砲火で破壊された。同空港は4月23日に、ビエンホアのアメリカ領事館の閉鎖と同時に封鎖されていた。サイゴン管理下にある空港は、カントーのロテー空港、そしてタンソンニュット空港のみとなった。[15]

3. 将軍「ビッグ・ミン」

1975年4月の初め、アメリカ側が「ビッグ・ミン案」に関心を持っていると

14　*Văn Kiện Đảng*, tập 36-1975, 2004, p.167.
15　Trần Văn Trà, 1982, pp.281-282.

いう情報が流れた。CIAの資料によれば、4月2日、サイゴンのCIA支局長トーマス・ポルガーは、総司令部に電文を送り、グエン・ヴァン・ティウに代わってズオン・ヴァン・ミンが大統領に就任するという案を示した。「北ベトナムの侵略を遅らせ得る」連立政権の樹立に望みをかけたのである。ポルガーによれば、4国合同監視委員会［1973年のパリ和平協定の実施を監視するカナダ、ハンガリー、ポーランド、インドネシアによる国際管理・監視委員会］のハンガリーの団長から、北ベトナムはティウ大統領抜きなら話し合う用意がある、と伝えられたという。ミンの一派は「蘭の館（元チャンクイカップ通り、現在のヴォーヴァンタン通り3番地にあるトゥー・クン［トゥー・クン（慈宮）皇太后（1890〜1980年）。バオ・ダイ帝の母でグエン朝最後の皇太后］の館の1つで、ゴ・ディン・ジェム*大統領からミン将軍に贈与された）」で、政権を執る可能性について協議を始めた。

ズオン・ヴァン・ミン大将は、1916年にミトーで生まれた。父親は督府使［仏領期にコーチシナの各部を統括した官吏］ズオン・ヴァン・フエで、ミンを含め7人の子供がいた。ミンのすぐ下の弟ズオン・タイン・ニュットは、1954年の南北分断時にベトミン*の一員として北部に集結していた。ミン自身はもともとフランス植民地軍の士官だったが、8月革命［1945年8月に日本軍から権力を奪取した一斉蜂起］後は抗仏闘争に参加したこともあった。1960年、当時No.10クックことグエン・ヴァン・リンの指揮下にあった南部地区党委員会は、対敵宣伝工作局のヴォー・ヴァン・トイ局長に対し、ズオン・タイン・ニュットを南部に派遣して兄ズオン・ヴァン・ミンに接近させるよう命じた。当時No.10ティーという暗号名で呼ばれていたニュットは、1961年3月に南部入りし、翌年8月に兄のミンとその妻スー・ティ・フオンに連絡をとることができた。

ゴ・ディン・ジェム政権の「英雄」だったズオン・ヴァン・ミンは、1963年11月1日、革命軍事評議会議長の名でジェム大統領に対するクーデターの実行を命令した。1967年、ミンがフランスを訪問した時、グエン・ヴァン・リンはズオン・タイン・ニュットをパリに行かせた。それ以前にも、ニュットはミンを探すため香港に派遣されたことがあったが、香港でもフランスでも兄に会

16　Larry Berman, 2001.
17　1964年にグエン・カイン将軍がズオン・ヴァン・ミンを「リストラ」した時、「国家元首」グエン・カインはミンに大将の階級を与えたが、ミンと彼の側にいた人々はそれを受け入れなかった。そのため、ミンを「大将」と呼ぶ人と「中将」と呼ぶ人がいた。

うことはできなかった。[18]

　1975年4月の中旬、ズオン・ヴァン・ミンは記者会見を開いた。場所は、ソンクアン道路と呼ばれる大韓高速道路沿いのゴム林の中にある、マイ・ヒュー・スァン将軍所有の郷土料理レストランだった。ミンは詰めかけた内外の記者団に対し、「南ベトナムのために和平の機会を求める1つの手段として、グエン・ヴァン・ティウ大統領の後継者となる用意がある」と表明した。会見後の4月17日、フランス大使ジャン・マリー・メリオンが、三色旗をつけた自動車で蘭の館に乗りつけた。サイゴンの新聞は、フランス大使の行動は南部の政治状況に対するフランスの立場を公表するのが目的で、外交原則に故意に違反していると論評した。

　グエン・ヴァン・ティウ大統領は、4月21日の辞任後もまだ家族と一緒に独立宮殿に住んでいた。反体制派とハノイ側のラジオは、すぐにサイゴン政府のことを「ティウなきティウ政府」と呼ぶようになった。臨時大統領チャン・ヴァン・フオンとビッグ・ミン将軍も、マーティン米大使にティウの出国を手配するよう示唆した。グエン・ヴァン・ティウとチャン・ティエン・キエム大将の出国は、表向きは出張とされていた。

　1975年4月25日の午後、グエン・ヴァン・ティウ大統領は、側近の武官トン・タット・アイ・チョウ中佐を従えて大統領の家族が住む「後宮」に行き、自宅に持ち帰る私物をまとめるよう指示した。その後、彼は大統領の執務室に入った。側近のフオン武官は、「大統領は会議中です」と伝えた。ティウは武官に1通の封書を渡し、大統領の会議が終わったら届けるように命じた。ティウの補佐官であり娘婿にあたるグエン・ドゥック・トゥーによれば、手紙には「大統領の指示により、私とチャン・ティエン・キエム大将は、リフレッシュ休暇で友邦国に行きます。随員として、ドゥック大佐、ティエット大佐、ジエン大佐、チョウ中佐（中略）が同行します」と書かれていた。そして、グエン・ヴァン・ティウは随員と共に参謀本部のキエム将軍宅に赴いた。そこには、ささやかな宴席が用意されていた。晩餐が終わると、ティウ将軍はチョウ中佐と一緒に、本部の敷地内にある家に歩いて戻った。彼らが帰った後、キ

18　ズオン・ヴァン・ミンがベトナムを離れた後、No.10ティーは、ミンの弟ズオン・タイン・ニュットとしての立場で、「兄は宣伝工作のために大きく変貌してしまった」と報告している。

エム将軍宅の食卓は、航空便の手続きをするカウンターに変貌した。

午後9時頃、グエン・ヴァン・ティゥと随員たちは、3台の車に分乗して飛行場に向かった。3台のうち2台は米CIAの士官が自らハンドルを握っていた。車列は参謀本部の門から出ると、飛行場の方向に右折せず、いったん左折し、サイゴンを出てチョロンに向かった。そして、フートの競馬場、チャーカー丘陵、フィーロンの門、空軍司令部を通過し、逆方向の道を辿って飛行場に入った。「ガラスの門」と呼ばれる空軍施設では、もはやベトナム人が働く姿はなく、アメリカの海兵隊員と憲兵がいるだけだった。懐中電灯による信号を確認してから、車列はそこを通過し、C-118輸送機のタラップに向かった。見送りに来たマーティン米大使が控えていた。その夜、グエン・ヴァン・ティゥ大統領は台湾へ向けて飛び立った。[19]

ズオン・ヴァン・ミンと親しかった野党の議員ホー・ゴック・ニュァン*の表現によれば、蘭の館では、この数日間が無限に長く感じられたという。以前、グエン・ヴァン・ティゥから「名誉伍長」に任ぜられていた臨時大統領チャン・ヴァン・フオンは、「血まみれになってでもサイゴンを死守する」と決心していた。しかし、ビッグ・ミン将軍はニュァン議員に言った。「トア（君）がやりたいようにやりたまえ。フオンが事を長引かせようとしても、モア（私）がそうはさせないから」

ホー・ゴック・ニュァン議員は、フランス語のトア[toi]という代名詞を理解していた。ミン将軍は、ニュァン議員と野党議員団が、フオン臨時大統領を辞任させるべく国会で悪戦苦闘していることを指していたのだ。ミン将軍が「私がそうはさせない」と言うのを聞いて、ニュァン議員はその時、「もう脚が1本も残っていないと誰もが思っていた」大統領の椅子に思いを馳せた。「ミン将軍は苦い酒が入った杯を払いのけようとしたが、それが逆に、苦い酒を滓まで飲み干す結果になったのだ」[20]と、彼は痛々しい気持ちになった。

その後、蘭の館で開かれた会合で、ホー・ゴック・ニュァン議員がビッグ・

19　グエン・ヴァン・ティゥはその後アメリカに亡命し、流浪の身のまま静かに余生を送り、2001年9月29日にボストンで死去した。

20　チャン・ヴァン・チャ将軍は自著『30年戦争の終わり』の中で、「一方、ミンは、おそらくまじめな性質によるものだろうが、マーティンとメリオンの『ご託宣』を信じ、ずっと邪魔者を押し退けてきた。最後の瞬間にも無理をして、自ら無条件降伏の任を負ったのだ」(p.283)と書いている。

ミン将軍に辞任を勧めた。ミンは驚き、「君はこの期に及んでまだ友人を刺そうとするのか！」と拒否した。ニュァンは会議室を出て屋上に上った。ズオン・ヴァン・バー議員が後からついてきて、「悲しむことはないよ」と声をかけた。ニュァンは言った。「もし将軍が辞任を受け入れたら、人々は彼を馬鹿にするだろう。しかし、今はただ降伏あるのみだ。長い間、われわれの行動は、革命側に間接的に手を貸してきた。しかし、私はずらりと並んで跪かされるような降伏はしたくない」。かつてサイゴン第8区の区長を務め、今は野党の第1党を率いるホー・ドゥック・ニュァンが、将軍に手を差し伸べて、総司令官の役目を担うことを望む者は多かった。しかし、ニュァン議員が新政府樹立の会合に出席することは遂になかった。

　4月27日、南ベトナムの国会が召集された。両院全体で219名の議員のうち、残っていたのはわずか136名で、大部分は既に国外に逃亡していた。チャン・ヴァン・ドン国防相とカオ・ヴァン・ヴィエン参謀総長が出席し、戦況を説明した。その夜の8時54分に国会はやっと表決を行ない、「民族のために講和を図るべく、臨時大統領チャン・ヴァン・フオンに対し、ズオン・ヴァン・ミン将軍に権力を委譲するよう求める」決議を採択した。

　翌28日、ミン将軍は新内閣の閣僚を正式に発表した。元上院議長のグエン・ヴァン・フエン弁護士が副大統領に、ヴー・ヴァン・マウ弁護士が首相に任命された。その他、リー・クイ・チュン情報担当相が正式な閣僚に加えられた。

　ズオン・ヴァン・ミン大将の最初の決定は、「機密・緊急」扱いの文書No.33/TT/VTに記された。その内容は次のようなものだった。「ベトナム共和国大統領より駐越アメリカ大使へ。拝啓。ベトナムの和平問題を速やかに解決するため、貴殿からDAO〔Defense Attaché Office. パリ和平協定後にサイゴンに設置されたアメリカの軍事援助機関〕の駐在武官に指示し、1975年4月29日から24時間以内にベトナムから退去させるよう謹んで要請する。敬具。1975年4月28日、サイゴン。署名：ズオン・ヴァン・ミン大将」

4. キャンプ・デーヴィスの降伏受理

　1975年4月29日の朝、グエン・ヴァン・フエン副大統領と共に宗教活動を

していた学者グエン・ディン・ダウがフエンに面会を申し入れ、「今度成立したズオン・ヴァン・ミン政権は民族和解をめざしているというが、もう革命側と何か接触を持ったのかね？」と尋ねた。副大統領はまだだと答え、ダウに提案した。それは、パリ協定に基づく4者連絡委員会［パリ和平協定に定められた停戦実現のための北ベトナム、南ベトナム、南ベトナム臨時革命政府、アメリカの代表による合同軍事委員会］のメンバーという資格でダウがキャンプ・デーヴィスに行き、そこで革命側の代表に会うというものだった。

　グエン・ディン・ダウは1939年以来、カトリック青年の組織「カトリック青年労働者運動」で活動してきた。彼はそこでグエン・ミン・ハーと知り合った。ハーは、第2次世界大戦期にファン・ケー・トアイの親日政府で北部の経済責任者を務め、8月革命後にヴォー・グエン・ザップに推挙されて経済相となった人物だった。ハーはダウを経済省の4つの政治職の1つである大臣秘書に任命した。[21]

　1975年4月29日、グエン・ヴァン・ジエップとグエン・ディン・ダウ、トー・ヴァン・カン技師、グエン・ヴァン・ハインを含む一行がキャンプ・デーヴィスに入った。途中の道は、兵士たちが作った多くの障害物で塞がれていた。キャンプ・デーヴィスに着くと、革命側のスタッフが1人出て来て対応したが、革命政府の代表団は彼らに面会する任務を負っていないと告げた。しかし、このスタッフとの非公式なやりとりの結果、南ベトナム臨時革命政府の1975年4月26日の声明を受け入れれば面会するという条件を得た。[22]

　キャンプ・デーヴィスから戻り、ジエップはグエン・ヴァン・フエン副大統領に事の次第を報告した。政府内で議論した後に、グエン・ヴァン・ジエップとグエン・ディン・ダウはジエップの自宅に行き、そこで「南ベトナム解放民族戦線による停戦の条件を受容する」旨の声明を起草した。草案は16時に仕

21　グエン・ディン・ダウは、価値ある研究業績を多く残した歴史研究者である。1945年、ホー・チ・ミンは飢餓対策として、米を買い付けに彼を南部に派遣した。その時の命令書をダウは晩年なっても保管していた。南北分断後、彼はカソリック信徒と共に南部に移住した。キャンプ・デーヴィスに派遣される代表の役割を命じられたのは、彼が人一倍、事局に敏感だったためであろう。後に、彼が北ベトナムの諜報員だったと報じた新聞があったが、その時彼は自尊心を傷つけられたという。
22　4月26日の声明の骨子は次の2点だった。「アメリカはパリ（停戦）協定を遵守し、南ベトナム人民の基本的な民族権と自決権を尊重する。アメリカの新植民地主義の手先であるサイゴン政府を廃止し、南ベトナムの軍事システムと人民を抑圧・弾圧するシステムを廃止する」

上がり、交渉の特命を帯びたグエン・ヴァン・フエン副大統領から大統領に提出され、ズオン・ヴァン・ミン大統領の承認を得た。フエン副大統領は4月29日の17時、サイゴン・ラジオでこの文書を公表したのだった。

　この日、昼食の後で、第三勢力［南ベトナムでサイゴン政権派、解放戦線派いずれにも属さない第三の勢力］で活動していたチャン・ゴック・リエン*弁護士が蘭の館を訪れ、ミン大統領と会見した。リエン弁護士は革命側の一員として、ミン大統領に「解放軍の4台の大砲がサイゴンの周りに配置されている」と告げた。「抵抗せず降伏を受け入れるなら、私は直ちにキャンプ・デーヴィスに行き、南ベトナム共和国臨時革命政府の代表団にその旨を伝え、サイゴンを砲撃しないよう要請しよう。大量の犠牲者を出してサイゴンが崩壊するのを避けるために」。ミン大統領はひとしきり思案し、そして言った。「リエン、そうしてくれたまえ」

　15時頃、チャン・ゴック・リエン弁護士、チャン・ティン神父、チャウ・タム・ルアン教授を含む2度目の使節団がキャンプ・デーヴィスに入った。革命政府代表団のヴォー・ドン・ザン団長が応対し、リエン弁護士からサイゴン政府の無条件降伏の意思を伝える文書を受け取った。ヴォー・ドン・ザンは戦況を見た上で、革命軍がサイゴンに入城するまで使節団をキャンプ・デーヴィスに留め置いた。

　チャン・ゴック・リエン弁護士のグループには、ズオン・ヴァン・ミン大統領によって首都警察局局長に推挙されていた人物がいた。それは、実は共産党の秘密党員で、ザーディン検事局長のチョウ・クォック・マインだった。4月29日、チョウ・クォック・マインは「すべての政治囚を釈放せよ」という大統領の命令を徹底的に実行した。

5. 退役准将グエン・ヒュー・ハイン

　その頃カントーでは、退役准将グエン・ヒュー・ハイン*が静かに事の成り行きを見守っていた。今こそ、自分と革命勢力との10年近い秘めたる関係が結果を出す最後の機会だ、と彼は見ていた。

　グエン・ヒュー・ハイン元准将は、ズオン・ヴァン・ミン大統領とは30年以上の付き合いで、2人は師弟関係にあった。入隊したばかりの頃、ハインは

フランス軍によって、ミンが中隊付き少尉を務める部隊に配属された。3ヵ月間ミンの直接指導下で訓練を受け、ハインは軍曹に昇進した。ビンスェン団［メコン・デルタ地域で勢力を持った暴力団］を掃討した1956年のトアイゴックハウの戦役で、ミンはハインを参謀長に任命した。

ハインには、彼より年若い伯父が1人いた。暗号名No.8 ヴォー・トゥーことグエン・タン・タインである。伯父タインはジュネーヴ協定後も南部に残り、一方その息子グエン・タン・ファット[23]は北部に移り住んでいた。No.8 ヴォー・トゥーは、何度かサイゴン政権当局に逮捕されたが、その度にグエン・ヒュー・ハインが巧みに権力と人脈を使って助け出していた。ハインの父が死んだ時、彼は父の亡骸を故郷に埋葬したいと望んだが、その地域は当時、革命軍の支配下にあった。すると今度はNo.8 ヴォー・トゥーが、革命軍側に口を利いて埋葬できるようにした。「伯父は器用に立ち回る人だった」と、退役准将グエン・ヒュー・ハインは回想している。彼は、No.7 ルオンことレ・クォック・ルオン[24]が指揮する「対敵攪乱」計画を実行しているのが、伯父のNo.8 ヴォー・トゥーであることを徐々に悟るようになった。

グエン・ヒュー・ハイン将軍は、伯父に協力の意志を示した。しかし、伯父は賢明にも彼の申し出を退けた。解放区から南ベトナム軍を駆逐する案も、第三勢力に参加する案も、革命側の仲間に接近する案も、彼の提案はすべて却下した。ハインは伯父に、「伯父さんが捕まったら私が助けるけれど、私が捕まっても誰も助けられませんからね」と言ったものだ。1974年の半ば、グエン・ヴァン・ティウ大統領の決定でハインは退役した。彼はカントーに戻り、そこでさらに頻繁に攪乱計画に接したが、それでも革命側につくことはなかった。しかし、戦場での勝敗がほぼ明らかになった時、特に師であるズオン・ヴァン・ミンが政権を執った時、グエン・ヒュー・ハイン元准将は最後の機会を活かす決意を固めたのだった。

ハインは語っている。「1975年4月29日、私はミン大統領の私邸に行って彼と面会した。大統領の事務所は、当時もまだチャンクイカップ通り3番地の私邸の中にあった。事務担当のマイ・ヒュー・ファン中将が、『ミン大将は会議

---

23 ベトナム共産党第9期・第10期中央委員、教育省次官。
24 1975年よりホーチミン市貿易局副局長。

中なので、少々お待ちください』と私に告げた。ズオン・ヴァン・ミンは意志堅固で沈着な人だったが、その時の彼の表情には、はっきりと苦悩の色が浮かんでいた。大統領付きの武官が、フランス大使が来たと告げた。大統領と副大統領がフランス大使と会見するため、私は隣の部屋に移ったが、メリオン大使の声は聞こえてきた。北ベトナム政府と協議すべくハノイ当局と連絡をとったが、ハノイ側は『残念だがもう遅すぎる』と回答してきた、という話だった。

　メリオン大使が帰った後も、ズオン・ヴァン・ミンとヴー・ヴァン・マウは2人で相談を続けた。そして、すべての政治囚の釈放を決定したのだった。私はミン大統領に尋ねた。『大将、ところで戦況はどうなっているのですか？』。ミンは『君は軍人だろう。自分で見に行けばどうだね』と応えた。軍の総司令官とはいえ、その時には大統領も戦況を把握しておらず、参謀総本部のドン・ヴァン・クェン中将にすべてを委ねていたのだ。私は、今こそ自分が軍の指揮権を握るべき時だと思った。ミン大統領も私の判断に任せてくれるだろう。そこで、『私はもう退役していますから、自由に行くことができます。大将が権限を与えて下さるなら私が行きましょう』と進言した。ミン大統領は、直ちに私を参謀総本部に派遣して戦況を確認させた」

　グエン・ヒュー・ハイン元准将が着くより前に、参謀総長カオ・ヴァン・ヴィエンと、首都特別区司令官グエン・ヴァン・ミン将軍の両名は国外に逃亡していた。代わってヴィン・ロック中将が参謀総長に選ばれ、ラム・ヴァン・ファット少将が首都特別区司令官に任命された。ヴィン・ロック将軍はハインに、ある大尉のものだった軍服一揃いと准将の階級章を与えた。ハイン将軍は、足には軍靴を履いたが、頭に被る軍帽がなかった。ヴィン・ロック将軍はその様子を見て首を横に振り、吐き捨てるように言った。「あいつら、今やネズミみたいに逃げ足が速いからな」

　参謀本部は混乱を極め、手詰まり状態になっていた。グエン・ヒュー・ハイン将軍によれば、ミン大統領がヴィン・ロック将軍を私邸に呼び、彼を参謀総長に任命した時、ヴィン・ロック将軍は辞退したという。「ゴ・クアン・チュオンにやらせてください。今朝、彼がまだ参謀総本部に残っているのを見ました」と彼は言った。チュオン将軍の第1軍団は、フエとダナンで革命勢力の攻撃を受けて散り散りになり、将軍はサイゴンに逃げ戻ってきたばかりだった。

ミン大統領はヴィン・ロック将軍の提案を退けた。

　大統領が客間から去ると、グエン・ヒュー・ハイン将軍はヴィン・ロック将軍を懸命に説得した。ヴィン・ロック将軍は、参謀総長の権限を委ねられてからも、まだ家族を国外に脱出させる準備をしていたのである。「参謀総長といえば、長年多くのライバルの間で奪い合ってきたポストだった。それが今や誰も欲しがらなくなっていたのさ」と、ハインは語っている。

6. 包囲下のサイゴン

　ヘンリー・キッシンジャーによれば、1975年4月末には、ベトナムに残っていたアメリカ人の大部分は脱出していたという。アメリカ側で働いていたため、危険に晒されるかも知れない100名以上のベトナム人も脱出していた。4月22日、米司法省はジェラルド・フォード大統領の要請を受け入れ、「極度に危険な立場にある5万人を含む約13万人のインドシナ難民」に対する移民制限条件の緩和に同意した。米司法省が例外を認めるのはこれが2度目だった（1度目は1960年のキューバ難民流出時）。

　4月21日以降、昼間は航空機とC-141が、夜間はC-130が続々とサイゴンから飛び立ち、約5万人とも言われるベトナム人を脱出させた。その他、約8万人のベトナム人が、「アメリカの支援により別の方法で脱出した」という。

　しかし、4月29日の午前4時、革命軍がタンソンニュット空港にミサイル攻撃をかけた時には、まだ8000人のベトナム人と400人のアメリカ人が集まって搭乗を待っていた。人々がパニックに陥ったため、脱出は一時中止せざるを得なかった。その日の昼間には、サイゴンの米使節団の最後の撤収が行なわれた。タンソンニュット空港の上空では、ヘリコプターが騒音と共に上昇、下降を繰り返し、地上の兵士は怒りを露わに空に向かって銃を発射した。

　午後3時、サイゴン軍の参謀総本部に戦況が伝えらえた。クーチ方面では、リー・トン・バー准将率いる第25師団が、前日の午後にドンズー基地を奪われた末に降伏していた。ビエンホアでは、トアン中将の報告によれば、4月28日の18時10分に戦車の「ベトコン」がロンタイン地区を占拠し、18時50分にはバーリア［現在はバーリア・ヴンタウ省］の省都が奪われ、19時30分にはビエンホ

アが三方から包囲された。

　4月29日夜、レ・ミン・ダオ少将の部隊が後方を包囲され、ドンナイ川の手前側に撤退してそこで踏み留まる許可を、グエン・ヒュー・ハイン将軍に求めてきた。ハインの証言によれば、レ・ミン・ダオ将軍の声には力がなかったという。わずか1週間と少し前には、ダオ将軍は「スァンロックを固守する」と声明したのだが、第18師団は撤退を余儀なくされた。一方、タンアンに足止めされた第22師団では、ファン・ディン・ニエム准将が戦線を離脱していた。第5師団が守備していたトゥーゾウモット方面は、4月29日の夜に戦線が突破され、それきり連絡が途絶えた。

　革命軍がホーナイまで進んで来た時、南ベトナム軍の第18師団と装甲第5旅団は、ドンナイ川の手前側に防衛線を敷いた。29日の夜、革命軍の車両が多数、ホックモン方面からサイゴンに進入した。首都特別区司令官は、既に反攻計画を立てていると伝えた。グエン・ヒュー・ハイン准将によれば、防衛戦を長引かせたいなら、軍を立て直す指示を出す必要があった。しかし、彼はそのことについてヴィン・ロック将軍と相談しなかった。ズオン・ヴァン・ミン大統領の指示で、大統領が革命側と交渉するのを待つため、軍を移動させてはならなかったのだ。

　大統領に会いに行く前に、グエン・ヒュー・ハインは、ヴィン・ロック中将とグエン・ヒュー・コー中将に戦況を説明した。「タンソンニュット方面では、首都特別区の部隊がベトコンに銃撃を加えている。おそらく彼らは持ちこたえるだろうが、人的、物的に多くの損失が出るだろう。一方、ビュンホアとトゥーゾウモット方面には、もはや第3軍団は存在しない。各部隊の指揮官も、トアン中将も逃亡した。第18師団と装甲第5旅団は、ドンナイ川の線を挟んで布陣している。トゥーゾウモット方面は放棄された。ベトコンの装甲車の一団がサイゴンに進入しつつある。わが方には攻撃に出る兵力はない。ただ防衛するだけの兵力しかないのだ。わが方がいずれ状況を打開できなくなることが案じられる」。ハインによれば、「ヴィン・ロック将軍は、それを聞くと顔色を変え、慌てて電話機を掴み、ズオン・ヴァン・ミン大統領に報告した。その後、ヴィン・ロック将軍は私の手を握った。それが最後の握手だった」。1975年4月30日午前8時、王族の末裔であるこの将軍は、家族と共に船で国外に脱出した。

グエン・ヒュー・ハインは回想している。「私とグエン・ヒュー・コー将軍は、車を探しに走ったが、運転手は姿を消していた。コー将軍は自宅に電話して家の車に迎えに来させ、われわれは午前6時にズオン・ヴァン・ミン大統領の私邸に赴いた。大統領に会うと、コー将軍は戦況について私が話した通りに説明した。大統領は考え込んだ。私は言い添えた。『非常に危機的な状況です。閣下、直ちにご決断を』。ミン大統領は振り向いて尋ねた。『君は今何を望んでいる？』。私は言った。『閣下、政治権力は閣下の手にあります。軍事に関しては閣下が解決するしかありません。状況はあまりにも危機的で、われわれは躊躇している余裕はありません』。ミン大統領はひとしきり思案し、そして口を開いた。『フエン副大統領とマウ首相に相談させてくれ。君たちはここで座って待っていたまえ』。私が一緒に行きたいと願い出ると、大統領は承知した」
　ミン大統領とハイン将軍は、トンニャット通り（現在のレズアン通り）7番地の首相府に向かった。途中、彼らは右往左往する民衆の姿を目にした。アメリカ大使館では、混乱に乗じて盗みを働く輩が大勢いた。マーティン米大使は、4月30日午前4時58分にサイゴンを後にしていた。但し、キッシンジャー国務長官によれば、アメリカ大使館から最後にヘリコプターが飛び立ったのは、大使館で避難者を警護していた海兵隊員129名が脱出した午前8時53分だったという。
　ミン大統領は、フエン副大統領とマウ首相に迎えの車を差し向けるよう求めた。大統領の私用車は、フエン副大統領の家に行く前にグエン・ディ・ダウをピックアップした。ダウによれば、トンニャット通り7番地に向かう途中で、フエンはダウにフランス語で一言、「Il faut se rendre（降伏するしかない）」と告げたという。
　戦況は刻一刻と悪化していた。4月30日午前8時、ズオン・ヴァン・ミン大統領、グエン・ヴァン・フエン副大統領、ヴー・ヴァン・マウ首相の3名には「南ベトナム共和国臨時革命政府に政権を移譲する」と、自ら声明する以外に残された選択肢はなかった。マウ首相は1時間ほどかけて声明文を起草した。9時にミン大統領が読み上げる声明が録音され、9時30分にそれがラジオで発信された。ヴォー・ヴァン・キェットなど革命側の幹部は、サイゴン放送局から流されたこの声明を聞いた時、やっと肩の荷が下りたような気がした。

政権移譲の声明が録音されようとしていた4月30日午前9時前、ヴァニュサン将軍が首相府に来てグエン・ヒュー・ハイン将軍に面会し、ミン大統領の所へ案内してくれるよう頼んだ。大統領はその時、フエン副大統領、マウ首相と一緒に客間に座っていた。ヴァニュサンは退役したフランス軍少将で、アメリカ側と通じ、グエン・ヴァン・ティウ元大統領やカオ・ヴァン・ヴィエン将軍とも親しい人物だった。ヴァニュサンは大統領に会うと開口一番、「私はパリから着いたばかりだ。国を発つ前に、中国大使をはじめ多くの人物と面会した」と言った。そしてミン大統領に、アメリカの声明が北京に届くまで、少なくとも24時間は戦闘を長引かせるよう要請したのである。そうすれば、北京はハノイに停戦の圧力を行使するだろう、と将軍は説明した。しかし、ミン大統領は同意しなかった。フランスの将軍が去ると、大統領は言った。「私はアメリカ側について闘った。今になって祖国を中国に売れるものか」
　計画では、ヴー・ヴァン・マウ首相の政府は、午前10時をもって解消することになっていた。政府の関係者がトンニャット通り7番地にやってきて、そこで政権移譲の声明を聞いた。彼らの多くが独立宮殿に移動したが、それは閣僚として宣誓するためではなく、ただ待機するためだった。
　その間にグエン・ヒュー・ハイン将軍は、ズオン・ヴァン・ミン大統領による政権移譲声明と、参謀総長補佐官である自分が出した戦闘停止命令をサイゴン放送局に届けた。将軍が首相府に戻ると、そこは完全に無人となっていた。チャンクイカップ通り3番地のミン大統領の邸に駆けつけたハイン将軍は、大統領と家族が独立宮殿に入ったことを知り、自分もそこに向かった。その頃には、街路は静まりかえっていた。独立宮殿の正門に行くと、門は開いたままで警備兵もいなかった。
　宮殿の回廊の前で、ハインは武装した兵士を満載したジープ1台とGMC1台を目にした。ハイン将軍が中尉の肩章をつけた1人の士官に尋ねたところ、タンソンニュット空港を守備する雷虎(ロイホー)大隊の隊長を務める少佐が、独立宮殿の1階でミン大統領と面会中とのことだった。ハインが大統領を残して参謀本部に戻ろうとした時、大統領事務所の執務室の電話が鳴った。1人の少佐がハイン准将に面会を申し入れてきたのだ。参謀本部を守備するロイホー大隊の少佐だった。

少佐は尋ねた。「准将が戦闘停止を命令するとはどうしたことでしょうか。私は降伏しません。既に3台の戦車を撃破しているのです」。ハイン准将は事態を説明し、「隊長は無駄な流血を避けるべきだ」と諭した。少佐が大統領に話させてほしいと言うので、ハインはミン大統領をそこに招いた。しかし、話がまだ終わらないうちに、革命軍の第843号戦車が姿を現した。大統領は言った。「革命軍が独立宮殿に入った。すべてが終わったのだ」

7. 第390号戦車

　革命軍の戦車が独立宮殿に突入する午前10時45分まであとわずかという時だった。タンソンニュット空港を守備していたロイホー大隊が撤退すると、第三勢力の議員グエン・ヴァン・ビン中佐は、慎重に独立宮殿の門を閉鎖した。ビン中佐のこの行動は、歴史のディテールを補うものだ。つまり、ズオン・ヴァン・ミン大統領たちが見た第843号戦車は、動物園の方からトンニャット通り沿いに来て先に宮殿に到着し、門前で停止した。それとは別に、第390号戦車が後からやってきて、閉ざされていた独立宮殿の正門に猛然と突っ込んだのだ。それは、この戦争の最後の「扉」だった。

　4月30日午前9時30分、サイゴンの西方でヴォー・ヴァン・キェットが「荷物をまとめろ」と命令していた頃、東方では第203戦車旅団の政治委員ブイ・ヴァン・トゥン中佐が、いつも持ち歩いているラジオで、やはりズオン・ヴァン・ミン大統領の声明を聞いていた。彼の後ろでは、第2軍団司令官のグエン・ヒュー・アン将軍が、作戦指揮の状況を逐一追っていた。彼らは戦場に突き進む兵士のように勝利の予感を覚えた。最後の目標の手応えを前方に感じた時、その感覚はますます熱くなっていった。

　その前夜、グエン・ヒュー・アン将軍は第203旅団にメモを送っていた。それには、ブイ・ヴァン・トゥン中佐の手で「1975年4月29日24時受領」と注がつけられ、こう書かれていた。「タイおよびトゥンへ。戦車7台と歩兵の一部がビエンホア高速道路の橋に到着し、橋を2日間占拠していた第116特別攻撃隊の一部と合流した。情勢はわが方に有利であるから、進軍を強行せよ。あちこちに潜んでいる敵の敗残兵に妨害されてはならない。諸君の隊列全体を今夜、

橋の西側まで進めよ。4月30日の午前3時〜4時頃には、われわれはサイゴンに突入し、ザックチェック橋とタンカン橋を占領後、サイゴン橋に達する。既にアンには、E9の2d（大隊）をビエンホア高速道路の橋の方向に進入させるよう伝えてある。諸君は直ちに行動に移り、常に私との連絡を維持せよ。サイゴンの目標は、大統領官邸、放送局、海軍司令部、銀行、中央諜報特別委の事務局である。／グエン・ヒュー・アン」

それより前の4月29日午前10時、ズオン・ヴァン・ミン大統領が南ベトナム軍に移動停止命令を出した直後、ハノイの党政治局は次のように打電していた。「No.6、No.7、No.4ならびにタンへ。政治局と軍事委員会の会合中、ズオン・ヴァン・ミンが停戦を命令したとの報告が入った。政治局と中央軍事委員会は次のように指示する。わが軍に計画通りサイゴン進攻を継続するよう指令せよ。最大の気勢をもって進軍し、サイゴン全体を解放、占領し、敵軍を完全に武装解除し、敵の各級行政機関を解体し、敵のすべての抵抗を徹底的に鎮圧せよ。サイゴン－ザディン地域にチャン・ヴァン・チャ将軍を主席とする軍事管理委員会を設置する旨を発表せよ。追ってまた打電する。受信後は直ちに返信するように。／No.3[25]」

4月30日の夜明け、第203旅団の最初の戦車がロンカイン［現ドンナイ省］のヌオックチョン基地に到達した。当時、第390号戦車の指揮官だったレ・ヴァン・フォン少尉は、自分のT59型戦車が歴史的瞬間に突入しようとしていることをまだ知らなかった。生と死はいまだに隣り合っていた。

あるゴム林の脇道に戦車を止めて炊事をしていた時、第390号戦車の第2号砲手ド・カオ・チュオンが、ゴム園に潜んでいた南ベトナム軍海兵隊員の一団による銃撃で負傷した。フォン中尉は砲身をゴム園に向けるよう命令し、海兵隊員らが全員退却するまで砲撃した。ド・カオ・チュオンの戦車は遊撃戦に備えてその場に留まり、友軍の戦車4台がサイゴンに進軍した。しかし、ハンサイン十字路まで来たところで道に迷い、ぐるぐる走り回らなければならなかった。

その少し前、あるゴム林の中で、レ・チョン・タン中将が第4軍団に最重要目標を攻撃する任務を委ねた。第2軍団司令官のグエン・ヒュー・アン将軍が「第2軍団が先に行けば、最重要目標を攻撃できるのでは？」と進言すると、タ

25　Văn kiện Đảng, tập 36-1975, 2004, p.176.

ン中将は同意した。4月24日に、やはりロンタインのゴム園の中で、アン将軍は第203旅団に問いかけた。「タイ（グエン・タット・タイ中佐、第203旅団長）はソ連に留学した。トゥンは中国装甲車研究所を卒業している。君たちは、第2次世界大戦の末期に、ソ連が敵の最後の拠点に戦車1個師団を投入したことを知っているだろう。われわれの戦車1個旅団で、独立宮殿に突入できない訳があるか？」

その直後、第4軍団の歩兵が先頭に立って進撃する一方、グエン・ヒュー・アンは戦車旅団を前衛に配置した。レ・ヴァン・フォン少尉が指揮する第390号戦車が先頭に立ったが、ブイ・クアン・タン中尉の第843号戦車のように動物園の方から行かず、赤十字通りをまっすぐ進んだため、独立宮殿に入ったのは10時45分だった。第843号戦車が左側から来て、正門の前で停止した。タン中尉は手を振って、フォン少尉の戦車に先に進むよう合図した。

フォン少尉は砲塔に引っ込んでハッチを閉じ、正門を突破するよう命令した。門が壊れる音が聞こえ、続いて戦車のキャタピラの下で門扉が砕ける音がした。正門に地雷が仕掛けられていないことが分かったので、少尉は砲塔のハッチを開き、上半身を乗り出した。遠くの方に、芝生に腰を下している西洋人の女性記者の姿が見えた。しかし、彼の戦車が芝生に乗り上げると、その女性記者の姿はもうどこにもなかった。20年後、レ・ヴァン・フォンはその記者と再会することになるのだが、当時は彼女がどこに行ったか確かめている暇はなかった。

独立宮殿の回廊まで行って振り返ると、第843号戦車はまだ元の場所にいた。ブイ・クアン・タン中尉がその戦車から飛び降りて、第390号戦車の後部に駆け寄った。彼の手には小さな旗が握られていた。それは重要な目標物を占拠した時に掲げるため、すべての車両にいくつも備えられている旗だった。第390号戦車の第1号砲手も、旗を手に戦車から降りたが、フォン少尉は命じた。「旗ならタン中尉が持っている。砲に弾を込めろ。用意！」。そして、自分は重機関銃を構えて援護した。しかし、もう銃弾は1発も撃つ必要はなかった。[26]

第390号戦車が停止した時、中隊の政治員ヴー・ダン・トアンがAKライフルを手に降りてきて、旗を持って行くブイ・クアン・タン中隊長を待った。2人は、これから戦闘が始まるかのような態勢で宮殿の回廊に上がった。ブイ・

26　補遺1「戦車390号と843号の真実」参照。

クアン・タンの記憶では、中に軍服姿の人影が見えたので不安になったという。おそらくあまりにも緊張していたため、またおそらく大きな鏡を見るのは初めてだったため、この農村出身の兵士は鏡に向かって突進し、激しくぶつかってはじき返された。倒れてもなお、彼は旗を手から離さなかった。その時、民間人の服装をした人物が走り出てきて、彼らを迎え入れた。

サイゴン政府の閣僚たちを前にしても、ブイ・クアン・タンは気持ちが落ち着かなかったことだろう。これから何をしたらよいのか分からず、彼は見張りのヴー・ダン・トアンに、司令官級の人物の到着を待とうと提案した。その後で、彼は歴史的役割を果たした。つまり、独立宮殿の屋上に解放戦線旗を掲げるという役割である。大統領府の守備隊司令官チエム大佐が、命令に従ってブイ・クアン・タンを宮殿屋上の国旗掲揚台に案内した。サイゴン学生総会の元会長グエン・ヒュー・タイと、フイン・ヴァン・トン博士が手伝いに同行した。[27]

当時、独立宮殿の階段は使用できなかった。というのも、革命側が南ベトナム軍に潜入させたグエン・タイン・チュンが操縦する飛行機が、4月8日に爆弾を投下して破壊していたからだ。チエム大佐は3人をエレベーターに案内した。ブイ・クアン・タンにとって、それは巨大な鏡よりも遥かに奇妙な代物だった。彼は頑としてエレベーターに乗ろうとしなかった。「その時、私はエレベーターがまるで……入ったらそのまま閉じ込められて、出られなくなる箱のように思えたのだ」と、タンは当時を振り返って語っている。チエム大佐の説明を聞いて、彼はやっとしぶしぶエレベーターに乗ったのだった。

黄色地に3本の赤い線が入ったベトナム共和国旗はかなり大きく、しっかり固定されていたので、タンが3人の手を借りてそれを下ろすのにかなり時間がかかった。タンは、赤と青の地に金星を描いた解放戦線旗に「4月30日11時30分／タン」と書き入れると、それを高々と掲げた。[28]

---

27 フイン・ヴァン・トン博士、学生グエン・ヒュー・タイ、クン・ヴァン記者は、ズオン・ヴァン・ミン大統領の降服声明をラジオで聞き、独立宮殿に来た。彼らは共産党の秘密活動、または革命側の活動に参加していた。

28 ブイ・ヴァン・トゥン大佐によれば、「最初の数日間、わが方のメディアは誰が革命旗を掲げたのか明らかにしなかったので、ブイ・クアン・タン中尉とファム・スアン・テ大尉が、それぞれ自分がやったと主張して論争になった。当時第203旅団長で、現在は軍事博物館副館長のグエン・タット・タイ中佐は、テ大尉に尋ねた。『それなら、君は旧南ベトナムの国旗を保管しているか？』。テ大尉は1枚の旗を出して見せた。一方、タン中尉もまた1枚の旗を出して来た。両方ともぼろぼろになっていた。

8. 降伏

　ブイ・クアン・タンがチエム大佐の案内で独立宮殿の屋上に上がっていた時、2階にいたヴー・ダン・トアン中尉は、後にこのように記している。「私は、ズオン・ヴァン・ミン政府の全閣僚を1ヵ所に集めた。彼らが集合すると、グエン・ヒュー・ハイン将軍が、皆に挨拶するよう大統領に求めた。大統領が彼らの所に行くと、入れ替わりにファム・スァン・テが2人の補佐官と共にやってきて、『私は第66連隊副隊長ファム・スァン・テ大尉だ』と告げた」

　当時、独立宮殿にいた唯一のヨーロッパ人、西ドイツの雑誌『デル・シュピーゲル』の記者ボリス・ガラシュは、こう述べている。「テ大尉の手には、弾を込めたロシア製のK54小銃が握られていた。大尉はとても興奮した様子で、ミン大統領に放送局に行くよう要求した。しかし、大統領はそれを望まず、代わりに宮殿内で自分の言葉を録音することを提案した。彼らがその事でもめている間に、革命軍の兵士が次々に駆けつけてきた。彼らはレコーダーを探したが、結局見つからなかった。宮殿の中にはレコーダーは1台もなかったのだ。しかし、革命軍の士官ブイ・ヴァン・トゥン政治委員が姿を現すと、その騒ぎも収まった」[29]

　第203戦車旅団の政治委員ブイ・ヴァン・トゥン中佐は、独立宮殿の入口で「傀儡政府の大統領がいます」という報告を受け、「大統領まで一網打尽にできたか！」と喜んだ。ズオン・ヴァン・ミン大統領は、背の高い中佐が入って来て礼儀正しく挨拶し、「われわれはあなた方が政権を移譲して下さるのを長い間待っておりました」と言うのを聞いた。中佐は続けた。「あなた方は負けたのです。われわれと協議することは何もありません。無条件降伏していただくだけです」。トゥン中佐は、グエン・ヒュー・ハイン准将に「ここから放送局への連絡回線は？」と尋ねた。准将が「壊れている」と答えると、中佐は大統領

実は、タイ中佐は4月30日に、慎重に宮殿の屋根に上り、旗竿に残っていた南ベトナム国旗の断片を取りはずして、そっと立ち去ったのである。タイ中佐は2枚の旗を広げ、自分が保管していた切れ端をつなぎ合わせた。こうして、タンの旗こそが、南ベトナム政権が独立宮殿に掲げていた最後の国旗であることが、初めて認められたのだった。

29　*Xưa & Nay*, No. 258, Apr. 2006, No. 264, July 2006.

を放送局に移送すると決めた。

　第390号戦車が独立宮殿で停止した時、搭乗員は全員戦車から降りた。操縦手のグエン・ヴァン・タップ軍曹も宮殿に入ろうとした。しかし、回廊に駆け上がった時、あまりにも静かなのを訝り、振り返った。「もし敵が戻ってきて、戦車を奪うようなことがあれば……」と考えた軍曹はそこで引き返し、戦車の操縦席に飛び込み、頭だけ出して外を窺った。ほどなくして、「傀儡内閣」の閣僚たちが毅然とした態度で宮殿から出てくるのが見えた。ファム・スァン・テ大尉も一緒だったが、タップ軍曹はその時、自分の上官であるブイ・ヴァン・トゥン政治委員しか目に入らなかった。軍曹はおそらく、ファン・トアンの写真と、トー・ヒューの有名な詩句「小さなゲリラ兵が銃を高く掲げ／大きな米兵は頭をうなだれる」を連想したのだろう、「中佐殿、こいつらに頭を下げさせて下さいよ」と呼びかけた。トゥンは「それが僕の役目だよ」と応えた。

　ズオン・ヴァン・ミン大統領を独立宮殿から放送局まで運んだのは、兵士ダオ・ゴック・ヴァン[30]が運転する「15770」のナンバープレートを付けたジープで、革命軍の第66連隊がクアンナム省ダイロックの戦場で捕獲したものだった。ヴァンはこう語っている。「ファム・スァン・テ副連隊長は2人の男性を連れて、私の運転するNo.15770のジープにやってきました。副連隊長と1人が前の席に座り、もう1人がフン・バー・ダム中尉、グエン・カック・ニュー中尉と一緒に後部座席に座りました。2人の兵士グエン・フイ・ホアンとバン・グエン・タットが、ジープの左右両側に腰掛けました。暫くして私は、自分の隣に座っている縁なし眼鏡をかけて黒い靴を履いた人柄な人物がズオン・ヴァン・ミン大統領で、後部座席のスーツと白シャツの人物がヴー・ヴァン・マウ首相だとやっと気がつきました」

　『デル・シュピーゲル』記者ボリス・ガラシュは、更にこう記している。「その時、街の中を走っていたのは、大統領を乗せたジープと、それに続く私たちの車の2台だけだった。少し前まで活気に満ちていたサイゴンの街は、突如として恐怖に支配され、今や静まり返っていた。車は無人のアメリカ大使館を過ぎ、グエンビンキエム通りにある放送局に着いた。私たちは1階の小さなスタジオに入った。数人の技術スタッフが、壁にかかっていたグエン・ヴァン・テ

30　戦後はタインホア市社で労働者フォン・ティ・チンとして暮らした。

ィォウ前大統領の肖像画を下ろし、窓から庭に投げ捨てた。私たちは暫くじっと座っていた。マウ首相は、本を扇子代わりにして顔をあおいでいた。ミン大統領と、戦車隊のブイ・ヴァン・トゥン政治委員は、それぞれ椅子に座り、私は彼らの間の小テーブルに腰掛けていた。トゥン政治委員は青い紙の上に降伏文書を起草した[31]」

ブイ・ヴァン・トゥン中佐の記憶はこうである。「私とズオン・ヴァン・ミンは、長椅子に並んで腰掛けていた。既に8～9日ほど眠っていなかったので、私はくたくたに疲れていたが、ふと、細かい事を言っても意味はないと思った。自然に汗が滝のように流れ、体は覚醒した。私は言った。『大統領、無条件降伏を宣言しなければならないのです』。大統領は『あなたが思ったように書きなさい』と応じた」

トゥン中佐は簡潔にこう記した。「私、サイゴン政府大統領ズオン・ヴァン・ミンは、ベトナム共和国軍に呼びかける。武器を捨て、南ベトナム解放軍に無条件降伏するように。同時に、サイゴン政権は中央から地方に至るまで、完全に解体することを声明する。中央から地方まで、すべての国家機関は南ベトナム臨時革命政府に権限を移譲するように」

大統領が読み終えると、トゥン中佐はレコーダーに向かって付け足した。「南ベトナム解放軍を代表してここに声明する。サイゴンは完全に解放された。われわれは、サイゴン政府大統領ズオン・ヴァン・ミン将軍の無条件降伏を受け入れた[32]」

ヴー・ヴァン・マウ首相も数分間の演説を行なった。それはおそらく、彼の

31　*Xưa & Nay*, No. 258, No. 264, 2006.
32　当時は少将の地位にあり、『クァンドイ・ニャンザン［人民軍隊］』紙上で有名なファム・スァン・テは、ズオン・ヴァン・ミン内閣のメンバーを拘束し、降伏声明を手ずから起草したのはこの自分だ、と認めている。2005年10月19日、ホーチミン市で軍事史学院が「1975年4月30日の独立宮殿占拠をめぐる学術懇話会」を開いたが、当時独立宮殿と放送局にいた証言者となるべき人々や、第203旅団、第116特別攻撃隊の将兵たちは招待されなかった。その後、2006年1月17日に、軍事史学院は次のような結論を出している。「放送局で、ファム・スァン・テ同志は第66連隊の将兵らと共に、ズオン・ヴァン・ミンが読む降伏声明を作成した。文書が作成されているところへ、第203戦車旅団の政治委員ブイ・ヴァン・トゥン中佐が現れた。第66連隊の将兵たちは、そこからはブイ・ヴァン・トゥン同志の指導で起草を続け、降伏声明を完成させた」。軍事史学院のこの結論が公表されると、すぐにブイ・ヴァン・トゥンと第390号戦車に搭乗していた将兵たち、そして当時放送局にいた建築士グエン・ヒュー・タイが異議を唱えた（これについては、『スア＆ナイ［昔と今］』紙2006年4月の第258号、および7月の第264号に多くの意見が掲載されている）。

政権樹立後初めての演説だった。「私、サイゴン政府首相ヴー・ヴァン・マウ教授は、民族和解と協調の精神をもって全階層の同胞に呼びかける。民族の平和の日が訪れたことを歓迎し、通常の活動に復帰するように。行政機関の職員は、革命政権の指導に従って従来の職務に復帰するように」[33]

第4軍団の管轄下に入った独立宮殿にヴォー・ヴァン・キェットが到着した。独立宮殿に入った最初のベトナム労働党中央委員である。彼は戦況をさらに詳しく掌握し、各拠点を押さえている部隊に対し、ズオン・ヴァン・ミン政府関係者を丁重に扱い、命令を待てという指示を繰り返した。

ヴォー・ヴァン・キェットは、軍管委特別党委書記の地位にあり、当時のサイゴンにおける実質的な最高指導者だった。しかし、その時点で、公式に最高指導者として登場したのはチャン・ヴァン・チャ将軍だった。5月1日、まだ前衛司令部にいたチャ上将は、レ・ドゥック・トとファム・フンから通達を受けた。「No.3レ・ズアンの電文によれば、政治局は君をサイゴン－ザディン軍管委主席に任命した。直ちに現地に急行せよ」というものだった。

ヴォー・ヴァン・キェットは、それは合理的な変更だったと考えている。占領されたばかりのサイゴンは、軍人——それも民衆にある程度なじみのある軍人——の指導者を必要としていた。チャン・ヴァン・チャ将軍は、南ベトナム共和国臨時革命政府の軍事代表団長として、パリ協定実施4者軍事連合委員会に参加した人物だった。1973年にはかなり長期間サイゴンに滞在し、『サイゴン』新聞の紙面にたびたび登場している。

チャ将軍は、5月2日にやっと独立宮殿に到着した。彼はこのように語っている。[34]「政治局の指示に従って、私は傀儡政権の重要人物をすべて解放した。彼らは4月30日以来、わが軍によって一部屋に拘禁されていたのだ。私が面会したのは、彼らのトップ数名だけだった。ズオン・ヴァン・ミン大統領、クエン・ヴァン・フエン副大統領、ヴー・ヴァン・マウ首相だ。私は彼らに、革命政府の政策は公明正大で、寛大、寛容であると説明した。そして、『これまでの出来事は、すべて過去のものとする。われわれの態度と行動は今後も変わ

---

[33] この歴史的声明を録音したのはグエン・ニャーである。当時、ニャーはサイゴン師範大学付属トゥードゥック中等モデル校の地理学教授で、師範大学が発行する『スーディア［地史］』誌の編集主任で主筆だった。

[34] 著者による1996年のインタビュー。チャン・ヴァン・チャ上将の回想録『30年戦争の終わり』参照。

らない』と強調した。私は、彼らが今回の偉大な民族的勝利を受け入れ、ベトナム人であることを誇るよう願っていた。彼らは感動した様子だった。ズオン・ヴァン・ミンは、『私は独立ベトナムの公民であることを喜ばしく思う』と表明した」[35]

9. 自決

　4月30日朝に革命軍が5方面からサイゴンを「制圧」した時、北ベトナム側の戦勝を覆すだけの力を持つ者はなかった。実際には、「ベトコン」は、その日の午後に西部方面を押さえただけだった。しかし、その時点で既に勝敗は明らかだった。

　ロイホーの2大隊の指揮官が独立宮殿に押しかけて、停戦の決定について大統領に質したことは前に書いたが、彼らだけでなく、まだ残っていた南ベトナム空軍の各師団は、数日前からチャーノックとその付近の各飛行場に移っていた。グエン・カオ・キ将軍も飛行機で移動し、指揮官たちと第4地区の省長を集めて対策を協議した。当時、第211艦隊を指揮していた海軍副司令官ホアン・コー・ミン提督も加わった。

　ホーチミン作戦の司令部は、レ・ドゥック・アイン将軍の第232団をロンアン方面に配置した。南ベトナム軍のグエン・コア・ナム将軍の部隊が、カントーから友軍の救援に来る可能性があり、それを防ぐことを考えた上での決定だった。しかし、4月29日の夜には、海軍のほぼすべての部隊が戦線を離脱していた。

　空軍第21師団の従軍記者だったズオン・ドゥック・ズン少尉によれば、「グエン・コア・ナム将軍は逃亡兵の上に爆弾を落とせと命令したが、空軍の兵士たちは従わなかった」という。4月30日朝にもまだ発進命令が出たが、航空機の搭乗員たちは爆弾を空き地に遺棄し始めた。数人のパイロットがズン少尉に告げた。「自分たちはウタパオ（タイ）に退却する命令を受けた。あんたも行くなら乗れよ」。しかし、ズンはそこに残った。その時から、カントーの空は片時も静まることはなかった。最初にA1EとA1H戦闘機が飛び立ち、次にA37、そしてC123が続いた。ヘリコプターがイナゴの群れのように舞い上がった。

35　補遺2「その後のビッグ・ミン」参照。

4月30日午前7時、南ベトナム軍第4軍団司令官グエン・コア・ナム少将は、電話で参謀総本部に報告した。「3ヵ所で激しい攻撃を受けた。ヴィンビンとバックリョウ、およびチャーノック飛行場から3キロメートルの地点である。しかし、ベトコンを押し戻すことができた。残りの地点を維持できるだろう。各軍団と第4軍区は数ヵ所で攻撃を受けたが、まだ持ちこたえている[36]」。当時グエン・コア・ナム将軍の補佐官だったレ・ヴァン・フン准将は、1972年にスァンロックを死守した人物だった。グエン・ヒュー・ハイン准将は参謀本部から、ナム将軍に「大統領命令の実行に努めよ」と繰り返し説得した。

4月30日午後5時30分、レ・ヴァン・フン将軍は第4軍団の司令部を離れ、軍総司令部に戻った。北ベトナム軍部隊の代表が第4軍団の司令部に入り、グエン・コア・ナム将軍に面会して「降伏」を求めた時、ナム将軍もフン将軍も「交渉」のみを受け入れると主張した。北ベトナム軍代表が引き返し、カイザン橋を渡りきったところで、フン将軍はマック・ヴァン・チュオン将軍に連絡し、装甲2個分隊を動員してカイザン橋を封鎖し、放送局を奪還せよと命じた。そして、チュオン将軍、およびカントーの周縁に駐留している各部隊の指揮官を集合させた。午後6時30分、士官たちがフン将軍の司令部の門前に着いた時、カントーの指導的な人々がフン将軍のもとに来て、「ベトコンに街を砲撃される」のを避けるため、反攻を断念するよう要請した。

ヴィンロンでは、南ベトナム軍の諸部隊がまだ抵抗を続けていた。ファム・ヴァン・チャは次のように語っている[37]。「4月30日午後、軍区前衛司令部の通信技術部隊が敵の長波を捕捉した後に、No.3チュンは無線を使ってヴィンロンの省長に告げた。『貴殿の命は解放軍の手に握られている。降伏するなら、わが軍は寛大に過去の過ちを赦すだろう。貴殿の生命、財産、そして親族、妻子の安全も保障される。もし拒否するなら、解放軍が望むと望まざるとにかかわらず死刑を宣告され、妻子、親族も命の保障はないだろう』。ヴィンロンの省長は30分間考えてから、17時に降伏に同意し、命を保障するという約束を守るようNo.3チュンに要請した[38]」

---

36 グエン・ヒュー・ハイン准将の証言。
37 4月30日にカントー、ヴィンロンに進撃した第1連隊長。
38 Phạm Vân Trà, 2009, pp. 237-238.

4月30日午後、ドンタムの基地で、南ベトナム軍第7師団司令官チャン・ヴァン・ハイ准将が毒を飲んで自決した。[39]

　午後6時45分、西部で南ベトナム軍を指揮する2人の将軍は、まだ電話で話し合っていた。ナム将軍はその頃になってもなお、カントーの民衆へのアピールを発信していた。しかし、2人とも、もはや遅すぎると分かっていた。ヴァン・ティエン・ズン大将は語っている。「わが方の圧力が日に日に強まったため、傀儡軍の第31、32、33連隊と、傀儡師団の司令機関では、大部分の兵士が自主的に武器を捨て、軍服を脱いで家に帰った。4月30日の20時には、傀儡軍の高級将校数名が、わが軍に降伏を伝えるために残っていただけだった」[40]

　4月30日午後7時30分、レ・ヴァン・フン将軍は自宅に戻り、親族と妻子に別れを告げた。8時45分、階下にいた将軍の妻ファム・ティ・キム・ホアンは、銃声を耳にして駆け上がった。家の者と一緒に扉を押し破り、部屋に入ったホアン夫人は、自分の頭に銃弾を撃ち込んで死んでいる夫を見た。その夜の11時、グエン・コア・ナム将軍はホアン夫人に電話で弔意を伝えた。翌5月1日の7時30分頃、南ベトナム軍最後の軍団となった第4軍団の司令官グエン・コア・ナム将軍も自決を果たした。

　前日の4月29日には、高原地域3省［コントゥム、サライ、ダックラック］からの撤退命令を受けた第2軍団司令官ファム・ヴァン・フー少将が、自分の責任を認めるかのように毒薬を飲んで自決を図った。家族は彼をグラール病院に運んだが、4月30日の昼、折しもズオン・ヴァン・ミン大統領が降伏を声明した頃、少将は息を引き取った。

　4月30日の昼、ライケの第5師団司令部では、レ・グエン・ヴィ将軍が、兵士たちに睡眠をとるよう命じた後に自決した。午後2時には、ダン・シー・ヴィン大佐が、妻と7人の子供を道連れに拳銃で自決した。

　しかし、それらは戦争の最後の銃声ではなかった。続く数日間に、多数の無名の軍人たちが死を選んだのだった。

39　ヴァン・ティエン・ズンによれば、「チャン・ヴァン・ハイは失意と絶望の中で、5月1日午前3時に自決した」。しかし、ハイ将軍の近親者は、彼は4月30日に自決したと証言している。
40　Văn Tiến Dũng, 1975, p.305.

第2章
社会主義改造

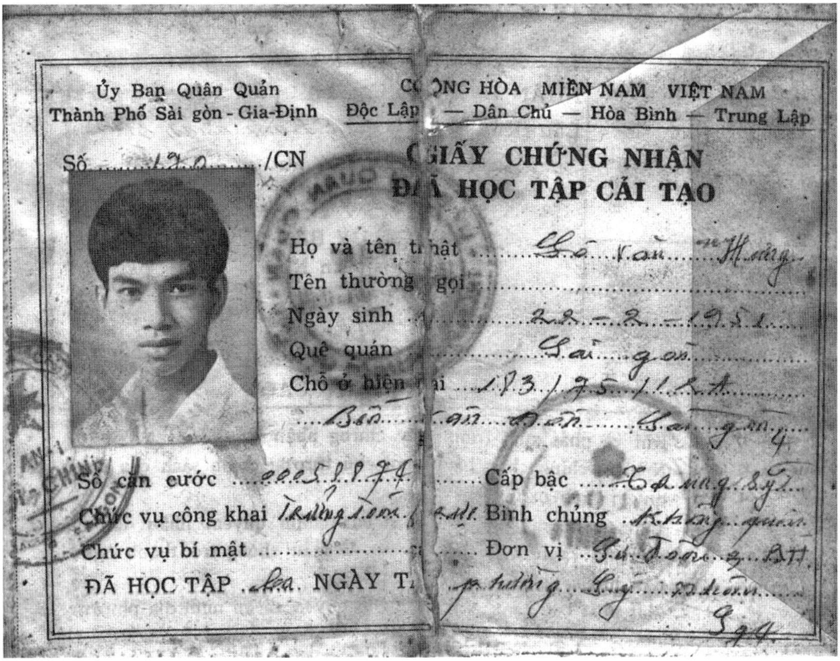

「社会主義改造」教育修了の証明書
(小高泰氏提供)

●訳者解説

　南ベトナムの崩壊後、南北統一に向けての施策はすべて北ベトナムの政府が決定し、労働党（共産党）の中央委員ヴォー・ヴァン・キェットを通じて南部に指令が出された。南ベトナム臨時革命政府の構想は、独立・中立の南ベトナムが北ベトナムとの連邦の形で一定期間存続し、南北が交渉して平和的に国土を統一するというものだった。しかし、サイゴンは北ベトナムの軍事管理委員会の統治下に置かれ、臨時革命政府の構想は雲散霧消した。共産主義者以外の広範な市民が参加していた南ベトナム解放民族戦線は、1977年1月に共産党傘下のベトナム祖国戦線に吸収される形で消滅した。

　1976年7月、統一国家「ベトナム社会主義共和国」が成立し、労働党は同年12月に「共産党」と改名。ベトナムは名実ともに共産主義体制の国家となった。南部では、「北部に追いつく」ために、党建設の強化、「反革命」勢力の鎮圧、資本家・地主階級の一掃、商工業・農業・小規模商業の社会主義改造などが強行された。資本家の資産は没収され、銀行預金は封鎖され、土地は国有化されて農民は集団農場に編入された。

　旧南ベトナムの公務員や軍の将兵、アメリカの機関で働いていた人々に対しては、社会主義「改造」教育を受けることが義務づけられた。その対象者は数十万人に及び、思想改造収容所で何年も過ごす人々もいた。「反革命」分子の摘発も行なわれ、恣意的に「敵」とみなされた人々が超法規的に逮捕され、法による保護のないまま拘禁された。

20年に及ぶ南北分断の末、歴史は南部の多くの家族を限りなく過酷な環境に追いやった。

一方で「山を跳び越える」ような勢いで北から戻ってきた子を喜んで迎える家族もあれば、他方では南の「傀儡」政権側の子供たちが、不安に胸を引き裂かれながら屋根裏でうずくまっていた。ハノイから南部に来て、自分が北に集結した時に南に残してきた子供が「傀儡軍の兵士」になっているのを、初めて知った党員もいた。4月30日の降伏から数日の間に、17万5000丁の各種銃砲が押収されたが、動員解除された南ベトナム軍の50万人以上の士官・兵士は、1人も家に戻っていなかった。みな基地で待機していたのである。

1. 最初の日々

4月30日の午後5時、第203旅団は、ロンビンから引き上げ、独立宮殿の占領とサイゴン防衛の任務を第4軍団に移譲せよ、との命令を受けた。しかし、ブイ・ヴァン・トゥンによれば、その頃にはサイゴン市民が路上に溢れ出していたので、彼の部隊の100台近い戦車は移動できなかった。緊張が最高点に達した数時間が過ぎると、張りつめた糸が切れるように、北でも南でも、兵士も含めたすべてのベトナム人が、戦争は終わったのだと実感した。

戦争は終わった……その感覚は、最初は銃声が止んだばかりの街のように静かなものだったが、やがて堰を切ったように噴き出した。人々はどっと街中に溢れ出て、街路を埋め尽くした。数人の青年や学生が独立宮殿前の花壇に押しかけ、今はもう砲弾を撃つこともなく沈黙しているT54型戦車に手を触れた。

ついさっき宮殿の門に突進したばかりの「ベトコン」戦車兵たちは、勝者としての寛大さと、熾烈な戦闘をかいくぐってきた者の気さくさから、その時は鷹揚で穏やかにふるまっていた。このような「兵隊さん」の態度は人々をT54型戦車に惹きつけ、その数はだんだん増えていった。「ベトコン」という存在が、今やはっきり目に見えるようになり、多くの人が彼らに近寄って北部のことを尋ねた。サイゴンの街と自分にこれから何が起こるのか、まだ誰も実際には知らなかったが、少なからぬ人がまだ楽観的な気分で喜びを味わっていた。

4月30日の夜、ペトロスキー校*のある区域が一時停電になった。革命軍の数

台の戦車が、デモンストレーションのために街路を走るよう命令された。5月1日の朝7時頃になって、ペトロスキー校の教職員たちは、革命軍が学校を占拠し、そこに続々と集まっていることに気がついた。革命軍の「士官」たちは、誰もが黒いだぶだぶの農民服を着たままだった。ヴォー・ヴァン・キェットは、サイゴン市委事務局スタッフのズオン・ミン・ホーに、彼らが「まともな服装で」教師たちに応対するよう命じていたのだ。

4月30日の夜間、「R［南部中央局の情報委員会］」から来た革命軍放送局の要員がサイゴン放送局を接収し、軍管委員会の最初の命令をラジオで流した。それは、秩序と治安の維持、そして銃砲類の没収に関するものだった。命令の多くは「R」に置かれている特別党委の指導に沿って、南部中央局のハー・フー・トゥアン事務局長がまとめたものだった。

ジャングルの戦闘から解放された者たちが喜んだのはもちろんだが、サイゴン政権の閣僚の中にも、最初の数日間は希望を抱いていた者がいた。グエン・ヴァン・ハオ博士（副首相）もその1人だった。4月30日の昼、ハオは独立宮殿に赴いた。ズオン・ヴァン・ミン大統領の政府は、第390号戦車が宮殿の回廊に乗り上げた時にも、まだ前政権からの引き継ぎをしていなかったのだ。この時点で、グエン・バー・カン首相は逃亡していた。ハオ副首相は、残っていたチャン・ヴァン・フオン政府の閣僚の中で最高位の人物だった。

サイゴン陥落の数日前、ハオ副首相はホー・ゴック・ニュァンを呼んだ。ニュァンがハオの家に来ると、副首相は夕食の食卓から立ち上がり、彼を上の階に連れていった。「革命側に伝えてほしいことがある。1つは16トンの金塊のことだ。グエン・ヴァン・ティォウ大統領が国外に持ち出したと言われているが、実は私が預かっているのだ。2つ目は頭脳流出の問題だ。私は一部の専門

41　フイン・ビュー・ソンによれば、5月1日の時点で、革命政府側はこの金塊が金庫の中にあることを知っていたが、金塊はハオ副首相が思想改造教育を終えてから、初めて正式に革命側に譲渡された。フイン・ビュー・ソンは金庫の鍵を管理していた2人のうちの1人で、彼はズエットという軍人と、後にカントー銀行の頭取になった人物に、金塊を直接渡したという。金庫の中には、15.7トンの金が保管されていた。それは、米連邦準備銀行（FRB）や、南アフリカ共和国のモンタギュー社、キムタイン社などが発行した金の延棒で、もともと税関で没収された密輸の金をキムタイン社で再鋳造したものだった。その他に、アメリカのダブル・イーグル金貨で、額面20ドルだが40ドル相当の金から作られたもの、さらにメキシコのペソやナポレオン金貨などがあった。15.7トンの金の現物以外に、南ベトナムの国家銀行がスイスに預けた5.5トンの金もあった（アメリカによる禁輸解除後に引き出された）。

家や知識人に国に残るよう説得したが、果たせなかった。革命側がどう出るにせよ、なるべく早くこちらから何か言うべきだろう」

5月3日、軍管委員会の通達があった。「アメリカの傀儡政権の打倒をめざす南部ベトナム軍民の総攻撃と一斉蜂起は、完全な勝利をおさめた。サイゴンは偉大なるホー・チ・ミン主席の名を冠する栄誉を得て、完全に解放された。速やかに街の秩序と治安を安定化させ、新たな革命の秩序を建設し、人民が主人となる権利を強化、発揮しよう。速やかにサイゴン–ザディン市内の同胞の日常生活を回復、安定化させよう。われわれはここに、南ベトナム共和国臨時革命政府の決定に基づき、サイゴン–ザディン市の軍管委員会の名簿を公表する」

その時の軍管委員会には、主席のチャン・ヴァン・チャ上将、副主席のヴォー・ヴァン・キェット、マイ・チー・ト、ホアン・カム少将、チャン・ヴァン・ザイン少将、そしてカオ・ダン・チェムがいた。

ホーチミン作戦が開始された時、南ベトナム解放民族戦線は、南ベトナムに「3派連合政府」を樹立する構想を表明していた。しかし、独立宮殿の屋根に解放戦線の旗が立てられた時、レ・ズアン第1書記はこの構想を握り潰すことを決定していた。5月1日、トー・ヒュー*は南部中央局に「命令」を伝えた。

「No.8、No.7へ（南部中央局からNo.8に転送依頼）。以下の事を伝えてほしい。No.3[42]の意見により、新政府の樹立に関しては、3派連合構想を取り上げることはない。政府のメンバーにアメリカの手先が入ることは許されない。アメリカに拠り所を与えてはならない。そして、民衆に革命側の実力と勢力をはっきり見せつけるのだ。民衆を再び運動に動員すると同時に、アメリカに戦略を変更させるのだ。その精神を体現できる政府は、われわれと愛国的な者、われわれの平和、独立、民主、民族和解、祖国統一の立場に、真に共鳴する者で構成されなければならない。政治局の方針により、ズオン・ヴァン・ミンのように降伏した者は、逮捕はしないが管理・監察下に置く。われわれは破壊行動に出る者だけを処罰する。大衆を革命運動に動員する一方で、大衆の中から慎重に中心となる人物を選び、育成する。大衆動員に十分な数の革命要員を送り込むために、党、大衆団体、軍の要員を数名選び、短期間で政策、方針、工作方法、規律について訓練を施すべきである。全国的な祝賀行事を行なう際には、政治

42　レ・ズアンの愛称。

局の意見に従って、ハノイの集会には南部の代表団が、サイゴンの集会には北部の代表団が出席すべきである／ライン[43]」

　5月6日、ヴォー・ヴァン・キェットは軍管委員会の式典に出席する仕度のため、散髪に行った。床屋は、兵士たちを相手に仕事をしている時、中年の男がジープで乗りつけるのを見た。それが誰かは分からなかったが、革命側の要人だと察した床屋は、散髪が終わると丁寧にお辞儀をし、どうしても料金を受け取らなかった。キェットが車でどこかへ乗りつけると、人々は両脇によけて道を譲るのだった。革命軍の他の車に対しても、人々は同じように振る舞った。

　何週間かすると、「兵隊さん」たちはバスに乗っても料金を払わなくなった。人々は、軍隊の車が進入禁止の道を走っている光景にも驚かなくなった。ヴォー・ヴァン・キェットは、「当時、革命軍の威勢はすべてを覆い尽くしていた」と回想している。「悪繩［暴漢、ならず者］アックオン」や盗賊、やくざ者までが、革命軍による拘束や取り調べ、尾行をひたすら恐れるようになった。

　だが、もっと積極的な人々もいた。当時、フイン・ビュー・ソンが住むトゥードゥックでは、アンフーの銀行の社宅にいた男性はほとんど逃亡するか、思想改造教育に召集されていた。ある警備員は、長年「ヴァン君」と呼ばれていたが、突然もっともらしい名前を名乗るようになり、社宅の管理委員会の委員長に一挙に昇格した。社宅に残っていた女性たちは、長年、高級官僚の奥方のように扱われていただけに、この人選には我慢がならなかった。彼女たちは相談の上、フイン・ビュー・ソンを代わりの委員長に選んだ。ソンはさっそく、村役場に自分が委員長に選ばれたという報告書を送った。報告書には管理委員会で以前から使われていた印が捺されていた。

　革命当局は、即座にフイン・ビュー・ソンに出頭を命じた。彼は椅子に座らされ、AKライフルを持った2人の兵士が尋問した。「君は何の罪を犯したか分かるか？」「いいえ、分かりません」「革命軍が村を解放したのに、君は相変わらず傀儡政権の印章を使っていた。君の罪は銃殺に値する。だが、まあいいだろう。これからはこの男が委員長だ」。兵士はそう告げると、いつの間にかそこに来ていた警備員のヴァンを指差した。

　フイン・ビュー・ソンの話のような例は珍しくなかった。6月29日には、

43　トー・ヒューのこと。

「2000人以上」による人民裁判がタインダー市場の前で開かれた。「同胞は熱意をもって居住区の区長たちを告発した。その典型は第9区長レ・ヴァン・ミンである。この男は、元は傀儡政権の公務員だったが、今になって革命側の人間と自称している。居住区の主人としての精神を発揮し、同胞は行政当局に、傀儡政権が任命した反動的区長24名の排除を要請した[44]」

　サイゴンで最も早く行政機関が奪取されたのは、第1区のチャンクァンカイ街区で、4月30日午前7時のことだったと言われている。この地域の党の地下支部がタンディンの交番を包囲し、この時刻にはもう家に帰ることしか考えていなかった警察官の武器を奪ったのだった。ズオン・ヴァン・ミン大将が政権移譲を声明した直後には、第11区では区長の邸に解放軍旗が掲げられていた。

　旧行政機関の奪取と新行政機関の設置は、すべて次のケイバン街区と同じような形で着手されたことになっている。「敵の拠点に続けざまに撃ち込まれる解放軍の銃声が聞こえると、ケイバン街区の人民は、心を1つに力強く蜂起し、敵を追い払い、自らの手に主人権を獲得し、街路に溢れ出て解放軍の到着を待った。わが軍の戦士たちがやってくると、同胞は歓喜に溢れ、歓声で迎えた。敵を制圧した後には、自主管理のための臨時革命人民委員会が設立された。各種の革命人民団体も急いで組織された。ケイバン街区は5月2日までに、治安班、戦士の母の会、情報宣伝班、医療班、自主管理委員会を設立し、現在は飢餓救援班、防火班の設立を進めている[45]」

　4月30日以前は、サイゴン在住の党員はわずか735人だった。南部中央局は、「R」の各機関から2820人の党員を補充した。しかし、5月末までに党員数は急速に増え、6553人に及んでいた。地元の革命戦士や、各抗戦拠点から来た者、「4月30日の革命要員」［第7章1.参照］たちが、たちまちサイゴンの主要な役職を掌握し、放送局を監視し、『サイゴン・サイフォン』紙を発刊し、都市部から末端の農村部まで革命組織のネットワークを張り巡らしたのである。

　ヴォー・ヴァン・キェットは認めているが、「4月30日の革命要員」のみならず、1975年にサイゴンで権力を引き継いだ者の中に、国家を管理するだけの見識を備えた者はいなかった。当初設定されていた最大の目標は、速やかに社

44　*Sài Gòn Giải Phóng*, 2, July 1975.
45　Ibid. 6, May 1975.

会秩序を安定化させること、それも、主に政治的方法で安定化させることだった。経済、教育、医療関係の各事業所には、「R」の中から主に北部の人員が派遣され、自分の専門に関係のある部署に配置される予定になっていた。

2. 傀儡政権

　南部中央局常務委員グエン・ヴァン・チャンによれば、「北部で政権を奪取した時、ホー・チ・ミン主席は、旧体制の行政機関のほぼすべての職員をその役職に留め、従来と同じ水準の給与を保証した。それは、われわれ革命兵士の給与より高いほどだった。ホー主席はまた、フランス植民地時代の法規は引き続き有効と認め、国家体制の継続性を保障した。このように、北部の新政権樹立は、サイゴンのそれほど重い課題ではなかった」という。

　サイゴンの行政機関のシステムは、ゴ・ディン・ジェム大統領の時代に確立した。ジェムはもともとグエン朝の尚書だったが、政権を取ってからは、郷試・会試・殿試による官僚採用方式に代えて、国家行政学院を設置した。この学校には、地方の役場の委員長や室長レベルの官僚を養成する2年間の「参事」コース、都市の副区長や局長レベルを養成する4年間の「督事」コース、そして中央省庁の官僚になるための上級教育コースがあった。1960年までは、ジェム政権の省長は文官だった。

　1960年に誕生した南ベトナム解放民族戦線は、南部の革命路線を「暴力革命」と規定した。ジェムはこれに「国家機関の軍事化」で応えた。つまり、省レベル、県レベルの行政機関の長に軍人を配置したのである。国家行政学院出身の官僚で区長の職位にある者は、その職に留まりたければ、ニャチャンにある軍事訓練校で6ヵ月学ばなければならなくなった。逆に、大隊長の少佐で区長に相当する能力があれば、高級歩兵教育コースと行政学の6ヵ月コースを修了後、副区長の下で6ヵ月間の実習を経て、区長のポストに就くことができた。

　しかし、それでも行政はきわめて専門的な問題とみなされていた。グエン・ヴァン・ティウ政権期には、区長が軍事の方に関心を払い、行政に対する市民の要求に十分対応できなくなった。そこで、首相が内務省と共に作成したガ

イドラインに沿って、省長・区長は副長クラスに権限を移譲させられた。サイゴン政権下では、各省・区に1人ずつ配置されている副省長・副区長は、国家行政学院を卒業した「督事」でなければならなかった。

街区や村落レベルでは、国家行政学院卒という条件は必要なかったが、選出された村長や任命された街区長は、町村幹部養成学校で6ヵ月の学習を義務づけられた。グエン・ヴァン・ティゥ大統領は、この学校の始業式と終業式に必ず列席し、受講生に「私は中央の大統領で、諸君は地方の大統領だ」と話すほど、町村幹部の役割を重く見ていた。

しかし、ズオン・ヴァン・ミン大将の声明にもあった「中央から地方に及ぶベトナム共和国の政権」は、もはや解体しつつあった。アメリカ側と関係があるか、または旧政権の組織で働いていた約20万人の人々は、サイゴン陥落の数週間前から国外に脱出していた。同じくらいの人々がまだ残っていたが、彼らは自分の立場を認識して、自主的に職場放棄していた。だが、彼らが残っていても、パリ協定以来の革命闘争の目標は「傀儡政権の機構を粉砕する」ことだったため、革命側がサイゴンの行政機関で、旧政権の高度な専門家の公務員を使うことはあり得なかった。

党書記局の1975年4月18日付けの公電は、旧政権機関に勤めていた人間のうち、そのまま雇用できる者を認定している。「敵の分子・スパイ・破壊分子を除いて、革命に誠実に奉仕する人間、労働者、熟練技術者を、引き続き雇用する必要がある」。4月19日の公務員に対する書記局指示では、町村当局で「教育を受けた」後、「a. 誠実に悔い改めた者に対しては、進歩し、働き、罪を償う機会を与える、b. 警察官・消防士については、反動的悪縕(アックオン)以外は雇用してよいが、教育管理を行なうための指導要員を派遣しなければならない」。副区長以上のレベル、そして隊長レベル以上のほとんどの警察部隊指揮官は、長期の集中的改造教育の対象となった。

『サイゴン・ザイフォン』紙上で「地域治安宣伝訓練委員長」と紹介されたある「同志」は、次のような声明を出している。「傀儡政権の公務員、公共機関職員に対する改造教育には工夫が必要だ。それは傀儡軍兵士の改造教育より精神的に困難である。なぜなら、傀儡政権の上級公務員は、人民を抑圧する機関で働くか、それに積極的に関与していたからだ。それゆえ、彼らは綿密に訓練さ

れ、認識と思想の面で旧体制にかなり深く影響を受けている[46]」

「解放」の日から、国家の方針も、主に政治的な運動を通して実施されるようになった。「傀儡政権」の人員を雇用するといっても、彼らの専門知識は何の意味もなかった。そればかりか、この同志が言うように、革命政権側は彼らを「人民を抑圧する機関に積極的に関与する」ために「綿密に訓練され」ていると見ていたのだ[47]。

3. 傀儡軍

5月5日、サイゴン軍管委員会の決定が公布された。

「命令第1号：傀儡政権の士官、兵士、警察官、公務員の経歴開示、登録および武器提出について。

第1条：サイゴン市内およびザディン省の傀儡軍士官・兵士、警察官、諜報要員、公務員は、全員その経歴を明らかにし、登録しなければならない。その期間は1975年5月8日から同年5月31日までとする。

第2条：将官・佐官級はホンバン大通り213番地で、尉官級は区の革命人民委員会で、下士官および兵士は各街区の革命人民委員会で、それぞれ経歴開示と登録を行なう。警察官、公安警察の諜報員は、サイゴン市軍管委員会の内政治安委員会本部で経歴開示と登録を行なう。公務員、公共機関の職員についても同様とする。

第3条：身分確認、登録の際には、必ず身分証明書、個人の各種証明書類、すべての武器、装備、記録文書、公用車両、金庫等を持参、提出しなければならない。

第4条：武器弾薬類および車両、通信機材を所有するすべての個人、家庭、団体、事業所は申し出の上、それらをすべて提出しなければならない。

第5条：この命令は、1975年5月31日の24時までに厳格に実施されなければならない。経歴を明らかにせず、隠すものは厳罰に処す。経歴開示、登録後も武器、文書、車両等を提出せず、隠匿する者は誠意を認められず、以後は発

46　*Sài Gòn Giải Phóng*, 8, Nov. 1975 号外。
47　Ibid. 8, Nov. 1975.

見され次第、命令に従わなかったとみなされる。武器、文書、機材、高価な機材・物資を登録、提出した者、それ以外の価値ある事物を発見した者は、査定後に適切な表彰を受ける。

上の期間より前に経歴開示、登録を行なった者は、すべてこの命令に従って再度正式な登録を行なう。サイゴン−ザディン／主席／チャン・ヴァン・チャ上将」

経歴開示手続きは、予想ほど長くかからなかった。わずか5日間で、サイゴンにいた23人の将官が自主的にサイゴン大学院予備センターにある受付に出向いた。「ヴー・ヴァン・ザイ将軍、第3師団司令官／チャン・クォック・リック将軍、40歳、第5師団司令官／ファン・ズイ・タット将軍、第2軍区別働隊指揮官／ホー・チュン・ハウ将軍、元降下師団副司令官」という具合にである。だが、大部分は既に退役した将軍たちだった。グエン・ヒュー・コー中将、グエン・タイン・サン少将、レ・ヴァン・ギエム中将などがそうだった。かなり前に辞職していた人々もいた。「レ・ヴァン・キム中将、1964年退職／グエン・ヴァン・ヴィ中将、元国防相、1972年退職／ラム・ヴァン・ファット少将、1965年より逃亡し、サイゴン政権下で死刑判決を受けた経歴あり」というように。

サイゴン政権が最期を迎えた時には、「頑固な」人々は逃亡するか、第4軍団副司令官レ・ヴァン・フン将軍や、同司令官グエン・コア・ナム将軍、西部の一部の省長たちのように自決を遂げた。それ以外の人々は国に留まり、自分の身に起きることを受け入れた。[48]

48　ほとんどの諜報要員と警察士官は拘束されていた。「R委員会」で勤務していた中央諜報特別委の研究員ファン・ゴック・ヴォンによれば、4月21日にアメリカ側から電信が届き、キッシンジャーによる脱出計画に沿って、4月25日にすべての諜報員と警察士官を救出すると知らせてきた。電信は、国家警察総監で中央諜報特別委の委員長グエン・カック・ビン准将に転送された。4月22日、脱出を協議する会合で、ビン准将は「諜報員と警察官は今は脱出せず、最後の瞬間まで踏み留まるべきだ」と宣言した。全員がその決定を必然的なものと考えた。しかし、翌23日、グエン・ヴァン・ティウ大統領がベトナムを去った。24日には、グエン・カック・ビンが部下に一言も指示を出さないまま、黙って出国した。臨時大統領チャン・ヴァン・フオンは、ビンの計画を引き継ぐ特別委員長にグエン・ファット・ロック（後に改造学習に送られ、ナムハーの刑務所に死ぬまで収監された）を任命した。26日、ロックは、アメリカ大使館を通じて脱出計画を実施するため、国家審問センターの所長を担当者に選んだ。選ばれた所長はロックに代わり、諜報員や警察官が家族と共に脱出する手段を講じた。28日、ロックはさらに国外に送る諜報局長を任命し、その局長も秘密裏に脱出を果たした。この日の午後、アメリカ大使館は、諜報特別委本部の全人員にバィックダン通り3番地に集合して待つように指示した

サイゴンでは、44万3360人が経歴開示手続きをしたが、そこには28人の将官、362人の大佐、1806人の中佐、3978人の少佐、3万9304人の尉官、3万5564人の警察官、1932人の各種諜報員が含まれていた。さらに、政府機関の上級公務員1469人、革命側が「反動」とみなす諸党派のメンバー9306人がいた。指名手配されたのは、将官1人と佐官281人を含む4162人だけだった。

　経歴開示の命令が出てから1ヵ月ほどたった6月10日、軍管委員会は「経歴開示と登録を終えた傀儡軍の士官・下士官・兵士・軍属、傀儡政権の諜報員・警察官・公務員の改造学習について」とする声明を発表した。それは次のようなものだった。「経歴開示と登録を終えたサイゴン－ザディンの各兵種部隊に属するすべての傀儡軍下士官・兵士・軍属、および各区・街区・住宅区・村落の傀儡行政機関の諜報員、警察官、職員は、1975年6月11日から6月13日まで3日間の改造学習を受けなければならない。登録を終えた傀儡政権の府、部、局、院、出張所、事務所、部局の副室長以下は、1975年6月18日から20日まで学習を受けなければならない。学習時間は、1時間の昼休みをはさんで7時から16時まで（インドシナ時間）継続される。学習者は昼食と夕食を持参し、終了後は帰宅する。この学習命令は絶対に執行されなければならず、定められた期間に改造学習に行かなかった場合はすべて違法とみなされる」

　この日のうちに、士官たちに改造学習命令が伝達された。「傀儡軍の士官・警察官・諜報特派員の少尉から大尉まで」には、「筆記用具、衣類、蚊帳、個人の日用品、集合日から10日分の食料・食品（食費または現品）」を、「将官、佐官」には「1ヵ月分の食料・食品」を持参しなければならない、という指導が伝えられた。

　6月11日から、下士官と兵士はみな市内の各学習場所に出向いた。彼らは、命令の通り学習期間が3日間だけで、やり方も「改造」というより「学習」的なものだったので安堵した。マスメディアが動員され、まだ胸に一抹の不安を抱いている士官たちを安心させるようなニュースを流すようになった。

　1975年6月17日付の『サイゴン・ザイフォン』紙に掲載された社説「真の公

が、翌日の午後になるとグエンハウ通り2番地に変更してきた。集まった全員が、銃をすべて提出するよう求められた。しかし、4月30日の午前1時には、大使館と特別委本部の連絡は完全に遮断された。明け方、アメリカ大使を乗せた最後の飛行機がサイゴンを離れた。優先的にサイゴンから脱出することになっていた諜報特別委のほとんどすべての要員は、革命側に拘束された。

民となるために改造を続けよう」には、こう書かれていた。「傀儡軍の兵士・下士官、傀儡政府機関の職員の改造学習が数日前から開始されている。各教育所での学習効果で、誰もが注目する共通点は、かつて傀儡軍、傀儡政権で何をしていたかにかかわらず、ほとんど全員が、人民と革命に対して罪があると認めていることだ。彼らはみな、自らを改造して良い人間になると約束している。この学習は大部分の兵士に、誰が敵で誰が味方かを判別させた。この判別は非常に重要だ。それは、傀儡軍兵士と傀儡政権職員が、学習前と比べて一歩前進したことになる。しかし、まだ最初の一歩に過ぎない。敵味方を判別し、良い人間になるために奮闘すると約束することで、やっと認識面で進歩し、態度を明らかにするところまで漕ぎ着けたのだ。彼らは本当に進歩したのか？ 彼らの態度は誠実なものなのか？ それとも、進歩した振りをしているのか？ この狭き門を通るために口だけで約束し、民族に敵対する思想を持ったまま、民族共同体に潜り込むつもりなのか？ 過去20年にわたってアメリカから悪い思想、人民と革命に敵対する思想を詰め込まれた人々が、3日間の学習でそれらをすっかり洗い流せるだろうか？ そこで、革命軍は、彼らが自分の進歩ぶりを行動で証明するための条件を作ることにする。わが人民は、人はその行動で評価しなければならない、ということを経験済みである。われわれが彼らに施す思想教育は、正しい言葉だけでなく、正しい行動をとらせるために肝要なものである」

別の新聞記事は、元兵站担当軍曹チャン・ヴァン・ラインの言葉を紹介している。「学習に行く前は、行ったら虐待され、侮辱されて、暴行さえ受けるのではないかと思っていました[49]」が、「そういう事はありませんでした」。そして、ラインは学習後に「改造学習修了証明書」を授与された。それは、「傀儡軍人」が新体制の下で、「人間として再生する」ようになったことを公認する貴重な証明書だった。さらに「レ・コン・ダック1等兵」として紹介されている人物は、「この学習で、革命政権は私たちを暗闇から解放し、正義の道へと導いてくれました」と語っている[50]。革命軍の士官は、傀儡軍の兵士たちが話すことをチェックし、彼らが「3日間の学習」後に帰宅を許され、「革命側は言葉通りのことをした」と言うのを確認すると、ようやく満足するのだった。

49　*Sài Gòn Giải Phóng*, 14, June 1975.
50　Ibid.

誰も知らなかったことだが、1975年4月18日、党書記局は次のような指示218/CT-TWを出していた。「傀儡軍士官については、すべて収容所に収監して管理下に置き、教育を受けさせ、労働させる。その上で、各々の進度に応じて分類し、具体的な処遇を決める。われわれが必要とする専門技術を持つ者（兵士、士官を含む）は、一定期間内にそれぞれ職務に就かせてよいが、警戒を怠らず、厳しく管理しなければならない。その後に、われわれの必要に応じて、また各々の進度に応じて、軍隊以外の分野に転属させて使用することもできる。悪縕（アックオン）、軍の諜報員、心理戦担当士官、平定・帰順工作員［革命勢力の拡大を防ぎ、革命側に帰順を呼びかける政治工作員］、軍内の反動党派の指導者については、兵士、下士官、士官の別なく集め、長期の改造教育を受けさせ、安全な場所に収監して厳しい管理下に置く」[51]

　多くの地方では、「悪縕（アックオン）の頭目」たちが、この決定の直後、またはサイゴン陥落の数日後に「処理」され、大部分の士官が改造教育に送られた。しかし、旧体制の士官と兵士が50万人近く集中し、国内外から注目されていたサイゴンでは、あらゆる決定は中央局と特別党委が議論して計画化されるべきだった。

　中央局は、グエン・ヴァン・ティウ大統領の執務室だった部屋の中で、大統領付きの士官たちを「長期の改造」に送る方法を協議した。その計画は「X-1作戦」と呼ばれた。ヴォー・ヴァン・キェットは認めている。「公表された学習期間は、下士官・兵士は3日、尉官は10日、将官・佐官は1ヵ月と3つに分か

51　新政権の人員は、旧体制の職名を十分理解していなかったため、少なからぬ混乱が生じた。サイゴン政権下で使われていた「ゴチャゴチャした」単語に出会った勝者たちは、いろいろと推論したが、それが幾多の人々の運命を狂わせることになった。大衆動員や情報関連の職務の他に、文芸部門である「招撫（宣伝工作）」という機関があったが、敵に帰順を促す招撫という名称のために、その職員たちは、同じ位階の「傀儡政権」公務員より長く改造収容所に収監された。多くの「派遣部隊士官」も、同様に悲惨な運命を辿った。彼らの中には、金やコネのおかげで、戦場の部隊から事務の仕事に「派遣」して貰ったという立場の者もいた。約1万5000人の教員や医療関係者もいた。彼らは、革命側の1968年のテト攻勢や、1972年のクアンチ攻防戦の後に、トゥードゥック士官学校に動員されて一定期間訓練を受け、予備役の士官のような「肩章」を与えられて、学校や病院に戻ったのだった。改造収容所では、彼らは「派遣部隊士官」という呼称のために疑いの目で見られた。つまり、たとえCIAでなくても、恐るべき部類の人間に違いないと思われたのである。「政治戦争」機関にいた士官たちは、実は歌舞団の慰問公演について行く人員に過ぎなかったのだが、政治工作要員だと誤解され、多くが10年以上の懲役を課された。国家行政学校の卒業者も、あやうく「終身刑」に処されるところだった。というのも、愛国知識人協会書記長のフイン・キム・バウによれば、革命政府は最初、この学校を共産党の党学校のような役割の学校だと思ったからである。

れていたが、これによって学習を受ける者は、士官の学習期間は長くても1ヵ月だと思い込まされた」

サイゴン政府軍で派遣士官として大尉の階級にあったために、「10日間の学習」を受けた歴史学者タ・チー・ダイ・チュオンは、こう記している。「ほとんどの者は平静で、収容所の入口に着くと案内を乞うた。娘と一緒に、入所する婿に付き添い、かいがいしく婿の世話を焼く娘を温かく見守っている親の姿もあった。『3日間の学習』を受ける者の中には、友人を収容所に送る途中で一杯ひっかけ、ほろ酔い気分で友人と一緒に門をくぐる者もいた。動員解除された兵士が、「修了証明書があると仕事に就きやすいから」と入所を頼みに来ることもあった。しかし、入所したが最後、いつ出てこられるかは分からないのだった」[52]。

タ・チー・ダイ・チュオンが収容されたのは、ある学校の建物だった。「6月23日の朝、私は回り道をしてぶらぶら歩き、パンを片手にタベール校の門まで来た。午前10時30分、銃を持った2人の士官が静かに私を中に案内した。外の街路に人気はなく、固く閉ざされた門が私たちを外界から遮断した。中で何があるのか、外側から窺い知ることはできなかった」[53]。尉官クラスの士官たちは、窓口で10日分の食費を納め、領収書を受け取り……渡り廊下に進むまでは冷静だった。看守が来て、金属類を差し出すよう命令した時、私は初めて「何か深刻なことが起きている」と感じた。「夜が更け、雨が降り続くにつれて、だんだん体が震えるようになった」という。

タ・チー・ダイ・チュオン大尉は書いている。「私は校舎の上階で蚊帳を吊ったが、眠ることができなかった。階上から見下ろすと、光よりも闇の方が勝って見えた。プールの面に電灯の光が長く射していた。銃を持った数人の兵士が巡回していた。弾を込めたB40が、そのシルエットをいっそう長くしていた」[54]。1975年6月25日、チュオン大尉と戦友たちは移動の命令を受けた。「案内されて外に出ると、辺りは静まり返っていた。車がずらりと並んで停まっていた」。そして、歴史の教師タ・チー・ダイ・チュオンは「10日間の学習」の代わりに、その日から1981年6月まで複数の収容所を転々としなければならなかった。

52　Tạ Chí Đại Trường, 1993, pp. 53-54.
53　Ibid. p.54.
54　Ibid. p. 55.

またたく間に 10 日が過ぎ、1ヵ月が過ぎた。学習に連れていかれた者について、親族たちは誰も何の情報も得られなかった。そんなある日、突然 1 人の士官が釈放された。それは、元国防相グエン・ヴァン・ヴィ将軍だった。

　収容所から出てきたばかりのヴィ将軍は、こう表明した「われわれは軍隊にいた時より良い物を食べていたほどだ。親族が改造学習に行っている人々は安心して、革命軍を信じ、根拠のない噂話を信じないよう願いたい」[55]。ヴィ将軍は、最初の日に経歴開示し、こう表明した人物である。「私はサイゴン政府軍をよく知っている。非常に有害で、悪質な軍隊だ。そして、この数日で、革命軍が非常に規律と秩序のある公明正大な軍隊であることがはっきり分かった。ティゲー橋の拙宅に来た革命軍の兵士諸君は、けっして乱暴なことはしなかった。革命軍は穏やかで、平静で、誰もが安心し、喜んだものだ」[56]

　ヴィ将軍の発言が新聞に掲載された時点で、人々はもはや噂に耳を傾ける必要はなくなっていた。尉官級の士官は 10 日間だけ、左官級は 1ヵ月だけの学習と「革命側が言った」にもかかわらず、夫や息子たちは既に 3ヵ月以上も音信不通になっていたのだ。しかし、家で待つ人々も、収容所の有刺鉄線の内側にいる人々も、まだ絶望してはいなかった。革命政府もそれが分かっていて、ヴィ将軍を釈放し、民心を鎮めるような発言をさせたのである。同時に、「傀儡政権の士官と公務員」は、家族に手紙を書くことを許可され、またそれを強要されたのだった。

　7 月の初め、南ベトナム解放民族戦線の「R」が発行する新聞『ザイフォン [解放]*』は、「元コンソン島警察隊大尉」チャン・ヴァン・トゥックが、「サイゴン 2 区のグエンカック通り 52-54 番地に住む妻グエン・ビック・トゥイ」に宛てた手紙を掲載した。手紙を載せる際に『ザイフォン』紙は、「改造学習を受けている元士官たちの現在の生活を、読者がもっと理解できるために」と説明した。[57]

55　*Sài Gòn Giải Phóng*, 19, Aug. 1975.
56　Ibid. 15, May 1975.
57　チャン・ヴァン・トゥックの手紙には、このように記されている。「愛する妻へ…僕は今とても健康で、家にいた時よりたくさん食べている。食事は 1 日 3 回出るし、改造教育はとても楽しい。特に、農村の生活に親しむために、仲間と一緒に畑を耕し、種を撒き、収穫する労働学習は楽しいものだ。畦に野菜の葉が青々と伸びている様子は、僕が家庭菜園を作っていた時のようだ。おまえと子供たちを連れてきて、これを見せたいものだ。学習が終わって家に帰ったら、田舎で畑仕事をして暮らすことにしよう。　1975 年 7 月 29 日　チャン・ヴァン・トゥック」

第 2 章　社会主義改造　　　　　　　　　　　　　　　　69

いかにもお粗末なやり方だが、革命政権はこの手紙を通じて、次のようなメッセージを伝えようとしたのだった。「そうだ、僕は前の手紙で書き忘れていたが、根も葉もない噂は信じないように。それは傀儡政権の反動一味が、家で待っているおまえや両親を不安がらせるために流した噂なのだ。もし誰かが事実をねじ曲げるなら、それは金で雇われたならず者か、反革命の傀儡一味だから、行政機関に行ってそいつらを告発しろ。寛容な革命政府が道を踏み誤った者を真の公民にしてくれるように、早く家族の許に戻って生産に貢献させてくれるように、僕は改造学習に努める」

　それから1ヵ月以上たって、『ティンサン［朝のニュース］』紙が「L.Q.L」というイニシャルの女性のインタビューを掲載した。彼女は「傀儡軍海兵隊第7大隊副隊長の少佐」だった夫に収容所で面会し、サイゴンに戻ったばかりということだった。同紙はL夫人がどの収容所で夫と面会したのか、夫とは誰なのかはっきり書かず、ただ「少佐と彼の大隊全体が、傀儡軍のブイ・テー・ラン将軍にトゥアンアン門で見捨てられ、彼は第7大隊の全兵士と共に3月27日に解放軍に投降した」とだけ紹介した。『ティンサン』紙で報道された改造収容所の話は、まるでサマーキャンプのような雰囲気を感じさせるものだった。イン

58　*Giải Phóng*, 7, Aug. 1975.
59　インタビューは次のようなものである。質問「面会に行く時、ご主人のことをどう考えていましたか？」、答「夫は、以前は飲ん兵衛だったので、家に帰ってもいつも食事をしませんでした。だから、血色が悪く、体も痩せ細っていました。労働学習に行かねばならないという時には、夫の体がもたないのではないかと心配しました。頭の中には、病気になって痩せ細った夫Lのイメージしかなく、それが念頭から去りませんでした」、質問「Lさんと面会した時、どう感じましたか？」、答「Lは今は健康的に日焼けして、前より逞しい体になっていました。以前の2倍も太ったように見えたので、水腫でも患っているのではないかと疑ったほどです。手のひらや太腿を指で押して確かめてみましたが、筋肉はとても固かったので、私はたいそう喜びました」、質問「収容所に行った時、Lさんは何をしていましたか？」、答「収容所に着いた時、運動場でバレーボールをしていた大隊長のCさんに出会いました。私は嬉しさと惨めさでわっと泣き出しました。11時になると、仕事を終えたLが面会に出て来ました。昼食もとらずに私と話をし、サイゴンの家族の様子を尋ねました」、質問「学習者の暮らしぶりをどう思いましたか？」、答「私は食堂にはいませんでしたが、夫が茹でたトウモロコシと、肉団子添え御飯を持ってきてくれました。あなたは食べないのと聞くと、食べ物はとてもたくさんあるのだ、と夫は言いました。ここは渓流に近いので、みな釣りをして、食卓に雷魚を添えることもできると。私がいた日の昼には、魚が1匹釣れたので、晩御飯には魚粥を作ろうと決めました」、質問「学習の教官たちをどう思いましたか？」、答「とても良い人たちでした。私は『ティンサン』を何部か持っていったので、教官と学習者が回し読みしていました。教官たちはサイゴンを懐かしがって、私に街の様子を尋ねました。規則では、夫との面会時間は2時間でしたが、サイゴンからやってきた私に同情して、また久しぶりに夫婦が会うというので、教官たちは私たちが2人だけになれるよう配慮してくれて、時間も延長してくれました」

タビューは、夫が妻に諭す言葉で締め括られていた。「おまえは安心して、帰って家事に専念しなさい。ここなら僕が酒と女に溺れる心配はない。以前はいつも、その2つで不幸になったからね。おまえも分かっただろうが、ここの生活は快適で健康的だ。きっと僕らは前より元気になるだろう」

インタビューしたファン・バオ・アン記者は「傀儡軍の将軍」などの字句を使っており、読む者に、その記事が「R」または北部から来た宣伝訓練要員によって書かれたものだと感じさせる。しかし、ファン・バオ・アンは、サイゴンの元国会議員ファン・スァン・トゥイのペンネームだった。トゥイによれば、彼が行なったインタビューは、意外にも革命政権が段取りしたものではなかった。[60]しかし、後日彼は、その「妻」なる人物が、実は革命側の家庭の出身だったという事実を知った。

1975年9月までは、非常に特別なコネがある人々しか収容所の親族に面会できなかった。「チャン・ヴァン・トゥックから妻グエン・ビック・トゥイへの手紙」は、各改造収容所で「傀儡軍人、傀儡政権の公務員」が家族に手紙を書くよう要求された時期に合わせて出された。この時期にテイニン省チャンロンの収容所で改造学習をしていた、歴史学者タ・チー・ダイ・チュオンはこう語っている。「毎月の手紙は、改造されるべき罪人に国家が与える恩恵のようにみなされた。それは、『ベトナム民族の深い家族愛に共感する伝統的な意識に基づく』ものだった。手紙は教官によって検閲された。手紙は『よく学習し、よく労働している』という内容でなければならず、家族を鼓舞するものでなければならなかった」[61]

4. 離散家族の再会

南部の家庭で、戦争期に家族の誰かが北部に分かれて住んでいたという例は少なくないだろう。そして、どこにいようとも、政治イデオロギーによって家族が精神的に引き裂かれることもあっただろう。ベトナム総合出版局の局長トゥー・ボンには、有名な指導的党員のマイ・ヴァン・ボという叔父がいた。ト

---

60 著者によるインタビュー。
61 著者によるインタビュー。

ゥー・ボンは「解放」後に革命当局によって投獄されていた。マイ・ヴァン・ボはザディン刑務所の甥を訪ねたが、当局のブラックリストに載せられている甥は釈放されなかった。

　作家のドアン・クォック・シは、詩人トゥー・モーの娘婿だった。トゥー・モーは、北部でその作品が普通教育課程［小学校～高校］の教科書に載るほど有名な詩人である。それでも、ドアン・クォック・シは革命当局によって投獄された。彼は延べ14年間獄中にあったが、その間ハノイにいる両親とも面会できず、兄であり共産党体制下で活躍していた音楽家のゾアン・ニョーとも会うことができなかった。

　ファン・ラック・フック中佐[62]も、作家ドアン・クォック・シと同じような境遇にあった。フックには南ベトナム軍士官の弟がいた。弟は1962年のクーデターに参加したが不成功に終わり、南ベトナム解放民族戦線の側についた。そのような弟がいたにもかかわらず、フックは1975年以後、10年以上も改造収容所に収監され続けたのである。

　ファン・ニャット・ナム大尉[63]の父親ファン・ヴァン・チンは、元はベトミンの情報将校で、フランス東方連邦情報局への攻撃に参加した人物だった。チンは1950年9月2日に、情報局の機密書類をヴェトバック［北部のベトミンの根拠地］に持ち帰るという戦功を果たしている。しかし、他の多くの諜報要員がそうだったように、ファン・ヴァン・チンも革命政権の信用を得ることができなかった。彼はハイフォンで末端の公務をこなし、1975年以後は南部に戻ったが、サイゴンの1街区の人民委副委員長という職しか与えられなかった。ファム・ニャット・ナム大尉は、父親に頼ることはできないと分かっていた。彼自身が1973年に父親を困難な目に遭わせたからだ[64]。

62　ペンネームはロー・ザン。
63　1972年のクアンチの戦役を描いた『クアンチの燃える夏』で有名な作家。
64　1973年のパリ協定後、ファン・ニャット・ナム大尉は、パリ協定実施4者連合委員会の捕虜交換委員会の南ベトナム側実行委員長を務めた。ナムは語っている。「毎週毎週、金曜日になると、私は捕虜を迎えにハノイに飛んだ。1973年3月4日の金曜日にもハノイに行くと、当時レ・クアン・ホア将軍付きの従軍記者だったブイ・ティン少佐が面会に来た。彼は私に北部に滞在するよう勧め、私は同意した。ファム・ヴァン・ドン首相がハイフォンに私信を送り、私の父親を呼び寄せてくれた。ブイ・ティンは、私のためにザラム空港で記者会見を手配した。出席者が席に着いたところを見ると、ざっと20人以上が集まっていて、その中には東欧諸国の記者たちと、フランスの記者も1人混じっていた。私は鞄から『クアンチの燃える夏』と、歌集を1冊取り出して言った。『私はフエ生まれです。1968年

ファン・ニャット・ナムは語っている。「1981年にアメリカ側で、ホアン・コー・ミン*の組織が私の著書『捕虜と平和』に賞を与えた。そのため、私はタインホア省ラムソンの刑務所で、1981年9月7日以来、独房で拘束されるようになった。そんな状況だったので、1985年5月8日に父が面会に来る時には、わざわざハノイに出向いて、刑務所管理局で面会の手続きをしなければならなかった。他の囚人なら刑務所内で手続きできたのだが。面会はわずか15分しか認められなかった。30年以上離れていた父と初めて対面したというのに、私は『お父さんが苦労するから、もう面会に来なくていいですよ。私が釈放されて戻るまで待っていて下さい』と言ったのだ」[65]

革命政権の公務員が、家族のうちの誰かが「学習」に行くよう働きかけた例も少なくない。党に対して「公平無私」を証明したいと思った者もいた。それが自分の親族にとって必要なことだと信じた者もいた。

南ベトナム軍少尉リュー・ディン・チョウの両親は、革命政権の高級幹部だった。1954年、チョウが1歳、彼の姉が3歳の時、両親は彼を母方の祖母のもとに残して北部に集結した。姉と弟は20年以上、孤児のような境遇のまま育った。一方、両親はハノイのディエンビエンフー通りにあるトンダン商店が入った建物の一角で生活していた。父リュー・クイ・キーは、中央宣伝訓練委員会の報道部長とジャーナリスト協会の事務局長を兼務していた。1972年にサイゴン政府が各大学を一時的に閉鎖し、大学生の兵役猶予期間を短縮した時、チョウは他の多くの学生と同様に徴兵された。

1975年に父リュー・ディン・キーがサイゴンに戻ってきた。チョウは「この再会の情景を私は何度想像したことだろうか。その時には、私は声を限りに

のテト攻勢の時、共産主義勢力の皆さんは、そこで3000人以上を殺害しました。そして、これはクアンチの戦いを描いた本です。1972年4月29日、私はキンホアン大通りに横たわる死者たちを撮影しました。こちらは12人の音楽家の歌を集めたものです。戦争を賛美している者は誰もいません。戦争を引き起こしたのはわれわれではない……」。そこまで言った時、ブイ・ティンが『ナム、やめておけ』と警告した」。サイゴンに戻ったファン・ニャット・ナム大尉は、『捕虜と平和』という本を書き、1974年にヒェンダイ[現代]出版社から刊行した。その174頁で、私はこう述べている。『近いうちに、われわれは名ばかりの、偽りの平和の中で捕虜になるだろう。南ベトナム共和国臨時革命政府は、その短い役目をさっさと終えるだろう。そして、最後の戦闘は、われわれと北ベトナム正規軍主力師団が寸土をめぐって争うものになるだろう。戦火が収まった時には、用済みになった解放戦線の旗は、即座に投げ捨てられるだろう』」

65 ファン・ニャット・ナムは、彼が共産主義側にいる父親との面会を拒否したという情報を否定している。

『お父さん！ お母さん！』と、何十年も恋慕い続けた親を呼ぶだろう」と考えていた。しかし、いざ再会の日を迎えた時、チョウは家族の中の「実に深い溝」を感じたのだった。

当時、南北間の往来は困難だったため、リュー・ディン・キーが先に南部に戻り、妻とハノイで生まれた子供たちは南の家族へのメッセージを録音し、父親がレコーダーを持参した。チョウの妹は、兄と姉への挨拶に続いて、「解放の日からこれまでに、お兄さん、お姉さんは何か新しい歌を覚えましたか？ 私は、タン叔父さんの娘のタオと一緒によく歌うんですよ。お兄さんとお姉さんのために歌うから、聞いて下さいね」と無邪気に話した。そして、ハノイの2人の少女の歌声が朗らかにレコーダーから湧き上がった。「サイゴン、わが故郷よ／燃え盛る火の海／敵への憎しみは高波の如く／凶悪な敵兵の屍を押し上げる／輝かしい春を南部にもたらそう……」

「それを聞いた時、私は胸が締めつけられるような気がした。その『敵兵』が父の横に立っているのだ。父は分かっているのだろうか？ 私は憎むべき敵なのか？ その瞬間から、私の中にあった再会の喜びは凋んでしまった。憂いと疑念だけが新たに高まっていった」と、リュー・ディン・チョウは書いている。

数ヵ月後には、チョウも改造収容所に行かなければならなかった。収容所にいた時期のことを、彼はこう語っている。「私たちは、昼間は理論を学ばされ、夜間は『嵐が巻き起こった』『サイゴンの道を足を踏み鳴らして進む』といった歌を習わされた。『進級』すると、侵略への抵抗の伝統、共産党の英明な路線、正義の戦争、革命政府の寛容な政策……などについて、学習者は集団で討論しなければならなかった。それは、アメリカとその傀儡の陰謀を分析すべし、傀儡政権に正義はなく、革命側にのみ正義があることを認識せよ……といった方針に沿ったものだった。学習が終わると、もう一度『自分自身に光を当てて』自分の罪を告白し、それぞれベトナム共和国の非道なところを列挙しなければならなかった」

「私は、第7師団の兵士が、行く先々で人民のアヒルや豚を奪った話をした。生活のために兵士になり、ただ給料を貰うために軍隊で暮らしていたと語る者もいた。そして、革命政府の慈悲を期待して、『給料によって兵士が堕落する条件が生まれる』という考えを認めるのだった。一方、自分は罪を犯していな

いと思う、と嘆く者もいた」

　チョウによれば、3ヵ月目から「学習者は月に1度面会を許された。面会に来る人々の中に、ビエンホア出身者がいたので、収容所に来てほしいという姉への伝言を頼んだ。そうしたところ、姉がちょうどハノイに向けて発ったことが分かった。ハノイから戻った姉は私に面会に来たが、折も折、学習者が事故を起こしたため、収容所は立ち入り禁止になっていた。私は中から姉の姿を認めると手を上げて、帰るようにと合図した。しかし、姉は納得せず、道路の向こう側に立っていた。親切な教官が私の肩を叩いて『ついてこい』と言った。出ようとすると衛兵が制止したが、教官が話をつけてくれた。姉と弟は見つめ合ったまま涙にくれ、その教官ももらい泣きした」

　その頃には収容所の司令官もリュー・ディン・チョウが高級幹部の息子だと分かっていたので、自ら彼の父リュー・クイ・キーに手紙を送り、「私たちは貴殿を存じ上げています。よろしければ収容所においで下さい。ご子息のことを話し合いましょう」と伝えた。キーはやってきたが、息子に直接会って話そうとはせず、手紙で「学習に励むように」と激励を伝えただけだった。「父の手紙を読んだ私は、胸が張り裂けそうで、泣きたいほど苦しかった」とチョウは語っている。

　革命政府の官僚には、道を誤った彼らの子弟には改造の時間が必要だと信じて、敢えて声をかけなかった者もいる。手紙を送らない慎重な官僚もいた。時として、それが1つのきっかけとなって、同志たちが必要と認めた時には、「適切に処理」することもあると知っていたからだ。チャン・クォック・フオンは元諜報機関の司令官で、かつては「顧問」ヴー・ゴック・ニャや「タイム紙事務局長」ファム・スァン・アンより上の階級にいた。1950年、フオンはハノイからトゥー・カウという名のスパイ要員を南部に送り込んだ。サイゴンの体制の内部で身分を隠して活動するため、トゥー・カウの子供たちも一般家庭の子弟と同様、兵役に就かざるを得なかった。そして1975年からは、彼らも「学習」に行かなければならなかった。トゥー・カウが死んだ時、彼の息子たち——トゥー・ズン少尉とトゥー・トゥアン少尉——はミンハイ省［現バックリョウ省とカマウ省］の改造収容所にいた。家族は、父親の葬儀のために息子たちを帰郷させ

66　第4期、第6期中央委員。

てほしいという請願書を出した。No.10 フオンはそれを審査して公安署長に送り、「葬儀のため帰郷し、その後収容所に戻る」許可を息子たちに与えるよう求めた。チャン・クォック・フオンは共産党第5回大会の前に「4つの問題」があるとして告発されたのだが、その1つは「党防衛小委員会の1人の同志」による告発で、フオンが「傀儡軍の少尉2名の脱獄」に関与したというものだった。

5.「反動主義者」への弾圧

　南部中央局が数日間にわたって「X-1、X-2」作戦の展開を協議した直後に、もう1つの変化が起こった。それは政治的安定に関わるものだったため、特別な関心が注がれた。中央局は次のような報告を受けた。

　「末端の行政機関職員で改造収容所に送られた者は非常に少ない。傀儡軍の従軍司祭についても同様である。特別警察の場合、収容所送りは1500人と予測されていたが、実際には2460人に上った。しかし、従軍司祭は1000人という予測で、実際はわずか2人である。心理戦要員は予測が150人以上で実際は46人、武装警官は予測が500人で実際は150人、憲兵は140人、諜報員は予測が1000人だが142人、特殊部隊は予測が1000人だが64人、帰順工作員は予測が300人で130人、農村平定要員は予測が1500人でわずか55人。これらの収容対象者は、計画の第1段階で1万200人と予測されていたが、実際に収容したのは4800人であり、さらに400人以上を逮捕したが、まだ5000人の未収容者がいる。下級官吏、諜報員、軍情報部員3万人のうち、実際に収容されたのはやっと8290人である。報告によれば、改造学習は順調に進められている。われわれは会議で次のような方針を採用した。カソリック、仏教、プロテスタントの従軍宗教指導者に対しては、都市戦線委員会が速やかに話をつけて、改造学習の奨励活動に動員する。各々の宗教団体は、宗教指導者を改造学習に行かせるような見解を提示しなければならない。われわれが話をした後でも、彼らが経歴開示手続きを拒む場合は逮捕を実行する。特殊部隊については、登録期間を延長し、手続き率を高める。隊員の家族に呼びかけて、子弟を改造学習に行かせ、[それでも行かない場合は]追跡、逮捕する」[67]

67　1975年9月3日付の中央局向け議事録。

改造政策はバチカンの教皇庁の歴史にも刻まれることになった。1975年8月15日、グエン・ヴァン・トゥアン司教が独立宮殿に呼び出されてその場で逮捕され、その日のうちにフーカイン省［現フーイエン、カインホア、ニントゥアン省］のケイヴォン収容所に連行されたのである。
　ゴ・ディン・ジェム元大統領が実の甥であるというグエン・ヴァン・トゥアンは、1975年4月25日（「解放」のわずか1週間前）にバチカンからサイゴン大教区の副司教に任命されており、革命政府はそのことを憂慮していた。カソリック教会自体の内部にも、革命側から見ると「曖昧な」動きがあった。革命側が「左派」と認める一部の神父たちは、トゥアン司教の一派は「反動的」だとほのめかしていた。5月13日、カソリックの学生の一団が大司教館に押しかけ、トゥアン司教の辞任を要求した。翌日、同じ学生たちが旧フランス総督府にも押しかけ、アンリ・ルメートル大使をそこから追い出した。
　革命側はこのカソリック「左派」の活動に直接関わっていなかったが、このような過激な活動が再び影響力を持つことには狼狽した。ヴォー・ヴァン・キェットは認めているが、トゥアン司教が逮捕された日の午後、革命政府はすべての神父と男女修道者を南ベトナムの国会議事堂に集め、聖職者たちが事態を複雑化させるような対応に出ないよう「話を聞かせた」という。
　サイゴンの人々が、不安な思いで事のなりゆきを見守っていたことは間違いないが、対応は人それぞれだった。新聞記者ドアン・ケー・トゥオンは語っている。「4月29日、私は1人の友人とサイゴン橋の上で出会った。彼は私に『脱出するか？』と尋ねた。私は迷わず答えた。『いいや。母がクアンチ省にいるから』。私たちは別れを告げ、友人は新港（タンカン）に向かった。そこで1隻の南ベトナム海軍の艦艇が脱出する人々を待っていたのだ。だが、当時の私は想像だにしなかった。4月30日以後に、奴らがあそこまで、すべてをひっくり返してしまうとは」
　ドアン・ケー・トゥオンは、1947年にクアンチ省ハイラン県ハイズオン社［行政村］ドンズオン村に生まれた。父親がフランス軍の兵士だったため、トゥオンは1960年、13歳になったばかりの時にヴンタウにある軍の幼年学校に入れられ、訓練を受けて遊撃隊員になった。1965年からは、フオックロン省［現ビンフオック省の一部］ブードップのロックニン地区での作戦に動員された。実戦に参加し、2度負傷もしたが、クアンチ気質を持つ18歳の若者は、ジャング

ルの中で詩を作ってはサイゴンの新聞に投稿し、やがて軍隊文芸協会のメンバーとなった。

　1969年、全国軍隊文芸大会の際、ドアン・ケー・トゥオンはチュー・トゥー[68]に、サイゴンで報道の仕事をさせてほしいと頼んだ。多くの有力者と親交のあったチュー・トゥーがレ・グエン・カン中将に口利きを頼んでくれたので、トゥオンはその年末にサイゴンに行き、軍の『ドイ［世代］』紙に勤務することになった。1970年初め、チュー・トゥーが新たに『ソンタン［津波］』という日刊紙を発行すると、トゥオンは『ドイ』の記者を務めながら『ソンタン』にも寄稿した。彼はそこで画家のオット（フイン・バー・タイン）と仲良くなった。オットは『ディエンティン［電信］』紙に作品を載せていた。

　しかし、1975年4月30日を境にオットとトゥオンの交友は断ち切られ、2人が中国式ポーカーに興じることは二度となかった。実は、オットはT4［ホーチミン市の治安委員会］の治安要員で、トゥオンのような人物が国内に留まり「複雑な演変［革命政権の転覆］を企てる思想」を持っていることを知っていた。南部中央局は同年9月3日の会議で「アメリカの組織で勤務していた者、文芸家、新聞記者、ジャーナリスト」への注意を喚起し、「治安機関は華人動員機関、諜報機関と連携して調査を行ない、国民党、華人特務機関、およびアメリカ人職員と共に勤務していた職員に対する措置を案出する」任務を与えた。[69]

　ドアン・ケー・トゥオンはこのようにも語っている。「私はかつて遊撃隊の少尉で、その後は親友ズオン・ドゥック・ズンと共に復国民兵組織[70]に参加したにもかかわらず……宣伝ビラやアピールを印刷して撒いていたにもかかわらず……経歴開示をしなかった。1975年4月29日にグエン・カオ・キ将軍がヘリコプターで空母ミッドウェイに向けて飛び去った時にも、私たちはまだ彼が

68　1917年ハイフォン生まれの記者。1960年代にサイゴンで『ソン［生活］』紙編集主任を務める。1975年4月30日、ベトナム・トゥオンティン号で脱出する際、カンゾーの河口でB40の弾を受けて死亡した。
69　1975年9月3日付の中央局向け議事録。
70　復国民兵勢力は、1975年8月にグエン・ヴェト・フン曹長が組織した。国外に逃れたグエン・ヒュー・ギなど数名の神父や、詩人アン・ラック、グエン・クアン・ミン神父、詩人ヴィン・ソンなどが参加していた。さらに、改造学習から逃れたファム・ヴァン・ハウ中佐、チャン・キム・ディン中佐、そして革命側がCIAと呼ぶグエン・カック・チンなどの士官たちもメンバーになっていた。グエン・ヴェト・フンは自らに「少将」の階級を与え、「首都特別区・特別政治軍団司令官」に任じた。

ジャングルに戻って抵抗戦を指揮するだろうと考えていたのだ。私たちは『ついていこう、グエン・カオ・キに、国民の英雄に／ついていこう、グエン・カオ・キに、ジャングルの英雄に』と歌ったものだ[71]。その頃の私はまだ若すぎて、芸術家の情熱に溢れ、自分の仕事を遊びのように考えていた。1975年以前のサイゴンの学生の遊びだ」

だが、サイゴンはもはや「1975年以前」のサイゴンではなかった。ドアン・ケー・トゥオンはさらに語る。「サイゴン陥落以後、フイン・バー・タインが私に会いに来て、もし『ティンサン』紙の記者になる気があるなら、自分がその職を世話してやると言ってくれたが、私は断った。『いや、自分はジャングルに行く』と」。1975年10月22日の夜、タインはトゥオンの家を訪れ、かつて中国式ポーカーに興じた友人に手錠をかけた。その夜のうちに、ズオン・ドゥック・ズン、タイ・ソン、そしてレ・ヴェト・クオン教授も一緒に逮捕された。

約4ヵ月後の1976年2月10日、グエン・ヴェト・フン、チャン・キム・ディンが捕えられた。2月13日の夜、サイゴン治安部隊が詩人ヴィン・ソンの家を襲撃し、放送設備と偽札の印刷機を押収した。2人の神父が詩人の家を断固守ろうと、銃と手榴弾で激しく抵抗し、治安要員グエン・ヴァン・ザンが射殺された。明け方近くに治安部隊はやっと詩人らの抵抗を制圧し、2人の神父グエン・ヒュー・ギとグエン・クアン・ミン、その他3人が逮捕された。

4月1日、詩人ヴィン・ソンの事件のほとぼりがまだ冷めないうちに、今度は「亀の池[72]」で別の事件が発生した。広場の中心にあった亀の銅像が爆破され、1人が死亡、4人が負傷したのである。

2日後の『サイゴン・ザイフォン』紙は、「反動的破壊分子を現行犯逮捕」という見出しで、数行の簡潔な記事を掲載した。「4月1日、反動的な破壊分子の

---

[71] ズオン・ドゥック・ズンによれば、フン・クオンの創作による歌であるという。
[72] 「亀の池」は、サイゴンで最も早く開発された場所の1つである。1878年にフランス人がここに給水塔を建設した。その後、需要に応じた給水能力がなくなったため、また聖母大教会の後ろから伸びる道路が拡張され、マイヤー通り（後にヒェンヴォン通りと改名。現在のヴォーティサウ通り）まで延長されたため、1921年に取り壊された。その時から、この場所はマレシャル・ジョフレ広場と呼ばれるロータリーになった。フランス人はインドシナ支配の象徴として、ここに3人のフランス兵の銅像と小さな池を作らせたこともある。これらの像は1956年まで存在したが破壊され、池だけが残った。ロータリーも「戦士の広場」と名前を変えられた。1970〜1974年に「亀の池」は改修され、整備、増築されて、5本のコンクリートの柱で5つの広げた手が造られた。手は花芯を支える花びらのような形で、広場の名前も「国際広場」と変えられた。

グループが、秩序と治安を乱し、わが人民の平穏な生活を乱す目的で、国際広場（ホーチミン市第1区）で爆発を起こした。反動一味のうち1人はその場で死亡し、残りのメンバーは治安部隊に全員逮捕され、取り調べを受けた[73]」。同日付けの『ザイフォン』紙も、ほぼ同じボリュームで同じ内容の記事を掲載している。「反動的破壊分子を現場で取り押さえ――4月1日、反動的破壊分子のグループが、秩序と治安を乱し、わが人民の平穏な生活を乱す目的で、国際広場（ホーチミン市第1区）で爆発を起こした。この広場はズイタン通りとヴォーヴァンタン通り、チャンカオヴァン通りが交わる場所にある。中央の小さな花壇は、わが同胞がいつも夕涼みに行く場所である。反動一味のうち1人はその場で死亡し、残りのメンバーは治安部隊に全員逮捕され、取り調べを受けた[74]」

　爆発は夜の8時に起きた。フイン・バー・タインの証言によれば、「後方で爆発音がして、背中に衝撃を受けた。道の両側の建物が激しく揺れ、ガラスや何かが砕け落ちる乾いた音があちこちで聞こえた[75]」。現場に「偵察」に行ってみると、「火薬の焦げた臭い匂いが鼻をついた。目の前の光景は身の毛がよだつものだった。頭と両手を吹き飛ばされた血まみれの死体を警官たちが担ぎ、爆発物を仕掛けた場所の近くに置き直していた。怪我をして血まみれになった4人の青年は、警察の車で慌ただしく救急病院に運ばれていった。死人と怪我人のぞっとする光景の脇に、爆破された大きな亀の銅像が小さな破片となって飛び散っていた。警察の科学捜査官による現場検証の結果、爆発物は銅像本体に仕掛けられていたことが明らかになった。使用されたのは破壊力の大きなTNT火薬10～15キログラムだったという[76]」

　革命政権は、死んだのは「反動グループのメンバー」だと急いで結論づけ、報道したが、その根拠は何もなかった。フイン・バー・タインは、『トゥオイチェー［若者］』紙によれば「調査の初めから事案が片付くまで事件に関わった[77]」人物だが、彼もまた認めている。「その男の体からは、身元を示す物は何も見つからなかった。顔と両手を失った人間の正確な年齢を判断するのは難しい。

73　*Sài Gòn Giải Phóng*, 3, Apr. 1976.
74　*Giải Phóng*, 3, Apr. 1976.
75　Huỳnh Bá Thành, 1983, p.106.
76　Ibid. p.106.
77　Ibid. p.3.

犠牲者は色褪せたアメリカ製のジーンズと、擦り切れたカーキ色の上着を身につけ、踵の擦り減ったゴムサンダルをはいていた。爆発物を仕掛けた犯人の社会的身分を判断するのも、本当に難しかったのだ[78]」

フイン・バー・タインによれば、事件とは無関係な者たちがカフェで「自分が主犯だ」と法螺を吹いていて捕まったケースが、少なくとも3件あったという。「その連中は有名になりたいか、精神的に問題があるということにされてしまった」。それとは別に、治安機関は多くの「秘密の逮捕」を実行した。ロー・フンのケースもその1つである[79]。タインが証言し、ロー・フン自身も認めているが、彼は「床板業者の組合員証をもう3枚作れ」とメモした紙片を所持していた〔この場合の組合は、革命政権下で唯一認められた零細な経営集団〕。タインによれば、作家夫婦であるチャン・ザ・トゥーとニャー・カーも組合を運営していた。そして、タインが放った女スパイの情報では、「亀の池」爆弾事件の共犯者ラウ・ファー・サウ(ダン・ホアン・ハー[80])は、作家ニャー・カー夫妻と常に交際があるということだった。[81]

新たな事実が「明らかになった」のは1976年4月6日のことだったが、事件が起きてからわずか12時間後の4月2日には、ニャー・カーやチャン・ザ・トゥーなどの人々が逮捕されていた。作家ズエン・アインは語っている。「4月2日の夜、私はチャン・ザ・トゥーを探しに『ケイクェオ〔マンゴー〕』に行くことにした。トゥーに印刷を頼んだ私の新刊『愛しき君』を家に持って来てくれる

78　Huỳnh Bá Thành, 1983, pp.106-107.
79　ロー・フンは次のように述べている。「ラウ・ファー・サウと私は、あらかじめ調べておいた道を通って街に進入した。ドンナイ省バウハムから持って来た10キログラムのTNT火薬を運び込んだのだ。町に着くと、ラウ・ファー・サウは爆破計画を遂行する資金として、私にかなりの額の金を渡した。同時に、聖母大教会に行って、聖母像の足元に座っている軍服を着た1人の青年に会えと指示した。ラウ・ファー・サウが私に紹介したのは、ランゴーと呼ばれる浮浪者だった。私はそいつに、銅の亀の腹の下まで箱を1つ持っていき、箱から出ている10ドン紙幣を引き抜くよう指示した。私は、その10ドン札を持って戻ってくれば、2000ドンの駄賃を与えると固く約束した。ランゴーは金の話を聞くと顔を輝かせ、少しも迷わずに承知した。話をしながら私は、この男が死体も残らないほどばらばらに吹っ飛ばされることが分かっていた。なぜなら、その10ドン紙幣とは簡単な電気スイッチで、引き抜くと箱に詰め込まれたTNT火薬が即座に爆発する仕掛けになっていたからだ！」。フイン・バー・タインによれば、「爆発物を置いた者を即死させるような構造の雷管を使用するのは、犯罪の証拠を隠滅する残酷な手口で、CIAの破壊工作専門のグループや、米軍の特別攻撃隊の常套手段だった」という（Huỳnh Bá Thành, ibid. p. 108）。
80　フイン・バー・タインの著書ではレ・ザとトゥー・ズンと呼ばれている人物。
81　フイン・バー・タインの著書ではホアン・ハー・ダンと変えられている。

かどうか、聞いてみるつもりだった。サイゴンが陥落したため、製本するまでに至らなかったのだ。ゴートゥンチャウ通りへと曲がったところで、ホアン・ヴァン・ドゥック夫妻の家に続く小道がやけに暗く、陰気なことに気がついて、自転車を漕いでいた私は本能的に引き返した。その夜、チャン・ザ・トゥーとニャー・カーの夫妻は、ダン・ホアン・ハー、ダン・ハイ・ソンと共に逮捕された[82]。もし、私がトゥーの家に行っていたら、その場で一緒に逮捕されていただろう。同じ夜に、チン・ヴェト・タイン、グエン・マイン・コンも警察署に連行された[83]」

　文芸家の逮捕は1976年4月28日まで続いた。ズエン・アインはこうも語っている。「それは戦慄すべき夜、文芸家へのテロ作戦が始まった夜だった。作家、詩人、ジャーナリストたちの逮捕で、翌日のサイゴンは騒然としていた。4月3日の夜、私はマイ・タオが逮捕されていないかどうか確かめるため、ファン・ディンフン通り101番地の彼の自宅に行った。ダン・スァン・コンの車を私が運転し、コンと共にその家に着くと、私はコンに『家に入ってマイ・タオの兄さんに声をかけてくれ』と頼んだ。そして、車の外に座って待った。マイ・タオの兄グエン・ダン・ヴィェンは頭の良い男だった。彼は、マイ・タオは留守だと答え、『もし弟に会ったら、すぐ戻るよう伝えてくれ』とコンに告げた。そして、「さりげなく出ていけ」という合図を送ったのである。コンはすぐに状況を理解した。なぜなら、カーキ色のサンヘルメットをかぶり、ホーチミン・サンダル［ゴムタイヤから作ったサンダル］を履いた見慣れない2人の先客がいたからだ。彼らは爬虫類のような目でコンを睨んだ。私は大声でコンを呼び、急いで車を発進させた。コンが振り返ると、2人の公安警官は家から駆け出してきた。『あいつら、マイ・タオを捕まえに来ていたんだ』。車に戻ったコンは言った。私はマイ・タオを探し回ったが、彼の足取りをつかむことはできなかった[84]。

　4月8日には、ズエン・アインもまた同じ運命を辿ることになった。彼はこ

82　ダン・ホアン・ハーは逮捕され、刑務所から出た後、国外に逃れた。しかし、「亀の池」事件でホアン・ハー・ダンという人物は逮捕されておらず、ジャングルに逃げ込んだとされている。この事件には多くの謎がある。もしダン・ホアン・ハーが爆弾事件の主犯ならば、政府側は事前に阻止できたはずだ。なぜなら、公安警察が潜入させた「No.3ソン」が、ダン・ホアン・ハーの「組織」のメンバーたちの足取りを逐一把握していたからである。

83　Duyên Anh, 1987, p.48.
84　Ibid. p.49.

う語っている。「その半時間ほど前から、私は病気の妻におかゆを食べさせるために肉を刻んでいた。町内会長が街区の人民委員長と公安警官を私の家に案内してきて、町の暮らしや新しい生活のことを尋ねた。私は彼らを迎えるため、おかゆの鍋をコンロから下ろした。警官の1人が途中で席をはずし、10分ほどで戻ってきた。さらに10分後、拳銃やライフルで武装した秘密警察の部隊が家に乱入してきた。共産主義者はいつも勝てる勝負しかしない。彼らは私の話を聞きに来るふりをして、私が在宅していることを確かめた上で逮捕しに来たのだ。当時、私の家族は実に悲惨な境遇にあった。妻は重い病気だったが、目を醒ますと毛布を払いのけて跳び起き、客間に走り出てきた。共産主義者が私に手錠をかけた。私は手錠についているアメリカのロゴマーク見つめ、そして血の気を失った妻の顔を見つめ、茫然として涙を流している3人の子供たちを見つめた。グエン・マイン・コンやチン・ヴェト・タイン、ゾアン・クォック・シらが逮捕されたと聞いてから、私は公安警察が私を捕まえに来ることを覚悟していた[85]」

フイン・バー・タインは、『トゥオイチェー』紙が「完全に真実の話」と評した著作の中で、「反動グループが亀の池に爆弾を仕掛けた」理由について語っている。彼によれば、それは、竜が尻尾で新たな革命体制を叩き壊すようにするため、「竜の尻尾にからむ」亀を破壊することだったという[86]。

亀の池爆弾事件について本を書いたズエン・アインは、次のような認識を示

85　Ibid. pp.18-19.
86　『亀の池』事件の登場人物である諜報員チャー・ミーは、次のように述べている。「なぜ破壊分子が亀の池に爆発物を仕掛けたか分かるか？　ダンによれば、グエン・ヴァン・ティウが大統領になった時、独立宮殿を建てる際に方位を見てもらうため、政治顧問を1人台湾に送って風水師を呼ばせたそうだ。蔣介石は、世界で1、2を争う高名な風水師を紹介した。その風水師チュン・チェン・キムは、サイゴンに6ヵ月以上滞在して、その間に独立宮殿と周辺の土地の見立てをした。そして、非常に良い『竜道』が地下を走っていることを発見したのだ。『竜』の頭が独立宮殿の敷地の中にあって、尾が戦士の広場に来るという。台湾の風水師は、竜の頭の所に巨大な宮殿を立てる案を示した。竜の頭すなわち独立宮殿が安泰で、ティウ大統領の治世が永く続くように、同時に竜の尾がある場所に池を作り、竜が勝手に尾を振り回さないよう、亀を置いて封じなければならないと。もし、竜の尾が勝手に動くと頭も揺れて、権力の座が不安定になるというわけだ。ティウはそれを信じ、戦士の広場は壊されて、国際広場すなわち亀の池が造られた。ホアン・ハー・ダンの一味はティウと同じように迷信深く、爆薬を仕掛けて銅の亀を吹っ飛ばせば、竜の尾を押さえつけておけなくなり、竜が尾を振り動かして、共産党体制が倒れるに違いないと考えたのだ！　ダンと仲間の迷信深さから、亀の池爆破計画にはホアン・ハー・ダンとホアン・ソン・クオックが絡んでいると、私は確信したのだ」(Huỳnh Bá Thành, 1983、pp. 120-221)

している。「共産主義者は、下らない文章類や、フイン・バー・タインの低レベルな諜報員の情報をろくに検証もせず、それらをもとに私たちをCIAが放った手先だと認定した。コンリー通り（その後「南圻総蜂起(ナムキーコイギア)」通りと改称された）104番地のダン・ザオ夫妻の家が、私たちが謀議を交わす本拠ということにされた。私たちはそれぞれのペンネームを真似た偽名を使っていることになっていた。ダン・ザオはドー・ザー、チュー・ティ・トゥイはチュー・ヌー、ニャー・カーとチャン・ザ・トゥーの夫婦はそれぞれレ・ザとトゥー・ズン、グエン・マイン・コンはグエン・コン、私はヴー・ロンという具合にだ。共産主義者は、ホアン・ハー・ダン（本名ダン・ホアン・ハー）を恐るべき『首領』と糾弾した。秘密活動をしていた頃のホー・チ・ミンに匹敵するとでも言うのだろう。実際には、ダン・ホアン・ハーは才能ある記者で、穏やかな人柄で、スパイの何たるかも知らなかった。それが、私たちを雲まで連れていき、私たちにダイナマイトを渡し、1975年まで私たちにアメリカの顧問と一緒に戦略を討議させた（!）というのだ。そして、捕えられた後の私たちは、『乞食』ども、刑務所で罪を償うべき『麻薬中毒患者』どもと呼ばれ、婦人警官の甘い言葉につられて『自供』したということにされた」[87]

実際その時期には、革命政権に対して抗議の行動に出る人々も非常に多かった。特に文芸家たちは、言論によって徹底的に反抗した。一方、人々の信頼を利用して、抗議行動の話をでっち上げ、体制に不満を持つ人々から金銭を騙し取ろうとする者もいた。しかし、罠もあちこちに仕掛けられていたのだ。

1976年4月6日、革命政権は、ラムドン省トゥンギアの森林の中にある「反革命一味の隠れ家」と呼ばれる場所を攻撃する決定を下した。6人が射殺され、「チャン・ズイ・ニン主席ほか8人の仲間」が拘束された。4月8日には、サイゴンの43ヵ所の目標に一斉攻撃がかけられ、「50名を新たに逮捕し、電詁機1台、偽札の印刷機2台、発電機1台、放送局建設のための資材一式、各種の銃8丁、TNT火薬100キログラム、および反動的文書類が押収された」[88]

この措置は、鎮圧としての意味もあった。なぜなら、革命政府は4月29日に全国レベルで極めて重要な行事、すなわち初の南北統一国会選挙を控えてい

87　Duyên Anh, 1987, p. ?
88　Những sự kiện lịch sử Đảng bộ Thành Phố Hồ Chí Minh, 1975-1995, Vol.I.

たからだ。政府はトラブルが起きないよう万全を期していた。そのため、多くの人々が理由も分からないまま逮捕され、死に至ることもあったのだ。[89]

4月7日、画家チョエが逮捕された。

チョエは本名をグエン・ハイ・チーと言い、参謀総本部第3房で軍曹として勤務していた時代に反戦漫画で有名になった。サイゴンの週刊誌に掲載された彼の漫画は、ニクソン大統領やキッシンジャー補佐官、グエン・ヴァン・ティゥ大統領、さらにグエン・ティ・ビンやレ・ドゥック・トさえ風刺するものだった。参謀総本部の内部では、「下士官グエン・ハイ・チーはカオ・ヴァン・ヴィエン将軍より小さな存在だったが、画家チョエはカオ・ヴァン・ヴィエンより1000倍も偉かった」。[90] 戦時中、チョエの漫画はアメリカの有名な新聞にも掲載された。

南ベトナム政府はチョエを好ましく思っていなかった。1974年の末、「軍に勤務する者が報道の仕事をすることを禁止する」命令に反したとして、彼は逮捕された。「南ベトナム軍参謀総長の大将が、軍の訓示や作戦指令もどこへやら、国を捨て逃亡してから、詩人であったカオ・ティウ大佐が代わりに書いた

---

[89] 1976年4月2〜28日の作戦で逮捕された作家、詩人には以下の人物がいる。ズオン・ギエム・マウ、ゾアン・クォック・シー、チャン・ザ・トゥー、ニャー・カー、レ・スェン、グエン・マイン・コン、テー・ヴィエン、タイ・トゥイ、マック・トゥー、ヴー・ホアン・チュオン、ズエン・アイン（その他、「反動組織のメンバー」の容疑でグエン・シー・テーが上記の作戦開始前に逮捕されている。さらに1977年には、ホー・ヒュー・トゥオンの他、ホアン・ハイ・トゥイが外国に文書を送った罪で、グエン・ディン・トアンが違法に国境を越えようとした罪で、グエン・トゥイ・ロンが「反動」主義者として、それぞれ逮捕されている。裁判が受けられた唯一の詩人トゥー・ケウは「革命に反抗する組織に入っていた」かどで18年の強制労働の刑を宣告された）。逮捕された記者としては、ダン・ザオ、チュー・ティ・トゥイと生後数日の乳児、ホン・ズオン、タイン・トゥオン・ホアン、ヴァン・カー、ホー・ナム、ダオ・サン・ヒェップ、ニュー・ホン、グエン・ヴァン・ミン、チン・ヴェト・タイン、アイン・クアン、スェン・ソン、カオ・ソン、ダン・ハイ・ソン、ダン・ホアン・ハー、レ・ヴー・バック・ティエン、サオ・ビエン、グエン・ヴァン・マウ、ホー・ヴァン・ドン、レ・ヒエン、ソン・ディエン、グエン・ヴェト・カイン、トー・ゴック、ウエン・タオ、リー・ダイ・グエン、ヴォン・ヒュー・ドゥック、マイ・テー・イエン、トー・キョウ・フォン、マイ・ドゥック・コイ、レ・チョン・コイがいる（その他、1975年4月30日の夜に逮捕され、急性灰白髄炎でチーホアの刑務所で死亡したグエン・トゥー、やはり1976年4月2日の作戦の前に逮捕され、3年の刑期を終えて釈放され、1983年9月頃に死亡したチャン・ヴェト・ソンがいる）。映画監督では、ホアン・ヴィン・ロック、ホアン・アイン・トゥアン、タン・チョン・キー、ダン・ミン・カインが逮捕された。カイルオン［南部の古典歌舞劇］の作家モック・リンも逮捕されている。また、ナムクオン、ドンナイ、ドックラップ、カイチュー（カイチュー書店）などの出版社の社長も逮捕された。画家グエン・ハイ・チー（チョエ）、翻訳家グエン・ヒュー・ヒェウ、同グエン・ヒュー・トンも逮捕された。

[90] Duyên Anh, 1987, pp. 51-52.

ものによれば、サイゴンが陥落した時も画家ハイ・チーは軍治安局の監房に入れられたままだったという」[91]。4月30日に監房からチョエを解放したのは、他ならぬ革命勢力だった。

　画家チョエは回想している。「ある日、コンリー通り104番地にあるダン・ザオことチュー・ティ・トゥイのカフェの前を通ったら、ニャー・カーが呼ぶのが聞こえたので、中に入って暫く座って話をした。4月30日以来、『反革命』の文芸家たちと同席したのはその時だけだった」[92]。しかし、チョエの「反革命分子との連帯」がフイン・バー・タインの注意を引いたのは、その時だけではなかった。

　亀の池事件に関連して、タインはニャー・カーことトゥー・ズンとバリー・ヒルトンの関係について書いている。「バリー・ヒルトンという名のアメリカ人のCIA要員が、トゥー・ズンと結びついて指示を出していた。この女流作家は『女スパイ』に成り下がり、知識人の良識を完全に失って反革命活動に手を染めたのだ」。その発言はニャー・カーを糾弾しただけではなかった。フイン・バー・タインも漫画家だった時があるので、バリー・ヒルトンがチョエの才能を高く評価していることを知っていた。ヒルトンは彼の画を選んで印刷し、『チョエの世界』という画集を作らせた。画集は印刷されたが、バリー・ヒルトンはアメリカ国務省の職員だったので、当時の国務相まで批判しているような画集を発行することは認められなかった。

　チョエは、『ラオドン・モイ[新労働]』新聞の編集部で仕事をしていた時に逮捕された。ゴーヴァップ区のクアンチュン通り52/8番地の建物に連行された時には、午後6時になっていた。公安警察は9時までチョエを取り調べ、彼を「留置所」に監禁した。チョエを逮捕させたのはフイン・バー・タインだった。

　4月26日の総選挙の3日前、治安当局は続いてグエン・ゴック・ビック弁護士の逮捕命令を出した。ビック弁護士は、なぜ自分が逮捕されるのか全く分からなかった[93]。彼は以前、アメリカの援助団体USAID[アメリカ合衆国国際開発庁。

91　Ibid. pp. 51-52.
92　1999年の著者によるインタビュー。
93　1976年2月、グエン・ゴック・ビック弁護士は公安警察署に呼ばれ、「なぜ4月15日になってから、急に石油・資源総局の特任研究員になった？」と尋問された。ビックは、死刑囚を拘置する独房に1年間監禁された。「後方の計画について何を知っていた？　どんな任務を負っていた？」と尋問され

1961年に設置され、軍との協力関係の下で非軍事の海外援助を担当］の「16歳以上の人に身分証明書を発行する」プログラムの仕事をし、法学部を卒業後、奨学金を受けてアメリカのハーバード大学に1年留学した。1975年4月当時は、石油・鉱物資源総局の「特任研究員」という職位にあった。

　同じような逮捕は1978年まで続いた。ホー・ヒュー・トゥオンは、1920年代の半ばからパリに留学し、ファン・ヴァン・チュオンやタ・トゥー・タウと共に第4インターナショナルの運動に参加した。39年にはマルクス主義と第4インターナショナルから離れたが、40年になってからフランス当局に逮捕され、44年までコンダオ島の刑務所に収監された。出所後も、トゥオンは1人の知識人として、ハノイで政治、経済、文化についての有名な著作を発表した。46年には、ベトナム民主共和国［後の北ベトナム］の代表団の顧問としてダラット会議［ダラットは中部高原の避暑地。ベトナムの独立を協議するフォンテンブロー会議（フランス）の予備会議が行なわれた］に出席している。トゥオンはまた、ホー・チ・ミンによる独立宣言が発表されて間もない頃に、中学生向けの国語の教科書を編集した人物の1人でもあった。

　ホー・ヒュー・トゥオンは、1948年と57年にも逮捕されており、サイゴンに移り住んでからは、ホアハオ教・カオダイ教・ビンスェン団の統一戦線の顧問をしたために、ゴ・ディン・ジェム政権から死刑判決を受けている。アルヴェール・カミュ、ジャワハルラル・ネルーといった世界的な著名人の支援で、死刑から懲役に減刑された経緯がある。ゴ・ディン・ジェム政権がクーデターで倒れ、彼は自由を得た。刑務所を出てからは、請われてヴァンハイン大学院の副学長となり、1967年に政界入りし、野党党員として国会議員に選出された。1978年、68歳の時に「政治的見解」を著わすまで、ホー・ヒュー・トゥオンが改造収容所に送られることはなかった。彼はフランス当局とゴ・ディン・ジ[94]

た時、彼は、「革命当局は、私がアメリカから送り込まれたスパイだと考えている」と推察した。2年後、雑居房に移されてから尋問を受けた時には、「私は背中がこんなに曲がっているのだから、スパイに選ばれるわけがないだろう」と主張した。その時に、取り調べ官は彼の逮捕の理由をうっかり漏らしてしまった。「君はアメリカ側に訓練された人間だから、革命にとことん逆らうつもりだろう」

94　ディン・クアン・アイン・タイ記者は次のように語っている。「ナム伯父さん（ホー・ヒュー・トゥオンの愛称）は、チーホアのT30刑務所に移送される前、Aブロックの2号室に3日間拘禁された。伯父さんは、自分と自分の組織のメンバーの逮捕について、こう伝えている。共産主義者が南部を占領した時、伯父さんは『ベトナム独立・統一・中立同盟会』の冊子を印刷した。そして、党の政治局か

ェム政権の下で3度投獄され、3度とも釈放されたが、4度目はそうはいかなかった。1980年6月26日、ホー・ヒュー・トゥオンはハムタンのZ30D刑務所からサイゴンに移送される途中で死亡した。

　1981年、米越和解プロジェクトの活動の一環として、ゴ・バー・タイン弁護士がハーバード大学に招聘された。タイン女史はそこで、「改造収容所に送られた人々は幸運だった。もし彼らがニュールンベルクのような裁判を受けていたら、銃殺刑に処されただろう」という見解を述べた。タインは知らなかったのだが、1年前に死亡した改造収容所の囚人ホー・ヒュー・トゥオンの娘で、当時ハーバード大学で歴史を教えていたホー・タイ・フエ・タム教授も、プロジェクトの実行委員ジョン・マコーリフの招きでその席にいたのだ。ゴ・バー・タインの論理はハノイ政府にとっては目新しいものではなかったが、弁護士がそのような発言をするのは驚くべきことだった。

　1975年4月30日以後、数千の人間が、銃を持ったことがある者もない者も、裁判も受けずに投獄されたこと、また特に、ベトナム・トゥオンティン号に乗船していた1652人が投獄されたエピソードは、とても「幸運」とは言えない話として伝えられている。

　1975年4月29日、国会議員グエン・ヒュー・チュンはベトナム・トゥオンティン号で最後の脱出者を運ぶようにという大統領の命令書を受け取った。4月30日朝、脱出する船が河口にさしかかった時、B40の射撃を受け、『ソン［川］日報』編集主任で作家のチュー・トゥーが死亡した。グァム島に着いたベトナム・トゥオンティン号は、数千人の脱出者と共にほぼ5ヵ月間そこで待ち続けた。妻子や父母を故郷に残したまま、将来の見通しもなく待っているよりは、ベトナムに引き返すことを望んだ人も多かった。統一され、きっと平和になると信じていた祖国へ。

ら各中央委員、各省の省委まで、共産党のすべての指導者に直接郵便で送ったのだ。冊子には、アジアの地域情勢を鑑みれば、ベトナムは何としても中立国であるべきだ、という主張が明記されていた。中立化はベトナムに相応しい唯一の道だ、と伯父さんは言明していた。伯父さんはこの中立という立場を追求した最初のベトナム人だった。それゆえ、いずれ追い詰められた情勢になれば、ハノイの共産党指導部は譲歩して、中立を受け入れざるを得なくなり、伯父さんを頼るしかなくなるだろう、と考えていたのだ」

95　ホー・フエ・タム教授の証言。

諜報機関のヴォー・ティン大尉もその1人だった。アメリカ側は、ヴォー・ティンの家族全員を脱出させてくれることになっていた。しかし、彼の父親は「わしはここで祖国統一の日を待つよ。その日が近いというのに、どうして出て行かねばならんのだ」と言ったのだ。その上、妻の父親は、1954年以来北部にいる2人の息子に会いたがっていた。

　ヴォー・ティンはベトナムに留まることに決めたが、4月の末になると、アメリカ側は極めて危険だと警告した。ティンはフークォック島［シャム湾にあるベトナム最大の島］に運ばれ、ズオン・ヴァン・ミン大統領が降伏を宣言するとアメリカ第7艦隊に収容され、グァム島に着いた。他の軍人たちと同様、ヴォー・ティン大尉も「ベトコン」に復讐されるとは思っていなかった。彼は心の奥底から、ベトナムだけが祖国だと感じていた。祖国を捨て、年老いた両親を捨て、若い妻と3人の幼い子供を捨てる合理的な理由は見出せなかった。ヴォー・ティン大尉は帰国希望者をベトナム・トゥオンティン号でベトナムに運ぶ許可を求めて、アメリカ側に働きかけた。

　1975年9月29日、国連難民高等弁務官事務所が南ベトナム臨時革命政府の同意を得た後に、ベトナム・トゥオンティン号は厳粛な式典に見送られてグァムを出港した。アオザイ姿の女性たちが旗を振り、アメリカのテレビはその様子を仔細に報道した。海軍中佐チャン・ディン・チュが、この帰国船を指揮する任務を委ねられていた。

　2週間の航海を経て、ベトナム・トゥオンティン号はヴンタウ沖の領海に入った。翌日になって、北ベトナムの国旗を掲げた2隻の海軍艦艇がやっと発進し、ベトナム・トゥオンティン号から約200メートルの地点で停止した。海軍兵たちが望遠鏡で慎重に様子を窺い、数時間後に帰国船をベトナム中部の方角に誘導した。帰国者たちは何か異常なものを感じ始めたが、それでも希望を抱いて待ち続けた。

　中南部の港町ニャチャンに着くと、船は海軍の訓練センターに誘導された。乗客は全員集められて窓を塞いだ車に乗せられ、第2軍団の尋問センターに運ばれた。そこで全員が、「服をすべて脱げと命令され、頭から足先まで何度も繰り返し検査された。そして、だぶだぶの軍服2着と幅8インチのござを与え

96　本人の希望により仮名を使用。

られ、取り調べ室に閉じ込められた」。7歳の子供1人を除いて、全員が収容所に収監された。刑期は最短で9ヵ月、最長はチャン・ディン・チュ中佐の13年だった。

6. 収容所と改造

　刑務所であれ改造収容所であれ、そこに入れられた者はみな自由を奪われた人間である。それでも、ザーディンまたはチーホアの刑務所から改造収容所に移されるなら、それは囚人にとって願ってもないことだった。

　ズエン・アインはこう書いている。「もし、私が［南ベトナム軍で］タイン・タム・トゥエンやファン・ニャット・ナム、トー・トゥイ・イエンのような職務[97]に就いていれば、ザロン校か、ラサンタベール校、またはドンボスコ孤児院などの登録所に行って『10日分』の生活費を納めただろう。そして、モロトワのトラックかGMC［ゼネラルモーターズの商用車］、または長距離バスのような輸送車で、ロンザオ［ドンナイ省］か、スォイマウか、ロンタインあたりの刑務所に移送されただろう。私は数千、数万の同胞と一緒に投獄され、ただ恐れおののきながら過ごすしかなかった。それでも、少なくとも最初の2、3年は、革命政府の軍隊は公安警察よりも穏やかに私を扱った。私は悠々と刑務所から刑務所へ移動し、私の監房は夜も施錠されることはなかった。しかし、南ベトナム軍の士官だったという栄誉はないものの、『反動的作家』だったので、私は公安警察

97　南ベトナム軍のために働いていた文芸家たちで、1975年6月から経歴開示と改造学習に行った者は以下の通りである。タイン・タム・トゥエン、マイ・チュン・ティン、ズオン・フン・クオン、ハー・トゥオン・ニャン、ファン・ラック・フック、トー・トゥイ・イエン、ヴァン・クアン、タオ・チュオン、ズイ・ラム、ファン・ニャット・ナム、フイ・ヴァン、ダン・チャン・フアン、ホアン・ゴック・リエン、ジエン・ギー、ファン・ラック・ザン・ドン、ヴー・ドゥック・ギエム、ヴー・ヴァン・サム（トゥック・ヴー）、ドー・ティエン・ドゥック、ミン・キー、テー・ウエン、ヴー・タイン・アン、ズオン・キエン、ディン・ティエン・ルエン、ニャット・バン。改造収容所で死亡した人物として、ミン・キー、トゥック・ヴー、グエン・マイン・コン、グエン・トゥー、フイ・ヴァンがいる。釈放後に死亡した人物として、ヴー・ホアン・チュオン、ホー・ヒュー・トゥオン、ホアン・ヴィン・ロック、ミン・ダン・カイン、チャン・ヴェト・ソンがいる。一度釈放されて再逮捕された人物としては、ホアン・ハイ・トゥイ、ズオン・フン・クオン、ゾアン・クォック・シー、グエン・ディン・トアンがいる。1984年4月以降に新たに逮捕された人々として、グエン・ホアット、ファム・ティエン・トゥーがいる（作家ズエン・アインによるリストより）。

に手錠をかけられ、単独で連行されたのだ」[98]

　もし、ファンダンリュー通り4番地やトンドゥックタン通り3c番地にある刑務所、あるいはチーホアの刑務所に入ったら、改造収容所でもこれより有難いと思うことだろう。グエン・ゴック・ビックは語っている。「独房で1年間過ごした後で、私は雑居房に移され、他の69人と一緒に収監された。1人分が幅60センチメートル、長さ2メートルのコンクリートの床と、1枚のござが与えられた。その房には、元南ベトナムの将兵、長官クラスや上級公務員が入れられていた。1976年4月に私と一緒に逮捕された人々もいた」

　裁判なしに投獄された人物として、ドアン・ケー・トゥオン、ティエン神父、ヴー・ダン・ズン弁護士、ヴォー・ロン・チョウ議員、グエン・ゴック・タン、ニュー・フォン、ラム・ヴァン・テー、レ・スェンなどがいるが、サイゴンの旧来の刑務所には「買弁資本家」たちも収監されていた。彼らの中には、裁判を受ける「栄誉」を与えられた者もいる。ファム・クアン・カイ、チャン・タイン、ダオ・マウ、タン・タイ、グエン・コン・カー、ブイ・キム・バン、グエン・ヴァン・チュオン（カイ・チー）、チュオン・ヴァン・コイなどである。そして、「ヴィンソン教会事件」〔旧南ベトナム軍の士官と神父らが「復国民兵隊」を組織し、サイゴンのヴィンソン教会を拠点に革命政権に抵抗する政治活動を行ない、1976年2月に政権側に取り押さえられた事件〕で逮捕された「反動主義者」たちもいた。すなわち、グエン・ヴェト・フン、アリ・フン、グエン・ヴァン・ギ神父、グエン・ヴァン・チュック神父、ティエップ少佐などである。

　1970年代末には、サイゴンの住民でさえ白米や鮮魚が手に入ることは稀で、ましてや刑務所では傷んだ魚や腐った米でも食べなければならなかった。囚人たちにとっては、水が飲めるだけでも有難いほどだった。チーホア刑務所に収監されていたドアン・ケー・トゥオンらは、「シャワーを浴びさせろ」と集団で要求したことがあった。すると、「看守は彼らをがらんとした部屋に連れていった。そこで、粗暴な監視員たちが彼らの手を縛り、集団で殴る蹴るの暴行を加えたのだ。誰もが目のまわりに青痣を作り、口の端に乾いた血がこびりついていた。そして、彼らはFG区の隔離棟に送られることになった。チーホアで隔離棟送りになることには耐えられず、彼らは罪を認める供述書にサインした。

98　Duyên Anh, 1987, p.47.

ドアン・ケー・トゥオンだけが態度を変えなかったので、みなあきれて首を横に振り、溜息をついた」[99]

囚人たちは下痢など様々な症状に苦しんでいたが、医薬品はほとんどなかった。その時期には、公安警察や軍隊、一般市民さえ、誰もが「薬草で万病を治す」[100]しかなかったのだ。疥癬や発疹のような皮膚疾患ほど、囚人を苦しめたものはなかった。ズエン・アインによれば、「刑務所の疥癬という奴はとても厄介だった。人の『大事なところ』に狙いをつけて、そこに戦域を形成するのだ。こちらの囚人が服を脱ぎ、屈んで尻を上げると、そちらの囚人が薬を塗ってやるという具合だった。塗り終わると大急ぎで団扇で煽いだ。薬はとてつもなく沁みるからだ」[101]。そのような環境だったので、ザーディンやチーホアの囚人たちにとって、改造収容所に送られることは減刑を意味していた。

1977年のテト［旧正月］前に、文芸家とジャーナリストの3分の2が釈放された。チーホアのA区に収容され、1ヵ月の改造学習を受けたニャー・カーもその1人だった。ゾアン・クォック・シー、レ・スェン、グエン・マイン・コン、ダン・ザオ、チャン・ザ・トゥー、チョエ、ズエン・アインなど、大部分はまだ収監されたままだった。稀なケースとはいえ、ドアン・ケー・トゥオンのような志操堅固な人々は、チーホアで10年間も拘禁され続けた。一方で、刑務所の管理下から改造収容所に移された人々もいた。

しかし、それは1978年までの話である。南西国境でカンボジアとの戦争が勃発し、北方で中国の脅威が高まった頃、改造収容所は軍隊から公安警察の管轄下に移された。ファン・ニャット・ナム大尉によれば、「私たちは過酷な監視を受けるようになった」という。

1975年5月8日、経歴開示を終えると、重病のグエン・ヴァン・ヴィ将軍を除き、将官級[102]と佐官級の将校はチョロンのミンマン大学の校舎に収容され、第1段階の改造学習を受けてから、クアンチュン訓練センターに連れていかれた。その後、将軍たちは飛行機で、それより下級の士官たちは船と汽車で、北部ベトナムに送られた。これらの「危険」人物たちが辿り着いたのは、イエン

99　Ibid. p.417.
100　穿心蓮と呼ばれる植物から作られる薬。
101　Duyên Anh, 1987, pp.245-247.
102　経歴開示をした27人の将軍と、クーチで捕えられたリー・トン将軍を含む。

バイ、ラオカイ、ハザン、ハテイ［ハノイ南西部］、ナムハ［現ハナム、ナムディン省］、タインホア、ゲアンなど北部各地の刑務所だった。

　他の長期の受刑者と同様、ファン・ラック・フック中佐も最も厳しい環境の刑務所を転々とした。ソンラ省のロンカイン－スォイマウ刑務所やイェンハ刑務所、ヴィンフー省［現ヴィンフック、フート省］のタンラップ刑務所、タインホア省のタインフォン刑務所、ゲティン省［現ゲアン、ハティン省］のタンキー刑務所、ハナムニン省［現ハナム、ナムディン、ニンビン省］のバーサオ刑務所、ドンナイ省のスァンロック刑務所などである。ファン・ラック・フックが長期の改造学習を受けることになった主な理由は、彼がアメリカでジャーナリズムを学び、南ベトナム軍の機関紙『ティエントゥエン［前線］日報』の主筆を務めていたからだった。

　ロンザオとスォイマウの刑務所に１年間収監された後、フックは1976年6月10日に北部に送られ、最初の改造教育を受けた。彼はこう書いている。「私たちがスォイマウ刑務所の運動場に座っていると、同業の親友タ・ティがあたふたと駆けてきて言った。『君たちは北部に移動だ。5年は戻ってこられないぞ。家族に伝言はあるか？』。私とフンは顔を見合わせ、笑って友人に告げた。『家族に伝えてくれ。僕らは今日、北部に行く。元気でな、と』。南部の著名な画家である友人は、悲しみの色を浮かべて『サイゴンでまたすぐ会おうな』と別れを告げた」[103]

　グエン・ヴァン・トゥアン司教は、サイゴンから連行された夜のことを次のように回想している。「1976年12月1日の夜9時、他の数人の囚人たちと一緒に突然呼び出された。私たちは2人1組で鎖で繋がれ、トラックの荷台に乗せられた。暫く走って新港（タンカン）に着いた。目の前に1隻の船が停泊していた。それは夜の闇に完全に溶け込んでいたので、一般の人々は気がつかなかっただろう。私たちはその船で北部に運ばれたのだ。私は石炭を貯蔵しておく船倉に連れていかれた。小さな信号灯が1つ、頼りなげにぽつんと燈っているだけだった。囚人は全部で1500名もいたので、1人1人の様子は確かめようもなかった。翌朝、船倉に日の光がわずかに射し込んだ時、まわりの囚人たちの姿が見えた。みな一様に悲しみと絶望に暮れた表情をしていた。葬式のような陰鬱な空気が澱んで

103　Phan Lạc Phúc, 2000, p. ?

いた。1人の囚人がワイヤーを使って縊死を図った。人々は私を呼び、私は彼と話をした」[104]。ファン・ラック・フック中佐も船で北部に移送されたが、その道行きもグエン・ヴァン・トゥアン司教のそれに劣らず苦しいものだった。しかし、その行程で彼らに起こった事は、試練のほんの第一歩に過ぎなかった[105]。

7. 面会と差し入れ

　改造学習の期間が長くなるにつれて、囚人の家庭の台所事情も、革命政府の財政も、だんだん逼迫していった。1976年の旧正月(テト)からは食事の量が減らされた。77年末になると、囚人の主食はボーボーと呼ばれる麦飯に変えられた。タ・チー・ダイ・チュオン大尉によれば、「78年の秋になると、1人につき1日300グラムの米しかあてがわれなくなった。空芯菜やサツマイモの茎が新芽の

104　ローマ教皇庁向けの黙想週間の講演。2000年3月18日に法皇ヨハネ・パウロ2世が指定したもの。
105　ファン・ラック・フックは次のように記している。「南部から北部に移された人々は、それでも『1ヵ月の改造学習』と軽く考えていたので、持参した衣服も大した荷物になる程ではなかった。そのため、北部山岳地域の冬の凍えるような寒さに襲われることになった。じとじとした霧雨が降り込めると、一層寒さが身に沁みるのだった。夜ともなれば、刑務所のコンクリートの床は氷のように冷えた。寝る時には、持っている衣類全部とレインコートも着込んだ上に、麻袋まで探し出して中に潜り込む者もいたが、それでも震えが止まらなかった。外気はそれほど入ってこなくても、飢えと孤独から感じる内面の『冷気』の方が強かったのだ。衣服が足りない寒さより、空腹による寒さの方が辛かった、この年(1976年)ほど寒かったことはない……と、ソンラ地方の人はずっと後になってから語っている。まさに弱り目に祟り目で、北部の改造収容所に送られたその時期に寒波が襲来したのだ。いつの時代でも、寒さと飢えは互いに『有機的』に関連している。空腹がひどいほど寒く感じ、寒ければ寒いほど空腹もこたえるのだ。飢えと寒さのため倒れる人たちもいた。文筆家で作家でもあるヴー・ヴァン・サムは、その冬の木枯らし第1号が吹いた後、1976年11月17日の未明に簡易診療所で死亡した。1977の1月(1月3日か13日か、よく覚えていないが)には、第4地区の軍事裁判所所長だったゴ・クイ・トゥエットが続いて死亡した。彼はとても静かに、ひっそりと息を引き取った。朝になっても起きないので、足を揺すって声をかけてみたが、もう冷たくなっていた。いつからそうなっていたのかは分からない。ゴ・クイ・トゥエットがいた班の班長の報告書には、『ゴ・クイ・トゥエットは、班で豚の飼育係に選ばれていた。彼はあまりの空腹から、豚の餌を盗み食いした。おそらく食中毒で死に至ったのだろう』とある。私は、1975年6月に改造収容所に入る前には、体重が64キログラムあった。南部のロンザオとスォイマウの収容所で1年を過ごした後には、56キログラムになっていた。北部のソンラ第1刑務所、第2刑務所で1年以上過ごした後には、44キログラムに減っていた。以前、サイゴンにいた頃は、私は腹の脂肪を減らして痩せるために、毎朝運動をしなければならなかった。それが、革命政府が北部の改造労働収容所に送ってくれたおかげで、痩せたばかりか腹がへこんでしまった。昔は脂肪分や糖分に気をつけて食事をしていたが、収容所ではどれほど糖分、脂肪分が欲しいと思ったことか。明けても暮れても、眠っている時でさえ、食べ物が欲しくてたまらなかった」(『遠近の友』Văn Nghệ California, US, 2000, pp. 60-67.)

うちから調理され、野草も芽を出せばすぐに摘み取られた。バナナの根もすべて引き抜かれて食べられた」という。

　当時、「娑婆」の人々も、木の実がなる前に芽を摘んで食べているという事情を、改造収容所の囚人すべてが知っていたわけではない。しかし、昼間はもったいぶって難しい問題を出す教官が、夜は親族が面会に来たばかりの囚人のところに行って「おすそ分け」を求めるようになっていた。親族が面会に来て差し入れがある日には、収容所はうきうきとした雰囲気になった。それからの年月というもの、囚人から家族に宛てた手紙の内容は、面会時に差し入れてほしい物のリストが中心になった。

　タ・チー・ダイ・チュオンは語っている。「面会の度に家族の差し入れを受け、所持金のある囚人もいた。しかし、妻が夫にわずかなパン数切れしか差し入れることができず、『次は面会に来る旅費を借りられるかどうか……』と寂しく告げることもあった」。囚人たちは、故郷の母や妻もまた餓えに苦しんでいて、面会が重荷になっていることをだんだん悟るようになった。元軍人の妻子たちは、夫や父親を収容所に訪ねる度に、屈辱的な思いをしなければならなかった。

　画家チョエは、1978年からザライ省ザーチュンの収容所に入れられた。ファンダンリュー4番地にある治安調査局の「留置所」に2年間収監されていた間も、チョエは差し入れの物を受け取るだけで、家族とは面会できなかった。その2年間、コンクリートの床に寝ていたため、もともとリューマチを患っていた彼の脚はほとんど麻痺したような状態になった。ザーチュンともなれば余りにも遠すぎて、家族の面会などとても不可能だった。

　チョエの妻グエン・ティ・キム・ロアンは、当時1人で4人の子供を養わなければならず、家財道具もほとんど売り払っていた。サイゴンにある無数の家庭と同様、彼女の家も政府発行の米穀通帳を支給されていた。しかし、米穀といっても、その頃はボーボーか芋しかなかった。国家が販売する米1キログラムが、芋2キログラム相当という基準だった。苦労したのは、夫が改造収容所送りになった妻だけではなかった。新体制の下では、男性も仕事がないために弱い立場にあった。生活はもはや、才覚を発揮して小さな商売をする女性たちに頼るしかなかった。

　グエン・ティ・キム・ロアンはファットジエムから移り住んだカソリック信

徒で、南ベトナム軍参謀総本部で秘書をしていたことがあり、夫がサイゴンやアメリカの新聞のために描く漫画の原稿料のおかげで、優雅な生活を送っていた。しかし、夫がザーチュンの収容所に行ってから、その暮らしぶりは一変した。古着や石鹸を仕入れ、人をかき分けて満員のバスに乗り、夫の故郷アンザン省に持ち込んで販売し、生計を立てなければならなかった。

　収容所に面会に行く費用を工面するのは難しく、サイゴンからザライ省に行くたびに辛い思いをすることになった。まず、住んでいる街区の許可書を貰いに走り、次に、午後3時からバス乗り場に行って並ばなければならなかった。フィーロンやフィーホーなど私営のバス会社は、ひところは切符を買う客や乗車する客へのサービスに努めていたものだが、「人道的改造」政策のおかげで、バスの旅は「苦難の道行き」となった。バス乗り場に午後から並び、午前3時まで待って、やっと「国営観光バス」の切符の販売が始まる。客は押し合いへし合いして怒鳴り声を上げるが、自分の番が来た時には切符は売り切れていることもあった。車両の数は少なく、国家は公務の証明書を持った党官僚に優先的に切符を回すからである。

　面会に行けないことは悲劇だった。金を貯めて買った煮魚や肉は、長くもたなかったからである。国家側は、囚人が食料を蓄えて脱走することを恐れていたので、保存食はエビの塩辛やゴマ塩に至るまで、差し入れは許されなかった。やっとバスに乗れても、まだ油断は禁物だった。当時のベトナム経済は、もう「外国に隷属」はしていなかったものの、部品はなく、車が途中で故障するのは日常茶飯事だった。辛い1日走り続けることができても、ノオックタイ［テイニン省ベンカウ県］まで来て夜になり、アンケ峠［ザライ省とビンディン省の境］を越えられないと、翌朝6時まで車中で眠るはめになった。

　グエン・ティ・キム・ロアンはこう証言している。「バスが停まる所から収容所までは3キロメートル以上あった。収容所の教官は、私たちが荷担ぎの人を雇うことを許さなかった。そして、『あなたたちは、この期に及んでも資本主義の悪癖を捨てられないのか』と言うのだった。私たちは、サイゴンの住民なら普段することのない荷担ぎをし、肩が痛くなっても荷物を提げて行くしかなかった。1つ目の籠を担いで200メートル程よろよろと運び、2つ目の籠を取りに戻るのだった。3キロメートルを行くのに2時間以上かかった。バスが

故障した場合、収容所まで辿り着いた時にはもう月曜日の夜中になっていて、湿地帯にいるかのように暗かった。女性と子供たちはめくら滅法歩いたが、道は見当たらず、新しい墓に行きあたって悲鳴を上げた。教官が走り出てきて、間違って別の収容所に来てしまったことが初めて分かった。結局、その夜はそこで寝るしかなく、翌朝を待って夫がいる収容所を探し当てた。これほど苦しい長旅をしても、たった15分間しか夫の顔を見ることができなかった。木の長机をはさんで囚人と面会の家族が座り、机の両端に2人の教官が腰をかけた。囚人と家族は忙しく言葉を交わすことしかできなかった。

1978年に、やはりザーチュン［ヴィンフック省］の収容所で改造学習を受けていた歴史家タ・チー・ダイ・チュオンは、こう語っている。「囚人の中には、差し入れの籠を持って房に戻っても、くよくよと思い悩む者もいた。自分に面会するために金を使って、妻はどうやって子供たちを養うつもりだろうと。一方、平然としている者もいた。家族に物を要求することに慣れたためでもあり、今起こっている事を語り尽くせないまま、あれを送れ、これを送れと頼む手紙を次々と書き送ってきたせいもある。家族の悲惨な境遇はそういうところから生まれていたのだ」

第18師団第248大隊の隊長ドー・ズイ・ルァット大尉は、1975年4月19日にビントゥイ［ティエンザン省］からロンカインに転進を命じられ、ロンカインの戦いに参加して革命軍に大損害を与えた。ルァットは、経歴開示を終えた2日後にロンザオに連行された。2ヵ月目から家族に手紙を書くことを許されたが、収容所の場所を明かすことは禁止され、「L2T2」という記号しか書けなかった。彼の妻は、他の将兵の妻たちと同じように、この収容所あの収容所と訪ね歩かなければならなかった。わずかな希望にすがり、木の繁みや垣根の陰に隠れるようにして、こっそりと夫の行方を調べたのである。このような捜索が、妻たちのなけなしの財産を食い潰していった。

1978年以降、ルァットはソンラからフーリー［ドンナイ省］のバーサオ刑務所に移された。79年になって、妻はようやく夫の居場所を探し当て、面会することができた。しかし、それが夫婦の最後の出会いとなった。妻は帰宅してから癌を発症し、80年の初めに死亡したのである。同じ年、夫はバーサオからハムタン［ビントゥアン省］に移送され、Z30D刑務所に収監された。81年6月、

妻死亡のため、という理由でルァットは釈放された。帰郷してみると、ズイタン通り2番地の小さな家はもうなくなっていた。妻は面会の費用や小さな3人の子供たちの養育費を賄うために、家を売らざるを得なかったのだ。

　家を売ったくらいでは最大の悲劇とは言えなかった。タ・チー・ダイ・チュオン大尉は証言している。「自分の身を売るしかない妻たちもいた。女性の武器を使って取引や小商売をしなければならない妻たちもいた。女性、若い娘、子供たちが家計の大黒柱になれば、公安警察をうまくやり過ごし、公権力に取り入って、たとえ路上で辱めを受けても柔軟に対応しなければならない。ならば、そのような女性たちをどうして責められるだろうか。路線バスの運転手の子供を妊娠した40歳前後の女性もいた。露天商をしながら夫の部下だった男を相手にした士官の妻もいた。夫たちが収容所に入れられれば、妻たちの身にそのような事態が降りかかっても、けっして不思議ではなかった。」[106]

　妻を心から想いやって、手紙に「こんな調子で僕を待つのはもうやめて、新しい幸せを探しなさい。どこかの部隊にいい男がいるだろう」と認（したた）める囚人もいた。そんな気遣いも、手紙を検閲する一部の傲慢な教官たちに阻まれた。彼らは高飛車に囚人たちを叱りつけた。「国家は、君たちの家庭を破壊する目的で君たちを拘禁しているのではない！　また、われわれは君たちから妻子を取り上げるために闘っているのではない！」[107]。おそらく、妻を失った者がいても、時流のなせる業だとでも言うのだろう。詩人タ・キーの妻のような例もある。彼女は、夫が歴史学者タ・チー・ダイ・チュオンや画家チン・クンらと一緒にまだロンカインのT6刑務所に収監されている時に、「ベトコン」の夫を持ったのだった。

　T6刑務所には個室のあるトイレがあって、住民の畑に続く道に面し、有刺鉄線を張った囲いに隣接していた。当初、親族がまだ正式に面会できなかった頃、T6の囚人たちはこのトイレを利用して、教官の目を盗んで外から家族からの手紙を受け取り、また家族に届けて貰う手紙を渡していた。囚人たちはいつも交代で「トイレ当番」をして、手紙が着くのを待った。また、多くの囚人がそこで親族に会うことができた。そこでは夫や子供や父親を探す人々が、一

106　Tạ Chí Đại Trường, 1993, p. ?
107　Ibid. p. ?

瞬だけでも相手の顔を見るか、一言だけでも素早く言葉を交わして、家族の近況を伝えることができたのである。囚人の家族たちはいつも、まず収容所の近くまでやってくると、近隣の農民たちから野良着と鍬、シャベルなどを借りて変装した。そして、その農民たちに隠してもらいながら有刺鉄線に沿って歩き、農作業に行く者がたまたまトイレの浄化槽の所を歩いているふりをした。そのトイレこそ、囚人たちが落ち着かない気持ちで家族を待っている場所だった。

　1976年の旧正月が近づいたある日、ちょうど画家チン・クンの「トイレ当番」の時に、「今日の午後2時にタ・キーの母親が来る」という報せを受け取った。チン・クンは急いでタ・キーにそれを教えた。チン・クンによれば、「それは、タ・キーにとって思いがけない嬉しい報せだった。彼はもう半年も面会に来る人がいなかったのだ。ところが、彼が母親から受け取ったのは、『おまえの妻はベトコンの男と結婚したよ』という報告だった。『私が孫の面倒を見ているから、おまえは安心しなさい。許可が出たら私が面会に行くから』」[108]。タ・キーだけではなく、改造収容所を出た「傀儡軍」士官が、ある日突然家に戻ったところ、別れた時にはまだ小さかった子供が父親を覚えておらず、見知らぬ男性の軍用ヘルメットが壁に掛かっていたという例は少なくない。彼らは自分の家から出て行くしかなかった[109]。

8. 改造学習

　アメリカの南北戦争では、1865年4月初め、南軍のロバート・E・リー将軍が、北軍の司令官ユリシーズ・S・グラント将軍宛ての降伏文書を作成した。その中でリー将軍は、南軍の兵士たちが郷里に戻っても生計が立てられるよう、従軍時に提供した馬やロバを連れ帰る許可を求めている。ベトナム戦争では、1975年4月の最後に、ズオン・ヴァン・ミン大統領が無条件降伏を声明した。それ以前の政治変動の中で、ミン大統領や彼の参謀が、南ベトナム軍の膨大な数の兵士の運命を案じていたことを示すものはない。

　ミン大統領に責任を帰すのも難しい。降伏を声明する前に、大統領が革命側

108　著者によるチン・クンへのインタビューから。
109　Tạ Chí Đại Trường, 1993, p. ?

と交渉するチャンスはなかったからだ。しかし、1975年のベトナムと1865年のアメリカの違いは、後者では敗軍の兵士が勝者側から「惨敗してもなお勇猛果敢な兵士」と形容されたのに対して、前者ではそれが「(アメリカの)手先」「けだもの」呼ばわりされたことだ。

これまでに、ハノイの共産党政府が、改造収容所に送られた人々の数を公表したことはない。党政治局の1号決議が示す数字では、サイゴンでは行政当局が1982年9月までに、改造収容所にいた3万人以上の士官を釈放したとされる。1988年1月には数千人が釈放された。それ以後、ナムハ[タインホア省]の刑務所を含むほぼすべての収容所から、30Dの刑務所に移送された者が約210人いた。彼らは、将官・佐官級の士官、または軍の治安部隊、秘密警察、諜報機関などにいた者たちで、その多くが1992年の初めまで収監されていた。

チャン・ヴァン・チャ将軍とカオ・ダン・チエムは、軍管理委員会の軍と公

---

110 アメリカのカリフォルニア州サンジョゼにあるベトナム博物館所蔵の資料では、1975年時点での南ベトナムの総兵力は98万人で、うち89万人が下士官と兵士である。各地の改造収容所に収監された士官は、将官級が32人(1975年4月30日の時点で部隊に残っていた将軍は112人、同月末までにベトナムから脱出した将軍は80人)、大佐が366人(残留者は600人)、中佐が1700人(同2500人)、少佐が5500人(同6500人)、尉官級が7万2000人(同8万人)。その他、南部全体の登録者の記録では、治安部隊・諜報部隊の下士官、内務省と大統領府の職員が約1万5000人いた。うち「鳳凰[主に女性から成る特殊部隊]」の職員と管理職が1200人、農村建設要員4553人、警察官1万9613人、心理戦要員2700人、議員315人、野党党員4451人、反政府勢力の指導者とメンバー101人、文筆家・ジャーナリスト380人とされている(Trần Trung Quân, Việt Nam 20 năm; 1975-1995, Đông Tiến xuất bản)。
111 その中には、3年以下の改造教育を受けた軍医のヴー・ゴック・ホアン少将、同じく軍医のファム・バー・タイン准将、そして1975年4月末に設立されたばかりの別動軍第106師団司令官グエン・ヴァン・ロック大佐の4人の他、ズオン・ヴァン・ミン大統領の実弟もいた。元国家警察学院院長のダム・チュン・セック大佐は、1982年11月14日にハテイ[ハノイ南西]の刑務所で死亡している。10年以上の改造教育を受けた者として、グエン・ヒュー・コ元中将、チャン・ヴァン・チョン元提督、グエン・チャン・ア元少将、ファン・ディン・トゥー元少将の4人がいる。また、以下の36人は改造収容所に12～17年間収監されていた。すなわち、ファンラン陥落の際に捕虜となったグエン・ヴィン・ギー中将とファム・ゴック・サン准将、その他、チャン・ヴァン・カム准将、レ・チュン・トゥオン准将、フイン・ヴァン・ラック准将、レ・ミン・ダオ少将、マック・ヴァン・チュオン准将、リー・トン・バー少将、グエン・ディン・ヴィン大佐、ドー・ケー・ザイ少将、ファム・ズイ・チャット准将、グエン・タイン・チー大佐、レ・ヒュー・ドゥック大佐、レ・ヴァン・タン准将、レ・チュン・チュック准将、グエン・スアン・フオン大佐、グエン・ドゥック・ズン大佐、チャン・クアン・コイ准将、チャン・ゴック・チュック大佐、チャン・バー・ジ少将、ヴー・ヴァン・ザイ准将、レ・ヴァン・トゥ准将、ヴァン・タイン・カオ少将、ドアン・ヴァン・クアン少将、ブイ・テー・ズン中佐、グエン・ヴァン・マイ海軍大佐、グエン・バー・チャン海軍大佐、グエン・ヴァン・タン海軍大佐、ブイ・ヴァン・ニュー警察隊少将(ナムハー刑務所で死亡)、代議士のフイン・ヴァン・カオ元少将、ホー・チュン・ハウ准将、グエン・カック・トゥアン大佐(ナムハー刑務所で死亡)、ライ・ドゥック・チュアン大佐、ファム・バー・ホア大佐、ゴ・ヴァン・ミン大佐、ヴー・ドゥック・ギエム大佐である。

安警察の代表者で、「X-1作戦」の準備の任も負っていた。しかし、ヴォー・ヴァン・キェットに言わせれば、軍管委の党委員会と南部中央局は議論を重ね、南ベトナム軍の数十万人の将兵が、逮捕される前に自分から収容所に入るよう取り計らった上、改造教育に政治的目標まで設定したのだ。つまり、高級将校や「血の負債」を負っている者を長期間の改造教育に送ることは、けっして報復のためではなく、「彼らが罪と誤ちを自覚し、革命戦争は正義の闘いであったことを認めるようにしてやったのだ[112]」という。

改造教育「X-1作戦」が実施されていた時期に『サイゴン・ザイフォン』紙に掲載された各社説では、キェットのような人物が上記のように考えていたことが分かる。[113]

1975年6月11日、下士官と兵士を対象にした最初の改造学習が始まった。同月12日の『サイゴン・ザイフォン』は、「ベトナム的人道精神を行き渡らせよう」という記事を掲載し、社説には次のように書かれていた。「革命は勝利し、わが同胞は解放され、同時に傀儡軍の兵士も解放される。アメリカ帝国主義者のために兵士になり、税金を費やしていた人生は終わった。彼らは死の運命から脱し、祖国に刃向う軍隊での恥辱に満ちた生活から脱したのだ。拘禁されていようがいまいが、彼らは今や囚人である。投降兵は解放武装勢力の手の内にある。彼らが抵抗しなければ、われわれも彼らを殺すことはない。彼らもベトナムの人間なのだ。アメリカ帝国主義者とその手先は、彼らを人間から野獣に変えた。革命側は彼らを改造して、野獣を人間に戻さなければならない。彼らがこれ以上人民に危害を加えないように、また同時に罪を悔い、正しい道に戻るためにも、拘禁して改造する必要がある」[114]

6月15日の社説にはさらにこのようにある。「民族の和合は革命政府の中心的な政策である。民族の和合を望むなら、基本的かつ初歩的な問題は、いかに

---

112 著者のインタビュー。
113 1975年の『サイゴン・ザイフォン』紙は、ホーチミン市委の指導だけでなく、南部中央局の直接指導下にも置かれていた。この時期に社説を書いていたのは、同紙の総編集長ヴォー・ニャン・リーだった。リー編集長は当時、グエン・ヴァン・リンが委員長を務める南部中央局宣伝訓練委員会の副委員長でもあった。1975年5月から同紙の副編集長になったトー・ホアによれば、社説はいつもヴォー・ニャン・リーが、独立宮殿での引き継ぎに出た後、南部中央局の指導に忠実に従って執筆していたという。
114 *Sài Gòn Giải Phóng*, 12, June 1975.

して民族共同体の全成員の基本的立場を統一するかである。アメリカ帝国主義者とその手先の売国奴は、最も有害な民族分断政策をとった。奴らは民族の成員間に、また宗教間、地方間に、敵対関係を作り出した。故意に国家を分裂させたのだ。最も危険なのは、侵略の意図を覆い隠すため、一部の人間の頭にあらゆる手段で、狂信的な反共主義を詰め込んだことである。なぜなら、共産主義者は最も愛国的な人間で、帝国主義者に最も激しく抵抗するということを、奴らは知っていたからだ。どのような形で、どのような旗印の下で、愛国者と祖国への反逆者の和合を実現すればよいだろうか。銃を手離しても反革命思想が残っているならば、民族和合は果たせない。したがって、民族和合という至上の目的のために改造教育を受ける者は、アメリカが撒き散らした毒素を洗い流し、民族の正義の光を着実に吸収しなければならない。そのようにするために、傀儡政権の兵士と公務員を対象に現在実施されている改造学習は、良い機会を提供してくれるだろう。学習を通じて、彼らはアメリカとその手先の陰謀と罪悪をはっきりと理解し、革命政権の人道的かつ寛容な政策を認識しなければならない。民族に対する自分の過ちを完全に悟り、人生をやり直し、真のベトナム公民になるために、今から進むべき道を見出さなければならない。それは、彼らが各階層の同胞人民との和合に至る唯一の道なのだ」[115]

1990年代の初めまで、改造学習に対する党の考え方は硬直的だった。党中央思想文化委員会が91年2月20日に公表した「ブイ・ティン［元『ニャンザン』編集長。1990年パリに移住］によるBBCを通じた歪曲報道について」という文書は、次のように述べている。「多くの罪を犯し、あるいはいまだに強い反共思想を持ち、革命に激しく敵対する悪質分子を改造することは、断じて人権侵害ではなく、ましてや民族の和合・和解政策に反するものでもない。それは、人民の平和で安泰な暮らしを守り、すべての人間の人権を守り、民族和合を強化するために必要な事である」

ヴォー・ヴァン・キェットが認めているように、敗戦軍の士官が自分たちを投獄した相手から「正義の光を吸収」せよと言われても、それは無理な要求というものだった。「傀儡軍と傀儡政権」の人間を直接教育した北ベトナムの教育管理官は、完全に閉ざされた社会で育った人間たちだった。初めてサイゴンに

115　*Sài Gòn Giải Phóng*, 15, June 1975.

入った北ベトナム軍の兵士たちは、社会主義の北部の面子を保つために自慢話をした。彼らは、冗談ではなく大まじめに「北部では、テレビや冷蔵庫が道路から溢れるほどたくさんある」と語った。北ベトナム軍が大邸宅やビルを接収した時、水洗トイレを初めて目にした兵士が、便器を野菜の洗い桶だと思い、水と一緒に野菜が流されてしまうのを見て、「こいつは資本主義の罠だ！」と叫んだというエピソードも、けっして政治的ジョークではなく、本当の話だった。

北ベトナム軍の兵士のほとんどが貧しい農村の出身だった。サイゴンに入城した彼らは、「ベトナムの声」放送も滅多に聞いたことはなく、『鋼鉄はいかに鍛えられたか』『森に降り積もる雪*』といった書物さえ読む機会がなかった。彼らは、南部の人民は資本主義の抑圧下で呻吟し、悲惨な境遇にあると教えられていた。サイゴンが陥落した時、北ベトナムの多くの若者が、早く南部に行って「道を踏み誤った」若者たちを教育してやりたいと切望していたのである。

北ベトナムの教育担当官で、南ベトナムの正規の教育を受けた士官たちを相手にして、自分の知的水準がどの程度のものか思い知った者は少なくない。かつての敵を憎み、横暴に権威を振りかざす者もいた。一方で、北ベトナムの教育にあくまで忠実な者もいた。「先生」になったことでいい気になった者たちは、たびたび囚人たちの失笑を買うような場面を引き起こした。

1975年4月初めに南部中央局に配属されたグエン・ヴァン・チャンによれば、[116] 政治局のかねてからの方針は、危険度の高い者は北部の改造収容所に入れ、そうでない者は南部に置いておくというものだった。改造教育の対象となった者たちも、南部の収容所では生活が比較的楽で、教育期間も短いことを感じていた。「重罪犯、長期受刑者」は北部に連行された。最初の数年間は軍の管理下で改造教育を受け、1979年2月17日に中国との戦争が勃発してからは、タインホア省ナムハの刑務所に移送されたのだった。

囚人たちは精神的に虐待されただけでなく、勝者が既に降伏した者をこのように長期間投獄しておく理由が分からなかった。1960年代初めに捕えられた特別攻撃隊の兵士、68年のテト攻勢や71年の南ラオスの戦いで捕虜になった兵士たちは、90年代の初めまで「改造」され続けなければならなかったのだ。

10年間を獄中で過ごした詩人のトー・トゥイ・イエンは、次のように書き

116　2004年12月の著者によるインタビュー。

記している。

  私は戻ってきた　頭を垂れ　露に濡れて
  天と地の重さをひしひしと感じながら
  花は私のために咲く
  1つ1つの孤独から喜びが生まれる
  私は戻ってきた　枯葉が樹の根本に落ちるように
  今宵人々の心に温かい火をともす
  ここに紅い葡萄酒を注ぐ
  移り変わりにわが身の潔白を証す

　改造政策は1人1人の運命を変えるものだっただけでなく、20世紀後半のベトナムを見舞った恐るべき激動の1つでもあった。

第3章
資本家階級の打倒

労働党(現共産党)の党員履歴書(右)
(訳者撮影)

●訳者解説

　共産党指導部は、南部の社会主義改造を急ぎ、資本主義的搾取のない清廉な生産関係を実現することを優先した。アメリカの新植民地政策に奉仕してきた「反動的ブルジョアジー」、外国資本と結託して人民を搾取する「買弁資本家」を追放する運動が組織され、多くの資本家が逮捕され、資産を没収された。逮捕はトップクラスの資本家、企業家から始まり、商店や工場の経営者、不動産所有者、流通業者なども対象になった。特にサイゴンでは、その多くが華人の資本家であった。

　陥落後のサイゴンでは、社会主義改造は、通貨の切り換え政策も伴っていた。新通貨への切り換え措置は突然発表され、しかも交換できる金額は低く抑えられ、南ベトナムの通貨ピアストルは紙切れとなった。

　「買弁資本家」の追放と同時に、都市住民を農村の「新経済区」に移住させる運動も始まった。新経済区とは、戦場となった荒地や、未開墾の土地に建設された集団農場で、都市住民はそこで生産活動に従事させられた。新経済区への移住は、表向きは自発的なものとされたが、実際には強制的に行なわれ、都市住民から収容所行きと同様に恐れられた。

数十万人の旧南ベトナム軍将兵が改造学習を受け、自分の「罪」を認めてからも、士官については思想改造収容所での拘禁措置が続いた。一方、サイゴンの街は、買弁資本家打倒作戦で騒然としていた。共産主義者の認識では、資本家階級の打倒は必然的なもので、民族民主人民革命の任務でもあった。南部に社会主義体制が適用されてから3年の間に、「資本家」という新たな名前で呼ばれるようになった企業経営者たちは、2度にわたる打倒作戦を経験することになった。

1. X-2作戦

　1975年9月10日午前7時30分、サイゴン市軍管委員会は記者会見を開き、南ベトナム共和国臨時革命政府の声明を公表、「投機により市場を混乱させた証拠のある買弁資本家を逮捕せよ」という命令を出した。対象とされたのは、「米穀王マー・ヒー、繊維業界の支配者リュー・トゥー・ザン、バイク部品の投機をした輸入業者ブイ・ヴァン・ル、米軍に有刺鉄線を納入していたホアン・キム・クイ、コーヒーの輸出を独占していたチャン・ティエン・トゥー」[117]などだった。実際には、逮捕第1弾の対象者リストに載っていた60名の大部分が、その7時間以上前に逮捕されていた。

　南部中央局常務委員グエン・ヴァン・チャンによれば、逮捕第1弾の買弁資本家リストは、サイゴン政府が1974年に作成した「後方政策」に関する資料を主に参考にしていた。その中には、市場を支配するチョロンの華人の「王様」たちの役割を評価した記述があった。資本家階級を打倒するX-2作戦の開始時刻「G時」は、当初は1975年9月10日午前5時と決められていた。しかし、参加する勢力の合同訓練の過程でミスがあり、情報が漏れたため、9月9日の午前0時から開始されることになった。1万人以上の労働者、学生、生徒が目標を捕捉するために動員された。世論を操作するため、数万人の「民衆」が街路での示威行動に駆り出された。[118]

117　*Sài Gòn Giải Phóng*, 10, Sep. 1975.
118　「X-2作戦」の顛末は、公式には次のように記されている。「われわれは、1万人以上の人民勢力を動員した。それが治安部隊、軍、経済徴収部隊、宣伝訓練部隊、党民政委員と連携し、7軍団、60部隊を形成、さらに1万人の労働者、学生、生徒が、定められた目標への攻撃に直接参加した。われ

理論的には、買弁資本家は革命政権から敵とみなされていたため、X-2作戦は「攻撃」という形で実施されることが、明確に定められていた。公式資料は次のように記している。「敵の反応はおおむね弱いものだった。買弁資本家は主として、財産を親族に分散する方法で対処した。逮捕された者は慌てふためき、恐れおののいていたが、財産を惜しむあまり頑なになり、隠した財宝のありかを白状しなかった」[119]

　9月10日の夜には、独立宮殿に設けられた南部中央局の「大本営」に、作戦成功の報せが続々ともたらされた。逮捕者数はまだ増加しつつあった。各部隊は数千万ドンの現金、数十キロの金塊といった細かい数字を伝えており、中にはダイヤモンドの「倉庫」というものさえあった。数万メートルの布地や、7000羽のニワトリを飼育し、1日に4000個の卵を産するというトゥードゥックの[120]事業所も含まれていた。入院中のある資本家は、本当に病気なのか、仮病なのかを調べるため、検査を受けるよう要求された。一方、彼の息子は逮捕され、財宝の隠し場所を明かすよう強要された。捜査の情報が漏れたため、一部の資本家は事前に高飛びしたが、逃げる支度をしている時に捕まった者もいた。

　9月10日午後7時に、独立宮殿で行なわれた南部中央局常務委の引き継ぎには、中央局書記ファム・フン、常務委員グエン・ヴァン・チャン、そして軍管委指導部のグエン・ヴォー・ザイン、ファン・ヴァン・ダンらが出席した。マ

われは、事業所や倉庫を独占していた主要な資本家たちを逮捕することができた。1975年9月10日と11日のわずか2日間で、われわれは70万人以上の民衆を動員した。それにはベトナム人も華人も含まれ、末端の一般民衆から小商人、中小企業主、民族資本家までが参加していた。人々は集会やデモを組織し、買弁資本家による独占、投機、買占めを糾弾し、彼らの打倒を要求して盛り上がった」(*Những Sự Kiện Lịch Sử Đảng Bộ Thành Phố Hồ Chí Minh, Cuốn I, 1975-1985* [ホーチミン市共産党の歴史的事件、第1巻、1975-1985年], p. 20)。

119　同上。
120　「7000羽のニワトリ会社」の経営者の娘にあたる人物として可能性が高いのが、グエン・ティ・ゴック・ズンである。1975年9月、サンフランシスコの工科大学に在籍していたズンは、サイゴンで外国メディアのインタビューを受けた時、実家に養鶏場があったことを認めている。このインタビューは、革命政府による「戦勝後の状況は良好、平穏である」というプロパガンダの一環だった。ズンは語っている。「間違いありません。それは、トゥードゥックの近くにある私の実家の養鶏場です。突然それ［資産の押収］を目の当たりにして、私は本当に慌てました。全く予想もしていなかった出来事でしたから。不安のあまり、全身を苦痛に苛まれるようでした。ジャングルから出てきたという人たちは、見ず知らずの人ばかりで不安だったのです。何が起こっているのかわからない、教えてもらえないため、不安がますます高まりました。この苦痛は、よく言われるような思い込みによるものではなく、私にとっては現実の苦痛だったのです」

イ・チー・トが示した見解は、各部隊はようやく対象者を捕え、顕在的な私有財産を押収できただけで、まだ隠された資産を押収しきれていない、というものだった。

マイ・チー・トはこう声明した。「華人資本家1人につき、500両［1両は37.5グラム］から1000両の金を所有しているはずだ。家屋の収用と捜索によって、われわれはやっと大まかな資産を押収しただけである。まだ調べていない、よく探していない金塊や外貨を押収できるはずだ。しかし、資本家どもが所有していた財産と比べると、まだ大したことはない。したがって、各部隊は引き続き奴らの家を徹底的に調べ、金銭や金塊を捜索するように。民衆の力を頼み、金で仕事をする者を雇い、民衆を動員して隠し場所を発見するのだ」。X-2作戦が発令される1週間前、物価があまりにも高騰していたため、革命政府は、資本家が市場、特に化学調味料［味の素］の市場を支配していることが原因だと断定したのだった。[121]

2. 通貨切り換え

X-2作戦の後、ホーチミン市委は「買弁資本家どもは極度に孤立した状態にある。奴らは軍事的、政治的な拠り所を完全に失った。奴らの経済力は損なわ

---

[121] X-2作戦に先立つ資本家打倒政策の結果について、次のような報告がある。「化学調味料の業者ダオ・マウ、ホア・クアンの会社については、4名の幹部と8名の秘書、華人資産家を逮捕、家宅捜索を行なったが、それ以上の収穫はなかった。もともと化学調味料は2トン、原料は60トンあったが、税金逃れのために小分けにして、あちこちの代理店に分散したので、倉庫にはもう保管されていない。奴らは各代理店に債務を転嫁し、各代理店が会社に対して6億ドン、少なくとも1億ドンの負債があった。1000キログラム以上の商品を扱う代理店に対する革命政府の決議は、実施されたが隙だらけだった。敵の巣をつついたために、奴らは在庫品をすべて分散してしまった。そのため、目下X-2作戦の隙間を塞ぐべく検討を重ねているところである。作戦に入る前に、司法当局と連携して、資本家を裁く公開法廷を設置する必要がある。また、金塊の隠し場所を暴くために、捕えた者の取り調べに力を入れ、中心人物を見つけ出さなければならない。治安機関と華人工作機関（No.6 ラム）は速やかに行動を開始し、禁制品密輸船の事件に絡む越華の商品の所有者を逮捕し、家宅捜索を実行せよ。外国人の出国ルートに注意し、治安機関と税関当局が連携して厳密な検査を実施せよ。これまでに、CIA関係者を見逃して出国後に気づいた例や、管理官が賄賂を受け取って出国させた例もある。ティウという名前で金を密輸するイとフォイ［いずれも個人名］の2名を捜索対象に加えるように。おそらく彼らはCIAである。金の装身具が代理店に持ち込まれた場合は、領収書があれば持ち主に戻す。その際、疑わしい点があれば最後まで調べ上げ、然るべき措置を取る。銀行には、預金者が食費や水道光熱費を払えるよう、預金の引き出しについて委託済みである」（1975年9月3日付中央局の引き継ぎ文書、書記ハー・フー・トゥアン署名）

れ、われわれの作戦行動によって粉砕された」と認定した[122]。「資本家階級に新たな一撃を加える」ため、1975年9月22、23日の2日間に、旧南ベトナムの通貨と新しい通貨の交換措置が実施された。

　通貨切り換え政策も「作戦」とみなされ、X-3という暗号名がつけられた。南部中央局がX-3作戦に対して示した3つの要求には、「新たな通貨体制を確立する。資本家階級が市場を操作するために現金を使用することを阻止する。同時に、スパイどもから活動手段を奪い取り、インフレを防止する」という内容が含まれていた。現金は「スパイどもの活動手段」とみなされ、南ベトナム臨時革命政府は、通貨の交換に制限を課したのだった[123]。

　ベトナム国家銀行の新通貨と交換できる旧南ベトナムの通貨は、1世帯につき最高10万ドンまでとされた。旧通貨500ドンに対して新通貨1ドンというレートだった。公的組織の管理職、事務員は1人につき1万5000ドンまで交換できた。零細な商工業者と運送業者の世帯は10万ドン、大きな事業所は10万から50万ドンとされた。旅客は1人につき2万ドンまでで、使わなかった分は通貨交換委員会に納めて預かり証を受け取り、地元で払い戻しを受けることになっていた。事業所や世帯が所有する現金が一度に両替えできる金額を超えていた場合は、新通貨に換算した金額を記入した積立預金通帳、または国家銀行の預金通帳と交換された。

　銀行は、9月21日の夜のわずかな時間に1万人の職員に動員をかけた。ホーチミン市の軍司令部は1万7921人の兵員を、市の各区は3万5000人の人員を動員した。全員が区や地区に連れていかれたが、何の任務を負わされるのかは事前に知らされていなかった。動員された者は、身につけているすべての金銭、装身具のリストを作らされ、以後は何も「中から持ち出さず、外から持ち込まない」よう命じられた。彼らは、9月21日の夜の間に両替工作の講習を受け、22日の午前2時ちょうどに各「両替窓口」に配置されることになっていた。

　当初の計画では、午前5時ちょうどにすべての工作の準備が整っているはずだった。しかし、「リストの作成と審査に長い時間がかかる一方、膨大な人数を派遣し、各『窓口』に資材を配らなければならず、動員された者も即席の講

122　*Những Sự kiện Lịch sử Đảng bộ Thành phố Hồ Chí Minh, cuốn I, 1975-1995*, p.23.
123　Ibid. p.25.

習しか受けていなかった。そのため、22日の11時になってもリストの登録が終わっていなかった。そのような状態だったので、市の通貨交換委員会は登録の時間を22日の21時まで延長することを決定した。そして、各区に対し、これが最も重要な段階、交換作戦の決定的な段階だと思うように、と指示した。23日になって、各窓口は住民を相手に旧通貨と新通貨の交換を開始したが、状況が複雑だったため、人々は様々なクレームをつけて登録を遅らせた。『1つの家に2、3世帯が住んでいる（複合世帯）の場合、1世帯分の金額しか両替できない』、『係員が遅れて来たり、来ていても時間通りに両替作業をしない』等々である。その間に、通貨交換委員会は資本家が現金を分散させる陰謀を発見した。そのため、窓口での登録を停止する決定を出した」[124]

　思想改造収容所にいた旧南ベトナム軍士官たちの中には、家族の誰にも現金の隠し場所を教えていなかったため、通貨交換の通知を聞いてひどく驚いた者もいた。政府はやむを得ず、5日後に個別事案審査評議会を設置し、その許可を受けた旧士官が、埋蔵金の場所を家族に教えるため、収容所から自宅に戻ることもあった。

　通貨切り換えの決定について、『サイゴン・ザイフォン』紙は「サイゴン通貨の汚辱に満ちた30年の運命[125]」と報じた。1955年1月1日に発行された南ベトナムの通貨［ピアストル］は、新政府によって罪深いものにされてしまった[126]。通貨切り換えから3日後のサイゴンの党機関紙は、このように報じている。「南部は新しい通貨を持つようになった。それは、祖国の完全な独立から生まれたものである。ホーチミン市の人民は、ベトナム国家銀行の紙幣を1枚1枚大事に扱った。新通貨を持った彼らは、誇りに満ちている。それは、祖国を奪われ、外国の通貨の支配下で生きることを強いられた長い年月には、ついぞ感じること

124　Ibid. p.25
125　*Sài Gòn Giải Phóng*, 27, Sep. 1975.
126　新聞記事は次のように記している。「サイゴン政権の通貨は、発行された当初から、いかなる経済的機能も果たさなかった。その役目は、南部の同胞を労働力としてアメリカに輸出する媒介、南部人民の血と肉を切り売りする媒介、南部の無数の少女たちの身体を商品化する媒介、そして、汚職にまみれ、腐敗した連中のための媒介となることだった。人を戦争に駆り立て、南部の若者たちのあらゆる精神的価値と道徳を崩壊させ、一部の大人たちの品格を衰退させることだった。サイゴン政権の通貨は、その持ち主と同様、不潔で恥辱にまみれた30年を生きた。そして今、やはり恥辱に満ちたまま死んでいった。それは1つの必然的な道理であり、歴史なのだ。その死によって、わが人民は活き活きと輝き、喜びに溢れている」（『サイゴン・ザイフォン』1975年9月27日）

のなかった誇りである」。X-3作戦で、この「恥辱」がどの程度解消したのかは分からないが、いずれにせよ南部の人々の非常に多くの財産が紙屑になってしまったのは確かである。

　9月23日の朝以降、まだ登録を済ませていない旧南ベトナムの通貨は、すべて無価値になった。この日の早朝、ビントゥアン省ハイニン県ソンマオ市鎮［県の下にある町］に住むファム・ヴァン・トゥーは、出産を控えた妻ヴォー・ティ・マイをファンティエットに連れていった。夜が明けて間もなく、彼らの車は遊撃隊による通行止めにあった。誰も省外に出すなという命令が出ているという。しかし、出産間近の妊婦を見ると、兵士たちは相談して夫婦の車を通すことにした。妻を助産院に運び、8歳になる娘のファム・ティ・マイ・ホアをその場に残して、トゥーは急いで自宅に戻った。

　製材所を経営するトゥーの家は、常に事業の運転資金が必要なため、穀物を入れる麻袋3つに現金を入れて置いてあった。それは金7000両近くの値段に相当した。家に戻った彼は、現金を小分けにして親族1人1人に両替えさせようとした。しかし、その計画は発覚してしまった。遊撃隊がトゥーの家を包囲し、拡声器を設置して「この家の出入りを禁止する」と宣言した。翌日には、彼の家から放り出された大量の紙幣が庭一面に散らばっていた。

　ファム・ヴァン・トゥーは、もともと一介の製材業者だったが、ソンマオ市鎮では名を知られていたため、サイゴンに住んでいた時に「買弁資本家」として攻撃され、彼の製材所は地方行政当局の管理下に置かれるようになった。トゥーは1964年に、華人のキム・キーと一緒にこの製材所を買い戻した。「ベトコン」がジャングルの各区域を掌握するようになり、木材関係の業者は、革命勢力と南ベトナム政権の両方とうまく付き合わなければならなかった。戦火が拡大するにつれて、ソンマオ市鎮は南ベトナム軍第23師団の拠点として栄え、トゥーの商売もますます繁盛した。

　華人のキム・キーは、中国共産党が政権を掌握した1949年に中国を脱出してきた人物だった。1975年3月末、彼はトゥーに国外脱出を勧めた。しかし、

127　同上。
128　映画「ドイカット」で有名な俳優。2000年代初めにフィリップ・ノイス監督の映画「静かなアメリカ人」に出演した。

生涯をかけて築き上げた事業を簡単に放り出すことはできず、まだ手のかかる7人の子供たちを連れて見知らぬ土地に行くことも容易ではなかった。トゥーがジャングルで出会った「ベトコン」は、気のいい連中だった。彼が懐中電灯や、ライターの石や、キニーネなどを提供した時には、彼らは、トゥーがそのまま仕事を続けられると請け負って、彼を安心させた。その地域の裕福な人々が密かに船でファンリーに逃げた時も、トゥー夫妻はまだ留まっていた。

　1975年9月10日、村の行政当局者が彼の家に来て、鋸とボールベアリングを1つ1つチェックし、製材所を行政の管理下に置くと告げた。その時のトゥーには、自分の財産が奪われたという意識はまだなかった。翌朝、彼はいつものように、職人たちのためにお茶を淹れて作業場に持っていった。しかし、作業場に行くと、1人の職人が彼を押し止めてこう言った。「この製材所はもうあんたのものじゃないんだ。これは労働者のものになったんだから、あんたはもうここには立ち入れないんだよ」[129]。トゥーは茫然と立ちつくした。笑みを浮かべていた彼の顔は、ゆっくりと歪んでいった。それから10日以上過ぎた頃に、通貨切り換えをめぐる騒動が起こったのだ。トゥーは気がふれたようになった。妻の妹が騒ぎを聞いて駆けつけたが、遊撃隊に阻まれた。田んぼの畦道に立って、彼女は義理の兄がけたたましい笑い声を上げるのを耳にした。義兄が哀れでならなかったが、彼女はただ1人で密かに泣くことしかできなかった。

　フエでは、9月21日に、グエンチーフォン校の副学長で、党の学校団書記を務めるチャン・キエム・ドアン[130]が作戦を指揮した。フエの青年団からの委任を受けて、彼はドンカイン学校団と連携し、200人の団員を率いてトゥイントゥー門から城内に入った。青年団は、「3日分の食料を用意して戦闘に臨め」という命令を出していた。ドアンはこのように語っている。「私たちは、米軍が戻ってきたのか？　南ベトナム軍兵士が反撃してきたのか？　と胸を高鳴らせた。午前3時になって初めて、明朝通貨切り換えが行なわれると知らされた。当時の私はまだ若く、新しい事に興奮したので、新通貨1ドンは旧通貨500ドンの価値があると聞いた時も、誇らしいものを感じた。夜が明けても、まだは

129　トゥーの娘マイ・ホアによれば、彼女の家の財産は、1978年3月の私営商工業者改造措置により正式に没収された。その際、彼女の父親は製材所を国家に「献納」する書類に署名させられた。
130　チャン・キエム・ドアンは現在、カリフォルニア州サクラメントに在住している。

りきって走り回っている団員が任務を完遂するのを監督した」

チャン・キエム・ドアンは続ける。「しかし、昼になると、どこに行っても失望して泣き叫ぶ人々の声が聞こえた。午後3時頃、仕事の合間に家に戻ってみると、茫然とした表情の妻が涙の溢れる目で、『あなた！ もう一文無しよ！』と叫んだ」。家にはまだ1000万ドンの現金があったのに、1世帯につき最高10万ドンしか両替えできなかったのだ。ドアンの家だけでなく、ドンバー市場で商売をしている多くの家族も、彼の近所の家族も悲痛な叫びを上げていた。

新体制を信用した人々ほど、失うものは多かった。戦争が終わった時、事業の資金を得るために、手持ちの金を売却していたからだ。ドアンはさらに語っている。「私は城内に戻った。ある両替工作隊の指揮官が、騒ぎのことを聞いてこう言った。『こっちに半分よこすなら、いくら両替えしてもかまわないぞ。村に戻って、誰か両替えしたい者がいたら、すぐにそうするよう呼びかけろ』。私は金を取りに戻り、村の住民数人と話をつけた。そうやって、実際、いくらでも両替えできたのさ」

その1ヵ月ほど前の8月28日、南ベトナム臨時政府閣僚評議会議長フィン・タン・ファットは、「私営銀行16行の営業を永久に停止する」ことを定めた議定書に署名していた。9月3日付の『サイゴン・ザイフォン』紙は、預金の引き出しについて通告した。それによれば、「100万ドン以下の預金がある者は、少しずつ引き出すことができる」、「1人が1ヵ月間に引き出せる額は平均1万ドン」ということだった。200万ドン以上の預金については、「国家銀行が個別に審査する」とされた。しかし、実際には、9月22日の通貨切り換え実施までに預金が引き出せた人はいくらもいなかった。

国家銀行は9月3日、「旧南ベトナムの国債はもはや無価値である」と声明し、革命政府は次のように説明した。「各種の債権は、銀行のものであれ、個人のものであれ、グエン・ヴァン・ティウ政権が戦争の予算増額のために発行した借用書である。グエン・ヴァン・ティウとその一味は、いち早く資産を海外に持ち出してしまった。今や、革命政府が全人民の財産を管理している。グエン・ヴァン・ティウの借金を返すために、人民の金を取り上げる理由も権利もない」[131]

---

[131] *Sài Gòn Giải Phóng*, 3, Sep. 1975.

南部の人々は、「ベトコン」が来ると、マニキュアを塗っている者はペンチで爪を引っこ抜かれるとか、女性は敵の傷病兵と強制的に結婚させられるという言説を聞かされていた。しかし、これほど柔らかな「ペンチ」、つまり通貨切り換えという「ペンチ」があるとは、誰も予想していなかった。買弁資本家打倒政策は、数百世帯のみを対象とするものだったが、通貨切り換えと銀行預金に関する新政策は、すべての人々に関わるものだった。チャン・キエム・ドアンのような人々が、新体制の人間をいっそう理解する手段になったという意味で、貨幣は「役に立った」のかも知れない。

3. 奸商

　1975年の8月と9月には、様々な生活必需品、特に化学調味料の値段が一気に高騰した。各メディアを絶対的に検閲していた革命政府は、当時はそれを「資本家の頭目の仕業」とみなした。7月27日の『サイゴン・ザイフォン』紙は、「奸商の親玉らが投機のため貯蔵、化学調味料の価格高騰で同胞も認識」という見出しの記事を掲げた。
　価格が高騰したのは化学調味料だけではなかった。6月までは塩1キログラムが70ドンだったが、8月には1キログラム300ドンに値上がりした。ライターの石は、6月には1個10ドンだったが、2ヵ月後には60ドンにまで上がった。オート三輪のエンジンのプラグは1つ500ドンが1100ドンに、オートバイのタイヤとチューブ1組が7000ドンから1万7500ドンにはね上がった。4月30日の時点で1キログラムがわずか3000〜3500ドンだった化学調味料は、8月には1万7000〜1万8000ドンに上がっていた。
　9月10日付けの『トゥオイチュ　』紙は「調査」という記事で、「化学調味料が不足しているのは北部に全部持っていったからだという話は、悪者が流した宣伝だ」と断定した。カウモイ市場の荷運び人夫だという「ハイ伯父さん」の言葉を引いて、記事はこう結論していた。「奸商どもがいなくなることはない。奴らが労働人民の血を吸っていることはよく知られている」と結んでいた。この記事で引用されているもう1人の「荷運びの労働者」は、「あの犯罪者どもを死刑にして、初めて人民は溜飲が下がるだろう」と語っている。西部諸省でも、

9月の第2週の間に、逮捕された大物買弁資本家は50人以上に上ったと報道された。

　9月10日に各紙に掲載された南ベトナム臨時革命政府のデータは、買弁資本家が犯した「10の犯罪」を挙げていた。買弁資本家と民族資本家の区別について、ホーチミン市労働組合連合の宣伝・文芸・教育委員であるグエン・ナム・ロックはこう述べている。「その点については、われわれは名詞の解釈には深く突っ込まない。民族資本家とは、ただ自らの利益と同時に民族の利益のために資本を投じる者、と大まかに解釈するだけだ。民族資本家は、外国あるいは外国の手先による政治的な経済力には依存しない」

　特別人民法廷の公開裁判にかけられ、懲役20年と全財産の没収を宣告された「買弁資本家」の1人に、ホアン・キム・クイがいた。グエン・ホアン検事が最終的に認定したクイの罪状は、次のようなものだった。「この男（ホアン・キム・クイ）は、傀儡政府の外相に書簡を送り、政府がサウジアラビアから5億ドルの借款を受けるよう進言した。その目的は、破綻に瀕していた『戦争のベトナム化［米軍の撤退と南ベトナム軍の強化］』政策を活性化させることで、ベトナムの大陸棚における石油採掘への投資を受け入れて借金を返済する計画だった。クイは根深い反共意識をもって、侵略者であるアメリカ人と同じように考え、行動し、傀儡政権の腐敗した体制を維持するため、南部全体を平然と侵略者に売り渡した。アメリカ帝国主義者の陰謀については、クイは夢想していなかった。夢想していたのは、わが人民の力についてである。この男はそれを理解していなかった。アメリカ帝国主義者を短時日で打ち負かし、新植民地主義者に奉仕する搾取的な事業計画を挫折させた、ベトナム革命の奇跡的な勝利を理解していなかったのだ」

132　10の犯罪とは、「(1) アメリカと一緒に南部の経済を支配し、輸出を少なく、輸入を多くして物価を吊り上げ、労働者を失業させた、(2) 金の力で政府機関の内部に手先を潜入させた、(3) 投機目的で商品を貯め込み、安く買った物を高く売った、(4) 代理店を通じて密輸を行なった、(5) 革命政府の方針に対して歪曲、妨害を行なった、(6) 賄賂や買収によって革命組織の人員を分裂させた、(7) 物資を残らず強奪し、即座に市場に流した、(8) 金やダイヤモンドを買い占め、偽札を印刷した、(9) 『化学調味料は北部に持ち去られた』『ガソリンが底をつく』というデマを流した、(10) 政治的反動主義者らと共謀した」というものだった。
133　*Tin Sáng*, 10, Sep. 1975.
134　*Sài Gòn Giải Phóng*, 28-29, Jul. 1977.

「買弁資本家」リュー・チュンによる農業機械の輸入に関する事案の審理も、これと同じ調子で進められた。グエン・ホアン検事は、リュー・チュンが経済援助を利用して「農村を傀儡政権の拠点に変えるアメリカ帝国主義者の狡猾な陰謀」に加担した、という罪を認定した。南部で農業の機械化が進んだことについて、グエン・ホアン検事は次のように分析している。「奸商どもが、農民を欺き、彼らを革命勢力の影響から引き離すために、アメリカの農業支援を通じて虚構の繁栄を作り出そうとした[136]」。裁判は特別な手続きを踏んで行なわれた。「買弁資本家リュー・チュンはその頑迷な性格ゆえに、自分の罪を少しでも隠そうと悪賢い話し方をした」が、「彼の主張は、人民弁護士を含め、すべての論証で却下された[137]。

他の「買弁資本家」の例では、鉄鋼業者リー・センや、「反動的退廃映画の輸入と製作」をしたチュオン・ジー・ニエンなども、みな次々と懲役刑を宣告された。当時のサイゴンの住民にとって、マルクス－レーニンの理論はまだ耳慣れないもので、「労働力の搾取による剰余価値の蓄積について理解する理論の水準」に達していなかった。リュー・チュンのような農業機械を取り扱う商人が、なぜ「南ベトナム政府が兵力を補充するために、農村で労働力を余らせる」深遠な陰謀に関連しているのかも理解できなかった。

革命政府は、「一般的に見て、一般民衆、民族資本家、小商人、中小企業主の階級はすべて、人民と国家にとって有害な買弁資本家階級を敵視していたので、その打倒政策を喜び、歓迎している[138]」と評価した。その評価は、何らかの世論調査の結果に基づくものではなく、主にホーチミン市指導部の発表に依拠していた。マイ・チー・トによれば、「貧しい労働者の世界では、共産主義者

---

135 「買弁資本家」リュー・チュンの罪状について、グエン・ホアン検事は次のような見解を示している。「アメリカがわが国に侵略戦争をしかけていた時期、ガイ・パワーをはじめとする一部の政治家か、『軍隊と農民の連盟』と呼ばれる狡猾な陰謀を暴露した。それは、農村を傀儡政府の拠点に変え、農民を買収し、騙すために経済援助を利用するという陰謀だった。連中は非常に卑劣な手順で、1つ1つ陰謀を実行した。最初に、農村に農耕機械を持ち込み、一部の作業過程を機械化し、生産性を高める。次に、米の生産量が上がった時点で、軍隊まで動員した掃討作戦で生産物を残らず奪い取る。そうして農民を兵士として雇い、その数を日毎に増やして数百万規模にする。さらに、農業の機械化によって農村で必要な労働力を減らし、徴兵政策を進め、雇い兵を補充して侵略戦争を長引かせる、というものである」(*Sài Gòn Giải Phóng*, 29, Jul. 1977.)
136 *Sài Gòn Giải Phóng*, 29, Jul. 1977.
137 Ibid.
138 1975年9月10日夜に軍管理委員会が作成した文書。ホーチミン市歴史研究委員会図書館所蔵。

が金持ちの金を奪って貧乏人に与えるべきだという世論があった[139]」という。

X-2作戦に先立ち、政府は「買弁資本家の頭目92名を逮捕し、47名を取り調べた」、「3名が逃亡し、1名が自殺した」としている[140]。革命政府が南部全体で差し押さえた「金持ち」の資産は、「現金は南ベトナム通貨で9億1840万ドン、米貨13万4578ドル（うち銀行預金が5万5370ドル）、北ベトナム通貨で6万1121ドン、仏貨1200フラン、金7691両、ダイヤモンド4040粒、ダイヤモンド原石40粒、大理石97個、装身具167種、各種時計701個」。「各倉庫からは、肥料6万トン、化学物質8000トン、布地300万メートル、アルミニウム229トン、砂鉄2500トン、自動車のタイヤチューブ1295組、セメント2万7460袋、自動車644台」を押収。また、「高層ビル2棟、酒9万6604本、茶葉1万3500キログラム、船のエンジン1000台、ビスケット20トン、バター24トン、眼鏡2000個、家屋457軒、養鶏場4ヵ所とニワトリ約3万羽」、および「8億ドン相当の養鶏場1ヵ所、豚4150頭、牛10頭、145万5000ドル相当の消費財、企業19社、倉庫6棟、生産施設65ヵ所、劇場4ヵ所、ダラットのコーヒーとリンゴのプランテーション170ヘクタール[141]」とされている。

1976年になっても、相変わらず深刻な状況が続いていた。資本家打倒政策は、今度は華人資本家に対してさらに集中的に実施された。同年9月10日、華人資本家ダオ・タック・イン夫妻が逮捕された。「逃亡のために8つのスーツケースに現金と財宝を詰め込んでいる最中」に捕まったという。夫妻が逮捕された日の早朝には、軍と武装治安部隊が、「利益を独占し、投機目的で買い占めを行ない、市場を混乱させた」として、リー・ホン、ラム・フエ・ホー、ズオン・ハイ、チャン・チン・グエン、マー・トゥエン、チャン・タイン・ハー、チャン・リェット・ホン、リー・ハンのような多くの「買弁資本家」を逮捕、勾留していた。資本家たちを逮捕すると、政府は直ちに広い範囲で、世論を鎮静化させる操作を行なった。

9月11日朝、チョロンの数千人の華人住民は、政府の動員によってデモに駆り出された。マスメディアはこのデモを、「搾取的な買弁資本家への恨みをた

139　同上。
140　1975年9月1日付けの南部中央局常務とサイゴン−ザディン市委の間の業務記録。ホーチミン市歴史研究委員会図書館所属。
141　同上。

ぎらせ、その犯罪を告発し、奴らを根絶やしにするよう政府に訴える」ものと伝えた。その日の夜には、市内のあちこちで30もの集会が開かれた。サイゴンは「革命の気勢に沸き返った」と報道された。

マスメディアは、華人住民のコメントとして次のように伝えた。「華僑の買弁資本家どもが裕福になればなるほど、私たちはますます窮乏してゆく。奴らを根絶して、華人住民は初めて穏やかで幸福な生活が送れるだろう」。華人住民は、「革命政府は、投機目的の買い占めを行ない、市場を混乱させ、人民の骨と血の上で肥え太った独占的買弁資本家を厳重に処罰してほしい」[142]と求めているという。この大衆運動は、資本家の逮捕を正当化するだけでなく、その頃実施が準備されていたある政策のために、有利な世論を作り出す意味もあった。

第6期国会第1回会議は、「わが人民全体の意志と、その切実な気持ち、願いを体現して」、「ベトナム労働党中央執行委員会第1書記［レ・ズアン］同志の政治報告に対する完全な賛同をふまえ」、新段階のベトナム革命の戦略的任務を次のように認定した。「国土の統一を完成し、全土を社会主義に向かって速やかに、力強く、着実に前進させる。北部は引き続き社会主義建設事業を推し進め、社会主義的生産関係を完成させなければならない。南部は社会主義改造と社会主義建設を同時に進めるものとする」[143]

1976年9月25日、グエン・ズイ・チン副首相は「南部の資本主義私営商工業政策に関するベトナム社会主義共和国政府の声明」に署名した。この声明に従い、「政府は、全国で社会主義経済を建設し、全国で統一的な経済再編を進める。南北の格差を徐々に解消し、独立的で外国に従属しない経済のための基本的経済単位を作る。労働力を再編し、公平な新しい分配システムを作り、人民、特に労働人民の生活を保障する。あらゆる不平等と、不誠実、不法な生活様式を社会から排除する」

南部の「買弁資本家と封建的搾取階級の残滓を取り除く」という要求にもかかわらず、この段階では、政府はまだ「資本、技術を持つ資本家、個人主義的な生活をする者、小規模小売業者さえ利用する」方針をとった。当初、小規模な資本家たちは、特定の業種なら自分で経営することができたが、この方針に

142　*Sài Gòn Giải Phóng*, 12, Sep. 1976.
143　ベトナム社会主義共和国政府の1976年9月25日付け声明。

よって自分の会社を公私合営に移行しなければならなかった。政府はまた、「資本家および個人が経営を許される業種」として、非常に限られた業種のリストを提示した。

　この声明に従い、商業とサービス業の諸部門については、みな「国家と大衆団体が責任を持つ」ことになった。国家は「輸入原料と国内の重要な原料のすべて、および必需品の大部分を把握する」権利を独占するようになり、「大部分の輸出入とすべての国内取引を把握する」ことになった。商業を営む個人は、「選択にかけられ、国営貿易会社の代理店の一部として利用される。一方、その他の経営者については、国家の補助を受けて公私合営に移行する」。声明は次のように記していた。「わが体制下では、国営経済セクターが指導的地位にある。資本主義私営商工業に対しては、国営経済が指導と補助を行ない、改造路線を通じて一歩一歩社会主義に進む」

　声明はまた、次のように強調していた。「祖国の栄光の瞬間を迎え、資本主義私営業者は、今現在の歴史的任務を認識し、わが民族の必然的な発展の道を認識し、社会主義改造で良い結果を収めたという祖国ベトナムの輝かしい前提を認識するように」。同時に、このように勧告していた。「労働人民と共にその

144　1976年9月25日の声明は、「公私合営企業とは、以前は個人の企業だったが、現在は国家と旧所有者（または代表者）によって共同管理されている企業である。国家が指導的な立場にあり、各個人株主の合法的な権利は国家によって保護される。企業の労働者、管理職の基本的権利は国家によって保障される」（グエン・ズイ・チン副首相署名）としている。

145　資本家および個人が経営を許される業種のリストには、次のように記されていた。「資本主義私営事業主は、国家のガイドラインに沿って、農・林・水産物の開発と加工、各部門の工業、その他小規模工業への投資を推奨される」。農業部門では、「引き続き、プランテーション、工業用林、果樹園の開発、家畜・家禽の飼育場、養魚場……など、集中的工業生産の維持、拡大を許される。また、各種農業機械の製造、ボウリングと井戸の掘削、農業・水利施設の建設を許される」。建設部門では、「建設資材の開発と生産事業のガイドラインに沿い、国家の管理下で、個人による入札の制度を維持できる」。輸送部門では、「国家が独占的に経営する鉄道、遠洋航路、航空事業の範囲外で、国家の管理とガイドラインに従って、河川および一部の洋上（小船・小舟による）運送、道路（自動車による旅客・物資の輸送）の経営を許される。新しい運送手段、または中古のそれを扱う企業を維持し、地域の民生・経済上の需要に応じた橋梁の建設を請け負うことが許される」。商業およびサービス業部門では、「国家と各大衆団体は、人民の生活に必要かつ重要な物資の分配を保障する。したがって、小売業に参画させるため、国営商業と商業合作社の広範なネットワーク、およびその他の形の大衆組織を発展させる。生産と生活の保障を計画化するため、国家は輸入原料と国内の重要な原料のすべて、および必需品の大部分を把握する。また、大部分の輸出入とすべての国内取引を把握する」（1976年9月25日付け「南ベトナムの資本主義私営商工業に対する政策に関するベトナム社会主義共和国政府の声明」要約。グエン・ズイ・チン副首相署名）

道を歩み、資本家たちは自らを改造し、ベトナム民族大家族に列せられる人間となる機会を得るだろう。それは、自分自身と子孫にすばらしい未来を開く道である」

1976年11月1日、新政府は、今や「統一会堂」と呼ばれるようになった独立宮殿で、9月25日の声明を周知させるため、祖国戦線委員会と中央レベル、市レベルの大衆団体の合同会議を開催した。会議の議長団は、ハノイから来た共産党員ではなく、次のような面々だった。当時、国家副主席兼南ベトナム解放民族戦線中央委員会委員長だったグエン・フー・ト弁護士、ベトナム労働総同盟議長ホアン・クォック・ヴェト、ベトナム民族民主平和勢力連合中央委員会委員長チン・ディン・タオ弁護士、ティック・ミン・グェット和尚。そして、サイゴン陥落前に中央局に配置された党中央委書記・私営商工業改造委員長グエン・ヴァン・チャンも会議に出席していた。

グエン・フー・ト弁護士は演説で、「資本主義私営商工業者に対して、政府は条理をわきまえた政策を提示し、革命に至る道がよりはっきりと見えるよう助け、豊かで強く、文化的で幸福な祖国ベトナムを建設する全人民に、資本家が労力を提供する条件を与えた。その中には、彼らと彼らの子孫の正当な権利も含まれている」と述べた。一方、グエン・ヴァン・チャン委員長は、「政府の声明は、商工業資本家たちにすばらしい未来を開き、輝かしい前提条件を与えた」と短くまとめた[146]。

11月21日から、商工業者は、私営商工業・サービス業の経営登録を義務づけられるようになった。12月13日までに生産・サービス業の経営者の98パーセントが登録申請をし、これら業者の93パーセントが、区レベルの行政機関に経営登録済の証明書交付の審査を受けた。「正しい登録をした者も多かった、（それでも）まだかなり多くが、特に大きな自営業者が、実際の資産とかけ離れた登録をしていた。中には、資産をあちこちに分散しようとして、そのために車で他の区に向かう時に、現行犯で自身も逮捕され、商品も没収された者さえいた。調査員による捜索を妨害したり、調査員を逆に非難したり、あるいは買収して、不正な商品を正当なものと認定してもらおうと企てる者もいた」[147]。

146　*Sài Gòn Giải Phóng*, 3, Nov. 1976.
147　Ibid, 29, Dec. 1976.

政府は登録の期限を1977年1月2日まで延長し、次のような警告を発した。「政府が何度も呼びかけ、教育を行なったにもかかわらず、祖国建設という公共の利益を認めず、いまだに反抗的な態度をとり、資産を隠匿、分散し、追加の登録を拒む自営業者がいる。登録しなければ、国家の政策を正しく実行する商工業者の部類から切り離され、不法な業者とみなされることになる[148]」。

　登録者リストが出来上がってから、自営業者は経営登録済みの証明書を交付され、ほぼ平常通りの営業を続けていた。しかし、それ以降、「市場を混乱させ、政策を覆そうとする奸商」と民族資本家との区別、特に「人民の切実な需要に奉仕する一部の分野の経営者」との区別はあいまいになっていった。より早い時期から、より厳しい改造教育の対象となった業種の1つに運送業があった。

　サイゴン陥落以前、南部各省の車両所有者のうち、専業の陸上運輸業者は3.5パーセントを占め、兼業で陸上運輸業を営むその他の資本家は1パーセント、中小企業が95パーセントだった。南部各省の交通運輸業改造委員会は、次のように評価していた。「中小企業経営者の大部分は愛国心を持ち、革命に共感している。多くの者が革命戦士を養い、サイゴン内外の人員や武器の移送を支える基盤となり、解放戦線を物質的に支援した。これら経営者こそ、解放戦線の呼びかけと軍管委員会の動員に応え、自発的に何百台もの車両と技術要員を革命軍に提供し、南部で敵を追撃するために緊要な軍需物資を提供した勢力だった[149]」。しかし、その功績をもってしても、彼らは自分たちの事業とその手段を維持することはできなかった。

　党中央委書記局と政府は、当初から「現在南部で進められている、私営運輸業者に対する社会主義改造と社会主義建設工作は、その実施を急がなければならない」と指示していた[150]。交通省次官が1人選ばれて南部に派遣され、その直後に、「愛国的民衆」のものも含めたすべての車両が接収された。これはベトナム政府独自の政策ではなかった。『共産党宣言』によれば、運輸業は国家が統一的に管理すべき部門とされていたのだ。

148　ホーチミン市人民委員会の1976年12月27日付け発表 (ibid.)
149　Lịch sử Giao thông Vận tải Đường bộ［陸上交通運輸史］, Nhà Xuất bản Tổng cục Đường bộ, (?), pp. 276-277.
150　Lịch sử Giao thông Vận tải Việt Nam［ベトナム交通運輸史］, Nhà Xuất bản Giao thông Vận tải, 2005, p. 606.

1977年2月から1978年9月まで、改造委員会は個人の運送手段のほとんどを「ひたすら徴用し、ひたすら接収した[151]」。買い上げ、徴用とはいっても、実際には「国家が決めた車の値段は、実質的には本来の値段のわずか1パーセントほどだった。それでさえ分割でしか支払われず、1度に受け取れる額はごくわずかだった。もう会社を辞めているか、あるいは死亡していても、まだ全額を受け取っていない人さえいた。完済されたとしても、その金額はシクロを買うにも足りなかった[152]」。

　チャン・ヴァン・タイン[153]は、サイゴン陥落前は中部の路線バスのオーナーだった。彼の家族は、いつもレストランで食事をし、週末にはショッピングに行くと言うほど裕福な生活を送っていた。サイゴン「解放」後、彼の家族は苦しい日々を過ごし、一家はとうとう離散した。最後の日、「親子は粗末な食事をとり、ぎこちなく最後の飯の鉢を譲り合った。タインは家族の不安な眼差しと長い溜息に見送られ、鞄を持って車に乗った。車は老朽化していたので、長距離を走るには安全ではなかった。ガソリンとタイヤチューブの代金を賄うため、おそらく彼は幾許かの密輸品を処分しなければならなかっただろう[154]」。

　車両の接収だけでなく、運送業界の経営者は、さらなる困窮に耐えなければならなかった。タインは1973年に、ある運転手から350万ドンでバスを買い取っていた[155]。世が世なら、タインは有利にビジネスを展開し、自動車販売会社

151　「ひたすら徴用し、ひたすら接収した」ものは、具体的には次のようなものである。各種自動車1202台、輸送船、客船、はしけを含む河川交通の船舶58隻。これらの輸送手段は、主にサイゴン市民およびハウザン省、キエンザン省が所有するものだった。さらに、海上交通の船舶3隻を接収し、14隻を徴用し、航海士の2団体を国有化した。一部の私営建設会社、請負業者に国家による改造と処理を受けさせ、一部の会社の資産を接収した。フイン・ニュー・ホア、グエン・ヴァン・タンの会社の株式や、ロジスバグコ社、ヴィナメコ社、チャン・ズオン、チャン・ヴァン・オンと合営の会社組織などである (ibid, pp. 606-607)。「南部の社会主義改造事業」が完了した時のことを考え、政府は「5トン積みで座席数が40以上の自動車3287台を徴用、接収した。解放区と北部の車両1105台と合わせて、合計4393台の自動車で14の国営企業を編成した。業務用車両については、国家は所有制度を改造し、個人の所有権を廃止した。その数は1万4050に上り、公私合営の運輸会社45社を編成した。大型輸送車両については、徴用、接収し、改造政策の対象としたものは合計1万7346台で、59の国営運輸会社と公私合営会社を編成した。小型の輸送車 (2.5トン、25座席以下) については、2万8856台が改造政策の対象とし、各省と中央直轄市に属する区、県、市社のほぼすべてで合計281の合作社を編成した(ibid, pp. 276-277)。
152　Chuyện thời bao cấp［バオカップ時代の話］, Nhà Xuất bản Thông tấn, 2009, pp. 53-54.
153　サイゴン、ビンチャイン区タンキエン社4村26C在住。
154　Chuyện thời bao cấp, p. 53.
155　金100両相当。

を設立していただろう。しかし、他の車両所有者と同様、彼も国家に車を「売却」しなければならなかった。「車を手離した後は、運転ができる者は会社の一労働者となることを認められた。そして、決まった路線を走り、規定通りの賃金を受け取った。運転できない者は、車を失ったも同然だった。かつては30～40台の車を所有し、数百人の運転手と補助作業員を管理していた会社の経営者でも、思想改造収容所を出た後は、ヒッチハイクに頼るしかなかった。30～40キロメートルも行くと、たとえバスの切符が買えなくても、ターミナルで降ろされ、埃っぽい空気の中で、茫然と突っ立っていなければならなかったのだ。車両の所有者だった多くの者が、長い間申請してやっと補助作業員になり、かつて自分が雇っていた運転手の下で働き、逆らうと叱りつけられることもあった[156]」

4. 私営商工業改造

もし革命の対象が南部で最も裕福な92人の資本家だけだったなら、1975年以後の経済はまだ回復のチャンスがあっただろう。しかし、2年半後、資本家階級は「私営商工業改造」と呼ばれる新しい作戦の中で再び打倒された。この作戦は、ド・ムオイ*が鉄拳をもって展開したものだった。

この改造作戦が実施された理由は、ホーチミン市人民委員会の1978年3月23日付け公報で次のように説明されている。「商業資本家たちは、不正な方法で裕福になるために、投機、闇市場での取引、商品と現金の貯め込みによって経済と市場を操作し、商品の販売価格を吊り上げ、国家による買い上げを妨害し、市場に混乱を引き起こした。消費者を欺き、搾取するために、偽物を市場に流すことさえあった。彼らは、あらゆる狡猾な手段を用いて、企業の製品や国家の倉庫の物をかすめ取り、国家の経済的な機密を盗んだ。その目的は、建設の初期段階にある社会主義経済を侵食し、一部の国家公務員を堕落させ、それによって社会主義体制を告発しようとしたのである[157]」。資本主義商業改造作戦の法的基盤は、1977年4月12日の政府決定第100号だったと言われている。

---

156 *Chuyện thời bao cấp*, pp. 53-54.
157 *Sài Gòn Giải Phóng*, 23, Mar. 1978.

この決定は、「資本家の商業活動を停止し、商業資本家を生産部門に移す」という方針に沿って、社会主義的商業の確立をめざすものだった。

以前、中央社会主義改造委員会の委員長だったグエン・ヴァン・リンが、商工業者と会見したことがあった。その時、多くの商工業経営者たちは意見を述べるにあたり、私営の資本主義的商工業を改造する政策を歓迎し、一部の商工業経営者が旧態依然とした経営で、革命政府の政策と法規に背いていることを批判したという。その際、グエン・ヴァン・リンは、「党と国家の、正しく、条理をわきまえた政策を提示」してから、「商工業経営者たちは祖国建設に参加し、豊かな民と強い国を作り、社会主義を成功裏に建設するため、自らの改造に力を入れ、その能力と知恵を出し尽くせ、とアピールした」[158]。2日間にわたる会合の後で、リンは改造政策について、さらに十分な話し合いをする機会を設けると約束した。

しかし、グエン・ヴァン・リン自身も、レ・ズアン書記長の改造政策の意図を説明しかねていた。1978年初め、レ・ズアンはリンを委員長のポストから外し、ド・ムオイを後任に据えた。2月12日、ファム・ヴァン・ドン首相が第115号指示に署名すると、ド・ムオイは計画に着手するためサイゴンに軍を集結させた。

1978年3月23日、サイゴンの住民がまだ目覚めないうちに、街の大小様々な店舗の前に、険しい顔つきの若者の集団が詰めかけた。彼らは、店主が起きてくるのを待って中に押し入り、商品を点検して封印し、店舗を封鎖し始めた。この若者たちは全員、前日の夜に青年団によって動員された者で、学生なら大学の授業を休み、工場労働者なら仕事を休み、まだ仕事に就いていない者は居住区の行政機関に徴用されてやってきたのだった。

また、この日の朝には各新聞が、改造政策の5つの要点を発表したホーチミン市人民委員会の決定341/QĐ-UBを掲載した。それは、個人経営によるすべての商業活動を停止し、商品の在庫調査を命じ、資本家による商品売買を禁止し、彼らが生産部門に移ることを奨励するものだった[159]。

---

158 Ibid, 1, Aug. 1977.
159 第1条：商業資本家は以後、商品の売買を禁止される。国家は商業資本家が生産活動に移行することを奨励し、これを支援する。第2条：商業資本家は、商業経営活動の停止命令を受け次第、ガイドラインに従って登録を行ない、区または県の工作機関と共に、自社の商品の在庫、商業施設、業

この第341号決定に署名したヴー・ディン・リョウは、次のように証言している。「この決定は、ホーチミン市の人民委員会と人民武装勢力の名前で出されていたが、主要な部分はハノイの中央政府と党の中央計画委が伝えてきたものだった。市レベルの改造委員会もあったが、市から区・県までのすべての行政単位に、ド・ムオイがハノイから送り込んだ人員が配置されていた。まさに、その決定を携えてやってきた者たちだ。彼らがハノイで言う『資本家』の基準をサイゴンにあてはめたことが、最大の頭痛の種になった。階級の区分を誤ったために、改造政策は広い地域で戦争さながらの様相を呈した」[161]。
　中央経済研究所のグエン・ヴァン・チャン所長は、こう語っている。「作戦が始まった時、政治局はグエン・ヴァン・リンを大衆動員の担当に移し、代わりにド・ムオイを南部に送った。なぜなら、ド・ムオイはハノイで商工業改造政策を担当した人物だったからだ。彼は、1960年に北部で実施したことを、同じようにサイゴンにも適用した」。ホアン・トゥン*によれば、「1955年にハイフォンで資本家打倒政策が実施された時、やはりド・ムオイは資本家を徹底的に排除させた」という。トゥンの証言では、彼は当初、ド・ムオイとサイゴンの中央迎賓館（T78）に入り、この作戦を指示する文書を作成した。しかし、その後、ムオイが小規模な商人まで打倒するのを見て、トゥンは任務から抜けてハノイに戻った。ムオイが「なぜ帰るんだ？」と尋ねたので、彼は「君についてきて、私も泥沼にはまったからだよ」と答えたという。
　トゥードゥックに「総司令部」を置いていた時期、ド・ムオイはめったに公式の場に姿を現さなかった。しかし、彼はすべての事について権力を持ち、当時のいくつかの政治的ジョークでも語られているように、融通のきかない手段

務用車両の点検を実施し、祖国建設に貢献するために生産部門に移る登録書を作成する。第3条：点検完了後は証明書を作成し、点検の責任員・実施要員、地元街区・村の人民委員会代表者、世帯主または世帯代表者が署名し、世帯主が1部を保管する。第4条：商業局所属の部門、企業または市の総合資材公司は、在庫の商品の売却、または買い上げに責任を負う。市人民委主席令に従って点検を実施した商業施設と業務用車両は、人民の生産活動と生活に奉仕するために使用される。第5条：上記の諸規定に違反した者は、処罰の対象、違反の性質と程度によって、現行の法律に沿った行政処分または罰金を課されるか、人民裁判所に提訴される」（Vũ Đình Liệu, Quyết định 341/QĐ-UB, *SGGP*, 23-3-1978［ヴー・ディン・リョウ、人民委決定第341号、*Sài Gòn Giải Phóng*, 23, Mar. 1978.］）
160　1978年当時のホーチミン市人民委員会主席。
161　著者によるインタビュー。2004年12月4日。

を行使したのだった。[162] 第9期国会議員で、労働者階級を動員して、改造の実行部隊に参加させる工作を担当したド・ホアン・ハイによれば、どの部門でも資本家の打倒が終われば、中央官庁の当該部門の人員——一部は先に派遣されており、一部はド・ムオイに付いて新しく派遣されていた——が直ちに駆けつけて、資産を接収したという。たとえば、軽工業省は織物部門で接収を行ない、交通省は車両と発着場に関連する施設を接収した。解放労働組合連合は、元はチャンクォックビューの労働組合連合の本部だった8月革命通り14番地を接収した。

ド・ホアン・ハイは語っている。「当時、私に動員された労働者勢力は、極度に高揚した状態にあった。というのも、ホーチミン市委は、改造政策予算の35パーセントを労働者階級に分配していたからだ。それは、労働者という中心的な階級に対する党の主要な政策とみなされていた。ピーク時には3000人もの労働者を動員した。朝はパンを1人1切れずつ配り、命令が出ると車に乗って資本家の家を封鎖しに行く。それに先立ち、他の勢力が各店舗に突入し、商品を見つけてリストアップし、同時に何らかの犯罪行為と闘争した」

改造工作の要員は、メディアで次のように報道された。「洗練されており、節度がある一方で、強い信念と断固たる意志を持ち、清廉で、資本家階級の悪辣な買収の事案に対処している。多くの労働者は摘発から漏れた商業資本家の世帯を発見し、物資を隠匿している倉庫を告発しただけでなく、さらに一部の資本家による買収を断固拒絶し、それと闘った。[163]

賄賂を受け取ることを拒んだある改造工作要員に対し、工作指導委員会は「1978年3月26日に、彼女が改造工作に参加しているその場所で、その功績を

---

[162] 1975年以前の北部では、ド・ムオイの原則に忠実な性格を描き、また同時にバオカップ時代［国庫補助金に依拠した計画経済時代］の過酷さを描写するために、次のようなジョークが語られたことがあった。「ある日、ド・ムオイは国営の飲食店に入り、フォーを注文した。ウエイトレスが注文の品を持って行くと、彼は肉を1つ1つ数え、中間搾取があったことを発見すると、即座に店長を免職させた」。レ・ヴァン・チェットの話では、1980年代半ばに「ド・ムオイがヴィンロン省のロンホーに立ち寄り、ファム・フンの実家を訪問した時、家の者がド・ムオイに10キログラムの米を贈呈した。サイゴンに戻る途中、彼の車は検問所で止められた。米の袋が見つかると、その場で没収されることになった。運転手は『これはド・ムオイ同志の米だ』と抗議した。すると、検問所の所長は『ムオイ（10［キログラム］）でもムオイ・モット（11［キログラム］）でも没収です』と答えた。ジョークの落ちは、「ド・ムオイは即座にその所長を表彰した」というものである。

[163] *Sài Gòn Giải Phóng*, 27, Mar. 1978.

区全体に発表し、共産青年団に編入した」。一般住民も、「時勢をわきまえない一部の資本家による賄賂、商品の分散・隠匿、歪曲や分裂をねらう宣伝のような悪辣な行為を、時を逃さず発見し、批判し、闘争し、告発し、これに対抗する」よう動員をかけられた。

抵抗はほとんどなく、わずかに数人の華人資本家が捜査の対象にされるような対応をとっただけだった。マイ・チー・トは、1978年3月23日の午前7時、第5区のある街区に行った時に、「改造命令を事前に知った多くの資本家が、店舗に施錠して逃げ出し、工作員が行っても、資産点検の命令を伝えるべき相手がいない」という報告を聞いた。マイ・チー・トは思案し、そして命令した。「すべての出入り口を封印させ、町内会の1つの班で留守宅の前を封鎖させろ。家の住人に一定の時間を与え、その間に命令に応じない場合は、同志たちが扉を破って中に入り、捜索令状を作成せよ」。永久に出ていった一部の世帯を除き、大部分は戻ってきて行政当局による資産登録に応じた。

サイゴンでは、2万8787の資本家世帯が改造の対象となった。大部分は最初の4日間で打倒されたもので、「商業資本家」が6129世帯、「中規模商業者」が1万3923世帯だった。その後数ヵ月の間に、さらに835の「商人」、3300の「3商品部門〔繊維、食品などの特定の商品〕の小規模商業者」、4600の「露店の小規模商業者および中規模商業者」が追撃、打倒された。銀行の金庫の検査を担当したフイン・ビュー・ソンによれば、この資本家打倒作戦で、革命政府はさらに5トンを超える金塊や、ダイヤモンドその他の宝石類を押収したという。金を注意深く隠していなかった資本家の家で、改造部隊の捜索により、ござの上に山と積まれた金が暴き出されたこともあった。

1975年以後の数年間には、1つの期間に、1つの社会階級を構成する人々が、それぞれ革命政府の攻撃対象となった。一方で、「大衆」と呼ばれる別の構成要素が、対象を告発するために動員された。1975年9月10日の夜明けには92人の買弁資本家が打倒されたが、翌11日の朝にはレックス劇場で1200人の民族資本家、小規模商人、中小企業主が特別会議を開き、買弁資本家、投機目的の

164　Ibid.
165　『コンニャン・ザイフォン〔解放労働者〕』紙総編集長で、マイ・チー・トに随行したトン・ヴァン・コンによる。

買い占め、市場操作、市場の混乱を謀る行為を排除する決意を表明していた。[166]

このような報道さえあった。「華人社会は、網にかかったすべての奸商の名簿と罪状について、革命政府が十分な情報を公開するよう求めている。チョロンで企業を経営する客家系の社長（匿名希望）は、『奸商どもの全資産を押収して人民の前に公開し、奸商どもは長期の改造労働に送って労働の価値を分からせるべきだ』と語っている」。この客家の社長はその時、自分も労働人民の攻撃対象になる日が来るとは、思ってもみなかっただろう。

5. 2つの資本家家族

1950年代の北ベトナムにおける初期の農地改革とは異なっていたが、共産主義イデオロギーによる1975年以後の階級闘争でも、昔と同じような手法が用いられた。1975年9月当初から、共産青年団は、資本家の子弟たちの声によって「買弁資本家打倒」を実行したのである。

『トゥオイチェー［若者］』紙は、華人でリーフォン校12年生［高校3年生］のタイン・トゥンの声を伝えている。「僕自身ははっきり分かっていました。政府の政策は人民を搾取する奸商を打倒することで、華人を攻撃することではないと。投機のため物資を溜め込む買弁資本家なら、ベトナム人であれ華人であれ、みな人民に対して罪を犯した者で、人民の敵なのです」。ヴェットゥー校9年生のオン・ドゥオンは、「僕たちは大衆を動員して、奸商どもを廃絶するために立ち上がらなければならない」という考えを述べている。さらに、リーフォン校10年生のリー・ミーは、「経済建設のために革命政府に協力したいという資本家がいるなら、それは良いことだと思います。でも、買弁資本家どもは廃絶しなければなりません。こうして初めて人民の生活が安定するのです」と語っている。[167]

華人資本家の娘だったリー・ミーは、1978年、言葉だけでなく実際に青年団に入り、自分の同志を自宅に導き入れ、彼らに両親が隠しておいた財産のありかを教えた。彼女は新聞紙上で、「わが国が社会主義の道に転じてから2年、

166　*Tin Sáng*, 12, Sep. 1978.
167　*Tuổi Trẻ*, 14, Sep. 1975.

リー・ミーは彼女の多くの仲間と同じように、時代を照らす火に溶け込んだのである」[168]と称賛された。リー・ミー自身も、日記の最初のページに「幸福を勝ち取るために闘争せよ」と書いている。しかし、彼女が書き記したものは、その闘争が必ずしも幸福だけをもたらしたわけではないことを物語っている[169]。

リー・ミーは青年団の団員として成長した世代である[170]。パーヴェル・コルチャーギン［オストロフスキー作『鋼鉄はいかに鍛えられたか』の主人公］の物語を読み、北部から来たイデオローグから経済に関するマルクスの理論を教えられた。彼女は一方ですばらしい社会について新しい信念を抱きながら、他方で家族の生活を考えなければならなかった。改造政策が始まる前の1977年6月から、リー・ミーは涙をこらえながら、青年団の教えに従うよう両親を説得した。「こんな生活は不法なのよ。私には耐えられないわ」と、彼女は母に訴えた。当時、リー・ミーの家族は、8月革命通りに1軒の布地店を所有していたのだ。

国家が私営商工業改造政策を実施した時、リー・ミーはチャンカイグエン校の12年生だった。1978年3月23日、彼女の通学路にある大きな店が、多数の青年団員によって封鎖された時、彼女はこのように書いている。「これで、前よりもすっきりした生活になるだろう。大きな闘いが始まった今日この日から、手術で体から腫瘍が取り除かれて、同胞の暮らしはもっと楽なものになるだろう」

その日から、リー・ミーは家族に資産を登録するよう、1分1秒の休みもなく働きかけた。『トゥオイチェー』紙は、そんな彼女の一挙一動を詳しく報じた。家族のすべての財産が点検を受けたという日、リー・ミーは任務を果たした喜びを隠せなかった。「ミーは、母に早く床につくよう勧めた。店を封鎖している工作団と一緒に、資産の登録作業をするためだ。1978年3月24日、彼女は午前3時に起きた。眠れなかったわけではない。溢れる喜びの中で、4冊の登

168　Ibid, 31, Mar. 1978.
169　リー・ミーの日記にはこのように記されている。「1976年3月7日（日）。どうして私はこんなに軟弱なのだろう？ 病気のために、ますます家族に煩わされ、辛くてたまらない。さて……私は青年団に退団願いを出すべきだろうか。家族が相変わらず搾取階級にいるので、自分がまだ団員にふさわしくないと感じているから。でも、そもそも私は何のために入団を申請したのだろう？ 何のためにパーヴェルの物語を読むのだろう？ 家族に少しでも困ったことがあると、すぐに立ち止まってしまうというのに。そんなふうに考えるのは、まったく良くないことだ。さあ、上を向いて、あらゆる困難を辛抱強く乗り切るのだ」(ibid.)
170　ホーチミン市第1区ズイタン通り4番地にあった。

録簿をどうするかと頭を悩ませ、輾転反側していたのだ。初めて青年団に参加を許された時のように、ミーは胸を高鳴らせた」[171]

　ミーの日記は、3月25日の午前3時に、次のように締めくくられている。「母は安心してくれた。私の方はもっと安心した。昨日から、家族が未来に第一歩を踏み出すために、過去と決別したからだ。家族がもう不正な仕事で暮らしていないので、私はやっと友人や労働人民に顔向けができる。私は闘い、自分の理想と願いを実現したのだ。声高く歌い、前に進もう。私の行く手を防ぐことができるものは何もない……。私は高揚感を取り戻し、喜び勇んだ」。しかし、その時リー・ミーが喜びと感じたものは、後になって彼女の心に突き刺さり、傷を残した。それは永久に塞がることのない傷だった。

　『ニャンザン』紙上で賞賛され[172]、全国各地の青年団員から、挨拶や、激励や、敬意を表する手紙を貰っても、リー・ミーは青年団が作り上げた例外的なケースでしかなかった。その当時、他の資本家の子弟たちは改造政策という危機に直面し、一人前の大人として、父母と共に財産を守ることを求められていた。

171　以下はリー・ミーの日記からの引用である。

「1978年3月23日。午後6時を過ぎると、学校から家までの道を街灯が照らした。今日の街路はいつもと違って見える。道沿いの大きな店が、多くの青年団員によって封鎖されている。これで、前よりもすっきりした生活になるだろう。大きな闘いが始まった今日この日から、手術で体から腫瘍が取り除かれて、同胞の暮らしはもっと楽なものになるだろう。青年団の常務委員同志が訓練をすると聞いて、私は喜び、興奮した。この時こそ、生産部門に移るよう家族に説得するチャンスだ。2つの道をめぐる家族の闘いが終わる時、私が長い間待ち続けてきた時なのだ。
　3月24日。私はこのチャンスを活かして、資本主義商業改造の路線と政策を家族に宣伝しよう。固い意志をもって両親を説得し、1分1秒の休みもなく家族を追いかけて、資産の登録を手伝ってやらなければならない」

『トゥオイチェー』紙は、3月24日のリー・ミーの行動を詳しく伝えている。「母の後を追いかけて、扱っている商品を登録すべきだと繰り返し、時には『いい加減なデマ』に惑わされてふさぎこんでいる母親を励ましたりもした。母が『財産を取られてしまったじゃないか。考えてごらん、おまえは自分自身まで奪われるんだよ。これから先、どうやって暮らしていくんだい』と嘆くと、ミーは説得した。『自分の財産まで接収するほどの者がどこにいると思う？　私は正確に、1つ残らず登録したのよ。国家が買い上げてくれたら、私たち家族はそれを元手にして、新しいやり方で生活するの。誠実に登録したということが問題なのよ』。『そういうことかい』母は少し安心し、落ち着きを取り戻した表情になった。その傍で、ミーは忙しそうに『装身具や生活用品はどの程度まで登録すればいいの？』と同志に尋ねた。話しながら書類に記入し、彼女は商品がいっぱい詰まった棚に目を走らせた。自分が資産を余さず登録したことを証明したかったのだ。今や家族の管理者となった彼女は、この上ない誇りと喜びを感じていた」(*Tuổi Trẻ*, 31, Mar. 1978.)。

172　1978年4月8日付の号。

当時、サイゴンの資産家の1人で、革命勢力を陰で支えたヴォー・クアン・チューの家族はその一例である。

チューは1960年に、家族を連れてクアンナムからサイゴンに移ってきた。当初、夫はある会社の事務員、妻は縫製職人として働いていた。当時、バイヒエン地区はまったく未開発の状態だったので、ヴォー・クアン・チューと数人の移住者たちは、そこでクアンナムの縫製業を復興させることを考えた。最初は縫製業から始まった事業は、次は繊維加工、そして繊維製品の売買に発展し、無一物から出発した彼らは、みるみる大金持ちになっていった。

1975年4月30日の朝、まだ銃声がパンパンと響く中を、チューは近所に配る100流ほどの解放軍旗を取りに、ヴェスパに子供を乗せて、リートゥオンケット通り177C番地の自宅からバイヒエン地区に向かった。しかし、革命勢力を迎えて喜びに沸く彼の気持ちは、長続きしなかった。ある日、仕事から戻ったチューは、バイヒエンに所有している家の前に、いつの間にか「街区公安警察本部」という看板がかかっているのを目にした。彼が留守の間に「4月30日革命勢力」の者たちが看板を持ってきて、1階を公安警察本部として使いたいと言い、主の同意を待たずにそれを提げたのである。

X-2作戦の発動後、友人たちが買弁資本家打倒の犠牲になるのを見て、チューは先手を打った。5000人以上の工具を抱える自分の工場を、公私合営企業を設立するという名目で国家に献上したのだ。[173] そして、分業制度に従って、自分は工場の副社長に納まった。機械類と資金の大部分はチューが故郷に持って帰り、さらに2つの公私合営工場を建ててダナン当局に献上した。

1978年3月23日、チュー一家が住んでいたホータンドゥック通り57番地の家の玄関前に、5人組の改造工作班が来て家を封鎖した。一家はその家に2回、通算6ヵ月住んでいた。1964年生まれのチューの息子ヴォー・クアン・ズンは、「改造工作班は毎朝早くから家族の1人1人を取り調べた。彼らがしつこく繰り返したのは、『財宝はどこにある？』という、ほぼその一言だけだった」と語っている。チューが金塊をどこに隠しているのか、妻と子を含め、知っている者はなかった。家中のレンガを一個残らず壊して調べるほどの、徹底的な捜索が行なわれた。しかし、財産は革命政府による没収を免れた。かつてサイゴン

---

[173] 「ビンミン9」という企業。

警察の目を欺き、解放戦線の人員を匿うために深謀遠慮をめぐらした革命家族は、今度は革命政府に対して同じ手を使ったのだ。

　チューは、かなり早いうちから防衛手段を講じていた。1975年11月26日、リートゥオンキエット通り177C番地の彼の家に武器を持った5人組の強盗が押し入り、80歳の母親を撃ち殺した。当時、事故で怪我をして床に就いていたチューの妻は、家に立てこもった強盗が警察と長時間の銃撃戦を展開し、警察に射殺されるまでの一部始終を目の当たりにした。事件の後、チューはバイヒエン地区に引っ越すことを決めた。この地区のホータンドゥック通り57番地に家を建てる時、彼は秘密の地下室を2つ造らせた。1つは階段の下、もう1つは家族の食卓の下にあった。彼は1万両を超える金をいくつかのアルミ缶に入れ、油紙で包んで地下室に納めた。

　改造部隊がチュー夫妻と使用人の身体と鞄を調べただけで、子供たち、特にまだ若いヴォー・クアン・ズン（14歳）と、ヴォー・ティ・アイン・ダオ（12歳）の2人は調べないことを見てとると、チューは計画を実行に移した。毎晩、彼は約50両の金を地下室から持ち出した。子供たちが学校に行く時間になると、ズンとダオの腹巻きに金を入れ、目立たないよう押さえつけて平らにし、そうやって子供たちを送り出したのだ。

　息子のヴォー・クアン・ズンは語っている。「その時から、私たちは年齢を奪われました。それまで無邪気な子供だった兄と妹は、毎日2人して芝居を打たなければならなくなったのです。門の前で監視している改造工作班の目を欺くため、楽しそうな振りをして、時にはボール、時には遊び道具を持って家から出かけました。門の外には、シクロかタクシー、あるいは老人が運転するバイクタクシーが待っていました。それに乗って、私は一方の道を行き、妹は別の道を行きました。私たちは毎日、家を出る数分前に母から教えられた1つの地点に行きました。そこには、父が特別な信用をかけ、かねてから訓練していた者が待っていて、私たちからモノを受け取ると素早く立ち去りました」

　6ヵ月間も改造部隊の目の前をすり抜けて金を運び続けたため、ヴォー・クアン・チュー親子は、冷たい容貌の人間になっていった。1979年に、ズンの兄弟が国外脱出を試みて果たせず、戻ってきた時にも、家の門に通じる小路で再会した親子は、まるでちょっとそこまで出掛けていたかのように、軽く会釈

を交わしただけだった。家の中に入ってから、チューは初めて子供たちを抱きしめ、親子ともども涙にくれたのだった。

6. 新経済区

　資本家たちは、財産を奪われただけでなく、さらに都市部を離れるように強制された。しかし、当時の社会を混乱させた多くの政策と同様、資本家を新経済区に移住させるというその方針も、公式に発表されることはなかった。1978年4月10日、『サイゴン・ザイフォン』紙にQ&A形式の記事が掲載された。それは、あらかじめ編集された上で、各メディアに配信される資料の類いだった。そして、そこに書かれている政策がいかに強制的なものか、はっきりと物語っていた。

　記事によれば、3年間で70万人の労働人民が出身地に戻って新たな仕事に就いている一方で、商業資本家は「金を儲け、遊蕩に耽り、労働者を搾取し、国家の財産をくすね、労働を侮り、社会主義体制を悪く言うことしか考えていない」[174]。そして、次のように批判していた。「それらの罪に対して、労働人民と革命政府は、死刑や投獄、虐待、人民裁判を行なわず、財産を没収することもなかった。そうするに足るだけの力を持ち、根拠があったにもかかわらずである。労働人民と政府はただ、彼らにそのような行為を止めさせた。それも完全に、永久に止めさせただけである。商業資本家のみならず、工業および小規模手工業の資本家も、地方各省に移住し、地元の工業・小規模手工業の配置計画に従い、農業、漁業、林業などの生産に従事しなければならない」[175]

　党の新聞がこのQ&Aを掲載した2日後の4月12日から、政府主催のシンポ

174　1975～1980年の期間に、ホーチミン市行政当局は、83万2000人以上を出身地に戻すか、西部、南東部から中南部に到る地域の新経済区に移住させた。このうち90パーセントは、資本家が改造され、米穀通帳が交付されて、国営商店でしか米が買えなくなった時期に同市を離れている。これらの行政決定によって、1976年には339万1000人だったサイゴンの人口は、1980年には320万1000人に減少した。その後、新たに外国に移住した者の7パーセントがサイゴン出身だが、彼らはこの期間に新経済区に移住させられた経験がある。1990年代になっても、移住者の24パーセントはサイゴン–ザディン地域の出身だが、ホーチミン市に住民登録がない人々だった。彼らは、上記の期間の新経済政策の犠牲者である。

175　*Sài Gòn Giải Phóng*, 10, Apr. 1978.

ジウムが2日間にわたって開催された。報道では、200人以上の知識人が出席したとされている。シンポジウムの登壇者の1人レ・キュー・チュオン医師は、「人が人を搾取するシステムを捨て去る道を進んでいる社会では、資本主義的な経営慣習が長期間継続されるべきではない」[176]と述べた。芸術研究所分室勤務と紹介されたフオン・キエン・カインは、「商業資本家を生産業に移すことは、彼らに人としての天職を与え、人に寄生し、人を搾取する生活から彼らを解放することだ」という意見を示している。

4月17日、トンニャット [統一] 競技場に、50万人近い工場労働者の代表として、工員と事務員4万人が集まり、商業資本家の経営方式を排除するという方針を歓迎した。トンニャット競技場で演説したヴー・ディン・リョウ主席は、「われわれは激しい局面を伴う階級闘争の段階にあり、この闘争はなおも続いてゆくのである」と表明した[177]。

6月10日は、商業資本家が都市部を離れ、生産現場に行く最終期限の日だった。政府は、新経済区移住計画に積極的に参加登録をする者を賞賛したが、同時に「これは、資本家が自らを搾取の道から解放することを助け、社会に害をなす非生産的勢力を、社会に有益な生産勢力に変えることを目的とする、大がかりな政策である」とも述べている[178]。新聞紙上でコメントが紹介された資本家の中で、生産業に移る目的を、自らの「罪深い搾取の感覚を洗い流す」ため、と語っている者は少なくない。しかし、ヴー・ディン・リョウ主席が言ったように、個々の資本家家族の内部で展開された階級闘争には、確かに激しい局面があった。

リー・ミーの6月8日の日記には、「実に奇妙で緊張した」家庭内の雰囲気が記されている。彼女の父親は「新経済区に行く」と宣言した。しかし、その口調は彼女に「疑い」を感じさせた。他の多くの資本家、特に華人資本家の家庭と同様に、リー・ミーの家族も「新経済区に行ったら、ひたすら酷い目に遭うだけだ。そこには困難と苦労しかなく、到底生きていける場所ではない」と、よく分かっていたからだ。新経済区送りになった資本家の多くが、後に船で国

---

[176] Ibid, 13, Apr. 1978.
[177] Ibid, 18, Apr. 1978.
[178] 4月18日、ラムドン省ザーラインの新経済区への移住を登録した200名の商業資本家を前に、ホーチミン市人民委員会副主席レ・タイン・ニョンが行なった演説 (*Sài Gòn Giải Phóng*, 19, Apr. 1978.)。

外に脱出している。リー・ミーは日記にこう綴った。「家族と一緒に逃げるか、または留まるか。勇気を奮い起こして、闘いと家族の離散を受け入れ、どこにも逃げるべきではない……とは思う。家族さえ安泰なら、私は留まって孤独に生きよう。両親の残した財産もなく、煩わしく、苦しく、ままならない暮らしに甘んじよう。パーヴェル同志よ、あなたと較べたら、私の苦しみ、私の奮闘など、どの程度の意味があるでしょう」[179]

ヴォー・ヴァン・キェットは認めている。「当初は私も、資本家改造は土地改革とは違う、南部でわが人民が同じ過ちを繰り返すことは避けるべきだ、と思い込んでいた。だが、やってみて初めて分かった。ド・ムオイが指揮した商業資本家改造も、買弁資本家打倒と何ら変わらず、むしろ混乱は大きかったということが。ド・ムオイは、資本家改造も誠実に実行した。1980年代半ばに私がハノイに行った時にも、彼が商人たちを守銭奴よばわりしているのを耳にしたものだ」

改造政策が進められているまさにその時期、ヴォー・ヴァン・キェット、グエン・ヴァン・リンとド・ムオイの間でいくつかの論争が持ち上がり、それはほとんど恒常的に繰り返された。しかし、ド・ムオイは当時、「上方宝剣」〔宋の英雄包拯が皇帝から下賜された刀。不正を働く者は、たとえ皇帝の肉親でも、その刀で処刑することができた。この場合、生殺与奪の権限を意味する〕を握っていた。ヴー・ディン・リョウは、「常務委員会の会合でも意見が出され、基層レベルでも意見が出されたが、ド・ムオイの側から拒絶された」[180]と認めている。論争する形にはなっていたが、ヴォー・ヴァン・キェットとグエン・ヴァン・リンは、それでもド・ムオイに対する立場では一致していた。ヴォー・ヴァン・キェットは、「私は当初、改造は必然的なもので、それを社会主義に進む道と考えていた。その時まで、私は東欧諸国しか行ったことがなく、ベトナムと較べると、それらの国の生活を夢のように感じていた。わが国が今進んでいる道を通って、初めて東欧諸国のような生活に辿り着けるのだと考えていた」と認めている。「しかし、元は商業の中心だった街全体が、寂しく荒れ果てているのを見た時——特に、ほかならぬ革命の恩人たち——困難な時期に、南部に、サイゴンに、踏

179　*Tuổi Trẻ*, 23, June 1978.
180　2004年12月4日の著者によるインタビュー。

み留まった人々までが犠牲になっているのを見た時に、私は自分がしている事を見直すようになった」

ド・ホアン・ハイが資本家改造の準備のため、8月革命通り14番地に初めてやってきた時、チャン・ヴァン・ドゥオックが毎日食事を作って、彼のところに運んだ。ドゥオックは、1968年のテト攻勢の際にハイを匿い、命を助けた地下組織の人物だった。戦時中と同じように、ドゥオックはハイが何をしているのか、はっきりとは知らないまま、ただ彼が革命側の人間だというだけで、その手伝いをしていたのだ。ドゥオックがハイのところに駆け込んで、「車でやってきた人たちに、私の店のメガネを全部持っていかれた」と告げた時にも、ハイは「きっと何かの間違いだろう」と思っていた。

チャン・ヴァン・ドゥオックの息子は、革命軍に入って戦死していた。ドゥオックは、ゴートゥンチャウ通り12番地の自宅でメガネ店を営んでいた。家は4層構造で、幅が4メートル、長さが14メートル、レンガの壁に瓦葺きの屋根という質素な造りだった。しかし、ドゥオックはそれでも商業資本家に分類されており、商品のメガネや自宅まですべて接収されたのだった。そのような目に遭ったのは、チャン・ヴァン・ドゥオックだけではなかった。ライ・ニンは、1957年にサイゴン政府の厳しい追及をかいくぐり、命の危険をも顧みず、レ・ズアンを車に乗せてプノンペンに脱出させた人物だった。しかし、1978年にレ・ズアンがド・ムオイを南部に送り込むと、ライ・ニンの家族の精米工場も接収された。彼の娘で華人資本家と認定されたライ・キム・ズンも、改造収容所送りのリストに入れられた。

1975年から実施された南部の私営資本主義商工業改造作戦では、私営資本主義工業に属する3536の事業所が改造の対象になった。うち1354の「買弁資本家」の事業所が接収、公有化され、498が公私合営に移行させられた。また、商業資本家5000人、小規模商人9万人が生産業に移され、1万5000人が社会主義的商業ネットワークに組み込まれた。改造後には、国営と公私合営という形態で、エネルギー産業の100パーセント、機械工業の45パーセント、食用穀物加工業の45パーセント、ビール・ソフトドリンク・化学調味料・タバコ産業の100パーセント、砂糖・食用油製造業の45パーセント、繊維産業の60パーセント、製紙業の100パーセント、石鹸・洗剤製造業の80パーセントが国

家の管理下に置かれた。工業の原料だった物資の80パーセントは、国営の商業分野の管理下に置かれた。南部全体の村落の92パーセントに商業合作社が置かれるようになった[181]。

　私営商工業の改造が開始される前から、国家は何とかしてすべての工業原料を一手に集めようとしていた。国営企業の製品は、国営商店を通して消費されなければならなかった。それだけではなく、「資本主義企業、集団、家内制手工業および個人の事業所は、食糧、機器、設備、原料、燃料、電気を国家によって供給され、国家の融資を受け、国営商業に製品を卸さなければならない」ことになった[182]。「社会主義商業分野は、全人民を後方から支え、全社会の家政を担うシステムである」と政府は信じていた[183]。だが、この信念が砕け散るまでに、それほど長くはかからなかった。

181　Đào Duy Tùng, 2008, pp. 216-217-218.
182　1977年の首相指示第147号。
183　*Sài Gòn Giải Phóng*, 14, Jul. 1977.

第4章
「華人迫害」

ベトナムと中国の国境地帯
（ランソン省、訳者撮影）

●訳者解説

　ベトナム戦争期の1969年頃から、中国と北ベトナムの間では、社会主義国家建設の路線や内外政策で基本的な相違が表面化するようになっていた。この時期には中国とソ連の対立が激化し、北京指導部はソ連を主敵とみなすようになったが、ハノイ指導部はあくまでアメリカを主敵とし、ニクソン政権のアメリカと接近した中国を批判した。ベトナム戦争終結後、中国は統一ベトナムにソ連の影響力が拡大することを警戒し、カンボジアのポル・ポト派を利用して、ベトナムの南西方面の国境地域に軍事的圧力をかけた。

　一方、ベトナム南部では、社会主義改造の過程で華人資本家が資産を接収され、商業活動を禁止された。ホーチミン市に隣接する華人街チョロンには、軍隊と警察隊および「志願」部隊が投入され、商業施設を襲撃し、金品を接収した。南部沿岸では、公安当局が舟を用意し、脱出希望者から金と米ドルを徴収したという。

　1978年には中国とベトナムの関係悪化が決定的となり、中国側の宣伝もあって、北部ベトナムからも13万6000人に上る華人が中国側に脱出した。その多くは、労働者、炭鉱夫、漁師などだった。

　中国政府は、ベトナムで華人住民が迫害されていると非難し、それを理由に1978年にベトナムへの経済・技術援助を完全に停止、ベトナムに派遣していた中国人技術者も帰還させた。同年7月、ベトナム共産党は中国を「当面の主敵」と決議し、中国との対決を前提にソ連と友好条約を締結した。

1978年、ハノイ政府は、ベトナムの南西部国境で混乱を引き起こしているカンボジアのポル・ポト政権の背後に、北京政府がついていることを確認した。カンボジアとの戦争は避けられないと見られるようになり、ベトナム在住の100万人以上の華人は、北京政府が送り込んだ「トロイの木馬」として不安の種になった。そこで、華人を国外に追放するため、3つの措置が実施された。中国はベトナムが華人を迫害していると非難し、ベトナムは中国が華人を扇動していると非難した。「双方向の銃撃戦」の間で、ベトナム国内の華人共同体は限りなく悲惨な政治的変動をかいくぐることになった。

1. 第五列

　1978年初め、レ・ズアンはド・ムオイを南部に派遣し、グエン・ヴァン・リンの代わりに私営商工業改造作戦の指揮にあたらせた。ドイモイ路線が打ち出された1986年以降は、この出来事があたかもグエン・ヴァン・リンが資本家改造に反対した人物である証明のように語られた。しかし、中央商工業改造委員会で6ヵ月にわたってリンの補佐を務めたチャン・フォンによれば、「改造問題では、No.10クック［リンのコードネーム］は、方法論でド・ムオイと異なっていただけで、改造する、しないという点では、けっして相異はなかった。その時点では、レ・ズアンはド・ムオイを選び、自身はド・ムオイの背後から指示を出した。というのも、レ・ズアンは華人問題を早急に解決したかったからだ。彼はNo.10クックがそれをできるとは信じていなかった」という。
　当時、ホーチミン市委副書記長だったチャン・クォック・フォンが語るところでは、市にやってきたレ・ズアン書記長は、彼をT78［ホーチミン市第3区］に呼んで華人の状況について質問した。当時、全国の華人人口は約120万人だった。うち100万人が南部に住み、ホーチミン市だけでおそらく50万人以上いた。No.10フォンはこう報告した。「市内の華人は様々な方面で活動していますが、もっとも強力なのは経済分野です。われわれが買弁資本家打倒の方針を打ち出してから、華人の経済活動は衰えましたが、それでも彼らは一定の役割を果たしています。金と為替の相場は毎朝、やはりチョロンの数ヵ所の取引所で、華人資本家によって決定されています」。レ・ズアンは言った。「そんなことは許

されん。ゴ・ディン・ジェムは、11の分野で華人の経営活動を禁止したが、私の考えでは、必要なことはただ1つ、華人の商業活動を禁止することだけだ。多くの者が居住地を引き払っているこの機会に、ホーチミン市は華人が出ていくよう手段を講ずるべきだ」

　華人の商業活動を禁止することは、暗黙のうちに、私営商工業改造作戦の1つの指導方針のように解釈された。1978年3月半ば、ド・ムオイは速やかに、トゥードゥックのタオディエン地区にあるいくつかの邸に改造部隊を集結させた。市委の華人工作委員長ギ・ドアンは、「ド・ムオイは、やってくるなり私を呼びつけて、直ちに報告せよと命じた。そして、チョロンは改造作戦の重点対象地域だと告げた」と語っている。

　チョロンはベトナム在住華人の最大の商業センターである。ヴォー・ヴァン・キェットの個人秘書だったNo.3フンことファム・ヴァン・フンは、「党中央は、ホーチミン市内に50万人の華人がいる状況を非常に不利なものと考えた」「華人は経済を掌握し、そして第五列を形成するだろう。党中央は華人を市から追い出す方針をとった」と語っている。フンによれば、「ヴォー・ヴァン・キェット、マイ・チー・ト、チャン・クォック・フオンのいずれも、その方針に同意しなかった。しかし、中央の意見は変わらなかった。中央が華人をバラバラにしたいと思ったから、各地方の省に命令が下されたのだ」。ヴォー・ヴァン・キェットは、次のように認めている。「私営商工業者改造は、主に商人を対象とする政策だった。しかし、実際には、商売はやはり華人の得意分野だったので、改造の対象として華人が多数を占めることになってしまった。華人を市から追い出して、『豆入りのおこわ』式にベトナム人と混ぜて居住させ、1ヵ所に集中できないようにする方針が出された時もある。中越間の緊張が高まるにつれて、このような施策がなりふり構わず実行されるようになったのだ」

　ホーチミン市の1979年3月までの統計によれば、1975年4月以前に200人の華人資本家がサイゴン－チョロン地区から脱出しており、同年9月から1977年までの間に、サイゴンに残っていた「買弁資本家」161人の中の華人資本家98人が打倒されている。ド・ムオイが作戦を開始してから2週間の間に、4000以上の華人資本家の世帯が改造の対象となった。商業資本家に分類され、改造対象となった2万8787世帯のうち、2500世帯は革命功労者、または革命の基礎

単位と認定され、政策に沿って市内に残った。それ以外は、ある者は現場での生産活動に移され、ある者は社会主義的分配ネットワークの中に配置された。3494世帯が新経済区行きに登録したという名目で、各地方の省に送られた。

　本当に生産活動に移るものと思っていた商人も何人かはいた。しかし、ラムドンやドンタップムオイに到着して、木の葉で葺いた粗末な数軒の掘っ立て小屋——しかも、建築が間に合わず、横に木の葉や土が積まれたままになっていた——を見た時、資本家たちは政府の目的をはっきりと理解した。作家のグエン・ニャット・アインは、青年突撃隊のメンバーだった当時を振り返ってこう語っている。「われわれは、同胞を迎えるために新経済村を建設する任務を委ねられた。同じく都市からやってきたばかりの青年として、われわれは木を伐採し、茅を切って、急ごしらえの小屋を次々に建てたものだ。しかし、建ててから改めてよく見ると、青年突撃隊でもこんな茅葺きの小屋に住むのは耐えられないと感じたよ」。街から来てすぐに戻っていった人も多かったが、暫くそこに留まって連絡を待っていた人も少なくなかった。ほどなくして、資本家、特に華人資本家たちが、街からの連絡を受け、ここを出て「合法的な商売」をするために、金を上納すると言い出した。

　ホーチミン市委副書記チャン・クォック・フオンは語っている。「私は、レ・ズアン書記長から2度目の呼び出しを受け、T78に出向いた。今回は、書記長は多くを語らず、中越間の情勢はますます悪化している、ホーチミン市は速やかに華人を追い出す必要がある、と繰り返すだけだった」。書記長の話が終わると、チャン・クォック・フオンは、華人政策で「眠れぬ夜が続いている」ことを打ち明けた。1938～1940年の時期、レ・ホン・フォンやグエン・ティ・ミン・カイといった共産党の指導者たちは、中国からサイゴンに戻った時には、チョロンの華人を頼らなければならなかった。レ・ズアンは北部に行く前、中国共産党の指導者たちと個人的なつながりはほとんどなかった。しかし、レ・ズアンの護衛を務め、命を賭けて彼に忠誠の限りを尽くしたのは、中国系ベトナム人のNo.5ホアインだった。4人乗りのフォードを運転して、公開道路〔一般市民に扮したゲリラが使用した公道〕を通ってレ・ズアンをサイゴンからプノンペンに運んだのも、華人の資本家ライ・タインだった。ファム・フンがレ・ズアンに宛てた書簡を届けるため、ハノイからプノンペンに派遣されたのも、中国

系ベトナム人の女性諜報員ホー・アインだった。ホー・アインからこの書簡を預かったQ.M.なる男性も、ベトナム南部で活動する中国共産党の華人僑務部に所属する人員だった。

Q.M.は、1949年にドンタップムオイでレ・ズアンと出会った。彼はレ・ズアンの甥を装い、「叔父」を連れてプノンペン港で、狭苦しい蒸し風呂のような船倉に身を潜めた。船は5日間かけてメコン河を下り、海に出て香港に到着した。香港では中国共産党の接受担当者が待ち受けており、「叔父と甥」が華僑の帰国者として入国書類を作成するよう取り計らった。1957年5月23日、中国の特使と諜報員ホー・アインがレ・ズアンを広州の省委員会に連れていった。ホー・アインによれば、中国側の要人たちはレ・ズアンを非常に丁重に迎えたという。飛行機でベトナムに戻る途上、如才のない中国の同志たちは、「天候が悪い」という理由をつけて、レ・ズアンが乗る飛行機を南寧で止めさせた。その場所で、中国の同志たちは、レ・ズアンと彼の娘レ・トゥエット・ホンが対面するという感動的なイベントを用意したのである。レ・トゥエット・ホンは、父親が獄中にいる時に生まれた娘で、当時は中国側の世話で桂林の寄宿舎に住み、教育を受けていた。

2. ジュネーヴ協定

ディエンビエンフーでヴォー・グエン・ザップ将軍が、1万6000人のフランス軍将兵と共にド・カストリ将軍を捕虜にした翌日、北ベトナムのファム・ヴァン・ドン*首相はジュネーヴで停戦交渉のテーブルに着いた。当時、ベトナム人共産主義者たちは、戦闘を継続すれば全土を制圧できると信じていた。

南部では、ジュネーヴ協定は「早すぎた撤収」とみなされた。ヴォー・ヴァン・キェットは、「ドン・ヴァン・コン将軍は、一晩で数十の陣地を解放した。フランス兵、傀儡兵は混乱を極め、蜘蛛の子を散らすように逃げ出した。あと1ヵ月あれば、南部の農村地域をすべて手中に収めたのだが」と回想している。彼に言わせれば、「われわれの失望は想像を絶するほどだった」。レ・ズアンは、中央政府の代表として南部でジュネーヴ協定実施決議を実行した時、「われわれはこの協定に不賛成だ。これは中国とソ連の押しつけだ」と言った。

ジュネーヴ協定が調印された1954年7月22日夜の周恩来の行動も、北ベトナムの多くの外交要員にとって「腹に据えかねる」ものだった。その日、協定調印後の晩餐会を開いた周は、その席にベトナム国家側［後の南ベトナム］のゴ・ディン・ルェン［弁護士。後にイギリス、オランダ大使などを務める］まで招待した。そして、宴席で、サイゴン政府が北京に外交代表部を開設することを提案したのだった。「当然ながら、イデオロギーではファム・ヴァン・ドンの方がわれわれに近いが、だからといって南ベトナム代表を排除する理由にはならない。よくよく考えれば、すべての同志はみなベトナム人で、われわれはみなアジア人じゃないか？」

　ジュネーヴ会議でベトナム代表団の書記兼報道責任者を務めたグエン・タイン・レは、『ニャンザン』紙上に公開された回想録の中で[184]、周恩来がゴ・ディン・ルェンに北京での領事館開設を勧めたことについて、中国が「フランスおよびその手先と結託」したと記している。「北京はホー・チ・ミン主席に、ベトナムを北緯17度線で分断するよう圧力をかけたのだ」と、彼は見ている。ホアン・トゥンによれば、周はアメリカ、フランスとの合意後、1954年7月3日にジュネーヴを離れ、柳州でホー・チ・ミンとヴォー・グエン・ザップに面会した。そして、北緯17度線でベトナムを分断するという、モロトフ外相と自分の意見を伝えたのだった。

　ヴォー・グエン・ザップとホー・チ・ミンは断固拒否し、譲れるとしても北緯15度かせいぜい16度線までだと主張した。周恩来は一方で、「アメリカが軍事介入するかも知れないが、その時にはソ連と中国はホー・チ・ミン政府を支援できないだろう」と脅し、他方で「ホー主席の言葉は覚えておく。しかし、失礼ながら、辺境の将軍が状況を把握して決定を下せるものだろうか」とやんわりと言うのだった。ジュネーヴ協定の交渉団の書記を務めたヴェト・フオンによれば、「ファム・ヴァン・ドン首相は後になって認めたが、周恩来がベンハイ河［北緯17度線付近の河］を南北の境界線にすると言った時、首相はベトナムにそんな河があることを知らなかったそうだ。中国側は、われわれに圧力をかけるため、そこまで詳しく調べ上げていたのだ」

　中国とソ連が、プロレタリア国際精神に基づいてベトナムのために全力を尽

184　*Nhân Dân*, 25, Mar. 1984.

くしていないことは明らかだった。しかし、ディエンビエンフーでフランス人と対戦するための武器のみならず、ジュネーヴ会議で交渉するための連絡手段まで、中ソという2人の大兄に依存していたベトナムとしては、独立の立場をとることはできなかった。ヴェト・フオンによれば、当時、交渉団には本国の労働党・政府と連絡する手段がなく、すべての通信は中国に頼るしかなかった。1つ1つの会議について、ファム・ヴァン・ドンがホー・チ・ミンに報告を送る時には、いつも中国代表団の通信設備と暗号を使用しなければならなかった。代表団のあらゆる計画と内部の指示は、すべて中国に把握されていたのだ。

　ハノイと北京は、イデオロギーによって接近したこともあった。しかし、信頼関係が強すぎると、時には簡単に疑いが生じることもある。ベトナム問題に対応した中国とソ連がそうだった。ベトナム自身も、クメール［カンボジア］人との関係では、国益を優先せざるを得なかった。そんな時でも、「弟」にあたる党の指導者たちは、「兄」がプロレタリア国際精神で守ってくれるのを待つのだ。そのイデオロギーこそが、小国の共産主義者を自己催眠に陥らせた原因だった。イデオロギーに従って前進した結果、彼らは足を踏み外し、超大国の権益のために「値引き」を強いられる所まで行き着いたのだ。

3. 中国の思惑

　南部にいた頃のレ・ズアンが、もしアメリカとゴ・ディン・ジェム傀儡政権という直接の敵についてしか考えていなかったとすれば、彼がハノイに上った時には、ダウ・ゴック・スァン[*]が言ったように「3つの相手を恐れない」ようにする必要があっただろう。スァンに言わせれば、「No.3［レ・ズアン］がアメリカを倒したいなら、まずアメリカを恐れず、ソ連を恐れず、中国を恐れないようにすることだ」。それを聞いたホアン・ヴァン・ホアン[*]は、「どうして中国を恐れないと言うんだ？」と目を丸くした。ホアン・トゥンは認めているが、「ホー主席は当時も、『あちらを向くとこちらが怒ることを怖れる』状態にあった。こちらの方を見ると、あちらが嫉妬する怖れがあったのだ」。トゥンによれば、

185　「ベトナム民主共和国は東南アジアの社会主義陣営の前衛である」（1959年1月の第15回中央委員会決議第1部第1項3）

「南部の革命について政治局会議で議論する前に、レ・ズアンはソ連と中国の態度について考えあぐね、3晩も眠れないまま過ごした。両国はわが国を助けてくれるが、われわれの闘争方針まで支配するのではないか？ そうなると最もやっかいなことになる……と」

レ・ズアンの2番目の妻グエン・ティ・トゥイ・ガーは、北京で学んでいた1957〜1962年の時期、レ・ズアンが中南海に赴く時にはいつも付き従い、毛沢東から「リー夫人」と呼ばれていた。彼女によれば、1973年に第9区からハノイに上ったレ・ズアンから、こう打ち明けられたという。「われわれが南部解放を主張した時、『二大友邦国』にはとても頭を悩まされた。ソ連は、自ら攻撃に出て第3次世界大戦が勃発することを恐れていたし、中国は長期的に待ち伏せして、いずれ『強い中国がアメリカを南シナ海まで追い出す』ことを望んでいる。僕は誰も怒らせたくないが、どんな時でもベトナムの独立性、自主性をしっかり維持しなければならない[186]」。実際、ベトナム南部の戦争に対する中国の立場は、1960年代半ばには変化した。

1950年代末、レ・ドゥック・アインは参謀総長ヴァン・ティエン・ズンと共に中国を訪問し、軽機関銃と重機関銃、DKZ砲を南部に持ち込みたいと申し出たが、中国側はただ「K44ライフルなら支援する、南部でゲリラの民兵にそれを装備させて掃討作戦に備えよ、と言い渡した[187]」。しかし、1966年後半にファム・ヴァン・ドン首相に随行して中国に行ったレ・ドゥック・アインは、毛沢東が国防省と貿易省の代表を伴って、直々にベトナム代表団を出迎えるのを目にした。

レ・ドゥック・アインの回想録は次のように記している。毛が「米軍がベトナム南部に大勢やってきて、住民や兵士はどう思っている？ 同志たちの南部の革命は、今どんな問題を抱えている？」と尋ねた時、ファム・ヴァン・ドン首相はレ・ドゥック・アインに答えさせた。アイン将軍は言った。「あのように大量の米兵が派遣され、さらに増えるとすれば、南部の兵士と人民もこれを迎え撃つでしょう。しかし、現在、米軍は多数の戦車と航空機を投入していますが、革命側には戦車や、航空機や、艦船を攻撃するような武器がありません。

186　Nguyễn Thị Tuy Nga, 2000, p. ?.
187　Lê Đức Anh, 2005, p. 60.

米を買う外貨さえないのですから。南部の革命勢力はこれまで、カンボジアとタイで米を買い付けていましたが、あちら側では米ドルで支払わなければならないからです」。この報告を聞いて、毛はすぐさま、その場にいた官僚や部下たちに「ベトナムの同志たちの要望通りにせよ」と指示した。[188]

　現実として、北ベトナムの指導部は、南部革命の路線を調整するたびに、中国に相談しに行かなければならなかった。ホアン・トゥンが言うように、「相談しなければ、彼らは援助してくれなかった」のである。南部支援の特務機関「B29」の室長だったグエン・ニャット・ホンは、「中国の援助は、月ごと、時期ごとに外貨をばら撒くようなやり方だった。援助の要請はB29によって計画化され、ファム・フンとレ・タイン・ギに提出され、検討された。しかし、計画はいつも中国側の意志によって変更された」と認めている。戦時中、中国は武器や技術支援以外に大量の現金も援助してくれた。[189] 1979年11月25日付けのB29の報告によれば、1964～1975年に中国が直接援助した現金は6億2604万2653米ドルに及ぶという。

　1973年にヴォー・ヴァン・キェットが北部に行き、レ・ズアンに会った時、レ・ズアンが「攻撃用の銃砲を買う金はあるか？」と尋ねると、彼は嬉しそうに「米軍を攻撃するのにアメリカ製の銃が買えるのだから、まずは何よりだろう」と答えた。レ・ズアンはレ・タイン・ギ副首相に「No. 6ザン［ヴォー・ヴァン・キェット］を連れて行く金はあるのか？」と尋ねた。レ・タイン・ギがグエン・ニャット・ホンに資金を調べさせたところ、まだ200万米ドル以上の現金があることが分かった。ホンがギに「もっと欲しければ、要請に行く時間が必要だ」と言うと、ギは「200万ドルあればNo.6も喜ぶだろう」と答えた。この金は、ヴォー・ヴァン・キェットの新しい秘書ファム・ヴァン・フンに任された。初めて200万ドルという現金を持たされたNo.3フンは、「数えきれないよ」とこぼした。B29の帳簿には、彼の字で「受領2トンA」とだけ書かれていた。

　中国側は、この特別な資金をかなり気前よく提供した。多くの場合、グエ

188　Ibid, p.73.
189　中国側の資料では、中国が北ベトナムに提供した無償軍事援助の総数は、銃216万丁、大砲3万7500門、弾丸129億発、航空機180機、船舶145艘、戦車・装甲車1500台、トラック1万6330台、軍隊用の食料・食品16万トン、燃料22万トンとされている（閻力、第2総局訳『中越戦争10年』四川大学出版、1994年2月、129頁）。

ン・ニャット・ホンは、ただ中国が指定した銀行に行きさえすればよかった。店長室に入ると、すぐさま現金の入った鞄を渡された。ある時、ホンは100万ドルが入った鞄を持って、船で広州からハノイに戻った。ところが、瀋陽に着いた時、船ごと中国軍に捕えられてしまった。彼はそこで拘束され、北京政府に釈放の指示を出してもらうよう、ハノイに連絡できたのは1週間後のことだった。資金は前線のためにかなり景気良く支出されたが、1975年の時点で、B29の金庫にはまだ現金5000万ドルが残っており、B2戦区と第5軍区の金庫にも、まだ5300万ドルが残っていた。[190]

　このような中国の太っ腹な援助も、レ・ズアンの警戒心を失わせることはなかった。おそらく、それは長年にわたって官憲の厳しい追及を受けてきた者の本能だったのだろう。ホアン・トゥンは認めているが、軍事委員会が方針を協議する時は、いつも参謀総本部で会合が行なわれ、レ・ズアンから過度の親中

---

[190] B29の記録では、組織X（中国を意味する暗号）から南部ベトナムに運ばれた現金は、1964年は100万ドルだったが、1965年には623万2667ドル、1967年には2240万ドル、1973年には1億150万ドルに増加していた。当初、この援助金は次のようなルートで運ばれた。グエン・ニャット・ホンが香港で米ドルを受け取り、それをカンボジアのリエル、ラオスのキープ、タイのバーツ、南ベトナムのピアストルなど各種の通貨と交換する。しかし、通貨を両替えし、その額に相当する金を前戦に持ち込むまでに、6ヵ月もかかる時もあり、その間に貨幣の価値が下がってしまうのだった。1968年に、ファム・フン副首相が、南部中央局書記グエン・チー・タインの後任に選ばれた時、N2638という暗号名の特別経済財政委員会を設置させた。委員会の責任者は、フイン・ヴァン・ラップ、通称No.10フィーが務めた。以後、米ドルは香港で各国の通貨と交換される代わりに、直接南部に持ち込まれるようになった。それをNo.10フィーが南ベトナムの通貨に換え、各種の軍需品を購入したのである。1970年には、特務機関B29はルー・ミン・チョウをサイゴンに投入することができた。チョウはソ連に派遣され、銀行業務の訓練を受けていた。彼はプノンペンに行って、死亡したある在外ベトナム人の個人情報を手に入れ、偽の身分証明書を作った。そして、戦場となったカンボジアからサイゴンに「疎開」して、ある銀行に働き口を求めたのである。その職位を利用して、チョウはサイゴンの名士たち、特に官僚を相手に闇の両替サービスを行なった。チョウがサイゴンで南ベトナムの通貨を受け取り、その後、彼の顧客は香港か、またはスイスのある銀行で米ドルを受け取るというやり方である。この闇の両替サービスによって、特務機関B29は1億6180万米ドルを両替えして、戦費に充てることができた。グエン・ニャット・ホンは、中国の支援がなければ、B29はこの事業をうまく実施できなかっただろうと言う。香港では、B29の事業の場所を提供するために、中国銀行が英宝銀行という名の子会社を開設していた。B29が必要な時はいつでも、グエン・ニャット・ホンが署名した指令書があれば、英宝銀行はその口座に金を振り込んだ。英宝銀行もまた、ルー・ミン・チョウの顧客が現金を受け取れるよう、香港に窓口となる機関を設置していた。この機関では、あるカレンダー上の年月日の数字によって、顧客が受け取る金額を読み取れるようになっていた［たとえば、1970年8月20日であれば「20-8-1970」という表記から2,081,970ドンを意味する］。B29が北京から受け取り、戦費として支出した現金で、武器だけでなく、北ベトナムへの輸出が禁止されていた製品を購入することもできた。通信機材や、革命軍の支配地域で乗り回せるスポーツタイプのオートバイなどである。そのほか、一時停戦区に入る要員のために、革命勢力側が身分証明書を偽造する費用として35万ドルが使われた。

派、または親ソ派とみなされた政治局員は、作戦計画についてほとんど知らされなかったという。

レ・ズアン書記長の補佐官を務めたダウ・ゴック・スァン*の証言では、No.3 [レ・ズアン] は重要な会合のほとんどを、ホアン・ヴァン・ホアン [親中派の中央委員] が出張中か、外国に避暑に行っている間に召集した。ホアンが時折、中央事務局長のヴー・トゥアンに「何でまた政治局は軍事の話をしないんだ？」とくってかかると、ヴー・トゥアンは「北に行って聞けよ」と答えた。副首相のチャン・フォン*によれば、「ホアンが親中的だと知っていても、レ・ズアンが彼を政治局員から罷免したのは、南部解放の後、第4回党大会の時になってからだった」

レ・ズアンの妻グエン・ティ・トゥイ・ガーは、私的な場でこう語っている。「夫が言うには、『われわれが南部解放の準備のために武器弾薬を要請すると、中国側は、援助はできない、ベトナムは以前から十分な弾薬を貯め込んでいるだろう、と答えた。解放作戦のために2000台のトラックを要請すると、中国側は500人の中国人運転手をつける、という条件を出してきた』とのことです。夫は『車両がなかったら、物資を肩に担ぐか、自転車に積んで運べと言うのか。そんなこと誰が考える』と言いました。仲間たちが『そんなにピリピリしてどうするんだ？』と諫めると、夫は『中国はラオスに道路を作ってやると言って、後でラオス領内に中国村を建設した。今度は、チュオンソン山脈に道を作ることを、われわれに打診してきた。後からチュオンソン山脈を占領するつもりなのだ。戦略的に見れば、チュオンソン山脈の頂点に立った者は、インドシナ全体を制することになる。だから慎重に考えるべきなのだ』と言いました」[191]

レ・ズアンと親しかった人々が、彼について語る時によくあることだが、彼は援助を要請する時でさえ、中国の陰謀を警戒していたように伝えられている。しかし、ホアン・トゥンによれば、中国に対するレ・ズアンの態度が変わり始めたのは、1972年以降のことだった[192]。チャン・フォンによれば、「1972年に中

191　Nguyễn Thị Thụy Nga, 2000, p. 188.
192　中国側の資料によれば、1965年6月から1973年8月までに、中国は防空、機械技術、通信、工兵などの部隊を含む延べ32万人の「志願兵」をベトナムに派遣した。兵員数は、最高時には17万人に及んだという。報告書は、約4000名の中国人がベトナムで戦死したと記しているが、一部の中国人研究者は、戦死者は数万人に及ぶと推計している。1966年に周恩来と鄧小平がホー・チ・ミンと会談し

国がニクソン大統領の訪問を受け入れた時、レ・ズアンは『中国が台湾に代わって国連安全保障理事国の地位に就くために、われわれはアメリカに安く売られたのだ』と言った。1954年のジュネーヴ会議で、ソ連はアメリカとの緊張緩和に利益を見出し、中国はベトナムが衛星国として永遠に分断されるよう望んだのだ」

1973年にも、レ・ズアンは妻グエン・ティ・トゥイ・ガーに次のように語っている。「ニクソンが中国と交渉した時、奴は条件を持ち出した。もし中国がアメリカにB52爆撃機による北爆を認めれば、アメリカは中国に西沙群島の領有権を認める、と。以前、中国は、もしアメリカが北ベトナムを攻撃すれば、中国が介入すると約束していた。だが、ニクソン訪中後は、『おまえが俺の邪魔をしなければ、俺もおまえの邪魔をしない』と声明した。だからアメリカは、北部を石器時代に戻してやると言って、12昼夜連続でハノイとハイフォンを空襲し、北部の堤防を爆撃したのだ。アメリカは、B52とF111Aという2種類の最新の航空機を使った。その後、周恩来がハノイに来て、西湖(ホーテイ)で僕と面会した。彼は階段を上ってきて手を差し伸べたが、僕は握手しなかった。そして、『あなた方は、われわれをあっさりと売り払った。ベトナム人の血と骨でアメリカに代価を払ったのだ。われわれはそれを知っているが、恐れはしない。最後まで戦って、きっと勝ってみせる』と言ってやった[193]」

このレ・ズアンとの会見の後で、周恩来はレタィック〔ハノイ、レタィック通り〕のホテルに赴き、ちょうどハノイに滞在中だったカンボジアのシアヌーク殿下と面会した。殿下の回想によれば、「周は疲れているように見えた。ついさっき北ベトナムの同志と交わした議論のせいで、彼はいらいらして、苦虫を嚙み潰したような顔をしていた[194]」。シアヌークによれば、周恩来はこの訪問で、中国の新しい対米政策について説明したいと思っていた。北ベトナムの指導部を相手に、周は「厳しく、断固たる態度で」米中の新たな関係はインドシナを平和に

た時、ホー・チ・ミンは、中国兵はまるで昔の侵略軍のような傲慢な態度をとる、と不満を述べた。しかし、周と鄧が、それならベトナムから撤退してもよいと言うと、ベトナム側は何も要求できなかった。1978年にシンガポールを訪問した鄧小平がリー・クアン・ユーに語ったところでは、中国が抗米戦争のために北ベトナムに与えた援助は100億ドル以上で、朝鮮戦争の戦費より多かったという(Ezra F. Vogel, *Deng Xiaoping and the Transformation of China*, pp. 271-272)。

193　Nguyễn Thị Tuy Nga, 2000, pp.188-189.
194　Shihanouk & Bernard Krisher, 1999, p. 131.

導くだろう、と語った。

これに対してレ・ズアンは、会談の時だけでなく、帰国する周恩来を送る時にも、冷淡な態度を取り続けた。弟子が師に対するように飛行機のタラップまで同行する代わりに、ザーラム空港駅の入口で見送りを終えたのである。他の官僚たちも、当然それに倣わなければならなかった。周恩来と通訳のルオン・フォンは、付き添う者もほとんどいないまま飛行機に乗り込み、帰国の途についた。ルオン・フォンの目には、レ・ズアンのそのような行動が非常に反抗的に映った。[195] この周恩来の訪越以後、中国側は中越国境地域でベトナムに嫌がらせを仕掛けるようになったのである。

1973年6月5日、周恩来はハノイを訪問し、レ・ズアンに中越間の緊張を緩和し、革命側の勢力を固めるべきだと勧めた。向こう5年から10年ほどの間で、南ベトナムとラオス、カンボジアを平和、独立、中立の地域にするべきだと言うのである。当時の北京指導部の中で、周恩来はかなり誠実な人物と見られていた。しかし、チャン・フォン副首相によれば、後にいくつかの事件を結びつけて考えると、「中国がアメリカと合意したことに、ベトナムも従うよう求めたため、レ・ズアンは腸(はらわた)が煮えくり返る思いだったのだ[196]」という。

チャン・フォンはまた、次のように語っている。「1972年に毛沢東がファム・ヴァン・ドンに『短い箒では遠くを掃けない』と言った時から、レ・ズアンは中国側の本音を理解するようになった。中国が北ベトナムに武器を提供するのは、単にわれわれがアメリカを喰い止めて、中国の近くまで進攻できないようにするという狙いからだった。1973年に周恩来が南ベトナムを中立国にするよう勧めた時、レ・ズアンは、もしわれわれが南部解放を進めたら、北京を怒らせることは絶対に避けられないと悟ったのだ」

4. 西沙群島

レ・ズアンは1973年以後に、「12カイリの海域」をめぐる米中間の交渉のこ

195　2004年、ハノイにおけるズオン・ザイン・ジーのインタビューに対するルオン・フォンの回答。
196　マンスフィールド米上院議員は、中国訪問後、1975年2月1日の議会への報告で、「中国は2つのベトナムが引き続き存在することに賛成した。また、中国はカンボジアの統一、中立化はインドシナ安定の主要な条件だとみなしている」と述べた。

とを妻に語っているが、それは、ハノイが諜報機関によって情報をかなり正確に摑んでいたことを証明している。

　1972年4月4日、北ベトナム軍がクアンチ省に激しい攻撃をかけていた頃、アメリカは、北京を通じてハノイに圧力をかけようとした。キッシンジャー国務長官はウィンストン・ロードをニューヨークに派遣し、中国の国連大使である黄華に「口頭の電信」を伝えた。それは、「米海軍に、西沙群島から12カイリの海域に留まるよう命令する」というものだった。[197]

　西沙と南沙の両群島には、ベトナムの歴代王朝が17世紀から人を送って開発させていた。1816年に阮朝(グエン)の嘉隆帝(ザロン)が、正式にこれら群島に対する主権を確立した。同王朝が1838年に作成した「大南一統全土」には、西沙と万里南沙という両群島の名称が記されている。

　1920年、フランスはインドシナの保護国という資格で西沙・南沙両群島の主権を宣言し、連続してこの海域に艦船を送った。[第2次大戦後の]1946年4月、フランス軍は西沙群島西方に巡視の艦隊を派遣した。同年11月、中国国民党軍が西沙群島のフーラム礁［ウッディー礁］に上陸し、12月には南沙群島のイトゥアバ礁にも上陸した。同軍は［国共内戦終結後の］1950年に両群島から撤退している。1年後、中国共産党軍が「中華人民共和国による主権の継承」を宣言した。

　1954年のジュネーヴ協定に基づいて、北緯17度線の南の西沙群島は南ベトナムの領域に組み込まれることになった。しかし、1956年4月、南ベトナム海軍がそこを接収しようとした機に乗じて、中国人民解放軍が群島の中の最も大きな2島を占領してしまった。南ベトナム政府は、パトル（ホアンサ）礁、ロバート（カムトゥエン）礁、ダンカン（クアンホアドン）礁、ドルモンド（ズイモン）礁という主要な4礁を次々と実効支配していった。パトル礁については、中国に占領された部分をめぐって、南ベトナムと中国の間で論争が続いた。

　1974年1月16日の午前、南ベトナム海軍が自国の主権下にある海域で中国の漁船を発見した。南ベトナム海軍のダイバーがダンカン礁とドルモンド礁に上陸すると、そこには既に中国兵の一団がいた。その日、グエン・ヴァン・ティウ大統領は、中部方面の視察に出向いていた。ミーケ［ダナンの海岸］の軍

197　Henry A. Kissinger, 2003, p. 246.

事基地で夕食をとっている時、大統領はホー・ヴァン・キー・トアイ提督から「西沙海域での非常事態」について第一報を受けた。トアイ提督によれば、「報告を聞いた大統領は、翌朝、沿岸部に状況を見に行くことを決めた」という。

　1月17日、海軍第16艦隊が続報を伝えてきた。「中国の漁船2隻が、停船命令を無視して領海から逃げ去った。さらに、中国軍部隊を乗せた別の2隻が島に接近し、海岸に多数の中国国旗を立てた」。第16艦隊司令官レ・ヴァン・トゥ中佐は、兵士の一団を上陸させ、中国の国旗を引き抜いて南ベトナムの国旗を掲げさせた。上陸した兵士たちは多くの中国兵に出くわしたが、双方とも牽制するだけで衝突はしなかった。

　サイゴンの海軍司令部は、トアイ提督からの実況報告を受けて、ヴー・ヒュー・サン中佐の駆逐艦チャンカインズーを増援に向かわせた。同日午前8時にティウ大統領自身が第1管区司令部に到着すると、全体の状況が報告された。聞き終えた大統領は、座ってペンと紙を取り、手ずから次のように書き記した。「第1管区海軍司令部への指示：中国艦船に対し、ベトナム領海から退去するよう穏やかに申し入れるよう努めよ。退去しない場合は、中国艦の鼻先に警告射撃してもよい。それでも退去しなければ、南ベトナムの領土防衛のため、武器使用の全権を委ねる」

　1月18日、ホー・ヴァン・キー・トアイ提督の委任により、ハ・ヴァン・ガック大佐が、ファム・チョン・クイン中佐の巡洋艦チャンビンチョンで西沙に向かった。当時、この戦域で最高位の士官であったガック大佐が、西沙防衛戦の指揮をとることになったのだ。グイ・ヴァン・ター少佐の護衛艦ニャットタオが同行した。ガック大佐の艦隊が西沙海域に到着した時には、少なくとも4隻の中国艦の姿があった。中国艦船の挑発的な態度を受けて、ガック大佐は無線でトアイ提督に「武力衝突は避けられません」と告げた。1月19日、両艦隊の間で緊迫した睨み合いが続いた。そして、ガック大佐は「状況が過度に緊張した場合、損害を抑えるために先に砲撃しろ」というトアイ提督の命に従った。

　1月19日午前10時30分頃、ガック大佐から砲撃を開始したとの報告があった。スイッチが入ったままの無線機から、ホー・ヴァン・キー・トアイ提督は戦闘開始を告げる砲声の響きをはっきりと聞いた。中国船が炎に包まれるのを目にして、「ゴムボートに乗っていた第16艦隊所属の上陸部隊の兵士たちは、

一斉に『ベトナム、ベトナム』と声を張り上げて歌った」

　力の釣り合わない両艦隊の間で戦闘が展開したのは、わずか30分間だった。中国側は、護衛艦2隻が撃沈され、掃海艇2隻が砲撃で大破、将官1名、大佐6名および佐官級・尉官級の将校数十名が戦死した。南ベトナム側は、護衛艦ニャットタオが撃沈され、グイ・ヴァン・ター少佐および24名の兵士が犠牲になり、26名の兵士が行方不明となった。駆逐艦チャンカインズイは破壊されて兵士2名が犠牲になり、巡洋艦チャンビンチョンも破壊されて兵士2名とダイバー2名が犠牲になった。巡洋艦リートゥオンキェットは被弾して傾いていた。15名の水兵を含む上陸部隊とは連絡が途切れた（後に判明したところでは、この15名の水兵を乗せたボートは何日も漂流してクイニョンに辿り着き、漁船に救助されたが、水兵1名が体力を保てず死亡した）。その他、23名の水兵が海に漂い、幸運にもアメリカのシェル社所有のスコピオネラ号に救助された。

　翌1月20日、中国軍は艦船10隻でカムトゥエンとホアンサの2礁に上陸し、軍人28名と気象観測要員、計43名を逮捕、連行した。1月15日に、たまたま巡洋艦リートゥオンキェットに乗って西沙海域に来ていたアメリカ人ジェラルド・コッシュも、一緒に捕えられた。トアイ提督によれば、その時点で「米第7艦隊に所属する複数の艦船が、南ベトナム海軍の艦船にごく近い位置にいた」という。戦闘が始まる前に、海軍司令部はトアイ提督に安心するように伝えた。しかし、米第7艦隊は結局最後まで、危機に瀕した同盟軍を救援することは一切なかった。ベトナム領西沙群島は、1974年1月19日以後、中国に占領されてしまった。北ベトナムはと言えば、当時は南部の戦争を遂行するために、あたかも同盟国のように中国に依存していたため、この件についてはやはり沈黙していた。

　ヴォー・グエン・ザップ将軍は、ソ連で胆石の治療を受けていた時に、西沙群島について秘密の報告を受けたという。1975年3月25日、「ブォンマトゥオット［バンメトート］の勝利」の後に、ザップ将軍は中央軍事委員会書記の立場から、政治局に対し「傀儡軍に占拠されている各島嶼、群島の解放を進める」ことを提言した。[198] 4月2日、ザップ将軍は、ダナンにいたレ・チョン・タン将軍に、「各島嶼、特に南沙群島を解放する攻撃作戦を立てる」よう直接指示した。

198　Võ Nguyên Giáp, 2000, p. 295.

それに先立つ3月30日、軍事委はヴォー・チー・コン*とチュー・フイ・マン*に打電し、作戦実施を指導するよう求めていた。4月4日午後、軍事委はさらに第5軍区に対して、「速やかに南海海域（ナムハイ）の島嶼、特に南沙の島々を攻撃、占領せよ。この作戦は緊急に、かつ責任者の間だけで極秘に準備するように」と打電した。[199]

4月9日、軍情報局は、南ベトナム軍が各島嶼から撤退したとの情報を得た。軍事委は、ヴォー・チー・コンとチュー・フイ・マン、そして海軍副司令官ホアン・ヒュー・タイに「最緊急」の電信で、「速やかに調査を進め、行動に移るように」と命令した。「もし出遅れれば、外国軍が先に占領してしまうだろう。現在、ある国々がこの海域を侵略しようとしているからだ」。4月13日、ザップ将軍は重ねて、「南ベトナムの傀儡軍が占拠している島々を攻撃せよ」と指令した。[200][201]4月14日から28日の間に、北ベトナムの人民軍は、南ベトナム軍が占拠していた島々をすべて掌握した。しかし、中国が押さえていた西沙の島々については、中国側との衝突を避けた。

1975年9月、南部での戦勝後初めての北京訪問で、レ・ズアン第1書記は中南海を訪れた。彼は病床にある毛沢東を見舞い、感謝の言葉を述べた。「今までに、わが国がこれほど喜びに沸いたことはありません。もし中国の限りなく大きな後方支援と、毛主席の路線がなければ、そして同志たちが援助を提供してくれなければ、われわれは勝利をおさめることができなかったでしょう」[202]。毛沢東は、顔に病人の気だるい微笑を浮かべ、わずかに手を振って、穏やかで親しげな感情を表した。そして、不明瞭な言葉を並べて、レ・ズアンにこう伝えた。「ベトナム人民は勝利した。南北は統一された。実に喜ばしい……喜ばしいことだ」

レ・ズアンは、単に外交儀礼に則って「中国の援助がなければ、われわれは勝利をおさめることはできなかった」と認めるために、わざわざ病床の毛沢東に会いに行った訳ではない。確かに、AKライフルや軍用ヘルメット、乾燥食品や炒り米、肉の缶詰などが、中国から供給されたことを知らないベトナム人

199　Ibid, p. 300.
200　Ibid, p. 301.
201　Ibid, p. 302.
202　閻力、1994年、第2総局訳、127頁。

はほとんどいなかった。戦時中の北ベトナム軍の装備は、縫い針1本、糸の1本まで、中国によって賄われていたと言える。しかし、同盟国に義理を果たすこと以外に、レ・ズアンは、自分が指導する国家への責任を果たさなければならなかった。彼は、中国滞在中の9月24日に鄧小平副首相と面会し、西沙問題について交渉を求めた。しかし、鄧小平はそれを拒んだのである。北京の宣伝機関は、西沙群島は中国の領土だと国民に信じ込ませていた。

1975年5月5日、嶺徳権という名の新華社通信の記者が、ハノイから南部に向かう準備をしていた。折しも、「ベトナムの声」放送が「ベトナム海軍は4月11日、南沙群島を解放した」と発表するのを聞いて、彼は「強い一撃を受けた」ように感じたという。「なぜなら、それまでベトナムは南沙群島に対する中国の主権を公式に認めていたからだ」。嶺徳権は、アメリカの新聞社の解説員代理だったナヤン・チャンダにそう語った。

中国側の認識は、「1958年にベトナムのファム・ヴァン・ドン首相は、西沙と南沙の両群島は中国の領土だとはっきり認め、周恩来首相に対してもそのように表明した。しかし、今のベトナムは態度を豹変させて、これら群島は自分たちのものだと昂然と宣言した。そして、地図を描き直し、両群島をベトナムの領域に入れてしまった」というものだった。1958年、中国の同盟国の立場から、北ベトナムのファム・ヴァン・ドン首相は、「中国大陸から12カイリまでの領海」についての周恩来の声明を支持する外交文書を中国に送った。この声明は、アメリカとの戦火がエスカレートする中、米第7艦隊が台湾海峡を遊弋し、中国の領海を侵犯する兆候が見える中で発表されたものだった。

この段階では、イデオロギーを異にするベトナム人どうしの関係よりも、北京とのプロレタリア国際関係の方が信頼されていた。ズオン・ザイン・ジーは次のように語っている。「その2年前に、中国は自らバノクロンビ 島［トン

203　同上、55頁。
204　ファム・ヴァン・ドン首相は、1958年9月14日にこの外交文書に署名している。9月22日の『ニャンザン』紙に公開された全文は、次のようなものである。「同志首相、われわれは謹んで同志首相にお伝えします。ベトナム民主共和国政府は、中華人民共和国政府の領海に関する1958年9月4日の声明を認め、これを支持するものであります。わが政府は貴国の決定を尊重し、海上における中華人民共和国とのあらゆる関係について、貴国の領海12カイリを徹底的に尊重する責任を負うよう、各国家機関に指示する所存であります。同志首相に謹んでご挨拶申し上げます」
205　元・広州領事館総領事。

キン湾の島］をベトナムに返還した。この島は1954年にフランスから返還され、中国が保持していたものだった。当初、ベトナム側はこの島との交通手段がなく、返還を受理していなかったのだ。そこで中国は、すぐに2隻のボートを供与してくれた。中国の無私の援助に、ベトナム人は信頼感を高め、島を傀儡政府の手に渡すよりも中国という友人が持っている方がよい、という気持ちにならないはずはなかった」

25年にわたってファム・ヴァン・ドンの個人秘書を務めたチャン・ヴェト・フォンは、次のように証言している。「当時の中越関係は非常に良好だった。プロレタリア国際主義を信じ、最高指導者を信じるベトナム人のナイーヴさは半端ではなかった。中国はそのナイーヴさを見て取ると、良からぬ意図を抱くようになった。しかし、ベトナム民族には、中国に抵抗して血を流した数千年の経験があった。プロレタリア国際主義をナイーヴに信じていたとはいえ、それを中国の意図と完全に取り違えるほどではなかった。ベトナムはジュネーヴ協定締結時に中国に利用された経験も忘れていなかった。それでも、その時のベトナムには中国が必要だったのだ」。彼によれば、ファム・ヴァン・ドンは、前述の外交文書に署名する前にホー・チ・ミンと協議し、問題はさらに「最高指導部」で討議されたという。

実際、それらの文書に、南沙・西沙両群島に対する中国の主権を公認するだけの法的効力があったとは考えられない。いずれにせよ、1975年4月30日までは、両群島は国連に議席を持つ南ベトナムの合法的な領土だったため、北ベトナムには発言権がなかったのだ。

5.「トロイの木馬」を恐れて

サイゴン「解放」以前、サイゴン-チョロン地区では、何人かの中国共産党員が活動していた。国際共産主義の原則に従い、共産党員はどの国の人間でも、

---

206 「教育省出版局が1974年に発行した普通学校9年生［中学3年生に相当］向けの地理の教科書には、「南沙、西沙両群島から海南島まで、および台湾、澎湖群島、周山群島は翼を弓状に広げた形になっているため、中国を守る防壁を形作っている」と記している。教科書に載っている地図はすべて、南沙と西沙の両群島が中国の領土であるとはっきり示している」（関力、第2総局訳『中越戦争10年』、四川大学出版局、1994年2月、138頁）

どこに住んでいても、その場所で党の活動に参加しなければならなかったのだ。ベトナム共産党の設立以後、ベトナム南部では、数名の中国共産党員が南部地方委員会の監督下で活動していた。

　1959年以後、北京の提案に従って、サイゴンの中国共産党に所属するラム・ラップやチン・ナムなどの党員たちは、上層階級の華人の中に党の基層組織を建設する責任を負うことになった。一方、ベトナム共産党〔当時は労働党〕の指導下にあった華人党員は、華人労働者階級の中に基層組織を建設するのが任務だった。華人工作委員長だったギ・ドアンによれば、「ラム・ラップ、チン・ナム、チャム・ニャンらのグループは、1940年代の末に中国国民党のテロを逃れて、中国からベトナムにやってきた」という。1975年4月30日、ラム・ラップはハイバーチュン通りの台湾大使館[207]に武装した1部隊を派遣し、そこを占拠させた。ベトナム労働党の市委が説得の苦労を重ねた結果、ラム・ラップはやっと占領を解いた。ファム・ヴァン・フンは、「彼らは部隊を持っていた。ラム・ラップら中国共産党員は、各郡委に足場を確保していた」という。

　当時、ベトナム共産党の基層組織に所属するゴ・リェンやギ・ドアンのような華人たちも、ラム・ラップと闘わなければならなかった。ラム・ラップは、自分の基層組織をベトナム共産党に譲り渡そうとせず、中国から指令を受ける中国共産党の基層組織という立場で、サイゴン－チョロンで活動を続けようとした。ベトナム側はそのような要求を受け入れなかった。ラム・ラップがヴォー・ヴァン・キェットに面会しようとトゥースオン通り41番地を尋ねた時、キェットは秘書のファム・ヴァン・フンに対応させた。フンの任務は、ラム・ラップに「中国の同志たちには、任務を終えて帰国していただきたい」というメッセージを何としても伝えることだった。ラム・ラップのグループは、1976年末になってやっと中国への帰還を受け入れた。

　中国は国内の3ヵ所にベトナム領事館の設置を認めていたが、ハノイ側は中国がホーチミン市に領事館を開設することをなかなか許可しなかった。サイゴンに中国共産党の組織が根を張っていたことが、その原因の1つだった。

　1978年6月15日、中国系ベトナム人の問題が持ち上がると、ベトナム外務省は初めて中国側に外国文書を送り、「ベトナム政府は、中国が1978年6月16

207　2011年から中国総領事館となっている。

日以降、サイゴンに総領事館を設置することに同意する」と伝えた。一方、中国外務省は「広州、昆明、南寧の3ヵ所にあるベトナム総領事館を閉鎖し、これら総領事館のベトナム人外交官・職員全員に可及的速やかに帰国するよう求める」という政府の決定を伝える外交文書を送ってきた。

チャン・フオンによれば、中国系の党員に対する極度の警戒心から、ベトナム共産党書記局は、1978年に「中国系党員に付与しない重要な地位」に関する第53号指示を採択した。[208] 第53号指示の施行で、政治的な空気はこの上なく重苦しいものになり、中国人の祖先を持つ党員に対して、常識では考えられないような干渉が行なわれた。

その当時、大臣で国家計画委員会副委員長の地位にあったチャン・フオンは語っている。「委員会の副事務局長は、ハイフォン市委書記ホアン・マウの息子だった。ホアン・マウも革命功労者だが、華人だった。息子は事務局長と一緒に私のところに来て、『お願いですから、私をもっと重要性の低いポストに移して下さい』と申し出た。私は指示を取り出して、『君は今のポストにいなさい。君が何者か、君の父上が何者かは、私がよく知っている』と言った。彼はそれでも納得せず、『いいえ、どうぞ私を異動させて下さい。今のポストにいると、何らかの疑いをかけて私を殺す人がいないとも限りません』と言い張った。その後、私は彼を文化社会局に異動させた。第53号指示は、各地方と国家機関の隅々まで行き渡っていた。私の子供が通っていた学校には、中国系の先生が1人いた。私はベトナムに留まるよう勧めたが、彼は『ここにいるよりも、出ていった方が気持ちが楽になる』と言って、カナダに行ってしまった」

ホーチミン市当局は、内政機関のトップにいた者を除いて、ほとんどの中国系党員を元の職位に留め、第53号指示は緩和されることになった。それでも、ほとんどの党員の履歴が洗い直された。マイ・チー・トの元秘書トゥー・ケットの履歴さえ例外ではなかった。彼は市の文化情報局で工作する内務省治安防衛室PA25の室長だったが、即刻そのポストを追われた。自分の元秘書が中国

208　第53号指示の後に公布された「中国系党員」問題に関するホーチミン市委の決議は、次のようなものであった。「抗米救国戦争におけるわが人民の完全勝利を前に、煮え湯を飲まされた北京指導部の反動集団は、わが国の独立、統一の当初から、ホーチミン市を1つの重点戦略地域のようにみなした。そして、悪辣な手段を尽くして陰謀を企て、華人民衆の一部が、わが党と国家の路線と政策に反抗し、わが党と国家の内部に潜り込み、内部からこれを破壊するよう目論んだ」

系だったと聞いて、マイー・チー・ト自身も「トゥー・ケットの奴が華人だとは、わしはちっとも知らなかった！」と叫ばなければならなかった。トゥー・ケット本人も、第53号指示が施行された時に、初めて自分のルーツをはっきり知ったのである。その昔、彼の母方の祖母は、家が貧しかったため、20歳になる娘を華人の小地主ラ・ドゥックに嫁がせた。当時60歳だったラ・ドゥックは、阿片の精製を手掛けていた。そのおかげで、祖母は他の息子たちに仕事を確保できたのだ。ラ・ドゥックはトゥー・ケットがまだ母親のお腹の中にいる時に亡くなった。

　華人を追放せよと明記した文書による指示はどこにもない。しかし、歴史研究者ズオン・ザイン・ジーによれば、各レベルの党委は「華人を残留させた党支部は、政治的安全について、すべての結果に責任を負わなければならない」と通告されていたという。当時の中国系党員がどれほどの恐怖を抱いていたかは、革命的知識人で軽工業相を務めたこともあるカー・ヴァン・カンの例でも明らかである。1979年、彼の息子に子供が生まれた時、カンは、孫が後々差別を受けないように、母方のベトナム姓を名乗らせるよう息子に勧めたのだった。[209]

　第53号指示が影響を与えたのは、華人だけではなかった。1937年にインドシナ共産党に入党したホアン・チンは、政府事務局に勤務していた1978年に逮捕された。その理由は、クアンニン省副主席のヴー・カムの言によれば、「ホアン・チンは、ハイニン省[現クアンニン省の一部]の書記だった頃、同省が中国の一省と姉妹協定を結び、当時四川省の書記だった趙紫陽と関係を持つことを主張した」ためだったという。

6.「華人迫害」

　1978年8月、最初はハンコー駅[現ハノイ駅]で、続いてランソンで、華人による2度のデモが行なわれた。政府当局は即座に事件をもみ消したが、「中国のスパイ」の話題は、ほぼ毎週土曜日の夜になると「ベトナムの声」放送の「警戒

---

[209]　ホアン・ヴァン・ホアンによれば、全国で30万人以上の華人党員が職位を追われたという（*Giọt Nước Trong Biển Cả*, 1987.）。

すべき話」という番組で取り上げられた。

　グエン・チョン・ヴィン将軍は、次のように語っている。「最初に中国側が甘言を弄して、ベトナム在住華人に中国に帰国するよう圧力をかけた。そうやってベトナム支援から手を引き、アメリカと手を結ぶ口実にしたのだ。だが、客観的に言えば、わが方の指導部も、華人が中国の第五列［スパイ］になるのでは、という偏見と疑いを持っていた。だから、華人をすっかり追い出したかったのだ」。一部の地方では、華人問題はそれより前から潜在的に進行していた。

　1955年、クアンニンとハイフォンを管理下に入れた後で、華人動員委員会は華人に対し、ベトナム民族共同体の一員となるために、華人共同体の名称から「外国の」文字を排除するよう働きかけた。1950年代末に北部で実施された商工業改造作戦では、華人は平等に改造されなければならなかった。南北が統一されてからは、華人への改造の圧力はいっそう高まった。

　1976年末から、ハイフォンやクアンニンの華人は床屋や家電修理工のような「スパイになり得る」仕事をすることを禁じられ、外国人との接触を禁止された。詩人ズ・ティ・ホアンを妻に持つチン・ヴァン・チョンは、ハイフォン在住の華人だった。チョンはこう語っている。「華人迫害作戦が開始された時、クアンニンとハイフォンの華人は、街に出ると『中国のスパイめ！』と罵られ、家に帰ると街区の工作員がやってきて、『中越間の情勢は非常に緊迫しているので、もしここに留まっていたら、何が起こるか分からない。わが党と国家は華人が帰国する条件を整える』と説明した」

　クアンニンで実施された政策は、省委書記グエン・ドゥック・タムがコントロールしていたため、さらに厳しいものだった。1970年代半ばの時点で、クアンニンには16万人の華人が住んでおり、それぞれの出身地の言葉を話していた。それぞれのグループが、子供たちに民族語を教えるために、独自の学校を持っていた。華人は個別のコミュニティーを形成していた。当時、クアンニンの教育局長だったヴー・カムは、「私が訪問する学校ごとに別々の通訳が必要だった」という。彼は、1976年に省委書記のグエン・ドゥック・タムに呼ばれ、「すべての華人学校と漢語を廃止せよ」と要求されたという。カム局長は、この局の管轄下の学校には長い歴史があるので、考え直してもらいたいと要請したが、タム書記は聞き入れなかった。

ヴー・カムはこのように語っている。「タム書記がそのような措置を誰から任されたのか、はっきりとは分からなかったが、彼は口頭の指示という形で命令するように言った。彼自身が思い切って決定を下したわけではないだろう。私は思案し続けたが、最後にはタム書記からの圧力で、文書を作成するよう強いられた。それは、華人の学校は解散するという言い方ではなく、教育システムを統一するという言い方で、1つの村にベトナム語で教える普通学校を1つだけ置くという内容だった。私はそれを作成すると、敢えて署名はせず、副局長たちに手渡した。彼らも1人として署名しようとはしなかった。私は教育省に報告を上げ、教育省は地方が決めるようにと告げたが、やはり文書化することはなかった。私は最後には署名せざるを得なかったが、それは華人の教員たちの生活を保障するためで、『華人の教員には、ベトナム語を学ぶために元通りの給与が支給される』と規定していた」

　しかし、いくらも経たないうちに、これらの教員たちも、他の16万人の華人と同様、仕事以外のことでも脅されるようになった。ヴー・カムの話では、1978年に「グエン・ドゥック・タム書記はベトナム人の省委員たちに面会して、『中国はベトナムに対して良くない態度を示している。われわれは、中国系の人間を党の執行委員に選ぶべきではない』と言った。当時、クアンニンの省委にはまだ10人以上の中国系の者がいた。その中には、ハイニン省［現クアンニン省の一部］の副書記を務め、後にクアンニン省が新設された時に省の副主席になったリー・バィック・ルァンのように、高い実績を誇る人物もいた」。中国が、鉱山開発の支援のためベトナムに派遣していた技術者たちを引き上げさせた時、省委は優秀な技術者で労働英雄のヴォオン・ナイ・ホアイに、ベトナムを捨てて中国に帰るよう働きかけた。ヴー・カムによれば、「グエン・ドゥック・タムはその際に、『もし君が引き上げれば、私は華人をすべて直ちに帰国させよう』とホアイに持ちかけた」という[210]。

　1978年のクアンニン省における華人の移住は、強制移住について記した人類史の中で、おそらく最も悲惨な項目の1つになるだろう。多くの華人が、何代も前からこの土地に定着し、ベトナムを彼らの故郷と決めていた。その多く

210　ヴー・カムの見方では、まさにこの思いつきのおかげで、グエン・ドゥック・タムは1982年にレ・ズアンの力で政治局員に選出され、中央組織委員長の地位に就いたという。

は中国語を話さず、自分たちのルーツがどこにあるのかも記憶していなかった。しかし、彼らは一括りに、中国に戻るべき人間のカテゴリーに入れられたのだった。

　あまりにひどい迫害を受けたため、省の祖国戦線副主席だったヴォオン・ホイは、切腹というやり方で自殺を図った。ヴー・カムによれば、ホイは一命を取りとめ、党からはそれ以上追及されなかったが、除籍処分を受けたという。ヴー・カムは、「私の部下で、グアンハー県の教育室長だったラム・アイン・ヴァンも、公安当局から中国に帰るよう強制された。彼は私に面会して、『強制するならするがいい。私は中国には行かない』と言った」と証言している。

　イェンフン県ハーアン村には、チャン・ヴィン・ゴックとチュー・ティ・ホアという夫婦がいた。夫は普通学校の校長を務めていた。妻ホアはタイビン省出身のベトナム人だった。ゴックはベトナム生まれで、母親はベトナム人だった。父親は華人だったが、ゴックがまだ小さい時に死亡した。チャン・ヴィン・ゴック校長は華人に分類されていた。ヴー・カムは次のように語っている。「中国に戻るよう公安当局から要求されたゴックは、私に面会し、ベトナムに留まらせてくれるよう求めた。中国のどこに故郷があるのか知らないし、中国語も話せないからと言うのだ。私は、省委書記のグエン・ドゥック・タムにこのことを報告した。タム書記は、『この件には手出しせず、公安にやりたいようにやらせておけ』と冷たく突っぱねた。追い詰められたゴックは、3人の子供たちにホーチミン少年突撃隊隊員の赤いスカーフを着けさせた上で、ベッドに横たわらせ、布で圧迫して窒息死させた。続いて、ハンマーで妻の頭を殴って殺害し、最後にナイフで自らの命を絶った。私が報せを聞いて駆けつけた時には、一家は全員死亡していた。私は教育室の副室長に丁重な葬儀を行なうよう指示し、グエン・ドゥック・タムに報告に行った。だが、そのような事態になっても、タム将軍がなおも鉄面皮に『放っておけ』と言い放つだろうとは、誰も予想していなかった」

　ヴォー・ヴァン・キェットは、次のように語っている。「1978年、グエン・ドゥック・タムがモンカイ［クアンニン省の中国との国境の街］で華人問題の指導にあたっている時、私はクアンニンに行ったが、そこでも改造作戦のような雰囲気が感じられた。代々ベトナムに住んでいる華人が本当にたくさん中国に追い

出されていた。クアンニンやモンカイは人気がなく閑散としていた」。クアンニン省住所記録第1集によれば、華人住民はもともと省内の9県に集中していたが、同省の華人16万人が「華人迫害」のため脱出した1978年以後は、わずかに5000人しか残っていない。ヴォン・ナイ・ホアイやミュー・ニップ・ムイのような、一時はメディアで華々しい賞賛を浴びた労働英雄たちも、中国に戻らなければならなかった。

　クアンニンの人々はいまだに覚えているが、中国側が国境を閉鎖した後でも、ベトナムの公安機関はまだ華人を国境に向けて送り出していた。ヴー・カムによれば、末端の村1つ1つに至るまでそうしていたが、中には幸運な1家族か2家族の華人が当局の目を逃れることもあったという。華人問題が発生した時、ハイニンの省労働組合の元書記でモンカイの元副書記グエン・ヴェト・ランは、中国に追われはしなかったが、ベトナム領内に深く潜伏しなければならなかった。ヴー・カムはこう語っている。「彼はハロンに行って中華麺の店を開いた。私は彼の力になりたかったので、材料の小麦粉を時々持っていってやった。彼は『私が毒を入れると思わないんですか?』と冗談を言ったものだ。彼が追い込まれていることは分かっていた。公安機関は手綱を強めたり緩めたりして、四六時中彼につきまとっていた。ある夜、ランは公安警官の目を欺くために、家の中でテレビを大音量で響かせ、電気をつけたままにして、家族を連れて船で海を越え、オーストラリアに渡った」

　ハイフォンは、華人に対して実に容赦ない政策をとり続けた地域である。1978年当時、ハイフォン市の副主席だったドアン・ズイ・タインは、同市の華人3万7000人のうち3万人以上が追い出されたと認めている。特にカットバーには、以前は1万人近い華人がいたが、1978年にはわずか数十人が残っているだけだった。詩人のズ・ティ・ホアンはハイフォンから追放された華人の境遇を次のように記している。「その年の清明節[陰暦3月の節句]に、親戚一同で楽しく宴席を囲んだが、はからずもそれは一族が集う最後の機会になった。追放の日、汽車に乗り込むために駅に向かって連綿と続く人の流れの中に、私の母と弟妹、子供たちの姿があった。最も惨めだったのは女性と子供たちで、みなひどい身なりで、混乱し、憔悴しきっていた。彼らは、その場にいる者なら誰彼

211　ハイニンとホンクアンが合併してクアンニン省になった。

かまわず、不安な胸の内を訴えていた。祖国と呼ばれる土地に彼らを運んでいく鉄道部隊にも、自分たちがどれほど先行きが不安で、心細い思いでいるかを訴えた。故郷に戻るというが、なぜ、どういう理由でそうしなければならないのだろう？ 駅まで見送りに来た夫の姉は、声を上げて泣く私の両親と子供を抱き締め、列車が夜の闇に消えていくまで見守っていた」

　サイゴン市委常任副書記チャン・クォック・フオンによれば、同市では「華人を追い出しはしなかったが、ベトナムから出ていきたい者は登録せよと広報した。市内に住む華人の90パーセント以上が登録して出ていった」という。1978年当時、ホーチミン市公安局の反動・覇権・膨張主義対策室の副室長だったグエン・ダン・チュン弁護士は、「公安局は中国と関係を維持している疑いがある者を容赦なく孤立させていった」と証言している。当時、チュン弁護士自身が訴状を受理した「被疑者」の1人がリー・バンだった。

　リー・バンは、1931〜1932年のフランスによるテロの後に延安に逃げだしたベトナム人共産党員の1人だった。8月革命の後で、リー・バンは延安にいた他のベトナム人同志たち、グエン・カイン・トアン、グエン・ソン、チュオン・アイ・ザン、カオ・トゥー・キエンらと共に、帰国の第1陣として中国人共産主義者の根拠地からベトナムに戻った。リー・バンはかつて党中央候補委員で、貿易省次官を務めたこともあった。

　1978年当時、リー・バンが中国と緊密な繋がりを持っているという、多くの情報が入っていた。「良からぬ事態が発生した時は、中国と繋がる者たちがその役割を発揮する怖れがあるので、彼らを現場に留まらせず、特別な措置を講じなければならない」。それが指導的精神というものだった。リー・バンは逮捕された。彼をしばらく隔離して聴取した後に、チュン弁護士は、「実際は、リー・バンは党に非常に忠実な人間だ」と認めた。文化情報局のメンバーだった音楽家ラム・アムも逮捕されたが、彼の反動的立場を示す何の証拠も見つからなかった。しばらくして、反動・覇権・膨張主義対策室が、文化情報局に彼の身元引き受けを要請し、ラム・アムは釈放された。だが、トゥー・ケットによれば、「釈放命令が出された直後に、音楽家ラム・アムは災害で命を落とした」という。

　1978年5月上旬、市は反動主義者による52件の政治的な「火」を消し止め、

1106人を逮捕した。逮捕者数は前年の3倍に上った。国外脱出者の数も、2130件、8139人と、3倍に上った。その年の前半に逮捕された8139人の中に、私営商工業改造作戦で模範的なモデルとなったリー・ミーの父親、リー・ティック・チュオンもいた。

　父親が逮捕された時、リー・ミーは党と国家によってキューバに派遣され、世界青年交流会に出席していた。彼女は、「私がキューバにいた時、父は病気になり、セントポール病院に入院しなければならなかった。ある日の午後、当時9歳になったばかりの一番下の妹が父に食事を持っていった。病室に入って声をかけたが、父の姿はなかった。病院のスタッフの話では、公安警察官が父の病室に来たのだという。その日、病院に来た警官に、多くの華人の入院患者が逮捕、連行された」。キューバで1ヵ月過ごしたリー・ミーが帰国した時、車で青年団を迎えに来たマイ・チー・トは、父親に面会に行かせてやる、もし父親が収容所にいるなら釈放させる、と約束してくれた。収容所から出てきたチュオンは病み衰えていた。家族はとうとう国外脱出を決意した。

　北京はあらゆるメディアを通じて、中国系ベトナム人は迫害の被害者だと喧伝し、ハノイは、それは北京のでっち上げだと応酬した。1978年6月30日の『トゥオイチェー』紙は、「中国側による強制的な作戦の影響を受けて、華人は誘い合って次々と、非合法的に中国に出ていった」と報じた。この記事はまた、「ベトナム側は、駐ハノイ中国大使館の指導下でこの作戦を実行した者たちを、現行犯で逮捕した。それらは、リー・ギェップ・フー、チャン・ホアット、ト・ミン・グェン、オン・ティン・ナム、ラ・ザン・ドン、クアン・ザ・ギア、リー・ダオ・レである」とも伝えている。同紙はまた、「4月30日、中国国務院所属の華僑工作事務室主任の聊丞志は、スパイはベトナムに対する任務に力を入れよと公的に呼びかけた」とも報じている。

　5月4日、スァン・トゥイ外相は、「ベトナム共産党と政府は終始一貫して、華人同胞を水がいっぱい入った鉢のように丁寧に扱っている。一部の華人同胞は中国に行ってしまったが、それは悪質な一味に唆されたためである」と声明した。5月24日、中国国務院華僑工作室のスポークスマンは、「華僑を排斥し、暴力で脅し、追放している」ベトナムに正式に抗議した。

212　1978年8月29日付けホーチミン市委常務委第59号通知の中のデータから。

5月28日、ベトナム外務省は中国外務省に公文書を送り、中国側は華人を扇動する宣伝を中止するよう求め、可及的速やかに、できれば6月初めに、両国の代表が会談することを申し入れた。ベトナム在住華人問題の解決について協議し、帰国する華人のために、中国から船を派遣する案についても検討するためである。6月2日、中国外務省はベトナム外務省に、それらの提案を謝絶する返書を送り、同時に、中国は帰国する華人のために、6月8日にハイフォンとホーチミン市に船舶を派遣することを決定したと声明した。ベトナム外務省は、中国側のそのような頑迷な態度を批判した。6月5日、ベトナム外務省は、華人同胞に、安心してベトナムに留まり、通常の生活を続けるよう呼びかける一方で、ベトナムを離れて中国に行くことを希望する同胞は誰でも、ベトナム政府の支援で出国手続きを行ない、各交通手段を利用して出国できると保証した。

　1979年の1月までに、カンボジアからの脱出者を中心とする約3万人の華人が、ベトナムに逃げてきた。その他、4000人以上のクメール人もやってきた。中国が派遣した2隻の船で帰国した華人は単に象徴的な存在で、最初の船で運ばれたのはわずか2400人だけだった。その他大勢の人々は、天秤棒で荷物を担ぎ、徒歩で国境を越えなければならなかったのだ。[213]

　6月15日の報告会で、ホーチミン市主席マイ・チー・トはこう述べた。「われわれは次のように問おう。もし心から華僑に配慮するつもりなら、なぜカンボジア政府を支配する反動一味［ポルポト派］が現地の華僑を残忍に追い出し、虐待していることに抗議しないのか。北京が真っ先に迎え入れるべき華僑とは、カンボジア反動政権の暴虐下で苦しい生活を強いられ、屈辱を味わっている華人たちである。中国側の尋常ならざる態度を見て、北京政府の華僑受け入れ措置には何か別の意図があるのではないかと、誰もが疑わざるを得ないだろう。実際、北京政府はただベトナムを苦しめたいだけなのである」[214]

　6月23日付けの『トゥオイチェー』紙に掲載されたタン・ズック・ヒンのエピソードは、「祖国」に帰還した華人の未来がやはり暗いものだったことを感じ

213　1979年7月31日のホーチミン市市委の第9回会議報告掲載の統計資料から。
214　カンボジアで1975〜1979年にクメール・ルージュに殺害された華人の総数は21万5000人で、当時カンボジアに住んでいた華人の50パーセントに相当する（Ben Kiernan, *The Pol Pot Regime*, Yale University Press, 1996, p. 458.）。

させる。「私たちはハノイで汽車に乗り、ラオカイに向かった。ラオカイの駅からキョウ橋までの間に、ベトナムの公安警察詰所を通過しなければならなかった。そこで私たちは、ベトナム政府がこれまで華人に発行したすべての書類を没収されてしまった……。中国側を見ると、拡声器から北京のラジオ局が流す聞きなれた音楽がはっきりと聞こえ、非常に多くの人々が迎えに来ているのが見えた。6月3日火曜日、中国の土を踏んだ。夕方、履歴開示の書類提出を済ませて、私たちは北部ベトナム語を流暢に話す中国人要員から、私たちは内モンゴルでゴムの木を栽培する農場に行くよう登録されている、期限に遅れた者はチベットに行かなければならない（！）と知らされた」

　タン・ズック・ヒンによれば、チベット行きになるのを恐れて、彼と友人のチ・ティエン・タンは、ハイフォンから来た2人の青年と一緒に、紅河の流れが速くなる直前の6月7日、河を泳いでベトナム側に脱出し、「ベトナムの公安警官同志たちに助けられて」街に戻った。タン・ズック・ヒンは、「私が知るところでは、河口では同胞の80〜90パーセントがベトナムに戻りたがっているが、戻れないでいる」と付け足している[215]。

7. プロジェクトⅡ

　同じ時期、南部でも公安機関が「プロジェクトⅡ」というものを実施していた。反動・膨張・覇権主義対策副室長のグエン・ダン・チュンによれば、このプロジェクトもまた専門的業務による措置の1つで、「対象者を現場から遠ざける」ことが目的だったという。問題は、対象者というのがベトナムに住む100万人単位の華人だったということだ。

　プロジェクトⅡについて知っているのはごく一部の人間だけだった。チャン・クォック・フンも、ホーチミン市委副書記であったにもかかわらず、市の公安局長から、それは機密保持のため口頭で伝えられる計画だ、と知らされただけだった。局長によると、「脱出希望者が公安当局に金を納入して船を購入するか、または船そのものを納入すれば、逮捕その他の困難を免れる」という話だった。プロジェクトⅡは、省の書記、主席および公安局長のわずか3名で

215　*Tuổi Trẻ*, 23, June 1978.

決定された。任務を与えられた公安機関は、脱出希望者から組織的に金を徴収して、出国の手配をするのである。

1978年11月19日のリー・ティック・チュオン一家の国外脱出は、このプロジェクトⅡに基づくものだった。リー・ミーの家庭では、彼女が師範大学理学部の1年生の時に、脱出をめぐる「闘い」が起こった。リー・ミーによれば、彼女が家族と一緒に出国しなかった理由の1つは、キューバやソ連を訪問した時、外国というものが自分が生きている世界からとても遠く隔たっていると感じたからだという。だが彼女は、重要な理由がもう1つあったことも否定していない。つまり、青年団も彼女を獲得するために力を注いでいたから、という理由だった。

青年団書記のファム・チャイン・チュックと常務委員会の同志たちは、リー・ミーの当時のボーイフレンドを活動に動員した。彼もまた理想的な共産主義者のモデルだったのだ。マイ・チー・ト主席も、自ら何度もリー・ミーを自宅に食事に招いた。当時、彼女のまわりには、家族と一緒に出国しなかった華人の友人たちがいた。ライ・キムやロ・ドンといった友人たちで、マイ・チー・トは彼らにも目をかけていた。「君たちがこういう道を選ばなければならなかったことに、私たちも心を痛めているんだよ。だが、祖国のためだ。こういう情勢では仕方のないことだ」と主席は言い聞かせた。当時、リー・ミーのような若者たちが海を越えて脱出していたら、青年団が作り上げた神話は崩壊してしまったことだろう。リー・ミーがベトナムに残ったことは、青年団の勝利の証だった。

リー・ミーはその時期のことを「人生の中で忘れるべき時期」だと語っている。しかし、最も辛いことが起こったのはその後だった。家族が脱出して数日経ったある夜、リー・ミーが大学から家に戻ると、玄関の鍵が壊されていて、家の中に大勢の人がいた。何事かと尋ねると、彼女の家を封鎖することが決定されたのだという。

リー・ティック・チュオンの逮捕が作戦全体の一環だったとしても、革命政権がリー・ミーのような模範的人物に対して、家屋の没収という措置をとるとは誰も考えていなかった。リー・ミーは歯を喰いしばって家財道具を探したが、家の中には価値のある物はほとんど何も残っていなかった。8月革命通り521A

番地のリー・ミー一家の家は、もともと大きくて豪華な百貨店だったが、その頃にはすっかり荒れ果てていた。彼女は青年団とマイ・チー・トに訴えたが、彼女が家族の「改造」に熱心だった時に味方をしてくれた人々は、その時にはなぜか沈黙するばかりだった。

リー・ミーは両親の家を返してほしいと何年間も要請し続けたが、徒労に終わった。1985年に、市は彼女に第5区にある1軒の家を提供した。リー・ミーのケースは非常に特別なものだった。プロジェクトⅡに従って海を越えようとしたが、脱出できずに金も家屋敷も失った人々は何千人といたのである。第10区のトーヒエンタイン通り21-23番地に住んでいたグエン・タイン・デも、その1人だった。

1975年4月29日、グエン・タイン・デは南ベトナム軍の将校だった義弟から、国外脱出の誘いを受けたが、彼は動こうとしなかった。「まあ、共産主義者とはいってもベトナム人だ。アメリカに行ったらアメリカ人になってしまうからな」。多くの人々と同じように、彼も同胞意識からベトナム残留を決意し、そのために高い代価を払ったのである。デは華人ではなかったが、1979年に彼はまだ「非合法の出国者」リストに挙げられていた。彼の家族は9人だった。規定の脱出料は1人につき金8両だったが、一家は「224号ボート」の船主に、しめて200両の金を支払わなければならなかった。

1979年6月17日、デ一家は乗船に備えるためミンハイ省〔現カマウ省とバックリョウ省〕に向かった。だが、不運にも、その場所に着いてまもなく、プロジェクトⅡの一時停止命令が出た。自分たちは正式な国家の指導で出国するものと考えていたデ一家は、他の大勢の人々と一緒に、納入した金の返却をねばり強く要求したが、公安当局に没収された金が戻ってくることはなかった。

約2ヵ月間、金の返却を待った挙句、デ一家はサイゴンに引き返した。そして、6月23日、つまり自分たちがミンハイに行ったわずか6日後に、トーヒエンタイン21-23番地の家が第10区の管理下に入れられたことを知ったのである。一家は23番地のその家の1階を使用するための審査を受け、自分の家であるにもかかわらず、家賃免除の「配慮」を受けることになった。第10区の行政当局が21-23番地の家を管理したのは、1977年4月2日の第14号指示に基づく措置で、「密出国を図って逮捕された者の資産に対する一時的な処理」

だった。

　しかし、デ一家の場合は密出国ではなく、逮捕されたわけでもなかった。彼らの家も、1978年6月23日の建設省による通達201-BXD/NĐに基づいて、「空き家」に分類されるべきものだった。1980年8月4日、グエン・タイン・デは再びミンハイに赴き、正当な出国の承認を申請した。プロジェクトⅡによる組織的な出国であることも、地方行政当局によって文書化され、はっきりと証明された。[216]

　その時点でのプロジェクトⅡ実施に関する第69委員会［本章8.参照］の監査報告によれば、南部諸省でグエン・タン・デのような境遇、すなわち金銭や金を納入したにもかかわらず、計画中止命令のため出国できないという人々の数は、1万8435人に達していた。デは1979年末から住居の返却を求めて関係当局に日参するようになった。彼の家族12人は、その年からトーヒエンタイン23番地の1階に住まなければならなかった。住居の面積はわずか35平方メートルだった。

8. 第69委員会

　チャン・クォック・フオンによれば、共産党政治局が第69委員会の設置を決定した時、この委員会のメンバーとなった党中央委員チャン・ヴァン・ソム＊（No.2ソム）が、彼に次のように話したという。「委員会はチュオン・チン国家主席との会合を開き、地方当局は多量の金を徴収しているが、上にはわずかしか納入しないと報告し、具体的な状況を伝えた」。チュオン・チン主席の説明では、「このプロジェクトは政治局にまで上がってきていないので、政治局は

---

[216] 1978年8月8日、ミンハイ省公安支部の副所長ヴォー・タイン・トンの手で、「グエン・タイン・デとグエン・ティ・タインの世帯（9名）は、ミンハイで1979年初めに出国する登録を申請したが、不許可の命令が出たため国内に留まった」と記録されている。1980年6月25日、ミンハイ省人民裁判所は判定を下した。原文は以下の通りである。「グエン・ティ・タインとグエン・タイン・デの世帯は、1979年6月18日にミンハイ市社で224号ボートによって出国する登録をした。国家による計画停止のため、デは同市社の公安機関とミンハイ省人民裁判所に訴状を提出し、224号ボートを所有する会社に納入した金の返却を求めた。デはミンハイ市社の滞在場所に戻り、ミンハイ省公安支部は現在、船主トン・トゥックを逮捕して取り調べている。グエン・タイン・デの元の居住地であるホーチミン市第10区に戻りたいという本人の要請により、第10区と同区の不動産管理部は、デ家を支援して土地家屋の審査を行なう。審査委員ゴ・クォック・カー（署名）」

第4章 「華人迫害」

これについて協議も決定も行なっていない。したがって、ホーチミン市に行ってプロジェクトⅡについて聞いた時、私は政治局会議を招集し、プロジェクトを一時停止して、その実施を監査する委員会を設置するよう提案した」という。

第69委員会の設置は、1981年3月20日に党書記局によって決定された。その目的は、南部諸省で監査を実施することで、監査の対象は「華人を出国させる業務（略称プロジェクトⅡ＝PA2）、一部の省における外国船との密貿易、不法な出国者の逮捕」の3つだった。しかし、第69委員会が主に監査対象にしたのは、1つ目のプロジェクトⅡの実施状況だった。

1981年10月20日付けの同委員会の報告書は、次のように記している。「わが人民の南部解放革命と祖国統一の偉大な勝利に対して、雪辱を図る北京の膨張主義一味は、カンボジアのポル・ポト一味を使ってわが国を南西方面から攻撃させた。同時に、国外からの攻撃と呼応して、（華人の）第五列を使って内部から体制転覆の暴乱を引き起こそうと謀った。わが国を北部国境から侵略する口実を作るため、華人迫害事件をでっち上げたのである。帝国主義や国際反動主義の諸勢力と協働して、北京の膨張主義一味はわが国を中傷する宣伝作戦を展開した。華人迫害の名を借りた扇動によって、華人を中国に脱出させたのである。政治情勢を複雑化させる危機を解消するため、党中央は以下の3つのプロジェクトに基づいて華人問題の解決を図る。(1) 国連難民高等弁務官事務所［UNHCR］の指導で華人を出国させる（略称PA1）、(2) 華人の海外出稼ぎを認める（略称PA2）、(3) 華人を国内の各地方に移住させ、可能な生産活動に従事させる（略称PA3）。ただし、華人が海外への出稼ぎを選択した場合、党中央の指令により内務省が直接PA2を実施する」

委員会は次のようにも記している。「当初、プロジェクトの実施には多くの困難が伴い、躊躇したり、中途半端になる地方もあったが、やがてみな実施の決意を固めた。内務省の指導に沿って、クアンナム―ダナン［現クアンナム省とダナン市］、ギアビン［現クアンガイ省とビンディン省］、フーカイン［現フーイエン省とカインホア省］、トゥアンハイ［現ニントゥアン省とビントゥアン省］、ドンナイ、ベンチェ、キエンザンの各省、ホーチミン市、およびティエンザン、ミンハイ［現カマウ省とバックリョウ省］両省は直ちにPA2の実施を認可される。ソンベ［現ビンズオン省とビンフオック省］、アンザン、ハウザン、クーロン［現ヴィンロン省と

チャヴィン省］、ロンアンの各省は実施を認可されないが、追って実施の申請を認められるだろう」。さらに、委員会の報告書には、このようにも書かれている。「われわれの計画に沿って華人の第1陣が出国した後に、深刻な事態が発生した。帝国主義者と国際反動主義者の一味がわが国を中傷する宣伝作戦を開始したのである。世界を相手に政治外交工作を有利に進めるため、首相は1978年12月、華人の出国停止を命令した。金納入の登録をした一部の華人と船舶が足留めされ、出国できなくなったため、各地方で複雑な問題が発生した。1979年4月、首相令により出国が再開され、プロジェクトは同年5月まで継続された。一部地域では、上級機関に1万3000人の出国許可を申請しながら、実際には7万〜8万人が出国していることもあれば、まだ数万人の華人と数百隻の船が出国できずに溜まっていることもある」

「党と国家の国内政策、対外政策に関連する体系的な業務であるにもかかわらず、このPA2を指導・実施する省レベルの党委に対して、党中央書記局はガイドラインとなる文書をまったく作成しなかった。そのため、地方の党委は大きな混乱を来した」。第69委員会の報告書は、このように認定している。「内務省は224計画に基づき、地方各省・市の公安局・支部に対し、省委・市委の常務委員会に報告書を提出して指導を求めるよう促した。しかし、機密保持の必要から、口頭で直接指示が加えられたため、この工作は書記と主席、および公安支部長にしか伝わらなかった。そのようなわけで、ほとんどの省委・市委の常務委員会は、このPA2の実施を知らされなかった。省委・市委はますますカヤの外に置かれ、書記・主席・公安支部長だけが知っているという状態だった」

その当時ヴォー・ヴァン・キェットの個人秘書を務めていたファム・ヴァン・フンは語っている。「No.10フォン［チャン・クォック・フォン］と同じように、キェットも、チョロンの華人を第五列と考える党中央の見解に同意しなかった。しかし、改造政策が進み、華人が国外に脱出するまでになっていたので、キェットは彼らが完全に不法なやり方で脱出するよりも、プロジェクトに沿って出国させた方が良いと考えた。だから、彼はプロジェクトⅡに賛成したのだ」

ヴォー・ヴァン・キェットによれば、ホーチミン市の出国計画もきわめて限定的なものだった。「私は、市は船を調達する力がないので、プロジェクトⅡ

は地方各省で実施させた方が良いと報告した」。第69委員会の報告は、「党中央候補委員・ホーチミン市委書記ヴォー・ヴァン・キェット同志は、各省の省委書記を招集し、ホーチミン市の華人の出国計画を実施するよう指示したことがあった」と記している。同市から出て行く華人は1万人以上と見積もられていたが、委員会によれば、この方法のおかげで約7万人が出国できたという。

第69委員会の調査結果を見ると、内務省の報告とプロジェクトⅡの現場の実情が、大きく異なっていることがわかる。内務省の報告では、「1978年8月から1979年6月まで、15の省と市が、各種船舶を用いた156回の輸送により、5万9329名の華人を国外に脱出させた。その過程で金5612キログラム、現金で500万ベトナム・ドンと5万7000米ドルを徴収し、自動車235台、住宅1749戸を接収した」とされている。一方、第69委員会の調査による数字では、「輸送に用いた船舶は533隻、出国者は13万4322名、徴収した金は618キログラム、外貨は16万4505米ドル、ベトナム銀行発行の通貨は3454万8138ドン。接収した資産は、自動車・バス538台、住宅4145戸」とされている。[217]

委員会の報告は、次のように認定している。「地方各省、特にホーチミン市からの移送対象者の問題は、まだすべて解決されていないが、全華人14万人のうち、ホーチミン市の7万人の移送を組織的に実行したことは大きな成果である。PA2によって金と資産を接収したことも非常に大きな成果である」。しかし、監査の結果、第69委員会は「われわれは指導原則、すなわち党内部の活動、実行組織、および行政機関の管理工作における民主集中原則について、いくつかの経験を得た」。それによれば、「政治的問題として、脱出者の名簿を審査する多くの場所で、脱出計画の対象ではないベトナム人を篩にかける作業をしていない。そのベトナム人とは、革命政府への復讐という長期的な陰謀を

217　中国側の推計では、この時期にベトナムからの出国を強いられた華人の数は約16万人である（沈宝祥『真理標準問題討論始末』、370-371頁）。サイゴン-チョロン地区および南部各省に住んでいた華人は、広州、潮州、客家、福建の出身で、「反明、復清」の時代に黄進、楊彦迪と共にドンナイ地方に来た人々や、鄭玖親子と共にハティエン[キエンザン省]に来た人々だった。より近年では、日本が中国の一部を占領していた時代に移ってきた人々もいる。もとは放浪の民だった人々は、ベトナムに定着して土地を開墾し、村落を形成し、ベトナム人女性と結婚した。彼らは活発な経済活動を展開するだけでなく、ベトナムの歴史にも密接に関わっていた。彼らこそが、時代を超えて各定住地に文化的な資産をもたらした功労者だった。詩壇招英閣に対する鄭玖、『嘉定城通志』に対する鄭懷德などである。華人の血を引いていても、ベトナム在住華人の大部分は、もはや中国大陸を自分の祖国とはみなしていない。彼らはベトナムから出国しても、中国には向かわなかった。

実現するため、あらゆる手段を講じている敵のことである。華人の数を算定している各地方当局は、他省から来て自省で脱出登録をする華人の数をまだ確実に把握していない」といった内容の「全体的な欠点」があるという。

報告では、特に「多くの省では、華人に出国を働きかけ、彼らが船に乗ってから資産の差し押えを行なっている（ベンチェ省とクアンナム−ダナン省）。多くの省が、1979年5月の禁止令の後に華人を出国させている（ミンハイ、ドンナイ、ベンチェ、クーロン、ギアビン、フーカイン、ロンアン、ソンベの各省）。政治的、経済的な地方の利益に関わるためである。外的な要因として、敵が積極的に買収工作を進めていることがある。しかし、内部の要因として、思想面の管理が堅固でないこと、党官僚が堕落していることが挙げられる。PA2に関わる一部の公安要員、および各分野の人員が誤りを犯している。14の省の武装勢力で、上佐から准尉までの士官105名に規律違反（国外脱出への反抗を含む）があった」としている。

また、報告は内務省について次のように伝えている。「制度、原則、権限についての規定が明確でなく、それが一部の要員による汚職、収賄の原因となり、社会主義政権の財産と地方の予算を侵害し、外国との密輸を促し、大きな損失を引き起こしている」という。「1978年11月20日に内務省は、経験を総括する会合を開き、統一的義務を遂行する指導方針を出したが、多くの地方機関はそれを正しく実施していない。脱出者の資産がわが国に貢献する可能性は高いが、われわれはまだ積極的に内務省の規定を統一しておらず、多くの資産を接収している地方もあれば、十分に接収していない地方もある。脱出者の資産接収の仲介役や、窓口となっている人間は多いが、行政当局に上納する分は少ない。このような状況から見て、これまでに接収した資産とほぼ同額の資産が流出したと考えられる。公安要員の組織と規律は余りにも脆弱で、党の鋭利な武器として、プロレタリア政府の武装勢力として、プロジェクトⅡを実施するに及ばない。下級の行政機関でPA2を実施しても、そのプロセスが上級機関に十分報告されていない、記録をとっていない、虚偽の報告がある……という実情である。各公安支部の幹部が過ちを犯しており、公安官僚や治安部隊の一部では、集団的な堕落、退廃、腐敗が明らかになっている。これが悪しき世論を引き起こし、内部で相互不信を生んでいる。敵と悪質分子がプロレタリア政府の武装

勢力に攻撃をしかけている」

　プロジェクトⅡの実施にあたって発生した問題についても、第69委員会は報告書の中で指摘している。「出国計画の対象者はまだ全員出国していない。密出国を図るベトナム人を審査で摘発した所では、次のような結果が出ている。ベンチェ省で81人、フーカイン省で466人、トゥアンハイ省で29人、ギアビン省で32人（新たに2つの街区で審査）、クアンナム-ダナンで2人、アンザン省で8人、クーロン省で43人、ソンベ省で30人のベトナム人が摘発された。一方、人民裁判所と検察院が出した数字は、ハウザン省17人、フーカイン省22人、ドンナイ省63人、ミンハイ省80人、ベンチェ省11人、クアンナム-ダナン省40人である。これと一致させるため、拘留されている違反者との話し合いはせず、釈放して脱出するに任せた。脱出者名簿は詳しく審査されておらず、主に船主の自己申告に頼っている。ホーチミン市の住民が他省で登録した場合、省側でその数を照合していない。同市の華人7万人が脱出した後で、初めて1万人分の記録が見つかるという具合である」

　また、委員会によれば、特に「出国後に再び戻ってきて、外国のエージェントのために活動している者もいるが、それらを摘発するための詳細な審査が行なわれていない（ミンハイ省では、1979年6月に60人がマレーシアに向けて出国したが、その後20人が戻っている）。管理が甘いため、そのような者たちは密入国・密出国を斡旋する組織と繋がりを持ち（ホーチミン市のケース）、ホー・ティ・ウット一家のように香港の組織に操られることもある（ベンチェのケース）。PA2指導委員会の認可を受けずに出国するケースもあるが、これはほとんどの現場で4歳から12歳までの子供の登録を免除し、場所によっては15歳まで免除しているためである。登録義務を免れるため年齢を書き換えた事例として、ハウザン省の179件、ベンチェ省の102件、クーロン省の20件等々が報告されている。ハウザン、キエンザン、ニンハイ、ベンチェ、ギアビン、ドンナイ、フーカイン、トゥアンハイ、クアンナム-ダナンの公安機関では、船、人、金、現金の数量をごまかすために、名簿の焼却、破棄、改竄が行なわれている。監査の目をごまかすために職権を乱用しているケースもある。キエンザン省とミンハイ省では、犯罪組織との繋がりを隠蔽するために数人を逮捕している」

プロジェクトⅡの資金を個人が着服したケースもあった。「さらに深刻な事例として、アンザン省の公安支部の政治防衛室が、華人が自由に出入国して活動するために、車のナンバープレートを発給し、国家公務員の証明書を発行し、契約書を作成していた事実が判明している。どれだけの書類が発行されたか、まだ明らかになっておらず、その結果もまた測り知れない」。第69委員会によれば、「一部の場所では244号文書を受け取り、それが周知されているが、内務省の規定通りに金の徴収を行なわず、徴収漏れが発生している。ハウザンでは4866両、ミンハイでは4万8195両、ベンチェでは3789両、クーロンでは2万7000両、ギアビンでは2万7000両、フーカインでは1万987両、トゥアンハイでは1220両、アンザンでは1445両の金が徴収を逃れている」。委員会の報告では、一部の省レベルの行政機関が違法な裏金を作っている事実を発見したという。[218]

9. カットライ事件

　第69委員会の報告書には、また次のようにも記されている。「安全確認作業の点検に不備があったため、9隻の船が遭難し、902人が死亡した。その内訳は、ドンナイ省の1隻、ベンチェ省の1隻・54人死亡、ソンベ省の1隻が破損・ソ連船が救助、ティエンザン省の3隻・504人死亡、ロンアン省の1隻・38人死亡、ホーチミン市の1隻・227人死亡、ギアビン省の1隻・78人死亡」
　1979年の半ば、トゥードゥック省のカットライ沿岸で、プロジェクトⅡで

218　具体的には、「キエンザン省では、同志のNo.2カウ、No.5トゥック、No.9キーが、金1413両と外貨9万6913ドン相当（米ドル2万6000ドルを含む）を『省常務委に提出して省の資金にするよう、公安支部に指示した』と主張しているが、常務委の一部の同志たちの言が食い違っていたため、省の財政部に銀行に納めるよう指示した。キエンザン省常務委の一部の同志たちは、PA2の資金と強制出国の資金の足しにするため、金158両を売却して総額67万1921ドンの現金に換えた。その一部を支出し、残りの23万4398ドンは省委本部の建設に充てていた。ソンベ省では、林業者から木材を購入し、その一部をPA2で出国する華人（船の納入者）に売却して18万5511ドンの利益を得ていた。それは省党支部の大会に使われ、残りは地方の財政に充てられた。ハウザン省では、PA2の予算を流用して、公安部隊が14万8942ドン、公安支局が7万6254ドンを、それぞれ自分の部隊や事務所の資金としていた。ミンハイ省では、公安支局が外国製品の売買で19万715ドン、海老の売買で84万770ドン、総額103万8085ドンの利益を得ていた。クアンナム－ダナン省では、公安支局が4万ドン、ダナン市では5万3547ドン、タムキー県では4万ドン、水産支局では5万3399ドンの利益を得ていた」というものである。

脱出する船が転覆し、ホーチミン市出身の華人数百人が死亡する事件が発生した。しかし、当時その痛ましい事件について知っているホーチミン市の住民はほとんどいなかった。当時、同市の公安局補給副室長の職にあり、犠牲者の遺体の捜索と埋葬を担当したファム・ゴック・テーは、こう語っている。「それは土曜日のG時［行動開始予定時刻］ちょうどだった。渡し船の船長がメガフォンで乗船者名簿にある名前を読み上げた。彼らはその前夜から、こっそりと船のまわりに集まっていて、警備の公安警官は、彼らを人目につかないように規制線の外に出さなければならなかった。誰もがやきもきしながら出発の時を待ちわびていたので、時間になると、数百人の人々が争って一気に乗り込んだ。船は3層構造で、料金が安い下層の船室をとった人々は、出航前からもう息が詰まりそうになり、一度甲板に出た。しかし、船の舳先にまで座ったので、船はバランスを崩してぐらぐらと揺れた。船が揺れると人々はますます右往左往し、とうとう船は傾いて、あっという間に沈んでしまった」。ファム・ゴック・テーは、もしその船が船着場ではなく、沖合に出てから沈んでいたら、小さな渡し船だけに、船体は浮き上がってこなかっただろうと言う。

　プロジェクトⅡは公安省が主導するものとはいえ、実際には金銭の徴収から船の購入まで、ほとんどすべての業務は「合法出国者連絡委員会」が請け負っていた。ファム・ゴック・テー大佐によれば、この委員会は、1艘の船で数十隻のジャンクを曳航できるのだから、1艘に数百人を載せられるはずだと考え、船を購入して3ヵ月間で改装したという。船は長さ30メートル、幅10メートルで、石を積んでバラストにしていたスペースが水を貯めるように改装され、各部分の機械や構造物が取り換えられた。改装が終わった船は、外観はすっきりしていたが、実際にはアヒルの卵のようなものだった。沈没した時、船は逆立になり、海底の泥に舳先が突き刺さった。船倉に入っていた人たちが脱出する術は全くなかった。この船に乗っていた人々は、船長も含めて大部分が商業に従事している華人で、船旅の経験は全くなかった。

　ファム・ゴック・テー大佐の話では、その時ホーチミン市の市委は、沈没船を「少しずつ引き揚げる」ため、60トンのクレーン2基をヴンタウから現場に送ったという。翌週の火曜日になって、ようやく船を引き揚げることができた。第69委員会の報告では、死者は227名とされている。テー大佐は、「40人以上

が生き残った。遺体が運ばれてくると、掌紋を取る班がその作業をし、直ちに埋葬の担当班に引き渡した。既に腐敗が始まっていたので、20分で1体のペースで処理しなければならなかった。数十体を1組にして車に載せ、シートで覆い、カットライから約30キロメートル離れた墓地に運んで埋葬した」

　テー大佐はこのようにも語っている。「私たちはホーチミン市の各区で棺桶を1つ残さず調達した。納棺を終えても、まだいくつか棺桶が残っていた。というのも、2体を一緒に納棺しなければならない場合が4件あったからだ。それは子供をしっかりと抱き締めたまま死んでいった母親たちで、その手をほどいて母と子を引き離すのは忍びなかったのだ」。「市委は、タインミーロイ［ホーチミン市第2区］のオント河川敷の橋から約500メートルの場所に犠牲者を丁重に葬るよう命じた」。生き残った人々も、家族の遺体が引き揚げられるのを目にして、魂が抜けたようになっていた。困難な作業の果てに、海中に3～4日沈んでいた船から、ようやく遺体を回収することができたのである。

　このような深刻な結果を引き起こしたにもかかわらず、第69委員会によれば、プロジェクトⅡは相変わらず「政治局の大方針であり、国内政策と対外政策に関わる新しい複雑な任務であり、南西国境と北部国境で紛争を抱えている時期に進められるものだった。内外の敵、国際反動一味が、あらゆる手段で、すべての分野で、わが国を攻撃しようとしていた。しかし、プロジェクトは機密扱いだったため周知されず、内務省だけに実施が委ねられた」。そのようなわけで、委員会は「成功と過失は、いずれもその歴史的条件の中で評価されるべきである」と認定した。また、「PA2はほとんどが南部の党支部の下で実施された。もし処罰すべき誤りがあれば、南部の指導部の中心的な同志たちと、各級党委が責任を負わなければならない。もし、南部の党支部で多くの党委と指導的同志が処罰されれば、わが党の歴史に後世に渡る汚点が残るだろう。したがって、PA2実施に関する処罰は、その特別な性格に沿って考慮する必要がある」と留意をつけている。

第5章
戦争

中越戦争の戦死者の墓地
（小高泰氏提供）

●訳者解説

　カンボジアでは、共産主義勢力クメール・ルージュのポル・ポト派が、1975年4月17日に首都プノンペンを制圧し、翌年「民主カンボジア」国を樹立した。中国に支援されたポル・ポト派の軍隊は、ベトナム南西部の国境地帯を繰り返し攻撃し、1977年12月にはベトナムとカンボジアは国交を断絶した。

　ハノイ指導部は、ポル・ポト派から逃れてきたカンボジア人を支援して、カンボジア救国民族統一戦線（FUNSK）を組織した。1978年12月、ベトナム人民軍はFUNSKとともに民主カンボジアに侵攻、ポル・ポト政府を倒して「カンボジア人民共和国」政府を樹立した。新政府の中枢には、ヘン・サムリン、フン・セン（後の首相）などの親ベトナム派が据えられた。

　ハノイ指導部はカンボジア侵攻の理由を、「ポル・ポト派に抵抗するカンボジア人民に対する国際的義務」、「ベトナムの自衛反撃」と説明したが、現実にはより切実な安全保障上の要求があった。ベトナム南部は、経済復興には重要な穀倉地帯メコンデルタを擁しているが、統一直後の南部はまだ政治的に不安定だった。中国との対立が深まる中で、このような南部の安全を確保するため、ハノイ指導部はまずポル・ポト派の脅威を排除しようとしたのである。

　ベトナム軍のカンボジア侵攻に対し、中国はベトナム「懲罰」攻撃を計画した。1979年1月に訪米した鄧小平は、カーター大統領にこの計画を事前に伝えていた。2月17日、中国人民解放軍はベトナムの北部全域に進撃した。

　ベトナム側では、この時の抵抗戦争で中国軍を撃退したという言説が伝えられているが、実際には中国軍の攻撃は限定的な作戦で、ベトナム人民軍は大きな損失を被っていた。中越国境地域の軍事的緊張は、1980年代も継続し、特に84年の戦闘ではベトナム側が大打撃を受けたことが明らかになっている。

カンボジアのポル・ポト派は、1977年半ば頃から、あたかも黒服の幽霊のように語られるようになっていた。半月刀を手にした彼らは、夜な夜なベトナムの南西部国境地域に潜入しては、住民を殺戮していたのだ。しかし、1978年1月25日にベトナム政府が公式に戦争状態を認めると、人々はさらに驚いた。ホー・チ・ミンが独立宣言を読み上げてから30年、ベトナムは戦争に次ぐ戦争を経験してきた。まだ1日も心から安心を享受できないうちに、若者たちは再び銃を肩に担がなければならなかった。しかも、今度は共産主義の「兄弟」との戦いだったのだ。

1. 南西部国境

　1978年1月25日、外務省広報局長ゴ・ディエン*は、ホーチミン市で記者会見を開いて次のように発表した。「民主カンボジア国政府は、同国軍部隊の大部分をベトナムとの国境沿いに展開させ、大隊、連隊規模による攻撃を開始、さらに師団がそれに続き、ベトナム領の奥深くまで侵入した」。ゴ・ディエンの記者会見は、クメール・ルージュによる南西部国境地域への長い攻撃が終息したと思われてから、わずか4日後のことだった。

　1月11日から19日まで、クメール・ルージュの3個連隊は、国境からベトナム側に3キロメートル以上入ったヴィンテ運河東岸のティンビエン、フークオンに攻撃をしかけた。18日には、別の2個連隊がキエンザン省ハーティエン市社のザンタイン地域を攻撃、占領した。21日には、ベトナム領内に10〜12キロメートルも入った所にあるロックセイの区域が、1日でクメール・ルージュの3個大隊に占領された。ゴ・ディエンは、「深刻な事態となったのは、1月19日、彼ら（ポル・ポト派）が初めてカンボジア領内から、大口径の長距離砲を使ってチャウドック市社とテイニン市社の周辺地域に数百発の砲弾を撃ち込んだ時だった。ベトナム人民の多くが死傷し、家屋と財産が破壊された」[219]と語っている。

　ゴ・ディエンが特に深刻視しているのは、「カンボジアの武装勢力は、ベトナム人を殺害しただけではなく、国境沿いに住むカンボジア人まで殺害し、死体の腹を裂いて肝臓をえぐり出し、ベトナムの仕業に見せかけるために、その

219　*Sài Gòn Giải Phóng*, 26, Jan. 1978.

様子をビデオで撮影した」ことだった。彼が記者会見に連れてきた2名のクメール・ルージュ兵士は、ポル・ポト派の行動を認めた上で、「大隊の指揮委員会はわれわれに、ベトナムはカンボジア侵略を企てている、ベトナムは第一の敵だと言いました」と告白した。クメール・ルージュは、彼らがプノンペンを占領したその1日後に、ベトナムとの戦争を開始したのだった。

1975年4月18日、クメール・ルージュがタケオの街を占領した直後、第120連隊指揮官ソーウンは、ベトナムとの国境沿いに部隊を展開させた。クメール・ルージュ軍司令官タ・モックの娘婿であるソーウンは、「われわれはベトナムを攻撃しなければならない。なぜなら、プレイノコール(サイゴン)を含むベトナム南部18省はカンボジアのものだからだ」と声明した。4月19日、タ・モックのもう1人の娘婿ケー・ムットは、シャム湾の小島に海軍部隊を上陸させ、フークォック島に進攻した。

南ベトナム軍は、サイゴンが陥落した4月30日まで、ケームットの部隊と戦闘を続けなければならなかった。5月1日、クメール・ルージュは、テイニン市社[テイニン省]からハーティエン市社[キエンザン省]までの国境沿いの多くの地点を荒らし回った。4日、彼らの一部がフークォック島に上陸したが、南ベトナム軍と交代した北ベトナム人民軍の反撃を受けた。10日には、ポル・ポト派はトーチュー島に部隊を上陸させ、村々を破壊し、人々を撃ち殺し、515人を連れ去った。

ファム・ヴァン・チャは、この戦いでフークォック島とワイ島をクメール・ルージュから奪い返したウミン連隊の連隊長だった。彼は、「フークォック島に長く住んでいたベトナム人の漁民数百人は、ポル・ポト派の船が島に接岸するのを見て、解放軍が来たものと思い込んだ。そのため、防御することもなく、逃げる間もなく、たちまち敵に捕らえられてしまった。たまたま留守にしていた者だけが、やっと難を逃れたのだ。ポル・ポト派は罪のない一般人をすべて1ヵ所に集めて、銃殺し、遺体を海に投げ捨てた」と語っている。

6月2日、グエン・ヴァン・リンはベトナム労働党を代表してプノンペンを訪問し、ポル・ポト書記と面会した。この2人はベトナム戦争中からの知り合

220　Ibid.
221　Phạm Văn Tra, 2009, p.260.

いだった。この会談で、ポル・ポトは「カンボジア軍は地理を把握していないので、ベトナム側とぶつかり、非常に痛ましい流血事件が起きてしまった」と説明した。ポル・ポトはそのように言ったが、6月6日になって北ベトナム軍が反攻し、カンボジア兵600人が捕虜になると、クメール・ルージュ軍は初めて撤退し、ベトナム側ではチョック島、カンボジア側ではワイ島と呼ばれている島まで追撃された。

　1週間後、クメール・ルージュの指導者ポル・ポト、ヌオン・チア、イエン・サリがハノイを訪問し、「独立、主権の相互尊重を謳う友好条約」の締結を提案した。しかし、ポル・ポトがシャム湾上の境界画定問題を並べて持ち出したため、この時には条約の調印には至らなかった。

　前月の中旬、ベトナム側でオン島、バー島と呼ばれる2島、カンボジア側でワイ島と呼ばれる島を奪還する作戦の指令部が設置された。ワイ島はラックザー村から220キロメートル、フークォック島アントイの西方113キロメートルの地点にある。オン島は海抜51メートル、バー島は同61メートルで、互いに3キロメートル隔てて並んでおり、面積もほぼ同じである。両島とも砂浜が1ヵ所あり、その他の四方はすべて切り立った岸壁だった。南ベトナム軍はバー島に灯台を設置し、主にヘリコプターとL19偵察機が離着陸するための軍用滑走路を建設していた。ウミン連隊の任務は、2〜3日以内にワイ島を攻撃、占領することだった。揚陸艦が配備され、A37爆撃機と武装ヘリコプター部隊、L19偵察機との協働作戦が実施されたが、島を占領しているポル・ポト派部隊は火力に優れた武器を使用していたので、戦闘は6月5日から6月14日まで継続した。その結果、ウミン連隊は2つの島を完全に奪取し、782人のクメール・ルージュ兵を捕虜にした。

　8月2日、レ・ズアン書記長は自らプノンペンに赴き、ポル・ポトとの共同声明に署名した。これにより、ベトナム側はワイ島をカンボジアに返還することに同意した。8月4日、カンボジア共産党中央委員会副書記ヌオン・チアがハノイを訪れた。グエン・ヴァン・リンは彼に、「もうチョック島にはベトナムの武装勢力は残っていない」と告げた。ヌオン・チアは、「ワイ島問題については、

222　*Sài Gòn Giải Phóng*, 26, Jan. 1978.
223　Phạm Văn Tra, 2009, pp. 252-260.

党を代表して深く感謝を表明する」と述べた。リンが5月10日にクメール・ルージュに連行された515人の身の上について懸念を示すと、ヌオン・チアは「その件はすぐ解決するだろう」と約束した。だが、それ以後、この515人の運命について聞いた者は誰もいない。

1976年4月、カンボジアとベトナムの両共産党は、6月に最高指導者が国境問題の解決について協議し、国境協定締結に向けて国家的な前提条件を作ることで合意した。両国の交渉はほとんど何の成果も得られなかったが、ヌオン・チアが5月23日にベトナム労働党政治局に送った書簡には、まだ親密な言葉が使われており、「この間の両党の努力は大きな成功に至り、両者の戦闘的団結はいっそう強化され、発展した。両党は互いに理解、共感し、革命の兄弟、戦友の精神を極力発揮した」と記されていた。その時まで、クメール・ルージュは「同志」と呼ばれていた。ハノイ政府は、その時期の国境防衛隊の諸報告を正確に分析していなかったのである。ゴ・ディエンはこう語っている。「1978年に私は外国の報道陣をアンザン省とテイニン省に案内したが、ジェノサイド一味クメール・ルージュの残虐行為を目の当たりにして、私自身が呆然として、胸が悪くなった。ハノイに戻って、私は党中央委員のファム・ヴァン・ソに会った。彼は南部中央局にいた頃、いつもポル・ポトーイエン・サリー味との連

---

224 Ibid.
225 1939年、カンボジアとベトナムの境界を画定するブレビエ・ラインが設定された。それは、陸上国境から140度の角度でシャム湾の方向にまっすぐ伸び、フークォック島に突き当たって北方に3キロメートル斜めに折れる線で、同島をベトナム領に入れたものだった。1954年、南ベトナム海軍が別の「パトロール境界線」を定め、チョック島を含むベトナムの領域を設定した。1960年代にも、北ベトナムがカンボジアのシアヌーク政府との間でブレビエ・ラインを公認し、これによりワイ島はベトナム領に入らないことになった。1976年5月4日に始まったプノンペンにおける予備会議で、ベトナム代表団長のファン・ヒエン外務次官は、ブレビエ・ラインの北側の島はすべてカンボジアの主権に属すると認めたが、「パトロール境界線」については改めて交渉することを提案した。会議は5月18日まで続き、カンボジアは「用務でプノンペンから離れている党常務委各委員の指示を求める」時間を確保するため、会議を延期することを提案した。
226 1976年の間は、ヌオン・チアはその「革命の兄弟的精神」に言及していた。一方、クメール・ルージュ軍は250回にわたって国境を侵犯し、ベトナム領に砲撃、急襲をしかけ、地雷を敷設し、国境標識を移動させ、国境地域で水牛や牛を強奪し、限りなく残虐な方法で住民を殺害した。クメール・ルージュは1975年12月以来、国境地域で連続的に衝突を引き起こしていた。ベトナム領のサーテイ地域に国境から10キロメートル以上侵入し、X114の糧の倉庫を奪ってそこを占拠した。ザライーコントゥム省のソップ村では、113人の住民すべてを捕えて連れ去った。ダックラック省では、第8国境防衛隊の駐屯地を急襲した。それでもプノンペン政府は、それを「各地方での誤解によって」引き起こされた行動だと主張した(ibid.)。

絡を任されていた。私は、ポル・ポト派の凶悪犯罪について見聞きしたことを彼に語って聞かせた。No.2 ソはその時まで、その地域で起こった犯罪行為は地方指導部の方針によるものだろうと考えていたのだ」

ポル・ポト派が権力を掌握してからわずか5ヵ月の間に、15万人以上の難民がカンボジアからベトナムの国境諸省に流出した。ベトナム系住民を除き、数万人の華人とクメール人が強制的に帰国させられた。彼らの運命は、他の数百万のカンボジア人と同様、「オンカー［ポル・ポト派の党・国家機関を指す。「組織」の意］によってナイフとハンマーの下に置かれた」と伝えられている。1954年のジュネーヴ協定後にベトナム北部に集結し、1970年から帰国してクメール・ルージュに加わったクメール・イサラク［自由クメール］のメンバーがいた。その親族数百人は1975年の「プノンペン解放」後にカンボジアに戻り、夫や父親を探したが、やはりポル・ポト派に殺害されてしまった。

2. ポル・ポト

1976年7月末、初めてベトナムの報道陣がカンボジア入国を許可された。ベトナム通信社の副社長チャン・タイン・スァンが記者団の代表を務めた。

カンボジア側は非常に紳士的かつ親密な態度で迎え、「カンボジア・ベトナム両民族の友好」を表明した。取材の間、ポル・ポトはスァン副社長に対して、国家元首としての態度をとり続けた。だが、誰も知らなかったことだが、実は、ポル・ポトはパリ留学中、他のクメール人共産主義者がそうしたように、パリにあるスァンの家に入りびたっていたのだ。ただ残り物の食事にありつくために訪ねることもあった。スァンの家は、パリのクメール人からまるでインドシナ共産党の拠点のように思われていた。ポル・ポトの独特の振る舞いは、1976年の報道陣との別れの際にも表れていて、彼は親しげにスァンに「奥さんは元

---

227 Ngô Điển, 1992, p. ?.
228 1975年から1979年までの時期に、カンボジアの全人口789万人のうち約167万1000人（21パーセント）が殺された。その中で、カンボジア在住華人は、全人口43万人のうち21万5000人（50パーセント）が、カンボジアに残されたベトナム人2万人は、全員が殺害された。また、ラオス人は1万人のうち4000人、クメール・クロム［メコン・デルタ地域出身のクメール人］は5000人のうち2000人、チャム人は25万人のうち9万人、タイ人は2万人のうち8000人、山岳少数民族6万人のうち9000人が殺害された（Ben Kiernan, *The Pol Pot Regime*, Yale University Press, 1996, p.458）。

気かね？」と囁いたという。

　幼少時のポル・ポトは、同世代の友達に混じって遊ぶよりも、熱心に勉強に励む子供だったと語られている。彼の両親はコンポントム地域の富農で、水牛6頭と9ヘクタールの土地を所有していた。末っ子のポル・ポトは1925年5月19日に生まれ、サロト・サルと名づけられた。家で農業を手伝う代わりに、彼はプノンペンに連れていかれた。プノンペンのモニヴォン王の宮廷では、彼の姉が女官として仕え、兄が儀典委員会で勤務していた。

　王宮の閉ざされた環境で1年を過ごした後、サロト・サル少年は貴族の子弟が通う学校で6年間学んだ。16歳になった年、彼はコンポントムに戻り、中学校に入学する。その頃のプノンペンは青年・学生たちによる独立要求運動で騒然としていた。サロト・サルは無線技術の分野で奨学金を受け、フランスに留学することになった。フランス行きの船に乗る前に滞在したサイゴンは、彼がそれまでに訪れた中で最大の都会だった。1949年にパリに渡ったサロト・サルは、宮廷に仕える兄から止められていたにもかかわらず、政治運動に携わるようになった。彼はそこで、ベトナム生まれのクメール人学生イエン・サリと出会う。

　イエン・サリがソルボンヌ大学で文学を学んでいたキュー・チリトと結婚式を挙げた時、サロト・サルはキュー・チリトの姉キュー・ポナリと出会った。2人は一緒にフランス共産党のカンボジア人グループの活動に参加する。その時期、学生結婚したばかりのサロト・サルは、教養があって控え目な人物と思われていた。友人たちの目には、サロト・サルはニワトリ1羽さえ殺せない男のように映った。

　3年連続で試験に落ちたサロト・サルは、奨学金を打ち切られ、1953年1月にカンボジアに帰国した。その頃、シアヌーク体制の下で戒厳令が敷かれ、プノンペンでは独立運動への弾圧が激しくなっていたので、サルは兄サロト・チャイの言に従って、カンボジアの共産主義組織との繋がりを断った。フランス共産党の党員であることが確認された後、サロト・サルはベトナム人党員のファム・ヴァン・バーの同意を得て、クメール人民革命党で活動するようになった。

　インドシナ共産党は1951年2月の第2回大会でベトナム労働党と改名し、こ

の年、ラオス人とクメール人の党員は、ベトナム側の支援の下でそれぞれの党を設立した。9月21日、レ・ドゥック・トとグエン・タイン・ソンがヴェトバック*地方にクメール人党員を招集し、クメール人民革命党の設立大会を開催した。党主席に選出されたのは、ベトナムではソン・ゴック・ミンの名で知られているオンカー・メアンだった。

ソン・ゴック・ミンは1948年にイサラク運動を立ち上げた人物である。この運動は、ベトナムに近いカンボジアの4州で影響力を持っていた。しかし、当時のカンボジア国内の共産主義諸組織は、まだベトナム人の党員に指導されていた。フランスに留学して帰国したサロト・サルと数人の党員たちは、党支部に組み込まれたが、メンバーの大部分はベトナム人で、書記もベトナム人だった。クメール人の党員は、ベトナム人党員から細々とした雑務を与えられるだけだった。このことで、彼らはベトナム人に対して良くない印象を持つようになったのである。

1953年、フランスはシアヌーク国王に独立を付与した。1954年のジュネーヴ協定は、ラオスの抵抗組織ラオ・イサラが特定の地域に集結することを認めたが、カンボジア王国政府は、クメール人共産主義勢力が同じように集結することを阻止した。その結果、1000人以上のクメール人共産党員が1954年に北部ベトナムに移動させられた。ソン・ゴック・ミンはその中の1人だった。カンボジアに残った党員たちは、シウ・ヘンとトゥ・サモットの指導下で、シアヌーク政府の厳しい追及を受けながら秘密活動を続けた。1959年、シウ・ヘンは政府に投降し、多くの党組織が弾圧された。

1960年9月、クメール人民革命党は大会を開き、北ベトナムと関係の深いトゥ・サモットを書記に選出した。しかし、トゥ・サモットは、1962年にハノイから戻る途中に「失踪」し、当時副書記だったポル・ポトが自動的に書記となった。その頃のクメール・ルージュは、ベトナムに近い森林地帯に拠点を置き、ベトナムの共産主義勢力に頼らざるを得なかった。それでも、農村出身の仏教徒である新世代のクメール人共産主義者は、パリ留学組で反ベトナム的な傾向のクメール人よりも、ベトナム人共産主義者の方を支持していた。

3. 綱渡りの国王シアヌーク

　ノロドム・シアヌークは、各勢力との間でバランスをとるという意味で「綱渡りの国王」と言われている。しかし、20世紀後半という時代にあって、バイヨンの国カンボジアの国王に限らず、ベトナム戦争に巻き込まれた当事者たちは、互いに複雑な関係にあった。シアヌークのプノンペン政府は、中立政策を追求する一方、ポル・ポトの下で急速に発展するクメール・ルージュ勢力のことは全く野放しにしていた。

　ベトナム人が南方へ勢力範囲を拡大するようになった時から、阮(グエン)朝は自国の安全保障上の見地から、ラオスとカンボジアの位置を見据えていた。明命(ミンマン)帝は、カンボジアをシャムに対抗する上での「防波堤」とみなしている。フランス人も、植民地支配のあくなき野望を抱いてベトナムからメコン河を遡り、ラオスとカンボジアに進軍し、文化的に異なる3つの地域を統一的な支配下に置き、これをインドシナと呼んだのだった。抗仏戦争期、ヴォー・グエン・ザップ大将は「インドシナは1つの戦略的単位、単一の戦場である」とみなした。北ベトナムが、武力闘争を南部における革命の路線と認定すると、ラオスとカンボジアの領内を経由する補給路、いわゆるホーチミン・ルートの建設が始まった。

　アメリカは、北ベトナムが南ラオスとカンボジアの各根拠地を南ベトナムに進攻するための前線基地のように利用していることを、はっきりと摑んでいた。ニクソンはホワイトハウス入りする前から、「カンボジア領内の敵の存在についての正確な報告」を要求し、同時に「そこに建設された基地を破壊する」という目標を設定していた。アメリカはまた、ソ連が援助する武器を受け取るために、北ベトナムがシアヌークヴィル港を利用している事実を、かなり正確に把握していた。

　1960年代、シアヌークは共産主義者に容赦のない政策をとり、王国政府は欠席裁判でサロト・サルに死刑を宣告した。1967年には、左派の3大臣すなわちキュー・サムファン、フー・ユオン、フー・ニムはジャングルに逃れてクメール・ルージュと合流しなければならなかった。シアヌークは、北ベトナムが自国の領内に拠点を構えることを黙認した。シアヌーク政府とハノイ、北京、

そして非同盟諸国の緊密な関係は、南ベトナムの不安を煽った。ゴ・ディン・ジェム大統領はカンボジア野党党首のサム・サリーを支持し、ダップ・チュオン将軍の反乱を支援したと言われている。南ベトナム大使のゴ・チョン・ヒォウは、シアヌークを爆殺する陰謀の黒幕にされたことがあった。

1963年8月、シアヌークは南ベトナムとの外交関係を断絶し、続いてアメリカの経済・軍事援助を拒否した。1965年5月にはアメリカとの関係も断ち、同年6月には公式に南ベトナム解放民族戦線を支持すると表明した。

北ベトナムはシアヌーク殿下の役割を高く評価した。1964年にポル・ポトがホーチミン・ルート経由でハノイを訪問した時、ハノイ側はポル・ポトに、殿下の「外国への抵抗」政策を支持する提案さえ持ち出した。ポル・ポトはこのことを、ベトナムの同志たちが自分に誠意を尽くしていない証拠のように「ブラックリスト」の中に書き込んだ。ポル・ポトの目的はアメリカへの抵抗ではなく、権力を握ることだったが、王国政府が強力である限りそれは叶わなかった。

ポル・ポトはハノイから北京に行き、そこに5ヵ月間滞在した。その時期、文化大革命の嵐が中国の国土を覆い尽くしていた。ポル・ポトはこの革命の目標に大いに共鳴し、カンボジアとベトナムの革命路線の違いを見出した。1968年前半から、クメール・ルージュは散発的なゲリラ活動を開始し、シアヌーク政府の官僚を標的にした誘拐や待ち伏せ攻撃を実行した。ポル・ポト派は農村部で何度か蜂起を試みたが、政府側による容赦ない武力制圧を被った。クメール・ルージュは北ベトナムに自衛のための武器援助を求めたが、当時のハノイ政府はシアヌークを必要としていたため、カンボジアの共産主義者の要請に応じることはできなかった。

シアヌークは、当然のことだが、各方面が評価しているよりも遙かに複雑な人物だった。彼は、一方では北ベトナムがカンボジア領内に根拠地を構えることを黙認し、他方では「カンボジア国内には、いかなるベトナム人も要らない」と公言していた。1968年1月10日、ジョンソン大統領の特使チェスター・ボウルズと会見した時のことである。「皆さんにこの問題を解決していただければ、われわれにとって大きな喜びです。荒野で激しい掃討作戦を行なうことには反対しません。皆さんに、われわれをベトコンから解放していただきたい」[229]

229　Henry Kissinger, 2003, p. 67.

ホワイトハウスはこの言葉を、「シアヌークは米軍に、カンボジア領内に進攻して共産主義勢力の根拠地を攻撃するよう求めた」と解釈した。米軍が秘密裏にカンボジア領を爆撃した2ヵ月後の1969年5月13日、シアヌークは記者会見で、「この爆撃で家を失ったり死亡したカンボジア人は誰もいない」と述べている。[230] この年、シアヌークはワシントンとの外交関係を立て直す方法を模索していたが、それが実現する前に、1970年のロン・ノルによるクーデターで失脚した。

　1970年1月7日、シアヌークはモニク王妃と11人の随員を伴って、首都プノンペンを離れた。彼がヨーロッパで肥満と糖尿、蛋白尿の治療を受けている間に、プノンペンでは将校と政治家たちがシアヌークに対する告発を開始した。1963年にシアヌークがアメリカの経済援助を断り、その2年後に同国との外交関係を断絶した時に異を唱えた一派である。彼らは、北ベトナム軍が国境地域に浸透してもシアヌークはそれに対して何もできなかった、と訴えた。1970年3月8日、スヴァイリエンで北ベトナムへの抗議デモが実施された。11日、約2万人のカンボジア人青年が、プノンペンの北ベトナム大使館を襲撃する事件が発生した。

　情勢を確かめるためにも、シアヌークは3月13日にプノンペンに戻るべきだった。しかし、彼はスケジュール通りにモスクワ（旧ソ連）に向かった。ソ連の最高会議幹部会議長ニコライ・ポドゴルヌイは、速やかに帰国するよう勧めたが、それでもシアヌークはモスクワに5日間留まっていた。3月18日、カンボジアの国会はシアヌーク元首の罷免を決定した。空港に向かう途中、コスイギン首相からそのことを聞いたシアヌークは目を回した。随員たちの中には、彼にそのニュースを伝える勇気のある者はいなかったのである。

　このクーデターは当然、北ベトナムにとって大きな損失だった。キッシンジャーは著書『ベトナム戦争の終わり』の中で、「1970年以降、北ベトナムが南ベトナムのゲリラに武器を供給するために、シアヌークヴィル港が使われることはなかった」と書いている。その事実は、カンボジア経由で武器を運搬するための機密費を管理していたグエン・ニャット・ホンも認めている。彼によれば、「中ソ間で武力衝突が発生し、国境が閉鎖されると、ソ連からの物資を中国国

230　Ibid, p. 68.

境を通って陸路で運ぶこともできなくなった。北ベトナムは、ソ連が援助する武器をシアヌークヴィル港に運ぶため、遠洋航路の船と契約しなければならなかった。それについては、シアヌークもロン・ノルも同意していた」という。その代わり、この2人には、搬入する物資の価格の20パーセントに相当する袖の下を払うことになった。B29［北ベトナムの南部支援特務機関］の特別会計室は、シアヌークとロン・ノルそれぞれのためにスイスで秘密の銀行口座を開設した。1966〜1969年の間に北ベトナムがシアヌークヴィル港経由で運んだ物資は、武器2万478トン、軍装備1284トン、医薬品731トン、米6万5810トン、塩5000トン、缶詰および保存食4115トンに上る。[231]

グエン・ニャット・ホンは、「ロン・ノルは1969年から、自分の取り分の約10パーセントを武器で支払うよう要求するようになった。彼が金銭の代わりに武器を要求するようになった時、北ベトナムの諜報機関はロン・ノルのクーデターの意図を推測していたと思う」と語っている。この賄賂のための特別会計は、1979年11月25日付けのマイ・ヒュー・イックによる「特別外国為替工作総括報告」に、「最高機密運輸費」として3664万2653米ドルと記されている。

北京がシアヌークの政治行程の終着点となることは、歴史の筋書きに組み込まれていたようである。中国側は、現役の国王を迎えるような儀式をもって彼に対応した。周恩来首相は飛行機のタラップまで出向いてシアヌークを抱擁し、その背後には北京駐在の「各国の外交代表ほぼ全員」が顔を揃えていた。カンボジアと中国の国旗を掲げた車に乗り込むと、周恩来はシアヌークに言った。「昨夜、私は北京に駐在するすべての外交代表に、中国政府は殿下をカンボジアの唯一かつ正統な元首とみなしている、と伝えました。また、各国大使が空港で殿下をお迎えすることを強く望む、とも伝えました」[232]

231　武器を積んだ船がシアヌークヴィル港に近づくと、ハノイでは兵站総局の計画室長スァン・バー大佐が、グエン・ニャット・ホンをチーリン公園や国旗掲揚塔の正面などにある花壇に呼び出した。バー大佐はソ連が提供する物資の伝票をファイルしており、それにはやって来る船に積まれた各種の武器がリストアップされていた。ホンは武器の価格を記したファイルを持っていた。彼らは武器の総額と、ロン・ノルとシアヌークにそれぞれ渡す10パーセントの金額を計算し、この2人に物資の総量と支払い額を伝え、B29が2人の秘密口座に送金した。シアヌークとロン・ノルは、入金を確認すると船の入港を許可するのだった。武器の搬入は、ほぼ絶対的な安全を保障されていた。というのも、ホンの証言では、港で武器を陸揚げし、それを解放区の各基地まで輸送するまでを、ロン・ノル自身が選んだ1個大隊が警備していたからだ。

232　Shihanouk and Bernard Krissher, 1999, pp. 133-134.

機敏な中国人の才覚はここでも発揮された。周恩来はシアヌークに北京で最高級の邸宅を提供した。中国の最も親密な同盟国である北朝鮮も、この亡命王族のために、湖畔に宮殿のような邸宅を建設した。シアヌークは、ここでは依然として国王だった。金日成自ら、しばしばシアヌークとその親族を招いては、焼き肉や腹子、フランスワインなどをふるまった。金日成親子が見終わった西側の映画の最新作は、すべてシアヌークに貸し出された。金日成は北朝鮮兵からなる近衛部隊も「贈与」しており、シアヌークはそれをプノンペンで使うために1991年に国に連れ帰っている。

　周恩来は1970年3月19日のシアヌークとの会談で、毛沢東の言葉を伝えた。「もし殿下がカンボジアの既成事実を認めず、祖国解放のため抗米運動の指導を決意されるなら、中国はそれを支持し、できる限りの援助を行なう用意がある」。しかし、ポル・ポトとシアヌークが手を組む可能性については、周恩来も毛沢東も、その時はまだ考えていなかった。1970年3月21日、北ベトナム首相ファム・ヴァン・ドンと南部中央局のファム・フン書記が北京を秘密訪問し、2人がかりで周恩来とポル・ポトに協力を説いた。

　2日後の3月23日、シアヌークは5項目の声明を公表し、かつて彼に欠席裁判で死刑を宣告したクメール・ルージュと手を結ぶ意思を示した。また、「解放軍」と「民族統一戦線」の設立を声明し、同時にベトナム、ラオス、カンボジアの共産主義勢力による抗米闘争を賞賛した。シアヌーク政府は北京で物質面の支援を受け、シアヌーク自身は国家元首のような待遇を受けた。

　1970年4月24日、シアヌークはインドシナ3国の国境が接する地域に連れていかれ、そこでパテート・ラオの指導者スファヌヴォン、南ベトナム解放戦線

233　Ibid, p. 137.
234　中国はシアヌークが政府を置くために、天安門にごく近い所にある豪壮な邸宅を備えた一区画を提供した。北京の共産党指導部は、元皇帝の溥儀には畑仕事をさせたが、シアヌークには、多くの使用人と腕の良い料理人を世話し、本格的な事務局、宮廷の日常業務をこなす人員、さらには秘書、専用車、スポーツジム、専用の映写室まで供与した。シアヌークによれば、「周恩来は、私が中国の各地方に行く時や、外国を訪問する時でさえ、けっして普通の汽車や旅客機を使わせなかった。彼はいつも、国賓用の豪華な客室を備えた特別車か、または専用機を用意してくれた。飛行機1機に、友好訪問に持っていく外交上の贈答品を積んでいくこともあった」（シアヌーク＆バーナード・クリッシャー、チャン・チー・フン訳、『シアヌーク回顧録』、人民公安出版社、p. 144）。訪問の際には、いつも周恩来が自らシアヌークを送迎した。8億人以上の人口を擁する国家の首相が、失脚した国王に、相変わらず国家元首級の儀式で対応したのである。

の主席グエン・ヒュー・ト＊、北ベトナム首相ファム・ヴァン・ドンと共に、インドシナ諸民族に関する首脳会談に出席した。4月27日に北京に戻ったシアヌークは、「共通の敵アメリカ帝国主義者への抵抗戦争で相互の往来に協力する」ことを保証した共同声明を発表した。それに先立ち、カンボジア領内の北ベトナム勢力は、シアヌークを称揚するビラ撒きと宣伝工作を実施し、シアヌーク支援のために「クメール・ルムド」と呼ばれる武装勢力を組織し、訓練した。

　キッシンジャーは、北ベトナムがクメール・ルージュの勢力を養い、ポル・ポトの政権奪取を助けたと非難している。「カンボジアで戦争を引き起こし、クメール・ルージュによるジェノサイドを現出させた者がいるとすれば、それはまさに北ベトナムだ」と彼は記している。しかし、重要な役割を果たしたのはアメリカの兵器だった。クメール・ルージュは、宣伝作戦によって脅しをかけながら、アメリカとロン・ノル政府への憎悪を刺激し、数十万人の若者たちをその勢力に加わらせたのである。1974年、16歳以上のすべての青年が、クメール・ルージュ軍に入るよう強いられた。拒否する者は撃ち殺される恐れがあった。この時期に強制的に入隊させられた世代は、限りなく残忍な兵士に成長した。

　パリ協定についての交渉で、レ・ドゥック・トは、カンボジアの非共産主義勢力をすべて交渉から排除することを要求した。当時は、彼もハノイの同志たちも、中国の「大兄」たち自身がカンボジアにおけるイデオロギー的な勝利を望んでいないとは、露ほども思っていなかった。1972年6月、周恩来はキッシ

235　キッシンジャーによれば、「1970年4月4日、私がレ・ドゥック・トと会談した際、北ベトナム側こそが、カンボジアの中立的立場を回復するというアメリカ側の提案を拒絶したのだ。非共産主義の組織はいっさい交えない、という前提で和平会談を行なうことを、拒否したのも北ベトナムだった。1970年10月、1971年5月と10月、1972年10月の停戦案を退け、1973年1月まで受け入れなかったのも北ベトナムだった。北ベトナムによって組織され、武装を施され、補給を受けたクメール・ルージュこそが、アメリカがたびたび切望したカンボジアのパリ協定参加を妨害したのだ」という（Kissinger, 2003, p. 470)。

236　Ben Kiernan, 1996, p. 16.

237　1973年2月から8月までの間に、アメリカは25万7465トンの爆弾をクメール・ルージュの支配地域とされる場所に投下した。ポル・ポトは、パリ和平協定を締結して一息ついたアメリカが、クメール・ルージュ殲滅作戦に転じたことについて、北ベトナムにも責任の一部があると考えた。しかし、キッシンジャーに言わせれば、爆撃は中国とアメリカの間の「切り札」だった。「周恩来は、自分の政策が効果を発揮するために、カンボジアにおけるアメリカの軍事行動が必要だったからだ」(Kissinger, 2003, p. 484)。周恩来は、「爆撃を受け続ければ、軍事的に優位には立てない」と説得しない限り、クメール・ルージュを頷かせることは難しいということも分かっていた (ibid, p. 484)。

ンジャーに、「中国がラオスとカンボジアに望んでいるのは、政府に資本主義的な要素が入り、伝統的な権力者が国家の指導者となるような幕引きだ」と告げた。周はまた、「われわれは、シアヌーク殿下がカンボジアの指導者となり、ラオスの指導者には王族が立つであろうと信じている」とも述べている。1973年2月、キッシンジャーがハノイ訪問の帰途、北京に立ち寄った時には、「ハノイ政府がインドシナを支配することは、イデオロギー的な勝利ではあっても、中国にとっては地政学的な敗北だということを、北京指導部は理解するようになっていた」と認めている。

　カンボジアは日に日に複雑なゲームの場と化していった。プレイヤーの数はあまりにも多く、みな互いに信用していなかった。中国はクメール・ルージュが支配的な勢力であることを知っていたが、それがシアヌークというカードを損なうほど有力になることを恐れていた。

　ハノイがシアヌークを熱心に支援したことを理由に、ポル・ポトが北ベトナムにどの程度の敵対政策をとるか、推測することは実に難しかった。1970年4月、ポル・ポトがハノイに立ち寄った際、レ・ズアン第1書記が、クメール・ルージュとシアヌーク派が協働して軍事組織を設立することを提案すると、ポル・ポトはそれを頭から拒否した。シアヌークというカードは、ポル・ポトを怒らせただけでなく、彼の下に結集したクメール人の感情をも害したのである。シアヌークは亡命生活を送るようになってから、毎年北ベトナムで正月を過ごしていた。彼はハノイに来ると、現地在住のクメール・イサラクのメンバーを招いた。彼らは、かつて敵対した殿下のご機嫌をとり結ぶために、地方旅行のお伴をした。ゴ・ディエンによれば、「親ベトナム派の幹部だった故チャン・シー首相は、そのことで心を痛め、カンボジアの共産主義者を軽視して王侯のごますりをしたと、目に涙を浮かべて私たちを責めた」という。

　1973年、北ベトナムは、シアヌークをカンボジアの解放区に戻らせた。彼は、名目的には指導者として迎えられることになっていたが、実際はクメール・ルージュが実権を握っていた。シアヌークは周恩来に何度もこの旅行の手配を依

238　Ibid, p. 475.
239　Ibid, p. 475.
240　Ibid, p. 474.
241　Ngô Điện, 1992, p. ?.

頼したが、断られた。パリ協定締結後、シアヌークは北京でクメール・ルージュの代表イエン・サリと直々に面会したが、イエン・サリも彼に冷淡だった。シアヌークは次にハノイに助けを求め、ファム・ヴァン・ドン首相の熱心な招きを受けた。シアヌークは、ポル・ポト派が彼にベトナム経由の帰国を認めるよう、北京指導部に働きかけを頼んだ。[242] クメール・ルージュは対外的な名声を高めるため、この機会にシアヌークの威信を徹底的に利用した。しかし、内部では、ポル・ポトはシアヌークに声明の発表を許そうとしなかった。クメール・ルージュは、特にこのベトナム訪問をうまく利用して、シアヌークに北ベトナムのことを悪しざまに伝えたのだった。[243]

4. クメール・ルージュと民主カンボジア

アメリカは、クメール・ルージュがプノンペンに進攻する最後の作戦のために、北ベトナムが重砲部隊の装備と工兵を支援したのだと信じている。ヴォー・グエン・ザップ将軍は、「この時、カンボジアの革命軍と人民は、首都プノンペンを守備するロン・ノル政府軍の抵抗を着実に打ち破っていった。われわれの大規模な武器援助の下で、カンボジアの友人たちはプノンペンの中心部に砲弾を撃ち込んだ。1975年4月12日、アメリカはブラック・カイト［鳶］という名前の作戦を実施し、アメリカの軍事顧問と兵士を空路でプノンペンから脱出させた。4月17日、プノンペンは解放された」[244]

242　1973年2月27日からの訪問を4月17日まで長引かせるために、北ベトナムは2月に、モニク王妃に仕える女性要員2人を含めた総勢89人の「勝利団」を組織した。外務省の官僚で、元カンボジア駐在大使グエン・トゥオンが団長に、第559部隊副司令官レ・ディン・ソアン大佐が副団長に選ばれた。2月27日、団は車でドンホイに向かい、翌日AN26でハノイから到着したシアヌーク夫妻と「顧問」イエン・サリを迎えた。一行はドンホイからラオバオに向かい、南ラオスの9号道路でケサン、バーンドーン、セーポーンを経由して第559部隊の第14兵営の管轄地域の端まで行った。メコン河支流沿いのジャングル地帯にあるというF470兵営に着くと、ベトナム団はシアヌークをクメール・ルージュに委ね、彼が再びハノイに戻るまでそこで待機した。
243　シアヌークがナヤン・チャンダ記者に語ったことによれば、カンボジアに1ヵ月近く滞在している間に、クメール・ルージュの指導者の1人ソン・センは、シアヌークに「北ベトナム兵は相変わらず、カンボジアの農村で盗みを働き、女性を強姦し、カンボジア軍の基地に行っては兵士をリクルートして北ベトナム軍に引き込み、戦闘に参加させている」と吹き込んだ。また、キュー・サムファンからは、「北ベトナムはクメール人による政府設立を準備しているが、それはベトナム人の傀儡政府だ」と聞かされた。
244　Võ Nguyên Giáp, 2000, p.320.

クメール・ルージュによって「解放」されるまで、プノンペンの住民はほとんど眠れない夜を過ごしていた。街全体が砲声に包まれていたせいもあるが、人々が新たな変化を待っていたためでもある。もっとも、その時、ポル・ポト派が何をするか想像できた者は誰もいなかったのだが。
　4月17日午前7時30分、ロン・ノルは全軍に降伏するよう命令した。あちこちに白旗が掲げられた。その一方で、青年や学生を中心に何千人もの人々が街に繰り出し、平和が訪れたことを喜びながらクメール・ルージュ軍を迎えた。当初、クメール・ルージュ兵は火事場泥棒を防ぎ、秩序を回復するために、空に向けて撃っているだけだと聞かされて、人々は安心していた。午後1時頃、北部軍区のクメール・ルージュ部隊が国営放送局を占拠し、ロン・ノル政府のすべての大臣、将校、高級官僚は午後2時に出頭せよと命令した。やがて、「帝国主義者」の書物が路上に放り出され、燃やされた。
　シリク・マタク殿下とロン・ボレット首相は、アメリカ大使による脱出の勧めを断り、国内に留まっていた。シリク・マタクはその後、フランス大使館に避難したところを逮捕された。ロン・ボレットはといえば、電話でクメール・ルージュに自宅までの道を教えてしまった。2人ともクメール・ルージュに殺害された。翌4月18日の早朝、命令に従って出頭した人々の運命が決まった。ロン・ノル政府軍の将校たちはスタジアムで処刑され、文民の官僚は体育館で殺害された。ロン・ノルの2人の兄弟、国会議長のウン・ヴン・ホル、僧侶のサウデク・サウ、そして将校と大臣たちも殺された。地方行政機関の職員も同じ運命を辿った。4月23日、バッタンバンではクメール・ルージュが士官たちを6台の車に分乗させた。シアヌークを出迎えに行くという話だったが、結局、彼らは空き地に運ばれて処刑された。
　ポル・ポト派が全国の都市部からすべての住民を追い出すに及んで、人々はやっと自分も新制度の犠牲者であることを悟った。4月18日のうちは、プノンペンの住民は、退去命令を聞いてもまだ互いの家を訪ねることができた。しかし、翌日になると、14〜15歳の少年兵が銃を突きつけて、家から出ていくか、それとも手榴弾を喰らうか、と脅すようになったのである。それは単なる脅しではなく、彼らに逆らったために、家族の目の前で撃ち殺された人たちもいた。人々は、いくつかの身のまわりの物を持ち出すのが精一杯で、家屋敷は捨てて

いかなければならなかった。しかし、2、3日後には、これから失うものに比べれば、財産など大した値打ちはないことを思い知るようになったのだ。

多くの家族がばらばらにされた。夫婦、親子が引き裂かれ、それぞれが別々の所に連れていかれた。彼らは何日間も歩かされ、場合によっては5〜6週間も歩き続けた人もいた。辿り着いたのは、ポル・ポト派が高級合作社の建設を予定していた地域だった。衰弱して倒れた人はそのまま捨て置かれた。人々は、路傍に累々と横たわる死骸に、自分たちの行く末を見るようになった。プノンペンの人口の約0.53パーセント〔ママ〕が、移動の途中で死亡したという。[245] 死刑に処された旧政権の官僚と、命令に従わず銃殺された人々を合わせて、「プノンペン解放」後の最初の数日間に殺された人は2万人以上に上る。

ポル・ポトは、キュー・サムファンとウドンにいた時に戦勝の報告を受けた。キュー・サムファンは、「われわれは、感動的なセレモニーを行なわなかった。祝砲や、それに類するものは何も用意しなかった。私は彼（ポル・ポト）に祝いの言葉を告げなかった。彼も簡単に、これはカンボジア人民が自ら勝ち取った偉大な勝利だ、と述べただけだった」[246]と回想している。ポル・ポトは、プノンペンの全住民を農村に移動させる命令を出した後、4月24日に密かにプノンペンに入った。

イエン・サリは、4月17日にはベトナムのクアンチにいた。彼は、ホーチミン・ルート沿いにラタナキリ〔カンボジア東部、ラオスとベトナムに接する山岳地帯〕に行くのではなく、空路北京に引き返し、4月24日にボーイング707でプノンペンに送ってもらう道を選んだ。3日間にわたる特別全国大会の後で、キュー・サムファンが政府を代表して演説した。彼がその中で言及したように、まさに「人民の血と骨」によって「まばゆい民族の歴史のページ」が記されたのだった。[247]

慎み深く、口元に微笑を絶やさず、口数も少なかった、と形容されるポル・ポトは、8項目の政策に着手した。それらは、各都市から全住民を退去させる、市場の類いをすべて消滅させる、貨幣の流通を停止する、僧侶を農場の労働に従事させる、ロン・ノル政権の要人を処刑する、全国に高級合作社を設立する、

245　Ben Kiernan, 1996, p. 48.
246　Phillip Short, 2004, p. 7.
247　Ben Kiernan, 1996, p. 2.

集団生活の制度を実施する、すべてのベトナム人を追放する、国境地帯、特にベトナムとの国境に軍を展開させる、というものだった。[248]

クメール・ルージュ内部の新聞『トゥン・パデワット』の1975年8月号では、プノンペンから住民を追い出したのは、私的所有を一掃し、資本家に農民と同じように肉体労働をさせるためと説明している。その記事は、「事実、われわれは、個人の土地よりも農村にいる時の方が、より強く、影響力を持っている」と記している。通貨の廃止については、資本家階級を打倒するためだけではなく、「貨幣は私的所有につながる。われわれが貨幣を使用すれば、それは個人の手に入ってしまう。金が悪人あるいは敵の手に入れば、奴らはそれを賄賂に使い、わが党員を堕落させるだろう。そして、1年、10年、20年と過ぎる間に、カンボジアの輝ける社会はベトナムの一部になってしまうだろう」[249]としている。

共産主義社会の建設で「兄弟の党」を追い越し、アンコール帝国を復活したいという野望は、ポル・ポトをニワトリ1羽絞められない人間から殺人鬼へと変貌させた。1975年9月19日、すなわち社会主義建設に入ってちょうど5ヵ月目に発行された党中央の秘密文書で、クメール・ルージュ指導部は「中国、北朝鮮、ベトナムの革命と較べると、われわれは30年先を進んでいる」と認定している。[250] 現実には、数百万人が1日15～17時間という過酷な労働を強いられていた。1977年には、米の輸出に200万トンというノルマが課されたため、人々は重労働の上にろくに食べる物もなかったのである。

特別全国大会直後の1975年4月27日にキュー・サムファンが発表した声明では、シアヌークはまだ「偉大な愛国者」と呼ばれ、国家の指導者の地位にあった。その時期、彼は平壌で、金日成が建ててくれた長寿園湖を臨む大邸宅に滞在していた。9月、ポル・ポトは、副首相キュー・サムファンとイエン・サリの妻で情報相のイエン・チリトを平壌に派遣し、シアヌークに帰国を勧めた。

キュー・サムファンはシアヌークに言った。「われわれは100パーセントの共産主義国になる条件を備えています。われわれは兄である中国を追い越すこ

248　Ibid, p. 55.
249　Ibid, p. 96.
250　Ibid, p. 97.

とも可能です。大躍進によって、われわれは社会主義の段階を飛び越えて共産主義の目標に進むことができるのです」[251]。彼らは一緒に北京まで戻り、そこでキュー・サムファンはシアヌーク夫妻に随行して毛沢東と周恩来を訪ねた。既に82歳の毛は裸に近い格好でベッドに横になっていたが、自分の「弟子」が[252]カンボジアで何をしているか、想像することはできるようだった。彼はクメール・ルージュの代表者に「シアヌーク夫妻を集団農場に入れてはならない」と指示した。

　毛沢東の言葉は、シアヌークの命を救うほどの重みを持っていた。当時、末期の癌で病床にあった周恩来は、シアヌークが言うところの「心のこもった」口調で、キュー・サムファンとイエン・チリトに「共産主義には一歩一歩進んでもらいたい。われわれの大躍進の過ちを繰り返してはならない」と告げた。その時、キュー・サムファンもイエン・チリトも狡猾な笑みを浮かべていた、とシアヌークは回想している。クメール・ルージュの指導部は、毛沢東を含め誰の教えも必要ないと考えていた。彼らは、人類史上かつてない社会を建設しようとしていたのだから。

　1975年9月9日、シアヌークは旗の波に見送られて北京を出発した。鄧小平はこれを「栄光ある帰還」と呼んだ。実際には、ポル・ポトはただ国連でカンボジアの議席を確保するために、シアヌークの威信が必要だったのだが。プノンペンに戻ったシアヌークはポル・ポトに、4月に集団農場に連れていかれた叔父と叔母に会わせてほしいと頼んだが、ポル・ポトはそれを拒否した。ポル・ポトの代理人はシアヌークに、親族に面会できるのは国連総会に出席してからだと告げた。

　ニューヨークの国連総会に出席する間、シアヌークの横には常にイエン・サリがいた。彼らが続いてパリを訪問した時にも、シアヌークの旧友は誰ひとりとして、彼と直接面会することができなかった。シアヌーク自身、その頃カンボジアを覆っていた死の気配を感じていたと認めている。しかし、個人の「責任感と矜持」ゆえに、1975年12月、シアヌーク、モニク王妃とその母親、そして子供と孫たち22人はプノンペンに戻った。結果的には、クメール・ルー

251　Nayan Chanda, 1993, p. 42.
252　Ibid, p. 43.

ジュの下で暮らした3年あまりの間、シアヌークは単なる囚人だった。彼の子供5人と孫13人は、オンカーによって各地の集団農場に送られ、二度と消息を聞くことはなかった。

　帰国した当初のシアヌークはまだ、プノンペンで樹立された王国政府の元首ということになっていた。しかし、そのシアヌーク元首と、彼に忠実だったペン・ヌート首相の地位は、名ばかりのものだった。1976年3月20日、主にクメール・ルージュの軍区と、行政区の書記から選出された議員で構成される国会が成立した。新憲法に基づき、国会が選出した国家主席会議が設置されることになった。シアヌークは、キュー・サムファンに国家主席の座を譲るために、辞表を提出するしかなかった。第1副主席と第2副主席には、東部軍区の司令官ソー・フィムと、西北部軍区の司令官ニム・ロスがそれぞれ就任した。4月12日からは、ポル・ポトが首相として公式の場に登場するようになり、イエン・サリが外相、ソン・センが国防相を務めた。

　ポル・ポトは、1975年7月22日に軍の各部隊の代表者3000人を前に、このように言っている。「革命闘争の歴史において、またアメリカ合衆国が誕生して以来」、クメール・ルージュのように「世界中の誰も、どの国家も、帝国主義者を最後の1人まで追い払い、完全な勝利を勝ち取ったことはない」[253]。ポル・ポトはまた、「これは世界人民のモデルとなる勝利である」と考えていた。

5. 歴史的な敵

　このような幻想に基づいて、ヌオン・チアは、1975年末に2ヵ月にわたって実施された、党の主要メンバー700人を対象とする政治の授業で、「カンボジアは今や労働工場でもあり、ベトナムに抵抗する戦場でもある」と述べている。クメール・ルージュのベトナム敵視政策は、何世紀にもわたって蓄積された歴史的偏見だけでなく、インドシナ共産党で活動していた両国の共産主義者の緊密な関係にも由来していた。

　1930年、チャン・フー［インドシナ共産党初代書記長］はコミンテルンの指令に従い、ベトナム共産党をインドシナ3国を包摂する1つの党にした。党の名称

253　Ben Kiernan, 1996, p. 2.

はインドシナ共産党とされたが、ラオスやカンボジア国内の支部でさえも、ベトナム人が党員の多くを占めていた。1935年から、コミンテルンの急進的な路線に従う党員たちは、「インドシナ連邦」の形成を考えるようになった。1946年7月、ホー・チ・ミンは、フランス側との交渉のためフォンテンブローに出かけた。フランス共産党のベトナム人党員は、クメール人党員とベトナム代表団を引き合わせ、クメール人党員に、ホー伯父さんに面会するよう勧めた。しかし、後にポル・ポト政府の閣僚となるティウンによれば、「私は『ホー伯父さんはわれわれの伯父さんではない』と答えた。ベトナム人党員はさらに『われわれは兄弟だ。君たちは兄弟への敬意を示すべきだ』と言ったが、われわれはやはり拒否した」という。[254]

　1970年以降、カンボジアとの国境沿いに駐屯する北ベトナム軍の多くの部隊が、何者かに攻撃を受けるようになった。後に、仕掛けたのはクメール・ルージュの軍隊だったことが判明した。クメール・ルージュはベトナム人に敵意を向けるだけでなく、1973年からは、クメール・ルムドの勢力にも敵対するようになった。クメール・ルムドはシアヌークを支持する穏健派で、ベトナム側で訓練を受けた勢力である。

　1973年11月4日、カンダル州の第25区所属のクメール・ルージュ軍部隊が、クメール・ルムドの3グループを逮捕した。そして、プレイヴェンのクメール・ルムドのメンバーと会い、北ベトナム軍との協力路線を放棄するよう要求した。しかし、クメール・ルムド側はこれを拒否した。両者の諍いは、北ベトナム軍部隊も加わった武力衝突に発展した。クメール・ルムドはクメール・ルージュの兵士42人を殺害し、残りを駆逐した。その時から、両勢力の衝突は日常的に繰り返されるようになった。

　その数ヵ月前に、ヴォ・ヴァン・キェットの秘書ヴォー・ホン・タムが、第9区から南部中央局に向かう途中、ドンタップ省ホングに接するカンボジアとの国境を舟で渡ったところで、クメール・ルージュに殺害された。タムの死は特殊なことではなかった。1970年代前半、南ベトナム解放軍の小規模な部隊は、常にクメール・ルージュの攻撃にさらされていた。北ベトナム軍の部隊が反撃すると、やっとクメール・ルージュは一時的に攻撃を止めて退くのだった。

254　Ben Kiernan, 1996, p. 10.

1970年、北ベトナムに集結していたクメール人の共産党員800人以上が、カンボジアに戻された。クメール・ルージュは彼らを「頭がベトナム人化したクメール人」とみなし、徐々に粛清していった。ベトナム側に逃げ出した者も何人かいたが、ヴォー・ヴァン・キェットによれば、「当初、南部中央局は彼らをクメール・ルージュに引き渡す方針をとっていたため、ポル・ポト派の根拠地へ戻った者はみな殺されてしまった。後に、中央局とポル・ポト派の合意で、クメール・ルージュへの復帰に同意した党員だけを引き渡すことになった」。1975年4月30日のサイゴン「解放」後は、ベトナムも勝利に酔っており、国境地帯でポル・ポト派が引き起こした戦闘は適切に評価されなかった。党の指導者たちがカンボジア側に行く時にも、クメール・ルージュの正体を知るだけの鋭い感覚に欠けていた。そして、この寺院と仏塔の国を覆った死の気配を、十分に察知することもなかった。

　6月2日、南部中央局副書記グエン・ヴァン・リンは、フークォック島とワイ島における武力衝突の解消を求め、ポル・ポトと面会するためにホーチミン市からプノンペンに向かった。カンボジアの首都まで、3つの州を経由する200キロメートル近い道のりの間、リンは特に異常な兆候は感じなかった。それからちょうど2ヵ月後に、レ・ズアン第1書記がベトナム労働党代表団を率いてカンボジアを訪問した。それは、6月12日のポル・ポトとヌオン・チア、イエン・サリのベトナム訪問に応えるものだった。プノンペンは人影がなく静まり返っていたが、レ・ズアンとその随員は何の違和感も覚えなかった。

　そのちょうど1年後、ポル・ポト政府は、ベトナムの記者団がカンボジアの各地で取材することを許可した。プノンペンの尋常ではない静けさに気づいていた記者たちは、ポル・ポトが「両党と両民族の兄弟の情」を表明した時には眩暈がしたという。[255] 記者団の一員だったトー・クエンによれば、ポル・ポト

---

[255] この記者団の一員だったトー・クエンは、1976年8月上旬の『ザイフォン』紙に3回にわたって連載されたルポルタージュで書いている。「1年あまり前には、プノンペンの街は賑わい、喧騒に満ちていた。だが、今やこの寺院と仏塔の国の都には人影がなく、不気味に静まり返っている。最初の夜、プノンペンの郊外から旧モニヴォン橋を渡って、街の中心部に入った時から、記者たちは、その動くもののほとんどない寂寞とした光景を目のあたりにした。高圧線から引かれた電灯が路面を明るく照らしていたが、道を行き来する人々の姿はなかった。時折、いくつかの建物の入口にネオンサインが光っているのが見えた。昼間、市内の道を行くと、家々の大部分が扉を閉ざすか、住む者もなく放置されている様子も見てとれた。いくつかの通りの角には、銃を持った兵士が立っていた。所々で、赤

イエン・サリ政府は、ある夜プノンペンのオペラハウスで上演された演目で、「その戦闘的団結と尽きせぬ友好」を再現して見せた。一方、ポル・ポト首相は記者団をこの上なく丁重にもてなした。[256]

　ベトナムの記者団がプノンペンを離れてからわずか数週間後に、ポル・ポトはベトナムと関係のあるクメール・ルージュのメンバーの粛清に着手した。その年、クメール・ルージュ指導部で、ケオ・メアスのようなインドシナ共産党時代からの党員たちから、カンボジア共産党設立の25周年記念行事を行なう提案が出ていた。カンボジア共産党は、1951年9月30日にヴェトバック地方で、ソン・ゴック・ミンが設立を宣言した党である。しかし、ポル・ポトにとって、それは無関係な過去の話だった。

　党設立記念日の10日前、ポル・ポトは記念式典の準備を中止するよう命じ、同時にケオ・メアスともう1人の高級幹部ナイ・サランの逮捕を命令した。彼らは悪名高いトゥール・スレン刑務所に連行され、そこで「罪を認める」まで拷問され、殺害された。ポル・ポトは党史を記した文献を刊行し、その中でカンボジア共産党の設立を、1951年ではなく1960年と認定した。1960年とは、

と白の斑に塗られた竹の棒が、車の通行を防いでいた。早朝と午後の仕事が始まる時間には、数えるほどのオートバイや各種のトラックが、黒服を着て赤いスカーフを巻いた人々を乗せて走り、交差点にさしかかると、けたたましくクラクションを鳴らすのだった。賑やかだった首都や地方都市が、なぜゴーストタウンのようになってしまったのか。カンボジアの友人たちは、この国の最近の情勢と、人々を農村に送って生産に従事させるという方針について、記者たちに分かるように説明してくれた。クメール・ルージュの指導者たちは、『記者の同志たちは、わが国にいても自分の家にいるように思ってほしい。私たちは昔から共に闘ってきた友人なのだから』と言った。そして、兄弟国カンボジアに滞在した15日間に、記者たちはどこに行っても、友人たちの極めて親密で温かい歓迎を受けた。カンボジアの友人は、記者たちを、あたかも遠くに出かけて久しぶりに帰宅した兄弟のように扱ってくれた。取材先での食事や宿泊についても、どこまでも行き届いた細やかな世話を受けた。それは8州に及ぶ取材旅行の間も変わらず、記者たちはひたすら感激した。いみじくもイエン・サリ副首相がレセプションで述べたように、この取材を通して『ベトナム人民に対するわがカンボジア人民の深い革命的共感と、戦闘的団結・友好の精神を、記者団がいっそう理解してくれるなら、両国の間には何の障害も生まれないだろう』」

256　1976年8月10日付けの『ザイフォン』紙に、トー・クエンは次のように書いている。「特筆すべきは、民主カンボジア国の成立以来、ポル・ポト首相が外国の客を正式に受け入れるのはこれが初めてということだ。首相は情愛あふれる口調で、『われわれは、ベトナム社会主義共和国の記者団に優先的に対応します。記者団の民主カンボジア訪問は、わが人民を鼓舞する出来事です』と繰り返した。同志ポル・ポト首相の情義のこもった演説を思い出すたびに、私たちは感激を覚える。『カンボジア革命とベトナム革命の、またカンボジアとベトナム両国の団結友好は、戦略的な問題でもあり、神聖な情義の問題でもある。その団結友好が真にすばらしいものであれば、両国の革命もすばらしい発展を遂げることができるだろう。そう、他の道はあり得ないのだ』」

党大会が開催され、彼が副書記に選出された年である。「党史は純粋で完璧なものとして扱われるべきであり、われわれの独立・自主の路線を明示するものでなければならない」とポル・ポトは説明している[257]。

シアヌークはプノンペンに戻る前から、ベトナムに対するクメール・ルージュの態度を認識していた。ナヤン・チャンダによれば、1975年9月2日のベトナムの独立記念式典の際、ファム・ヴァン・ドン首相は、ベトナムに国賓として滞在していたシアヌークとキュー・サムファンをホームパーティーに招いた。出席者は、ハノイ政府と南ベトナム臨時革命政府の要人、そしてパテート・ラオとクメール・ルージュの指導者たちだった。しかし、キュー・サムファンはその招待をにべもなく断り、カンボジアは2国間だけのパーティーを望んでいると返答し、それを聞いたシアヌークは度を失うほど驚愕したという。キュー・サムファンはシアヌークに、「われわれがベトナムの仕掛けた罠に落ちることはありません。ベトナムは、彼らが仕切るインドシナ連邦にカンボジアを編入することで、われわれを支配、併呑しようと企んでいるのです」と言った[258]。

1976年12月、ベトナム共産党は第4回党大会を開催した。それはあたかも戦勝記念のような大会だったが、クメール・ルージュは他の29ヵ国の兄弟党のように代表者を出席させず、ただ祝電を送ってきただけだった[259]。しかし、その時になってもベトナムはまだ、南西部国境は兄弟国と接する線だと考えていた。その1000キロメートル以上に及ぶ国境線上に、ベトナム側はわずか42の国境防衛隊しか配置していなかった。一方、カンボジア側では、クメール・ルージュの4個師団が、シャム湾沿岸からソンベ省に至る国境地帯で、戦争に備えて強固な前衛の整備を急いでいた。

6. 先制攻撃の失敗

1977年1月14日、ポル・ポト派の1個連隊にほぼ匹敵する勢力が、ベトナム軍の各部隊を攻撃し、ブープラン地域を占領してベトナム側に大きな損害を与

257　Nayan Chanda, 1993, p. 82.
258　Ibid.
259　中国共産党の華国鋒主席は、ベトナム共産党第4回大会の招待状に返事さえ送って来なかった。

えた。住民は不安に圧しひしがれ、各レベルの行政機関の人員は狼狽を極めた。この年を通じて紛争はエスカレートの一途を辿った。4月30日には、ポル・ポト派の軍隊はベトナムの第9軍区に属する国境線上で攻撃を仕掛けてきた。8月には第7軍区、10月には第9軍区が攻撃された。

　当時、第9軍区では、歩兵1個師団が守備に着いていただけで、残りの歩兵2個師団は経済活動に回されていた。第4師団はロンスエンの四角地帯で、第8師団はドンタップムオイで、主に運河の建設作業に従事していた[260]。そのような状況のため、軍隊の士気にも「かなり複雑な変転」があった。チャン・ヴァン・チャ将軍は語っている。「長年にわたって苦しく激しい戦争が続いたため、軍指導部は様々な問題、特に兵士たちの除隊、復員の要望に応えきれていなかった。7年とか、時には10年という長きにわたって従軍していた北部の兵士たちは、帰郷を願い、休息を求めていた。また、都市部から荒廃した辺境の土地に開拓に移され、雑草や生い茂る木々、泥、酸性土と格闘しながら稲を植えている兵士たちは、何もかも欠乏した貧窮状態にあった[261]」

　南西部国境も、全域で常駐の部隊を欠いていたため、ポル・ポト派の軍隊が進攻してきた時にも受け身に立たされ、対応にてこずり、大きな損害を出した。レ・ドゥック・アイン将軍は認めている。「南部の各省と軍区は戦闘への備えがなく、国境は無防備だった。作戦指揮にあたっては、各兵種が協働する正規の戦法が困難だったため、弾薬ばかりが大量に消費され、戦闘効率は非常に低かった。1977年9月、党中央軍事委員会常務委は会合を開き、政治局に南西部国境の情勢を打開する措置をとるよう求めた」

　1977年4月30日夜、クメール・ルージュは、テイニン省からキエンザン省のハーティエンに至る国境地帯に侵攻した。戦闘が発生した所では惨劇が拡大

260　当時第330師団の参謀長だったファム・ヴァン・チャは、「1976年後半（略）、ポル・ポト派は兵力を整備して、国境地域での軍事活動を活発化させた。この時期、第4師団は経済建設任務にあたり、第8師団は再編成計画に従って動員を解除し、次々と兵士を除隊、復員させていた。情勢が新たに変化したため、第9軍区は第330師団を戦闘態勢に着かせるよう命令された」と述べている（Đại tướng Phạm Văn Trà, Đời Chiến Sĩ, Nhà xuất bản Quân đội Nhân dân, 2009, p. 272.）。彼によれば、レ・ドゥック・アイン将軍の第9軍区よりも有能な軍区もいくつかあった。例えば第2軍団のように、幹部や技術要員、一定数の戦闘経験者を擁していれば、有事の際には新たに徴兵を行ない、不足分は再動員して兵力を補充すればよかった。そのように短期間で兵力を整えた軍区は、戦闘でも成果を上げた。
261　Phạm Văn Trà, 2009, p. 269.

し、辺りを呑み込んでいった。ポル・ポト派は、第9軍区が管轄するロンアン省モックホア県からキエンザン省のハーティエンに至る国境線上で、正規軍7個大隊とテイニン軍区所属の地方防衛隊を用いて、アンザン省ティンビエン、バイヌイ地域を攻撃した。数百人の住民が殺害され、数百戸の家が焼かれた。

ファム・ヴァン・チャによれば、国境付近に配置されていた第9軍区の各部隊は、防戦に努めたが、「そのほとんどが経済建設のための生産活動任務に就いていたので、応戦する準備がなかった。そのため、一部は不意を突かれ、受け身になり、慌てふためき、重大な損失を被った部隊さえあった」。4月30日夜、レ・ドゥック・アイン将軍は第330師団に命令し、機動部隊を国境に配置して敵を迎撃する態勢に入らせた。ファム・ヴァン・チャによれば、第9軍区は同時に上からの同意を得て、さらに第339師団を増設して戦闘配置に着かせたという。だが、国境線上でそれ以上戦闘が発生することはなかった。

それから1ヵ月半後、第9軍区司令官レ・ドゥック・アインは決定を下した。それは、M113装甲車を備えた歩兵2個連隊、戦車1個連隊、陸上攻撃機2編隊からなる師団規模の混成部隊による協働作戦で、キエンザン省方面からカンボジア領内深く侵攻し、ヴィンディエン村のダムチックを占領しているクメール・ルージュ軍の大部分を撃滅するというものだった。しかし、ファム・ヴァン・チャによれば、ハティエン市社［キエンザン省］の国境地帯に第4師団が復帰すると、クメール・ルージュ軍はヴィンバーの国境入口から侵入してドンタップ省内深く進撃し、いくつかの地域を占領した。その中には、第8師団が集中生産活動によって経済価値を高めた地域も含まれていた。レ・ドゥック・アイン将軍は改めて、「ドンタップに1個連隊を急行させろ」と命令しなければならなかった。[262]

アイン将軍の命令で第330師団の第1連隊がドンタップに転進すると、ティンビエンとタットソン［アンザン省］という重要な2方面ががら空きになった。クメール・ルージュは、第8師団の管轄地域の一部を再び占拠するかたわら、アンザン省ティンビエンのバーチュックにも大量の兵力を投入して攻撃をかけた。第4師団は後方に撤退を余儀なくされ、クメール・ルージュ軍は暴虐の限りを尽くしてバーチュック地域の人々を殺害した。レ・ドゥック・アイン将軍は第330師団の第1連隊をもう一度戻らせ、包囲を解いてポル・ポト派をヴィ

262　Ibid, p. 286.

ンテ運河の向こう側まで押しやるよう命令しなければならなかった。やがて第1連隊が撤収すると、ポル・ポト派はすぐさま引き返し、アンザン省の部隊ではとても太刀打ちできない師団規模の兵力で、バーチュック村に攻め込んだ。

　1977年12月中旬に第9軍区が実行した防守戦法は、チャン・ヴァン・チャに言わせれば、李常傑（リー・トゥオン・キエット）が宋に抵抗した時の「先発制人」戦法に習ったものだった。歩兵の正規3個連隊を抱えた第330師団は、数台のM113装甲車を備えたアンザン地方軍の2個大隊を伴い、クメール・ルージュが守備していたタムドゥン山とソム山に攻撃をかけた。国境から20～30キロメートルもカンボジア側に入った場所である。キリヴォンからタケオ州のレミン郡に至るポル・ポト派の防衛ライン全体が、大した抵抗もないまま突破されてしまった。カンボジアの人々が、自国の軍隊が外国軍の攻撃を受けるのを、喜んで見ていたというのは、皮肉な話である。[263] 第9軍区の各部隊は、カンボジアの領内に計20日間駐留した。

　ベトナム軍が撤収してから2週間もたたない1978年1月の半ば、ポル・ポト派の軍隊はアンザン省チャウドックのニョンホイ村とカインビン村に激しい攻撃をかけた。特に1月15日には、ポル・ポト派の第2師団所属の第14連隊と第15連隊の7個大隊が、ティンビエン県［アンザン省］のバーチュックとフークオン山を攻撃、占拠した。

　ベトナム軍第4師団とアンザン省地方部隊は、この時も管轄地域を守りきれず、クメール・ルージュ軍がベトナム領に5キロメートルも侵入し、ニャーバン市鎮［アンザン省］とバーチュック、チーランを結ぶ幹線道路にある2つの橋を破壊するのを許してしまった。クメール・ルージュの兵士は行く先々で人々を撃ち殺し、子供や老人まで捕え、寺院や仏像を猛然と破壊した。チャースー山上に設置されていた第330師団の前線指揮所は、3方から包囲された。クメ

263　ファム・ヴァン・チャは次のように記している。「ベトナム軍が追撃した時、敵は散り散りに逃走した。ポル・ポト派の収容所に監禁されていた隣国の人々は、あたかも大旱魃に慈雨を得たように、ベトナム軍を救世主か命の恩人のように歓迎した。隣国の人民は、ベトナム軍が一定期間駐留して住民を守ってくれることを切望した。わが軍が撤退しなければならない時には、数千人のカンボジア人が、一緒に連れていってくれと繰り返しせがんだ。多くの人々が泣きながら語ったところでは、ベトナム軍は自分たちを救いに現れた仏（ほとけ）の軍勢だ、撤退するなら自分たちも連れていってほしい、ここに残っていればオンカーに殺される、という。隣国の人民に同情しながらも、われわれは友人たちを連れて帰ることはできなかった」(Phạm Văn Trà, 2009, p. 292)

ール・ルージュはバーチュックの住民を思うままに殺害した。

　クメール・ルージュ兵は2つの寺で手榴弾を投げ、銃を乱射して数千人の民間人を殺害した上に、他の大勢の人々を野原に連行し、そこで銃殺した[264]。ファム・ヴァン・チャは、「村落の中と外側の野原に死体の山が築かれていた。死の空気があたりを包み、カラスの群れが空を覆っていた」と書いている。彼によれば、フークオン山とバーチュック村でクメール・ルージュ軍を撃滅した後、現場は内外の記者が撮影できるよう保存されていたという。そして、カンボジアとの国境紛争の事実は公表されるようになった[265]。

7. 一辺倒

　バーチュックの惨劇より2年以上前の1975年5月15日、ハノイで開かれた戦勝祝賀式典で、レ・ズアン第1書記は数百万人の心を感動で震わせた名演説を行なった。クアンチのゆったりとした方言で、彼はこう宣言したのである。「われわれの栄えある祖国が、未来永劫にわたって外国の奴隷状態から解放され、民族の分断状態が永遠に解消されることを喜ばしく思う。ランソンからカマウ半島まで続くわが国の貴い国土が、今後完全に独立、自由であり、永久に独立と自由を享受することを喜ばしく思う[266]」

264　ファム・ヴァン・チャは記している。「ポル・ポト派の軍隊がヴィンテ運河を越えて侵入し、バーチュックを攻撃すると、人々は震え上がった。恐怖にかられた数千人の村人は、仏に助けを請うために2つの大きな寺院に逃げ込んだ。敵がどれほど残酷で暴力的でも、慈悲深い仏の前では手加減することに願いをかけたのである。しかし、クメール・ルージュ兵は、数千人の仏教徒──大部分は老人と子供だった──に手榴弾を投げつけ、銃撃を加えた。山の洞窟に逃げ込んだ人々も、クメール・ルージュ兵が残らず探し出して殺害した。ベトナム軍の師団でクメール・ルージュ軍の1個師団をほぼ殲滅し、フークオン山とバーチュックを奪還した後、私は数人の将校と兵士と一緒に洞窟の中を捜索し、夥しい数の頭部のない死体を見つけた。生き残った数人の人々は、われわれをクメール・ルージュ兵だと思い、一目見るなり跪いて命乞いをした。わが軍の将兵から丁寧に説明されると、人々はやっと落ち着きを取り戻し、1月15日の惨劇について語った」(ibid, p. 293)

265　南西部国境の紛争の事実は、1978年1月25日に開かれた記者会見で、本章の冒頭で登場した外務省広報局長ゴ・ディエンによって公表された。

266　この有名な演説を起草したドン・ガックは、「1978年にポル・ポトが南西部国境で紛争を引き起こした時、そして1979年に中国が北部国境からわが国を攻撃した時にも、『おまえがあの時書いたことは警戒心が欠けていた』と言われたことがあった」と回想している。1975年4月30日のサイゴン解放直後、他の同僚たちがレ・ズアンに従って意気揚々と南部に向かった時、ドン・ガックはハノイに残って式典の準備をする任務を委ねられた。その時「『平呉大誥』[明を撃退した黎朝の功臣グエン・チャイの書]調で書くようにせよ」と命令されたという。

レ・ズアン書記はさらに、「わが民族の4000年の歴史の中で、この100年以上は、国外からの侵略と闘う最も苦しく厳しい道のりだった。しかし、それは最も輝かしい勝利の道でもあった」と述べた。この盛大な式典で、レ・ズアンは次のような信念を語っている。「その輝かしい戦功を打ち立てた民族は、平和・自由・幸福を享受するに値する民族である。その民族は必ず時代の先駆けとなり、豊かな精神と気力と力と才能をもって、貧しく遅れた国、戦争で破壊し尽くされ、アメリカ帝国主義者の幾多の犯罪に踏みにじられた国を、文化的で豊かな国に変え、インドシナと東南アジアにおける不可侵の民族独立・民主主義・社会主義の国家に変えるだろう」[267]

まもなく国防省は、軍の戦闘部隊を次々と解体していった。1976年10月、党政治局は「軍隊の経済活動について」という決議を採択し、その中で「わが国の革命は、社会主義革命を遂行する新たな段階に移った」と認定した。その時から「すべてを前線のために」という戦時中のスローガンは、「すべてを生産のために、すべてを社会主義建設のために」というスローガンに代えられた。ポル・ポト派が師団規模の攻撃を仕掛けてきた時でさえ、ハノイはまったくと言ってよいほど公式な反応を示さなかったのだ[268]。

軍の各部隊と地方からの圧力は次第に高まっていった。グエン・タイン・トー＊は、次のように回想している。「1977年末、カンゾー［ホーチミン市］を視察するレ・ズアンの軍用車を運転した時のことだ。12時頃に県委の事務所に着くと、No.3レ・ズアンは『疲れたので少し休ませてくれ』と言った。しばらく休憩してから、彼が『諸君、何か質問があれば答えるが』と声をかけると、30人ほどのスタッフは興奮した面持ちで一斉に口を開いた。『お尋ねしますが、クメール・ルージュが国境地帯で争乱を引き起こし、残虐な殺戮と破壊を行なったにもかかわらず、なぜわが国は手をこまねいて見ているのでしょうか。理解に苦しみます』。レ・ズアンはこう答えた。『同志たちの質問は、まさにわが国全体

267　1976年にファン・トゥイ外相が作った詩「文郎国時代に遡る4000年の歴史／今やわれわれは人類の頂点に立つ」は、内容的にはレ・ズアンのこの演説を単に「韻文化」したものである。
268　レ・ズアンが1976年の時点で、「国境地帯で戦争の危機が持ち上がった」という公安部隊の報告を無視できたとしても、1977年のチャン・フオン補佐官の次のような報告を聞いた時には、さすがにそうはいかなかった。「国境を視察しましたが、これは明らかに武力衝突です。ポル・ポトが説明しているような、末端の兵士による逸脱行為ではありません。クメール・ルージュは師団による作戦行動をとっています。地方レベルの決定で兵士を動かせるような規模ではありません」

が注目している問題だ。われわれも頭を痛め、眠れないでいるのだ。これはクメール・ルージュやポル・ポトの問題ではなく、それらの背後にいる者の問題だ。われわれがどこに大部隊を派遣しても、クメール・ルージュはあらゆる手段でわが軍に反抗する。しかし、わが軍がクメール・ルージュを攻撃すれば、中国がわが国を攻撃するだけだ。われわれがカンボジアを占領しなければ、中国もベトナムを占領することはない』」

チャン・フオンによれば、1977年末に一度カンボジア領内に進撃したベトナム軍は、ポル・ポトの背後に中国がいることを示す多くの資料を発見した。1979年1月にプノンペンに進攻した時には、ベトナム軍はさらに中国と民主カンボジアの無償軍事協力協定を発見した。1976年2月10日にプノンペンで、中国人民解放軍副参謀長王尚栄将軍とソン・センが署名した文書である。中国は1977年と78年に、クメール・ルージュに大砲、高射砲、巡視艇などを援助していた。中国は特別に、クメール・ルージュ兵にそれらの武器や機材の使い方を訓練するために、軍事顧問500人を派遣していた。中国の顧問たちは、カンボジアでFULROの残党まで訓練した。彼らは、ベトナムのテイグエンで反政府活動を進めていたのである。[269]

カンボジアから流出した難民、特にタイ側に脱出した難民によって、世界はカンボジアの状況について何らかの情報を得た。もしベトナムが、アメリカとの関係正常化の機会が中国の手に落ちることを許さなければ、中国が国際世論に配慮せず、ポル・ポトのジェノサイド体制、特にその戦争行為を支援することもなかっただろう。

ダウ・ゴック・スァンによれば、アメリカ帝国主義者に対する勝利後、キューバは何度も熱心にNo.3レ・ズアンを招待したという。カストロが誘い続けるので、多くの同志たちは繰り返し訪問を勧めたが、No.3は「人民が飢えても

---

[269] やはりこの時期に、クメール・ルージュはFULROの「第1副首相兼治安・外交責任者」ヤ・ズックに使者を送っている（FULRO＝被抑圧諸民族闘争統一戦線。1964年にテイグエンの一部の少数民族とチャム、クメール・クロムによって設立され、南ベトナム政府に抵抗し、1975年以後は統一ベトナムの政府に抵抗した。1992年に407名の兵士がカンボジアでUNTAC［国連カンボジア暫定統治機構］の武装解除に応じ、FULROは解散した）。ヤ・ズックによれば、「彼らは10人以上のグループでやって来て、ベトナムに抵抗するため協力する必要がある、と率直に言った」という。彼はその後カンボジアに行ってポル・ポトと面会し、中国人顧問の接見も受けた。ポル・ポトも中国人顧問も、FURLOがカンボジア領に根拠地を置くことを許すだけでなく、あらゆる面で支援するとを約束した。

いいと言うのか？」と叱りつけた。そして、外務省にこう告げた。「フィデル自身は何度かベトナムを訪問したので、われわれがアメリカに勝って早々にキューバを訪問し、反米の声明を出さなければ、キューバの気に入らないだろう。だが、もし反米声明を出せば、アメリカはわれわれが家の傍まで来て侮辱したと感じて、永久に禁輸を続け、われわれは飢え死にするだろう。国益のために、私はまだキューバを訪問することはできない」。彼はレ・ドゥック・トを代理に選び、「フィデル同志にはこのように言ってくれ。私は訪問を強く望んでいるが、あいにく健康がすぐれず、医師に飛行機の旅を止められている。フィデル同志にはご寛恕いただきたいと」

　対米関係についてのレ・ズアンの柔軟な考え方を、当時は多くの人々が意外に思った、とダウ・ゴック・スァンは言う。彼は次のようにも証言している。「旧南ベトナム政府が加盟していたIMF［国際通貨基金］の代表権をわれわれが継承するかどうか、政治局で議論した時、『傀儡政権の遺産を受け継ぐのか？』と言う者もいれば、『IMFは資本主義の産物だ！』と主張する者もいた。しかし、No.3は『なぜ継承しないのだ！』と一喝した」。後に、アメリカとの交渉再開に苦慮しているベトナムを「アジアのキューバ」に喩えた鄧小平は、レ・ズアンの不安を的確に見抜いていた。

　当時、外務省北米局長を務めていたチャン・クアン・コの証言では、サイゴン制圧からわずか1ヵ月余りの時期に、ハノイ政府はソ連に依頼して、アメリカ側に伝言を送ったという。続いて、ファム・ヴァン・ドン首相が国会で、「ベトナムはアメリカに関係正常化を呼びかけ、アメリカ政府が約束していた復興援助を実施するよう求める」と表明した。交渉の可能性を協議するため、アメリカの2大銀行、バンク・オブ・アメリカとファースト・ナショナル・シティ・バンクの代表が招かれた。アメリカの各企業にも、ベトナムの大陸棚における石油探査の契約を締結してもよいと伝達された。

　ベトナム側が示したサインに応えて、1976年5月7日、ジェラルド・R・フ

270　チャン・クアン・コによれば、伝言の内容は次のようなものだった。「ベトナム民主共和国指導部は、相互尊重の原則に基づくアメリカとの良好な関係を肯定する。その精神に立ち、ベトナム政府は南部を解放する間、アメリカ関連組織の職員の脱出が妨害されないよう図る。ベトナム側は、将来の対米関係を悪化させないため、必要なすべての努力を払った。ベトナム側にはアメリカへの敵意はなく、アメリカ側がベトナムに敵意を持つことも望まない」

ォード大統領は、ベトナムとの対話の条件を作るため、対越禁輸を6ヵ月間解除することを議会に提案した。5月8日、キッシンジャー国務長官はグエン・コ・ティック外相宛に公文書を送り、関係正常化問題の協議を提案した。1977年1月6日、米国務省は対越関係正常化の3段階のロードマップを示し、当面は大使レベルの外交関係を維持すると表明した。

　しかし、フォード大統領は次のような条件を持ち出し、まだ国交正常化の意思がないという態度を見せた。つまり、ベトナムは行方不明米兵（MIA）に関する十分な記録を作成し、米兵の遺骨返還にも応じなければならない、というのである。ベトナム側はアメリカに戦争の賠償を求めたが、アメリカ側はベトナムがパリ協定に違反したとみなし、協定以前に取り決められた賠償金については問題にしないという立場をとった。ダウ・ゴック・スァンによれば、このようなやりとりの後で、レ・ズアンはこう言った。「関係正常化は、アメリカにとって第2の敗北だ。とても耐えられまい」

　1977年、大統領に就任したジミー・カーターは、「MIAに関する十分な記録を作成する」という条件を、「可能な範囲で記録を作成する」にまで緩和した。同年3月、カーター大統領は、国交再開を協議するためハノイに代表団を送った。3月17日、ハノイでグエン・ズイ・チン副首相が米大統領特使レナード・ウッドコックを迎えた。ウッドコック特使は、その日のうちにファム・ヴァン・ドン首相を表敬訪問した。

　カーター政権期に両国が関係正常化の努力を払ったのは事実である。カーターは大統領就任の宣誓を終えてからわずか30分後に、演壇から下りて議事堂に入った。そして、ホワイトハウスに移る前に、ベトナム戦争に反対して徴兵忌避のためカナダに逃走した人々への特赦命令に署名した。カーターはそれが「苦しい決断」であり、批判に耐えなければならなかったと認めている。それでも彼は、「私はそれが戦争の傷跡を癒し、ベトナムの悪夢から解放され、より良い新時代に向かうために必要なステップだと考えている」と語っている。1977年5月4日、カーター政権はベトナムの国連加盟に同意した。

　レナード・ウッドコックの訪越後、アメリカは無条件の国交正常化を提案し

271　シンポジウム「ベトナム戦争とアメリカ大統領」で公表されたブライアン・ウイリアムズのインタビューへの回答。

た。5月3日、米越両国の代表による第1回の交渉が、パリのベトナム大使館で行なわれた。ベトナム代表団の一員であったチャン・クアン・コ[272]は、「交渉を妨げたのは、アメリカに戦争の賠償金32億ドルを支払うよう、われわれが頑固に要求したことだった」と回想している。

32億ドルの復興援助は、レ・ドゥック・ト顧問がパリ和平会談から持ち帰った成果の副産物とみなされていた[273]。政策決定者は、この金をベトナムの戦後の経済計画実施のための重要な原資として、予算に組み込んでいたのである。チャン・クアン・コによれば、北ベトナム代表団がパリに向かう前に、レ・ドゥック・トは、ソ連に援助を請う時のやり方に従い、アメリカ側が援助すべき品目として、耕運機を何台、トラクターを何台というような長いリストを代表団に渡していた。チャン・クアン・コの回想では、「ホルブルックは当時の団長ファン・ヒエンに、『とりあえず権利の擁護は置いておき、まず関係正常化を実現し、しかる後に32億ドルを援助する方法を考える』と、率直に伝えた。ファン・ヒエンは直ちにハノイに飛んで帰り、グエン・コ・タィックにそれを報告した。タィックは政治局を説得したが、受け入れられなかった」という。

南西部国境がさながら戦場の様相を呈し、党中央委が中国を「敵」と認定すると、ベトナム政府は、超大国アメリカとの関係正常化の重要性を認識するようになった。1978年、ファン・ヒエン外務次官は東京で、「ベトナムはアメリカと無条件で関係を正常化する用意がある」と声明した。その頃、カーター大統領は、安全保障担当補佐官Z・ブレジンスキーの助言に従い、「対ソ抑止のためにチャイナ　カードを切る」方針に傾きかけていた。カーターはこう認めている。「ベトナム側の当初の要求は、アメリカが一定の方法で戦後賠償を支払うことだった。だが結局、私の記憶では、1978年にベトナム側はこの要求

272　当時はベトナム外務省北米局局長。
273　パリ協定は、「その義侠心溢れる伝統に従い、アメリカは（ベトナムの）戦後復興支援に参加する」と定めている。しかし、1973年1月23日に米越両国がパリ和平協定に調印した後、レ・ドゥック・トはキッシンジャーとの間で、援助の金額を32億5000万ドルとし、その他にアメリカは年額6億5000万ドルの無償援助を提供することで合意に達した。キッシンジャーはさらに、レ・ドゥック・トに北部再建に関する公文書の草案を示した。正式な文書は1973年2月1日にベトナム側に送られた。キッシンジャーは語っている。「会合は1月23日火曜日の午前9時35分に始まった。レ・ドゥック・トは、厳粛な場でもうまく立ち回った。彼は気難しい人物に変貌し、北ベトナムへの経済援助について、確実に保証するようアメリカ側に要求した。私は彼に、その話は和平協定の締結後に改めて協議することだと言った。それは議会が協定を批准し、協定が順守された上での話だった」(H. Kissinger, 2003, p. 429)

を取り下げた。やっかいなことに、この年、私は中国との関係正常化に心血を注がなければならなかった。当時キャンプ・デーヴィッドでは、イスラエルとアラブの会談も進められていた。1978年の時点で、ベトナム問題はもはや私の最優先事項ではなくなっていたと言わなければならない」[274]

　同じ時期、ベトナムの国連大使ディン・バー・ティにまつわるスパイ事件がFBIによって明るみに出され、米情報機関スタッフのロナルド・ハンフリーと越米協会のデーヴィッド・チュオンが逮捕された。理由は、さほど重要ではないように思われるアメリカの電文を、不正に入手したことだった。ディン・バー・ティ大使は国外追放処分となった。

　ブレジンスキーが北京に到着する前日の5月19日、鄧小平は「中国はアジアのNATOである」と声明した。彼は同時に、キューバがアメリカの脇にあって「ソ連の前進基地」となっているように、ベトナムは中国に対するキューバであると喩えた。この年の8月23日には、サイラス・バンス国務長官が北京を訪問した。

　それでも米越間では、8月21日に「捕虜（POW）・行方不明米兵（MIA）委員会」委員長のG・V・モントゴメリーが率いる民主・共和両党の下院議員7名のハノイ訪問が実現している。ベトナム側は、この代表団に善意を示すよう努めた。その表れとして、米兵の遺骨数柱をアメリカ側に返還し、チャン・クアン・コ外務次官自ら米訪問団に伴って南部に行き、カオダイ教の総本山や、テイニン省にあるカンボジア難民キャンプに案内した。モントゴメリー下院議員の代表団は、1975年4月30日以後にサイゴン訪問を許可された初めてのアメリカ代表団だった。しかし、チャン・クアン・コに言わせれば、アメリカ側が出した「無条件の関係正常化」提案をこの時点で受け入れても、もう遅すぎたのである。

　9月末、グエン・コ・ティック外務次官はダナンに滞在して、そこでソ連との全面協力条約の草案を作成し、その後でアメリカに向かった。ティックとホルブルックの関係正常化交渉は、冷ややかな空気の中で行なわれた。この交渉の席にいたチャン・クアン・コの証言では、ホルブルックは「アメリカはアジアを重視しており、貴国との関係も正常化する必要がある。しかし、ソ連がカ

---

[274]　シンポジウム「ベトナム戦争とアメリカ大統領」で公表されたブライアン・ウイリアムズのインタビュー。

ムラン湾に軍事基地を置くことを懸念している」と述べたという。当時、アメリカの推計では3500〜4000人程のソ連人顧問がベトナムにいたとされている。[275]

戦後の一時期、レ・ズアンは中ソ両国との関係についてかなり慎重だった。しかし、そのうちに共産主義の兄弟国との関係の中で、ベトナムの独立が脅かされるようになった。ソ連も中国も、ベトナムを自分の陣営に引き込もうとしたのである。

1975年8月31日、中国共産党政治局員で北京軍区司令官の陳錫聯が、ベトナムの独立記念式典出席のため訪越する際に、直接ハノイに向かわず、タイグエンの鉄工所区域に立ち寄った。中国が建設した工場で、陳将軍は「反覇権」をアピールする演説文を読みあげた。反覇権が反ソを意味することは誰でも知っていた。ハノイ指導部はそれでもかなり柔軟に対応し、ファム・ヴァン・ドン首相は陳将軍と親しげな抱擁を交わした。しかし、ベトナムの新聞は、中国の反覇権演説のことはいっさい取り上げなかった。

「四人組」が中南海から追われた後に副首相に復職した鄧小平は、9月末のレ・ズアンの北京訪問時に反覇権問題を持ち出し、反モスクワの立場で北京と連携するよう、こっそりと持ちかけた。レ・ズアンはこれに対し、覇権問題には言及せず、その一方で、「兄弟社会主義諸国の支援に感謝する」と述べた。兄弟社会主義諸国とは、当然ソ連も含まれている。反ソで共同歩調を取らなかったことと、西沙群島問題を避けたことで、レ・ズアンの訪中は完全に失敗した。中国は対越援助を拒否し、レ・ズアンは共同声明の作成を拒否して、懇親会も流れてしまった。

その1ヵ月後、レ・ズアンがモスクワを訪問して、ソ越共同声明でベトナムが外交路線でソ連と一致したことを示すと、ベトナムに対する中国の不信感はいっそう高まった。この訪問は、ベトナム外交の大きな転機となった。1976年3月にソ連共産党第25回大会に出席したレ・ズアンは、「各共産党は自国の条件に適した個別の路線を追求すべきである」と強調した。[276]

ベトナムがCOMECON [CMEA][277] 加盟を拒む一方でIMFに加盟を申請した

---

275 Vogel, 2011, p. 281.
276 チャン・クアン・コ外務次官による。
277 Council for Mutual Economic Assistance, 共産主義諸国の貿易機構。

ことは、ソ連の想定外だった。1976年12月、ベトナム共産党第4回大会に出席するためハノイを訪れたスースロフは、ベトナムにCOMECON加盟を説得して再度断られ、怒り心頭に発したと伝えられている[278]。しかし、ベトナムが速やかに社会主義に進むためには、どうしても資金が必要だった。中国に援助を停止され、ソ連に支援を拒否される中で、アメリカの32億ドルの戦後賠償への期待も雲散霧消した。イギリスやドイツといった主要国はファム・ヴァン・ドンのアプローチを拒絶し、フランスも冷淡な態度を示した。国内では、1977年以降、無理に急いで実施された「大生産」政策が裏目に出て、飢えと欠乏と凶作を引き起こしていた。

1977年6月2日、国防相ヴォー・グエン・ザップ大将は、東欧からの帰途、北京に立ち寄った。しかし、中国側の国防相である葉剣英は空港で出迎えなかった。この訪問の間中、ザップ将軍は屈辱的とも言えるような待遇を受けた[279]。1週間後、ファム・ヴァン・ドン首相が北京に立ち寄った際には、李先念副首相から、ハノイは「1958年の公文書を軽んじている」と断定的に告げられた。

そのような外交上の摩擦があってから、ハノイはますます北京を警戒するようになった。1978年5月2日、国会常務委員会は南北で共通の1ドン札を用いることを決定した。それによって、北ベトナムの銀行が発行する1ドン札が新札に替えられ、南部の0.8ドンがこの新1ドンに相当した。資本家改造作戦の直後に実施されたにもかかわらず、この政策では資本家改造のための通貨交換政策のような混乱は発生しなかった。この政策の表向きの理由は、「全国の通貨を統一するため」だったが、グエン・ニャット・ホンによれば、1975年9月22日から南ベトナム臨時革命政府が南部で発行していた紙幣は、中国の援助で印刷された「65番ロット」という紙幣だった。しかし、印刷が終わると、そ

---

278 チャン・クアン・コ外務次官による。
279 駐中国大使グエン・チョン・ヴィン将軍は、次のように語っている。「中国の対応は敬意を欠いていた。彊山州を訪問した時、北朝鮮軍の参謀総長も一緒だったが、北朝鮮の訪問団(ベトナムの訪問団より格下)の方には高級な部屋が用意され、ベトナムの訪問団には一般の部屋があてがわれた。背もたれのついた椅子さえないような部屋だった。そのようなわけで、武漢まで戻ってきた団に合流した時、全員がこの訪問に不満を感じ、ザップ同志も腹を立てていることが見てとれた。中国外務省当局に、この不適切な対応のことを訴え、不満を表明したいと全員が思っていた。だが私は、こういうものだと思うしかない、と助言した。今、不満な態度を示しても緊張が増すばかりで、何の解決にもならないと。ザップ同志の訪問団は、結局私の意見を容れ、帰国の途に着いた。帰りの汽車でも、中国側は相変わらず態度を改めず、縁の欠けた鉢を食卓に出すほどだった」

の鉛版は「友邦」中国が保管し、ベトナムがいくら頼んでも渡してもらえなかった。中国がその鉛版で紙幣を刷ってベトナムの市場を混乱させることがないよう、政府は1978年に、65番ロットに代えて、チェコスロバキアで印刷した新紙幣を流通させた。

　中越間の緊張は、女優タイン・ガーの死によって劇的な性格を帯びていった。1978年11月26日の午後11時30分、タイン・ガー一家が劇場を出て、車で第1区のゴートゥンチャウ通り114番地の家に戻ろうとした時、銃を持った見知らぬ男が現れた。男は銃で、劇場のガードマンと、運転していたタイン・ガーの夫ファム・ズイ・ラン弁護士を威嚇した。同時に、もうひとりの男がオートバイで飛び込んできて、タイン・ガーと一緒に後部座席にいた息子クック・クーに手をかけた。夫妻は激しく抵抗した。ラン弁護士は運転席から後部に回って妻を助けようとしたが、銃で撃たれて死亡した。タイン・ガーは大声を上げたが、彼女も撃たれ、2人の男は逃走した。

　タイン・ガーの死で全国に動揺が広がった。というのも、彼女は撃たれた時に、「太后楊雲娥」の衣装を身に着けたままだったからである。この芝居は、「北方の敵」に対する怨讐を表したものだった。それ以前にも、タイン・ガーが「メーリンの太鼓」でチュン・チャックを演じた時に、脅迫状が届いたり、ルックス［グエンヴァンクー通りの劇場］の舞台に手榴弾が投げ込まれたことがあった。そのような訳で、タイン・ガー殺害は当初、政治的な事件とみなされた。チャンクォックタオ通り81番地で営まれた夫妻の葬儀には、数万人のサイゴン市民が参列した。[280]

　中国とアメリカの拒絶は、結果的にベトナムを向ソ一辺倒に追いやることに

---

[280] その4ヵ月後、タイン・ガーを殺害した犯人グエン・タイン・タンが逮捕された。その男は、俳優キム・クオンの息子が誘拐された事件の主犯格でもあった。この誘拐事件では、警察は政治的陰謀につながる証拠を得ていなかった。しかし、1979年12月4日に開かれたタイン・ガー事件の特別法廷で、検察会議は論告で罪状を付け足した。「グエン・タイン・タンが自分でも認めている以上の深い悪意を持っていることは、誰の目にも明らかである（略）。タイン・ガーは才能豊かな俳優で、愛国心を持ち、文化戦線の勇敢な戦士だった。本件の発生以前に、彼女は反動一味のテロ行為に見舞われていた。しかし、俳優タイン・ガーは脅迫をものともせず、文化・思想戦線でなおも勇敢に自らの責務を全うした。わが人民と北京膨張主義一味の間に激しい戦闘が生じつつある時に、愛国的俳優タイン・ガーは、北方の膨張主義一味への抗戦に備えるわが軍の愛国精神を鼓舞する役を演じていた。そのような中で、タイン・ガーを殺害したタン一味の行動は、明らかに民心を著しく傷つけ、民衆の大きな憤懣をかき立てるものであった」(*Sài Gòn Giải Phóng*, 6, Dec. 1979.)。

なった。1977年9月以降、ソ連の軍事代表団が南部の旧米軍基地にやって来るようになった。10月には、ソ連の軍事代表団の訪問がベトナムのマスメディアで公にされた。同じ時期、中国はポル・ポト政府への軍事援助を増強しつつあった。

1978年10月半ば、グエン・コ・ティックはニューヨークで、アメリカ側に関係正常化の対話を進めるよう求めた。おそらく、ティックも最後の努力を試みたのだろう。しかし、アメリカは3つの障害を理由にそれを拒否した。3つの障害とは、ベトナムのカンボジアに対する敵対政策、ソ連との関係、そしてボート・ピープルが増加している現状だった。グエン・コ・ティックは1ヵ月待ち続けた挙句、手ぶらでニューヨークを離れるしかなかった。彼はそこからパリに向かい、そしてモスクワをめざした。それより前の10月30日、レ・ズアンとファム・ヴァン・ドンが、イリューシン62型機でハノイからモスクワに飛んでいた。11月3日、ベトナムはソ連と友好協力条約を締結した。この条約は25年を期限とし、カムラン湾をソ連が軍事基地として使用する条項を含んでいた。

条約は鄧小平への一種の「贈り物」だった。2日後、鄧はタイに行き、そこからASEAN諸国［原加盟5ヵ国］歴訪を開始した。鄧は各国に対して、中国ではなく、ベトナムとソ連を主要な脅威とみなすべきだと説得した。その頃、「超大国」ソ連との関係を拠りどころに、ベトナムは南西方面の不安材料への対処にとりかかっていた。

8. 再び軍服をまとい[281]

1978年の6月から12月までの間に、ベトナム共産党は、カンボジア問題について協議するため、政治局と軍事委、中央委による会議を4回開いている。1977年12月から数えて翌年の6月14日までに、既にベトナム兵6902人が死亡し、2万3742人が負傷していた。そのほか、民間人の死傷者は4100人に上っていた。党中央は、南西部国境の紛争を可及的速やかに解決しなければならないと認定した。

281　国境紛争の時期に歌われた「別れの歌」の歌詞。

12月13日、クメール・ルージュ軍全19師団の中の10師団が、国境全域でベトナムへの進撃を開始した。3個師団がテイニン占領を図ってベンソイを攻略し、ドンタップ省のホングー、アンザン省のバイヌイ、さらにハーティエン省に、それぞれ2個師団が攻撃をかけてきた。

　12月23日、主力の3軍団と第5、第7、第9軍区を中心とするベトナム軍部隊が、レ・チョン・タン将軍の指揮の下、全戦線で反撃を開始し、クメール・ルージュ軍を徐々に西方に退けた。この反撃は敵にとって想定外のものではなかった。しかし、ベトナム軍に応戦するため部隊を集合させる代わりに、ポル・ポトは国土と民族の血統を守るために、純潔なクメール人を残そうと、軍と党、さらに人民の浄化に時間を費やした。[282]

　ポル・ポトによる粛清を逃れて、オック・ブンスオンやヘン・サムリン、チア・シム、フン・センなどの東部軍区の将校らが次々とジャングルに逃げ込んだ。これらの人物は、その後ベトナムに脱出した。一方、レ・ドゥック・トは政治解決を図るために南部に飛んだ。彼が選んだ指導グループは、ベトナムに集結したクメール人共産主義者の生き残りと、カンボジアの第203区から逃げてきたばかりの軍人から選ばれた7名で構成されていた。レ・ドゥック・トはまた、14名からなる「救国団結戦線中央委員会」を組織した。彼らはカンボジアに再入国し、12月3日にミモットで旗揚げ式を行なった。

　王宮に突入してシアヌーク殿下を探し出す任務を委ねられた特別攻撃隊もあ

---

[282] 西北軍区司令官兼国家評議会副議長のニム・ロス将軍に続き、フー・ニム大臣が殺害された。中国はそれを見て、クメール・ルージュに暴力行為を抑制するよう望むと表明した。1978年4月、穏健派である鄧穎超がプノンペンに派遣され、国民と国際社会からの支持を獲得し、「平和共存」の原則に基づいてベトナムに交渉を持ちかけるためにも、シアヌークを利用すべきだとポル・ポトに勧めた。しかし、鄧穎超のプノンペン滞在中に、ポル・ポトは中央の3師団を東部軍区に派遣し、大隊長、連隊長、地区司令官を中心とする500人近くの軍人を逮捕し、トゥール・スレン収容所に連行した。第203区とも呼ばれる東部軍区の司令官で国家評議会副議長のソー・フィムは、ニム・ロス将軍の縁戚でもあったが、彼もまたポル・ポトによって「存在すべきでない」人物とされた。5月半ば、中央軍区司令官のケ・ポック将軍は、ソー・フィムを会合に呼んだ。用心深いソー・フィムは、数人の代理を選んで行かせたが、彼らの誰ひとりとして戻って来なかった。5月24日、ケ・ポックは1個旅団を派遣して東部軍区司令部を包囲し、士官らを逮捕したが、ソー・フィムは脱出して難を逃れた。北京指導部に高く評価されていたこの将軍は、なおも「誤解」を解きたいと考えてプノンペンに駆けつけ、ポル・ポトに連絡をつけた。6月2日、約束の場所に出向いたソー・フィムを迎えたのは、ポル・ポトではなく数人の狙撃兵だった。ソー・フィムは自決し、彼の妻子は殺害された。中央軍区と西南軍区の部隊が押し寄せ、東部の人民公社で暮らしていた兵士と民間人のほぼ全員を殺害した。この時にポル・ポトの命令で殺されたクメール人の数は、10万人以上に及んでいる。

ったが、この作戦は失敗した。シアヌークというカードは、どの勝負でも中国の方が、ベトナムより効果的に使いこなした。1979年1月5日、ポル・ポトは北京の勧めに従って、シアヌークに国連に行って「ベトナムの侵略行為」を告発するよう依頼した。1月6日、殿下は中国が提供したボーイング707型機でバンコクに向かった。

　1月9日、ベトナム軍はネアクロンの渡し［プノンペンとホーチミン市の間のメコン河渡河地点］を越え、猛然たるスピードでプノンペンに迫った。クメール・ルージュ軍は、その1時間ほど前にかろうじて首都から脱出していた。1月11日、イエン・サリはやっとタイ国境まで逃げ延び、タイ軍によってバンコクまで送られ、そのまま北京に向かった。彼は1月13日に鄧小平から叱責を受けた。一方、国連ではシアヌークが「ベトナムの侵略行為」を非難する演説草稿を読み上げ、同時にポル・ポトの残虐な体制を告発した。

　シアヌークの提言に沿って、国連はベトナムにカンボジアからの撤退を求める決議案を審議した。しかし、ソ連が安全保障理事会常任理事国として、この決議案に拒否権を発動した。国連の会議をきっかけに、シアヌークは秘密裏に米国連大使アンドリュー・ヤングに接触したが、アメリカ側はシアヌークの亡命申請を拒否し、彼を鄧小平の手の中に押し戻した。

　1月9日にベトナム軍がプノンペンを掌握してからわずか2日後、米国務長官サイラス・バンスはチャン・クアン・コに「ベトナムのカンボジア侵略のせいで、関係正常化についての米越間の話し合いは御破算になった」と告げた。[283] 前年の12月15日、アメリカと中国は共同声明を発表し、1979年1月1日から外交関係を樹立することを相互に正式に認め、宣言した。1月29日、ワシントンでジミー・カーター大統領は、20発の礼砲をもって鄧小平を迎えた。鄧小平は、中国がベトナムに侵攻した場合の国際的な影響を理解していたので、攻撃が限定的であることをカーターに伝えた。大統領は鄧に「侵略行動はとるべ

---

[283]　1978年11月30日に、チャン・クアン・コはグエン・コ・ティック外相の指示で、対話のチャネルを維持するためニューヨークに残り、昼夜を分かたず正常化を働きかけていた。その彼に、国務相補佐官オークリーがこう伝えた。「ベトナムとの関係正常化に対するアメリカの立場は変わらないが、交渉のペースを落とさざるを得ない。なぜなら、カンボジア問題、ソ越友好協力条約、インドシナ難民という3つの問題についてはっきりさせる必要があるからだ」。しかし、チャン・クアン・コによれば、「1978年6月にベトナムがCOMECONに加盟し、その後にソ越友好協力条約を締結した頃から、アメリカは実質的に、関係正常化交渉の放棄を決定していたと考えられる」という。

きではない」と勧告したものの、首脳会談の場では、ベトナム攻撃が米中関係に影響すると思わせるような発言はしなかった。

　2月17日午前5時25分、中国軍はベトナムとの国境全域で砲撃を開始し、西北の端（ライチャウ省モントー）から東北の端（モンカイの国境）に至る地域に進攻した。砲声はドンダン方面とランソン省チョップチャイの方に鳴り響き、寝ている住民を叩き起した。この時、中国は国境付近に約45万人の兵力を集結させ、開戦初日には20万人を投入した。[284][285]

　ベトナムは完全に不意を突かれた。[286]友誼関地域の自衛民兵部隊は、大部分が戦闘開始後数分間で中国軍に斃された。女性と子供は慌てふためき、ほうほうの体でかろうじて後方に逃れた。カオバン省チャーリンでは、数百人の住民が砲撃を避けて山の洞窟に逃げ込んだ。朝になって外に出た人々は、すぐ足下で中国軍兵士らが大声で呼び合っている姿を見ることになった。

　2月の間に、中国は国境地域に精鋭の60個師団を投入した。一方、作戦局副局長レ・フィー・ロン将軍によれば、北方のベトナム軍は全部で11個師団しかなかった。主に経済活動に従事していたそれらの部隊は、想定外の条件下で反撃にあたらなければならなかった。ランソン省に駐留していた各部隊の指揮官は、2月15日に集合を命じられ、「敵は2月22日に師団規模の攻撃をかけるだろう」という予想を聞かされた。[287]カオバン省では16日に、国境防衛隊の隊長らがカオバン市社に集められ、命令を伝達された。翌朝、彼らが部隊に戻ろうとしている矢先に、中国軍が侵入してきた。カオバン市社第22中隊は、17日になってやっと、中国軍のB41戦車に対抗する大砲17門の設置を完了した。多くの場所で、中国軍の戦車に描かれた「八一」という字を目にして、人々はようやく、再び戦争が始まったことを知らされたのである。

284　ベトナム側は、この作戦に投入された中国軍の兵力を約6万人と見積もっている。
285　Vogel, 2011, pp. 529-531.
286　当時の作戦局長レ・ヒュー・ドゥックは、「完全に不意を突かれた。第1軍区では、ダム・クアン・チュンが銃砲を武器庫に集めてしまっていた。地元村落には戦闘への備えは何もなかった」と認めている。「ヴァン・ティエン・ズン大将は軍の会議で、わが国が南西と北方の両面から不意打ちを喰わされたことを認めた。戦闘態勢に入ろうとしている時、ズン大将は私を自宅に呼び、第2軍区へ行ってヴー・ラップに『中国軍の小連隊、中隊』を殲滅せよと伝えるよう命令した。その時点で、中国が6軍団もの勢力でわが国を攻撃しているとは誰も思っていなかった」
287　当時ランソンに駐留していた第12国境防衛連隊隊長ハー・タムの証言。

中国軍は2月17日の1日だけで、カオバンに6個師団、ランソンとラオカイにそれぞれ3個師団を投入し、翌18日には、さらにカオバンとランソンにそれぞれ1個師団と戦車40台、ラオカイに2個連隊と戦車40台を増派した。中国は、2月17日には主力9軍団を国境地帯に振り向けていたのである[288]。この日、中国軍はラオカイ省バットサットに進攻した。23日にはドンダンを、翌24日にはカオバン市社を占領し、27日にはランソンの市社に進撃した。

　ラオカイ省にある燐灰石の採掘地では、工場から設備、機械まですべてが壊され、最寄りのゴックダーとランペンの2つの駅も完全に破壊された。コック村から流れる川にかかった鉄橋も落とされた。サパの街は単なる瓦礫の山と化した。ドンダンとランソンも同じ運命を辿った。カオバンでは、中国軍は家屋や生産施設を1つ1つ潰していき、撤退する前には、1本1本の電柱の根本に地雷を埋設して爆発するよう仕組んだ。

　ラオカイ省バットサットでは、中国軍が進攻した最初の日に、何百人もの女性や子供が暴行され、残虐なやり方で殺害された。カオバン省ホアアン県フンダオ村のトンチュップ集落では、中国兵が3月9日の撤収前に43人の住民を殺害した。そのうち21人は女性、20人は子供で、7人の妊婦もいた。ポル・ポト派の襲撃と同様、全員が刃物で斬殺された。10人が井戸に投げ込まれ、他の30人以上は体をバラバラに切断されて、川の両岸に投げ捨てられていた。

　国境のベトナム軍は、中国軍より遙かに小規模な兵力をかき集め、急いで戦闘態勢に入った。反撃を受けた中国軍は多くの犠牲者を出し、カオバン市社へと続く道は「血まみれの渓谷」と呼ばれた[289]。特に、2月17日から派遣されたベトナム軍第45特別攻撃大隊は、カオバンからタイホーシン峠に出る3号線の入口数キロメートルで反撃しただけで、敵を十分怯えさせた。中国軍は3週間かけてやっとランソン市社を占領したが、鄧小平の思惑では、最初の1週間のうちにこの場所を占領し、ハノイに脅しの通告を出すはずだった。

　中国軍の戦死者は約2万5000人、負傷者は約3万7000人に達した。中国は1979年の国家予算223億人民元のうち、この戦争に55億元を費やした。鄧小平が「ベトナムに教訓を与える」と豪語した戦争だったが、西側の観察者は「ベ

288　関力、1993年。
289　同上。

トナムこそが中国に教訓を与えた」と論評した[290]。国境地域の住民は、人海戦術で攻めてくる中国軍が、ベトナム軍の機動部隊に次々と撃破される光景を今でも憶えているという。1979年3月初め、カオバンの第346師団とランソンの第338師団が、敵陣深く突入して背面攻撃をかけると、中国軍は長らく戦場を経験していなかった軍隊の弱さを曝け出した。

3月2日、モスクワでブレジネフ書記長は、同盟国が攻撃されているのを手をこまねいて見ていることについて、「わが国がソ越友好協力条約に忠実であることを、誰も疑うべきではない」と発言した。同じ日に、ソ連のタス通信は「中国軍はただちにベトナム領から撤退すべきである。中国の侵略者は、多くの犯罪行為を重ねるほど、ますます重い罰を受けることを知るべきである」と声明した[291]。

3月4日、ベトナム共産党中央委は、「全党、全民、全軍は心を1つに団結し、果敢に前進せよ」というアピールを発し、「今われわれは、これまでで最も偉大な力を発揮し、全民族と時代の三革命潮流の総合的な力を発揮する」と告げた。5日、政府閣僚会議は「中国膨張主義に従う反動一味の侵略戦争を挫折させる」ための全民軍事化、全民武装を定めた第83号決議を採択した。同じ日に国家主席の総動員令も発せられた。『ニャンザン』紙は、「挙国一致の反撃・全人民が兵士に」というホアン・トゥンの社説を掲載した。

同時に、ポル・ポト派をプノンペンから追い出したベトナム軍の最精鋭2個軍団が輸送機で北部に送られ、ランソンのドンモーに第2軍団が、バックカンのノーリーに第3軍団が配置された。

3月6日、中国は「勝利」宣言を出してベトナムからの撤退を開始した。

290　Vogel, 2011, p. 533.
291　*Nhân Dân*, 3, Mar. 1979.

第6章
国外脱出

在米ベトナム人が建てたボートピープルの慰霊碑。「われわれには自由が必要だ」と記されている。
（訳者撮影）

● 訳者解説

　サイゴン陥落の際には、南ベトナム政府やアメリカ機関の関係者、その家族らがアメリカに亡命したが、南北統一後は非合法的に国外に脱出する人々が急増した。共産党政権による報復的、差別的な政策によって生活手段や様々な自由を奪われ、就業や教育の機会を閉ざされた人々が、難民となる道を選んだのである。1978年から79年にかけては、中越関係の悪化に伴い、華人を中心とする難民が流出した。78年末にベトナム軍がカンボジアに侵攻してからは、徴兵を忌避して脱出する若者もいた。

　ベトナム難民は、小舟で海上に脱出する者が多かったことから、ボートピープルと呼ばれた。航海中に難破したり、海賊に襲われる事件が相次ぎ、ボートピープルは国際的な人道問題となった。救助された人々は、マレーシア、インドネシアなど近隣諸国のキャンプに一時収容され、アメリカ、カナダ、フランス、オーストラリアなどの第三国に定住した。定住国が決まらず、何年も難民キャンプに滞在する人々も多かった。ベトナム国家側は、脱出希望者から金品を収奪して脱出を黙認し、国際社会から非難を受けた。

1987年7月、チャン・ミン・チエット[292]は船で祖国を脱出した時、「2人の先生と2人の級友が同じ船に乗っていた」と語っている［脱出はそれほど日常的だった］。その頃、南部の人々の間では、「たとえ電信柱でも、脱出すれば他の土地に植え替えられる」と言われていた。思想改造収容所での出来事は隠されていたが、難民問題は、ボートピープルが公海上を漂うようになると、たちまち国際社会の関心を惹きつけた。数百人の人々を乗せたちっぽけな漁船が、荒れ狂う波と海賊に立ち向かい、同時に近隣諸国の無関心にも立ち向かっていることが、国際世論を沸かせたのである。

1. 逃亡する人々

　サイゴン「解放」当初、「キムタイン金加工公司のオーナーグループ」による国外逃亡計画というものが発覚したが、当事者らは逮捕され、その事実が公開された。しかし、国外逃亡は、当初は瑣末な問題で、政府も一般社会もそれほどの大事とは考えていなかった。サイゴンのメディアは、脱出する人々を犯罪者のように扱った。南ベトナムの野党議員ゴ・コン・ドゥックやホー・ゴック・ニュアン、ズオン・ヴァン・バーなどが出していた新聞でも同様だった。
　キムタイン公司の犯罪について、日刊紙『ティンサン』は次のように報じている。「1975年8月22日、ニャーベー区の解放軍部隊は、大量の金とダイヤモンドを持って国外逃亡を企てていた犯罪者一味を一網打尽にした。主犯格はキムタイン金加工公司のオーナーグループで、華僑の財閥と旧政権の士官が国外に脱出する手配を整えていた。現在、脱出を図った全員が勾留され、裁判を待っている[293]」。『サイゴン・ザイフォン』紙は、「逮捕されたのは、大部分が改造学習から逃げ出した傀儡政権の士官だった」とも伝えている[294]。『ティンサン』紙はまた、「全員の逮捕後、軍事管理委員会は8月26日午前4時15分、ファンチューチン通り39番地の2階建て家屋を接収した。この家屋はキムドー貴金属の店舗で、店頭で金の装身具類を販売する一方、奥の工房では金の鋳造をしてい

292　『グォイヴェト（ベトナム人）』紙記者。カリフォルニア州オレンジ郡在住。
293　*Tin Sáng*, 28, Aug. 1975.
294　*Sài Gòn Giải Phóng*, 28, Aug. 1975.

た」とも書いている。

　ハー・フー・トゥアンが作成した南部中央局の9月3日の会合の記録では、この最初の脱出事件の詳細が次のように報告されている。「当局は9名を拘束している。それらは、ラ・クアン、サム・ハオ・タイ、ダン・ゴン、ダオ・フン、フイン・ズィオウ・クアン、レ・ヴァン・イ、グエン・ヴァン・トイ、および航空会社の社員2名である。彼らは旧政権時代、サイゴン－香港を往復するルートでたびたび金の密輸を行なっていた。レ・ヴァン・イを逮捕した際には、金200両を押収した。これまでに、金8437両と、直径1～5ミリメートルのダイヤモンド70個、24カラット相当、南部紙幣で1億8200万ドン、1万550米ドル、1700タイ・バーツが押収されている。すべての金と現金は検査の上、銀行に預けられた」。軍事管理当局はキムタイン社の店舗を接収した。この決定は、後に司法手続きのような効力を持つことになる。

　9月3日の記録はさらに、ヴェトホア社、キエンチュック公司のオーナーが仕組んだという脱出事件にも言及している。政府は「末端機関」の密告によって、この事件を把握した。この時の脱出者は、発見された際に金を川に投げ捨て、米ドル札を引き裂いたとされている。記録によれば「末端機関の報告では、脱出者は党官僚に200万ドンの賄賂を渡して放免された。戻ってからは、失った金と米ドルが惜しかったと漏らしている。脱出者は官僚を買収できると認めており、官僚も賄賂で私腹を肥やしている。しかし、小額の賄賂は露見するが、多額の場合は隠蔽される。大規模な贈収賄事件は、2～3年後に初めて発覚している。現在、敵は党官僚を通して、ベトナム北部から香港に送金している。連中によれば、財産と命という2つの犠牲があるという。財産を犠牲にしても命が残っていれば、あらゆるルートで――主に賄賂を使って――国外脱出を図るのだ。統一委員会の6名のメンバーが無登録のまま居住していて、後に逃亡した例のように、党官僚が関わっているいくつかの事件がある。この時は、グエンアンニン通りのルオン・マンという中央通信社の職員が書類を作成して、社のために200万ドンを受け取っていた」という。

　1977年11月になると、ホーチミン市委の常務委員会の会合で、国外逃亡の状況を記録することが決定された。この決議44/NQ-77の内容は次のようなものである。「政治的安全の分野で、注意すべき現象が持ち上がっている。それは、

祖国を捨てて国外に逃亡する者が増え続けていることで、その中には国家機関に勤務する党官僚も含まれている。現在、経済生活上の困難に直面した一部の人民、また一部の党官僚の中にまで、心理的な動揺、不安、懐疑が生まれている。特に知識人や中間層には、革命の前途について信頼が不足している」

　1979年5月7日、ホーチミン市で私営商工業改造会議が開かれ、ビンチティエン［現クアンビン、クアンチ、トゥアティエン省］からミンハイ［現カマウ省とバックリォウ省］までの各省と市の指導部も出席した。その席で、ヴォー・ヴァン・キェットはこう表明した。「国外逃亡者の数を申し上げると、1978年10月から1979年3月までの間に、2万人を超えている。これには、改造後に国外に脱出した華人は含まれていない。うち1500人以上が党官僚、公務員、専門職、技術職、医師などである。注意すべきは、漁船を奪って脱出する事件が30件以上発生していることで、このうち阻止できたのは15件のみである[295]」。しかし、ヴォー・ヴァン・キェットは後に、「この数字は実際よりも少ない」と認めている。

　幸運にも海上で救助され、難民キャンプに連れていかれた人々の数だけでも、公式に報告された数よりはるかに多い。1975年にはわずか377人だが、1976年には5619人、1977年には2万1276人と増加している。1978年は10万6489人で、これはベトナム政府の公式統計の8倍に上る。1979年は、7月までだけで29万2315人である[296]。

　船で脱出する者だけではなかった。ベトナム人民軍がクメール・ルージュと闘っていた時期に、少なからぬ数の人々がカンボジア経由でタイに逃げ出している。1981年、作家のファン・ニャット・ナムが収容所にいる間に、彼の妻は9歳と4歳の2人の子供を連れて、カンボジアを通る陸路で脱出した。「妻と子供たちは、いったいどれほどの犠牲を払って脱出したのだろうか。カンボジアとタイの国境地帯はどこも、昼と言わず夜と言わず、ポル・ポト派の兵士で溢れ返っていたというのに」

　21歳の青年レ・フォン・ドンは、船で6度も脱出を試みたが果たせなかった。スウェーデンが彼の家族の受け入れを保証しているにもかかわらず、ベトナム政府は出国を許可しなかった。1985年11月、彼は徒歩でカンボジアに入り、4

295　ヴォー・ヴァン・キェットの意見を記した備忘録。キェットが個人的に発行したもの。
296　Bruce Grant, 1979.

ヵ月かけて国内を横断した。しかし、他の3人のベトナム人と共にソン・サン派[297]の部隊に捕らえられ、4人全員が同派の捕虜収容所に収監されて、強制労働に就かされた。数ヵ月後、4人はあるタイ人兵士の助けで脱出し、ドンは1987年4月にやっとスウェーデンに送られたのだった。

　レ・フオン・ドンは、女流作家ニャー・カーと詩人チャン・ザ・トゥーの息子である。両親は共に逮捕され、父親は息子がストックホルムに到着した時もまだ収容所にいた。ニャー・カー夫妻の事例をきっかけに、スウェーデン政府と国際作家協会は1981年から、投獄されている作家たちの解放を求めてベトナム政府に圧力をかけるようになった。スウェーデン政府は、1984年にはベトナム人脱出者700人以上を受け入れている。

　それより前の1979年には、アメリカで、ベトナム反戦運動でも名高い歌手ジョーン・バエズを先頭に、1万2000人が蠟燭を掲げてホワイトハウスまで歩き、「ベトナム政府の暴力的な政策に抗議する」公開書簡を届けるデモを行なっている。同年7月20日には、国連難民高等弁務官事務所（UNHCR）がジュネーヴでベトナムのボートピープルに関する会議を主催し、60ヵ国が参加した。会議では、ベトナムの外交担当国務相グエン・コ・ティックが、「ボートピープルとは旧体制に属する不満分子で、人民に対して血の負債がある者や、米軍に媚を売っていた者が労働から逃げ出した」に過ぎないと表明した。

　帰国後、グエン・コ・ティックは別の態度をとった。ベトナム共産党第6期書記局員チャン・クォック・フオン（No.10フオン）は、次のように語っている。「ハノイに行くと、グエン・コ・ティックが、『国外逃亡者を大量に出している君たちは、いったいどういう仕事をしているのだ』とわれわれを詰った。一方、レ・ドゥック・トはこう言った。『逃亡を図る者を捕えるべきではない。われわれは非難されるような罪は犯していない。彼らを国内に置いておくわけにはいかない。昔アメリカの給料で妻子を養っていた兵士が、今どうやって暮らそうというのだ。UNHCRのことは分かっている。だから公安当局に指示して、UNHCRと合同で脱出者の家族再会プログラムを作らせたのだ。やらせておけばよい。われわれがすべきことは何もない。出て行く方に罪があるのだから、

297　シアヌークを中心とするカンボジアの反ベトナム3派連合政府の一派「自由クメール」の指導者。

そいつらに責任をとらせるべきだ』」。しかし、No.10フオンのような都市部の行政指導者たちは、ボートピープルが「血の負債がある者」や「米軍に媚を売っていた者」ではないことを知っていた。

2.「愛国的知識人」から

　サイゴンの大勢の知識人たちが国外に脱出したが、彼らがボートピープルになったのにはそれなりの理由があった。旧体制の知識人が新体制の「寵児」となるためには、けっして平坦ではない闘いの道があった。彼らは旧体制の同業者に軽蔑される一方で、北部から来たばかりの「社会主義的知識人」には差別され、仕事の口がないために追い詰められ、新体制からは完全には信用されていなかった。

　経済状況が悪化すると、ホーチミン市委は旧南ベトナムの知識人に配慮して、ガソリンを数リットル、米を数十キログラム、木炭を少々という具合に月々の配給量を増やした。しかし、そのような方法では彼らの切羽詰まった状況を解消する役には立たず、その切実な願いを叶えることはできなかった。ヴォー・ヴァン・キェットは言う。「南北分断時に北部から南部に移った知識人や、いったん北部に集結して南部に戻った知識人たちは、顔を合わせると、『旧体制の知識人は市委に養われているが、われわれは豚に養われている［生活保障がないため、豚を飼って生計を立てることを皮肉った言い方］』とこぼした。外国留学から戻ってきた仲間たちは、フランスやアメリカで博士号を取った者も含めて、南部の知識人に資格証明書が交付されるよう、再評価を要求した」

　この時代、ソ連の博士号取得者は第1級と位置づけられたのに対し、フランスのそれは0.9、アメリカはと言えば0.8にしかならなかった。最初の段階では、チュー・ファム・ゴック・ソンのように、アメリカで博士号を得て1975年以前は教授の地位にあった人物でも、講師の職位しか与えられず、所属機関からやっと准教授に任命されるという按配だった。チュー・ファム・ゴック・ソ

298　2005年3月8日の著者のインタビュー。
299　チュー・ファム・ゴック・ソン教授は、1959年からアメリカに留学し、デラウェアで物理・化学を専攻した。1962年に博士号を取得後、帰国して教職に就き、1967年から南ベトナム政権下で教授に任命されていた。国家評議会は旧体制と同じ職位を彼に認めている。

ンは、次のように語っている。「私の妻は1954年に北部から南部に移住したが、ザーディン人民病院の検査室長をしていたので、新体制をとても恐れていた。解放軍は、彼女が抑圧階級だからと言って、専門的な訓練を受けていない者に職位を譲るよう強制したのだ。妻は職位を失ってしまったが、それでも敢えて不平は言わなかった」

サイゴン「解放」以後、チュー・ファム・ゴック・ソンは革命体制に全面的に協力する専門家となった。彼や他の数人の学者たちは、政治的要求に沿った「学術」研究を行なうよう注文が来ても、特にこだわることはなかった。ホーチミン市愛国知識人協会の書記長フィン・キム・バウ*は語っている。「その時期には、サイゴンの知識人たちは、市委から『2月3日［インドシナ共産党創立記念日］か5月19日［ホー・チ・ミン生誕記念日］を祝賀する学術研究があるか？』などと問い合わせの電話を受けることがあった。ファム・ビョウ・タムやレ・ヴァン・トイのような教授たちなら、たちどころに『祝賀などという名目の学問はない！』と一喝しただろう。しかし、そうでない学者たちもいた。ある者は洗浄剤ペントニックを作り、ある者は『キャッサバ数キログラムを食べれば肉1キログラム分の栄養を補える』とか、『ハトムギジュズダマをたくさん食べれば米よりも滋養がとれる』などということを証明した。だが、そういった努力も信用を獲得する役には立たなかった」

チュー・ファム・ゴック・ソン教授は「当局は私の履歴書から、何年にアメリカに行って研究や教育に従事していたかを見てとると、なぜ長期間アメリカにいたのか疑った。私は愛国知識人協会に入会を申請したが、何度も断られた」と述べている。1980年に教授がソ連に行っている間に、彼の子供の1人が国外脱出を試みたが、うまく行かなかった。彼の娘も、医科予備校の試験に受からなかった時には、ベトナムで学ぶことの限界を感じた。話を聞いたヴォー・ヴァン・キェットは、折にふれて教授のもとを訪ね、話し合いを重ねた。詳しい事情を知ると、キェットは教授に言った。「そういうことなら、娘や息子たちを正式に外国に行かせたまえ。外国の方が、子供たちが教育を受ける条件が整っている。将来、彼らが戻ってくるならそれで良いし、戻らなければ私と君が責任をまっとうするまでだ」

フィン・キム・バウの話では、南部「解放」後にサイゴンに入ったレ・ズア

ン第1書記は、マイ・チー・トやチャン・チョン・タンから状況報告を聞くと、「同志たちの報告にはなかったが、これまでにわれわれは非常に大きな戦利品を手に入れている。それは、多くの方面で育成された知識人の勢力だ。知識人がいなければ社会主義もないとレーニンも言っている」と述べたという。しかし、バウに言わせれば、革命政府が知識人を用いる方法は、多くの場合、ただ飾り物として利用するだけだった。

ファム・ホアン・ホ教授は、その当時はまだ科学大学の副学長だったが、バウによれば、「それは教育に何の役割も果たさない、操り人形のような職務だった」。ホ教授は副学長だったが党員ではなかったので、何か問題が持ち上がると党員の間で相談し、その決定が伝えられるだけで、教授は何も知らされなかった。ホ教授はごく早い時期から、授業カリキュラムに組み込まれる政治教育の時間が多すぎることを批判していた。「政治が過剰に関与すると学者は根本を見失う」と、彼は警告していた。

ファム・ホアン・ホ教授は、自身が政治教育を受けた時の経験から、そのように主張するようになった。1977年にホーチミン市は、南部の知識人を対象に、18ヵ月にも及ぶ「科学的社会主義」というセミナーを企画した。このセミナーの企画に加わったヴォー・バーは、「政府は、このセミナーで学んだ旧体制の知識人は社会主義を愛し、これに奉仕する知識人階層になるだろうと考えていた。だが、南部の知識人が1つの学問分野としてマルクス主義に関心を持っていたとしても、当時の北部の講師の話はきわめて教条主義的だった。その上、教える方は、戦勝者としての傲慢な、居丈高な態度で声を張り上げて講義をしたのだ」と語る。ヴォー・バーと共にこの企画に参加した党員たちも、「革命政府はサイゴンの有識者層の前で、最初の顔見世の段階から失敗した」と認めている。

サイゴンの著名な哲学者グエン・ヴァン・チュン博士は、宗教団体を憎む人物とみなされていたが、セミナーが終わる前から、共産主義も1つの宗教だと考えていた。博士は、「共産主義者が日常行なう点検のやり方は、まさに一種の罪の告白、懺悔である」、党の路線については、「レーニンが言ったことは、1916年の時点では正しかったかも知れないが、70年後のベトナムに適用するのは理性的ではない」と評している。また、チャウ・タム・ルァン教授は、北部の講師が「資本主義の発展段階を飛び越えて社会主義に進む」路線について熱狂

的に語るのを聞いて、「飛び越えるついでに、2歩も3歩も飛び越えてみればいい。共産主義の次の段階が何なのか、きっと分かるだろう」と皮肉っている。

　チャウ・タム・ルァン教授は25歳の時にアメリカのイリノイ大学で農業経済の博士号を取得し、帰国後はミンドゥック大学とヴァンハイン大学で同時に教鞭を取っていた。反戦知識人の代表格の1人で、南ベトナム当局によって1975年初めに拘禁され、ズオン・ヴァン・ミン政権になってから解放された。ズオン・ヴァン・ミン大統領がキャンプ・デーヴィス[300]に派遣し、4月30日の正午までそこにいた専門家グループのメンバーである。南部「解放」後、革命政府はルォン教授を革命側に組み入れ、彼は第1期ホーチミン市人民評議会の議員に就任すると同時に、ベトナム祖国戦線の中央委員も務めた。

　チャウ・タム・ルァン教授も、個人の胸の内では新体制に大いに期待をかけた知識人の1人だった。「解放」後の数ヵ月、民衆が不安を抱き、生活必需品の価格が高騰したことについて、彼は当時の政府と同じように、心理的な原因によるものだと説明した[301]。国家が以前のように輸入に外貨を費やすことはできないと見てとると、教授は「人民の子弟の血をドルと交換する帝国主義の手先は、もはや存在しない。ならば、人民が汗水たらして働き、やっと国家のために稼いだ外貨を最大限節約する必要がある。したがって、国家機関と協力して奸商を追及する一方で、われわれは自らの心中の敵を制御する必要がある[302]」と書いている。

　チャウ・タム・ルァン教授に多くの重責を負わせた時、政府は彼を「使える」人間だと単純に考えていた。しかし、サイゴンの多くの知識人と同様、彼も単なる道具のような対応はしなかった。1976年から、ルァン教授は教職から外

300　1973年パリ協定実施4派連合委員会の中の南ベトナム代表の本部。
301　チャウ・タム・ルァン教授は次のように記している。「8月には化学調味料の価格は安定していたが、いきなり1キログラム4000ドンにはね上がり、さらに5000ドンになり、数日のうちに8000ドンにまで上昇した（略）。政府は化学調味料は不足していないと懸命に説明したが、それでも一部の同胞が争って買い求めた。価格がさらに上昇した時に利益を得ようと、買い付け資金がなくても借金をして、1キログラム1万5000ドンで1度に大量に購入する者さえいた。しかし、政府が化学調味料市場に介入した結果、急速に1キログラム5000ドンに下落し、最終的に3800ドンで落ち着くと、買い溜めに走った者は失望、嘆息しなければならなかった。化学調味料の次は塩、その他の商品が高騰した。現実的に見れば、わが国はまだ戦後復興の段階にあり、もはや以前のようにあれこれ輸入することはできない。新たな情勢の下で、多くの商品、特に必需品ではない物、さらには輸入品が高騰するだろう」（*Tin Sáng*, 9, Sep. 1975.）
302　同上。

された。経済に関する彼の見識が「資本主義経済」のそれだったからである。それでも、大学の学術評議会の会員資格は認められていたが、ほどなくして、大学の党委員会は彼が「党の指導権を手に入れる」つもりだと認定した。

　チャウ・タム・ルォン教授は、「私は旧体制で2度職を与えられたが、それについてはまったく問題にされなかったので驚いた」と言う。しかし、実際に問題だったのは職位ではなく、評議会で表明する彼の意見が、常に党支部のそれと異なっていることだった。ある会議で、ド・ムオイが「合作社化」について、「貧農・雇農を合作社の指導者に据えて訓練しなければならない」いう方針を滔々と語るのを聞いて、ルォン教授は質問した。「国家はどのくらいの期間、訓練するのですか？」。ド・ムオイは答えた。「急を要する情勢なので、3日間で訓練する」。ルォンはさらに言った。「変化を望むなら、頭を切り替えなければならない。しかし、頭が3日しか訓練されていない状態では、私としては憂鬱を禁じ得ません」。ド・ムオイとのやりとりの後、農業経済学者チャウ・タム・ルォンは社会科学院に異動させられた。

　勤務先での衝突だけでは済まされなかった。ルォン教授は人民評議会で農業委員会委員長を務めていた。ホーチミン市の研究計画について協議する全体会議で、ルォンの議論を聞いて、軍服姿の1人の評議員が立ち上がり、つまらない話はやめろと要求した。そして、「専門議員たちは計画の起草に時間を使い過ぎている。その評議員はどういう資格があって、計画の修正を何度も要求するのだ」と声を張り上げた。ルォンは努めて感情を抑え、「議論の終了を求めます。今、そちらの評議員が発言されたように、『専門家』がわれわれのために研究を重ねたのなら、われわれは単に賛成の挙手をするだけの『専門』議員でしかありませんから」。議長を務めていたマイ・チー・トは何も言わず、ただ評決を求めた。ルォンが賛成の手を挙げないので、マイ・チー・トは「承認しないのは誰だ？」と訊いた。それでもルォンは手を挙げず、「評議会全体で承認、白票1票です」と言った。

　一部の良心的な党官僚は、この若い教授のことを心配するようになった。党のある委員会の委員長は彼をこう諭した。「私は60歳だが、革命政府からはまだ小さな子供のように思われているから、行動に気をつけなければならない。君は30を過ぎたばかりだということを忘れるな」。ルォン教授は次のように語

っている。「ベトナム祖国戦線中央委の会議で、私は国家が管理する市場経済システムを適用すべきだと提案した。スァン・トゥイ*はそれを聞いて、私に言った。『君には後ろ盾になってくれる人が必要だ。No. 6 ザン［ヴォー・ヴァン・キェット］の所に行きたまえ』。私は答えた。『私が正しいことを言っているなら、皆はそれを聞くべきです。どうして私に後ろ盾が必要なのですか』。すると、マイ・チー・トが口を開いた。『君の言う通りだ。だが、そのシステムは複雑すぎて、われわれには到底管理できない。君のような人物にぜひやってもらいたいが、われわれはまだ君のような人物を完全に信用できないのだ』」

ルァンの話はこうである。「その頃、私はヴォー・ヴァン・キェットの弱気を軽蔑していた。『障壁を突破する』というのは弥縫策だ。市場経済システムを適用するためには、障壁をいくつか突破する程度ではなく、『破壊』が必要だったのだ。それを聞いたマイ・チー・トは、『革命政権の維持が先決だ。政策が誤っていても修正できるが、政権を失えばすべてを失うことになる』と言った。後になってから、私は初めてマイ・チー・トが本音を語っていることに気づいた。彼らは政権を手に入れるために、何十年もジャングルに潜んでいたのだから、獲得したばかりの権力を手離そうとするはずはなかったのだ」

ルァン教授と妻はアメリカに留学していた。1975年以前には、家族で北欧のある国に定住していたが、夫妻は共に帰国する道を選んだ。そして、新体制の中で生き残ろうと5年間もがき続けたが、何の展望も開けなかった。1979年初めにはまだ諸外国の記者のインタビューに応えることもあったが、時が経つにつれて彼に接触する記者はいなくなった。ルァンは語っている。「私は不穏な予感を抱くようになった。外国の記者たちに偶然出会った時、彼らから聞いた話では、何度かベトナムに来て私との面会を求めたが、当局はいつも『チャウ・タム・ルァン*教授は出張中』と答えたそうだ。私は自分が徐々に孤立させられていることを知った」

フィン・キム・バウは、南ベトナムで反体制運動に参加していたが、その彼でさえこう認めている。「1975年以前は、南ベトナム政府はアメリカの傀儡と見られていたが、それでも知識人は重用され、専門分野で実質的な権利を持っていた。解放後は、今度の政府は自分たちの政府だと言われるようになったが、知識人はほとんど傀儡のように使われるだけだった。そんな現状を大部分の知

識人は嘆いていた」

　1977年に、ホーチミン市の水道水が濁ったため、ヴォー・ヴァン・キェットが専門家を招集して対策を講じたことがあった。多くの有識者が発言する中で、ファム・ビョウ・タムだけは黙って座っていた。キェットは「タム君、どうして黙っている？」と尋ねた。ファム・ビョウ・タムは、1945年のベトナム独立より前からハノイ学生協会の会長を務めた人物である。1963年に、ゴ・ディン・ニュー［ゴ・ディン・ジェム大統領の弟］の娘ゴ・ディン・レ・トゥイが医学部を受験した時、ゴ家の圧力があったにもかかわらず、タムは彼女を不合格にした。節を曲げない彼は、学生から尊敬される教育者だった。タムはキェットの崇拝者と言われているが、さすがにもう耐え切れなくなったのだろう。キェットに訊かれると、彼は立ち上がって言った。「あなた方がいらした日から、何でもあなた方が考え尽くしているので、知識人の頭が健康的になりました。水道はあなた方が私どもに委ねるような仕事ではありません」

　ファム・ホアン・ホ教授は、ほどなくして副学長の職位を返上した。大学側は悪い評判が立つことを恐れて、退職願いを受理しなかった。彼は研究室に鍵をかけ、鍵を返して、自らその「飾り物」としての役割に終止符を打った。ヴォー・ヴァン・キェットによれば、ホーチミン市委はそれでも、ファム・ホアン・ホ教授が毎年フランスに講演や研究に行くことを許していた。ある時、教授はフランスに渡ったままそこに留まり、キェットに手紙を書いた。「研究することが多いので、研究設備のある所に滞在せざるを得ない。祖国が本当に私を必要とする時はいつでも帰国するつもりだ」という内容だった。

　一方、チャウ・タム・ルァン教授は、ある夜ヴォー・バーの家に招かれた機会に、「南部の農業経済の現状」というタイプされた20ページの文書を持参した。それをヴォー・バーに見せて、彼は言った。「ヴォー・バー、見てくれ。嬉しいことに、祖国戦線がこの報告書をタイプして送ってくれたよ。今まで2回、タイプを断られたからね。でもほら、打ち間違いばかりで、数値などはあちらで改竄している」。数日後、ヴォー・バーがルァン宅の前を通りかかると、玄関の扉は閉ざされ、家の中には「封鎖」に来た公安警官の影がちらついていた。タイに脱出したルァンは、他のボートピープルにひどく殴られるようなこともあって、フィン・キム・バウの問い合わせに応える手紙に「国外脱出は誤

った決断だったのか」と書いているが、それでも「いや、たとえ高い代償を支払っても、脱出したのは正しかったと思う」と断言している。

　ヴォー・ヴァン・キェットは、チャウ・タム・ルァン教授を、南部の知識人中の「扱いにくい」人物の1人に列している。それでもキェットは言う。「ルァンの家を訪ねて、私は彼の率直なところを好ましく思った。立て板に水のように話し、時には容赦ない言い方もした。祖国が平和になれば、南部の肥沃な土地を活かして、農業の発展のために実力を発揮するチャンスがあるだろう、と希望を抱いていた。だが、時がたつにつれて、このような体制では祖国に貢献することはとてもできない、と思うようになったのだろう」

　もう1人、ヴォー・ヴァン・キェット書記と親しかったが、やはり国外に脱出した知識人として、フォンフー織物工場の所長ヴァム・ヴァン・ハイ技師がいる。彼は染色の技術を南部に導入した人物である。ハイ技師は2人の子供に、それぞれファム・チー・ミン［ホー・チ・ミンに因んだ名］、ファム・アイ・クォック［グエン・アイ・クォック（阮愛国）に因んだ名］と名づけた。サイゴン「解放」後、ファム・ヴァン・ハイ技師は織物産業の復興問題について体制側に熱心に助言し、植物性の刺激剤の研究もしていた。しかし、彼も1977年には国外脱出を決意した。ボートによる脱出を2度試みて、2度とも捕えられている。最初はキエンザン省で市委指導部に逮捕され、次はホーチミン市で逮捕された。ヴォー・ヴァン・キェットが面会に訪れた時、ハイは「君が関心を払ってくれても、体制がこうでは何もできないよ」とこぼした。キェットは「ファム・ヴァン・ハイ技師やチャウ・タム・ルァン教授のような人たちは、単なる生活苦だけなら乗り越えただろうが、世の中に貢献できない状況に置かれることには耐えられなかった。私はどうすれば良いのか分からず、彼らに危険な逃避行はやめるよう説くしかなかった」と語っている。

　ヴォー・ヴァン・キェットは「彼ら知識人の脱出を止められなかったことは慙愧に堪えない」と回想している。「だが、たとえ彼らが国に留まったところで、今の体制でも能力を活かすことはできないだろう」。ダム建設の技師ズオン・キック・ニュオンは、脱出する前にキェットにこう語っている。「君たち革命政権の願望は非常にすばらしい。だが、このようなやり方ではいけない。どこに行っても党の決議を聞かされ、何をやっても、法律の代わりにこの決議、あ

の方針の精神に従えと言われるばかりだ。大雑把な決議と指示で国を治めるのは間違っている」

　愛国知識人協会書記長のフィン・キム・バウの回想によれば、ヴォー・ヴァン・キェットは知識人たちが脱出するようになったことを知ると、バウを呼びつけて言いつけた。「よく聞け、もし知識人たちがどこかで捕まったら、彼らを返すよう命令するんだ」。ビントゥアンの公安警察がズオン・タン・トゥオック技師を逮捕、拘禁したとの報告を受けると、キェットは命令書を作成し、バウをビントゥアンに派遣して「事案をホーチミン市に移管する」よう求めた。バウによれば、「ビントゥアンの公安警察は、ホーチミン市委の命令書を見ると、トゥオック技師に『犯罪』を認めさせた。トゥオックは、私を見ると喜んで大声を上げたが、私は努めて平静を装い、彼に歩み寄って手錠をかけた。帰り道でも、私はまだ茫然としているトゥオック技師を無視し続けた。ビントゥアンから出ると、私は彼の手錠を外して『ビントゥアンの公安はわれわれのことを知っている。私も写真を撮られたんだ』と説明した」

　ヴォー・ヴァン・キェット自身も、捕えられた知識人たちを引き取りに、たびたび収容所を訪れている。彼の当時の助手ファム・ヴァン・フンとグエン・ヴァン・ファンによれば、No.6ザンはいつも彼ら2人を呼びつけて、知識人たちの戸籍と米穀通帳を作りに自ら出かけたという。それが脱出を企てた知識人に対するキェットの「処理方法」だった。それでも、大部分の知識人は黙って出ていった。チャウ・タム・ルァン教授は、「私は6回脱出を試みた。一番長く拘留されたのはラックザーで、そこには8ヵ月もいた。だが、私は素性を明かさなかった。その前の4回と同じように、家で賄賂の金を用意していたので解放されたのだ」と語っている。

　市委の力に頼ったり、賄賂の金を渡すことを潔しとしない人々もいた。フィン・キム・バウによれば、脱出の際に捕まったレ・トゥオック教授は自殺を選んだという。

3.「一般庶民」まで

　「解放」の日からというもの、南部の至る所で、次から次へと様々な出来事

が起こった。士官や公務員の「改造学習」送り、資本家の改造、通貨切り換え政策、そして新経済区への移住という具合にだ。人々は、この豊かな地域ではそれまで不足したためしのない食物を買うために、行列を作らなければならなかった。

　脱出してアメリカに渡ったグエン・ドゥック・トゥエ医師[303]は語っている。「サイゴン陥落の3ヵ月後、私の父が他界した。父は、自分の期待とはあまりにもかけ離れた人生の変化を、見定めてから逝ったのだ。私の2番目の兄が国外に逃れ、残った2人の兄たちも改造収容所に送られて、家の中はすっかり人気がなくなった。母はパニック状態になっていた。ゲアン省［北部］から来た親戚たちは、みな私に同じことを尋ねた。『おまえたちは学があるのに、なぜアメリカに行かなかったのだ？』と。革命政権下で共産主義を教える重要なポストにいた人たちは、公衆の前では建前を話したが、家の中で社会主義北ベトナムの荒廃ぶりを話す時には、取り繕うことはなかった。彼らは私に、やがて人民裁判が始まるだろうと警告した。行政区の裁判で私が裁かれた時にも、家族の中にアメリカに行った者がいることから始まり、アメリカ人に家を貸していたことから、子供がグエン・ヴァン・ティォウ大統領と繋がりがあることまで追及された。私の母はそれで病気になってしまったのだ」

　グエン・ドゥック・トゥエのような医師が、自分の身に直接降りかかった災難を実感するのは、あらゆる方面で政治的な出来事に出遭う時だった。政治学習の時間や、町内会の会合などは、実力のない医師にとって、「党員の隊列」に入ることで能力の不足を補うチャンスとされた。「専より紅」［専門的能力よりも共産主義に忠実であることを重視する］という方針のために、医師たちの技術レベルは日に日に低下していった。トゥエ医師は語っている。「平民病院（ビンザン）で午前中の引き継ぎをする時、ジャングルからやってきた医師たちが、ファム・ビォウ・タム教授やチャン・ゴック・ニン教授といった私の師匠に説教するのを、私たちは座って拝聴しなければならなかったのだ！　私が勤務していたビンザン病院は、以前は手術の技術で定評のある病院だったが、日毎に薬品も医療器具も不足するようになり、手術に使う麻酔や器具がないという有様だった」

　「華人迫害」の後に、国土の2正面［カンボジアと中国との国境］で再び戦争が勃

303　1977年に国外に脱出し、現在はアメリカのテキサス州ヒューストンに在住している。

発した。戦争と飢餓、そして国の内からも外からも押し寄せる恐怖が、人々を国外脱出に駆り立て、その数は1979年後半から80年前半にかけて激増した。終戦直後から脱出を始めた人々の中に、ルック・フオン・マイがいた。

マイの父ルック・ヴァン・サウは西洋に留学し、建築の分野では有名な技師だった。サイゴン政権時代には、一族の多くの者が権力のある職務に就いていた。しかし、サウの妻は「ベトコン」だった。サイゴン陥落2日前の1975年4月28日に、父ルック・ヴァン・サウが死去したため、マイと兄弟は他の親類縁者たちと一緒に逃亡する訳にはいかなかった。父が亡くなった時、母はまだトゥードゥックの刑務所に収監されていた。4月30日の朝、マイたち兄弟が父を埋葬するために墓の扉を開いているその時に、「ベトコン」はサイゴンに入城してきた。マイの母は、1人で足を引きずりながら刑務所から出てきた。マイたちは午後3時頃にやっと母親と対面した。

4月30日、それはマイの家族全員が再会を喜ぶ日とはならなかった。そして、その後にはさらに苦しい日々が待っていたのである。「解放」前には、父ルック・ヴァン・サウの収入以外に、父方の祖父がグエン・ヴァン・ティォウ政府から受け取った土地の補償金があり、そのおかげで一家は優雅な暮らしを満喫していた。地主だった祖父グエン・ヴァン・ザンは、1960年代後半の「耕す者に土地を」という政策によって土地を国家に買い上げられたのである。だが、ベトナム商信銀行に預けていたその金は、1975年4月30日以後は、もはや何の価値もなくなってしまった。

ルック・フオン・マイの母親は、多くの革命戦士を養った功労者だったが、刑務所から出た時には、給与を受けるような職位に就くほどの力はもうなかった。やがて、商人だという人たちがルック家に来て、令嬢たちの目の前で冷蔵庫や祭壇を運び出すようになった。マイの姉の夫で南ベトナム海軍兵曹だったチャン・ヴァン・ゴットは脱出斡旋業者となり、1979年に姉妹たちの出国を手配した。

チャン・ヴァン・ゴット兵曹のように「傀儡」政権と関係のあった家族にとって、国外脱出は当時、唯一の逃げ道だった。改造学習に行った士官の妻たちは、自身は忠実に夫を待つ一方で、友人が手配するボートに子供たちを乗せて脱出させた。元士官のファン・ラック・フックは、「私が改造学習に行った時、

末の娘はまだ5歳だった。戻ってきた時、その子はもう15歳の少女になっていた。姉たちは全員国外に脱出して、末娘だけが母親と一緒に私を待っていたのだ」と語っている。

　国外脱出は、改造学習から戻ってきた人々にとって、非常に勇気の要る決断だった。収容所から釈放された者はみな、書類上は「党と国家の寛容かつ度量ある改造政策を厳粛に執行した」という認証を受けていたが、実際には、彼らには相変わらず事実上の自由がなく、むしろ自分がもっと大きな刑務所に入っていくように感じるのだった。子供たちを含め家族全体が、将来の見通しが立たない状態だった。革命体制の下で、彼らの居場所はどこにもなかったのである。

　ヴオン[304]は1977年に改造収容所から釈放された。地元の街区で住民登録を済ませると、「とても人なつこい」治安部隊の士官が訪ねてきて、彼に協力を求めた。それはごく単純なことで、誰に会ったか、どこへ行ったか、旧体制の諜報部員だった者で改造学習から逃げ出した者はいないかを、週に1度報告すればよかった。「当局の疑いを招かないように、私は1ヵ月間だけ協力した。その後サイゴンから逃げ出し、以来、国外脱出の方法を探すようになった」。1回目はカンボジア経由で、さらに4回海への脱出を試みたが、図らずも乗船前に計画がばれてしまい、かろうじて逃げ出して難を逃れた。5回目にやっとマレーシアに辿り着くことができたという。

　画家チョエは、ファンダンリュー通り4番地のコンクリート敷きの部屋に拘禁された上で、ザライ省のジャングルの強制労働に送られ、リューマチと糖尿病を悪化させた挙句、1985年2月に自宅に戻った。しかし、病ごときではチョエの仕事への強い熱意を打ちのめすことはできなかった。反戦のメッセージを込めた絵を描いていた彼は、「反動的芸術家」というカテゴリーのレッテルを貼られていた。妻のキム・ロアンは「仕事がないために、彼は日毎に憤懣が高まってノイローゼ状態になりました」と回想する。その頃、チョエのもとを訪ねる数少ない人々の中にフィン・バー・タインがいた。しかし、チョエはタインの援助の申し出をすべて断った。彼は住民票の再発行を受けることさえ拒否したのである[305]。

304　本人の要望により仮名を使用。
305　チョエの証言によれば、フィン・バー・タインの急逝の報せを聞いた時、彼はチャンクォック

1976年4月7日に、治安部隊がチョエを逮捕するため『ラオドン・モイ［新労働］』[306]新聞の編集室に来た時、編集長トン・ヴァン・コンは治安部隊のドー指揮官に言った。「私はチョエが寝る間も惜しんで働いていることを知っている。彼は社会に貢献したい、社会参加したいと思っているのだ。そのことは私が自分の政治生命を賭けて保証する」。すると、指揮官はすかさず「保証とはどういうことか知っているのか」と言い放った。

　「友達は私をまるでハンセン病患者のように避けた」。1985年、コン編集長はまだ自分に会ってくれるだろうかと心配しながら、チョエは彼の家を訪ねた。編集長は彼を中に入れ、2人は膝詰めで長時間語り合った。チョエが口に出さなくても、コンはこの才能豊かな画家が行き詰っていることを察した。「9年前に友人を守れなかったのだから、今君のために何かをするだけの資格がないことは分かっている。自分にできることは、もし国外に出るなら合法的なやり方にするべきだ、非合法の脱出は危険すぎると、アドバイスすることだけだ」。その会見の後、チョエは姿を消した。2年近くたった1987年8月、チョエはみすぼらしいなりで、突然トン・ヴァン・コンの前に現れた。コンが口を開く前にチョエは言った。「刑務所から出て来たばかりだ。脱出しようとして捕まったんだよ」

　ドアン・ケー・トゥオン記者も、チーホアの刑務所で10年近くを過ごし、1985年に釈放された。妻が家を売り払って国外に脱出したことは知っていたが、釈放されたトゥオンの足は、それでもトゥードゥックの報база村2番街[バオチー]への道を辿った。家のベルを鳴らすと、中年の女性が扉を開け、彼を見ると不安な顔をした。彼女の話はこうだった。「この家は不運に見舞われているのよ。あなたが投獄されてから、奥さんが家を売って出ていったの。私の夫は革命軍にいて除隊したけど、私がこの家を買って住むようになってまもなく、私を捨てて他の女と結婚したのよ。そういうわけだから、もし行くあてがなければ、私と一緒にここにいるといいわ」。その女性が、彼の似たような境遇に心から同

タオ通り81番地で友人と朝のコーヒーを飲む約束を放り出し、家に引き返した。大声で妻に車の用意をするよう告げ、そして夫婦2人でダラットに向かった。キム・ロアン夫人は、その後何年たっても、なぜ夫のあのような突拍子もない行動に振り回されたのか理解できなかった。チョエは2、3人の友人に「フィン・バー・タインの葬式に参列するにはしのびない」とだけ説明していた。

306　『グォイラオドン［労働者］』新聞の前身。

情してくれていることは分かったが、ドアン・ケー・トゥオンはその気持ちにだけ感謝して、自分の姉の家に向かった。

　姉は弟を憐れんだが、当時の息苦しい政治的な空気の中で、家の中にトゥオンのような「反動主義者の前科者」を抱えていることは厄介な問題だった。何年も新体制に慣らされてきた姉の子供たちにとっては、なおさら厄介だった。姉はトゥオンに「朝5時に家を出て、11時以降に戻って来るようにして。地元の公安警察から、刑務所帰りだと目をつけられないように。子供たちが大変だから」と告げた。

　1985年の8月半ば、ドアン・ケー・トゥオンはカマズ社製の乗り合いトラックに飛び乗ると、ダラットに向かった。日が暮れて雨が滝のように降り注ぐ中を、彼は仕事を探してコーヒー農家を1軒1軒訪ね歩いた。「私が持っていた唯一の身分証明書は、刑務所から釈放されたという証明書だけだったからね、誰にも相手にされなかったよ。夜中になって、改造学習から戻ってきた警察隊の元少佐の所に行き着いて、そこでやっと受け入れてもらえた。元少佐は私のために、ちょうど鋤き起こしていた2畝のコーヒー畑に小屋を建ててくれた。さんざん苦労したが、何はともあれ仕事に就くことはできた。しばらくして、チャン・ヒュー・トという男と知り合った。彼の父親は、チャン・ヒュー・ズンという南ベトナム軍の大佐で、自分の家に私を住まわせてくれた。そこで昼間は畑仕事をして、夜にトの子供たちに勉強を教える生活を送った」。そこで働くようになって1年近くたったある朝、街で朝食をとって戻ってきたトが、サイゴン港の部隊がブォンマトゥオットまで上ってきて、そこで訓練員のタム・ランに会った、と知らせた。トゥオンは思わず、「タム・ランは私の友達だ」と声を上げた。翌朝、トがもう一度タム・ランを訪ねてトゥオンのことを話すと、彼は「もし明日また来られるなら、あいつを連れてきてくれ」と応えた。こうして2人の友人は再会した。タム・ランはトゥオンに「サイゴンでは人手が不足している。君は戻ってこっちで働きたまえ」と勧めた。

　実際、サイゴンでは仕事の口はたくさんあった。しかし、ドアン・ケー・トゥオンのような反動主義者の前科者は、学歴はどうであれ、当時はシクロの運転手になるしかなかった。1人の友人が、彼をプロテスタントの教会に紹介してくれた。そこではシクロを貸し出していて、トゥオンは1台のシクロをもう

1人の仲間と交代で運転した。トゥオンは語っている。「通貨切り換え政策以後、経済はますます悪化してどん底状態になった。十分に食べられないのに、シクロに乗る金がどこにある」。その頃のサイゴンでは、シクロの運転手たちが三叉路、四叉路で客を待つ合間に、英語やフランス語の本を読んでいる光景が見られた。彼らの中には刑務所から出てきたばかりという者も多かった。

「ある日、シクロで午前中ずっと流しても、まったく客が摑まらなかった時、オートバイに乗った友人と偶然出会った。私はプライドを捨てて『腹が減ってるんだ。どうか10ドン恵んでくれ』と頼んだ。友人はちょっと待っていろと言って、どこかへ行った。私は昼まで待ったが、友人は戻ってこなかった。家に帰ると、姉が国外に脱出しなさいと言って、1両の金(きん)をくれた」

ドアン・ケー・トゥオンはカマウまで行き、思想改造収容所の元囚人グエン・トゥイ・クエが斡旋する脱出行に加わった。その時の顚末をトゥオンはこう語っている。「私たちは豚を運搬する舟に乗って、ナムカンからゴックヒエンに出た。引き潮になる度に、川舟が混雑して足止めされた。岸辺のある喫茶店で、『故郷』[307]の歌が繰り返し繰り返し流れていた。『故郷』はその年に大ヒットしたが、サイゴンで聞いても何の感興も覚えなかった。しかし、いざ故郷を離れようとしている時に聞くと、とてつもない感動を覚えた。私は舟を捨てて引き返した。姉は激怒して私を責めた。私は自分からド・チュン・クアンを訪ねた。クアンは戻ってきた私を褒めてくれると思ったが、その言葉は思いがけないものだった。『私は君に借りができた。君は脱出した方が良かったのだ』。その時、私は彼の言葉の意味が分からなかった」

それからというもの、ドアン・ケー・トゥオンは、ホアフン駅に出かけては商品を仕入れ、列車の切符を買うため行列している旅客に売り、夜は座席を確保するために並んでいる客に、顔を洗うためのバケツの水を売るという仕事に

307　ド・チュン・クアン作詞、ザップ・ヴァン・タィック作曲。その詩は、「よい子の初めての勉強」という題で、1986年に『赤いスカーフ』紙に最初に掲載されたが、一部がカットされていた。作者は1991年に、トゥアンホア出版社発行の詩集『葉と花は出会う』に完全版を載せた。詩人ド・チュン・クアンによる幼児教育のテキストは、作曲家ザップ・ヴァン・タィックの孫グエン・ニャット・アインが、1985年に長女を授かった時に、クアンからお祝いとして贈られたものだった。作曲家タィックは、1986年に曲をつけた時に、題名を「故郷」と変えた。『赤いスカーフ』紙が、クアンの詩の結びの句「もし誰も故郷を思い出さないなら」の後に、「人間として成長しないだろう」という句を付け足してからは、歌は当時の政治的な意味を込めて歌われるようになった。

日々を費やした。しかし、トゥオンに言わせれば、それもまだ悲劇ではなかった。1987年のサイゴン解放記念日を控えたある日、公安警察が例によって「社会悪を一掃する」という名目で、人々を一網打尽にして第3区の警察署に連行したのである。翌朝、警察は身分証明書を所持している者、都市に戸籍がある者を選別して釈放した。収容所の出所証明書しか持っていなかったトゥオンは留め置かれ、集中改造に連れて行かれることになった。

トゥオンは回想している。「第3区公安警察署の敷地内にぼんやりと立っていると、フイン・バー・タイン[308]がヴェスパに乗って入ってくるのが見えた。彼は罪人たちの前まで来て止まった。私は目を合わさないよう下を向いていた。暫くして顔を上げると、タインが私をじっと睨んでいるのが分かった。『ドアン・ケー・トゥオンなのか？』と彼は尋ねた。尾羽うち枯らした私の姿を見て、フイン・バー・タインは涙を流し、警察当局に私を解放するように命じた。そして、私に50ドンを手渡してこう告げた。『2、3日内に「ホーチミン市公安」紙の編集部に来て、わしに面会を申し込め。他にも同じような目に遭った者はいる』。解放された私はリエンチー寺に行き、僧ティック・コン・ティンに会って、フイン・バー・タインの言う通りにすべきかどうか相談した。ティン師は頷いてこう言った。『わしは反動主義者ということになってしまった。おまえさんまで反動主義者にされてしまったら、この寺を訪れる信徒はいなくなるだろう』。当時、ティック・コン・ティン師も、やはり収容所から出てきたばかりだったのだ」

トゥオンは続ける。「フイン・バー・タインに会いに行くと、彼は私に2揃いの服を買い与え、『脱出したいなら、私が面倒を見てもいいが』と訊いた。だが、私は断った。もはや『故郷』の歌に感動したためではなく、再び収容所に送られたくなかったからだ。タインは『1週間考えてみてくれ』と言った。1週間後、私はやはり脱出しないつもりだと告げた。タインが『また新聞記者をするつもりはあるか？　ちょうど今、有能な記者が必要なのだが』と訊いてくれたので、私は彼の申し出を受けることにした。タインは、マイ・チー・ト[309]がサイゴンに来た時に、私を引き合わせる手筈を整えてくれた。後にタインが説明したと

308　当時は『ホーチミン市公安』紙の副編集長。
309　1987〜1991年に内相を務めた。

ころでは、トは『おまえがその男のことを保証するのか？』と尋ねたので、タインは『もちろん』と答えたそうだ。トは紙とペンを持って来させ、タインに念書を書かせた。こうして私は、当時人気のあった『ホーチミン市公安』新聞で働くことになったのだ」

「最初に掲載された記事に、私はドアン・ティック・ハンというペンネームで署名したが、古い友人たちはそれが私だと気づいた。姉は私が例外的に職を得たことを喜んでくれた。反動主義者の囚人だった私が、体制内で発言する立場になったのだから。しかし、記事が出たその朝、チーホアの収容所で親しくなった元特殊部隊少尉ディン・ヴェト・マウが、自転車で姉の家にやってきた。彼は物も言わずに入ってきて、私の顔に往復の平手打ちを食らわせ、『裏切り者！』と吐き捨てた。そして、滝のように降り注ぐ雨の中を、自転車を漕いでさっさと戻っていった。私は、やはり囚人仲間だったカイ・チーのところに記事を持っていった。カイ・チーは、『君は何も悪いことは書いていない。だが、私はこれを読んで、まるで羽の団扇を持った君が、女郎屋でグエン・ズーのキョウ［19世紀のグエン・ズーによる長編叙事詩］を口ずさんでいるような感じがしたよ』と感想を述べた」

トゥオンはさらにこう語っている。「チーホアの収容所にいた頃、私の志操堅固なところを褒めてくれた人たちは、私が永遠の英雄として彼らの目に映るよう望んでいたのだろう。また、別の人々は、私を体制側に寝返った裏切り者として軽蔑の目で見た。ド・チュン・クアンに『私は君に借りができた。君は脱出した方が良かったのだ』と言われた時、私はまだはっきり理解していなかった。私のような囚人の大多数が、なぜ国外脱出の道を求めなければならなかったのか、時が経つにつれて私は悟るようになった」

チャン・クアン・フオック中尉は、1982年に改造収容所から釈放された直後から、14人の家族全員で国外に脱出することを企てた。船でやっと河口まで来た時に、スクリューの1つが壊れた。船長は、全員で金を出し合い、上陸して修理の部品を買うよう提案したが、誰もすぐに行こうとはしなかった。数時間後に公安警察の船が現れたので、船長は残りのスクリューだけで船を動かそうと頑張った。フオックの息子で当時16歳だったチャン・ミン・チェット

---

310 カイチー書店の店主グエン・フン・チュオンの通り名。

の記憶では、「数発の弾丸が操縦室を直撃して、船長の体は海に放り出された」という。事態が収拾した後は、フオックの妻子と他の若者たちは2日間拘束されただけで解放されたが、フオック自身はチャンフー刑務所に収監された。

チャン・ミン・チェットは、自分が出国した経緯を次のように語っている。「ある日、私がビリヤードをしていると、1人の老婆が近づいてきて、くるりと私の方に向き直り、すぐにニャチャンのティンホイ寺に行くよう囁いた。私は着替えを持っていく暇もなかった。寺の僧侶数人が私をボン村に連れて行き、サイゴンに行く車を捕まえて私を預けた。その時初めて分かったのだが、祖父が留置所から出された時に脱走を図っていたのだった。その時から、私たち兄弟はそれぞれ別の場所に送られ、祖父母もあちこちに身を隠した。家族全員が集まることはめったになかった。義理のおじは北ベトナムいた革命側の人で、その時は大病院の医師をしており、革命政府に知り合いが大勢いた。しかし、彼も私たちを助けることはできなかった。ある日、祖父は私の両親に、『おまえたちは国を出るべきだと思う。このままこの国で暮らしていても、何も変わらないからな』と告げた」

女流作家ニャー・カーが収容所にいたのは1年余りだったが、彼女と夫が投獄されていた間に、地元の行政当局は夫婦の3人の子供を家から追い出した。ビンタイン区［ホーチミン市］のゴートゥンチャウ通りにあった彼らの別荘は接収され、籐竹製品を生産する合作社のものになった。ニャー・カーは出所後、子供たちとトゥゾー通り142番地の母方の祖母の家に移り住んだ。彼女は商売で生計を立て、子供を養い、夫の帰りを待つしかなかった。夫とは、ザーチュン収容所に「改造」に送られた詩人チャン・ザ・トゥーである。しかし、彼女の家族に加えられる圧力は日に日に度を増していった。

1977年、14歳と11歳になる彼女の子供たち2人が、ホーチミン市の音楽学校から放校された。ドンコイ［総蜂起］通りと呼ばれるようになった通りの142番地の家を、彼女は商店として使っていたが、それも1978年に封鎖された。抑圧を受け、他の多くの資本家のように「輸送車が迎えに来て新経済区に送られる」運命を恐れたニャー・カーは、夜中に子供たちを連れ出して、カントーにある親戚の家に身を寄せた。追い詰められ、逃げ場を失ったニャー・カーは、3人の子供を船に載せて脱出させるしかなかった。しかし、脱出は成功せず、

子供たちは3人とも捕えられてしまった。

4. 海に出るまで

　その当時、海上への脱出行には2通りのやり方があった。1つは自力で、つまり公安警察とは関わらないで脱出する方法、そしてもう1つは賄賂を使う方法だった。船に乗って陸地を離れる時には、通常は前者の方が危険が伴った。いずれの方法でも、人々は夜陰に乗じてこっそりと脱出した。彼らはいつも月のない夜を選び、いつ何時逮捕されてもよいと覚悟していた。後者のやり方では、必ず公安警察の内部と通じた人間がいて、内部の協力者が当直にあたる日時を選んで人々を船に乗せた。いずれにせよ確実な方法はなかったが、公安警察内部と通じている場合は、警官が木々の茂みから飛び出してくる可能性は少なかった。

　誰もが船主に支払う金銭を持っているわけではなかった。うまく言い寄って乗せてもらう方法も、サイゴン「解放」以後は通用しなくなったようだ。改造学習を免れた「悪瘤家族(アックオン)」でも、みな「解放」以前から地位と財産を持っていたとは限らない。夫や子供が投獄されている人々ならなおさら、天秤棒を担いで収容所に差し入れに行かなければならなかった。多くの囚人の妻たちにとって、国を捨てることはできても、収容所にいる夫を捨てる訳にはいかなかった。

　チャン・ヴァン・ゴット曹長と彼の義妹ルック・フオン・マイの話に戻ろう。1979年6月7日に家を出たマイの姉妹と母方の叔母は、モーターシクロで西部の渡し場まで行き、フェリーでティエンザンに向かった。彼女らはある農民の家に身を隠し、夜になるのを待って1艘の小舟に乗り込み、河口で待っている大きな船をめざしてひた走った。予定では、その大きな船は午前零時に出航するはずだった。しかし、行く手に河口が見えたと思った刹那、突如として、水椰子の茂る岸辺から1隻のモーターボートが水しぶきを上げて突進し、小舟に船体を接触させた。チャン・ヴァン・ゴット曹長は、対応する余裕もないまま銃床の一撃を受けてくずおれた。男も女も子供も、全員がティエンザンの収容所に連行された。夜になると、一行は男女別々のグループに分けて立たされた。すぐさま教育管理官の命令が下った。「上着を脱げ」、「ズボンを脱げ」、そして

「下着も脱げ」。衣服と履物はすべて、縫い目の1つ1つに至るまでチェックされた。

一行は、出発する前からこのような事態を予想していたので、警備隊のモーターボートが突進してきた際に、ダイヤや金、米ドルなどは惜し気もなく川に投げ捨てられていた。「魚に食べられてもいい。断じて財産をベトコンの手に渡してはならない」と、多くの人は考えていたのだ。それでも、ルック・フォン・マイは何とか2両の金を手元に残していた。衣服を脱ぐ前、彼女はこっそりとその2両の金を姪のトゥイに渡し、トゥイはそれを妹のティー・フオンに手渡した。ティー・フオンはその年やっと6歳だったので、教育管理官もあまり注意していなかったのだ。彼女は金を懐に押し込み、女たちが監房に入れられてから叔母にそれを返した。こうして、金は叔母の手で歯磨きチューブの中に隠された。

ルック・フォン・マイのきょうだい、いとこら9人は1ヵ月余り収監され、その後、母親は「子供たちを正しく教育せず、誤りを犯させた罪を認める」という文書を区の人民委員会に提出することを許された。革命に貢献した家庭と認定されて、マイたちは晴れて釈放された。ただ1人、チャン・ヴァン・ゴット曹長だけが懲役3年を宣告された[311]。

ルック・フォン・マイたちの船は、河口付近で脱出を阻まれたが、ゴ・ホン・ゴック[312]姉妹の船の場合は、長時間にわたって海上を漂っていた。1983年12月26日、当時23歳だったゴックは、妹1人、叔母2人、そしていとこ4人と一緒に脱出した。彼女は語っている。「私たちは大型バスの出迎えを受けて、まるで巡礼団のようにバーリアのゴックハー廟に運ばれました。1軒の家に入って夜になるのを待ち、小舟に乗りました。この渡し舟で1時間ほど走って合流点に着き、そこから私たちは1艘の漁船に案内されました」

「この小舟は、幅が約2.5メートル、長さ15メートルで、6家族が金を出し合ってチャーターしました。一行はヴァン医師と妻である研修医――この夫妻は同行者の健康管理を担当しました――、彼らの2人の小さな男の子、操縦士1

---

311 チャン・ヴァン・ゴットは1989年にやっと出国を果たし、現在はテキサス州ヒューストンに在住している。
312 現在はドイツ在住。

人、船長、そして私たち3家族でした。でも、大きな船に案内された時、それまでこっそり隠れていた大勢のグループが、最高の料金を支払って、どさくさに紛れて一緒に乗船してきました。その結果、船は老若男女126人を運ぶことになりました。地元の要人から兵士までが、やたらと船着場にやってきては、みな袖の下の恩恵を受けていました。旧正月が近づいていたので、出航は順調に進みました」

ゴ・ホン・ゴックは続ける。「母は私たち姉妹に、喉が渇いたり疲れたりしたら噛むようにと、薄く切った薬用人参を持たせてくれました。母はまた、両親への連絡用にと、私の上着とズボンの裾にいくらかの米ドル紙幣を縫い込み、0.1両相当の4つの小さな指輪を持たせてくれました。島に着いたら、両親に連絡を取るため使ってくれ、という願いを込めてです。船に乗ると、女と子供はデッキの下に連れていかれました。私たちは、薄い木の板を組み合わせてコールタールを塗った棚の上に、ぎゅう詰めになって横たわっていました。波が打ちつける度に、誰もが心臓が締め付けられるように痛み、吐き気を催しました。私の幼い妹は飢えと渇きに苦しみ、母が持たせてくれた薬用人参の切れ端を齧りましたが、それを食べ尽くした後は衰弱していきました。私たち家族の友人であるレ兄さんは、私たちが分け合って食べる1杯のおかゆを調達するために『交渉』しなければなりませんでした。海に出て3日目になると、レ兄さんは私たち姉妹を、時々デッキの上に連れていってくれました。私たちは少しばかり深呼吸すると、すぐまた船倉に戻らなければなりませんでした」

4日目に、操縦士が居眠りして潤滑油を注しそこねたため、エンジンが火を噴いた。ゴ・ホン・ゴックのいとこで、当時やっと満10歳だったゴ・クアン・フン[313]は、こう回想している。「洋上を漂流している数日間、みんなで毛布を張って帆の代わりにし、何とかして公海に出ようと頑張りました。夜間、遠くに大きな船の影が見えると、全員で声を張り上げ、懐中電灯でSOSの信号を送って助けを求めましたが、船は来てくれませんでした。ある時には、飛行機が頭上を飛んでいるのが見えたので、期待を込めて大声で叫びました。1人の女性は、舷側に鉄板で丸く囲った『トイレ』で用を足そうとした時、波が打ちつけて海上に転落しました。夜になっても、波の音に混じって祈りの声が聞こえ

---

313 現在はニューヨーク州SUNYバッファロー大学教授。

ていました」。ホン・ゴックは、「船が大きく揺れる度に、私は妹の手を強く握り締めました。生きるも死ぬも一緒に、とだけ願っていました。父母を呼ぶ子供、夫を呼ぶ妻の声が周囲に聞こえていました。自由の岸辺に辿り着きたいという希望はもう誰も持っておらず、ただ生きていたいと願うばかりでした」と語っている。

　遂に島が見えた時、みなほっと安堵の溜息をついた。しかし、島からおよそ300メートルの所で暗礁に乗り上げ、船底に穴が開いてしまった。人々はデッキの上に這い上がった。漁をしていた人や、近くにいた人たちが泳いで来てくれたので、みな船から飛び降り、岸まで泳いで難を逃れた。「船から飛び降りる時、ヴァン先生は舵輪が頭を直撃して死亡しました。前夜トイレから海に転落した女性は、船がまだ外海にある時に救助されていましたが、岸まで泳ごうとして死んでしまいました」と、ゴ・クアン・フンは語っている。ゴ・ホン・ゴックによれば、「25人の男女が岩に打ちつけられ、波にのまれ、私たちの目の前で死んでいきました。わずか数分後には、男女の遺体がうつ伏せや仰向きになって浮かび上がりました」という。

　船はゆっくりと沈んでいった。機転をきかせた人たちがロープを持って岩に登り、女性や子供たちをそれにつかまらせて、1歩1歩大きな岩を上らせた。他にも数体の遺体が波に打ち上げられ、岩の間に挟まっていた。ゴ・ホン・ゴックは、「それからおよそ1時間後に大きな波が押し寄せました。島から見えたのは、ばらばらになり、無数の板切れになって漂っている私たちの船と、その間に浮いている遺体、そして血の広がりでした」と語る。彼女の記憶では、「忘れようにも忘れられない1つの光景は、海岸に散らばっていた無数のラオス製サンダルと、どこからか打ち寄せられてきた多くの木片でした」という。「このような巡り合わせになったのは、私たちの船だけではないでしょう」

　ゴ・クアン・フンは、生存者たちの最大のトラウマになっていることとして、次のように語っている。「私たちが岸辺に辿り着くため、波や、岩礁や、舵輪と格闘しているちょうどその時に、潮位が増してきました。船が乗り上げた岩礁は刻々と海岸から隔てられ、徐々に海中に没していきました。生存者たちが岸に辿り着いた時、どういうわけか、1人の男の子がまだその岩礁の上に取り残されていたのです。波はとてつもなく強く、岩壁はそそり立っていました。

私たちは既に、3日も4日も飢えと渇きに苦んでいました。恐ろしいほどの渇きでした！　刻々と波に隔てられてゆく岩礁に、誰も泳いで戻ることはできず、みな呆然と見守るばかりでした。波間には、男女の遺体がうつ伏せや仰向けになって漂っています。波が徐々に岩礁を覆うようになっても、男の子はまだ立っていましたが、もはや小さな点がもがいているようにしか見えませんでした。小舟も、暗礁も、男の子も……すべて消えてゆきました。まるで最初から存在しなかったかのように。私たちはその光景に背を向け、水平線に太陽が沈む前に岸壁のてっぺんに這い登りました」

　幸運にも、ゴ・ホン・ゴック一家と操縦士の家族は全員無事だった。岸壁に上った人々は、改めてそれが崖に囲まれたバイカイン島だと気がついたが、潮が満ちてきたため懸命によじ登った。ゴ・ホン・ゴックはこう語る。「私たちは互いに抱き合い、飢えと渇きを忘れようとしました。最も気の毒だったのは、妻と子の目の前で夫が死んでしまったヴァン医師の家族でした。妻は夫を失った上に、船から脱出する際に足を骨折していました。ヴァン医師の妹タオは、兄嫁に手を貸しながら2人の小さな子供を気遣っていました。子供たちは父の死を悲しむ一方で飢えと渇きに苦しみ、時折『お父さん！　お腹が空いたよ！　寒いよ！』と声を上げていました。1晩が1ヵ月にも感じられました。それが大晦日の夜だと気がついた人は、ほとんどいませんでした。私たちは山の頂上に登れるよう夜明けを待つばかりで、向こう側に人がいることをひたすら願っていました」

　しかし、向こう側にもやはり無人島しかなかった。ゴ・ホン・ゴックは、「私たちは、日が落ちてから寒さを凌げるよう、木の枝を折り、積み上げて大きな山にしました。そして、沖合いを行く船が見つけて救助してくれることに望みを託しました。薪が燃え尽きたとき、ボートが接岸する音がして、銃声と、続いて『ベトナム社会主義共和国……コンダオ人民公安警察……武器を捨てて投降せよ！』というメガフォンの声が聞こえました。またもやベトナム社会主義共和国！　それ以上に私たちを苦しませるものはありません。旧正月3日の朝、私たちは大きな艀に乗せられて、コンダオ島の山中に連れていかれました」と語っている。

　彼女によれば、「その日から、私たちは濃い灰色の囚人服を2着ずつと、ごわ

ごわした綿布を支給され、大きな監房に入れられました。部屋の両側には長いコンクリートの台があり、中央に通路がありました。私たちは布団も枕もないまま、その台の上に並んで寝ました。食事は1日2回で、たまにゴマ塩か茹でた野菜がつきました。朝の点呼がすむと扉が開き、私たちは外へ出て水浴びや洗濯をしたり、軒下を歩き回ることができました。何人かは呼ばれて『仕事』に行きました。女性刑務所の向かい側に男性刑務所の敷地がありました。男性の囚人は、野菜を植えたり、トイレ掃除をするような労働に出る時以外は、房内に閉じ込められていました。私たちが収監された時には、コンダオはもう政治囚の刑務所ではありませんでした。囚人の多くは国外脱出を試みた人々で、最も長く収容されているのは、普通、船長や操縦士のような『重要人物』でした」という。

　ホン・ゴックらはコンダオで4週間過ごしてから、大型の艀に乗せられ、ヴンタウにあるコーマイ刑務所に運ばれた。コンダオとは違って、コーマイ刑務所には様々な類の囚人が収監されており、罪の重い政治犯は隔離されていた。ホン・ゴックは他の女性政治囚・一般囚と一緒に収監された。「房にはズィー・バーという名の囚人がいました。彼女はかつて南ベトナムの心理戦争部隊の将校で、6回も国外脱出を企てて6回とも失敗したという話でした」。ホン・ゴックはこのコーマイ刑務所に7ヵ月収監されていた。南ベトナムのある海軍兵士に至っては、国外脱出を組織した廉で5年間投獄されていた。

　1985年、ベトナム社会主義共和国初の刑法が公布され、国外脱出は「国家の治安を侵害する罪」という区分に入る刑事犯罪とされた。それ以前は、脱出を試みて捕まった人々は、裁判なしで投獄されるか、国会常務委員会が1967年に施行した、反革命を処罰する法令に基づいて処理されていた。脱出の廉で起訴された人々の弁護を務めたことがあるチュオン・ティ・ホア弁護士によれば、裁判所は1967年の法令の諸条項をかなり積極的に適用していたが、被告の大多数は第9条「秘密裡に敵に従い、あるいは反革命的な目的で秘密裡に国外に逃れた罪」で処罰されたという。

　詩人チョアが、ザーチュン刑務所の独房の長い日々から得た教訓は、脱出しようとして捕まったならば、もはや自分の無罪を主張しないということだった。ロンアンの公安警察の収容所にいる間、彼は非常に「素直」だったので、3年

の刑を2年に短縮されて釈放されたのだった。しかし、その頃に捕まったのはまだ幸運だったと言えよう。

　フン・ヴァン・ヴィン[314]は、次のように回想している。「1981年の夏、ダナンのタインビンの浜辺で、4人の脱出者が射殺された。海の中の遺体は岸辺に引き上げられて並べられ、引き取り手が来るまで放置されていた……。彼らの体には無数の弾痕が黒っぽく口をあけ、ハエがわんわんとたかっていた。死者の1人はアメリカ人との混血の青年で、艶のある金髪で、他の遺体より身長があった。その後、3人は親族が引き取りに来て埋葬されたが、アメリカ人との混血のその青年は、誰も引き取り手がいなかった。腐敗臭に耐えかねた近隣の住民が、遺体をどこかへ運んだそうだ……。私は当時、大人たちが『当局は地域の住民に警告を与えるために、わざとあんなことをしたのだ』と、ひそひそ言い交わしているのを聞いた。ダナンの住民が命がけで海を越えることで有名になったのは、そのせいだよ」。しかし、その結果は死という形で目の前に突きつけられるだけだった。

5. 難民キャンプまでの道

　1975年以後の15年間を通して、南部の多くの人々にとって、国外脱出は唯一の逃げ道だったが、それはあまりにも高くついた逃げ道だった。何千人もの人々が、自分の命を引き換えにしなければならなかったのだ。他の数千人は「自由の岸辺に辿り着くことができた」が、海上で恐怖の経験をした後では、いつも平静でいられるとは限らなかった。

　1977年10月24日、グエン・ドゥック・トゥエ医師[315]をはじめとする脱出者の一団は、航海5日目に入ったところで船のエンジンが壊れて立往生した。彼らは持っている限りのポンチョを寄せ集めて帆を作り、タイの方角に向かった。2日後には、用意してきた食料が底を尽いた。トゥエ医師は語る。「脱出組織委員会は『拡大』会議を開き、『コミューン政策』を打ち出した。つまり、乗船しているすべてのグループに食物を供出させ、それらを集めた上で、全員に毎日

314　ヴィンは1989年に香港に脱出し、現在はアメリカのフロリダ州に在住している。
315　ビンザン病院で勤務していた。現在はテキサス州ヒューストン在住。

均等に分けるようにしたのだ。船の水タンクは塩素で消毒され、炊事用と飲用の水があった。炒り米はおかゆに調理されてから、米1包分が10人の家族に割り当てられた。10日目、4隻の大きな商船が見えたので、私たちは火を焚き、手を振り、服を手旗信号にして救援を求めた。だが、それらの船は、私たちの小船が海上を漂流しているのを横目で見ながら行き過ぎていった」

　航海11日目の夕方、「海は穏やかで波は静かだった。突然、水平線の彼方に1隻の漁船が投錨しているのが見えた。夕暮れの海に再び希望がもたらされた。私たちは手を振り、声を限りに叫び、服の手旗信号を振ったが、漁船からは誰も応えなかった。だが、とうとう幸運が訪れた。漁船の魚網が、私たちの船のすぐ近くまで流れてきたのだ。若い2人の仲間、ドゥックとタインが勇気を奮って海に飛び込み、魚網の所まで泳いでいって、タイの漁師たちが2隻の船でやってくるまでそれにしがみついていた。船では全員がどきどきしながら見守っていた……。私たちの船は、タイの漁民たちによって、夜の間にタイ東岸のパタニの港に曳航された。洋上から見える街の灯は希望の星だった。船はパタニの岸で置き去りにされ、警察が調べに来た。私たちは正式には上陸できなかったが、地元の住民とのやり取りは許された。買物もでき、南部『解放』の日から2年ぶりにコカコーラを飲むことができたのだ」

　トゥエ医師の一団が、食料を補充するためにパタニに滞在できたのは2日間だけだった。エンジンを修理すると、彼らの船はタイの船に護送されて、ベトナム難民のキャンプがあるソンクラーに向かった。2日間航行してソンクラーに着き、船着場が見えたが、タイの巡視船に銃を突きつけられて追い払われた。トゥエ医師は続ける。「1日経つとまたエンジンが故障した。ポンチョとレインコートを繋ぎ合わせて帆を作り、船は7日間漂流した挙句、潮の流れのおかげでソンクラーに戻ることができた。船着場に入ると、私たちは抱き合い、老人も若者も、大人も子供も海に飛び込んで泳いだ。同時にタイ人たちが船に殺到した。彼らは船から荷物を放り出して奪い去り、船のエンジンを壊して海に放り投げた。私たち一行は海岸にいるしかなかった。見渡す限りに広がっている海岸だった。夜になると、砂を掘って寝床を作り、女性たちがタイ人に襲われないよう見張りを立てた。昼間は付近の住民が、動物園の客のように、ロープの囲いの外から私たちを遠巻きに眺めた。彼らは猿に餌を投げ与えるように、

食物や果物を投げ入れた。自由はまだなく、略奪だけがあった」

3日後、ソンクラー県の知事が衛兵を伴ってやってきた。知事らは、フークォック島からソンクラーに向かう船に乗っていた67人を連れてきた。当時のタイは、難民を受け入れない政策をとっていたので、67人は追い払われ、トゥエ医師の一行に合流させられたのである。トゥエ医師はこう語っている。「私は英語が少しできたので、ソンクラーの知事と話をして、そこに滞在させてもらえるよう掛け合った。しかし、知事は棒を手に取り、子供を抱いていた私の妻を打つよう命令し、英語で『レッツ・ゴー』と怒鳴った。他の女性たちの子供も母親の手からもぎ取られ、1人ずつ船に放り込まれた。母親たちは子供を追って乗船するしかなかった。タイ人兵士に殴られたハイ兄貴は鼻から血を流していた。知事の近くに立っていた私は、怒り狂って彼のすぐ側まで進み出た。衛兵たちは私が知事を殴るのではないかと思ったのだろう、1人が慌てて実弾を込めたコルト拳銃を抜き、私の頭に狙いをつけた。衛兵部隊の親切な軍曹が、『知事閣下に逆らうな。本当に撃たれるぞ』と私に囁いた」

「船で数週間も過ごすうちに、ディーゼル・エンジンの排気を浴びて、私たちの体は真っ黒になった。頭は痒く、櫛を入れると虱がこぼれ落ちた。日光や風雨に晒されて、子供たちの多くは皮膚がただれていた。うちの子のゴックは、乗船した日には、母方の祖母が縫ったきれいな服で念入りに着飾っていた。だが、船で漂流するうちに、服は船倉の錆混じりの水が染みついて黄色く変色してしまい、ゴックはうす汚い子供に変貌してしまった。ナラティワートにいた1週間に、私たち夫婦はタイ軍の医療部門にいる若い看護師夫妻と親しくなった。私たちが期待とは裏腹にタイの難民キャンプに収容されず、そこを離れなければならないと知ると、その夫婦はゴックを養子にもらいたいと言った。これからの逃避行で、私たちが生きながらえるとは思えない、もし幸運にもどこかに上陸できて、アメリカに入国できた時に、手紙で報せれば良いと言うのだった。この親切で誠実な申し出に、私たちはためらい、どうしたものかと思案した。その夜、私の2人の弟ホンとヒエンが、連れ立って私のところへ来てこう言った。『生きる時も死ぬ時も一緒だよ。もうここまで来れば、あと少しの道のりだ。僕たちが運の悪い兄弟だというなら、一緒に悪運を辿ろう』。私たち夫婦は運を天に任せることに決めた」

1977年10月19日、トゥエ医師の一行を乗せた船は、40日間海を漂ってからマレーシアのトレンガヌに到着した。生と死が隣り合わせに感じられる時もあったが、彼らの逃避行は幸運だったと言えよう。女性60人、子供60人を含む168人のグループは海賊に襲われることもなく、重病人も出ず、死者を海に埋葬する必要もなかった。

　ファン・ゴック・ヴオン少尉は、6度目の脱出でマレーシアの難民キャンプに収容された。1978年の5度目の脱出行は、多くの幸運に恵まれたにもかかわらず失敗に終わった。彼らを乗せて海に出た船は、ティエン河で使われていたカーゾムと呼ばれる木造の川船だった。3日3晩航海したところでエンジンが壊れ、船は公海上をあてもなく漂流した。50隻の船が付近を通過したが、どの船も救助してくれなかった。4日目の午後5時頃、ヘーゲンブルガーという船名の船が近くを通った。ヴオンは意を決して海に飛び込み、船の行く手を遮るように泳いだ。

　大型船は数分間けたたましい汽笛を鳴らした後に、ボートを下ろした。1人の士官と3人の水兵が乗っていた。ボートが海面に下りるや否や、士官が銃を発射し、ヴオンのすぐ後ろの海面に弾丸が突き刺さった。ボートは素早く接近したかと思うと、一瞬のうちにヴオンを引っ張り上げた。士官は「あんたは誰だ？」と尋ねた。ヴオンが「私はベトナム難民だ。あなたたちは？」と言うと、士官は「われわれは東ドイツから来た」と答えた。「なぜ私を撃った？」と訊くと、士官は言った。「気がつかなかったのか。鮫が2匹、あんたを後ろから狙っていたんだぞ」

　船長と面会する前に、彼らはヴオンを船の食堂に連れていき、牛肉の皿とコーラの瓶を並べたテーブルに着かせた。ヴオンにとって、それは人生で最高のご馳走だった。船の乗組員たちはとても礼儀正しかったが、難民を香港に連れていく訳にはいかなかった。ヘーゲンブルガー号は、最初は難民船を放っておくつもりだったが、嵐が近づいていて、ベトナム難民を乗せたエンジンの壊れた船が、沈没するかも知れないと見ると、引き返したのだった。話し合いの末、ベトナムの港に入って嵐を避けることになり、ヴオンらはそれを受け入れた。

　明け方になるとヴンタウの岸が見えた。ヘーゲンブルガー号の乗組員は、ベトナム当局に報告した後に戻っていった。朝5時頃、公安警察の船が姿を現し

第6章　国外脱出

た。元南ベトナム海軍中尉で、思想改造収容所から出てきたばかりだった難民船の船長は、海に飛び込んで逃げた。ヴオンにも分かっていた。彼やその元中尉のような人物は、もう一度捕まったら刑務所で朽ち果てるしかないのだ。彼もまた海に飛び込んだ。数メートル泳いだところで、船から小さな男の子が、かなり大きな発泡スチロールの塊を投げてくれた。まさにその発泡スチロールが彼の命を救ってくれたのだ。元海軍中尉の方は、とうとう岸辺に泳ぎ着くことができなかった。

　数時間後、ヴオンは数人のロシア人船員の手でボートに引き上げられた。しかし、彼らの態度から、ヴオンは警察に引き渡されるのではないかと恐れた。だから小さな漁船が近くを通った時、それに向かって「おい、僕を助けてくれ！」と叫んだ。漁船に乗っていた2人の若者が「脱出か？　飛び込め！」と応え、ヴオンは再び海に飛び込んだ。2人の若者は、彼をとある漁村の家に連れていった。彼を休ませ、食事を与えてから、2人はヴオンに1両相当の金を持たせて、サイゴンに送ってくれた。この場合、オートバイに乗って行くのは安全ではなかったが、長距離バスでは絶対無理だった。公安警察の検問があるので、移動許可書を持っていなければ即刻逮捕されるだろう。彼らは日が暮れるのを待って出発し、夜11時にゴーヴァップにあるヴオンの母親の家に到着した。母は息子を見るとわっと泣き出した。「何度脱出しても、こんなふうにうまく行かないのは、どういうわけなんだろうね？」

　ヴンタウに連れていかれ、川船に取り残された人々は、みなヴァン・ゴック・ヴオン（カーゾム）を守るために「罪」をすべて認めた。彼らはコーマイ収容所に2ヵ月間収監されてから釈放されたのだ。「ファン・ゴック・ヴオンは1人で国外脱出を組織した。たとえ順調に行かなくても、彼の外国語の力と、緊急事態への対応能力はかなり高い」という話は、脱出希望者の間で急速に広まった。その後、裕福な人々がヴオンに金銭を与え、彼らの家族の脱出を指揮してほしいと願い出た。その時の脱出者は総勢49人で、ヴオンの弟妹5人も含まれていた。これまでの5回と違い、その6回目の脱出は思いがけず幸運だった。

　航海4日目の夜、タイの漁船が難民船に横付けしてきた。「私は女性たちに、全員船倉に下りて身を隠せと呼びかけた。漁船の方からは代表者が来て、船長と話をした。漁船に移り、船長室に仏像がびっしり並んでいるのを見て、私は

ついてるぞと思った。船長は『君たちは何が必要だね？』と尋ねたので、私は『飲み水を少々。それと航路を教えて下さい』と答えた。船長は飲み水と甘い緑豆を出してくれた。『それからガソリンもだろう？』『おっしゃる通り』。船長は『この方向にずっと行けば、明日の午後にはマレーシアに着くだろう』と手で指した。果たして、翌日の午後4時頃、われわれは椰子の木が並ぶ陸地を目にしたのだ」

　船が岸辺に近づいた時、難民たちが受けた歓迎は、迷彩服姿の12人の機動隊員に黒い銃を突きつけられることだった。ヴォンはその時、意を決してジーンズ一丁で海に入り、両手を挙げながら近づいていった。警官が「ストップ！」と叫ぶと、ヴォンは「難民だ！」と告げた。「人数は？」「49名」「金ドルを持っているか？」「持っている」「オーケー、金をここに持ってきたら上陸させてやる」。ヴォンは船に引き返した。船長は5両の金と若干の装飾品を出し、ヴォンはそれを持って岸に上がった。金を受け取ると、警察官は「船に穴をあけて沈めてから上陸しろ」と言った。

　上陸した49人は、だだっ広く何もない海浜で過ごすしかなかった。警察官たちが時々やってきては、金を出せば欲しい物を買ってきてやると言った。4日後、さらにもう1隻の船が到着した。それは非公式に出国した華人が所有する船で、乗員140人の大部分はベトナム人だった。総勢189人は工夫を凝らし、1週間かけて海浜に井戸を掘って水を確保し、薪を集めて炊事をした。11日目、士官の軍服を着て青いベレー帽を被った1人の男が現れた。彼はただ1人英語がわかるヴォンと面会して、「私は国連難民高等弁務官事務所（UNHCR）の者です」と告げた。国外脱出者がUNHCRの人間に出会うのは、きわめて稀なことだった。

　1989年5月27日に脱出したファム・タイン・トゥンほか96人の脱出者たち[316]の場合、もし国境警備艇の検問にもう少し時間がかかっていたら、彼らは魚の生簀の中で凍え死んでいたかも知れない。トゥンたちのグループは、サイゴンからチャウドック[アンザン省]まで行くと、まるでチャウドックの聖母教会で祈りを捧げる時のように、ココナッツを運搬する小舟の上に並んで横たわった。船長は脱出者たちの上に椰子の葉を被せてカムフラージュし、彼らをミ

316　現在はカリフォルニア州オレンジ郡在住。

ートゥアン［アンザン省］の北の方へ運んだ。午前4時、船は河に投錨していた大きな木造船と合流した。船長の妻子を含む総勢97名は魚の生簀の中に入れられた。彼らを隠すため、上からたくさんの木や石が何層にも積み重ねられた。河口まで来た時、国境警備艇に出くわした。検問は長々と続き、生簀に隠れていた子供の1人は、とうとう肌が紫色になってしまった。検問が終わると、船長はさらに1時間ほど航行した。確実に警備海域の外に出てから、まだ力が残っている若者たちにカムフラージュ用の木や石を海に捨てさせた。その時には、生簀で凍えて意識を失っている者が大勢いた。ファム・タイン・トゥンにとって、それは実に11回目の脱出行だった。6月1日、彼が乗った船はフィリピンのタランプル島に着いた。

　トゥオンたちの船にわずか1日遅れて、6月2日に別の難民船が、やはりタランプル島の近くにやってきた。嵐が迫っていることを知った船は、沖合いに投錨して誘導を待つ代わりに、急いで島に乗りつけようとした。船は珊瑚礁に乗り上げて座礁し、その直後に大きな波に打たれて木っ端微塵になった。自力で岸に泳ぎ着き、嵐が去った後に生き残っていたのは5人だけだった。その船には117人が乗っていた……と生存者たちは語った。

　元南ベトナム海軍中尉のチャン・クアン・フオックの場合は、国境警備隊に見つからないよう、気象庁が第7級の台風が来ると予報した時に出発することに決めた。1987年8月7日のことだった。船にはフオックの家族4人を含む27人が乗船していた。フオックの息子チャン・ミン・チェットはこう語っている。「夜中に船が出ると、嵐がやってきました。全員が船酔いになって、てんでに横たわり、動けるのは父と私だけでした。父が舵を握り、翌日の正午には外洋に出ました。父は舵取りを私に任せました。波と波がつながって山のようになり、小さな船を押し上げる様を私は初めて目にしました。私にできることは、ただ大海原に身を委ね、父が言った通りに進み続けることだけでした。波に海の底に持って行かれるのではないか、という感覚が常にありました」。わずか4日後、船は奇跡的にマレーシアに漂着した。「1982年以来、15回の脱出に失敗した後で、私たち父子はスンゲイペシの難民キャンプに入れられたのです」と、チャン・ミン・チェットは語っている。

　1987年末、チャン・ミン・チェットが滞在していたキャンプの同じ建物に、

ある若い女性が住んでいた。「夕刻に階下に降りると、その女性がいつも暗い隅に隠れてすすり泣いているのを見かけました。私たちは彼女をそっとしておくしかありませんでした。彼女にかまっても、怖がって縮こまってしまうだけでしたから。誰もあえて声をかけようとはしませんでした。彼女は船に乗っている時、海賊に何度も暴行されていたのです」

ポロ・ビドンのキャンプに移った時、チェットは自分と同じくらいの歳の女性に出会った。彼女はもう1人の難民と一緒に救助されたが、その2名はシャム湾で海賊に襲われた船の生存者のようだった。彼女は、兄が海賊に体を3つに切断されるのを目の当たりにしながら、何度も暴行を受けたのだった。「彼女は毎夕、海に行こうと私を誘いました。でも、その海が目に入るや否や、パニック発作を起こして地面に倒れるのでした。白目を剝いて、口はひきつっていました」。ポロ・ビドンに何年も滞在した他の難民と違って、ズンという名のその女性は、そこに45日間しかいなかった。ある慈善団体に保護されて治療を受けたという。

グエン・ヴァン・マイ[317]はこう語っている。「1980年代、私は各地の難民キャンプを何度も訪れて、胸の痛む証言を何千回も聞きました。タイの難民キャンプで、海賊に何度も暴行されたというある女性に面会しましたが、赤十字で治療を受けた時には、彼女の傷は膿みただれていたそうです。彼女が住む小屋の隅から異臭が漂ってきて、医師たちは彼女が出産したことに気づきました。赤ん坊は双子で、正常な状態ではありませんでした。医師たちが言うには、双子の指の間には水かきがあったそうです。医師たちは、子供たちを手放すよう勧めました。女性の夫は素朴な農民で、既に4人の子供がいましたが、『この子たちに罪はない。女房の腹にいた子供たちに、天が何らかの業を与えたのなら、私がそれを破る筋合いはない』と言うのでした」。マイは、「彼にそんな決意があるとは誰も思ってもいませんでした。海賊どもは彼に半月刀を突きつけ、子供たちの目の前で母親を暴行したのですから」と付け足した。その時期に、タイの海賊の犠牲になった難民がどれだけいたのか、確かなことは分からない。1989年4月16日の時点でも、マレーシアの近海で、130人を乗せた難民船が海賊の襲撃を受けている。UNHCRによれば、海賊は女性たちを暴行した後で

317　1975年以後にニャチャンから脱出したボートピープル。現在はシカゴ在住。

船に火を放った。この不幸な難民船の生存者は1名だけだったという。[318]

1989年6月13〜14日に開催された第2回インドシナ難民国際会議で、UNHCRは、1988年後半から1989年6月までの間だけで、28隻の船に乗った590名の難民が行方不明になったと報告している。[319] UNHCRの資料によれば、各国に漂着したベトナム難民は100万人近くに上っている。内訳は、オーストラリア1750人、マカオ7128人、シンガポール3万2000人、フィリピン5万1722人、タイ11万7321人、インドネシア12万1708人、香港19万5833人、マレーシア25万4495人で、一部は日本、台湾、韓国などにも上陸している。[320] しかし、統計上の数字だけでは、広い海の上で起きたことのすべてを語ることはできない。

多くの難民の記憶に残っていることだが、フィリピンのパラワン島のキャンプの、UNHCR事務所の入口前には1艘の船が置かれていた。この船が海岸に打ち上げられた時、何体もの膨れ上がった遺体の近くで、臨月の腹を抱えた妊婦が発見された。どのような奇跡が起こったのか誰にも分からなかったが、この女性は発見された時にはまだ息があった。彼女は子供を産み落とすまで生きており、おかげでその船に計50人が乗っていたことが分かった。難民船に必ず生存者がいて、自分以外の人々の運命について証言できるとは限らない。1975年から1990年代初めまでの時期に、どれだけのベトナム人が海の藻屑と消え、どれだけの船が沈没し、海賊に襲われて略奪、殺害の憂き目に遭い、どれだけの女性と子供が海賊の暴行を受けたのか、永遠に分からないのである。

1996年に国連が各地域の難民キャンプの閉鎖を決定し、ベトナム国内の生活が落ち着き始めた頃、ベトナム難民の歴史は幕を下ろし、20年も続いた長い悲劇にようやく終止符が打たれたのだった。

---

318 *Tuổi Trẻ Chủ Nhật*, 23, July, 1989.
319 1990年代初めには、いったん国外に脱出した人々が一時帰国するようになっていたが、それでも新たに脱出する人々がいた。ベトナム政府と社会が、越僑［在外ベトナム人］の繁栄ぶりを刮目して見るようになったため、特にベトナム北部の人々が、海外に行きたいとますます熱望するようになったのだ。その当時は、ドイモイ政策はまだ十分な成果を上げず、人々を引き止めるだけの影響力がなかった。1990年代初め、国連は「自発的帰国」プログラムを作成し、帰国に同意した難民は1人につき360ドルの支援金を受けた。このプログラムは国外脱出の流れを刺激した。なぜなら、もし第三国に行き着けなかった場合、4〜5人の世帯なら結構な金額を受け取ることができたからだ。
320 UNHCRによれば、諸外国に定住した難民の数は、オーストラリアが11万996人、カナダが10万3053人、フランスが2万7071人、ドイツが1万6848人、オランダが7565人、イギリスが1万9355人、アメリカが42万4590人、その他の国が5万5000人以上となっている。

第7章
「解放」

ホー・チ・ミンの布製ポスター
（小高泰氏提供）

●訳者解説

　軍事管理委員会による軍政下のサイゴンでは、南ベトナム時代の新聞はすべて発行を停止された。出版社や印刷所も接収され、旧政権下のあらゆる出版物は発禁となり、新たな出版物の発行も禁止された。市内の書店からは本や雑誌が一斉に消え、既存の書籍やレコード、カセットテープなどは投げ売りされた。ナイトクラブやマッサージ店などのサービス業は、アメリカ的腐敗文化として営業を禁止された。長髪やミニスカート、パンタロン、マニキュアなども「自主規制」され、若者は髪を短くするため床屋に行列し、若い女性は地味な服を着るようになった。「サイゴンのファッションは、よれよれの緑の軍服とホーチミン・サンダルが一気に主流となった」という。

　戦火を避けて難民が地方から流入し、戦後は旧南ベトナム軍の兵士が復帰したため、サイゴンの人口は500万人を超えていた。旧南ベトナムの公務員や軍人をはじめ、失業者は市民の8割に及ぶと言われた。外国援助に依存していた経済は崩壊し、物不足と物価高騰のため、市民は家財道具を売って生活しなければならなかった。軍事管理委員会は貧困世帯に対して米の配給を行ない、各地の配給所には長い列ができた。都市部の経済混乱を解消し、農村の生産力を高めるため、都市住民を新経済区に移住させる強権的な政策がとられた。その一方で、人心掌握のために、革命事業に協力すれば過去の政治的立場は問わない、という呼びかけも行なわれた。

　　　　　　　　　　　　　参考：牧久『サイゴンの火焔樹』ウェッジ、2009年。

多くのベトナム人が、南部を解放するために闘うという信念を持って銃を取った。国家のメディアは何十年もの間、その事をあたかも真理のように繰り返し繰り返し伝えた。「解放」とは、1975年4月30日に終結した出来事を描写するためのレトリックである。それでも、戦区にいた革命勢力だけでなく、一般社会でも、条件反射的に「解放」という単語を使う人々は少なくない。数百万の人々が国を捨てて出ていったが、南部の数千万の人々は国内に留まる道を選んだ。留まった人々こそが、「解放」について証言できる当事者なのだ。

1. 変わるサイゴン

　1975年5月2日の午後、ホーチミン市の経済財政委員会は、ヴォー・ヴァン・キェットの一行をペトロスキー校［1927年にサイゴンに設立された名門高校。1975年にレホンフォン校と改称］からファンタインザン通り222・224番地[321]に送り届けた。その家は、元はイギリス駐在武官の住居で、武官の助手を務めていた者も、また革命勢力の秘密工作員だった。ヴォー・ヴァン・キェットが到着すると、家を守っていた家族が大喜びで迎えた。この一家は、その日から「市委のスタッフ」に任ぜられた。

　4月30日の午後にサイゴン入りした主力軍の輸送を担当した、GMCの運転手のこんなエピソードもある。No.4ティックはその運転手に、キェットをペトロスキー校に送ってから、引き返して、後から行く仲間たちを出迎えるよう言いつけた。運転手の仕事が終わると、ティックは彼を帰宅させた。夕方になって、キェットが「今日の午後にいた2人の運転手は？」と尋ねた。仲間が「帰ったよ」と言うと、キェットは憤慨して「功労者の名前や住所を訊かなかったのか？」と声を上げた。残念ながら誰も訊いていなかった。

　その1日の間に、無数の人々が街頭に繰り出したが、その中で何らかの働きをして、後で「革命要員」になった人は大勢いる。後に「4月30日の革命要員」と呼ばれるようになったスタッフである。もっとも、革命に奉仕した後で、この運転手のようにさっさと帰ってしまい、名前が分からなかった人々も大勢いた。

　状況がとりあえず安定した5月2日、キェットはNo.9チンに、ビンタインに

321　1975年8月からディエンビエンフー通りと改称された。

行ってNo.6ホアの家族を探すよう命じた。ホアの家庭は、1950年代の初めから、市内で密かに「ベトコン」を支援する拠点になっていた。1956年の半ば、レ・ズアンはグエン・ヴァン・リンによってサイゴンに迎え入れられ、ホアの家に連れていかれて、そこに3ヵ月近く身を隠していた。1963年、ヴォー・ヴァン・キェットも、ホアが運転する車に迎えられてサイゴンに入った。それ以来、キェットの要請で、ホアは女性の革命要員No.6チュンと共に、キェットを乗せて何度も公開道路を行き来した。キェットが南部中央局から第9区に移り、地区委員会の書記の任に就く際には、ホアの車でチャウドックからラックザーへの公開道路を走った。キェットもまた、チンタインのノーチャンロン通り99/9番地のホアの家に滞在していたことがあった。キェットの息子No.9アインは、そこから父に従って解放区に出かけた。

　5月1日、No.9アインがビンタインに戻ってきた。UAZジープ[322]が行く先々では、人々が好奇の目で見つめ、ひそひそと囁き交わした。だが、車が99/9番地の路地に入っていくと、人々は仰天した。ホア家の子供たちは「ベトコン！　ベトコン！」と大声を上げた。喜んでいるのか怖がっているのか、たぶん子供たち自身にも分かっていなかっただろう。ホア夫妻はこの時まで、きわめて慎重に振る舞っていた。それは、長年にわたって敵の身中で活動し、数多くの不測の事態に直面してきた人の慎重さだった。当時、その地区ではまだ誰も、ホアが「共産主義者」であることを知らなかった。それはホアの子供たちも同様だった。しかし、子供たちはすぐさま車の中にアインの姿を見つけ、今度は本当に喜んではしゃいだ。

　家に入って腰を下ろすや否や、アインは「No.6ザンが、至急あなたにお目にかかりたいと言っています」と告げた。「彼はどこに？」ホアは興奮して震えながら尋ねた。アインはせき立てた。「それでは、着替えてすぐにおいで下さい。ザンは朝からあなたの話ばかりしています」。ホアは上着を羽織って車に乗った。目的地に着くと、キェットが玄関まで走り出てきた。2人はひしと抱き合った。「元気か？　変わりないか？」。キェットは2日後にホアの家を訪ね、一緒に食事をした。彼はホア夫妻の温情を思い出しながら、子供たちを1人ずつ抱擁した。レ・ズアンやグエン・ヴァン・リン、そしてキェット自身がこの家

322　1941年に誕生したソ連の有名ブランド車。

に潜伏していた頃は、この少年たちも自分の家にいながら命の危険に晒されていたのである。キェットは家の中を歩き回り、階上に上がり、部屋を覗き、手を伸ばして慣れ親しんだ物に触れた。それらは、かつて彼を匿い、命を助けてくれた物たちだった。

　1957年、レ・ズアンは北部に向かう前に、地域の委員をプノンペンに招集し、彼に代わってヴォー・ヴァン・キェットがサイゴンに入り、区の委員会の書記を務めることを決定した。キェットが戻った1958年末のサイゴンの情勢は、既に平穏ではなかった。ゴ・ディン・ジェム政権は、共産主義者の拠点を1つ1つ虱潰しに攻撃していた。キェットがプノンペンからの連絡を届けようとした委員クラスの人物は、軒並み殺されるか投獄されていた。キェットがサイゴンに近づくには、ザディン経由で行くしかなかった。ザディンからなら、サイゴンに出入りし易くなると、キェットは確認した。そして、ザディンをサイゴン地区委員会に編入することを提案し、中央の承認を得た。

　サイゴン「解放」後、ジャングルから出てきた区委・省委の書記の人事を調整する必要があったため、行政単位の再編についてしばしば論争が持ち上がった。グエン・タイン・トー[323]によれば、「1975年5月3日、マイ・チー・トが私を呼び、T4[324]を分割する方針を伝達した。私がサイゴン区委書記、マイ・チー・トがザディン省［現ホーチミン市、ビンズオン、ロンアン、テイニン各省を含む地域］委書記になるというわけだ。そして、トは私に引き継ぎを命じた」という。引き継ぎがほぼ完了した6月5日、トはトンニャット通り7番地[325]に来るようにとの手紙を受け取った。そこで彼は、「南部中央局はサイゴンとザディンの分離に賛成しない。したがって、貴君の市委副書記としての職務は変更されない。近日中に貴君に新しい任務を与える」というヴォー・ヴァン・キェットの正式な指令を聞いた。

　軍管委員会にいた時期、ヴォー・ヴァン・キェットは党特別委書記で、同時にサイゴン‐ザディン市委書記としても紹介された。1976年1月20日、南ベトナム共和国臨時政府閣僚会議議長のフィン・タン・ファットは、軍管委員会を

323　ベトナム共産党第4期中央委員。
324　サイゴン‐ザディン区委。
325　現在のレズアン通り。

人民革命委員会に置き換え、議長のポストをヴォー・ヴァン・キェットに、市委書記のポストをグエン・ヴァン・リンにそれぞれ委譲し、マイ・チー・トが市委副主席と公安局長を兼任する、という第3号決議に署名した。

1月21日の朝に独立宮殿で催された就任式の際、チャン・ヴァン・チャ上将は表明した。「われわれは情勢を確実に把握している。革命体制は揺るぎのないものであり、秩序・治安は日に日に安定化している。その成果は、自らの政府建設に真に参与した人民によって達成されたものである」[326]

1976年12月、共産党第4回大会の後に、ヴォー・ヴァン・キェットは政治局員候補、グエン・ヴァン・リンは同局員として中央に呼び戻された。市委書記の職務はそのままキェットに任された。それ以前から、サイゴン-ザディンにホー・チ・ミン主席の名をつけることを発想していたのは、自分だったとキェットは認めている。

ホー・チ・ミンがまだ実権を握っていた頃、1954年8月にトー・ヒューが作った詩の「南部に行くのは誰／ティエンザン、ハウザン／ホーチミン市に戻るのは誰／輝ける黄金の名……」というフレーズは、サイゴンに新しい名前をつけたことに関して、最初の「優秀作文」とみなされた。[327][328] トー・ヒューは当時、詩人として第一人者というだけでなく、党の中央宣伝訓練委員長の地位にもあったので、おそらく彼の意見は自動的に受け入れられたのだろう。ホー・チ・ミンがどう反応したか、歴史にすべてが記されているわけでもない。革命体制の芸術家たちも、それはサイゴンにとって名誉だと考えた。

サイゴン「解放」以前に、音楽家のカオ・ヴェト・バィックは、自分が作った

---

326 *Sài Gòn Giải Phóng*, 22, Jan. 1976.
327 トー・ヒュー「いざ行かん」、詩集『ヴェトバック』(1954年出版) 所収。
328 1946年8月25日、革命政権成立1周年を記念して、南部同胞の代表と、北部に代表を持つ南部の各階級政党が、ザディン通りの南部室に集まった。顔合わせの時に、チャン・ヒュー・ギエップ医師(元南部医療局副局長で、この時はホー・チ・ミン主席に面会し、南部の抵抗戦争への武器援助を中央政府に要請するため、ベンチェから海路でハノイに来たばかりだった)が、サイゴンの街の名前をホーチミン市と改めることを提案した。この案は、出席者全員の賛成で決議に盛り込まれ、1946年8月26日に政府に提出された。決議には「南部人民の闘いと犠牲、祖国に回帰する固い意志を象徴するために、サイゴン街の名を速やかにホーチミン市と改めることを、国会と中央政府に申請する」と記されていた。チャン・ヒュー・ギエップ、チャン・コン・トゥオン、グエン・タン・ジー・チョン、チャン・ヴァン・ザウなどを含む57名の出席者が、この決議に署名した。そして、その全文が、1946年8月27日の『救国日報』の1頁目と3頁目に掲載された(ホーチミン市総合図書館所蔵の『救国1946』紙資料、ダン・ウエン・ゴックによる収集・提供)。

歌に「北の名前を持った街からの歌声」という題をつけた。軍管委員会の設立に関する 5 月 3 日の通達にも、「サイゴン市、偉大なるホー・チ・ミン主席の名を持つ栄誉を与えられた街」とある。5 月 6 日、『サイゴン・ザイフォン』新聞が誕生した。その後、「解放」前にサイゴンの第三勢力が発行していた新聞『ティンサン』も、多くの特集記事で、見出しに大きく「ホーチミン市」と入れた。

しかし、1976 年 6 月 25 日に開会した初の統一国会で、チュオン・チンはヴォー・ヴァン・キェットによる問題提起に完全に同意はしなかった。政治局が国会に「サイゴンをホーチミン市と改称することを承認」させることをキェットが提案した時、チュオン・チンは、「国会は市の改称を承認するのではなく、これを検討することにする。なぜなら、国会だけがその権限を有するからだ」と述べている。

ヴォー・ヴァン・キェットは回想している。「休憩時間になって、バーディン広場[ハノイ中心部]の後方にある議長団専用の部屋に入った。そこにレ・ズアンとファム・ヴァン・ドン、チュオン・チンがいたので、私は抗議した。『どうして国会がこれ以上、市の名前を考える必要がある？　ただ歴史的な事実を承認すれば済むことだろう』。すると、チュオン・チンは断固として言った。『歴史には記録文書がなければならない。まだサイゴンの名称を変えると記した文書は存在しない』」。キェットが「歴史には文書化されていない事柄がたくさんある」と言うと、チュオン・チンは「普通、指導者の名前は首都につけるものだよ」と穏やかに言った。キェットは、「言葉を返すようだが、レーニンの名前は首都につけられているかね」と食い下がった。チュオン・チンはそれでも、「この問題に決定を下すのは国会でなければならない」と断言した。キェットはチュオン・チンを説得できず、「もし君たちが国会の決定を求めるなら、サイゴンがホー伯父さんの名で呼ばれるようになったいきさつを、君たちが十分説明すべきだ」と提案した。しかし、チュオン・チンは国会に対し、サイゴンの改称についてはごく短く説明しただけだった。

何年も経ってから、ヴォー・ヴァン・キェットは、チュオン・チンがこの件で曖昧な態度をとった理由が、手続き上の問題だけではなかったことを知った。キェットは、「チュオン・チンは、300 年近く親しまれてきたサイゴンという名前を守りたかったのだ」と語っている。しかし、ホー・チ・ミン主席は数十年

の間に、政治体制全体によって「民族の父」に祀り上げられていたので、誰かがサイゴンに主席の名をつけたいと思えば、あえてそれに反対しようという者はいなかった。サイゴンの改称案は国会ですんなりと可決した。同様に、1976年7月2日の午前8時20分をもって、ベトナム民主共和国という国名も、すんなりとベトナム社会主義共和国と改称されたのだった。

　前年の8月、サイゴンの道路も、市の宣伝訓練当局によって名前を変えられていた。「封建帝国」時代の君主や著名人の名に代えて、革命の英雄の名前が道路につけられた。ザロン通りはリートゥチョン通り、ヒエンヴオン通りはヴォーティサウ通り、タムグエンイェンド通りはリーチンタン通り……という具合に。8月革命、南坼起義(カックマンタンタム)、総蜂起(ナムキコイギア)など、共産主義者が歴史に記した事件の名称も、新しい道路の名として用いられた。サイゴンの人々は、「ナムキコイギアで正義は潰え／ドンコイで自由は終わる」と、風刺の歌を作った。だが、南部で、そしてサイゴンで変わったのは、道路の名前だけではなかった。

2. 新経済区

　タイ・カム・ホアン[329]少年は、1977年初めの時期に、自分の家に頻繁に来客があったことを覚えている。町内会長が数人の革命スタッフと一緒に毎日やってきては、彼の家族に新経済区に行くよう働きかけていたのだ。会長はホアンの母親に「新経済区に行きなさい。そうすれば、旦那は早く戻ってこられるから」と勧めた。ホアンの父親タイ・トゥー・ビン大尉はクアンナム小区所属の政治戦部隊の中隊長で、当時は思想改造収容所にいた。ビン大尉は、ダナンが「解放」された直後の1975年3月29日に逮捕されていた。

　1975年3月末、7歳のホアンは母親と一緒にサイゴンに移住した。ダナンの海岸では、船に上がるために、いくつもの死体の上を歩かなければならなかったという。戦争が終わると、サイゴンの行政当局は人々に故郷に戻るよう求めた。タイ・カム・ホアンと兄弟たちは母親に連れられてホイアンに戻り、そこで食料雑貨店を開いた。商売は楽ではなかったが、それに加えて、母親はその時期、3ヵ月以上も店を置いてフーニン[クアンナム省]に土木工事に行かなけれ

329　現在はカリフォルニア州オレンジ郡に定住。

ばならなかった。ホアンは語っている。「ある日、あまりにも空腹で、また母が恋しくて、私はホイアンから歩いてダナンまで行き、母方の叔母の家を訪ねました。家中が大騒ぎで私を探しました。家に帰ると、叔父に一発殴られました。お仕置きがすむと、祖父は私を胸に抱き締めて泣きました」

ホアンの母親は、いずれにしても新経済区で家族を待つことになるだろうと予想していた。だが、それは軍人の妻たちが自ら選んだことではなかった。近所の人たちは右往左往し、同じ境遇の人たちは、ただ見詰め合って涙を拭うしかなかった。革命政府に反抗できるはずもなく、ホアンの母はホイアンを離れる前に、同居していた母方の祖母に留守宅を守ってくれるよう頼んだ。祖母は高齢だったので、革命政府もさすがに新経済区に行かせるわけにはいかなかったのだ。

出発の日、早朝からファンフーチン通りに数十台のバスが来て、ボーデー校から平定・帰順工作局の敷地までずらりと停車した。子供たちは、最初は遠くに遊びに行けると思ってとても喜んだが、大人たちが泣いているのを見て、想像よりも深刻な事態であることを察するようになった。バスは2泊3日の行程を経て、道路さえない土地に入った。車列は、道が切り拓かれるのを待つたびに停止し、一定の長さの道ができたところまでを走る、という具合に進んだ。バスは夜中に停止し、全員に荷物を降ろさせると、1000人以上をジャングルの真ん中に残したまま戻っていった。

「翌日、各世帯に土地が割り当てられました。大人も子供も、みな家を建てるために木を伐りに行かなければなりませんでした」と、ホアンは回想している。数日後、トラックの一隊が到着した。政府が新経済区の住民に3ヵ月分の食料を支給したのだ。「南部から新たに開拓団が来て家を建てていると知って、ダックラック省クロンパック県のチューカティ村の少数民族同胞が、自発的に手伝いに来てくれました。そこはFULRO［被抑圧民族闘争統一戦線］の残党が夜な夜な反政府活動を展開している地域でしたが、FULROは山岳少数民族と新経済区の住民には手出しはしませんでした。毎日午後になると、子供たちはジャングルの木を伐り、数キロメートル離れたアナ川に水を汲みに行きました」

新経済政策は、各地方の様々な場所で実施された。思想改造収容所の囚人の家族が必ずしも新経済区に送られたわけではない。多くの地方当局は、市街地

の住民を移住させるのは、労働力の再配置と、終戦後に発生した社会的な閉塞状態を解消するためと考えていた。

　1975年にマイ・チー・トの秘書を務めていたNo.4ケットことグエン・ヴァン・リーは、こう語っている。「毎日午前1時頃になると、私はサイゴン市の公安警察と司令部の速報を更新した。報告が何もないからといって、自殺者がいないという意味ではなかった。時折、マイ・チー・トの兄ディン・ドゥック・ティエン将軍がサイゴンに立ち寄り、顔を見に来た。私が報告書の整理に四苦八苦しているのを見て、彼は『状況はどうだ？』と尋ねた。サイゴンでは多くの者が自殺するほど追い詰められた気分になっている、と私は彼に伝えた。すると、ディン・ドゥック・ティエンはこう言った。『それなら母親を捨てて、新経済区に行くべきだ。そうすれば仕事はあるし、もう死なずに済むだろう』」

　新経済政策で、南部住民の行き詰まりを解消できると考えていたのは、ディン・ドゥック・ティエン将軍だけではなかった。1975年8月13日に召集された党中央委第24回総会での政治局の報告は、こう認定していた。「現在最も急を要するのは、300万人に職を提供することである。それは困難な任務だが、非常に有利な点は、直ちに開拓可能な数百ヘクタールの土地があり、容易に作業ができ、その多くはサイゴンからさほど遠くないことである。調整方法としては、150万〜200万人を農村に移住させて、農業生産と同時に軽工業・手工業生産に従事させ、市街地の人口を減らすことである」

　24中総の終了後まもなく、9月14日に、サイゴン建築大学のホールに約70名の建築士が集まって会合が開かれた。そこで、建築・不動産管理局のフィン・キム・チュオン局長が、約150万人を「農村で起業する」ために移住させると発表した。9月16日付けの『ティンサン』紙は、チュオン局長の次のような言葉を紹介した。「今から年末までに、ホーチミン市の人口をさらに30万人削減しなければならない。住民を近郊の新経済区に移して、生産活動に従事させるのだ。そして、1976年末までに、さらに120万人を故郷に戻らせ、定められた計画通りに生活させる」

　チュオンの言葉によれば、「約600名の建築士、および建築大学の卒業予定

330　当時はサイゴン市副主席兼公安警察局長。
331　*Tin Sáng*, 16, Sep. 1975.

者は、整備区域と居住地にある各種の家屋を設計する役割を担っている。各分野の労働者同胞と、革命貢献者の家族に奉仕することが優先される。これらの人々は、長い間、多くの犠牲を払いながら、現在もまだ生活の拠り所がない」ということだった。「われわれが現在やるべきことは、それらの人々の恩義に報いることのみである」と、局長は強調した。

1975年8月後半から、政府は車両を差し向けて、数万人の人々を農村に移送した。10月初めまでに、1万5000人以上が各地の新経済区の建設に送られた。ビンフオックやテンフー、テイニンに送られる人々もいれば、ソックチャンやキエントゥオン、ヴィンロンに送られる人々もいた。10月だけで「ホーチミン市の住民10万人以上が新経済区建設に出発した。解放から5ヵ月近くの間に、24万人近い人々が喜んで故郷に戻り、そこで生活している」[332]。10月28日、市委の常務拡大会議は、「無職の住民150万人を新経済区建設に従事させる政治運動を人民大衆の中に浸透させる措置を推進する」方針を正式に採用した。

それに先立つ8月4日、商工業連絡委員会の職員グエン・ヴァン・ナムが西歌劇場[333]で読み上げた「南部経済の実状と可能性に関する報告」は、「全国規模の労働力再配置は、わが国土に必要な客観的要求である」としていた。報告書は、「アメリカが残した経済は、虚構の繁栄に過ぎない。繁栄を享受したのはブルジョア官僚階級のみで、大多数の民衆は窮乏生活を送り、不幸なままだった」[334]と述べていた。

新経済区に行った者のすべてが強制的に移住させられたわけではない。グエン・タイン・トーが語ったところでは、「新経済区問題の責任者はファム・ヴァン・ソで、私はヴォー・ヴァン・キェットの命で、このNo.2ソの部下になった。私の任務は、新経済区送りの対象者の配置を決めるために、各地方当局と折衝することだった。沼の傍の狭苦しい家で、窮乏生活を送っている多くの人々を見た。われわれが新経済区行きを持ちかけると、彼らは喜んで応じた」。マイ・チー・トのような権力者の秘書をしていたNo.4ケットまでもが、この政策を信頼していた。だから兄と一緒に、当時『運動を率いる母親』と称され

---

332 ホーチミン市党史研究委員会『ホーチミン市党支部の歴史 第1巻』
333 ホーチミン市歌劇場を改名。
334 *Sài Gòn Giải Phóng*, 5, Aug. 1975.

ていた母に勧めたのだ。第1区のブイヴィエンにある家を売って、新経済区に移住するようにと。当時、各区の大衆団体は青年団員を選出して、新経済区に人々が移る前に、荒地を切り開き、道路を造成し、家を建てて、新しい村を建設する先鋒隊としていた。

　グエン・タイン・トーの話では、国家は移住者に土地と家屋、そして3ヵ月分の米と生活費を支給したという。しかし、現実は予想とかけ離れていた。それまで電気や水道のある都市の生活に慣れ、デスクワークや商売しかしたことがない人々が、いきなり山奥で土を耕し、芋を植えることを強いられた場合はなおさらだった。国家に支給された現金と米が尽きると、多くの人々が次々と土地を放棄して街に戻った、とトーは認めている。都市部はいっそう逼迫した状態——特に、新経済区から戻っても住む所がない人々を抱えた状態——に耐えなければならなかった。家は既に売り払ったか、あるいは空家とみなされて「4月30日革命要員」の手で封鎖されていたからだ。

　すべての新経済区の人々が簡単に街に戻れたわけではない。ダックラック省クロンパックの新経済区の人々は、故郷を訪れたいと思えば、みな夜中からジャングルを切り拓かなければならなかった。当局に目をつけられないように、各世帯は1度に1人か2人だけを戻らせた。あえて新経済区に留まろうと思う者はほとんどいなかったが、軍人の妻たちはやはり、もし逃げれば夫を早く釈放してもらえないだろうと案じた。1年近く経過して、状況が落ち着いたように見えたので、タイ・カム・ホアンの母はようやく、彼が学校に行けるよう、密かにホイアンに戻らせた。しかし、その次の年、初めてホイアンに戻ってきた母親は、2人の弟を連れてきていた。そして、新経済区の行政当局に疑われないよう、代わりにホアンを連れていったのだ。母親がやっと思い切ってホアンをホイアンに帰したのは、それから3ヵ月後のことだった。

　1979年4月、父タイ・トゥー・ビンが釈放された。彼は、一度新経済区を離れて再び戻ってきた妻に手紙を書き、家族全員を連れて、プロジェクトⅡ［第4章7.参照］に従って国外に逃亡するつもりだと知らせた。新経済区の妻にビンが送った手紙は、戦場にいた時のような調子だった。「おまえはそこで、夫が早く帰れるように、新経済区の建設をしているのだね。『ゾイさん』はおまえのすぐ傍にいるよ」。手紙を受け取ったホアンの母親は、夫の筆跡を見て涙を流

した。『ゾイさん』とは、家族だけに通じるタイ・トゥー・ビンの呼び名だった。母親はまず子供たちを、順番に何とか父親の許に送り出し、4ヵ月後にやっと自ら末の息子を抱いて家族に会いに行くことができた。だが、その時にはプロジェクトⅡは中止されていた。

「帰郷」政策または新経済区行きの対象となった人々の多くが、後にサイゴンに復帰した。それでも、「解放」前にサイゴンに住んでいた人々のうち、「帰郷」または新経済区送りの後に、街に戻るチャンスがなかった人々は、1975～1980年の時期にまだ70万人以上いた。1976～1995年に全国各地から新経済区建設に送られた人々は450万人近くに上っている。[336]

3. 焚書

ヴォー・ヴァン・キェットは、1953年にヴェトバックから戻ると、ウン・ヴァン・キエムが書記を務めるバックリョウ省委に赴任し、副書記となった。その時期、キェットは同志たちと共に、解放区に一種の理想社会を建設していた。そこでは、革命政権が数十万ヘクタールの土地を農民に分配し、地主による各種の取立て制度を廃止し、政治、文化、医療、教育の各分野が発展していた。「治安は万全で、家に鍵をかけたり、畑に囲いを作る必要はなかった。住宅から村落全体まで衛生環境が整っていて、民衆は革命歌を口ずさみ、革命芸能を鑑賞した」と、キェットは回想している。

1975年当時、彼は、バックリョウで実現したような「健全な社会」をサイゴンでも建設したいと願っていたという。サイゴン軍管当局が最初に手がけた仕事の1つは、当時多くの地方でも実施されたような「反動的・退廃的文化の残滓一掃作戦」だった。共産青年団の団員たちが、この作戦の実行部隊となった。

1975年5月23日、サイゴンの多くの街路は、滾り立つ「出陣の気勢」に満ちていた。「男女の青年団員が街頭に繰り出し、『退廃的外来文化を打倒せよ！ 反動主義の源を根絶せよ！』と、スローガンを大声で叫んだ。先頭を行くのは、

---

[335] 経済研究所「ホーチミン市への自由移民調査結果報告」1997年9月、8頁。
[336] 移民調査結果報告（5頁）によれば、1989～1995年の時期に新経済区に行った人々は、主に自発的な移住者だったとされている。

『学生・青年部隊が突撃し、反動的でいかがわしい文化を排除する』という長い横断幕を掲げた街宣車だった。それに続いて、ズイタン通り4番地のホーチミン市自衛青年部隊の本部から出発した学生・青年たちが、7列、8列に並んで進んだ。デモ隊の列は数キロメートルにも及び、全員が手にプラカードを掲げていた[337]」

　人々は道の両側に固まり、ひしめき合ってその様子を眺めていた。スピーカーを通して響き渡るデモ隊のアピールには、次のような言葉があった。「アメリカはこそこそ逃げ出し、傀儡政権は倒れ、南部は完全に解放された。だが、克服すべき困難はまだたくさん残っている。アメリカ帝国主義者は屈辱的な撤退を遂げ、傀儡政権とその手先は潰えた。しかし、20年以上の支配で奴らがもたらしたものは、物乞いと、ごろつきと、娼婦と、麻薬中毒者が溢れる腐敗、堕落した社会、寄生的で生産力のない経済、外国に隷属し、民族性を失った退廃的な反動文化だ。奴らは武器による侵略、経済的な侵略と一緒に、続々といかがわしい書籍や映画、物質的な快楽主義を煽る文化を浸透させ、若者を罪深い落とし穴に追い込んだ。売国奴の傀儡一味と、祖先の恩を忘れた知識人は、反動的で、意識を鈍らせる思想によって、民衆、青年、学徒たちに毒を流し、歴史を歪曲し、革命に敵対した。われわれは、アメリカとティウ政権の残滓に直面している。革命は、新たな生活を築き、思想も行動も新しい人間を作ることを要求している。そのような現在、わが同胞と青年の任務は、外国に隷属し、民族性を失った反動文化を根こそぎ除去し、民族性のある革命的で健全な文化に置き換えることだ[338]」

　数万人の青年防衛隊によるデモ行進の直後、「サイゴンの同胞と各書店は、第7区の部隊に退廃的・反動的な書籍と雑誌を提出し、その数は3輪トラック13台分に及んだ。その他、レロイ通りとコンリー通りでそれぞれ書籍を販売していた露店も、自発的に店を畳んで書物を提出した。ハイバーチュン通りでも、3軒の書店が自発的に20冊以上の書籍を提出した。特筆すべきは、1975年5月22日には、サイゴン第3区のグエンティエントゥアット通り186番地のフックバイ書店が、退廃・反動文化廃絶協会に、4000冊の各種書籍を自発的

337　*Sài Gòn Giải Phóng*, 25, May, 1975.
338　Ibid.

に提出したことである」[339]

　ヴォー・ヴァン・キェットは認めているが、軍管当局は5月28日から早々に、青年と学生、生徒に対して「けっして焚書という方針は取らない」と告げ、そして「この作戦は単に、退廃的な内容で、青少年に有害な書籍、民族の独立と自由を求める闘いの事実を歪曲する書籍を没収するだけだ」と言明した。しかし、ジャングルの革命根拠地から来たばかりの人々が、限りなく革命的な雰囲気をもたらしていたため、「取り違え」や「やり過ぎ」が起こることは避けられなかった。多くの場合、青年突撃隊は、人体を描いた医学書と、猥褻なヌードを載せた本を見分ける必要もなく、哲学書と反共的な書籍を区別することもなかった。多くの知識人が、この実状を訴えるためにキェットに面会を求めたが、キェット自身も認めているように、「私も政府も、長い時間が経ってからやっとその誤りに気づいた」[340]のだった。

　文化情報局長ズオン・ディン・タオによれば、難しかったのは、悪質文化とはどのようなものかを、どのように認定するかだった。その後、ヴォー・ヴァン・キェットの指示で、文芸作品を選んで評価する機関が設置された。しかし、慎重な評価が行なわれる前に、革命ジャーナリストたちが、それぞれ自分の裁量で基準を決めてしまった。

　『サイゴン・ザイフォン』紙の「サイゴンあちこち」というコーナーで、「ジョーク」を書いていたNo.4クアは、自分の記事の枠を借りて、多くの文化的価値について、軍管委のカラーが強い「宣言」を認めた。「『サイゴン・ザイフォン』の読者でもある1人の同胞が、編集部に来て溜息混じりにこう言った。『5月29日に、サイゴンとチャーカー廟の間を走るEG6198というナンバーのバスで、非常に不愉快な思いをした。運転手がかけたミュージックテープの音楽を聞かされたからだ。それは、魂を失った人間のように、疲れて、うめくような、気だるい調子で"楽器と歌が僕の人生だと知ったから／夜毎にカフェで／皆に歌声を届けよう"と歌っていた』。この読者が嘆いたのは、皆が張り切っ

339　Ibid.
340　街頭での示威行進だけでなく、勢いに乗った文化防衛隊の青年たちは、家宅捜索で悪質な文芸作品を摘発、排除することも予定していた。しかし、文化情報局長ズオン・ディン・タオの証言では、彼が外国出張から戻った後に「各家庭に押し入ってまで文化排除作戦を実施するべきではない」と、ヴォー・ヴァン・キェットに、そして特に宣伝訓練委員長チャン・チョン・タンに助言したという。

て新社会を建設している時に、バスの運転手が、アメリカと傀儡政権が若者の意識を曇らせるために使った歌を、同胞に聞かせていることだった。このようなことは、道から外れているのではないだろうか？　今時、どこに"楽器と歌の人生"などというものがあるのか。何が"夜毎にカフェで"、何が"もうあなただけ、もう君だけ"だ。今や、われわれがすべてを所有し、すべてがわれわれのためにある。道を踏み外し、はぐれて、"もうあなただけ、もう君だけ"と手探りするようなことがあってはならない[341]」

　No.4クアはまた、「悪い本」の定義も示した。「それらとんでもない本の中には、作者が祖国を否定し、民族から離れ、こっそり外国に逃げて、奴隷となって街角で物乞いをしているようなものもあるという！　人は知っているだろうか！　それらとんでもない本の中には、21年もの戦争と亡国の時代を通して、人の意識を鈍らせ、逆に心の中の『ブタ』を目覚めさせ、サイゴン全体を巨大な娼窟に変えた本もあるという[342]」

　1975年10月30日、政府は『サイゴン・ザイフォン』紙上で、「反動的、猥褻、有害」文書に分類され、流通を禁止された作品の作者56人のリストを公表した。その中には、ホアン・ゴック・リエン、ハー・フェン・チー、ファン・ギ、ヴォー・ヒュー・ハイン、グエン・ヴー、レ・スェン、ニャー・カー、ヴァン・クアン、チュー・トゥー、ゾアン・クォック・シー、タイン・タム・トゥエン、マイ・タオ、ズオン・ギエン・マウなどがいた。しかし、青年団が路上で本を燃やし始めた時、カオトム出版社の社主ホー・ハイとチャン・テー・ナム[343]の夫婦は、即座に他の大勢の社主と同様の行動に出た。同業者のグエン・ドゥック・フォン夫妻の家族と一緒に、カオトム社の倉庫にある本を処分することを相談したのである。

　ホー・ハイは、1954年の南北分断まで、ハノイの湖岸(ボーホー)で本屋を営んでいた。ハノイを離れ、サイゴンに移住すると、彼は『古き良き時代』という、当時最も美しいとされた全集を出版した。作者のグエン・トゥアンがハノイに住んでいたため、ゴ・ディン・ジェム政権期のサイゴン政府は当初、出版を禁止した

341　*Sài Gòn Giải Phóng*, 1, June, 1975.
342　Ibid, 4, June, 1975.
343　主人とその家族は1978年に国外に脱出した。

が、検閲機関は後に許可を出した。1960年代末に、チャン・テー・ナムはグエン・ドゥック・フォンと共にカオトム出版社を設立した。フォンは公務員だったため、チャン・テー・ナムの名義を用いた。

革命軍がサイゴンに入った直後から、ヴォーズィーグイ通り326/20番地[344]にあったカオトム社の印刷所も、他の印刷所と同様に解体された。グエン・ヒエン・レの研究叢書、ザン・チーの東洋哲学史、グエン・ニュォック・ファップの詩、グエン・トゥアンの『古き良き時代』等々は、細かく分けて、老人や子供に頼んで隠してもらうか、知人の家に送った[345]。他の「売れ筋」の本は、カオトム社の2家族が総出で、ばらばらに引きちぎり、こっそりと廃品回収の老婆たちに売り払った[346]。

4. 断髪キャンペーン

文芸作品から取り締まりを始めた革命政府は、人々の生活を根こそぎ変えようとした。1975年10月、青年団を動員した「髪を短くし、西洋かぶれの服装を改める」キャンペーンが展開された。第10区では、共産青年団が「青年の資格・風格」をテーマに、次々と多くのセミナーを開催した。そして、区の青年団は次のように決定した。「髪を短くし、服装を正す。パンタロンやジーンズは裾を細くし、胸の開いた服を着ず、けばけばしい変な身なりをしないこと。区青年団は、一部の理髪店、仕立て屋と提携して、安い値段で散髪し、衣服を仕立て直せるよう若者に紹介する。さらに、ニャッタオ街区と区青年団本部に無料の理髪処を3ヵ所開設する」[347]

当時の新聞は、「軍事法廷」の詳しいニュースを伝える時、被告の罪状を明らかにする前に、多くの行を費やして、生活スタイルに対する革命政府の見方を示した。ある記事は、次のように書いている。「それは、1975年12月23日のことであった。チャイン上佐が2名の被告を審問に呼び入れた時、法廷中の視線

---

344 現在のファンディンフン通り。
345 その後、生活が苦しくなると、彼らは本を持ち出して、ダン・ティ・ニューの古本屋で売り払った。
346 グエン・ドゥック・フォンの息子グエン・ズィエン・ホンからの聞き取り。
347 *Sài Gòn Giải Phóng*, 30, Oct. 1975.

が証言台に注がれた。2名とも襟首を隠すほど髪を伸ばしていた。非常に若いにもかかわらず、働かずに遊んでいる放蕩三昧の暮らしぶりが、その容貌にはっきりと表れていた。白いシャツの裾をズボンの外に出し、襟のボタンも留めていないのは、大学1年生のダン・ヴー・チュオンだ。濃い黄色のシャツの上に黒褐色のジャケットを羽織っているのは、トゥアティエン省[トゥアティエン・フエ省]フォントゥイ県アンクードン出身のグエン・ダック・ヒーである。2人は婦人用ホンダ50を奪うため、グエン・マイン・チューさんの体に6発の弾丸を撃ち込み、1975年12月21日の17時30分に現行犯逮捕された」[348]

　髪を短くし、パンタロンの裾を細く直すキャンペーンは、「4月30日革命要員」の自発的な運動によるものだけではなかった。書記局は5月3日の第610号電で、次のように指示している。「南部中央局、No.6、No.7へ。政治局は次のような見解に達した。われわれは決定的で迅速、かつ圧倒的な勝利をおさめ、わが勢力は強靭である。したがって、できるだけ早期にあらゆる面を安定させるべきである。基礎となる民衆に対しては、政策を説明し、思想面を安定させ、彼らが積極的に、喜んで秩序・治安の防衛に加わるようにしなければならない。マスメディアに対しては、広範な方針と適切な指導方法を適用し、広い世論の戦線でわれわれの優勢を確保すべきである。人民の生活様式に対しては、禁止命令や、敬遠されるような方法は避け、説明、説得、勧告を通じて、非常識な生活様式を遠ざけ、われわれが美しい生活を否定しているという誤解を招かないようにすべきである。(レ・ヴァン・)ルオン」

　サイゴンに「解放軍」がなだれ込んできた時、家族の衣服を黒く染めた人たちがいた。4月30日以後に繰り広げられた不毛なショーでは、サイゴンの多くのアーティストが舞台に立ったが、メイクアップはしていなかった。多くの人々が、革命軍がやってきたからには化粧品もハイヒールもなくなるだろうと真面目に考えた。しかし、党書記局が公電の中で「西洋かぶれ」と呼んだ類の衣服は、いくらも経たないうちに、社会主義の学校で育った青年たちの憧れになった。

　戦争中は、北部の青年で2揃い以上の服を持っている者は少なかった。服は紺色の木綿が主流で、絹の服や、薄織りの「チャイナ・ドレス」を持っている

348　Ibid, 25, Dec. 1975.

女性も少なかった。サイゴン「解放」後、南部に集結していた革命要員が続々と北部の故郷を訪れると、革命軍の部隊も解散したり、兵士を帰郷させるようになった。党書記局は6月16日の会議で、首相の第181号指示を補う次のような「若干の意見」を示した。「新たな解放区への出入りのチェックは、南部の家族を訪問する革命要員と人民の要求に応えるよう、より綿密に行なう必要がある。同時に、その機会を利用した悪質分子による密輸や、治安攪乱を防がなければならない。南部から北部への物資の搬入を綿密に検査し、密輸、投機を禁止する。しかし、他方で、革命要員と人民には、自身が個人的に使用する品物の購入、運搬を許可する明確な規定を適用し、無秩序な逮捕や緊張を引き起こすような事態を避けねばならない」。しかし、当時の北部は、南部から浸入するばかりではない「西洋かぶれの文化」の表出に対抗するため、非常に苦心していた[349]。

　まさにその文化の中心だったサイゴンでは、「解放」されたばかりの人々が、抽象的な表現を用いて、革命体制の異常さを嘆く詩を作っていた。「ベトナムにやってきたカール・マルクス／髭もじゃでたちまち公安警察に捕まった／マルクスはエンゲルスに助けを求めた／エンゲルスも髪と髭の罰金を払わされた／世界にあまねく伝えよ／（ベトナムに来たら思い出せ）毛主席の髭とレーニンの髪を」[350]

　当初、ヴォー・ヴァン・キェットも、なぜサイゴンの人々が「醇風美俗」を守る革命政権を支持しないのか分からなかった。しかし、抵抗戦争の指導者としてはもともと人民の反応にかなり敏感だったキェットは、当時『トゥオイチェー』紙の編集長だったヴォー・ニュー・ラインに要請して、何とかして青年

349　東ドイツから戻ったレ・スァン・ギアも、パンタロンを持って帰って来た。当時それが「全世界のトレンド」だったからだ。ある日、ハノイの街路を自転車で走っている時、公安警官が停止を命じ、強引に彼のズボンを裾から脇にかけて切り裂いた。警察の乱暴な措置に抗議してもらおうと、ギアは夜になってから職場である物価委員会に戻った。しかし、委員会の指導部も党委書記も、みな警察のやり方は正しいと判断した。物価委員会主任のトー・ズイは、「だぶだぶのズボンを履いている奴は精神も緩んでいる」と断言した。正式な禁止令が出た所は少なく、命令は限定的でも「運動」には際限がなかった。特に、「非常識な生活スタイル」に対抗するため、青年団の「紅衛兵」が動員された時はそうだった。多くの場所で、パンタロンを履き、髪を伸ばした人々は、刃物を持った青年団員たちに、場所によっては警官に、路上でズボンを切られ、髪を切られた（ダン・フォン『ベトナムの経済思想』より）。南部革命青年団書記のファン・ミン・タインは、ハノイに行った時、中央の青年団事務所にも「パンタロンと長髪の青年は受け入れない」という表示があるのを目にした、と語っている。

350　毛沢東は髭がなく、レーニンは頭髪がなかった。

の本音を聞く機会を作らせた。

　『トゥオイチェー』紙は、様々な社会階層の青年たちや、髪やズボンを切られたことのある人々を新聞社の会議室に招いた。ヴォー・ヴァン・キェットと秘書のグエン・ヴァン・フアンは、前もってカーテンの後ろに座り、こっそりと話が聞けるように待機していた。

　サイゴンの青年たちの口から怒りや不満が吐き出された。若者たちは「大物のベトコン」も、彼らの話を聞いて心を動かされていることを知る由もなかった。ヴォー・ニュー・ライン*によれば、青年たちがみな帰った後でカーテンを開けると、ヴォー・ヴァン・キェットが浮かない顔で黙って座っていたという。その時はまだ、青年たちの要求を完全に受け入れる必要はなかったが、熱狂的な群集をもって文化的な価値に対処できるものではないと、キェットはすぐに悟ったのだった。

　政治や文化の中だけでなく、生活の様々な面で、南部の人々が望んでいたのは、兄弟に「解放」される前と同じ生活環境を取り戻すことだけだった。1960年代後半、北部では自転車を持っている人も非常に珍しかったが、南部の人々は自動車を所有できた。オートバイはといえば、1970年代初めには既に、一般的な個人の交通手段となっていた。[351]

　「解放」前は、エンジン付きの各種車両に用いるガソリンは、いつでも用意されていた。しかし、政府第18号決定を実施するために、サイゴン－ザディン軍管委員会は、1975年9月12日に「自由市場におけるガソリンの保管・販売の禁止」に関する声明を出した。同じ日、物資総局は、ガソリンを所有している者はすべて9月18日までに申告し、国家がすべてのガソリンを買い上げる9月19日まで、自分で保管しておくようにとの通達を出した。その日以後は、「個人でガソリンを販売、または物資と交換したり、保管することは犯罪とみなされる」[352]ようになった。

351　1974年末までに、南部には25万8514台の車両があった。そのうち大型トラックは3万5384台、観光バスは6万4229台だった。その他、モーターバイクや、2輪ないし3輪のスクーターについては、南ベトナム政府が49CC以下の車両は登録を義務づけなかったため、何台あったのか分からない。1974年のサイゴンだけでも、59万9215台のモーターバイク、3025台のタクシー、1270台のモーターシクロ、5348台の自転車シクロがあった。南部全体の公共機関と諸外国の公館が所有する公用車の総数は、1974年までで97万3624台に上っている。

352　*Sài Gòn Giải Phóng*, 17, Sep. 1975.

1975年12月29日から、ガソリンは配給制度に従って供給されるようになった。人々は、ガソリンの配給切符を受け取る登録をするために、「家族の登録書、有権者証明書、身分証明書、勤務先の紹介状を持参し、配給切符1枚あたり0.04ドンの手数料を納め」なければならなかった。

　国家がエネルギー資源を集中的に管理し、輸出入の独占権を握る政策で、ガソリンの欠乏は深刻化した。1976年からは、ガソリンや部品の在庫がないため、一部の車両は車庫にしまわれたままになった。商工業連絡委員会は「一部の工業資本家を指導し、生産性を高め、人民の生活に役立つ多くのアイディアを提供させ」なければならなかった。最も注目すべき発明は、屋根を葺くある種の材料を低コストで作ることに成功したことだった。それは、ゴムとプラスチックを加工する分野の資本家たちによるもので、カロダと名づけられた（成分となるゴム、藁、土の原料、資材の略称）。この物質は、柔らかく、燃え難く、熱を吸収し難く、家の屋根を葺く時や、机やベッドの板を作る時にとても便利だった。[353]

　サイゴン市委書記であるヴォー・ヴァン・キェットも、直々に練炭の製造現場を回らなければならなかった。[354] 練炭を製造するため、鋳物工場では、銑鉄で覆った土の窯の製法が研究された。一方、農林業機械部門の資本家たちは、炭を燃やして走る車の「改良に成功した」とされた。「炭を燃料とする車のエンジン部分は、揚排水ポンプ、船のエンジン、電気機器にも応用できる。ラーガー［ドンナイ省］の伐採所では、ペクロン歯磨きの会社がこの改良車を使用している」[355] と報道されている。

353　Ibid, 7, Oct. 1976.
354　1976年5月26日、車軸を流すような雨の中、ベトナム労働党ホーチミン市委副書記ヴォー・ヴァン・キェット同志は、同市人民の燃料問題の解決を図るため、練炭製造現場を視察した。以前、南部には炭が豊富にあった。しかし、アメリカ帝国主義者が侵略戦争を仕掛け、ジャングルを焼き払い、枯葉剤で森林を破壊したため、市の人民に炭を供給していたカマウ省サックのマングローブが広範囲に渡って消滅した。その時から、燃料問題は市の人民の最大の不安材料となった。住民は炊事に電気や灯油、ガスを使うため、それらの欠乏は深刻な問題だった。とはいえ、東部の森林資源による木炭や薪も非常に高価で、その上、衛生上好ましくなかった。国家の貴重な資源である木材を大量に浪費することにもなった。そのような状況を打開するため、市の党支部と人民委員会は、問題を早急に検討し、解決方法を見出すよう、各専門分野に指示した。そして初めて、便利で良質な練炭が人民の家庭に行き渡ったのだ。この練炭は、北部から輸送された石炭に土を混ぜ、圧力をかけて固め、天日に晒して（または火で焙って）乾燥させたものだ。何より値段が安く、市場価格のわずか4分の1から3分の1である。5人家族が1日に2度米を炊き、3品の料理を作っても、練炭1キログラム、価格にして7スー（旧通貨で35ドン）しか要しない（『サイゴン・ザイフォン』1976年5月28日）。
355　Sài Gòn Giải Phóng, 7, Oct. 1976.

運輸業の分野の改造政策と相俟って、燃料の欠乏も人間の境遇を変えた。かつてのように、連　合、協　成、東亜、大南、飛龍、進　力など私営企業の快速バスが迎えに来て、手に手に荷物を下げた旅客が車掌に手伝われて乗り込み、北の方に向かう光景は、サイゴン「解放」以後はさっぱり見受けられなくなった。

遠方に出かける時には、人々は夜中から荷物を持ってターミナルで待たなければならなかった。それでも、朝になれば必ず切符が買えるとは限らなかった。首尾よく乗車できても、老朽化して交換部品さえない廃車同然の車で、補修の予算もなく傷んだままの道路を移動する苦痛に耐えなければならなかった。不運にも「改良に成功」してガソリンから炭に転換した車に乗った人々は、無事に目的地に着けたとしても、みな両目以外は頭のてっぺんから足の先まで煤まみれになるのだった。

さらには、金を持っていれば移動できるという訳でもなくなった。1977年1月4日以降、一般人民と公務員が移動する際には、すべて許可書が必要になった。政府直轄市と各省都の範囲で行き来する時にも、必ず申請書を出さなければならなかった。居住する街区や村の公安警察署に、住民登録証と身分証明書、または改造教育を受けた場合はその証明書を持参し、移動の理由を述べて審査を受けるのだ。政府は国外脱出を警戒していたため、沿岸部に行く場合は何日も待たされ、それでも必ず許可書が貰えるとは限らなかった。[356]その一方で政府は、公開の場では相も変わらず、人々が「享受」している「新しい価値」を賞賛していたのだ。

---

356 「住民登録証と身分証明書を街区や村の公安警察署に持参し、移動の理由を記入した書類と申告書（街区や村の公安警察の事務所に見本が用意されている）を作成する。それらは街区または村の公安警察の審査を受けた後に、区または県の公安警察に上げられて審査を受ける。審査には最長3日を要する」。国境地域、離島、沿岸部に行く場合、「住民登録証と身分証明書を街区や村の公安警察署に持参し、移動の理由を記入した書類と申告書（街区や村の公安警察の事務所に見本が用意されている）を作成する。それらは街区または村の公安警察の審査を受けた後に、区または県の公安警察に上げられて審査を受け、さらに市の公安局に上げられて審査を受ける。審査を受けて許可を得るまでには、3日間を要する」。北部各省に行く場合、「住民登録証と身分証明書を街区や村の公安警察署に持参し、移動の理由を記入した書類と申告書（街区や村の公安警察の事務所に見本が用意されている）を作成する。それらは街区または村の公安警察の審査を受けた後に、区または県の公安警察に上げられて審査される。行政機関職員、国家公務員については、勤務先の許可書と紹介状のみで申請できる（書類や申告書を作成する必要はなく、それらを市の公安局に持参して審査を受ける）」（『サイゴン・ザイフォン』1977年1月21日）。

5. 革命とは混乱である

 サイゴンでは「解放」以後、解放青年連合主席の肩書を持つチャン・バィック・ダン*が、市の青年クラブでよく話をしていた。彼の理念は当時、南部の人々が革命の美学に向かうために重要な役割を果たしていた。
 『トゥオイチェー』紙のインタビューで、チャン・バィック・ダンは「子供に懐古的な唄を教えるべきではない」という考えを示し、こう語っている。「わが国では、特に南部で懐古的な風潮が広がっているが、いずれの世代にとっても、たとえば幼児や少年にも、懐古趣味が教育上の目的に役立つことはあり得ない。今は、集団的な表現で意気を高揚させる必要がある。そういう時に、懐古調では活き活きとした雰囲気は生まれず、特に集団の足枷となる[357]」
 チャン・バィック・ダンによれば、「アメリカ帝国主義者とその手先によるとてつもない犯罪の1つ」は、「真正の美、内容のある美、精神的な美を否定」し、「形式的な美、虚飾の美、単なる物質的な美を鼓舞」したことだという。南部における新植民地主義の激しい展開後に、美容院が競合するようになったことを指して、チャン・バィック・ダンは「突き詰めて言えば、新植民地主義は、わが青年たちの一部に奴隷の美、借りものの美をもたらしたのだ。そのような美を守ろうとすれば、生涯にわたって国を失い、物乞いをしなければならない」と結論した。そして、彼は青年たちに「労働に向かい、青年に対して労働の美を掲げて見せ、人間の真理と価値を定着させよう[358]」と呼びかけた。「それ

---

357 *Tuổi Trẻ*, 3, Feb. 1976.
358 チャン・バィック・ダンは語っている。「われわれは、美をその本質から認識している。それは民族の倫理であり、また科学的な理念でもある。わが青年たちの絶対多数は、美というものを理解している。つまり、戦闘的な姿勢の美、勇敢に敵に突撃する動作の持つ美、また、危険を前にして、敵の面前で堂々と振る舞う姿勢にある美だ。銃剣を構えて米軍に突っ込む青年や、傀儡警官の警棒の前で胸を張る青年の像が作られることはあっても、髪を肩まで伸ばし、ペプシコーラのロゴマークが入った赤青ツートンカラーの服を着て、ホンダで路上を走り回っている青年に感興を覚える彫刻家はいないだろう」。そして、このように結論している。「旧体制がわれわれに詰め込んだ意識は、少なく働いて多く受け取る、何もせずに遊び暮らすことが利口だ、なるべく少ない力でなるべく得をする仕事を選ぶために勉強する、というものだ。そのような反動的倫理が、日差しを忌み、雨を嫌い、霧を好まぬ青年たちを生み出したのだ。民族の独立、自由と自身の品格、志操を守ることよりも、きめ細かな肌を守る方が大事という訳だ」(チャン・バィック・ダン「美を論じる」『トゥオイチェー』1976年5月7日より要約)。

は1つの革命、深遠なる革命である。それは1つの混乱だが、必要な混乱なのだ[359]」とチャン・バイック・ダンは強調している。

　この時期、政府は南部で革命側の書籍や新聞を続々と発行させた。『偉大なるホー伯父さんを手本に学び、働く』『君のように生きる』(烈士グエン・ヴァン・チョイについて書かれたもの) などである。『リー・トゥ・チョンの物語』は、若くして死んだ共産主義者の話を1人称の語り口調で書いたもので、「若者の道は革命の道だけで、他の道はあり得ない」という言葉は、青年団によって宣言のように使われた。特に、共産主義革命世代が座右の書にしていた『鋼鉄はいかに鍛えられたか』が、南部に持ち込まれるようになった。これは、ロシアの作家ニコライ・アレクセーヴィッチ・オストロフスキーがスターリン時代に書いた小説で、70ヵ国語に翻訳されている。オストロフスキーの化身と言われるパーヴェル・コルチャーギンが主人公だ。

　パーヴェルの「人生は一度きりだ。長い年月を無駄にしたと嘆き、後悔することがないように、自分の卑しく臆病な過去を恥じることがないように生きなければならない。そして、死ぬ時には『わが人生のすべて、わが力のすべてを生涯で最も高貴な事業、人類解放の闘争に捧げた』と言えるように」という人生訓は、何百万という手帳にメモされた。世代を超えて、多くの青年たちや、新文学作品の登場人物の青年たちが、何かに「動揺」を覚えた時はいつも、日記に「同志パーヴェルよ！」と書き込んだ[360]。

　ジャングルの根拠地や北部から来た革命芸術団は、サイゴンの劇場を占領するようになった。1975年のベトナム民主共和国独立記念日にあたる9月2日には、各芸術団から1300人の俳優がサイゴンに集まり、新芸能のプログラムに備えた。特に、政治総局文工団、解放軍歌舞団、空軍防空歌舞団、海軍文工団、解放改良〔カイルオン〕〔南部の古典歌舞劇〕劇団、南部話劇団、ハノイ話劇団などが、「前線は呼ぶ」「藍山聚義〔ラムソン〕〔ラムソンは15世紀にレ・ロイが明に対して蜂起した山〕」といった演目を持ってサイゴンにやってくるようになった。

359　初期の『トゥオイチェー』紙の責任者ヴォー・ゴック・アンによれば、新聞に掲載される「買弁資本家打倒」や、「傀儡軍、傀儡政府」についての記事はほとんど、党の宣伝訓練委員会が用意して提供した文書から取られたものだったという。南部宣伝訓練委は1976年になってもまだ活動しており、グエン・ヴァン・リンが委員長、チャン・バイック・ダンが副委員長を務めていた。
360　リー・ミーの日記 (第3章参照)。

サイゴンでは、もはやタイン・トゥエンの「火炎樹の悲しみ」や、ホアン・オアインの「落ちた橋」、バィック・イェンの「冬の夜」、レ・タインの「青いアオザイ」などの歌声が流れることはなく、レ・トゥーの「悲しみにくれて」も歌われなかった［いずれも1975年まで南部で流行していた叙情的な歌］。タイ・タインは保留処分になっていたが、ファム・ズイやファム・ディン・チュオンを歌うことを許されなかった。わずかに、革命に反抗的ではないと認定された「傀儡芸術家」と、文芸協会によって自己点検をさせられた芸術家だけが舞台に上がることができた。
　「望古[ヴァンコー]［伝統劇の曲調の一種］の王者」と呼ばれたウット・チャー・オンは、自己点検の結果、革命政府に対し、「私の直すことができない唯一の欠点は、5人の妻がいるということだ。革命に対しては、私は潔白だ」と表明した。361 その後まもなく、彼は「北に捧げる花」［ホー・チ・ミンを讃える内容の歌で、ウット・チャー・オンは生計を立てるためにこれを作った］というヴァンコーを作り、再び一世を風靡した。女優バィック・トゥエットは、かつてサイゴンの飛行場からの北爆に反対する署名活動に参加したことがあったが、彼女もいくつかのコネを頼って舞台に復帰するようになった。現実的な支援が得られない芸能人たちは、小さな劇場でしか出演できなかった。音楽家チン・ラム・ガンの場合、ズイ・カイン、ニャット・チュオン、タイン・ランらと歌舞団を設立したが、食うや食わずで、霊廟や市場で寝起きしていた。みな腹をすかせてはいたが、食べるためだけでなく、もっと歌いたかったのだ。362
　映画館でも、古い映画に代わって、「白毛女」「赤い砂」「復讐者は捕われず」［ブルガリアの映画］など、中国やソ連圏の映画が上映された。当初は、サイゴンの人々はこの種の映画に慣れていなかったので、一度の上映に観客が14～15人だけということもあり、映画館では閑古鳥が鳴いていた。人々は、北部の文工団の上演プログラムにも反発した。ライン（トー・ヒュー）からNo.5アイン（チャン・バィック・ダン）に宛てた1975年6月17日付けの書記局の電文は、こう告げている。「私が報告したように、最近、文工団の活動が混乱している件についてだが、諸君は状況を詳しく検討し、地方委員会のために積極的な措

361　元文芸協会幹部で『トゥオイチェー』編集長（1981～1991）のキム・ハインによる。
362　歌手カイン・リーによる。

置を講じて、秩序を乱す活動を阻止し、民衆を教育しなければならない」

　政府も、南部の人々に何十年も染み込んでいる精神的な欲求を、制御することはできないと認識していた。にもかかわらず、1975年からサイゴンの文化情報局局長を務めたズオン・ディン・タオによれば、南部で人気のあるカイルオンの演目「ドリアンの葉」「リューの人生」などを俳優に上演させた時、即座に「これほど陽気なサイゴンで、なぜあんな辛気臭い芝居を上演するのだ」という反応が返ってきたという。しかし、サイゴンの芸能人たちが努めて勇壮な演目を上演すると、「世論」のみならず国会のロビーでも、要人たちが「ホーチミン市は『傀儡芸人』にハイ・バー・チュン［1世紀に後漢の支配に抵抗したチュン・チャック、チュン・ニー姉妹］を演じさせている」と嘆くのだった［当時の党指導部には、南部の俳優が民族の英雄の役を演じることに反対する意見があった］。

　ヴォー・ヴァン・キェットの回想によれば、指導部が芸能界に難癖をつけていたのではなく、多くの指導者が政治的に幼稚な認識しか持っていなかったのだという。「サイゴンで、もし政治的に適格な人物にハイ・バー・チュンを演じさせろと言うなら、ディン夫人［南ベトナム解放民族戦線のグエン・ティ・ディン］しかいない。レーニンを演じるなら、トン伯父さん［ベトナム民主共和国初代国家主席トン・ドゥック・タン］しかいないだろう。この人たちに演じてもらったとして、誰が見に行くのだ？[363]」とキェットは問いかけた。

　人間的な目で見れば、北部からやってきた芸術家たちも豊かな心情を持っていた。1976年、36歳の詩人ヴー・クアン・フオン[364]は、北部から来た時、サイゴンの女性歌手がチュオンソン山脈の唄を歌っているのを聞いて、チュオンソンの女を唄った別の詩を書いた。

　　チュオンソンのジャングルで　仲間とハンモックを吊るす
　　野鴨の森　フタバガキの森で作られた歌
　　その年　ビルがそそり立つサイゴンで
　　君は野鴨の森もフタバガキの森も知らない

363　ズオン・ディン・タオへの著者のインタビュー。
364　ヴー・クアン・フオンは北部で医師として養成されたが、叔父が南部に移住したため、共産党員にはなっていない。

僕はどしゃ降りの雨の中　汽車に乗る
　　君は雨で肩を濡らしたことはない
　　野菜は底をつき　僕は野生の筍を取る
　　筍を取るその場に君はいない
　　夜中に米袋を担ぐ　チュオンソンの東
　　米袋を担ぐ女　でも君はそれを知る由もない
　　ジャングルの女　エアコンの効いた部屋にいる君
　　彼女はもう帰らない　でも君は今歌っている
　　赤い旗が翻るサイゴンの夜
　　ステージの前の客席で　僕は君の歌を聞く
　　赤い口紅と青いアイシャドウの君
　　ジャングルの女には鏡もない
　　しっとりした手のひらのように暖かい歌
　　君は手すりにもたれ　時おりリズミカルに身を動かす
　　喜びも悲しみも過ぎ去った　今君は知るだろう
　　ジャングルの彼女が優しく手を取り　君を導くのを

　この詩は、1975年5月にサイゴンに来て間もない頃に作ったものだと、ヴー・クアン・フオンは認めている。その頃、サイゴンで、南部と北部の文芸家たちの顔合わせが行なわれた。「ベトナムの声」放送のレポーターを務めていたフオンは、サイゴンの人気女優キム・クオンを迎えに行く係に選ばれた。その日のキム・クオンは質素な身なりをして、自家用車の代わりに、フオンが運転するホンダの後ろに乗ることを承知した。フオンが「気をつけて下さい。私はオートバイの運転に慣れていないので」と言うと、彼女は「安心して。もし私がどうかなったら、明日このオートバイを市場に持っていって、キム・クオンを転ばせたオートバイだと言って売れば、高値がつくわよ」と冗談を言った。キム・クオンの冗談が大衆の力の強さを物語っていることを、フオンは悟った。
　その夜、サイゴンの芸術家たちは努めて質素な格好をしていたが、北部またはジャングルの根拠地から来た者たちと較べると、それでもまだ「煌びやか」だった。詩人ヴー・クアン・フオンは語っている。「女性歌手が『チュオンソン

の森でハンモックを吊るす』と歌うのを聞いた時、私はその作詞者ファム・ティエン・ヅャットを思い出した。当時、ヅャットは当局の審査を受けているところだったが、『白い輪』［戦争批判の意味を込めた詩］の詩を作った彼の運命がどうなるか分からなかった。だが、ジャングルの女の詩が心に浮かんだのは、1976年にベトナムの芸術家たちが南部解放後初めてソ連を訪問した時だった。「チュオンソンの歌手」ト・ラン・フオン［北部出身の歌手］を差し置いて、南部のある歌手が参加することになったのだ。私は、指導者たちの政治的な挙動を理解しているが、自らの青春を犠牲にした人たちのために、心を痛めずにはいられなかった。詩の結びを書いた時、私はやはり当時の教育の基準に従っていた。誰でも遅かれ早かれ、革命の道に従わなければならなかったのだ」。当時、サイゴンの女性たちが「良い人間になる」道は、ジャングルの女に導かれることだと考えたのは、ヴー・クアン・フオンだけではなかった。

6. 人心

　革命勢力側では、南部で速やかに「後進的で反動的な状況を一掃する」努力は、人道的なものだと信じられていた。しかし、「時として、地獄に向かう道は善意によって拓かれる」[365]。ジャングルの中や、閉ざされた秘密社会で数十年を過ごしてきた人々が、より開放的で多様な世界と接する南部で学んだ人々に、教育を施してやりたいという熱い意欲に燃えたのである。その信念と熱意に力を与えたのは、国家機構全体の絶対的な権力だった。革命が熱を帯びるほど、「解放された地域」の人々は心身共に多くの傷を負うことになった。

　当時の大衆の革命的気勢は街頭に出ても感じられ、国営メディアでも報じられたが、それはサイゴンの人々、南部の人々の心から湧き出たものではなかった。グエン・ティ・ホアン・バックは、その時期、ニャチャンのホアンヴァントゥ校で教鞭を取っていたのだが、1976～1977年に彼女が担当した10年生のある生徒が、教室の机に次のような詩を刻んだ。

　　期待だけ膨らませてただ待っていたくはない

365　12世紀の神学者クレルヴォーの聖ベルナールの有名な言葉。

第7章 「解放」

万人の心の中でトゥー・ハイ［16世紀に明に抵抗した英雄］になりたい
過去に何かを付け足して
心に喜びを生み (sản)　願いを叶えよう

　ホアン・バックが言うには、この生徒は「気が遠くなる (sảng)」の綴りを間違えて「生む (sản)」と書いた訳ではなかった。この生徒は、4行のそれぞれ最初の単語を繋げると、「共産主義は嫌い」となるように書いたのだった。その思いは、数年間溜め込んできたものだったろうが、詩を書くという行為は、所詮は一時の抵抗に過ぎなかった。誰かが密告して、その生徒は逮捕され、取り調べを受けた上で退学処分になった。「私はもう1人の同僚（後にカナダに移住）と一緒に、その生徒を助けようと力を尽くしました。放課後、2人で教室の入口に立って、もう1人の教師が机に深く掘られた詩をナイフで削り取っているところを見られないように隠しました。でも、その前に誰かが手際よく詩をメモして、公安警察に持っていったのです。字は消えかけていましたが、十分な証拠になりました」と、グエン・ティ・ホアン・バックは語っている。[366]

　1975年当時高校生だったトン・タット・ティエン・ニャン[367]は、次のように回想している。「私は鞄を提げて学校に行く代わりに、あてもなく歩き回っていました。この先どうなるのか、全く出口が見えない若者といったところでした。詩のように美しかった校庭は、南北分断時に北部に集結して戦後復帰した家族、または北部から転任してきた家族の子弟たちのものになりました。彼らは、『道を誤った連中』の子供に対して横柄な態度をとりました。生徒に敬愛されていた先生たちも、いつの間にか違う人間になってしまいました。いつも何かに怯え、びくついている人間にです。『解放』前の数年、サイゴンの生活は苦しくなってはいましたが、その後のサイゴン住民が直面したような苦しさではありませんでした。今や、学校から帰ってくる度に、家の中の物が何か消えているという生活になったのです。教師をしていた母は、タンスにきれいな服を何十着も持っていたのに、1着か2着だけで何日も過ごすようになったので、私は驚きました。走っていってタンスを開けてみると、中は空っぽでした。そ

366　本人が著者に送った電子メールから。
367　詩人タン・ニエンの本名。

の時、私が感じたことは、その空っぽのタンスの扉を、心の中で再び閉めることはできないだろう、ということでした」

　ニャンの父親も、1975年以前は教師をしていた。父は従軍したが、士官ではなかったため、思想改造収容所に行かずに済んだ。しかし、1975年以後はもう教職には戻れなかった。多くの仕事を転々としたが、その中には、列車でロンカインまで行って炭を仕入れ、サイゴンに運んで売るという仕事もあった。ニャンたち兄弟は、時々父を駅まで迎えに行ったが、そういう時には、普段とはどこか違ってわくわくした気分になったものだ。ある日、2人の兄弟は、車両の縁にバランスを取りながら腰かけている父の姿を見つけた。その年、やっと40歳に届くほどだった父は、列車が駅に入るとまず炭の袋を投げ下ろし、続いて自分も跳び降りようとしたが、運悪く足を滑らせてしまった。父の顔は苦痛に歪み、その手足は真っ黒に汚れていた。レールの敷石のかけらで切った傷から血が噴き出した。「私は、全身が恐ろしいほどの喪失感に襲われるのを感じました。それは、父に対する愛情でもあり、失望でもありました。父はいくら頑張っても、もう二度と這い上がれない世代の人だったのです」と、ニャンは語っている。

　詩を書いて反発する無鉄砲な若者ばかりではなかった。ド・チュン・クアンの場合、「サイゴン解放」を経験した生徒の心情をもって、ナイフで切られたような痛みを、詩句と共に心に溜め込んでいた。しかし、彼は机に詩を刻んで手錠をかけられるような愚かな真似はしなかった。1982年、ド・チュン・クアンは「チュオンソンに詫びる」という詩を作っていた[368]。この詩は、自分を「解放」してくれた人々に対するサイゴン市民の視線を感じさせるものだった。

　　1975年
　　君たちは北から南にやってきた
　　30年も長引いた長征の末に
　　君たちはやってきた
　　そして　サイゴンを汚れた都だと蔑んだ
　　麻薬中毒と娼婦とごろつきの都だと

368　ド・チュン・クアンは2009年になって初めてこの詩をブログで公表した。

セックスと享楽の都だと
「この現実――吐き気を催すぜ――ばかげてる‼!」
サイゴンの男はならず者か傀儡兵士だと君たちは言う
サイゴンの女は金持ちの貴婦人か　さもなければ売春婦だと
サイゴンは空白の本の頁だと言う
民族に根差さぬ西洋かぶれの文化だと
君たちはペンの代わりに銃を持ち
狂ったように冷蔵庫やテレビをめがけて撃つ
アメリカのロゴマークが入った消費財をめがけて
あらゆる資本主義の産物に憎しみを顕わにする
サイゴンの若者を「野獣」呼ばわりする
われわれの反乱は　感傷的で儚いカゲロウの抵抗
君たちは結託して文書の裁判を開く
サイゴンの若者を被告人として

7. 生まれる場所を間違えた人々

　ド・チュン・クアンは、1975年当時21歳で、文科大学の歴史地理学部で学んでいた。サイゴンが「解放」されると、彼は勉強を続けられなくなった。というのも、大学・専門学校省が教育のプログラムと内容、方法の改正に時間を要していたからだ。それは、「特に社会科学の科目を重視し、徐々に北部の社会主義教育体系と統一する方向に合致した」改正だった。[369]

　党書記局が「解放後の南部における教育工作」を第1の緊急任務とみなしていたため、1975年6月17日、トー・ヒューは1日のうちに第221号と第222号という2つの指示に署名することになった。1つは普通教育［小中学校と高校］、もう1つは大学と専門学校に関する規定だった。トー・ヒューが署名した指示は、書記局が教育を焦眉の急とみなし、「アメリカと傀儡政府の反動的体制がもたらした愚民・奴隷政策による後進的な状態を速やかに一掃」しようとした。

　第221号指示は、特に革命の最初の気運が高揚している段階で、非識字者が少

---

[369] 党書記局による1975年6月17日の第222号指示。

なくない現状の克服を促す、という政治的な意味合いがあった。「解放」直後、サイゴン－ザディンの革命政権は、住民50万人のうち非識字者を25万人と推計し、1975年のうちにこの状況を一掃するという決定を下した。この政策は「勢いをもって」進められ、1975年9月までに1596の社会人学級で5万3498人が学ぶことになった。これは人民を対象にした政策だったが、それだけではなく、「文化を補う」このプログラムは、一部の党員に対しても党からの離反を促す結果になった。

　2つの指示を出した6月17日以来、党書記局は「解放された地域の私立学校」に対する方針を立て、それに沿って「社会改造の気勢を持って、各私立学校を徐々に規制、改変し、やがてすべて廃止する。1975年の新学期から、各宗教や反動的政治団体、在留外国人による学校の開講を禁止し、私立学校による普通教育課程の教員養成も禁止する。個人が私立学校の開講を希望する場合は、革命政府の許可を得なければならない」ことになった。1975年に始まる学年から、サイゴン－ザディンでは1087の私立学校が公立化された。第221号指示は、また次のように規定していた。「元アメリカの傀儡政府の教職者については、革命政権下で登録を済ませ、職を求めている者は基本的にすべて受け入れ、再教育の上、雇用する。ただし、治安機関が教職にふさわしくないと認定した反動分子や、退廃的な行動で生徒と人民から抗議された分子はこの限りではない」[370]

　書記局が「これよりすべての国立大学と専門学校の学費を廃止する」という指示を出した時、南部の生徒たちは、おそらくかなり喜んだだろう。南部の数万人の学生は、書記局が専門分野の体系を改正したために、学究生活が中途半端にならざるを得なかった。第222号指示は、「大学を再開する前に、人文社会科学の各分野（法律、文学、哲学など）を根本的に改造する必要がある。それらの分野の学生を対象に、師範、技術、経済のように必要性の高い分野に移る計画を立てなければならない。人文社会科学の分野については、まだ1975〜1976年度の入学試験を実施していない」としていた。とはいえ、このようなことも一時的な障害でしかなかった。人文社会科学分野の学生は、「履歴が潔白」でさえあれば、希望すれば何とか卒業まで漕ぎつけることができた。

370　トー・ヒューは第222号指示にこう記している。「われわれは、まず次のことを十分かつ深く認識する必要がある。すなわち、南部の大学および専門学校の教員と学生は、ベトナム民族の子であり、またアメリカとその傀儡政府の奴隷・反動教育の犠牲者であるということだ。彼らが速やかに、国を愛し、社会主義を愛する知識人の公民になるために、われわれは十分な教育を施す責任を持つべきだ」

書記局第222号指示は次のように要求していた。「文化を補い、学生を選ぶという路線を通じて、大学および専門学校の学生の階級構成を速やかに改変する。日毎に大勢の解放軍の兵士、革命政府職員、労働人民の子弟が南部の大学と専門学校に入学し、学生の多数を占めるための条件を積極的に整備する。北部で10年生の課程を修了した南部出身の学生で、南部に親族がいる者は、南部の大学に復帰させる。旧体制が残した教員を再教育し、養成して雇用する。同時に、一部の教員、特に北部で勤務している南部出身者で、高い専門知識と優れた政治的資質をもつ教員は、南部の学校の教員として配置し、そこの中核となるようにする」

　このような指導的精神に基づいて、大学入学資格を審査するために、青年は13のカテゴリーに分類された。大学と専門学校に優先的に受け入れられるカテゴリーに入っていたのは、「人民武装勢力、軍隊の英雄的兵士、傷痍軍人、青年突撃隊員、革命機関職員、革命側の戦死者の遺族、革命功労者の家庭の子女、少数民族の子女、北部で10年生の課程を修了して戻って来た南部出身者、その他の肉体労働者など」だった。そのほか、「反動分子を除き、すべての男女公民は、履歴が潔白で、年齢、身分証明、健康状態についての条件を満たしていれば、大学および専門学校の入学試験に出願する権利を持つ」とされた。

　出願の権利があるカテゴリーに入っていても、入学試験での合否とはまた別に、入学できるかどうかは、履歴の潔白さを測る審査委員の判断にかかっていた。履歴書に示された階級性によって、1975年以後に育った青年たちの願望がどれだけ打ち砕かれたことだろう。

　南部の多くの世帯は、実質的に第14、第15のカテゴリーに入れられた。[371]「傀

371　ファン・ラック・フックはこう記している。「私が思想改造収容所に入れられた時、末の娘は5歳になったばかりだった。私が戻って来た時には、その子は15歳の少女になっていた。姉たちはみな国外に脱出してしまい、その子だけが残って母親と一緒に私を待っていたのだ。末娘は、戻って来た私にくっついてぶらぶらと散歩をした。ホックモン［ホーチミン市］では、娘はあまり友達がいなかった。私と一緒にサイゴンに来てからは、タイン・タム・トゥエンの娘のTr.T.と一緒に遊んだり、ハー・トゥオン・ニャンの娘Ch.と買物に行ったりした。つまるところ、親は親どうし、子供は子供どうしで遊ぶのが自然ということだ。娘は、まだ会ったことのないトー・トゥイ・イェンの娘G.と近づきになりたいと言った。G.は勉強がよくできた。ところで、社会主義社会では、階級がないにもかかわらず、大学入試の受験者は15のカテゴリーに分類された。第1、第2、第3のカテゴリーに入れられるのは、革命家庭の出身者、または優先政策の対象者で、3題の試験で7点以上取れば『配慮』されて入学できた。私のような『傀儡軍人』の娘は、第14のカテゴリー（主に反動・反革命家族）に入れられた。父親が思想改造収容所から釈放されると、1等級上がって第13のカテゴリーになった。傀儡軍人の娘が大学に

傀」家族が、「諸行無常」としてそのような差別に耐えなければならないというならば、多くの青年にとって、大学に入れないという「革命」は「横面に食らった一撃のようなものだった。伸びてゆく木の幹が、太陽の光を求めているのに、突然先端を折られてしまったようなものだ」[372]

　末端の党組織の多くは、書記局の指示を勝手に解釈して、より厳格に実行した。ファン・ヴィン・ヒエップは、ギアビン省アンニョン県［現ビンディン省］ニョント村の出身で、物理学では全国でトップレベルの優秀な学生だった。しかし、村の行政当局は、彼にチェコスロバキア［当時］への留学試験を受けさせなかった。後年、ヒエップは留学資格を得るのに十分な点数で工科大学の入試に合格したが、それでも地方当局は彼の入学を許さなかった。理由はただ、ヒエップの父ファン・ヴィン・ロンが1954年のゴ・ディン・ジェム政権による共産主義者打倒運動の時に共産党を離れたから、というだけだった。

　クイニョン市のレホンフォン街区に住むグエン・マイン・フイは、1981年に高校を卒業し、その年にダナンの工科大学の入試に合格した。合格基準点は17点だったが、彼は26.5点（2次試験）も取ったのである。だが、進学の希望を実現する代わりに彼が受け取ったのは、省の入学審査委員会の冷たい通告だった。「父親が戦死しているため、入学は許可されない」。南部の何百万という若者と同じく、フイの父親も、大学入試に不合格になると徴兵されたのだった。1965年、フイが2歳の時、歩兵部隊の中尉だった父は地雷を踏んで命を落とした。フイの母親は情報局のタイピストだった。フイは「傀儡軍士官」の子ではあったが、母方の祖父は抗仏戦争期からの共産党員で、フイは2歳の時からこの祖父の家で育てられた。また、母親の兄弟の1人と姉妹の1人は、南北分断時に北部に集結した革命勢力の一員だった。1981年11月25日のフイの日記には、「僕の人生……なぜ今、勉学の道が閉ざされるのか？」とある。

　1982年に、フイはあまり履歴を問われない第4農業大学を選んで受験した。入試では、合格基準点を遥かに上回る22.5点を取った。だが、入学審査委はこの時もまた「父親が戦死しているため、入学は許可されない」という冷たい

入学したければ、21点は取らなければならなかった。つまり、優遇政策の対象者より3倍の点を取ってやっと入学できるのだ」(Phan Lạc Phúc, 2002, pp.420-421.)
372　グエン・マイン・フイの日記。

電報を送ってきた。フイは、1983年1月6日の日記に「暗い将来を予告する権限を持つ人がいる。しかし、最大の不幸は、それが動かし難い事実だと自分で認めてしまうことだ」と記している。

体重40キログラムのグエン・マイン・フイは、それからは大工の仕事で生計を立てたが、それでも「戦う力が残っていても銃を持ってはならない」と、自分に言い聞かせていた。そうこうするうちに1983年の入試の時期が近づき、あまりにも「いらいらと落ち着かない気分」になったフイは、クイニョン師範大学の入試に出願した。合格基準点はわずか12点で、彼は18.5点を獲得した。そして、今度こそは結果を見て悲しまずに済んだのだった。

ヴォー・ヴァン・キェットは、「旧体制が残した弊害を克服することは困難だったが、新体制が生み出した弊害を克服することはもっと困難だった」と認めている。ホーチミン市青年団の第1回大会を控えて、キェットは、当時彼の演説の草稿を作っていたテップ・モイ*にこう語っている。「党が秘密活動をしている頃は、なぜ自分は差別をしなかったのだろう。その頃は、なぜ地主の子弟、資本家の子弟、南ベトナム公務員の子弟などのすべてに働きかけたのだろう。それが、政権を握った現在になって、差別をするとは！ このような状態が長引いたら、青少年はいつになったら互いに和解できるだろう？」。キェットの秘書ファム・ヴァン・フンは、「話の最中に、キェットは『門地を選んで生まれてくる者はない』と口走ってしまったのだが、テップ・モイも私たちも、その通りだと思った」と語っている。

しかしながら、履歴の問題については、キェットのような考え方をする者は少数派だった。「私はじっくり考えたが、変革は容易なことではないと結論せざるを得なかった。それは、全政治システムの原則について、認識を変えることになるからだ」とキェットは言う。1977年7月3日、ホーチミン市青年団第1回大会で、ヴォー・ヴァン・キェット書記は演説した。「わが市で育ちつつある若い世代は、様々な社会環境の下に生まれ、様々な精神と信仰の影響を受けてきた。門地を選んで生まれて来る者はいない。われわれは、人生に歩み入ろうとしている若者はすべて平等で、みなわが市の将来を担う者と認識している。社会は、若者が憎しみを抱くことなく、安心して青春時代を過ごせるよう望んでいる」。そして、次のようにアピールした。「この社会と共に歩むすべての若

者に対して、社会は公平に接しなければならない。誰もが平等に義務と権利を持っているのだ。われわれが基準にするのは、誠意と、身につけた学力と実力である。過去によって若者の未来が束縛され、進取の気性と貢献の意志が妨げられてはならない」

　ヴォー・ヴァン・キェットのこの演説は、彼が権限を持つメディアでさえも、公表されることはなかった。2ヵ月たってから、『トゥオイチェー』紙が初めて、グエン・キー・タムという「読者」の投稿を掲載した。それには、彼が履歴のために将来を閉ざされていることが書かれていた。その後、1977年9月30日になってから、同紙は初めて7月3日の青年団大会でのヴォー・ヴァン・キェットの「門地を選んで生まれてくる者はいない」という演説を掲載したのである。この年から『トゥオイチェー』の編集長になっていたヴォー・ニュー・ラインは、「編集部は記事を掲載するまでに、時間を費やして検討しなければならなかった。というのも、当時は履歴による差別の風潮が非常に高まっていたからだ。キェットはあのように言ったが、青年団側はそれでも頑として受け入れなかった。ホーチミン市委では、キェット以外は誰も公然と発言しなかった」と認めている。ヴォー・ヴァン・キェットも、地方の指導者という限界のある立場で、履歴問題には任務の範囲内でしか対応できなかった。履歴を理由に学校に行けないケースは無数にあった。その頃は、正式な政策ではなく個人の匙加減で、正しいかどうかが判断されていたからだ。

373　グエン・キー・タムの投書には、次のように記されていた。「解放当時、私は17歳になったばかりでした。人々の喜びに満ちた賑わいの中で、私も心に限りない誇りと自負が湧き上がるのを覚えました。私はサイゴンに戻り、大学受験のために勉強を続けました。青年団の活動にも参加しました。そのような生活の只中で、いくつかの話や書籍を通じて、私は自分の履歴の問題を感じるようになったのです。私は大学受験に失敗しました。いくつかの国家機関に就職を希望しましたが、いくら待ってもどこからも返事がありません。2年近く経っても、私はいまだに青年団への感情や、その他の事で考えあぐねています。『トゥオイチェー』にお尋ねしますが、私たちの将来は閉ざされてしまったのでしょうか？　新社会には、私たちのような者の居場所はないのでしょうか？　忌まわしい履歴につきまとう暗い運命は、私を社会の片隅に追いやってしまうのでしょうか？　私はけっして高望みしているわけではありません。疑いや偏見の目で見られずに、普通に生活して働きたいだけなのです」

374　1978年には、著名な知識人であるチャン・ヴァン・トゥエン弁護士の娘が、大学受験に合格しながら入学を許可されなかった。サイゴンの知識人たちは反発したが、誰も敢えて対応しなかった。それは原則だからというのである。キェットの口添えで、トゥエン弁護士の娘はやっと大学入学を許可され、さらにソ連にも留学することができた。

8. 青年突撃隊の「扉」

　1975年8月、ヴォー・ヴァン・キェットは市の青年団に、「試験的に」荒地の開墾に行く青年突撃部隊を組織させた。同年末、キェットは南部革命青年団中央委書記であるファン・ミン・タインの自宅で、青年団常務委員会を招集した。その会合で、キェットは「ホーチミン市には青年の武装勢力、すなわち青年突撃隊が必要だ。青年団を筆頭に組織し、市委の補助が必要な時は、市委が対応するように」という任務を与えた。キェットの説明では、「すべての青年が前向きに考え、自らを誇れるよう、労働に参加する環境を作らなければならない」とのことであった。

　当時31歳で、青年団常務委員で『トゥオイチェー』紙の担当だったヴォー・ゴック・アンは、「その頃、キェット書記の言葉を聞くと、何か本当に神聖なことのように感じた」と回想している。8月の会合の後、ヴォー・ゴック・アンは、青年突撃隊の青い制服数千着を仕立てるための財政指導の任に当たった。

　ホーチミン市の人々は、1976年3月28日のことを数十年後でもよく覚えている。その日を印象づけているのは、統一スタジアム(トンニャット)に集まった突撃隊の、鍬とシャベルを持った青服の巨大な「人の森」、そして、キェット書記の演説の最初の言葉だった。当時の指導者が演説の際に用いた「同志たち」という呼称の代わりに、ヴォー・ヴァン・キェットは「青年団の諸君、親愛なる青年たち」と呼びかけて、彼らの感涙をそそったのである。

　その日集まった数万人の青年たちは、革命勢力側の子弟だけではなかった。ヴォー・ヴァン・キェットの要請に基づいて、青年団は、麻薬中毒者や売春の経験がある青年、「傀儡軍兵士」だった者まで動員したのだった。ヴォー・ゴック・アンによれば、その中には、父親を「ベトコン」と間違えられて殺された南ベトナム軍大尉もいたという。それらの青年たちは、サイゴン「解放」以来、地元の役人の仕打ちや、メディアの驕り高ぶった表現を通して、自分の境遇を悟っていた。よもや、党書記から「親愛なる諸君」と呼ばれるとは、思ってもみなかったろう。

　党の指導者としての立場から、ヴォー・ヴァン・キェットは自分なりの言い

回しで革命の伝統にも言及した。「私はまた、わが国の20代の若者に、ここで表明させていただきたい。もはや悲しみの時代は終わり、君たちは情愛に溢れた心と強い希望を持って、社会主義への道を歩むということを。それは、かつて団結して南部総蜂起や8月革命に参加した青年たちの心と希望である」。キェットはさらに言った。「彼らの理想、彼らの願望は、君たちが生きている今この時に実現しているのだ。君たちがいずれ、民族が経てきた偉大な革命の一段階を詳しく見直す機会があれば、君たちは祖国ベトナムを何千倍も愛するようになるだろう。人民と国家を信じて、力を倍増させることだろう」

　演説の草稿は、テップ・モイ記者によって書かれていた。彼は有名なエッセイストで、教科書に載った「ベトナムの竹」という文章は、世代を超えて暗誦されている。ヴォー・ヴァン・キェットの精神は、時にテップ・モイの熱のこもった筆致によって表現された。当時のキェットは、まだテップ・モイにパーヴェル［第3章5.参照］的なレトリックを使わせていた。つまり、最初の社会主義国を作り出すために、自らを犠牲にした世代を描く時のレトリックである。チャン・バィック・ダンほど強い言い回しではないにせよ、キェットに言わせれば、青年の美しさとはやはり労働にあった。[375] 演説の最後を、彼はこう結んだ。「わが市の社会主義公民の各階層が、今後、自発的な労働の現場で互いに結びつき、伸び栄え、成長することを熱烈に祝賀する。君たちが、栄えある労働戦線という新たな戦線で成功し、勝利を収めることを願う」

　高校教師のチャン・ゴック・チャウは、3月28日のトンニャット・スタジアムの式典には出席しなかったが、それでもキェットの演説の影響を受けた。その年、チャウは第1区で、青年たちに青年突撃隊への入隊を働きかける団体に入っていた。「ヴォー・ヴァン・キェットの演説文のコピーが回されてきて、私たちは街区の住民を集め、一番感動的なところを読み上げました」と、彼は

375　ヴォー・ヴァン・キェットは「アメリカの最も有害な政策の結果」を強調し、「極端な消費社会の心理が、民族が本来持っていた労働の習慣と精神を殺してしまった。あらゆる戦争の傷跡の中で、その精神的な傷こそ最も癒え難いものだ」と批判している。そして、このようにアピールした。「戦いに明け暮れた年月に、(中略)『祖国のためにわが肉体は滅びても……』という歌詞に感動しなかった若者がいるだろうか。今日の祖国は、若者たちに死ぬことを求めてはいない。わが国は永遠に独立で自由な国になった。祖国は君たちに、ひたすら生きて生き抜くことを求めている。その歌詞は、『祖国のために生きなければならぬとすれば……』と書き換えるべきだろう。生きることは、人民と喜びを分かち合うことだ。生きるとは、人に頼って暮らすことではなく、労働することだ」

語っている。

　チャン・ゴック・チャウによれば、その頃、街区の青年団にもいざこざが生じていた。彼らは名簿を作成して、まだ職に就いていない青年たちにいつも召集をかけていたので、不満を持つ者が多かったのである。「共産主義」と「同志」は、青年からかけ離れた概念で、時として反感を呼ぶものだった。そのため、「共産党の書記が、『同志』ではなく『君たち』と呼びかけるのを聞いただけで、感銘を受けて入隊した者は多かった。ヴォー・ヴァン・キェットの演説の内容をたくさん覚えている者もいた」とチャウは言う。チャウは以前、英文学の教員で、哲学の学位を持っていた。しかし、他人に入隊を勧める運動をした後で、チャウ自身も、体制の中で地位を固める最良の道は、青年突撃隊に入る「扉を選ぶ」ことだと認識した。[376]

　グエン・ニャット・アイン[377]も、履歴による重圧を解消する1つの手段として、青年突撃隊への入隊を選んだ。サイゴン「解放」後、彼は近所の老人の美しい3人娘の家庭教師をしていた。娘たちの父親は、第10区のニャッタオ街区で大工をしていたが、いきなり地元の居住区の人民委主席になり、次いで街区の主席になった。グエン・ニャット・アインはその頃、師範大学の第1級の課程を修了したばかりだったが、大工の老人は、彼に街区の文書管理を任せた。第222号指示の精神に従って、アインはさらに8ヵ月の政治学習を終えてから卒業を認められた。しかし、クアンティン省［現クアンナム省の一部］の平定・帰順管理局の局長だった彼の父親が改造学習に送られていたため[378]、アインは教師の職に就けなかった。

　グエン・ニャット・アインが街区に戻ってきたのは、大工だった主席の娘が街区の青年団の書記になった時だった。彼女はかつて自分の先生だった人の立場を思いやって、キャンペーンがある度にアインを呼び、アインはメガフォンを担いでニュースを読み上げたり、社会主義建設のスローガンを壁に書いたりした。彼はその仕事の報酬として、毎月10キログラムの米を受け取った。アインもまた、青年突撃隊への入隊運動に行った時に、ヴォー・ヴァン・キェッ

376　チャン・ゴック・チャウは、後に『トゥオイチェー』紙の編集部事務局長、『キンテーサイゴン［サイゴン経済］』紙の副編集長を務めた。
377　童話作家。
378　グエン・ニャット・アインの父親は1975〜1982年に思想改造収容所にいた。

トの演説文を読んでいた。「みんなが出払っていた時、私は突然思い至ったのです。このまま母方の叔母の世話になって無為徒食していて良いわけはないと。そういうわけで、私も1977年に入隊しました」

当時の青年武装勢力の指揮官は、ヴォー・ヴェト・タイン＊だった。1975年、ヴォー・ヴァン・キェットが青年突撃隊に派遣する若い士官を求めている時に、大隊長のヴォー・ヴェト・タイン大尉が選ばれた。「ウミン［カマウ省］に行く時には、私もいささか思案したものです。軍に重用される士官でしたが、ジャングルの只中で勤務するとなれば、戦時に劣らぬ苦労がありましたから」

青年突撃隊には様々な種類の人間がいた。強盗の親玉だった者もいれば、知識人や士官だった者もいた。しかし、多くは大学生だった。ヴォー・ヴェト・タインによれば、彼らは、兵士にも劣らぬ苦労を耐え忍んだという。ウミンのジャングルやズオンミンチャウ戦区では、雨季にはあたり一面が水に浸かり、乾季には真水の一滴一滴を分け合い、満足に食べることもできなかった。その上、ヒルや様々な病気に苦しめられたが、唯一の治療薬といえば穿心蓮［キツネノマゴ科の薬草］だけだった。それでも、彼らは過去にこだわらずに生活を共にした。大部分の者は成長を遂げた。ヴォー・ヴェト・タインは、自分自身も少しずつ「彼らと一緒に生活のリズムを摑める」ようになったと認めている。「6万人以上の人間が革命の何たるかを知らず、ただNo. 6ザンの意志の固い、力強い言葉を聞くだけだったのだから」とタインは言う。

青年突撃隊キャンペーンの発動から1年後、1977年3月3日の「先進的な青年突撃隊員代表」との会見で、ヴォー・ヴァン・キェットは青年突撃隊を1つの「大学」と呼んだ。キェットは、「青年男女が多くの面で成長したのは、彼らが自分の前途は国家の未来の中にあると分かったからだ。多くの同志が、深い感情と理性で、労働は栄光あるものと認識した[379]」と考えたのだ。

その時点での青年突撃隊は、その環境ゆえに数多くの奇跡を生んでいる。[380]

---

[379] この演説で、ヴォー・ヴァン・キェットはいくつかの例を挙げている。「大隊の中に、部隊で一番頑固な2人の同志がいた。部隊内の規律も守らず、喧嘩沙汰はしょっちゅうだった。それが、今では大隊でも傑出した人物になって、1人は分隊長、もう1人は副分隊長として活躍している。またある同志は、以前は手や体に刺青をしていたが、鉄板か火箸でその刺青をすっかり削り取ってしまった。傷跡が残ってもその方がましだと言うのだ」

[380] 1977年3月3日のヴォー・ヴァン・キェットの演説では、次のように述べられている。「労働者階級の出身で、当初は割り算もできないほどの教育レベルだったが、その後、優秀な大隊長、副連隊

たとえば、ヴー・ホアン・ヴィの場合、「解放」以前は強盗をしていた。彼は最初、身を隠すために青年突撃隊に潜り込んだが、彼の足跡は当局によって暴かれてしまった。しかし、彼は逮捕されなかったばかりか、入隊するように説得された。ヴィは初めて自分の居場所を見出した。彼はそこで尊重され、働きぶりを世間に認められ、教育を受けることができ、大隊長の地位を与えられ、後には共産党への入党も許されたのである。

　ヴォー・ヴァン・キェットは、青年突撃隊への演説では、その後も隊員たちのことを「君たち」と呼んだ。だが、「先進的な青年」たちに演説する時には「同志」という呼び方をした。また、先進的青年が集まるある大会に、かつて「7牛頭（ダウボー）」という暴力団の有名な親分だった者を連れてきて、議長団の席に一緒に座らせたりもした。

　「解放」の当初は、南部の多くの青年は、革命側の使う呼称に強いアレルギーを持っていたかも知れないが、この頃には「同志」という呼び方が受け入れられ、多くの者がそう呼ばれたがるようになっていた。

　1977年、グエン・ニャット・アインは、フーホア［現フーイェン省］のホーボーで、バーザー運河を掘る作業に従事していた。その頃、彼は『トゥオイチェー』紙に多くの作品を掲載されていたが、父親が平定・帰順管理局長だったという経歴のため、相変わらず青年団には入れなかった。彼のいた青年突撃隊は、茅で屋根を葺き、竹と土の壁で囲った小屋に住んでいた。小屋の一方には男性、もう一方には女性が寝る場所があり、彼らの手作りの机と椅子を並べて間を仕切っていた。ある時、集会の間に、連隊の政治委員が、アインがベッドで体を丸めて寝ているのを発見した。「進歩が遅れた分子」グエン・ニャット・アインは、すぐさま外に放り出された。その日は雨で、目隠しをされたように暗かった。アインは行くあてもなく、キャッサバの畑の中をさまよった。雨と涙で顔はぐしょぐしょに濡れていた。その時のことを、「のけ者にされた気分でした」と彼は回想している。しかし、新しい時代にどのような思いを持っていたとし

長となり、政治工作や管理、技術の仕事も立派に果たしている者もいる。また、以前は市場で商売をしていたが、今や専門家になって教職に就いている者もいる。ある大隊では、青年の4割近くが南ベトナム軍の兵士か、ならず者、麻薬中毒者だったが、6ヵ月の奮闘後、80人近くが先進的で優秀な人物と評価され、表彰の対象に選ばれた。以前は文字を習っていなかった多くの兄弟たちが、青年突撃隊に入って文字を読めるようになった」

ても、グエン・ニャット・アインにも他に選択肢はなかった。小屋に戻って、進歩的な青年であることを身をもって証明するしかなかったのだ。

1978年3月26日のことだった。夜中の12時にヴォー・ヴァン・キェットがやってきて、グエン・ニャット・アインやチャン・ゴック・チャウら多くの青年たちが呼び起こされた。外ではかがり火が焚かれ、旧体制にいた青年たちが大勢集められていた。彼らはその夜から「青年団に名を連ねる栄誉」を得たというのである。チャン・ゴック・チャウもその1人だった。「ヴォー・ヴァン・キェットは、青年突撃隊の制服を着て、チューリップハットを被っていた。彼は立ち上がって太鼓を打ち鳴らした。堂々と立つ彼の姿は、青年突撃隊員たちの記憶に強く刻まれている」とチャウは語っている。「その入団式はとても神聖なものだった」

入団は神聖だった。しかし、その夜のかがり火も、すべての者を照らすことはできなかった。グエン・ニャット・アインも、チャン・ゴック・チャウと同じように鶴嘴を握り、手が血だらけになるまでラテライトの土と格闘して運河を掘ってきたのだが、父親が「傀儡」側にいたというだけの理由で、その夜は青年団に入れなかった。ヴォー・ヴァン・キェットが設立した青年突撃隊の「扉」は、青年たちが新体制に歩み入るには広さが足りなかったのだ。

9.「反乱」

多くの青年突撃隊員は、ジャングルの木を伐り、勇ましい唄を歌った日々をその後も記憶に留めている。あまりにも多くの青年たちが前途を見失っていた時期、ヴォー・ヴァン・キェットは、青年たちを引き寄せる効果的な方法を見出したと言わねばなるまい。

彼らは、革命政府が打ち立てた新しい政治的な基準に、多少なりとも感銘を受けながら馴染んでいった。しかし、サイゴンを闊歩していた美しい脚が、文明から隔たったジャングルに連れていかれ、茨を踏んで歩くことになって、キェット書記を責めなかったと言えば嘘になる。彼らもそれなりの信念を持ってそこへ行ったのだが、青年突撃隊の青い制服は、彼らの秘めたる感情をすべて覆い隠すことはできなかった。なぜなら、その感情は青年たちが生まれつき持

っていたものではなく、体制があまりにも高い障壁——履歴という障壁——を作ったために生じたものだったからだ。その障壁が撤廃されない限り、いくら同じ小屋に住み、同じ隊列に並んだとしても、青年隊の制服が戦友感覚を生み出すことはできなかった。ましてや、その頃まだ「社会の外」[381]に置かれていた者たちはなおさらだった。

　第10区のバックハイ団地は、「解放」後は革命軍の高級将校の家族の住居となった。団地には旧南ベトナムの将官・佐官級軍人の家族も住んでおり、いわば新旧のモザイク状態だった。革命軍家族の子弟らは、当然ながらそこの主役だった。グエン・テー・ズンも、そのような青年の１人だった。

　ズンの父グエン・テー・チュエン大佐は、第９師団司令官だった頃は「灰色の虎」と呼ばれた人物で、テト攻勢の第２次サイゴン攻略作戦の際に第１特別区の司令官として戦死していた。サイゴン「解放」後、チュエン大佐の妻子はサイゴンに送られ、バックハイ団地のT10号館に居を構えた。グエン・テー・フンは、1970年代後半に街区の青年団副書記を務め、旧体制の士官の子弟を転向させて青年突撃隊入隊を働きかける任務を負っていた。

　同じ団地のT4号館に住む「深窓の令嬢」レ・ビック・トゥイは、南ベトナム陸軍の軍史編纂室長だったレ・ヴァン・ズオン中佐の娘だった。彼女もズンの任務の対象となった１人だった。しかし、最後に「転向」したのはズンの方だった。革命軍の高名な司令官の息子と、思想改造収容所にいる「傀儡軍」将校の娘というカップルは、勇敢にも結婚を決意した。ズンの母親は泣きに泣いた。故グエン・テー・チュエンの戦友たちは、その頃には将官クラスになっていたが、彼らの妻たちは婚約を破談にするべきだと未亡人に勧めた。しかし、グエン・テー・ズンは承服しなかった。彼は恋人の家に行き、相手の母親に言った「お嬢さんとの結婚を認めていただけるなら、婚礼を挙げます。私の家族は誰も来ないでしょうが」。レ・ヴァン・ズオン夫人は、ただ黙って頷くしかなかった。

　グエン・テー・ズンの姉で、後に『ホーチミン市婦人週報』の編集長となったグエン・テー・タイン記者は、ヴォー・ヴァン・キェットのところに行って助けを求めた。事情を聞いたキェットは、「私は人に説教する時に相手を区別しない。その母子が恨みを持たないよう努力するが、どのようにしたところで

381　国家機関や政治組織に属していない人々を差す時の言い方。

彼らが忘れることはないだろう」と言った。そして、「わしが話をするから、2人をここに呼べ」と命令した。タインは戻って、弟に恋人を連れてくるよう伝えた。ヴォー・ヴァン・キェット書記は、きわめて親愛のこもった態度で2人を迎えた。そしてズンだけを庭に出すと、レ・ビック・トゥイに尋ねた「君は、ズンと結婚したらどれ程の困難があるか、よく考えたかね？」。彼女は答えた「はい。私はズンを愛しています。だから困難を承知の上で彼を選んだのです」「お父さんが改造学習から戻ってきて、反対したらどうする？」「いえ、父は私をとても可愛がってくれていますから、そのようなことはないと信じています。でも、もし父が反対したら、私は闘います」。キェットはズンを呼び戻して、「君に迷いはあるか？」と尋ねた。ズンはきっぱりと言った「ありません」。「旧体制の士官の子と結婚すれば、君は疑いの目で見られることだろう。わしは、いつも君たちの味方ができるとは限らない」。そう言うと、キェットは、2人の若者に宣言した「今このNo.6［キェットのコードネーム］伯父さんが、お父さんの代わりに君たちを応援する」。その後で、ヴォー・ヴァン・キェットは故グエン・テー・チュエンの未亡人と面会し、「子供たちと争わず、彼らの考えに任せなさい」と諭した。

　1982年、レ・ヴァン・ズオン中佐が釈放されて戻ってきた時、娘は共産主義者の息子との間に子供をもうけていた。ズオンはT10号館を訪ねて、革命軍大佐の未亡人に言った。「私は改造学習に行っていて、両家が親戚になったことを知りませんでした。おそらく、これは歴史的な運命なのでしょう。私は戦場に行って多くのことを学び、ご主人は戦死され、両家が出会ってこのように親戚になった。それもまた結構なことです」。そして、レ・ヴァン・ズオン中佐は、故グエン・テー・チュエン大佐に線香を手向けて祈った。「大佐殿、私はあなたの嫁の父親レ・ヴァン・ズオンです。あなたにこの線香を捧げ、私たちが今や親戚となったことをご報告します」

　自発的な恋愛に、履歴による分け隔てはなかった。青年突撃隊の中の恋愛でも、障害を乗り越え、グエン・テー・ズンとレ・ビック・トゥイのように幸せになった者もいたが、恋を阻まれた者もいた。1978年末、南ベトナム軍の軍医だったティォウ・フィン・チー医師は、思想改造収容所から戻ると、医療局に出向いて報告を終えた後、ドーホア農場に青年突撃隊の診療所長として派遣

されることになった。

　ティォウ・フィン・チーは本来は外科医だったが、農場では歯の治療椅子や、仕切りのあるトイレを自ら設計した。出産の介助のためにもあちこち回り、やがて地域の有名人になった。妻は子供を連れて国外に脱出したが、チー医師はここに残ることを決意していた。当時の農場監督はヴォー・ティ・バィック・トゥエットで、彼女は戦時中にアメリカ車を燃やす運動を指導したため、拷問を受けてコンダオ島に何年も投獄されていた。共に働く日々は、チー医師とバィック・トゥエットの距離を縮めた。しかし、2人の恋愛は、青年突撃隊には歓迎されなかった。

　突撃隊の党委は、チー医師が「傀儡」軍にいただけでなく、中国系ベトナム人でもあるという理由で、2人の結婚を絶対に許可しなかった。ファン・ミン・タインは、「私はトゥエットと仕事に行くことがよくあり、彼女の立場が分かっていました。われわれの市委は2人の味方でしたが、突撃隊は彼らを認めませんでした」と語っている。その後、マイ・チー・トは青年突撃隊の党委常務委員を呼び、きわめてNo.5スァン［マイ・チー・トのコードネーム］らしい言い方で彼らに尋ねた。「彼女（バィック・トゥエット）はもういい歳で、しかも拷問のせいで子供を産めない体になっている。今、彼女に結婚を認めなかったら、おまえたちの誰かが彼女と結婚してやるか？」

　ドーホア農場の突撃隊第1期生だった作家のグエン・ドン・トゥックは、「その時、ヴォー・ヴァン・キェトは、ハノイで閣僚評議会議長に就任してから、南部に戻ると、結婚式の前日に農場に来て　泊し、一緒にお祝いをしました」と回想している。[382]

　だが、女性農場監督と「傀儡軍大尉」の結婚式は、突破口にならなかった。1982年、青年突撃隊の党委は、今度はグエン・ニャット・アインとチャン・ティ・ティエン・トゥーの結婚を阻止した。ティエン・トゥーは当時、突撃隊の政治部副部長だった。突撃隊当局は支部会議で、彼女を党から除名することを決定した。その4日後、新婦ティエン・トゥーは市委の組織委員会に直訴状を書いた。それにはこのように記されていた。「1981年の中頃、私とグエン・ニャット・アイン同志は、結婚を前提に互いに理解を深めるよう努めました。

---

[382]　グエン・ドン・トゥックの小説「海に注ぐ百の河」は、この実話を基にしている。

その後、正式に党委と青年突撃隊支部に結婚の報告をしました（ニャット・アイン同志は、現在、政治部で勤務している青年突撃隊員です）」

　ティエン・トゥーの書状は、次のように訴えていた。「この半年間、私は党委と支部から、グエン・ニャット・アイン同志との関係を絶つよう何度も説得されました。党委の書記同志や、党委のほぼすべての同志たちが次々と私に会いに来ました。その後、1982年2月の支部の定例会議で、支部委員は私の問題を検討に付しました。その結論は、『グエン・ニャット・アイン同志は良い同志だが、彼の父親は以前、旧体制に仕えて相当な地位にあった。階級的見地から、党員がこのような家族と共に暮らすことはできない』というものでした。同時に支部は、グエン・ニャット・アイン同志を知る前の私についても点検しました。私は結婚について事前に党の許可を求めませんでしたが、今この問題について再検討をお願いする次第です」

　書状はさらに続く。「さる2月と6月の会合で、支部は私に選択を迫りました。党を取るか、このままグエン・ニャット・アイン同志と家庭を持つかです。私はアイン同志と家庭を持つつもりだと答えましたが、それは私がどちらか一方を選ぶという意味ではありません。私は離党するつもりはありません」

　愛し合う2人の決意を実現することは容易ではなかった。2人には公民として結婚登録をする権利があったのだが、チャン・ティ・ティエン・トゥーは青年突撃隊の人間であったため、地方行政当局は、彼女が集団住民登録をしている場所の突撃隊の承認があった時にのみ、結婚登録を認めるという。一方、突撃隊の組織部は、党委の承認がない一時居住地での登録は認めるわけにはいかないというのだった。

　1983年10月、チャン・ティ・ティエン・トゥーは、公民としての自分の権利を実現する最後の手段に出た。「車両登録申請の書類を補足する」ために「住民登録の承認」を求める文書を作成したのだ。組織部はそれを承認した。しかし、恋人たちは署名後の書類にこっそり細工を加えた。「車両」を「結」に直し、「補足」に「婚」という字を加え、車両登録を「結婚登録」に仕立て上げたのだ。結婚式を挙げた後、1984年5月30日に、チャン・ティ・ティエン・トゥーは「警告」処分を受けた。この決定を下した市委副書記ファン・ミン・タインは、「トゥー同志は結婚に関して、自らの立場の認識と組織の規律に対する意識が

いまだに不足している」と認定している。

　新体制の偏見を乗り越えて勇敢に愛情を守っただけでなく、彼らのうちの大勢が、愛国心から国土を守るためにも戦った。ポル・ポト派が国境地域の住民を殺戮した時には、何千人もの青年突撃隊員が戦場に出向いた。チャン・ゴック・チャウ記者によれば、南西部国境で戦争が始まってから、1977～1978年の間に前線に出向いた青年突撃隊員は、選ばれたのではなく、みな自発的にそうしたのだという。1978年6月14日、第5連隊に所属する500名の男女の突撃隊員が国境地域に移され、第4軍団第7師団に「配属」された。彼らの任務は、負傷兵を担架で運び、砲弾を運搬し、道を造り、泥の中で弾薬を積み上げることだった。第5連隊が担当する区画はわずか10キロメートル余りだったが、陥没やぬかるみでひどい状態だった。青年突撃隊員たちは絶えず道路の穴を埋め、木を打ち込んで階段をいくつも作ったが、その作業は困難を極めた。

　1978年7月21日、青年突撃隊第3小隊は、クメール・ルージュに機動作戦を挑んでいる部隊の後方支援の任を受けた。小隊の中の、大隊長ゴ・ドック・ミンが直接指揮する婦人分隊は、転進してコキソムの三叉路付近を封鎖した。翌7月22日の夜明け、クメール・ルージュの1個大隊がその道に深く入り込み、戦線の背後に回って第3小隊と衝突した。かたや残忍なクメール・ルージュの兵士、かたや1日も戦闘訓練を受けたことがなく、武器を装備しているのは数人だけという青年部隊である。両者の戦闘はクメール・ルージュによる殺戮に変わった。第7師団の部隊が駆けつけて敵を包囲、攻撃し、ポル・ポト派の兵士96人を殲滅するまでに、24人の青年が敵に殺された。ゴ・ドック・ミン大隊長は焼き殺されていた。青年突撃隊の7人の女性隊員たちは、暴行を受けてから惨たらしく殺されていた。生存者はわずかにグエン・ティ・リーとグエン・ヴァン・トゥアンの2人だけで、重傷を負いながら戦友の遺体の下に隠れて生き延びたのだった。

　24人の戦友が惨殺された報せは、青年突撃隊全体に伝えられた。当時、戦場で奉仕していた突撃隊には、銃やその他の自衛のための武器は何も装備されていなかった。彼らは後方にいたが、もし前線の部隊が動きを封じられたり、殲滅されるようなことがあれば、次は彼ら自身が同じ運命を辿ることになる。しかし、隊員の男女青年たちは、24人の死を知っても怯えることはなかった。

詩人のドー・チュン・クアンは、当時は『トゥエンダウ』紙の編集部を離れて、ザディン連隊に配置された青年突撃隊の1部隊で任務に就いていた。彼は、第3連隊第3小隊が惨殺されたという報せを聞いて、「炎の戦線に咲いた花」という詩を作った。『トゥエンダウ』編集部からその詩を受け取ったカオ・ヴー・フイ・ミエン［詩人、新聞記者。青年突撃隊に所属していた］は、ドー・チュン・クアンへの手紙をしたためて軍の車に託した。「部隊を招集して、青年突撃隊による演芸会が催されます。あなたはサイゴンに戻る許可をもらって、凱旋する部隊の車を見つけて下さい。青年文化会館で会いましょう」

ドー・チュン・クアンは、この時には「戦場K」と呼ばれていたカンボジアから、軍の車で道を探りながら3日かけてサイゴンに戻った。途中、いくつかの村を通ったが、人影はなく、時折ポル・ポト派の残党が仕掛けた地雷と遭遇した。2年ぶりに見るサイゴンの灯りは目に沁みた。部隊は人ごみの中を縫うように進み、青年文化会館に入った。そこには、アイン・ホン、アイン・トゥー、チュオン・タム・サー、ホアン・トゥアン、キョウ・ガー、キョウ・ザンなど、「混成部隊文工団の兵士」になっている芸術家たちがいた。カオ・ヴー・フイ・ミエンは舞台裏でクアンを出迎えた。「間に合わないかと思っていましたよ」

クアンは舞台に上がり、足元にリュックサックを置いた。軍服は土埃で赤茶色に変わっていた。当時の彼は、近眼鏡をかけたボサボサ頭の若造という風情だった。かろうじて上演時間に間に合ったクアンは、作ったばかりの詩を披露した。

 ジャングルに鏡はなく
 頰にできた痣を見るすべもない
 君は傷ついた兵士らを運び　何度も転ぶ
 雨季はまた巡り　終わることはない
 今朝　負傷兵は目を覚まして問う
 昨夜担架を担いだ人はどうしたと
 彼女が何度転んだか　私は知っている
 それでも泣かないのが不思議なくらい

第7章 「解放」

　　心の奥深くで　きっと彼女を理解している
　　転んだ君だけのために流す涙
　　君はジャングルで転び　傷ついた足が動かなくなっても
　　僕の傷口に再び血がにじむことはない
　　君は青年突撃隊員　銃は持たず　ただ負傷兵を肩に担ぎ　弾を運ぶだけ

　ヴォー・ヴェト・タインによれば、もしヴォー・ヴァン・キェットの決断がなければ、青年突撃隊が銃を装備されることはなかっただろうという。隊員たちが痛ましい死を遂げた後でも、多くの指導者は「彼らに武器を提供するのか？」と不安がっていた。ヴォー・ヴァン・キェットが言うには、突撃隊をジャングルに派遣した時も、指導者たちはまだ「寄せ集めの、烏合の衆のような部隊がばらばらになったら、どんなことになるか分かったものではない」と心配していた。だが、青年突撃隊は、クメール・ルージュとの戦いに総計5000回参加し、戦場で奉仕したのである。

　No.7タイン以外にも、「旗を持ち、部隊を率いる指揮官」ではない者たちが、みな「兄弟と共に従軍する日」を迎え、ポル・ポト派の残酷さを思い知ることになった。武器を持たされてからは、戦場に動員された青年たちは本物の軍隊と同じように戦った。その時期、青年突撃隊で、敵を迎え撃つための戦術や武器の使用方法について、戦友たちに緊急の訓練を施したのが、旧体制の兵士上がりで「傀儡」呼ばわりされていた隊員たちだった。彼らの中には、英雄的な戦死を遂げた者もいた。チャン・ゴック・チャウは記している。「道路を造り、負傷兵を運び、弾薬を補給する作業は、時として戦闘中の兵士よりも危険なものだった。私がいた青年突撃隊第50小隊は、30名の戦死者を出した」

　1982年、青年突撃隊の新聞『トゥエンダウ』が解散されて、グエン・ニャット・アイン、ドー・チュン・クアン、チャン・ゴック・チャウ、グエン・ドン・トゥックらは除隊した。汗と、血までもが染み込んだ緑色の制服は、彼らを大きく変えていた。青年突撃隊員だった者にとって、それは多少なりとも自慢となる一種の身分証明書だった。新体制では、その証明書は、栄光ある試練をくぐり抜けた証しとみなされた。6万人を超える教授、医師、学生、青年が、本来なら人生で一番美しい時期に、その最も優れた能力を捧げて社会に貢献し

たのである。しかし、体制から認められるためには、彼らは海に出、山に登り、手に固いまめを作って働かなければならなかった。そして、専門的な知識の方は、発揮されないまま埋もれてしまった。

10.「皮膚病が再発したサイゴン」

　「傀儡」側にいた多くの青年が、青年突撃隊の扉をくぐった結果、体制の中でより重用されるようになった。「河水工兵隊」は、数百キロメートルもの運河を掘ることで、戦場だった地域の何万ヘクタールという荒地の回復を助けた。しかし、すべての運河が水利に貢献したわけではなく、破壊されたすべての林野が国家の民生計画に役立ったわけではなかった。

　1977年3月3日、先進的青年突撃隊の大会で、ヴォー・ヴァン・キェットは「この数年、同志たちは何十万軒もの家を建て、何千もの井戸を掘り、何百万本もの木を伐採し、荒野で何百という畝を鋤き返し、労力を注いで80の新経済村のうち30村以上を完成させた」と讃えた。しかし、同年12月12日、ズオンミンチャウ［テイニン省］新経済区に作られた「手工業の大作業場」で行なわれた閲兵式では、キェットは青年突撃隊に警告した。「わが国はまだ貧しく、その日暮らしで、明日の生活もままならない。祖国の土地の一寸一寸と、すべての資源は限りなく貴重なものである。君たちはこのことを肝に銘じる必要がある。共に鍛錬し、新しい人間には不似合いな、自堕落で浪費的な習慣をかなぐり捨てるのだ。乱伐した森の木は捨てて置け。しかし、切り落とされた小枝は散らかしておいてはならない。君たちはそれらを集め、蓄えて街の燃料として役立てる義務があるのだ」

　青年突撃隊が、戦争の「ゴミ」を片付けるためにジャングルに行くようになって2年が経過しても、市街地に戻るたびに「いまだに路上で人にたかり、社会の末端でのんびり暮らし、店をはしごして時間を潰し、公共の場で徒党を組んでうろついている青年たちの群れで溢れている」様子が相変わらず見受けられた。突撃隊の多くの青年たちは、遠隔地に出向いて自分たちの新体制を築いた年月を顧みずにはいられなかった。1978年3月26日、青年団設立46周年記念の集会で、ヴォー・ヴァン・キェットはこの問題について語った。「君たち

の多くが私への手紙で不満を訴えており、ホーチミン市に長く住んでいる知識人諸君も言っている。以前ならそれはすっかり見慣れた光景で、誰も気にとめず、サイゴンの青年の生活とは元々そういうものだと思っていた。しかし、今この時代には見過ごす訳にはいかない。彼らと会って、君たちはこの生活をどう考えているのか、自分の人生をどう考えているのか尋ねてみたいものだ」

　キェットは、「店をはしご」している青年たちに、自分の将来を真剣に考えるよう望んでいた。だが、彼に手紙を書いた青年突撃隊の隊員たちは、それら「進歩が遅れた」者たちを問題視しただけではなかった。彼らが長い年月、家族から離れ、電気もない土地でわが身を犠牲にしてきたのは、新しい街を築くためで、けっして「アメリカと傀儡政府の残滓」が舞い戻ってくるのを見るためではなかった。6万人の青年たちがホーチミン市を遠く離れ、革命政府が示すプラスの方向に向き直った。一方、他の400万の一般人は、そのままいつも通りの暮らし方を求めていたのである。

　1975～1976年頃に北部からサイゴンに来た芸術家たちは、当初は腰にK54を下げていたかも知れないが、そのうちにビールを飲み、Tシャツを着てジーンズを履くことを覚えた。「チュオンソンに詫びる」の詩を書いたドー・チュン・クアンによれば、ある北部の作家が、サボサンダルにジーンズという格好で彼の前に来て、「やあ兵隊、俺たちもサイゴン・ボーイに見えるかい？」と尋ねた時、「解放」後の6～7年間に溜め込んでいたものとは別の、新しい詩句がひらめいたという。

　1982年のその時、ドー・チュン・クアンは書いている。

　　7年が過ぎた　幾多の喜びと悲しみと共に
　　古き日の富貴の名残は潰え去り
　　かつての娼婦は　まっとうに生きるため　公園のベンチに別れを告げた
　　遊蕩に耽っていた輩も　青年突撃隊の服をまとい　ジャングルへ海へと旅
　　　立った
　　自分本来の素朴な人生を求めて
　　変化にはいつも喪失と犠牲が伴うもの
　　そして　その時

まさに「兄弟たち」よ
君たちはハノイの名において
サイゴンの街中に座って罵倒し始める
心ゆくまで罵る
気がすむまで罵る
自分の履歴書に記された村の名を罵る
君たち　ハノイの名を負う者たちは怯えて青ざめる
今　北に帰ると　誰かが言う時
哀れな老いた北の母親たち
何十年も身を屈して　堤防で洪水と闘った母親たち
米を作った母親たち
不作の年には杖をついて　物乞いに出かけた母親たち
暗い運命を受け入れた母親たち
その子供たちは　清い目と心を持つ人間に育った
今
「清廉」を自認する子供たちは
故郷の母をまるで異邦人のように語る
兄弟たちは
サイゴンの街中に座って　足でリズムをとっている
髪と髭を伸ばし　ジーンズの裾をまくり
シャツの胸もはだけ　サボサンダルをつっかけて
君たちは忙しく走り回る　冷蔵庫やテレビやカセットやラジオを求めて
酒と女を求めて
君たちは傲慢に宣言する　「賢さと愚かさ」の宣言を
君たちの哲学を語り始める　「いかに生きるか」と
君たちは息もつかずに走る
かつてのサイゴンの塵を追いかけて頭から被る
1982年のサイゴンはどうだ
皮膚病を再発したか？
…

哀れな君
哀れな彼
哀れなわれわれ街の住民
自分の過去が散乱している人々
「黒い履歴」を洗浄しようとする人々
誠実な汗を流して安住の地を探すために
帽子をとってお偉方に挨拶しましょう
「清廉な裁判官様」と
あなた方は心穏やかに遊んでいればよい
心穏やかに古い変装を解けばよい
サイゴンのタマリンドの並木をそっとしておいて
素朴な緑の葉を永遠に茂らせるように
棘々のサボテンをそっとしておいて
誠実な花を咲かせるように
さあ　ごらんなさい！
無条件で立場を交代し　過去を譲り渡します　古い時代を
1つの場所　1つの隅（たったそれだけ）を
皮膚病を患った　醜いサイゴンを
今…
私は知っている　あなた方の中に「神」を信じる者が無数にいることを
1つの天国で　満足して暮らしている時
誰が今
赦しを請うというのだろう
チュオンソンの山々に

第2部

レ・ズアンの時代

第8章
統一

1983年のレ・ズアン書記長
（小高泰氏提供）

●訳者解説

　ハノイの労働党（現共産党）は、1959年に南部における軍事闘争を決定し、1960年に北ベトナムの社会主義革命と南ベトナムの民族解放革命の同時遂行という路線を採択した。それに基づき、1960年12月に南ベトナム解放民族戦線が結成され、労働党は南部中央局を通じてこの組織を指揮した。1968年のテト（旧正月）攻勢で解放戦線の勢力は大打撃を受け、翌年にはホー・チ・ミンが死去したこともあり、解放戦線に対する労働党の指導性はいっそう明確になった。
　労働党は早い段階から南北の統一と南部の社会主義化を計画していた。サイゴン陥落後、南部では解放戦線による臨時革命政府の存在は急速に薄れ、解放戦線が描いた独立・中立の南ベトナム国家という構想は立ち消えとなった。党にとって、民族解放の後に社会主義に進むことは歴史の客観的な法則で、解放戦線や臨時革命政府を設立したことは、革命の正統性と内外の支持を獲得するためだった。

レ・ズアンの娘レ・ティ・ムオイは、次のように書いている。「4月30日の正午近く、わが方が独立宮殿を占領したという報せが入った。私は急いで遺伝研究所を出て、オートバイを飛ばして家に戻ると、父の部屋に駆け込んだ。父は1人で静かに座っていた。私を見上げて微笑んだ父の目から、急に涙が溢れ出した。私は不意に時が止まったように感じた。部屋に差し込んでいる日の光も、普通の太陽の光ではないようだった」[383]。もし、1974年1月19日に西沙群島が中国に占領されていなければ、レ・ズアン体制下のベトナムは、嘉隆帝［グエン朝第1代皇帝］が拡大、統一した地域を包摂する版図を持つようになっていただろう。国土の統一は困難だったが、人心を統一することはさらに困難だった。そして、もし1975年4月30日に「時が止まって」いれば、レ・ズアンの歴史的役割に対する評価は変わっていただろう。

1. ベトナムは1つ

　レ・ズアンは南部に入る前、「南部中央局の準備」のために1975年5月9日までダナンで待機しなければならなかった。当時彼の補佐を務めていたチャン・クィンによれば、そのために「No.3 ［レ・ズアンのコードネーム］はあれこれ心配するようになった」という。「総司令部」の命令が戦勝を導いたとはいえ、4月30日にサイゴンに入った軍団は、南ベトナム解放民族戦線も南ベトナム共和国臨時政府も一緒に引き連れていた。内外の安定化のために、23ヵ国から承認されている南ベトナム共和国臨時革命政府という1つの政治的実体の存在に終止符を打つことは、あまりにも煩雑な仕事だった。
　ヴォー・グエン・ザップによれば、1960年12月20日の南ベトナム解放民族戦線と、1969年6月8日の南ベトナム共和国臨時革命政府の設立は、『No.3と党政治局』が決定したものだった。しかし、赤と青の地に金星を配した解放戦線の旗で、臨時政府の中立性を信用した人々は少なくなかった。特に、ゴ・ディン・ジェム体制の官僚主義に不満を持ち、アメリカの内政干渉が深まって、米兵が街路やバーに溢れることに耐えられない南部の青年や知識人のうち、少なからぬ者が解放戦線に味方するようになった。

---

[383] 『レ・ズアン全集』国家政治出版社、2002年、933頁。

解放戦線の呼びかけで、著名な知識人が大勢サイゴンを見捨て、解放戦線の戦区に入るようになると、この組織の影響力も高まったように見えた。そのような人々の中には、ラム・ヴァン・テット[384]のような反共主義の知識人も含まれていた。特に、チン・ディン・タオ弁護士が議長を務める民族民主平和勢力連合が、「R」［南部中央局の情報委員会］入りを決定してからは、多くの南ベトナム住民が、解放戦線を外国の侵略に抵抗する旗印とみなすようになった。この組織がハノイに指導されていることは誰もが知っていたが、この組織の「ベトコンとしての本質」には関心が払われなくなったのである。

　民族民主平和勢力連合に著名な知識人が入っていたことから、解放戦線は第三勢力に属する組織にも影響を及ぼすようになった。グエン・ロン弁護士を議長とする「民族自決運動」、ゴ・バー・タインが率いる「女性の人格・権利擁護運動」、レ・ヴァン・ザップ教授の「民族文化擁護運動」、チャン・ティン神父やグエン・ゴック・ランなど多くの著名人、知識人、神父による「刑務所制度改善要求運動」委員会、「民族和解運動」、チャン・ゴック・リエン弁護士の「パリ協定の実施を求める人民組織」などである。

　建築士フィン・タン・ファットが主席を務める南ベトナム共和国臨時革命政府は、1975年までに、社会主義陣営と第三世界に属する23ヵ国から承認されるようになった。

　この政府にどのような機関を設置するかは、すべてベトナム労働党書記局が決定していた。それらの機関が出す文書は、「外交戦線上の工作と、抗米段階で国際的支持を獲得する活動を進める必要から」この臨時政府の名において諸組織が設立された、と明言していた。1972年後半から浮上した、南部で3派連合政府を形成するという主張は、第三勢力にとって少なからぬ希望の要素となった。ズオン・ヴァン・ミン自身、チャン・ヴァン・フオンに大統領職の交代を働きかけていた1週間の間に、一種の「民族和解国際会議」を設置する可能

384　ラム・ヴァン・テット（1896～1982年）は、南部で著名な知識人である。彼の一族はバックリォウの大地主だった。テットは1943年から抗仏活動に参加したが、親日派だった。ベトミンを支持したこともあったが、共産主義に賛同せず、後に支持をやめている。ゴ・ディン・ジェム政権はアメリカの干渉に反対し、ジェム政権が倒れると、請われて国民会議上院（上院議会に相当するが民選ではない）の副議長に就任した。1965年、米軍の南ベトナムへの本格介入に不満を表明すると、革命側の知識人運動の働きかけに応じてサイゴンを離れ、南ベトナム解放民族戦線に入った。

性にも考え及んでいた。

　しかし、ハノイ側の態度は、1975年5月1日に、党書記局を代表してトー・ヒューが南部中央局書記ファム・フンに送った、第601号電にはっきりと表れていた[385]。「諸君に告ぐ。No.3の意見では、政府に関しては3派連合の可能性はない。政府機構の中にアメリカの手先を入れて、アメリカに拠点を提供する訳にはいかない。大衆には革命の力と威勢をはっきりと認識させなければならない」。第三勢力の指導者とみなされていたズオン・ヴァン・ミン大統領の運命についても、第601号電は明確に伝えていた。「ズオン・ヴァン・ミンのように、われわれに降伏する者は逮捕しないが、管理し、監察下に置く必要がある」

　戦時中、解放戦線と臨時政府の建物は常に南部中央局の本営の側に置かれていた。それは、ティエンゴン［テイニン省］のサーマット地区のヴァムコードン河の上流にある、木の葉で屋根を葺いたいくつかの掘っ立て小屋だった。臨時政府の「文化情報省次官」ルー・フォンによれば、彼の役所は地方宣伝訓練委員会の文芸小委員会の中に置かれ、僅か2、3人の職員がいるだけだったという。「文化情報相」ルー・ヒュー・フォックは、その役職に就く前は、この小委員会の責任者だった。臨時政府の官僚たちや、フィン・タン・ファット「主席」でさえ、大方は将棋を指すかトランプをして時間を潰していた。解放戦線のコメントは、長いものも短いものも、すべて南部中央局が伝えたものを解放戦線の官僚が「解放戦線ラジオ」の録音機の前で読み上げたものだった[386]。

　解放戦線のメンバーは、ズオン・クィン・ホアやチャン・ビュー・キエムといった「大臣」も含め、ほとんどが労働党員だった。昔からの党員で、臨時政府での役をあてがわれた者もいれば、ジャングルに入ってから新たに入党した者もいた。「R」に入り、自分が関わっていることの重大さを認識すると、ほとんどのメンバーは革命勢力に自分の名を使わせ、同時に自分も革命家の精神を

385　『党文献集 第36巻』国家政治出版社、2004年、182頁。
386　解放戦線の重要声明は、すべてハノイで党書記局が用意し、南部中央局に伝えられていた。1975年4月30日に書記局が南部中央局に送った第598号電には、「これ以外に、臨時革命政府の宣言を準備中である。作成後に送信し、諸君の意見を補うように」（『党文献集 第36巻』国家政治出版社、2004年、180頁）とある。書記局は細部に至るまで指示しており、4月30日に送られた第597号電には、「通常は革命政府の旗を掲揚し、大きな式典では金星紅旗［北ベトナム国旗＝現在のベトナム国旗］を掲揚せよ。当面はサイゴンでは解放戦線の旗を掲げ、合同の戦勝祝賀の日には解放戦線旗と金星紅旗の両方を掲げるように」（同、179頁）とある。

持って、直接表に顔を出すようになったのである。
　解放戦線の知識人たちは、人々を戦線側に取り込もうとしたが、それは革命側と国家側［南ベトナム政府側］の間で生死に関わる選択を迫ることだった。それでも、彼らによって、敵との和平と民族和解に対する信頼感が多少なりとも醸し出されていた。しかし、戦争が完全に終結した時、良心的な知識人は、自分の名前で出された声明に従った人々の運命に心を痛めた。しかも、サイゴンに戻ってみると、その自分の役割も、もう終わりに近づいていた。彼らの中で、かつて民衆に約束したことを実現するチャンスがあった者はほとんどいなかった。
　解放戦線のメンバー自身、サイゴンに戻ってからは、誰もが少なからぬ個人的な問題に直面した。ラム・ヴァン・テットやチン・ディン・タオのような大物も含めて、彼らが所有していた家屋敷、田地、工場などは、「4月30日政権が接収」していたのだ。より重要なのはイデオロギーの問題だった。彼らの多くは、イデオロギーのためではなく、反アメリカという動機から解放戦線の旗を手に取った。しかし、1975年5月の初めから多くの地方で、行政方式が北部流に統一されるようになると、彼らは不安を覚えずにはいられなかった。新たな行政機関が、住民に対して、自転車に至るまで登録証の申請を義務づける省もあった。どうでも良さそうな細かいことでも、南部の少なからぬ人々の顰蹙を買うことがあった。たとえば、南部の人々はよく骨付きバラ肉の赤身を焼いて食べていたが、「解放」後は、国営貿易会社の職員が販売したのは、ただのアバラ骨だった。
　何百万もの人々に犠牲を強いた消耗戦が、ベトナムに2つの国家が存在したままという結果に終わることを、望んだ者はいなかった。しかし、北部のイメージで不安を感じた南部の抗戦知識人は少なくなかった。彼らの多くは、何度か北部に連れられていったことがあり、20年近い社会主義建設の果てに停滞した文化・社会状況や、経済面での衰退を目の当たりにしていた。解放戦線の内部には、強硬な意見を持つメンバーもいた。統一協商会議［1975年11月のサイゴンにおける南北統一政治協商会議］の内部会合では、臨時革命政府の一部のメンバーから、「統一には原則的に同意するが、2つに分断されていた民族が和解するには時間が必要だ」という見解が示された。しかし、その時には、解放戦線

の意見と役割が持つ影響力は、きわめて限定的なものになっていた。[387]

2.「北化」政策

　解放戦線や臨時革命政府のメンバーだけでなく、南部中央局の多くの要員たちも、その頃はサイゴンに戻ると心細い気分になった。なぜなら、彼らがまだ仕事を得られないうちに、北部からの「支援要員」の波が音も立てずに入ってきて公共機関を占領し、主要な役職に就くようになったからだ。フランスの記者ジャン・ラクチュールは、このような南部の状況の推移を観察して、ある記事でフランス語をひねって使い、「normalisation──正常化」と書く代わりに「nordmalisation──北化」と書いている。[388]

　ハノイ指導部自身も、南部の反応を予期していなかった。1975年4月21日、「解放」された南半分をあらゆる面で支援するという精神で、書記局は第316号通達を出し、「北部の各分野の組織は、責任を持って南部の同じ分野の建設、強化の支援にあたるように」と命令した。「事態は急を要するため、人員の派遣も急を要する」と、その通達は強調していた。[389] にもかかわらず、わずか1ヵ月余り後の5月24日、その書記局自身が、第733号電でこのように訂正を送らなければならなかった。「南部の党執行委員からの電文に基づき、また新たな情勢に基づき、われわれは次のように決定した。今後、南部への工作員の派遣は、必ず南部の執行委員の要請に沿って行なわなければならない。工作員に対して、中央の各委員会と各分野が南部派遣の必要を認めた時には、短期・長期を問わず、南部中央局、または第5区ないしチーティエン2省［現クアンビン、クアンチ、

387　南ベトナム共和国臨時革命政府のグエン・ティ・ビン外相はこう語っている。「この時、浮上していた政治問題は、行政面での国家統一をいつ行なうかということだった。国土の完全統一は、南北全人民の深遠な願望であり、何ら議論の余地はないという意見があった。独立と統一は、民族の数十年に及ぶ闘いの基本的な目標だった。しかし、南ベトナム解放民族戦線の綱領では、社会主義の北部と、民族主義で独立・中立の南部という2つの政体を一定期間維持することになっていた。そのようにしたのは、社会主義国や民族国家だけでなく、資本主義国や資本主義団体からも広範な援助と協力を取りつけるためだったのだ。最終的に、各方面で国土の完全独立を実現するのは、早ければ早いほど良いという見解で一致した。私はそれに賛成の挙手をした」（グエン・ティ・ビン『回想録』知識出版社、2012年、189頁）
388　ジャーナリストで元国会議員のホー・ゴック・ニュアンによる。
389　『党文献集 第36巻』国家政治出版社、2004年、163頁。

トゥアティエンの3省]の党委に意見を求めなければならない。その同意があれば、その時点で派遣を決定する」[390]

チャン・クォック・フオンによれば、4月30日の直後から、どこから出たものかはっきりしないが、サイゴンおよび南部諸省の党要員の配置と雇用に関する「一拄、二区、三囚、四結」という政策が公式に取りまとめられたという。つまり、第1に優先され、重要な職務に配置されるのは、地元に留まって（拄）活躍し、信頼されてきた者。第2に優先されるのは、Rと呼ばれている南部中[391]央局、および区や小区の司令部（区）で闘争した者。第3は、投獄され（囚）、パリ協定に従って釈放された者、または新たに救出された者。そして、優先順位の最後が、1954年のジュネーヴ協定後に北部に集結（結）し、新たに戻ってきた南部出身者だった。

レ・ズアンが、南部の指導者たちに「君たちの戦功は、南部のみならず全国的な戦功だ」と強調しなければならなかったのも、理由のないことではなかった。クアンチに生まれ、南部で数十年間活動した者として、レ・ズアンは南部の諸問題を理解し、またそれらに非常に敏感だった。1975年に北部を訪れた南部の党要員たちは、「大後方[南部を前線、北部を後方とする革命側の認識]」の窮乏を目にしても、その状況をまったく理解していなかった。ある時、統一委員会は、南部の代表者たちの北部に対する心証が良くないことを見て取った。委員会指導部は、No.3バー（レ・ズアン）の秘書ダウ・ゴック・ファンに、「南部の同志たちは、北部に良い印象を持っていない。No.3の所へ行って、あの同志たちに面会すべきだと伝えてくれ」と言った。

ダウ・ゴック・ファンは語っている。「私は戻って、レ・ズアンに『南部の代表団が来ています』と言った。No.3は頷いて『それは良かった』と答えたので、私は進言した。『結果は逆です。統一委員会の同志たちは、代表団が帰る前に、あなたが彼らに面会して、思想工作を行なうよう求めています』。No.3は彼らを呼ばせた。南部の代表は2名の女性と3名の男性だった。No.3は『同志たちは、北部を訪問してどう思った？』と尋ねた。彼らは正直に、ドンスアン市場[ハノイ最大の市場]に行ったが商品がまったくなかった、北部はあまりにも貧し

---

390 同、223頁。
391 Rはフランス語のrégion[軍管区]に由来するようである。

い、と答えた。No.3 は、『君たちは分かっていない。北部ではどの家庭にも、南部で死んだ親族を祭る祭壇があるだろう。北部の豊かさ、偉大さはそこにあるのだ。南部に行くということは、死地に赴くことだ。北に残っていれば、ソ連や中国に行くこともできたのに、それでも彼らは南に向かったのだ』。そして、彼は続けた。『君たちはRで教わっただろう。われわれがアメリカに勝ったのは、ベトナムの4000年の伝統のおかげだと。君たちはどこの人間だ？　ベトナムだろう！　ベトナム人といえば、みな5代、あるいは10代前から北部にルーツがあるはずだ。北に来ることは、自分の血筋、ルーツを辿るということだ』。代表団が退出すると、レ・ズアンは私に言いつけた。『歴史研究所に行って、彼らをハイ・バー・チュンやバー・チョウ［いずれも中国の侵略に抵抗した古代ベトナムの女性英雄］の廟に案内してくれる学者を探してくれ』。代表団が戻ってくると、No.3 は『民族のルーツが分かったかね？』と訊いた。彼らが『分かりました』と応えると、No.3 は頷き、『これで南に帰れるな』と言った」

　1976年1月、レ・ズアンの要請により、ダウ・ゴック・スァンとチャン・フオンは徒歩と車でまっすぐサイゴンに向かった。スァンによれば、出発の前にレ・ドゥック・トから「南部で職務をまっとうしようと思えば、酒の付き合いを断ってはならんぞ」と忠告されたという。サイゴンに着いたのは1月の終わりで、レ・ズアンは「今年はここで旧正月(テト)を迎えることになる。その前に北に帰りたければ帰っていいぞ」と言った。ダウ・ゴック・スァンはサイゴンに留まった。

　丙辰の元日の朝、レ・ズアンはサイゴンで女性協会のグエン・ティ・タップから宴席への招待を受けた。酒宴ではみな思い思いに腰を下ろしていたが、彼はテーブルに着かなかった。女性協会の指導者たちが席を勧めると、彼は言った。「テトを祝ってどうする。チュオンソン山脈で死んだ北部の子らのことは誰も口にしないが、北部の者が南部の物資を洗いざらい持ち去ったことは、もう人の口に上っているんだぞ」。ダウ・ゴック・スァンによれば、レ・ズアンは、公安当局から「北部の者が来て、扇風機も自転車もすべて奪ってしまった」という報告を聞いて腹を立てていたのだが、その時はそこまでは口にしなかった。

　グエン・ヴァン・リンの妻であるNo.7 フエが、彼女らを代表して口を開いた。「No.3、これは内輪の集まりです。私どもはけっして他では話しませんから」。

すると、レ・ズアンは言った。「君たちが話さなくても、誰かが話すだろう。そして、『あいつらの顔をひっぱたいてやらねばならん』と言うだろう。兵士たちがチュオンソン山脈で飢え死にしたのに、君たちがそれを気にかけないようなら、私は北部の同胞を庇わなければならん。彼らは自分の生命を惜しみなく捧げたのに、君たちは扇風機を買う時にも、いちいち不平を言っているんだ」。レ・ズアンがそこまで言うと、「南部の女性たちは雨のように涙を流した」と、ダウ・ゴック・スァンは語っている。

　グエン・タイン・トー[392]によれば、第24回中央委員会総会の終了後、レ・ズアンは、トゥードゥックのホーチミン市公安警察学校で全国党幹部会議を召集した。その席で、南部中央局副書記のグエン・ヴァン・リンはこう語った。「領土の統一、党および大衆団体、祖国戦線、国家、軍隊の統一については、直ちにこれを進めるべきだ。だが、経済については、このまま発展させ、長所と短所、伸ばすものと捨てるものを見極めるよう提案したい」。その後まもなく、ハノイで文化に関する会議が開催された時、チュオン・チン国会議長から、「自分が良い思いをするために、統一を望まない党員が一部にいる」という発言があった。その会議の後で、グエン・タイン・トーはチャン・バィック・ダンと共に、党中央組織委員長レ・ドゥック・トの自宅に行った。グエン・タイン・トーによれば、そこでチャン・バィック・ダンとレ・ドゥック・トは、「何度も立ち上がったり、座ったり、手を揉み絞ったり」しながら激しく論争を交わしたという。レ・ドゥック・トの主張は、「経済は基本であり、これを統一しなければ、他のことでも統一がすべて無意味になってしまう」というものだった。

　同じ頃、チュオン・チンも西湖[ハノイ]の中央委員会の建物で、グエン・ヴァン・リンと、当時サイゴン-ザディンの市委副主席だったファン・ミン・タインに面会した。タインは、チュオン・チンが「リンよ、おまえは経済の統一を望んでいないと言われているぞ」と言ったのを覚えている。「政治的統一を先に、経済的統一を後に」という提案は、グエン・ヴァン・リンのアイディアではなかった。1975年8月13日、「南部解放」後初めての党中央委員会総会で演説したレ・ズアンは、彼自身もチュオン・チンも、もし「部分的に誤りのある」北部の経済モデルを南部に導入するなら、それ自体も誤りだと考えている、と

392　当時サイゴン-ザディン副書記。

表明していた。[393]

　この時の中央委でのレ・ズアン演説は、予め原稿が用意されたものではなかった。この「素手でパンチを繰り出す」ような演説で示された彼の意見には、まとまりがなく、繰り返しが多く、矛盾もあった。それは、書記長自身が、イデオロギーと南部の現実の間で迷っていることを物語っていた。南部の私営経済の活力を直感的に認識していたレ・ズアンは、どこかで躊躇っていた。しかし、チャン・ヴェト・フオンによれば、「レ・ズアンが迷っていたのは1週間だけだった」という。「彼には、自分自身を説き伏せる力が十分にあった。だから、保守派が反対した時には、彼は譲歩した。譲歩したからといって、保守派が勝っていたわけではない。レ・ズアンの経済モデルはまだ未完成で、北部で進められていることに取って代わる程ではなかったからだ」。レ・ドゥック・トの言を待つまでもなく、当然ながらグエン・ヴァン・リンは覚えていて然るべきだった。彼自身が8月13日の中央委で、「統一は、政治的な含意と経済的な含意の双方を有するもので、社会主義と一体でなければならない」と認定していたのだ。[394]

393　レ・ズアン書記長は次のように語った。「私は南部に行って現場を見たのだが、アスファルトを攪拌する機械があり、職人はそれに石を入れていた。そうすれば、すぐに100倍も伸ばせるという話だった(?)。一方、北部では手作業で、道端に座って仕事をし、大した量もこなせない。なぜ北の職人は、南の職人と同じように仕事ができないのだろう？　どう答える？　社会主義なのに、なぜあちら側と同じになれないのか、どう説明する？　資本主義側では、ひどい搾取をしても生産力が高いのはなぜだ？」。そして、彼は答えた。「なぜなら、資本主義は資本主義の法則に忠実に従ってきたからだ。資本主義には搾取はあるが、それでも進歩的なのだ。一方、われわれは社会主義者だが、いまだにわが社会主義の法則に忠実に従っていない。ある面では忠実でも、別の面ではそうなっていない。それゆえ、われわれは視点が定まらず、不安定なままなのだ」。レ・ズアンはさらに続けた。「No.5（チュオン・チン）は、南部だけではなく北部でも、手工業者が一部の労働者を雇い、自由に仕事をさせてはどうかと提案した。私も、そのようなやり方で自由な発展を図るべきだと思う。党政治局はこの問題を検討し、社会主義に向かう最初の段階で［国営・集団経営以外の］複数の経済セクターが存在することは、必然的な法則だと考えた。かつての北部では、急速な集団化が必要だった。しかし、現在の南部で同じことはできない。今もし南部で、資本家階級に一定の自由を与えなければ、農民の一部が資本家化してしまうだろう。ここで間違えれば、労農同盟は形成できない。資本家を温存し、資本家によって一定の経済発展を図らなければならない。複数の経済セクターが存在してこそ、農民は初めてわれわれに従い、同盟は初めて堅固になるだろう。現在の南部の農民には、非常に高い生産性がある。彼らに集団化を強制することは正しくない。生産効率に高低が生じれば、完全に失敗する。それはもはやプロレタリア革命の法則ではなく、統一も達成できない」（第24回中央委員会総会におけるレ・ズアンの演説、中央委事務局保存資料VK.36.42）

394　1975年8月13日、レ・ズアンは次のように述べている。「統一について話しておこう。今すぐにすべてを統一したいというのが、われわれの気持ちだ。しかし、私はそこにも、非常に重要な1つ

前述のレ・ドゥック・ト、チュオン・チンとの対話、そして南部代表との対話は、1975年8月の中央委第24回総会の後、統一協商会議の前までの間に行なわれたものだった。統一協商会議は、1975年11月15日から21日まで独立宮殿で開催された。北部の代表団長はチュオン・チン政治局員、南部の代表団長も政治局員で南部中央局書記のファム・フンだった。南北の経済的な相違を克服するために、チュオン・チンはマルクス・レーニン主義的弁証法を用いて分析した。「独立性のある理念と実践とは相対的なものである。したがって、必ずしも理念が現実に合致するまで待ってから統一する必要はなく、理念に沿って決定し、その後で実践面の調整を始めることは可能である」

　南北間の統一協商会議は、11月21日の12時10分に終了した。勇ましい軍楽が流れる中で、南ベトナム解放民族戦線主席グエン・フー・トは、「ベトナムは1つ」というホー・チ・ミン主席の言葉を繰り返した。南北の同志による協商会議というのは形式的なものだった。1975年4月30日以後は、国土と政治権力はベトナム共産党が掌握していた。統一とは、経済モデルの「北化」と同義語でしかなかった。したがって、ジュネーヴ協定後に北から南に移住した人々が難を逃れることができたのは、わずか20年間だけということになった。1954年に彼らが恐れて逃げ出したものが、1975年4月30日から再び目前に立ちはだかったのである。

3. 社会主義

　資本家改造作戦を批判する時に、「南部には一定の期間、多様な経済セクターが存在し続ける[395]」という第24回中央委総会の決議を引き合いに出す人は多い。実際、党中央委員たちが第24中総から戻ると、すぐさまX-2作戦[396]が展開された。政策決定者たちは、南北双方を「社会主義に進める」にあたって、現

の問題があると思う。統一には歴史的な含意、政治・経済・社会的な含意があるのではないか。昨日、同志たちは『最も完全な勝利』と言った。完全というその言葉を、私は同志たちとは違う意味で理解している。最も完全とは、つまり、党が設立されてから今までの30年間に、われわれが独立で社会主義の1つのベトナム国家を建設したという意味だ。独立で社会主義、完全とはつまりそのことなのだ」(同上)
395　1975年の第3期第24回中央委員会総会決議。
396　1975年9月の「資本家打倒」作戦の暗号名。

実を分析する代わりに、マルクス・レーニン主義が示した社会主義的生産関係の原理に従ったため、資本家階級の一掃は避けて通れなかった。[397]

1975年9月1日、独立宮殿で南部中央局常務委がX-2作戦計画採択のためにサイゴン－ザディン市委と協議を行なった際、グエン・ヴァン・チャン*、ヴォー・ヴァン・キェト、グエン・ヴァン・リンなどの主要メンバーは、みな「資本家階級は革命の対象」という見解で一致した。会議を仕切った中央局副書記グエン・ヴァン・リンに至っては、「資本家階級を完全に廃絶せよ」とまで要求し、「60人の資本家」がX-2作戦の第1波で打倒されたという数字にも、まだ不満な態度を見せた。そして、「60人を打倒しても、実際には1000人もの資本家が市場にはびこっている」として、さらに調査するよう求めた。[398]

レ・ズアン書記長に最も長く仕えた秘書ドン・ガックは、第24中総の「歴史的条件」を分析した後に、「私はこの席にいたが、ソ連も崩壊した今となっては、昔の話について議論するのは非常に難しい」と述べている。[399] ダウ・ゴッ

---

[397] 第24中総は次のように決定している。「買弁資本家については、その生産手段を国有化し、国家が管理する全民所有に変えることによって、これを一掃しなければならない。民族資本家については、重要な生産単位から公私合営化を進め、以って社会主義改造を実現する。民族資本家はひき続き存在し、国家の民生計画と合致する一定の業種で、限定的な数の労働者を用い、国家の指導と労働者の監視の下で経営することを認める」(第24回中央委員会総会におけるレ・ズアンの演説、中央委事務局保存資料VK.36.42)

[398] 1975年9月1日、南部中央局常務委は、X-2作戦計画採択のためにサイゴン－ザディン市委と協議を行なった。最初にグエン・ヴァン・チャンが次のように通知した。「われわれは、戦勝後も引き続き南部の革命を前進させなければならない。社会主義革命に進む前に、民族民主革命の段階における問題の所在を明確にしなければならない。すなわち、資本家階級、搾取階級、特に買弁資本家階級の一掃のため闘争しなければならない、ということである。革命の対象をこのように定めたのであれば、他の意見はあり得ない」。特別党委ヴォー・ヴァン・キェトは、「チャン君が発表したように、政治局は南部中央局との合意の上で、買弁資本家階級の廃絶政策を指導する。政治局は加えて、『確実に、速やかに打倒せよ』と指示した」と付け足した。司会を務める中央局副書記グエン・ヴァン・リンは、次のように結論した。「社会主義に進む新段階に移行するにあたり、われわれは資本家階級を完全に廃絶しなければならない。資本家階級の廃絶には多くの方法があり、また多くの理由もある。人民生活の安定化、生産の安定化を急ぐという理由である。それゆえ、われわれは新たな任務を遂行しなければならないのである。まず最初に、買弁資本家階級をすべて打倒しなければならない。普通資本家（民族資本家）階級に対しては、経営を許す一方で、改造する措置を取らなければならない。作戦の第一波では、60名の資本家の打倒に集中したが、さらに多くの資本家を対象に作戦を再検討する必要がある。重要な分野を直接仕切っている者を把握する必要がある。それを倒さなければ、市場に影響を与えるからである。60人を打倒したといっても、実際には1000人もの資本家が市場にはびこっているだろう」(1975年9月1日の南部中央局常務委とサイゴン－ザディン市委の会議議事録)

[399] 2004年12月17日の著者によるインタビュー。

ク・スァンもレ・ズアンに長く仕えた補佐官だが、「当時は、革命階級の利益を守ることが最も重要な目的だった」と評価している。
　レ・ズアンの補佐官になる前、ダウ・ゴック・スァンはグエンアイクォック校［現ホーチミン国家政治学院］のマルクス・レーニン経済学科長を務めていた。「No.3は南部の発展ぶりを目にして、もやもやとした気持ちだったが、その当時は、共産主義陣営全体の教条主義から逃れるには、よほど驚くべきものを作り出して見せなければならなかった。そういうものを作り出すには、発展した理論的基盤が必要だったが、われわれはその面ではまだ不十分だった」とスァンは回想している。「ベトナムの理論家は、みな中国やその他の社会主義国で学んでいたし、ベトナムの党学校も、最初は中国人の教師しかいなかった」。レ・ズアンのもう1人の補佐官で、ドン・ガックに「自由主義経済学者」呼ばわりされたチャン・フォン教授も、「ソ連が崩壊するまでは、われわれの頭は相変わらずマルクス主義の教条に囚われていた」と認めている。
　多くのベトナムの指導者は、マルクスの『資本論』を経済学の教科書と考えていた。東方学院［旧ソビエト連邦のモスクワにあった高等教育機関］で文献からマルクス主義を学んだチャン・フー、グエン・ティ・ミン・カイ、ハー・フイ・タップ、レ・ホン・フォンのような革命家は、マルクスの理論に沿って政権を奪取する前にフランスに処刑されていた。20年以上にわたってベトナムで適用された経済政策の「筆頭執筆者」であるレ・ズアンは、どうにか4年生を終えたところで鉄道員になった人物だった。ベトナム共産党の指導者の多くは、獄中で囚人仲間からマルクス主義を学んだだけだった。彼らの多くが、党が政権を握ってから、初めて人の助けを借りながら勉強しなければならなかったのだ。

400　1992〜1997年の計画・投資相。
401　2004年の著者によるインタビュー。
402　1982〜1985年の閣僚評議会副議長。
403　2004年の著者によるインタビュー。
404　チャン・フォンはこのように書いている。「ヴォー・グエン・ザップ大将が長期の療養休暇をとった時に、昔読んだ『資本論』にあるマルクスの経済学を体系的に理解したいと言って、私に手伝いを求めてきた。その時から、私は1週間に2回将軍の自宅に通い、『資本論』の第1巻から第4巻を体系的に説明した。講義は約6ヵ月に及んだ。それがすむと、ザップ将軍は私をファム・ヴァン・ドン首相に紹介し、首相も私に講義を依頼した。だが、レ・ズアンは違っていた。彼は私の講義を求めず、独学を望み、必要な場合は直接私に問い合わせた。そうやって得た知識を基本に、レ・ズアンは、グエンアイクォック校やその他の学校で、マルクスの経済思想を教えていたのだ」（ダン・フォン『ベトナムの経済思考』知識出版社、2008年、20頁）

しかし、ダウ・ゴック・スァンが言うには、マルクスを学んだ指導者でも、「『資本論』は大著なので、あれを読破した者はほとんどいなかった。そういうわけで、彼らに教える立場の者は、『資本論』を持ち出して脅かせば、政治局員を動かすこともできたのだ」。スァンによれば、「（1960年代に）チュオン・チンに講義をした者たちは、しばしばマルクス・レーニンを引用した。『毎日、毎時の小規模な生産が資本主義を生み出す』という言葉は、チュオン・チンをかなり怯えさせた[405]」という。教条に対する信頼からだけでなく、マルクス主義を遵守することは、また規律の問題でもあった。

ドン・ガックによれば、「No. 3は何度かソ連に行って、あの国の経済管理方法では民衆の創造性が簡単に失われてしまうと感じていた。しかし、当時のソ連は、ベトナムが路線から逸脱しないかどうか注意深く監察していたのだ」という。1957年11月、第1回共産党・労働党国際会議が開催され、1960年11月には第2回会議が開かれた。その会議で、「兄弟各党と社会主義諸国」は、「社会主義と共産主義建設におけるソ連共産党の経験は、国際共産主義運動全体に対して原則的な意義を持つ」という共同声明を採択した。第2回会議では、各共産党は「ユーゴスラビアの方法を批判することで一致」し、ユーゴスラビアのモデルを「国際日和見主義」「現代修正主義に従う一味の理論」と呼んだ。

レ・ズアンがハノイに来て半年余り経った1958年5月29日、1000人の党幹部の前で話をした機会に、彼はユーゴスラビアの修正主義を激烈に攻撃した[406]。『ニャンザン』紙に掲載されたレ・ズアンの話が、彼個人の認識によるものか、あるいは単にソ連向けの政治的メッセージだったのか、評価することは難しい。当時のレ・ズアンは、やがてソ連の衛星党の書記長に就任する立場で、ソ連の方は、自国の「経験」に従わない「兄弟」に対して、非常に強硬な態度をとっていた。

共産主義諸国、特にベトナムの宣伝・訓練要員は、おそらく信念を持って「マルクス・レーニン主義に基づいて組織された社会は、経済と文化の発展に無限の可能性を開き、すべての人間に高い生活水準と平和で幸福な人生を保証する」と繰り返していたのだろう。しかし、権力を握る者たちはよく知っていた。ハンガリーで改革が実施された後、1956年11月にソ連がブダペストに戦

405　著者のインタビュー。
406　*Nhân Dân*, 1, June, 1958.

車を送り込み、民衆のデモを粉砕した事件を。また、1968年8月20日に、チェコスロバキアの改革派アレクサンデル・ドゥプチェク第1書記をソ連が逮捕した事件も。その日、プラハに戦車で侵攻したソ連は、社会主義ブロックの中で改革を萌芽させた人々を、その後20年にわたって監禁したのだった。

　1950年代後半から1960年代前半にかけて、ソ連が多くの面で実績を上げたことは確かである。1954年6月には世界初の原子力発電所を完成させた。1957年10月には最初の人工衛星を打ち上げた。同じ年に大陸間弾道ミサイルの発射実験に成功し、ロケットで打ち上げた衛星で月の裏側の写真撮影も行なっている。このような実績は、「社会主義諸国の意気を高揚させ、西側諸国を慌てさせた」と描写された。1960年11月には、ソ連は有人宇宙船の打ち上げに成功し、社会主義陣営の宣伝機関は活気づいた。ベトナムでは、ファム・ヴァン・ドン首相の補佐官ヴェト・フオンが、「中国の月はアメリカの月より丸い／ソ連製の時計はスイス製の時計より良い」と詩に詠んだことさえあった。

4.「ホー伯父さんの道」

　ドン・ガックによれば、急激な社会主義改造政策を策定したのはレ・ズアンだと考えては、公平を欠くという。彼は「ホー伯父さんこそが、合作社の計画と、1975年以後に適用された資本家改造政策を策定したのだ」と語っている。

　マルクスの言う政権奪取を果たしても、1945年9月2日にバーディン広場で読み上げた独立宣言の中で、ホー・チ・ミンはマルクスやレーニンを引用しなかった。代わりに、1776年のアメリカ独立宣言から取ったとはっきり認めている「不滅の名言」を、宣言の初めに置いた。「すべての人間は生まれながらにして平等であり、創造主によって、生存、自由、そして幸福の追求を含む、侵すべからざる権利を与えられている」。ホー・チ・ミンによる独立宣言でもう1つ引用されているのも、1791年のフランスのブルジョア市民革命の理念である。

　共産主義体制が最も輝いていた1930年代のソ連で過ごしたことがあるとはいえ、1946年憲法——ホー・チ・ミンの憲法とみなされている——には、いささかもソ連の影が見られない。そのどこまでが計算された策略で、どこからがホー・チ・ミンの政治理念だったのか、判断は難しい。1948年、西側諸国

の承認を獲得する努力がまだ実を結ばず、スターリンからいまだに拒絶されていたにもかかわらず、ホー・チ・ミンは正式に自分が共産主義者であることを認めた[407]。しかし、1949年10月に中国で毛沢東が勝利したことが、ホー・チ・ミンのその後の選択を左右する転機となった[408]。

　中国共産党の党員は、ホー・チ・ミンを「国際主義の名を騙る者」と呼んでいたが、それにもかかわらず、毛沢東は彼の弁護を買って出た。劉少奇に送った1950年1月27日付けの電文で、毛沢東はこう述べている。「ホー・チ・ミンの党が共産主義を装い、ベトナム民主共和国が中立を宣言していることを、原則に反する誤りとみなすのは尚早だろう。その2つの決定によって、ベトナム人の革命闘争が悪い結果を生むことはないのだから」。1949年にも、毛沢東はスターリンに次のように説明している。「ホー・チ・ミンはプロレタリア国際主義に忠実な人間だ。党を［偽装］解散したのは、抗仏闘争を有利に進めるための決定だったのだ」。かつてはホー・チ・ミンに冷淡だった毛沢東だが、その彼自身が、ベトナムの党と国家を承認して外交関係を樹立するよう、スターリンに説得したのだった[409]。毛沢東とスターリンとの関係が深まるにつれ、ベトナムはプロレタリア独裁主義を急速に取り入れるようになった。

　党中央委事務局長ホアン・トゥンは語っている。「1950年にクレムリンを訪問した時にも、ホー・チ・ミンはスターリンから決めつけられた。『土地改革もせず、農民に依拠せず、逆に地主と団結する。そんな民族主義なら、もはや共産党ではない』と。スターリンは2つの椅子を示し、1つを国際共産主義、もう1つを民族主義に見立てて、ホー・チ・ミンに尋ねた。『同志はどちらの椅子を選ぶかね？』」。ホアン・トゥンに言わせれば、その時、ホー・チ・ミンは正しい選択をしたことになる。

407　ハノイにはソ連の代表部が置かれていたが、スターリンが1945年にベトナム民主共和国政府に人を送った時は、外交的な接触ではなく、ただ日仏連合軍の中にいるソ連人の状況を探るのが目的だった。同年ホー・チ・ミンが送った電文にも、スターリンはいっさい返答していない。1947年、ファム・ゴック・タィックがヨーロッパを訪問した際に、何とかモスクワと連絡をとり、スイスでソ連の代表者と面会できた。しかし、同年12月に、タィックがモスクワに支援を求める書簡を送った時にも成果はなく、手ぶらで帰国しなければならなかった。1920年代からホー・チ・ミンの傍らで党を指導していたホアン・ヴァン・ホアンも、1948年に中国からタイに渡り、党の海外幹事委員会のコネクションを利用して、共産主義諸国と連絡をとろうとしたが、それも成果がなかった。
408　チャン・ザン・ティエン『ホー主席の革命人生にまつわるエピソード』、1948年刊より。
409　G. E. Gosha, 2006.

スターリンと毛沢東に強制され続けたにもかかわらず、1951年のインドシナ共産党第2回大会で、チュオン・チン書記長は、土地改革の方針の代わりに「3段階論」を提示した。まず租税を減免し、次に利子を減免して、然る後に土地改革に移るというものだ。それについて、ホアン・トゥンはこう語っている。「チュオン・チンが第2回党大会で示した3段階論には、ホー伯父さんの意見が入っていたが、チュオン・チンはそれをとても巧みに解釈した。1946年に開かれた区レベルの委員会で、彼が『小さな改革には、すべて革命的意義がある。小さな改革をたくさん積み上げれば、大きな革命になるのだ』と言うのを聞いたことがある」。しかし、ホアン・トゥンによれば、第2回党大会の後で「毛沢東とスターリンはホー伯父さんを呼びつけ、必ず土地改革を実施せよと要求した。毛沢東は、『同志たちが土地改革を実行しないなら、われわれはもう援助しない』と率直に告げた」。ソ連と中国からの援助を確保するため、ホー・チ・ミンは、ベトナムには不適切と考えていた「東洋の一国家における階級闘争」を受け入れたのだった。[410]

　実際、チュオン・チンの3段階論は、労農国家としてのベトナムの方向性を示すものだった。民族団結政府の崩壊後、特に政府がハノイを離れ、ヴェトバック戦区に移動を強いられた後には、階級闘争色の濃い政策が形成されるようになった。[411] 1951年以降、ベトナム労働党から、ホー・ヴェト・タン中央委員

---

[410] 1924年、「コミンテルン東方部書記長ペトロフ同志」宛の書簡で、当時グエン・アイ・クォックと名乗っていたグエン・タット・タイン［ホー・チ・ミン］は、「東洋の階級闘争は西洋のそれとは異なる。マルクス主義は、ヨーロッパではその歴史的基盤を確立しているが、ヨーロッパのことが全世界に通用するわけではない」と書いている。グエン・アイ・クォックはまた、「愛国心の原動力である民族主義を、マルクス主義に補う必要がある」と提案していた。当時のグエン・アイ・クォックの主張は、「愛国的な各階級が団結し、まず先に反帝国主義運動を進めて民族を解放する。同時に封建支配階級による搾取を制限し、プロレタリア独裁政権の代わりに人民民主共和政権を樹立する」というものだった。グエン・アイ・クォックのこのような意見は、スターリンが率いるコミンテルンの論理に反するものだった。その結果、グエン・アイ・クォックはスターリンによって、コミンテルンの他のメンバーとの交流を制限されてしまった。1925年、彼がソ連からアジアに戻る時、コミンテルンは中国共産党や、孫逸仙［孫文］の国民党への紹介状を発行せず、旅費と生活費も支給しなかった。
[411] 1949年7月14日、ホー・チ・ミンは、「地主は小作人への租税を25パーセントから35パーセント削減する。フランス人地主および越奸と判定されたベトナム人地主の土地を取り上げて農民に分配する」という政令78／SLに署名した。1950年5月22日には、「1945年以前に地主と小作人の間に結ばれた債務契約を無効とする。1945年以降の債務については、元金のみを返済するものとし、利子を支払う義務はない」とする政令89／SLを出した。また、1953年4月20日には、「小作人の生産コストが、生産高の3分の1を超えないようにするため、借地料を25パーセント削減する」という「租税削減の政令」を出している。

のような指導要員が中国に派遣され、土地改革について学習し、帰国後に租税の減免、利子の減免政策を発動した。1952年、タイグエンのダイトゥー県にある6つの村で、地主に対する人民裁判が試験的に開始され、翌年半ばには正式に実施されるようになった。

　1953年11月14〜23日に行なわれた第5回中央委総会で、ホー・チ・ミン主席は「喫緊の課題は土地改革である」と総括した。開会演説の冒頭で、主席は次のように述べている。「わが陣営は日毎に強化され、敵の陣営は日毎に弱体化している。世界革命の砦たるソ連は、社会主義から共産主義へと力強く前進している。東欧の人民民主主義諸国は、ソ連の献身的な支援を受け、社会主義建設に尽力している。中国は、抗米と朝鮮支援の戦い［朝鮮戦争］に勝利し、5ヵ年計画の初年度の経済建設に成功し、新たな民主主義の強化と発展で勝利を収めつつある」

　さらに、主席はこう続けた。「それらは、わが陣営の状況を集約している。一方、アメリカを頂点とする帝国主義陣営はどうだろうか？　アメリカと、イギリス、フランスを含む西側陣営16ヵ国は、朝鮮で屈辱的な敗北を味わった。19世紀後半から現在までの間に、アメリカはたびたび戦争という手段で富を手に入れ、盗賊の親玉に上り詰めた。アメリカは、今度の戦争で初めて——最後でもないだろうが——大敗を喫した。人的犠牲の面では、米兵の死傷者は39万7500人を超え、経済面の損失は200億ドル以上に及び、その上、国際的な体面も失った。その結果、国連でのアメリカの立場も弱まり、西側陣営は混乱と分裂の度を増し、アメリカ経済の恐慌は深刻化している。要するに、アメリカ陣営は四分五裂し、日毎に衰退しているのだ」。主席は、中央委員たちに向かって「主観的になって敵を甘く見てはならない」と繰り返したが、そのすぐ後にこう続けた。「敵の活動は、奴らの強さてはなく、弱さの表れなのだ。敵の陰謀を粉砕するためには、抵抗戦争の遂行に尽力しなければならない。抵抗戦争を遂行するためには、土地改革を実現しなければならないのだ」

　ホー・チ・ミン自身が「われわれは、抵抗戦争のために地主との団結を重視したが、農民問題と土地改革問題の重要性を十分認識していなかった」と自己批判している。「農民はわが国の人口の95パーセントを占めるが、土地の10分の3しか所有せず、年中辛い労働に耐え、貧窮の生涯を過ごしている。地主階

級は人口の5パーセントに満たないが、土地の10分の7を占有し、働かずに贅沢な生活を送っている。その状況は実に不平等だ。わが国が侵略されたのも、わが人民が遅れているのも、貧しいのも、それが原因なのだ[412]」

　1953年11月中旬には、「中央委が提示した土地改革政策に賛同するために」、党の全国代表会議も召集された。12月1〜4日には、第3回国会で土地改革法案が可決された。ホアン・トゥンは、「ホー伯父さんが土地改革を決定すると、すぐに中国が顧問団を選んで派遣してきた。土地改革顧問団を率いていたのは、広西省省委副書記の喬暁光だった」と述べている。

　ベトナム側でも、中央レベルと地方レベルの土地改革委員会が設置された。中央レベルは、党書記長チュオン・チンを委員長とし、ホアン・クォック・ヴェトとレ・ヴァン・ルオンの両政治局員、そして、中国で土地改革を学んで帰国したばかりのホー・ヴェト・タン中央委員が補佐を務めた。地方レベルでは、各省に10の工作団が作られ、1つの団に約100名の工作員が配置された。団長は、地方の党や行政当局からではなく、改革委員会から直接命令を受けた。1つ1つの工作団は、さらに多くの部隊に分けられた。隊長は貧農、または雇農の中から選ばれた。部隊は絶対的な権限を持ち、土地改革委員会の命令だけに従った。

　地主に対する人民裁判が実行される前に、土地改革の工作員が村落に派遣され、「三共」と呼ばれる政策を実行した。共に働き、共に食べ、共に寝るという政策である。村に入った工作員は、貧しい農民がいれば、まず親しくなるために三共を実践し、次に貧しい農民世帯を訪問して窮状の聞き取り調査をした。工作隊は、敵を峻別するために情報を収集するほか、農民に生活の苦しさや、地主への恨みを告白することを奨励し、地主を裁く人民裁判に参加する者を選

412　ホー・チ・ミンの報告は、次のように認定していた。「土地改革の目的は、封建的な土地占有制度を廃絶し、土地を農民に解放することであり、耕す者が土地を所有し、農民が補償を受けられるようにすること、そして抵抗戦争を遂行することである。その方針は、農民が自覚を持って自ら闘争し、自分の権利を勝ち取るようにすること、農民の解放のために農民の勢力を用いることである。その方法は、農民大衆を広範に動員し、闘う農民大衆の教育と指導を組織的に実施することである。農民大衆に依拠し、大衆的な路線に沿って進まねばならない。けっして強制的な方法を用いたり、命令したり、代わりに手を出したりしてはならない。一般的な路線・政策は、貧農・雇農に依拠し、中農と固く団結し、富農と連携することである。封建的搾取制度を着実に、正しい判断をもって廃絶することである。そして、生産を発展させ、抵抗戦争を推進することである」

び、訓練した。村の金持ちの男と関係のあった女性たちは、工作隊に動員され、裁判で、村の有力者に暴行されたと証言するよう強制、あるいは脅迫された。地主の妻や子供も、夫や父の裁判に参加させられた。土地改革は、人的な面の損失をもたらしただけでなく、ベトナム人の数千年来の伝統であった村落、家族の道徳や、父母・夫婦の上下関係や秩序も破壊した。それらは捨て去るべきものとされたのだ。

　1952年後半から1956年まで、北ベトナムの3314の村で、8段階の租税減免の大衆運動と、5段階の土地改革が実施され、それら村落の土地の44.6パーセント、70万ヘクタール以上が接収された。無実の罪を着せられた者は12万3266人に及んだが、その多くは、人口の5パーセント以上の地主を裁くという、押しつけられたノルマを満たすためだった。殴ったり、縛り上げたり、拘禁したりという虐待が行なわれ、大衆は裁判が始まる前から扇動され、また脅されて、無辜の犠牲者を告発させられた。上位レベルは広範な大衆動員をかけ、下位レベルでは大衆団体や改革部隊が思うままに権力を振りかざし、「工作隊が1番、天は2番」と言われるほどだった。ベトナムは当時まだ貧困国だったにもかかわらず、土地改革に参加した地方では、工作隊の設定した規準で人口の5.68パーセント以上が地主と分類されて処罰されたのだ。

　ホアン・トゥンによれば、後にホー・チ・ミン自身が「われわれがフランスを破ったのだから、ベトナムのやり方で土地改革を実施すると言ったのだが、[ソ連と中国から]あらゆる手段で強制されたのだ」と嘆いていたという。数多くの知識人や地主がベトミンに従い、困難な時期に財産を提供したが、今や2人の大兄[ソ連と中国]によって、地主や西側に縁のある者が革命組織に居られないようにするため、「再調整」を強いられたのだった。1950年代半ばには、抗戦地主と認定されなかった地主は、抗戦地域から離脱して都市部に入った親仏派の地主とみなされた。「改革とか人民裁判というものは、自分の首を絞めるようなものだったのだ」と、ホアン・トゥンは述懐している。

　彼はこうも述べている。「当時、私はいつも党政治局の会合に出ていたので、いくつかの出来事についても知っている。愛国地主グエン・ティ・ナムを選んで、試験的な改革の対象にしたこともその1つだ」。ナムは、ハノイではカット・ハイン・ロンの名で有名である。彼女には2人の子供がいたが、1人は連

隊長クラスの中堅幹部で、ヴァン・ティエン・ズンの軍政治局で勤務していた。ナム自身は、1945年から1953年まで婦人協会の活動に参加した。国民が金製品を国家に供出する「黄金週間」には、彼女の家族は100両の金を提供している。ホアン・トゥンによれば、「チュオン・チン、ファム・ヴァン・ドン、ホアン・クォック・ヴェト*、レ・ドゥック・トなどは、まるでナムの息子のように、いつも彼女の家で食事をしていた」という。党政治局の会合で、ホー伯父さんは「罪を犯した者が処罰されることには賛成だ。しかし、最初に銃殺する対象が女性で、ましてや革命を支えた人だというのは、道義に反すると思う」と言った。その後も、中国の顧問羅貴波は提言を続けたが、ホー伯父さんは「いや、私は中国に反対するのではなく、多数の意見に従うのだ」と応えた。

ホアン・トゥンは、「ホー・チ・ミンは、中国側から右傾化していると見られていた。当時、中国に逆らえば、援助を打ち切られただろう」と言う。援助を得るためには、「改革隊は、農民の気持ちを高揚させるのだと言って、示威のために銃殺する人間を1日に1人選び出さなければならなかった。私はある男の処刑を見たことがあるが、気の毒でならなかった。彼はわずか7.5マウ［北部では1マウは3600平方メートル］の土地を所有していただけだったのだ」。ホー・チ・ミン自身も政治局員も、改革隊が地主に罪を認めさせるために拷問を行なっていることを知っていた。しかし、ただ穏やかに言葉で、「再調整」を止めるように説得するだけだった[413]。

ホアン・トゥンがこの話をした時、彼は最初から中国の同志を「奴」と呼んでいた。「地主が銃殺されただけでなく、教会や寺院、廟の類もみな跡形もな

---

[413] 1956年2月25日に出された土地改革の内部文書に、ホー・チ・ミンはこう書いている。「拷問は残酷な手段であり、帝国主義者、資本主義者、封建主義者の手段である。奴らは民衆を支配し、革命を鎮圧するためにそれを用いた。われわれには正しい生活があり、正しい論理があり、強力な武装勢力がある。それでも残酷な方法を用いなければならないのか？　拷問を行なうことは、残酷な思想、封建・帝国主義者の精神をまだ洗い流していないということだ。大衆動員の難しさに耐えられない者が、安易に拷問を行なうのだ。ゆえに拷問は絶対に許されない。拷問を行なう者は、党と政府の政策に反し、革命のやり方に反する者である。人は痛めつけられれば、やっていないことでもやったと言うだろう。そうなれば、土地改革要員は自分で自分を欺くことになる。これより、諸姉・諸兄は固い意志をもってこの欠点を正さなければならない」。1956年10月、政治局は次のように認めた。「指導思想が左傾化し、ずさんで官僚主義的、独断的、強圧的な方法をとったために、敵への攻撃はますます方向性を見失い、無秩序になり、敵と同時に味方にも攻撃をかけ、拷問に頼ることが一般的になった。党の組織、政府と大衆の古い組織が敵に独占されていると考え、それゆえ罪のない農民に残虐なテロを仕掛け、党員および党・政府・大衆団体の指導的要員を盲目的に攻撃した」

く破壊された。安陽王(アン・ズオン・ヴオン)を祀った祠に至っては、奴らは肥料置き場に使っていた。チュオン・チンについて言うなら、彼は中国の顧問に恨みを抱いていた。彼の家も7マウの土地を持っていたが、主(あるじ)は新聞記者が本業で、土地は人に貸して地代を取っていたため、即座に処罰の対象にされたからだ。ホアン・クォック・ヴェトは深く物事を考えず、ホー・ヴェト・タン*はと言えば無我夢中になっていた。チャン・クォック・フォンの父親は、請負師をして金を貯め、自力で20マウの土地を購入したが、やはり土地改革隊によって人民裁判に引き出された。報せを聞いたフォンはその場に駆けつけたが、父は既に死んでいた。フォンは、『ああ、土地はまったく惜しくないが、子供が父親を、妻が夫を告発するという状態には我慢できないよ』と嘆いていた。革命にも道徳というものが必要だろうに。グエン・カック・ヴィエンの父グエン・カック・ニエムは、ザップ村で科挙の第2次試験に合格し、植民地政府によって尚書［大臣］に列せられた人物だった。抗仏独立戦争の時には、ホー・チ・ミンもニエムに書簡を送って働きかけた。だが、土地改革の時に、グエン・カック・ニエムは改革隊に捕えられて自害した」

土地改革と並行して、「党・政府組織の整頓」作戦も実行された。これは、ホー主席が第5回党中央委員会への報告で呼びかけたものだったが、やはり党に深刻な損害を与える結果となった[414]。ホアン・トゥンはこのように悔やんでいる。

414 1956年の政治局の報告は、次のように結論している。「方針と方法が共に誤まっていたため、強制と拷問が一般的になっていた。それゆえ、党支部の『整頓』に際して、党の内部に激烈な批判が溢れ、支部をばらばらに解体してしまった。良い党員まで逮捕、処罰し、党に大きく貢献した支部の書記や執行委員の何人かを誤って銃殺刑に処することになった。ターガン［ハノイ］で処罰された8829名の党員のうち、7000名は労働農民およびその他の労働者階級に属していた。ハーティンでは、ほとんどの村の支部が反動勢力に独占されていた、という誤った結論を下された。最も良い支部に限って最も厳しく弾圧され、良い党員に限って最も厳重な処罰を受けたという所もある。抵抗戦争に多大な貢献を果たした多くの支部が反動的と認定され、書記と執行委員が処罰——すなわち投獄あるいは銃殺された」。報告はさらにこう続いている。「上記の『整頓』は、実質的には、農村のわが党組織に対する、残虐な手段による大規模な激しい弾圧であった。県および省のレベルでは、処罰された党の要員と一般党員の総数は720名で、処罰の率は21パーセントに及ぶ。しかし、地方局レベルより上の要員をとってみれば、総数は284名、処罰された者は105名となる。36名の現職の省人民委員が整頓されれば、うち19名が処罰され、元委員61名が整頓されれば26名が処罰され、省の行政委員会委員の17名が整頓されれば15名が処罰されるという状況である。ハティン省について見れば、19名の省人民委員のうち、公安または県の部隊の者はすべて反動と分類されていたが、最近の再調査で、全員が誤って分類されていたことが分かった。数万人の良き党員が除名され、数千人が逮捕され、多くの功績のある党員数名が無実の罪で処罰され、きわめて非情かつ残酷な拷問に耐えなければならなかった。民衆を使って古参党員の罪を暴き、党員に拷問を加え、党員ではない軍要員に党員を処罰する任務が委ねられた。

「われわれを作り直そうという中国の真意が、私には分かっていなかった。彼らが最初にしたことは、軍隊を作り直して政治委員を置いたことだった。政治委員には司令官も入っていて、彼らはヴォー・グエン・ザップ将軍を目の敵にした。というのも、ザップは知識人階層の出身で、1940年に初めて共産党に入ったからだ。中国は、労農階級出身ではないザップが軍を指揮するのは穏やかではないと考えた。ある人物——ヴァン・ティエン・ズンの副官リー・バンではないかと思うが——が、労農階級の出身ではなく、軍から追放すべき人物の名簿を中国人顧問に提出した。ザップがその名簿をホー伯父さんに持っていくと、伯父さんはすぐにそれを焼き捨てろと命じた。そんな名簿で人を選別していたら、軍隊の要員がいなくなると」

　富農のうち誤って地主と分類された者は、71.66パーセントにも及んだ。ホアン・トゥンの見方では、北部の100万人以上が南部に移住を余儀なくされたことについて、フランスとアメリカの責任はごく一部だという。土地改革と商工業者への課税、資本家の改造こそが主な原因だったというのだ。[415]

5. みな1人で2人分働いている

　スターリンと毛沢東のモデルが、もし1956年までの実施段階でストップをかけられていたら、北部にはまだ復活のチャンスがあっただろう。ホー・チ・ミンの土地改革政策も、「地主階級から奪った」土地を、大部分は貧農である北部の農民世帯の72.8パーセントに分け与えるものだった。1960年以前には、土地を与えられた農民たちは、まだ合作社に入らなくてもよかった。農民が自分の土地を耕す自由を得たおかげで、北部の農業はかなりの発展レベルにまで

重大な過失と無原則に陥り、公民個人の自由権を侵害し、敵と闘争する方法をもって内部の闘争を進めることになったのである」

415　ジュネーヴ協定に従い、南北に兵力を引き離すための300日の停戦期間に、共産党側の軍人・要員とその家族を含む約14万人が南部から北部に集結した。北部に帰郷した一般人はわずか4358人で、北部出身で長く南部にいたプランテーション労働者や、移住したものの、その場に行ってから考えを変えた者たちだった。一方、サイゴン政府の移住・難民統括委員会によれば、北部から南部への移住者は95万人に上る。1955年5月19日までの移住者が87万1533人、期間延長後の移住者が3945人、そのほか南北間の自由往来期間の終了後に、7万6000人が船で、あるいは徒歩でラオスの山林を越えて南部に入っている。

押し上げられた。小商人や中小企業主の階級も、農村と都市での急速な経済成長に貢献した。北部の手工業者の勢力は50万人以上に及んだ時もあった。1957年末の時点で、北部にはまだ7万8456の商業の事業所があった。もし、農民が土地を分配されてから、そのまま自分の土地の所有者になっていれば、土地改革は単なる誤りの記憶にはならなかっただろう。

　1957年11月にモスクワで開催され、ホー・チ・ミンも出席した第1回「兄弟党」国際会議は、社会主義建設の原理を次のように認定した。「プロレタリア独裁政権を様々な形で樹立し、資本主義的所有制度を廃絶、公有制度を確立し、社会主義に沿って農業を改造し、計画経済を発展させ、思想・文化革命を実現する」

　モスクワから戻った直後の1958年1月1日、ホー・チ・ミン主席は国民に対し、「経済復興の時期は終わり、計画的な経済発展の時期が始まった」と表明した。同年11月中旬、党中央委第14回総会は、「農民、手工業者、小商人および私営資本主義経済に対する社会主義改造」を決定した。その年の秋のうちに、農業の合作化が初めて試験的に実施された。1960年末までに、北部の農民世帯の86パーセントが4万1401の合作社に編入された。同年末までに、資本家世帯の97パーセントが強制的に「公私合営」に移された。

　「北部の資本家階級が、時には激しく抵抗した」にもかかわらず、1959年4月の第16回中央委総会決議は声明した。「資本家層の間に、改造に頑として抵抗するものがいれば、そのような場合、それはわが方と敵との対立を意味する。社会主義改造に断固抵抗する資本主義分子とは、反動的資本主義分子なのである」

　ソ連モデルを順守すればするほど、北部の経済は惨状を呈するようになった。1960年初めには既に、工業、商業から財政に至るまですべてが停滞し、一般庶民も党官僚も苦しい窮乏生活を強いられることになった。農村では、合作社の社員の収入の80パーセントが、わずか5パーセントの私有地に依存していた。合作社に編入された他の95パーセントの土地は、いい加減に働き、労働点数を計算して配分する場所でしかなかった。農村の生活には暗雲が垂れ込めていた。

　ヴー・クォック・トゥアンは語っている。「1965年のことだ。自転車で村に

416　当時、国家計画委員会の専門職にあった。

向かう途中で、午前8時に農民がやっと野良に出るのを見た。私が『そんなことでは飢えてしまうぞ』と言うと、彼らは『食う物なんかないんだから、飢えるのはわかりきってるさ、旦那』と投げやりに応えたよ」。トゥアンが言いたかったのは、彼ら農民たちは、本来は骨身を惜しまず働き、土地が個人のものだった頃には、朝の4時に起きて野良仕事に出かけていた、ということである。それが合作社に入ってからは、太陽が竹のてっぺんにかかる頃に、やっと嫌々ながら鎌を取り、鍬を担ぐのだった。当時から既に北部の農民は「みな2人分働いている／主任が邸を買い、車を買うために」と口ずさんでいた。

レ・ズアンが南部の地区委員会の書記だった頃から、南部で実施していた土地政策は、かなり柔軟なものだった。しかし、党の第1書記になり、特に第2回国際会議[417]に出席してからは、レ・ズアンはソ連の経験に従うことを「鋭利な武器」とみなすようになった。ホー・チ・ミンの後継者として、「1960年から1975年まで、レ・ズアンは北部経済モデルの、唯一ではなくても主要な設計者だった。そして、その後も1975年から1986年半ばまで、全国の経済モデルの主要な設計者であり続けたのだった」[418]

6. レ・ズアンと南部の愛

レ・ズアンの側近たちは、彼を「もっぱら考えることが好きな頭脳の持ち主」と表現している。当時、南部で適用された経済モデルに、彼が満足したことはなかった。彼は代表的な理論家たち[419]と絶えず話し合っていたが、どのアイディアも長続きせず、彼自身や専門家グループの間で明確な路線を形成できなかった。

ドン・ガックはこう語っている。「ハンガリーに行った時、農民が50ヘクタ

---

417 81党会議とも呼ばれる第2回国際会議は1960年11月に開催され、レ・ズアン第1書記率いるベトナム代表団もモスクワを訪れた。帰国後、1960年12月7日付けの『ニャンザン』紙の社説で、彼は次のように記している。「過去3年間、わが党は常に1957年の声明に絶対的な忠誠を示してきた。今後わが党は、1957年の声明と同様に、新声明を徹底的に支持、順守し、これを自らの鋭利な武器とみなし、あらゆる面の勢力を強化するために用い、新たな勝利めざして進むことを誓う」
418 Đặng Phong, 2008, p. 51.
419 ホアン・トゥン、チャン・クイン、ダオ・ズイ・トゥン、グエン・コ・タィック、ドアン・チョン・チュエン、グエン・ドゥック・ビン、グエン・カイン、グエン・ヴィン、チャン・フオン、ダウ・ゴック・ファンなど。

ールもの土地を耕すと聞いて、No.3はそれを好ましく思った。だが、経済学者たちと交流して、彼らが『これでは[社会主義に至るまで]非常に長くかかりますよ』と言うと、No.3は考え直した」。チャン・フオンによれば、レ・ズアンは北朝鮮のモデルを適用することについて何度も研究者と議論を交わしたが、チャン・フオンがベトナム北部ではまだそのような条件が揃っていないと言うと、「No.3は沈黙した」。第7期政治局員を務めたグエン・ドゥック・ビンの話では、1970年代初め、社会主義経済の不合理な点を見てとったレ・ズアンは、社会主義への第一歩[個人経済を廃止しない現実的な路線]という理念を示す時にも慎重な態度をとった。それは70年代初めに理論界を活気づかせた理念だった、とビンは言う。しかし、「残念ながら、1976年の第4回党大会の勝利に酔った雰囲気に埋もれてしまった」。1975年8月13日の第24回中央委総会の演説には、レ・ズアンの内面の葛藤がはっきりと表れている。つまり、国民生活の諸問題を認識している聡明なレ・ズアンと、市場経済を説明するほどの十分な理論をまだ持たないレ・ズアンとの間の葛藤である。政策決定に関する党の規定が、最高指導者の英知に頼るだけでなく、自由な論争を認めていれば、指導者の理解不足を補うことができたのだが。

　レ・ズアンは、1907年にクアンチ省チョウフォンの貧しい職人の家に生まれた。郷里で最初に娶ったレ・ティ・スオンという名の妻との間には、レ・ティ・ムオイという娘がいる。ムオイによれば、「父は一人息子として溺愛されました。父方の祖父が川に近づくことを禁じたので、農村で暮らしながら、とうとう泳ぎを憶えなかったほどです」という。貧乏ではあったが、幼名「ニュアン」、後のレ・ズアンは、家族の配慮で学校に行くことができた。だが、4年生の時に「自主退学」した。それについては、彼と2番目の妻グエン・ティ・トゥイ・ガーの間に生まれた息子レ・キエン・タインがこう語っている。「父が言うには、ある試験で先生が『フランスがアンナンにもたらしたものを挙げなさい』という問題を出したので、父は『フランスがもたらしたのは抑圧のみ』と書いたそうです。父の答案は不合格にされ、それ以来、父は学業を放棄しました」。学問は中途半端だったが、それでも当時の田舎で4年生といえば博学とみなされ、村人は彼をトン・ニュアン[物知りニュアン]と呼んだ。やがて彼は家を出て、北圻鉄道公司の事務員の職に就いた。

革命青年団［土着の共産主義団体］の時代から革命運動に参加した彼は、インドシナ共産党の初期の党員の1人となった。1931年、北圻地区委員会の宣伝訓練委員だった時、ハイフォンで逮捕され、禁固20年の刑を宣告されて、ソンラ、ホアロー［ハノイ］、コンダオ［コンソン島］の刑務所を転々とした。1936年、フランス人民戦線内閣が成立したため、インドシナ総督府はレ・ズアンを含む多くの政治囚を釈放した。1937年、彼は中圻地区委員会の書記に選出され、そのわずか2年後に党中央委常務委員に選出された。

　1940年、レ・ズアンは再び逮捕され、コンダオに流刑にされた。8月革命の後、彼はトン・ドゥック・タン*やファム・フン、グエン・ヴァン・リンらと共に解放された。第2回党大会［1951年］には出席しなかったが、この時に政治局員に選出され、続いて南部地区委員会書記に就任した。地区委員会でレ・ズアンが著しく威信を高めたのはこの時期である。ヴォー・ヴァン・キェットによれば、ファム・ヴァン・バイック、ファム・ゴック・トゥアン、グエン・タイン・ヴィン、ファム・ゴック・ティック、フィン・タン・ファットのような抗戦知識人は、みなズアンに好感を持っていた。そして、その仕事の能力を讃え、彼をフランス語で200本のロウソクを意味する「ドゥサン・ブージ」と呼んだ。

　独立当初の政府でホー・チ・ミンがしたように、当時の南部でレ・ズアンも、南部抗戦委員会の正副主席のような枢要なポストは党外の者に委ねた。公安部のような重要な部署にも非党員のジエップ・バー弁護士を部長に据え、ファム・フンのような党の地区委員が副部長を務めた。南部武装勢力の総司令官のポストも、元国民党員のグエン・ヴィン中将に委ねた。

　レ・ズアンの2番目の妻グエン・ティ・トゥイ・ガーは、南部で抵抗戦争を指導していた時期の彼を、このように描写している。「彼は尻が薄くなったズボンを履き、肘が擦り切れたシャツを着ていました。その頃の体重は47キログラムでしたが、背が高かったので、痩せて骨ばって見えました。衣服はドンタップムオイ［カンボジアからベトナム南部にまたがる低湿地帯］の酸性土の色に染まっていました。彼の活動に、私は感動を覚えました。ファム・ヴァン・バイック、ファム・ゴック・トゥアン、レ・タイン・ヴィンのような南部行政抗戦委員会のメンバーは、みな資産家で、護衛や炊事をする者がいて、茅葺きの家に住んでいても物腰は堂々たるものでした。一方、夫はサンパンを1艘を持って

いるだけで、事務所や親戚や同僚の家を訪ねた時には決まって、護衛は家の中で寝て、彼の方が舟で寝ていました。良い条件はいつも他人に譲る人でした」[420]

　グエン・ティ・トゥイ・ガーは1925年生まれ。親は知県［町レベルの行政単位の長官］で、報道を監督し、ビエンホアにレンガ製造業を起こした人物だった。父親はフランス語の新聞『ラ・トリビューナンディジェンヌ』の主筆を務めたこともあったという。令嬢ガーは、12歳の時に、試験を受けるために年齢を多めに申告しなければならなかった。14歳になった時、彼女は若い男性たちと一緒に革命活動に参加し、その時期から「家庭のある同志と恋に落ちてしまった」。ガーの恋人だった同志とは、「デム市場の悪魔」と呼ばれたグエン・ヴァン・チャンに他ならない。彼は、1945年にサイゴンで政権奪取を指導した共産主義者の1人だった。2人は11年もの間、秘めたる恋を貫き通した。1948年、2人の関係が露見して、カントー省の人民委員会の監査が行なわれ、ガーはサイゴン行きの任務を命じられた。

　ちょうどその頃、レ・ズアンはドンタップムオイからカントーに赴き、省委の会議に出席した。彼もまた、救国婦人団の団長だったガーのラブストーリーを聞いていた。グエン・ティ・トゥイ・ガーは、地区人民委員会書記のために省が催した朝食会の監督を任された。その席でレ・ズアンが、サイゴンに工作に行かされた時のことを尋ねると、ガーはこう答えた。「サイゴン行きは、私にとっては初めての難しい任務で、危険も伴いました。それでも、私は少しも迷わず、喜んで引き受けました。でも、自分が愛した人との関係を絶つことは、とてもできませんでした。互いに離れていても、愛情は私の心から出るものだから、無理強いはできません」。ガーによれば、ズアンはその時、何も演説はしなかったが、地区委員会に戻る時にレ・ドゥック・トに会って、「もし結婚するなら、ガーさんのような情の深い、一途な人がいいね」と言った[421]。しばらくして、任務でカントーに出向いたレ・ドゥック・トがガーに会い、「No.3が君にプロポーズしたいそうだ。受けてやりたまえ。彼は家を出てから20年間消息を断ったままで、家族は敵側の地域にいる。君が彼の妻になって、彼が働けるように健康管理をしてやるのさ。それも1つの任務だろう。今の指導部の

420　Nguyễn Thị Thụy Nga, 2000, p.44.
421　Ibid, pp.41-42.

中では、彼はとても賢くて考え深い人物なので、仲間から『200本のロウソク』と呼ばれている。側で世話を焼く人がいれば、彼は400本のロウソクになるだろう。彼の思慮深さは、大いに革命の役に立ってくれるのさ」[422]

グエン・ティ・トゥイ・ガーは回想している。「No.6 レ・ドゥック・トの言葉に、私は仰天しました。私の中では、レ・ズアンは常に皆から敬愛される指導者だったからです。いつも、レ・ズアン同志がこう言った、ああ言ったとメモしていたものです。私は長い間、思案しました。一度、勇気を振り絞って彼に聞いてみました。『あなたが今、結婚したとして、将来家族に再会したらどうするのですか？』。彼は答えました。「前の妻と結婚したのは、両親がそう決めたからだ。僕は革命活動を始め、妻は家に残った。ハノイに連れていってしばらく過ごした時に、2人は性格が合わないと感じた。僕が2度ばかり家に戻った時には、彼女に他の夫を探すべきだと言った。僕には革命活動があるから、家族のためには何もできないし、この先どうなるかも分からないからと。でも、中部の女性は南部の女性より封建的で、結婚した以上は家で夫の父母の世話をして、子供を育てるのが当然だという。夫が遠くに行って別の女性と結婚しても、中部の女性は簡単には受け入れないだろう。今後、解放されたら、彼女は故郷で父親と子供たちと暮らして、僕はたまに訪問する。君と僕は革命活動を続けるんだ。互いに近くに居られるし、何も問題はないはずだ」[423]

レ・ズアンは当時41歳で、かたやガーは23歳だった。結婚した時には、彼ら自身も、レ・ズアンがいずれ最高権力者になるだろうとは夢にも思っていなかった。まして、その結婚で、ガーにややこしい事態が舞い込むことになるだろうとは……。30年以上の結婚生活のうちで、本当に幸せだったのは3年間だけだ、とグエン・ティ・トゥイ・ガーは回想している。レ・ズアンは、「ガーの他者に対する誠実さを見込んで」彼女を妻に選んだ。一方、ガーは「同志や同胞に対する彼の偉大な道徳性と情愛」から彼を夫に選んだと言う。2人の結婚式は、地区委員会事務局の主催で行なわれた。レ・ドゥック・トが仲人、ファム・フンが進行役を買って出た。革命軍の人々が用意してくれた質素なパーティーで、レ・ズアンは、妻に捧げる詩を朗読した。

---

422 Ibid, p.42.
423 Ibid, p.43.

「彼の愛情の中では、私は幼い子供のようなもので、彼はどこに行く時も私を連れていきました。会合が終わって、戻ってきた夫と目を合わせると、彼は私をきつく抱きしめたものです」とガーは語っている。彼らは移動生活を続け、屋根のついた艀で寝泊まりした。ガーが最初の子を身ごもって7ヵ月の時、レ・ズアンは東部に戻っていった。サイゴンに戻ったガーは女の子を出産し、レ・ヴー・アインと名づけた。そして、子供が生後3ヵ月になると自分の母親に預けた。1952年にレ・ズアンが北部に行ってからは、夫婦が共に過ごす時間はほとんどなくなった。

1954年、レ・ズアンはヴェトバック地方から南部に戻ってきた。彼の個人秘書ドン・ガックは、こう語っている。「クアンガイに着くと、党政治局の命令に従って、レ・ズアンは中南部の高級党幹部のためにセミナーを開いた。南部の第5区から出てきた数名の党員も参加した。彼らの役目は主に、革命勢力の集結と、北部への移動を取り仕切ることだった。しかし、レ・ズアンは南部に残りたいと北部に打電した。周りの者が心配すると、No.3 レ・ズアンは、『南北間の協議は行なわれず、南部の情勢は緊迫化するだろう。僕は、どうやって政治闘争に移るか、革命勢力を温存するかを考えるために、南部に残るべきだ』と言った。南部で民族民主革命を再び実行しなければならないと、No.3 は考えていたのだ」

クアンガイを発ったレ・ズアンは、徒歩でクイニョンに入った。そこからは、ジュネーヴ協定の実施のために西部に向かうフランス軍の飛行機に便乗した。ヴォー・ヴァン・キェットは、「レ・ズアンは、難しい問題をとても雄弁に語る人物だったが、ジュネーヴ協定について説明する時には、言葉を濁さざるを得なかった。協定自体に納得していなかったからだ」と回想する。グエン・ティ・トゥイ・ガーは、レ・ズアンはその頃、不安に苛まれ、心を悩ませていたと言う。「彼は、両手を背中に組んで行ったり来たりしては、次々と煙草に火をつけるのでした。党中央の決定では、事後処理が終われば、彼も北部に集結するはずでした。でも、彼は繰り返し打電して訴えました。3度目の訴えで、党中央とホー伯父さんは、彼が南部に残ることに同意したのです」[424]

その頃、トゥイ・ガーは2人目の子供を妊娠していた。彼女は南部に留まる

424　Ibid, p.63.

ことを望んだが、レ・ズアンは「南部の情勢は複雑になるだろう。君がここに居れば、君も子供も苦しむことになるし、僕の活動も露見し易くなるだろう」と言った。1955年3月、トゥイ・ガーと娘は、北部に集結する人々が乗る最後の船の乗船手続きをした。それはクリンスキー号というポーランドの船で、カマウ半島のドック川の河口で待機し、南部にいた2000人以上の革命要員を北部に連れていった。レ・ズアンとレ・ドゥック・トの家族には、「ポーランドの同志たち」が2つの船室を用意した。報道陣とジュネーヴ協定監視国代表の面前で、レ・ズアンとその妻子は粛々と乗船した。

夜中の12時頃に、クリンスキー号は錨を上げた。ほどなくして、1隻のボートがこっそりと船の舷側に寄ってきた。レ・ズアンは妻子と別れの口づけを交わした。トゥイ・ガーは、その時の様子をこう語る。「彼の涙が流れ落ちて、私の頬を濡らしました。『僕は、自分の妻子を愛するのと同じように、同志と同胞の妻子も愛している。だから南部に残るんだ。君は北部で2人の子供を立派に育て上げなさい』と、彼は言いました。レ・ズアンがボートに乗り移った時、ごく少数の側近たちが見送りに出ていた。彼は、その1人1人を抱きしめて別れの口づけをした。その中にはレ・ドゥック・トもいた。レ・ズアンが静かに船の舷側を下ってボートに移ると、国家自衛局［抗仏戦争期の南部の組織］のカオ・ダン・チェムとヴァン・ヴィエンが指揮するボートは岸に引き返した。そこで待機していたヴォー・ヴァン・キェットが、彼をバックリョウの根拠地に連れていった。

レ・ズアンは、キェットからあてがわれた根拠地を気に入った。それは野原の真ん中のキャンプで、どこまでも広がる河水に周りを囲まれていた。その夜、キャンプ地の賄い婦は、キェットが客を案内してきたのを見て訝った。朝になり、キェットが朝食に出すアヒルの羽をむしるのを手伝っている時、賄い婦は「あれはレ・ズアンさんですか？」と尋ねた。キェットはぐっと詰まったが、即座に「まさか。彼は北部に行ったよ」と答えた。しかし、彼女は言い張った。「ズアンさんですとも！ そんな話は信じないわ。写真を持ってきましょう」。そして仏間に上がり、レ・ズアンの写真を持って下りてきた。キェットもさすがに隠しきれず、その場で彼女に言い含めた。「それじゃ、この人はレ・ズアンによく似た人ということにして、君は誰にも話すんじゃないよ」

その朝、キェットはまだためらっていたが、食事が済むとレ・ズアンを誘って畑に行き、「賄いの婆さんが、君の正体を見破ったよ」と打ち明けた。「誰が言ったんだ？」レ・ズアンは尋ねた。「君の写真を祭壇にしまっていて、それで見破ったんだ」。レ・ズアンは頷いた。「やっぱり。チャン・バィック・ダンめ」。チャン・バィック・ダンは地区委員会の情報責任者だった時に、レ・ズアンの写真を印刷させて、抗戦委員会の各事務所の壁に掛けさせたのだった。
　キェットは落ち着いて言った。「でも、婆さんはわきまえているよ」。レ・ズアンは素早く考えをめぐらせ、「だが、婆さんが喜んで子供に自慢したら、さっそくばれてしまうだろう」と言った。そして、「移動するから、準備してくれ」と命じた。その夜、キェットはレ・ズアンを連れて、カオ・ダン・チェムとマイ・チー・トの許に行った。レ・ズアンは慎重に振る舞い、他の客がいると部屋に入らなかった。一方、共に公安要員だったカオ・ダン・チェムとマイ・チー・トは、見知らぬ者が来た時でも平然と座ってトランプをしていた。神経質になったレ・ズアンは、少しの間そこに滞在しただけで、ヴォー・ヴァン・キェットのところに戻って一緒に暮らした。
　毎日が緊張に満ちていた。一定の期間を陸上で過ごすと、レ・ズアンは、あまり人目につかない方がよいと考えて、コアイ島［カマウ省］に移った。そこで、木の葉で病気を治療する薬剤師のナムの家に寄寓した。当時、彼の周囲にいたのは、ヴォー・ヴァン・キェットとファム・ヴァン・ソで、ウミンハ［カマウ省］との往来は、船とボートと数台の馬車に頼っていた。ファム・ヴァン・ソは党中央委員で、親しい者たちは彼を「馬車のNo.2」と呼んでいた。
　1955年末、レ・ズアンは「敵はレ・ズアンが南部にいることを知っていて、見つけ出すためにあらゆる足跡を辿っている」という秘密報告を受け取った。そこで、彼はベンチェに移動した。当時、レ・ズアンの側近の武官だったNo.5ホアインは、こう語っている。「最初の4ヵ月間は、情勢は比較的落ち着いていた。1956年1月初めになると、敵はわれわれの拠点に激しい攻撃を加え始めた。No.3は私をバックリョウに送って、ハウザン省連合委員会と連絡をとらせ、必要な時にNo.3が第9区に移れるよう、場所を用意させた」。ホアインの後任は、ヴォー・ヴァン・キェットが務めた。手続きを済ませたホアインはベンチェに戻ったが、ゴ・ディン・ジェム政権によるゾンチョム県の掃討作

戦に遭遇して逮捕された。レ・ズアンがいた場所から、わずかに数百メートルの場所だった。

　サイゴン政府がNo.5ホアインの志気を挫くことができていれば、南部の革命は違ったものになっていたかも知れない。しかし、ホアインは拷問を受けながらも、レ・ズアンについては何もしゃべらなかった[425]。第9区では、ヴォー・ヴァン・キェットがレ・ズアンを迎える準備をしていたが、ホアインがそこに帰ろうとして逮捕されてしまったと聞き、レ・ズアンはサイゴンに戻ることを決めたのだった。1956年7月14日、グエン・ヴァン・リンの地下組織にいたNo.6ホアに迎えられ、レ・ズアンは車でサイゴンに発った。No.6ホアの家にしばらく身を寄せた後、レ・ズアンはフィンクオンニン29番地に移った。

　フィンクオンニン29番地の家では、前地区委員のレ・トアン・トゥーが自分の部下たちを呼び寄せて、1つの「偽装家族」を作っていた。当時まだ若かったグエン・ティ・ロアンは、地区委員会の要請で、まだ幼い2人の子供を連れてそこにやってきて、夫が戦場に出ている士官夫人という役割を演じた。教師のチン・ロン・ニーが彼女の長兄役を演じた。タンソンニュット空港で働く税関職員のザインは、ニーの妻の役を演じた。家の中の最年長者は、グエン・ティ・モット伯母さんと料理人役のファン・ファット・フオックだった。この家族に、1956年7月末から「チン叔父さん」が加わったのだ。

　グエン・ティ・ロアンは、チン叔父さんことレ・ズアンがレ・トアン・トゥーに案内されてフィンクオンニン29番地の家にやってきた夜のことを次のように語っている。彼は、その年にはまだ50歳にもなっていなかったが、痩せ細り、髭が胸に届くほど伸びて、まるで70歳の老人のように見えた。家に入って髪を切り、髭を剃って、服を着替えて、やっとサイゴンの紳士らしくなっ

---

[425] No.5ホアインは8年の懲役を宣告され、プレイクの捕虜収容所に送られた。しかし、数ヵ月後、彼は100名近くの囚人と共に脱獄し、カンボジア領に逃げ込んだ。ホアインは1963年までカンボジアに留まり、そこでレ・ズアンが北部に引き揚げたという報せを聞いた。1964年、南部中央局の拠点にいた時、ホアインはNo.3レ・ズアンからの電報を受け取った。それには、次のように書かれていた。「貴兄が敵の牢獄から脱出し、勝利のうちに帰還したと聞いて、とても喜んでいる。早く健康を回復して活躍することを祈っている」(『レ・ズアン全集』、国家政治出版社、2002年、925頁)。1971年6月、No.5ホアインは北部に移動させられた。ハノイに着いてから数日後、クアンバーのK5B迎賓館を訪ねた時、レ・ズアンが迎えの車を差し向け、ホアンジョウ通り6番地の自宅に彼を招いた。「私が門扉を押して入るや否や、No.3は私をしっかりと抱擁して、『生きていたんだね！　君が逮捕されたと聞いた時は、奴らは君を殺すに違いないと思ったよ』と言った」(同上、926頁)。

たレ・ズアンは、南部革命綱領草案の執筆にとりかかった。

　ロアンによれば、チン叔父さんはこの有名な綱領をある程度まで執筆すると、地下室に持っていって隠した。夜になると再び持ち出して、ロアンとフオックに、1冊の小説の行と行の間に書き写させた。ロアンが「グーボイ」と呼んでいた果物から、フオックが手ずから作った一種の溶液がインクとして使用された。党中央からレ・ズアンとの連絡をつける役目を任されていたホー・アインによれば、ホー伯父さんはレ・ズアンをハノイに呼ぶことを決めていたというが、レ・ズアンは1957年初めまで南部に留まっていた。

　1956年9月3日、ホー・アインは中国の広州に向かい、香港経由でサイゴンに行ってレ・ズアンを迎えようとした。しかし、「中国の友人たち」はこの方法はうまく行かないだろうと言った。ホー・アインはすぐに、当時プノンペンにいて、Q.M.というコードネームで呼ばれる中国共産党員と連絡をつけた。党中央もプノンペン経由のルートに同意した。ハノイのファム・フンはレ・ズアン宛てに手紙を書き、それは暗号化されて、ホー・アインが証明書として携えた。Q.M.は手紙を受け取り、サイゴンに行ってレ・ズアンに直接手渡した。ロアンはチン叔父さんを写真屋に連れていって、パスポート用の写真を撮り、「長兄」チン・ロン・ニーは叔父さんを仕立て屋に連れていって、立派なスーツを誂えた。

　ファン・ヴァン・ダンの命令に従って、地区委員会の華人地下組織メンバーのライ・タインが書類を揃え、自ら車を運転してレ・ズアンをプノンペンに運んだ。バナナの若葉色に塗られた4人乗りのフォードは、グエン・ヴァン・ニンという別の組織のメンバーのもので、この「歴史的な逃避行」のために徴用されたのだった。運転手ライ・タインと車の持ち主ニンのほか、3人目の随員としてNo.7ズことヴォー・ザイン[427]が乗っていた。彼はレ・ズアンが自ら選んだ護衛で、彼がドンタップにいた頃からよく知っている宣伝工作員だった。

　その頃、ゴ・ディン・ジェム政権は、レ・ズアンを何としてでも捕えるよう命令を下していた。No.7ズは、テイニン省ゴーザウの検問所では、少なくとも5種類のスパイが待ち構えていると予想していた。ニンが書類の束を持って、

426　党第3期中央委員。
427　1990年代にホーチミン市市委常任副書記を務めた。

走って提出しに行くと、警備兵の詰所にあるレ・ズアンの手配書が見えた。その写真は抗仏戦争時代のものだった。サングラスをかけた秘密警察の捜査員が、車に頭を突っ込んで点検したが、痩せたレ・ズアンを見ても、手配書のふくよかな顔に眼鏡をかけた礼装の人物と結びつくものは発見できなかった。たっぷりと賄賂を摑ませた上で、レ・ズアンは大した苦労もなくスヴァイリエンに向けて脱出した。彼はそこに滞在して、越僑の名で偽の証明書を作成した。

　プノンペンでレ・ズアンは南部地区委員会を招集し、南部革命の情勢について協議した。その後、プノンペンと香港を結ぶ航路のイギリス商船に乗り、ティエン河に沿って再びベトナム南部に入り、4日と5晩航行した。その間、レ・ズアンは船の人々から話しかけられないよう、啞の老人を装わなければならなかった。レ・ズアンに同行したのはQ.M.だった。華人の息子を装ったQ.M.は、レ・ズアンを広州に連れていき、やはりプノンペンから飛行機で到着したばかりの女性同志ホー・アインと落ち合った。1957年6月4日、レ・ズアンを乗せて中国を発った飛行機は、ザラム空港〔ハノイ郊外〕に着陸した。

　レ・ズアンの妻グエン・ティ・トゥイ・ガーは、1955年に娘ヴー・アインを連れて北部に集結していた。その時に身ごもっていた2番目の子供は、レ・キエン・タインと名づけられた。ガーはまず、『フーヌー・ベトナム〔ベトナム女性〕』紙で働くことになった。

　北部で迎えた最初の夏の間、彼女はうだるような暑さのトタン屋根の車庫に配置され、そこで小さな子供を持つ2人の女性と一緒に働いた。その後、ファム・フンの妻マイ・カインが、ガーをファンディンフン通りにある邸に移し、そこで一緒に住まわせた。しかし、そこに住みながら、ガー母子はどうしても良い気分になれなかった。というのも、ファム・フンを訪ねてくる客たちは、家の主の子供たちには手土産を携えてきたが、最高指導者の子供たち——当時はまだ幼く、プレゼントに憧れていた子供たち——のことは、誰も気にかけなかったからだ。

　ガーが北部に来て最初にしたことの1つが、まだ会ったことのない夫の父親に手紙を書き、その家を訪問することだった。当時、レ・ズアンの父親は、息子の嫁、つまりレ・ズアンが故郷で最初に結婚したレ・ティ・スオンと一緒に、ゲアン省で暮らしていた。彼はまず、第4区の区委員会に依頼してガーに御礼

の品を届けたが、レ・ティ・スオンの方はただ泣くばかりだった。それでも、スオンがガーの返事の手紙を受け取ってからは、事態は好転した。その後、ガーはある年の旧正月に、子供たちを連れてゲアンにある夫の実家を訪問した。ヴー・アインとキエン・タインのきょうだいは、父方の祖父と「大母さん」の暖かい歓迎を受けた。

　革命組織からの介入さえなければ、おそらくレ・ズアンは2人の妻がいる家庭の問題をうまく収めることができただろう。だが、グエン・ティ・トゥイ・ガーは語っている。レ・ズアンがハノイに転任になる前に、「ファム・フンとグエン・ティ・タップ*が私に言ったのです。『以前は、あなたは彼の活動のために結婚したが、今は彼の活動のために、あなたの方から離婚を申し出るべきだ。彼が任務をまっとうするためにだ』と。当時、国会で「一夫一婦制」を定めた婚姻・家族法が成立したばかりだったのです」

　ハノイに上ったレ・ズアンは、若い妻との再会を喜んだ。しかし、ガーによれば、「ある日、2階の窓際で、彼は私の膝枕で横になり、私が彼の白髪を抜いていた時でした。私が『ファム・フンとグエン・ティ・タップに離婚を勧められたのよ』と告げると、彼は泣いてこう言いました。『どんな境遇であれ一緒になったのだから、今どんな境遇でも別れることはあり得ないよ。党書記長になることがあっても、離婚しなければならないなら、僕の心が安らぐことはないだろう。共産主義者なら、終始変わらず信義を貫くものだ』と。それを聞いて、私も泣きました」。数日後、レ・ズアンは女性協会の中央委に妻を連れていき、事情を説明したが、ガーによれば「多くの女性から猛反発を受けました」という。その時から「私は女性たちの憎悪の対象になったのです。私は省委員会のメンバーで、北部に来た時にはまだヴェトソ［ベトナム・ソ連］病院に入院でき

428　1955年5月15日、レ・ティ・スオンはガーへの手紙に次のように書いている。「親愛なるガーさん！　あなたとハン（レ・ズアン）から手紙をいただいた年、義父（レ・ズアンの父）も私も、あなたを責める気持ちになりました。私が病気だったせいもあり、また、手紙に書かれたあなたの考えに憤慨したせいもあります。でも、今日あなたとアイ姉さんの手紙を受け取って、あなたが違った受け止め方をしていたことが分かりました。アイ姉さんも書き添えていました。組織が定めた『革命に有利な状況』のために、私と義父があなたをとても傷つけたということを。私はあなたにとても感謝しています。ハンが家族と私から遠く離れていた間、あなたは彼を懸命に助けてくれました。今では、義父もあなたを家族の一員と認めていますし、私も本当にあなたを妹のように思っています。だからあなたも、もう心を悩ませず、健康に気をつけて下さい」（Nguyễn Thị Thuy Nga, p.76.）。

る制度があったのですが、女性協会はその権利を剥奪しました。まるで政治犯のような扱いでした」[429]

　ガーとレ・ズアンの仲人をしたレ・ドゥック・トのような同志たちも、その頃は沈黙していた。結婚式を取り仕切ったNo.2フンの妻マイ・カインに至っては、数人の党員と共にゲアンにまでやってきて、レ・ズアンの実家に働きかけてガーに対抗させようとした。レ・ズアンがハノイに来た時にも、ガーは「たまにホアンジョウ通り6番地の夫を訪ねる」だけだった。「ある夜、私たちが並んで寝そべって、タインに向かって冗談を言っていると、前妻の娘ホンが大学の寮からやってきて、激しく扉を叩いて泣き喚きました。彼は私に『あいつが落ち着くように、君はどこかに行ってくれないか』と言いました。どこへ行ったと思います？」。その夜、ガーはグエン・ヴァン・リン夫人であるNo.7フエの家に身を寄せた。フエに送られてホアンジョウ通り6番地に戻ったのは、真夜中のことだった。「当時、ホンは大学に入学していましたが、私が彼女の父親に夢中で浮かれていると思ったのです」[430]

　再会からわずか5ヵ月後の1957年12月、レ・ズアンは若い妻を北京に派遣しなければならない立場に立たされた。その時、ガーは妊娠3ヵ月だったが、それから5年間にわたって3人の子供を育てながら働き、勉強することになったのだ。レ・ズアンが妻子を訪ねるのは、たまに公務で北京に立ち寄る時だけだった。ガーは1962年7月にベトナムに戻ったが、それは家族の再会のためではなく、彼女は今度は『ハイフォン』紙の仕事に就かされた。「夫は時々、私たち母子を訪ねて来ましたが、いつも前妻の娘を同行させなければならなかったので、楽しかったことは一度もありませんでした。夫と私の仲睦まじい様子を見ると、彼女は堰を切ったように泣き叫び、その度に夫はやりきれない思いで帰っていきました」[431]

　ある時、会合のためハノイに上った折に、ガーはホアンジョウ通り6番地に夫を訪ねた。「家に入ると、ホンが父親と一緒に食事をしているのが見えました。私は中に入って服を着替えました。私が一歩踏み出すや否や、ホンがスープを

429　Ibid, p.83.
430　Ibid, p.86.
431　Ibid, p.127.

かけた御飯の入った茶碗を取って、中身を私の頭にぶちまけたのです」。ガーは記している。「ホアンジョウ通り6番地の小さな門で首を吊って死にたいと、何度も思ったものです。でも、私はそれで良くても、私が死んだら夫と子供たちはどうなるでしょう？　夫は威信を喪失して、悲嘆に暮れるでしょう。子供たちは母親を失います。党のため、愛のために、私は耐え抜きました」。その頃からレ・ズアンは、自分の気持ちとは裏腹に、心も力もすべて祖国に捧げた人物として描かれるようになった。

7. 執政と専制

　1960年の第3回党大会で、レ・ズアンは党中央執行委員会第1書記となった。この時代、党政治局員たちは、互いに顔を合わせることはほとんどないのが普通だった。ダウ・ゴック・スァンによれば、彼らはそれぞれの邸にいて、自宅にある事務所で、秘書、運転手、護衛に伴われて仕事をしていた。「政治局員の多くは、スタッフたちとトランプをして時間を潰していたが、No.3の場合は、主に読書に時間を費やしていた。もともとフランス語は達者ではなかったが、それでも終日フランス語の百科全書と取り組んでいた。私たちがトランプに誘うたびに、彼は『読書も娯楽なのさ』と言ったものだ」と、ダウ・ゴック・スァンは語っている。中央委員の場合、ますますやることがなかった。元機械工でトン・ドゥック・タン時代に国家副主席となったグエン・ヴァン・チャンは、時間を潰すために出かけるレ・ズアンの自転車とすれ違うことがよくあったと言う。

　ホアン・トゥンはこう語っている。「ホー・チ・ミン主席は、最高指導部のメンバーたちの仕事のやり方が安定していないと感じていた。そして、『全政治局員を含めた1つの事務局を作るべきだ。私が事務局長になって、指導部の同志たちが毎週集まるようにする。自宅に集まっても、何もしていないものとみなす』と宣言した。週末、主席は政治局員たちに食事を振る舞った。彼らが『今日は何かあるのですか？』と尋ねたので、私は『主席が事務局を設置する』

432　Ibid, p.132.
433　Ibid, p.132.

と告げた。食事が始まり、主席は『今日は事務局の会合を開く。諸君は点検事項を整理してくれ。各自のスタッフや運転手の自宅に集まっても、諸君を点検する者は誰もいないからな』と言った」。しかし、ホアン・トゥンによれば、政治局委員たちは、一緒に食事をしても、あくまで食事だけで、集まることはないようだった。レ・ズアンは、「家に帰って、運転手と護衛を連れて仕事をします」と言う日もあった。

　グエン・チー・タイン*が南部に派遣される時、金曜日の午後の会合は廃止された。ホアン・トゥンによれば、「グエン・チー・タインはホー主席に『喜んで南部に参りますが、ただ、拙宅で反修正主義闘争の仕事をする者がいないので気がかりです』と言ったので、ホー主席は非常にがっかりした。5月19日［ホー・チ・ミンの誕生日］、主席がバーヴィー［ハーテイ省］に行かずにいると、政治局員たちが訪ねてきた。主席は『諸君は何をしに来たのだね？』と問いかけた。皆が『伯父さんのお祝いに来ました』と応えると、主席は叱りつけた。『誕生日など問題ではない。重要なのは、諸君が個人主義を捨てて、互いに団結することだ。団結してこそ南北を統一できるのだ。諸君は個人主義という病気にかかっている。レ・ズアン君も個人主義に陥っている』。1967年、ホー主席は私とトー・ヒューに命じて『革命道徳を高く掲げ、個人主義に立ち向かおう』という訓話を書かせた。私が個人主義について大まかに書くと、主席は『問題は末端組織のレベルではなく、中央の指導部にあるのだ』と言った」

　チャン・ヴェト・フオンは、1954年から1969年［抗仏戦争終結からホー・チ・ミンの死去］まで、ヴー・キーやリュー・ヴァン・ロイと共にホー・チ・ミンの側で過ごした人物である。彼は次のように語っている。「ホー・チ・ミンは、『No.3、No.5［ホアイン］とトーは、互いに意見を統一して、その上で政治局に提出するように』と指示した。政治局は、旧フランス総督府に集まる前に、高床式の家で直ちに会合を開いた。［抗戦拠点から］ハノイに帰還した政府は、当初は108番地に置かれたが、後に旧総督府に入った。しかし、その後ホー・チ・ミンは、フランス総督府のスタッフが住んでいた住宅街に移った。主席は、電気工が住んでいた1階建ての家を選んだ。ファム・ヴァン・ドンは、そこから10メートル離れた裏手の住宅の2階に居を構えた。私たちはガレージの中に住んだが、それは2人の住居の中間にあって、以前は車10台が入っていた場所だった。フ

ァム・ヴァン・ドンは、チュオン・チンとレ・ズアンの仲介役になることがよくあった」

　ホー・チ・ミンの死後は、レ・ズアン書記の役割がますます際立つようになった。ホー主席の葬儀で読み上げた追悼文が人々の感動を呼んでからは、彼はベトナム民族の父ホー・チ・ミンの一番弟子のように語られるようになった。

　ダウ・ゴック・スァンによれば、ホー・チ・ミンの容体が手の施しようがないまでに悪化すると、政治局はレ・ズアン書記が読む追悼文の準備を、ファム・ヴァン・ドンとチャン・クォック・フオン*に委ねた。1969年9月2日、ホー・チ・ミンは息を引き取ったが、追悼文の草稿を読んだ者は、誰もそれに納得しなかった。レ・ズアンはドン・ガック*とダウ・ゴック・スァンにこう言った。「とても不安だ。われわれの方で書くよう考えてみてくれ」。政府側で書き上げた草稿を見て、ダウ・ゴック・スァンは言った。「No.3、この追悼文は一般党員向きで、指導部向きではないよ」

　スァンはさらに語っている。「その時、私は2つの文を思い出した。ソ連でロシア語を勉強している時にとても気に入っていたものだ。カール・マルクスの墓前で読まれたものと、レーニンの葬儀でスターリンが読んだ追悼文だった[434]」。既に夜の9時になっていたが、スァンは党中央の事務局に、選集の中からその2つの文章を探すよう要請した。見つかった時には12時になっていたが、スァンとドン・ガックは、それから朝の5時までかけて一気に原稿を書き上げた。スァンによれば、カール・マルクスとレーニンの葬儀で読まれた追悼文の中から覚えた言葉で、印象に残っていたのは、「さらば、誓い合った者よ！」という言葉だった。

　翌朝、レ・ズアンは来るや否や「できたか？」と尋ねた。「はい。元の文とは似ていませんが」「見せてくれ」。続く会合で、政治局員たちの前で5つの草稿が次々と読み上げられた。レ・ズアンの個人スタッフらによる草稿まで来た時、チュオン・チンが「これだ！」と決めた。次に政治局はトー・ヒューに委任して、ドン・ガックとダウ・ゴック・スァンとの協力の上で最終稿を作らせた。

---

[434] レーニンは、スターリンが党の指導権を握った場合について、たびたび不安を示していた。しかし、レーニンが死去した時、トロツキーは遠方にいた。スターリンはモスクワで密かに葬儀の用意をし、スターリンこそレーニンの後継者だと民衆が思うような追悼文を準備したのだった。

追悼文は完成したが、1つだけ心配があった。レ・ズアンのクアンチ訛りである。レ・ズアンはもともと演説文を読むのが下手だったが、スァンによれば、この追悼文については、レ・ズアンは『諸君は安心してくれたまえ。明日は私がしっかり読むから』と言明したという。ダウ・ゴック・スァンによれば、ガラスの棺の中で眠るホー・チ・ミンの傍に立って、詰めかけた民衆が予想したように、「No.3は泣いた。泣いたことのなかった人が、その時ばかりは泣いたのだった」

「ホー伯父さんの後継者」となってから、レ・ズアンはますます精神性を高めた。自分のスタッフたちを連れてドーソンに行き、「思惟」のためとしてかなり長期間そこに滞在していたこともあった。政治局は彼がそこで何をしていたのかほとんど知らなかった。チャン・クォック・ホアン*内相のような最高指導者でさえ、訳がわからなかった。ある時、チャン・フオン教授がドーソンから戻った折に、ホアンは彼を自宅に招いて食事をした。チャン・フオンは、その時の様子をこう語っている。「その時は、内相が個別に面会したいと言うので、何が起こるのか気が気ではなかった。だが、食事をしながらホアン内相が、レ・ズアンはハイフォンで何をしていたのかと尋ねたので、私は少しほっとした」。チャン・フオンの回想では、「ドーソンで、レ・ズアンは海水浴に出かけた。だが、誰も彼が泳ぐのを見たことはなかった。ただ空や、水や、雲を見ながら考えごとをするだけだった。実際、彼は海では泳がずに、思考の流れの中を泳いでいたのだ。不意に引き返してきて、その波の中で浮かんだ考えを滔々と語ることがよくあった[435]」

ヴォー・ヴァン・キェットは、第4回党大会について語る時、いつもこのように自分を責める。「われわれはハノイに上っても、民族の運命や道筋の決定に携わっていると、意識している者はほとんどいなかった。われわれは最高指導者の英知に絶対的な信頼を寄せていたし、自分はと言えば、戦勝祝賀大会にでも出るようなつもりで、党大会に出席していた」。これは、1人の責任ある指導者の悔恨の言葉だろう。しかし、1976年12月14日、バーディン広場で第

---

[435] 筆者のインタビューに対して、チャン・フオン教授は次のような考えを語った。「レ・ズアンの決定は、後世の人たちがどう評価しようとも、すべて思考を燃焼させて懸命に考え出されたものだった。常に回転し続け、責任感に満ちた頭脳、党と国家と人民の利益を慮る頭脳が生み出したものだったのだ」

第8章　統一

4回党大会が正式に開会すると、すべてがレ・ズアンと中央委員会によって決定された。大会に先立って、ヴォー・ヴァン・キェットが政治局員候補になることも決まっていた。サイゴン党支部の代表団を乗せてタンソンニュット空港からハノイに飛ぶIL-19型機の中で、第4回党大会に向かう人々は、キェットに祝いの言葉を述べた。

　1975年8月の中央委員会総会で、レ・ズアン書記はこう述べた。「現在のベトナムは、社会主義を創成するために、どのように進むべきだろうか？　これは難しい問題だ。なぜ難しいのか？　これまで、小規模生産から社会主義的大規模生産に進む国について語られたことはない。歴史上、そのような規律が存在したことはない。マルクスもレーニンも語ったことはない。それが可能になるのは、われわれが各大国の支援を受けているからだ」。レ・ズアンは、「社会主義諸国、特にソ連と中国は、アメリカがベトナム戦争を拡大させて泥沼にはまり、衰退した機会を利用した」、その一方で「アメリカ帝国主義者と帝国主義の世界的陣営は、全面的な恐慌に陥りつつある」と評価した。

　1年以上経ってから、第25回中央委員会総会で、「依存の対象」についてのレ・ズアンの見方は完全に変わった。彼はこう言っている。「以前、われわれは、小規模生産から資本主義の発展段階を飛び越して社会主義に至るには、主に社会主義陣営の支援に依拠しなければならないと考えていた。今では、われわれはそのような考え方は正しくないと思っている。社会主義への進歩は、まずその国の国内経済の規律によって決定される。その国が自ら実行し、自力で社会主義に進むのが正しいのだ」。チャン・フオンによれば、「南部を解放した時、われわれの次の問題は、民族民主人民革命が達成された後は何をするのか？というものだった。次にできることは、社会主義にまっすぐ進むことだ、という

436　チャン・フオン教授はこう語っている。「第4回党大会の決議は、レ・ズアンが1969年から準備していたものだった。レ・ズアンは、ほぼ1年にわたって、専門家たちを招集して会合を持った。ホアン・トゥン、チャン・クイン、私チャン・フオン、ダウ・ゴック・サン、ドン・ガック、ダオ・ズイ・トゥン、グエン・カイン、それにグエン・ドゥック・ビンが加わることもあった。レ・ズアンはわれわれをドーソンに連れていった。そこで彼は考えの概略をまとめ、われわれは質問したり、討論したり、賛同を示したりした。[決議の草案を]ほぼ書き上げると、レ・ズアンは『まずは戦争がどのように決着するかを見ようじゃないか』と言った」。そのようにして、大会の準備は1970年にいったん休止された。1973～1974年に再び進められ、1975年になって完了した」

437　第25回中央委員会総会におけるレ・ズアンの演説記録。『党文献集　第37巻』国家政治出版社、1976年、350頁。

考えには、ほとんどすべての者が賛成していた」という。彼はこう続ける。「それはレーニンの思想だった。当時、自分の頭にはレーニンしかなく、レーニンが言ったことに論争の余地はなかったのだ」

第4回党大会では、北部の経済モデルを南部全体に適用することについて、論争の余地はなかった。それは国の運命だったのだ。第4回党大会の路線として記されたことは、政策でも規範でもない、共産主義者たちの願望を表す漠然とした理念に過ぎなかった。そのきわめて一般的な文言は、現実的な頭脳を持ち、人民に責任を負う者たちが、ポジティヴな方向で演繹したものだったろう。しかし、当時の指導者たちは「[ベトナム民族の]4000年の歴史」の中で偉業を成し遂げたと自認しただけではなかった。党中央委員スァン・トゥイが作った詩のように、「われわれは人類の頂点に達しつつある」とさえ思っていたのだ。

スァン・トゥイのその詩は、第25中総のレ・ズアン書記長の演説に挿入された。つまり、当時は最高指導者レ・ズアンさえも、世界がベトナムに感服していると思っていたのだ[439]。

南部で勝利をおさめてからわずか3ヵ月余りの1975年8月9日、政治局は「全国で石油探査を展開」する決議を打ち出した。それは、「大量の石油と天然ガスを速やかに発見、採掘する。国内で消費すると同時に輸出も可能にして、社会主義工業化のために重要な外貨獲得の手段とする」ことを求めていた。同年9月20日の第24中総から1ヵ月も経たないうちに、政治局は全国の60以上の省および中央直轄市を、29省と4市に統合する第245号決議を採択した。第245号決議に従った統合の目的は、「各省を経済計画の単位とし、また生産増大の要求に最大限応え得る行政単位にすること」だった。

レ・ズアンは、第24中総の時点では、南部に北部のモデルを適用することには慎重になるべきだと考えていたが、1976年9月の第25中総では、彼はこ

---

[438]「プロレタリア専制を堅持し、労働人民の集団主人権を発揮し、3つの革命を同時に遂行する。3つの革命とは、生産関係革命、科学技術革命、文化思想革命であり、その中で科学技術革命が鍵となる。社会主義的工業化の推進は、[社会主義への]過渡期の中心的任務である」

[439]「小国ベトナムは、資本主義陣営の頂点に立つアメリカという、裕福かつ頑迷な大国に戦いを挑んだ。社会主義陣営の団結が著しく損なわれている状況で、なおも完全かつ全面的、徹底的な勝利を獲得したことは並大抵ではない。抗米救国戦争におけるわれわれの偉大な勝利は、敵が予想だにしなかったことである。世界は非常に驚嘆し、敬服している」(『党文献集 第36巻』国家政治出版社、1976年、334頁)

第8章 統一

のように表明している。「われわれはその知識（北部の合作社）を南部に導入し、実施することができる。全国の500県すべてで今後5年間の間に実施し、全国の農業を均等に社会主義に進めるのだ」。「県の砲台」についてのレ・ズアンの考えは、すぐさま各宣伝機関で熱いテーマとして扱われ、各地方は前衛の地位を競った。多くの場所で、「天地を改変し、国土を再編しよう」という要求が掲げられた。ゲティン省クィンリュー県では、地方行政機関が昔ながらの村落を廃止し、果樹園の樹齢数百年の木々を伐採し、荒土を耕して水田に変えるため、農民世帯を山地に移住させた。

　経済モデルと同時に、レ・ズアンは「200本のロウソク」の頭脳で「党が指導し、国家が管理し、人民が主人になる」政治モデルと、「集団主人」モデルを考案した。当時の党の代表的理論家たちさえ、レ・ズアン書記長が実際に何を言っているのか理解していなかったのだが、第4回党大会後、「集団主人」思想は

440　レ・ズアンの演説。『党文献集 第37巻』国家政治出版社、1976年、379頁。
441　ゲティン省のスローガン。
442　ゲアン省とハティン省が合併した省。
443　「地方歌」の作者である作曲家グエン・ヴァン・ティーは、1つの歌を作るためにクィンリューに連れていかれた。その歌は、1970年代に、人気歌手キョウ・フンとトゥー・ヒエンのデュエットで、ラジオで毎日のように繰り返し放送された。「ゲティンを通りかかって／クィンリューで足を止めない者がいるか／今や人生は大きく開けた／果てしなく広がる大地／昔の果樹園は区分けされ／どの家にも明々と灯が点る／昔の田畑は分けられ／大胆に大きく切り分けられる……」
444　ファム・ニュー・クオン教授は語っている。「集団主人思想は、あらゆる政治・社会的関係の柱として適用された。No.3自ら、グエンアイクォック学校や、中・高級政治学院などで、その思想についてたびたび説明した。当代の『理論家』たちはみな、その思想を広めるために、講演や執筆の仕事を割り当てられた。われわれの哲学研究所では、研究者はあまり積極的ではなかった。私には分かっていたが、書記長は、自分が会得した偉大な思想に、私や研究所が積極的に反応せず、研究を進めないことを面白く思わなかった。だが、レ・ズアンは度量が広く、細かいことにこだわらず、個人的な偏見を持たない人物だった。彼に同調しない者がいても、彼はそれを面白くないと思いつつも相手を憎まず、相手に辛く当たることもなかった。ある日、私が仕事でチュオン・チンのところに行った時、第4回党大会で打ち出された集団主人の概念についても質問されたので、私はチュオン・チンに向かってこう答えた。『この問題については、メディアや中央委員会のメンバーが、何度も十分に説明している。だが、君に率直に話したように、私の考えでは、哲学の理論から見れば、今のような説明のしかたでは、まだ明確さに欠ける』。チュオン・チンは頷いて沈黙した。彼自身も私と同様、不安な気持ちでいることがわかった」（ダン・フォン、2008年、81～82頁）。哲学者チャン・ドゥック・タオも、この「偉大な思想」の普及を図るためとして、レ・ズアンに呼ばれたことがある。タオはこう語っている。「ハノイの街中を市場に向けて自転車を漕いでいた時、自動車が寄ってきて急停止し、レ・ズアン書記長が面会するからすぐに乗れと告げたので、とても驚いた。命令に従って彼らの車に乗ったが、書記長が私に何の用があるのか合点がいかなかった。自転車は誰かが家に届けてやると約束してくれた。書記長の家に着くと、とても丁重に迎えられた。書記長は、集団主人思想についての大きな哲学的思想を、私に語って聞かせたいとのことだった。私は謹んで拝聴した。2時間ほど話したところで、書

学校の教育課程に強制的に組み込まれた。1977年3月13日、グエンアイクォック校で、レ・ズアンはこう演説した。「人類はこれまでに、歴史の転換点となる偉大な3つの発見を成し遂げた。第1は火の発見、第2は金属の使用法の発見、第3が集団主人になることだ」[445]

いみじくもダウ・ゴック・スァンが認めているように、「教条主義から脱却するには、十分に創造的でなければならない」。しかし、創造的であろうと思えば、具体的な人々の思想が持つ力に頼らざるを得ない。その頃のレ・ズアンは、熱く燃える望みを抱きながらも、学識と健康の限界を乗り越えることができなかった。

レ・ズアンは1970年代初めから前立腺の病気に苛まれ、安眠できたことは一夜としてなく[446]、人の話をじっと聞いていられない状態だった。グエン・ヴァン・チャンは[447]、「レ・ズアンには、他人の言葉をたびたび遮る癖があった。政治局や書記局の会合で、ほとんど彼が1人で話し続け、他の者が意見を述べる時間が残らないこともあった」と認めている。ヴォー・グエン・ザップ大将は、次のように記している。「No.3は革命に情熱を注いだ人物だが、その情熱は時として熱く煮えたぎった。それゆえ、一面では党員や民衆に親しく接した

記長は間違ったことを言ったが、私はあえて口をはさまず黙っていた。いくら話し続けても、私がいっこうに褒めも貶しもしないことを見てとると、書記長はとうとうこう言った。『君が偉大な哲学者であることは分かっている。私は君の意見が聞きたいのだ』。私は誠意を込めて即答した。『書記長、私には難し過ぎます。正直言って私には理解できません』。書記長は驚いた様子だったが、それでも穏やかに『おや、どこが分からないというんだ？』と尋ねた。私は応えた。『実のところ、すべてが理解できないのです』。書記長はがっかりして、私に帰ってよいと告げた」(ibid, p.83.)。

445　「1977年3月13日のグエンアイクォック学校中・上級政治クラスにおけるレ・ズアン同志の話」『指導者レ・ズアンの記録』、ホーチミン国家政治学院文書館所蔵。

446　南部の戦場で9年間の任務を終えて、1973年に第4区から北部に行ったグエン・ティ・トゥイ・ガーは、夫がひどく衰弱していることに気づいた。「南部が解放されると、夫は前立腺の手術を受け、一日中、腹の横にビニールの袋を着けていなければなりませんでした。毎朝、3、4人の担当医が薬を処方しました。それでも彼は、情勢を見極めようとして、あちこち動き回っていました」と彼女は語っている（グエン・ティ・トゥイ・ガー回想録「生涯の伴侶」、1988年執筆、187～188頁）。

447　チャン・ヴェト・フォンはこう語っている。「レ・ズアンがソ連共産党の大会に出席した時、ブレジネフが彼に『ソ連は大会に備えて数百の研究所と、各分野の科学者数千人を動員しなければならなかった』と言った。レ・ズアンは即座に、『こちらでは、秘書数人しか要らなかった』と返した」。レ・ズアンの補佐官だったチャン・クィンは、回想録にこう記している。「レ・ズアンは自分で考えて、解決の必要な問題を選び、けっして人の意見を聞こうとしなかった。そして、自分でその意見の正しさを身をもって証明するのだった。一対一で話す時には、私はレ・ズアンが考えをまとめるための聞き役で、彼が意見を聞くべき相手とはみなされなかった」

448　第6期党中央委員会書記局員。1977年から1987年まで中央経済管理研究所所長を務めた。

が、一面では自分と違う意見に過剰に反応することもあった。それが、党内の民主的な雰囲気を制限したのだ。晩年においては特にそうだった[449]」

　レ・ズアンは、今われわれは「党は我のもの、国家は我ひとりのもの」[個人が党と国家を私物化すること]を避ける段階にある[450]、と繰り返していた。しかし、彼は自分が設定した政治モデルが、不幸にも自分自身の警告通りになってしまったことを認識していなかった。つまり、「説得すべきことと、強制すべきことがある[451]」から、「異なる意見には専制あるのみ」に移ってしまったことをである。1976年、レ・ズアン第1書記は宣言した。「われわれの体制はプロレタリア独裁である。独裁はまず第1にプロレタリア階級の路線である。その路線は最も科学的で、規律に沿い、強制的なものである。その路線は誰にも譲歩することなく、誰とも分かち合うことなく、誰とも協力することはない。その路線は労働者階級の路線であり、誰もそれに逆らうことはできない。逆らう者は力で排除されるのだ[452]」

449　『レ・ズアン全集』国家政治出版社、2002年、40頁。
450　第25中総でレ・ズアンはこう述べている。「スターリンは、もともと忠実で謙遜な人物だった。資料を読めば分かるが、彼は昔、会合や面会に来た政治局員同志の1人1人を門まで出て迎えていた。しかし、晩年にはやはり誤ちを犯した。したがって、集団主人になることを保障する仕組みが必要だ。誰か個人が党の中を泳ぎ回り、頭を出し、独裁的、専制的にならないようにだ。1人の個人が党になるという、やっかいな事象を世界は経験した。『党とは我である、国家とは我である』という具合にだ。われわれは経験に学び、そのような事態を避けなければならない」(レ・ズアンの演説、『党文献集　第37巻』国家政治出版社、1976年、403頁)。
451　第25中総でレ・ズアン書記は述べている。「(北)朝鮮は、断固たるやり方で人民に労働力を発揮させた。われわれもそれに習うべきだが、もっと人民に自覚を持たせるようにすべきだ。集団主人になるにあたっては、自発的にさせることと、説得すべきことと、強制すべきことがある」(第25回党中央委員会におけるレ・ズアンの演説、『党文献集　第37巻』国家政治出版社、1976年、361頁)。
452　同上、403-404頁。

第9章
障壁突破

食糧の配給に用いられた秤
（ハノイ、訳者撮影）

●訳者解説

　北ベトナムでは、戦時共産主義政策と呼ばれる経済管理制度がとられていた。すべての国民を戦争に動員する必要から、勤労者の生活を保障するため、抗戦賃金制度と呼ばれる平等な賃金体系が設定され、消費物資が配給されていた。しかし、ソ連などの社会主義諸国の援助に大きく依存していたため、採算を度外視した生産と供給が常態化していた。

　北部の経済制度は、戦後の南部に機械的に適用されたが、南部の人々は生産手段や生産物を奪われ、勤勉に働いても収入の増加につながらないため、勤労意欲を喪失した。指導的なポストは、能力や適性よりも政治的立場で配分されたため、経済運営に必要な人材の活用が妨げられた。ボート・ピープルの流出や華人の大量脱出も、人的資源の大きな損失となった。カンボジアでの戦争と、北部国境地帯での中国との軍事衝突で、軍事費の負担も重なり、1970年代後半から1980年代前半にかけて、ベトナムは未曽有の経済困難に陥った。

第9章　障壁突破

　ホーチミン市委書記ヴォー・ヴァン・キェットは、人民評議会に対して次のように発言したことがある。「以前のような、階級のあるいずれの社会とも違って、社会主義国は人民の生活に十分に責任を負うものだ。したがって国家は、特に労働人民の食生活に関わり、暮らしに欠かせない必需品の、流通・分配の枠組み全体を把握しなければならない[453]」。しかし、わずか数年後には、キェットのような指導者たちは、このようなすばらしい思いつきこそが、塀となり、壁となって社会全体の活力を閉じ込めていることを悟ったのだ。国家統制経済による「集中官僚主義的国庫補助金制度」に穴を穿つことは、後に「障壁突破(バオ・カップ)」と呼ばれた。

1. 行き詰まり

　国外から侵略され、国内は不満と欠乏ばかりで、特に1978年半ばからは、ますます重苦しい雰囲気が支配するようになった。国を捨てて出ていく人の数は、時と共に増加した。車が坂道を転がり落ちているのに、ブレーキがどこにあるのか誰も知らないような状態だった。
　ヴォー・ヴァン・キェットは、ホーチミン市の学識者たちとの会合を持つことを決めた。もともと革命派に親近感を持っていたというサイゴンの人士を前に、キェットは彼らの共感を得ようと誠意を込めて話した。「みなさんは頑張って国に留まってほしい。もし今後3年間で状況が変わらなければ、私はみなさんを空港に送って国外に脱出させよう」。会場は静まり返った。やがて、グエン・チョン・ヴァン*教授が立ち上がった。「私たちは喜んで留まります。しかし、もし3年後に状況が変わっていなければ、出ていくべきは指導者のあなた方でしょう」
　グエン・チョン・ヴァン教授の言葉に、会場は騒然となった。その夜、チュオンディン通り56番地で拡大常務委員会の会議が開かれ、愛国知識人協会のフイン・キム・バウ書記長が招かれた。そこで表明された意見のほとんどは、過激なヴァン教授を批判するものだった。マイ・チー・トは「逮捕すべし！」と主張した。バウ書記長が話をする間、ヴォー・ヴァン・キェットは素知らぬ

453　*Sài Gòn Giải Phóng*, 24, Mar. 1978.

ふりをしていたが、目だけは気がかりそうにそちらに向けていた。そして、最後に言った。「ヴァンの言葉には私もショックを受けた。非常にショックだ。だが、よく考えれば、ヴァンがとても真剣に語ってくれたことが分かる。私が思うに、3年経っても状況が変わらなければ、明らかに、出ていくべきは指導者たちだ」。キェットが下した結論は、みなを黙らせた。その結論のおかげで、グエン・チョン・ヴァン教授は逮捕されずに済んだのである。フイン・キム・バウは、「その時、もしヴォー・ヴァン・キェットが冷静さを欠いて、ヴァンに対して強権的になっていたら、状況は非常に悪化していただろう」と回想している。

　南北双方の体制下にいた経験から、フイン・キム・バウにはよく分かっていた。問題は、誰が正しくて誰が間違っているかではなく、絶対的な権力を握っている指導者たちの忍耐力に、著しい限界があることだった。バウはグエン・チョン・ヴァン教授に勧告した。「君は自重すべきだ。もしあんな発言を続けたら、No.6ザンは君を助けられないだろう。私は、君に手錠をかける役にはなりたくない」

　南部「解放」前、フイン・ビュー・ソンは国家銀行の専門職に就いていた。(南ベトナム政府の) 16トンの金を革命政権側に引き渡す仕事を終えると、彼はベン・チュオンズオン銀行で勤務した。彼はそこでも折り目正しい公務員の習慣で、ワイシャツと洋ズボン、時にはネクタイも着けた身なりで、書類を持って役所との間を行き来していた。そのような様子は、北部から来た銀行幹部の目に「こいつはまだ革命的自覚が足りない」と映った。ある日、フイン・ビュー・ソンは呼び出しを受け、「われわれはこの度、君をクーチ銀行に異動させることを決定した」と言い渡された。ソンはげっそりすると同時に、恨めしい気持ちが喉元までこみ上げるのを感じた。口に出せばどうなるか分からないという恐怖はあったが、ソンはそれでも「クーチに異動になるなら、私は辞めます」と言った。[454]

454　この時期に起きたもう1つの出来事は、フイン・ビュー・ソンに不幸と同時に幸運ももたらした。1978年、党中央委事務局がアンフー地区の接収に乗り出し、その区域にあったソンの家も徴用された。レ・クアン・ウェンの妻がフランスに向けて出国した後、当時、改造学習に行っていたウェンの邸は、T78［サイゴンの党事務局の一部署］によってグエン・ヴァン・リンの住居に割り当てられた。フイン・ビュー・ソンは、ファムヴァンハイ通りの家に移転させられた。彼自身は特別な配慮を受けて、市内

1960年代末に法学と文学を修めたフイン・ビュー・ソンは、大学卒業後は国家銀行に就職し、宿舎としてバーフエンタインクアン通りにあるアパートを割り当てられた。1970年に銀行がトゥードゥック区のアンフーに住宅区を建設すると、ソンは1000平方メートルの敷地に建てられた邸をあてがわれた。当時の彼の給料は金6両の値段に相当する20万ドンで、それ以外に、彼のような幹部にはラ・ダラット・モーターズのロゴマークがついた乗用車が提供された。専門職にある彼は、妻子を満足に養うことができた。それだけではなく、彼の家族の貯金の残高は1975年4月の時点でまだ200万ドン以上あった。この金は、通貨切り換え政策が実施され、また革命政権が「私営16銀行の営業を永久に停止する」決定を下した後は、ただの紙切れになってしまった。

　他の多くの家庭と同様に、生活苦に直面したフイン・ビュー・ソン夫妻は、AKAIのオーディオ装置一式をはじめ、テレビや2台あったオートバイまで売らざるを得なくなった。ほぼ毎週レストランに食事に行く生活は、もはや過去のものとなった。ソンは毎日、御飯に中華ソバを混ぜて、アルミの筒型容器に詰めた弁当を持って仕事に出かけた。妻が、タマネギと薄切りにしたニガウリに、もろみを加えて煮込んでくれた。ヌォックマムは当時ほとんど手に入らず、サイゴンの住民は、野菜の汁に塩を混ぜてヌォックチャムの代用品にしていた。ファン・ラック・フックが、スォイマウ、ロンカイン、ソンラの思想改造収容所を転々として「13キログラムの脂肪」を落とした［注105参照］とすれば、フイン・ビュー・ソンは「解放後3年間で、私の体重も13キロ減った」と回想している。

　フイン・ビュー・ソンのように、サイゴン政権下で働いていた人々の生活が破綻しただけではなかった。戦争に勝った者たちも、生活苦から逃れることはできなかった。党中央委員グエン・クイン・トー[455]はこう語っている。「ある日の午後6時頃、ある少将の妻で、元は医師だった女性が私の家に押しかけてきた。私が西部地区の政治委員の秘書をしていた時に、主治医を務めていた人だ。彼女は扉をドンドン叩き、『No.10トー、米はどこにあるのよ？』と叫んだ。私の国家銀行で勤務することができた。そこで彼は、幸運にもルー・ミン・チャウと一緒に働くことになった。「ベトコン」だったチャウは、サイゴン陥落以前は銀行に務めていて、旧体制の専門家たちの能力と気持ちを理解していた。

455　1975～1979年にホーチミン市委副書記を務めた。

は走っていって扉を開けた。飢えのあまり怒り狂ったその姿を目の当たりにして、私は家に入って配給されたばかりの米の袋を担ぎ出し、彼女のオートバイに積んでやった。彼女はエンジンの音を轟かせて走り去った。来た時も帰る時も、一言の挨拶もなかった。それは家に残っていた最後の米だった」

　グエン・タイン・トーは続ける。「私の2人の子供たちは、何日もハトムギやイモやトウモロコシを食べ続けなければならなかった。わずかな米が手に入って粥を炊いた日に、弟の方が台所に忍び込んで、鉢に入った粥を掬って食べていた。台所に来た兄が、弟が何か食べているのを見て『おまえ何を食ってるんだ？』と訊ねた。気づいた弟は粥の鉢を隠そうとした。兄は弟の耳をつかんで引っ張り、『おまえ、1人で食ったな？』と言うや否や、弟の頭を粥の鉢に突っ込んだ。弟は粥まみれになった顔を上げ、鉢を手に取ると兄の顔に叩きつけた。鉢は目に当たり、血がどくどくと流れた。妻が急いで息子をザーディン病院に運び、止血できたのは幸いだった。帰る道すがら、兄は母親にこう言った。『あいつにお仕置きしないでね。何日もお粥を食べてなかったから、あいつが1人でお粥を食べてるのを見て、かっとなったんだ。あんな真似をするつもりはなかったんだよ』」

2. 国営商業

　1978年にサイゴンに来たド・ムオイは、「資本家階級の巣窟」を攻撃する部隊を組織しただけでなく、党の民政要員を集め、理論について語って聞かせた。グエン・タイン・トーは、「ヴォー・ヴァン・キェットは私に、代わりに聞きに行くよう命じた」という。

　トーによれば、会議ではド・ムオイが次のように発言した。「われわれは商工業を国営化した。それらを掌握することで競争を回避し、余剰や不足を防ぎ、人民の要求に応え、搾取や投機をなくすためにだ。農産物については、省レベル以下に集配所を設け、自給自足を保障している。余剰生産物は国家が買い取り、貯蔵庫を設けて不足している地域に運び、需要を満たしている」。一息つくたびに、ド・ムオイは一瞬天井を見上げ、また語を継いだ。そうやって話し続けて、午後6時にやっと終了した。トーは、「聞いていた私は、それが社会主義

というもので、人民の要求に応え、搾取や投機がなくなるのだと理解した。人生で初めて出会ったことだったので、私はその仕組みにまったく通じていなかったのだ」という。

「社会主義改造を経て、国営商業のネットワークが個人商店に取って代わるようになった。オンライン市場やカウムォイ市場の前で営業していた個人商店も、看板に至るまで一掃され、国営商店に場所を明け渡した」と、ヴォー・ヴァン・キェットは語っている。私営商工業改造政策の前に、国営メディアは繰り返し「奸商」の罪をあげつらった。改造政策が始まると、商業経営は革命政府によって徹底的に掃討された。歩道の上で、窮乏したサイゴンの住民が手離した扇風機1台、時計数十個を取引する業者も例外ではなかった。

『カックマン［革命］』紙は、以前の商売の拠点についてこう書いている。それは「盗みや投機を働くやくざ、密輸業者、偽物や国家から横領した物を売る業者、強奪した物を売り捌く業者の巣窟である。不正に金を稼ぎ、秩序と治安を乱し、労働人民の生活を損なう者たちが集まる場所である」。公安警察は常に青年防衛部隊と連携し、「大きな市が立つ市内の13ヵ所で、やくざ者、ならず者を一斉に掃討した。その中には、西部ターミナル、フイントゥックカン－ハムギ－グエンフエ通りに囲まれた区域、チャンクォックトアン青空市場も含まれていた」

ヴォー・ヴァン・キェットは、いくらも経たないうちに、社会主義がサイゴンにもたらしたものを目にすることになる。全党員、そして少なからぬ一般市民が、1976〜1980年5ヵ年計画が実現すれば、明るい未来が開けると信じていた。第4回党大会は、「1980年には少なくとも、籾換算で2100万トンの食糧、100万トンの肉類」を生産するという目標を掲げていた。しかし、実際には、

456　1978年2月15日付の『サイゴン・ザイフォン』紙は、次のように言っている。「労働人民の願望に従って、わが市は1977年12月1日から反奸商キャンペーンを開始し、多くのめざましい勝利を収めた。魚の貯蔵庫を所有する多くの悪瘍を捕え、10トン以上の淡水魚・海水魚を押収した。青果貯蔵庫の所有者や、ダラットからホーチミン市に青果を運搬する業者も捕えた。旧正月を控えた1978年1月23日から2月6日のわずか2週間で、60以上の案件で悪徳業者の逮捕を実施した。人民および各区・県の経済検査部隊は、数十の非合法な豚の屠殺場を一掃した。その中には、西部ターミナル、ビンタイン、ゴーヴァップのような大規模な屠殺場もあった。燃料については、第11区の数箇所の貯蔵庫を一掃し、第10区で非合法に薪を輸送する車両を多数差し押さえた。旧正月の際に、燃料を商う奸商の活動を阻止することができた」

457　*Sài Gòn Giải Phóng*, 17, Apr. 1978.

穀倉地帯メコンデルタでも、農業集団化が強制され、個人の耕運機やトラクターが合作社に接収されてからは、生産集団は機能不全に陥った。党大会の目標は顧みられなくなり、食糧・食品の生産量は、5ヵ年計画の各期ごとに減少していった。[458] 合作社化政策が失敗しただけなら、人々は工夫して食糧生産の減少を20万〜30万トンに抑えることもできただろう。だが、実際はサイゴンの住民が飢えている時に、ロンアン省では米に黴が生えているという始末だった。決まった量の食糧配給制度と、市場を禁止し、流通を規制する政策は、政府からも一般国民からも自由を奪うことになったのだ。

　1975年4月30日、新政府は速やかに医療や教育部門のサービスを公営化し、数万人の教員、看護師、医師が公務員となった。食糧省は、その「優越」度を改めず、市に3000人以上の商業部門の職員を配置し、サイゴン－チョロン全域の1000以上の商店に米の配給システムを適用した。政府はサイゴンの400万人以上の住民に米穀通帳を発給する予定だった。配給量は1人平均9キログラムで、当初の価格は1キログラム90ドンだった。通貨切り換え政策後は、1キログラムがわずか50スーになった。一方、1975年の米の市場価格は1キログラム2.5ドンだった。しかし、サイゴン住民の喜びは2、3ヵ月しか続かなかった。

　食糧配給所は、革命体制下に置かれた人々が初めて接する場所の1つだった。No.3ティーによれば、人々は北部から来た職員の権力を笠に着た尊大な態度を嘆き、同時に米の質の悪さにがっかりしたという。大勢が配給の列に並んでいるのに、職員はのろのろと窓口に来て米を量り、ぶつくさと文句を言うのだった。満足な量の米を買うために、多くの人々が丸一日行列しなければならなかった。

　配給米は、当時「ガオトー」と呼ばれていた。炊く前に、研いで砂と腐った米粒を取り除き、研ぐ前に籾殻や屑を取り除かなければならなかった。それでも、市場価格より遥かに安かったので、人を並ばせて規定量の最大限まで買い込み、食べるのではなく豚や鶏の餌にしたり、転売する家庭もあった。No.3

---

[458] 牽引車の70パーセントが壊れ、交換する部品がないまま捨て置かれていた。800万ヘクタールの耕地のうち、約180万ヘクタールは荒れ地のままだった。1976年には、全国の米の生産量は1180万トンだったが、5ヵ年計画を経た1980年には1160万トンに落ちた。食糧の余剰を輸出に回せると想定されていたが、1980年には、ベトナムは歴史上最高の157万トンの食糧を輸入せざるを得なかった。水産業については、1980年の漁獲量は50万トンに過ぎなかった。計画には追いつかず、1976年に設定された60万トンという目標よりも低かった。

ティーことグエン・ティ・ザオ[459]はこう説明している。「国家は、農民が作った米を雀の涙のような金額で買い上げた。だから農民は、天日に干してごみ屑を取り除いた良い米を選ぼう、というような配慮はせず、ただノルマをこなすために売った。口にこそ出さなかったが、人々は国に対して違和感を持っていた。農民が1年働いてやっと米やイモが穫れるのに、国家はそれを根こそぎ買い上げるのだから」[460]

　メコンデルタが旱魃に襲われた1978年、国家は配給米の代わりに、数万トンのサツマイモやキャッサバ、ボーボーという呼び名で知られているハトムギを販売しなければならなかった。そのような状況の中で、党政治局の「新たな情勢における価格工作」に関する決議は、火に油を注ぐことになった。農民が生産した食糧・食品の買い上げ価格が、原価を遥かに下回っていたからだ[461]。買い上げができないため、食糧事情はますます悪化した。首都ハノイでさえも、党書記局が直接、各地方に米を送れと打電したにもかかわらず、1978年3月には、住民は人口の30パーセント分の米しか購えず、4月になると、入手できる量は前月よりもさらに少なくなった。一方、野菜や豆腐、ラード、魚といった日用の食料も不足して、配給切符通りに販売できなかった[462][463]。

　食糧・食品と必需品の欠乏は、都市の住民、特に配給と国営商店が供給する物に頼って生活している党官僚や労働者の生活に、深刻な影響を及ぼすように

459　1978～1991年にホーチミン市食糧局副局長と食糧公司社長を兼任した。
460　クーロン省［現ヴィンロン省とチャヴィン省］の省委宣伝教育委員会が1992年に出版したNo.3ティーの証言。
461　1978年1月4日の政治局決議05-NQ/TWは、次のようなものだった。「現在の状況下で、北部の通貨で計算した籾の買い上げ価格を、地域ごとに次のように定める。第1地域の買い上げ価格は1キログラム0.35ドン、生産条件が厳しい場所では1キログラム0.43ドンとする。第2地域では1キログラム0.40ドン、水利設備がない場所では同0.43ドンとする。北部各省の豚肉1キログラムの価格は、籾7～7.5キログラム相当とする。南部各省では、北部の通貨で豚肉が1キログラム3ドン、米が同0.40ドン、くず肉が同2.30ドンとする」（『党文献集　第38巻』、1978年、10-11頁）
462　ベトナム通信社の社長ド・フオンによれば、「1978年4月半ば、グエン・ズイ・チンは書記局を代表して、ハイズオン、タイビン、ハナムニン［現ハナム、ナムディン、ニンビン省］、ハソンビン［現ハノイ市とホアビン省、ハナム省を含む地域］、ハバック［現バックニン省とバックザン省］の各省に電報を送り、ハノイに食糧を提供するよう要請しなければならなかった。しかし、人口の半分、あるいはせめて40パーセント分といえども、すぐに手に入る訳がなかった。電文は、1978年3月の時点で、首都には人口の30パーセント分の食糧しかなく、4月になるとその程度すらハノイ住民の口に入らなくなる、と訴えていた。野菜や豆腐、ラード、魚といった日用の食料品も不足して、配給切符通りに販売できなかった」(Chuyện thời bao cấp, 2011, pp.9-10.)
463　Ibid.

なった。ハノイでは1960年代初めから、高級党官僚はトンダン通りに専用の店舗があり、中堅党官僚はニャートー通り、ヴァンホー通り、ダンズン通り、キムリエン通りの専用店舗で買物ができた。一般党員や労働者、公務員、市民は、市中に点在する商店で買物をした。「トンダンは王侯貴族の市場／ヴァンホーは家来の市場／バックアは平民の市場／歩道は……英雄人民の市場！」という詩があって、人々はこれに共感を覚えていた。

　国家による配給の中で最下級のA1というランクの人々には、1ヵ月に肉300グラムしか提供されなかった。中堅官僚や一般労働者の1年分の配給切符で手に入るのは、5メートルの布地、月に0.3〜0.5キロの肉、油4リットルというところだった。一般市民といえば、布地は1年間に4メートルだった。オフィスで「間接労働」をする職員は、1ヵ月に15キログラムの米を購入できた。教員には米13キログラム、学生は17キログラム、工場労働者のように「直接労働」に従事する者には21キログラムが提供された。8-3織物工場で働くある労働者の娘は、学校の先生に提出した作文に願い事を書いている。それは、「旧正月には、鍋1杯の白米と、肉の煮込みが1鉢あればいいのに」というものだった。

　各家庭には毎月、決められた量の肉が支給されたが、肉とは言っても脂身だらけか、堅いスジ肉だった。しかも2回に分けられていたので、籤引きをしなければならなかった。当たった者が先に受け取り、外れた者は次回まで待つのだ。「量が足りずに100グラムも損をした時でも、我慢して笑うしかなかった。肉を持って帰ると、炒めて脂を取り、注意深く鉢に入れる。そして肉に塩味をつけて煮込む。おかずが少なくてもいいように、辛く煮込むのだ。石鹸や化学調味料、燃料などの必需品もこんな具合で、何ヵ月も布地ばかり配給されて石鹸がないこともあれば、女性だけの世帯なのに、男性用のズボンや下着、髭剃りなどが配給されることもあった。肉が分配される時には、各区画で妻を責める夫の声が聞こえることがよくあった。近所の家から肉の匂いが漂っているのに、妻が籤引きに外れたからだ」[464]

　一方、トンダンではどうだったか。民族学博物館館長グエン・ヴァン・フイは語っている。「私の父は教育相だった。父は南北統一の直後に死んだが、母は父の存命中と同じように配給制度の恩恵を受けていた。母親と4人の子供そ

464　Ibid.

れぞれの世帯が集まった大家族は、1軒の家に同居して、それぞれの給料を出し合って同じ鍋から食べた。家族はみな中堅党官僚で、博士、教授、副所長かそれと同等のランクだったが、もともと大臣の給料もごくわずかで、私たちの給料でも標準的な食料を買うことはできなかった」

ハノイの住民は、20年以上にわたって国営商業の下で生きなければならなかった。米の配給所は、バオカップ［国庫補助金制度］時代のハノイを象徴している。人々は列に並ぶために、夜中から起き出さなければならなかった。忙しくて並べない人は、レンガか石、またはすげ笠や笊を置いて場所取りをした。持ち帰った米が黴臭くなければ、うきうきと楽しい気分になったものだ。

1970年のハノイ住民が欲しがった物といえば、トンニャット（統一）印の自転車、扇風機、またはティエンフォン（先鋒）印のビニールサンダルだった。ハノイ女性の好みもきわめてシンプルだった。当時は、「1つ、ワイシャツを着た彼氏／2つ、魚の煮付けを少しずつ食べる彼氏／3つ、スカーフで顔を拭く彼氏／4つ、中国製のズボンを履いている彼氏」と言われていた。ティエンフォン印のビニールサンダルは、当時ブラックマーケットで売られていて、値段は南から北に行く航空便の公定運賃に等しかった。コンテストで賞を獲得した人たちだけが、自転車を支給された。自転車を使用する際にも、登録して所有権の証明書とナンバープレートの発行を申請しなければならなかった。1970年代末まで、北部の人々はラジオを所有する時でも許可書が必要だった。配給物資の供給が日に日に逼迫する中、計画化経済政策は錆付いた機械のようになり、末端の生産力を衰退させていった。

465　Ibid, pp.21-22.
466　Ibid, pp.21-22.
467　元公安警察中佐フン・ズイ・マン（ハンブオム通り1323番地在住）は、「当時、私はティエンフォンのサンダルを一足支給されたが、サイズが合わなかった。それでも、評判が悪くなると困るので、ブラックマーケットの商人には売らなかった。出張でフエに行った時に、初めてそれを5500ドンで売った。南部から北部に行く公定の航空運賃の値段だった」と語っている（ibid.）。
468　レ・ザー・トゥイ（ルオンカインティエン通り12の12/21番路8番地在住）の話。民族学博物館で開催された「バオカップ時代展」で展示されたトンニャット印の自転車の所有者である。
469　政治総局第871団所属のチャン・タンは、1978年まで、出張する度に妻のグエン・ティ・シンのために「委任状」を作成しなければならなかった。委任状を受けて、初めて妻は夫名義のナショナルのテレビを使用することができた。バッテリーを手に入れるためには、さらに夫妻が住む小区の代表委員会から、2人が夫婦であるという証明を得なければならなかった。そうやって初めて、ハノイ市のバイックホア公司はシンにバッテリーを販売したのである（ibid.）。

3. 機械は打ち捨てられ、工員は土を耕す

　サイゴンには国際港があったため、大きな工場は大部分が「買弁資本」と分類され、1975年9月の掃討作戦の対象になった。中小の工場は、それから1978年3月までに掃討されるか、公私合営化された。ヴー・ディン・リョウによれば、心が痛んだのは「資本家から接収された機械が、その後も物作りに用いられるのではなく、倉庫に放り込まれて、壊れるままになっていたこと」だった。

　チャン・ホン・クァン[470]によれば、「1978年末と1979年初めの頃に、中央政府から工科大学への依頼で、学生が『改造物資』の倉庫に行って、中の機械類でまだ使える物があるかどうか調べた。しかし、学生たちは、旋盤やドリルといった軽工業で使う機械しか知らず、そこにあるような機械には触ったことがなかったので、何もできなかった。とうとう中央政府は、それらの機械を解体して、ボールベアリングだけを取り出して部品に使うよう命令した。他の大部分は廃棄物のように扱われた」。それらは、何万人もの労働者に職を提供し、大量の製品を社会に送り出していた「解放前」の機械類だった。

　生産財のみならず、「改造不動産」とされた資本家階級の家屋敷も、戦利品のように分配された。ド・ホアン・ハイは語っている。「資本家の家屋敷は、商売にはとても都合が良く、商品の販売所として労働者に分配された。1軒の家が、1世帯に1部屋または1フロアーという具合に分けられたため、ある世帯は風呂場があっても台所がなく、またある世帯は台所がなく物干し部屋がある、という状態だった」。労働者階級の間で争いや揉め事が生じただけでなく、家の造りも壊されてしまった。国営商店として割り当てられたその他の多くの家は、大部分が打ち捨てられるか、無駄な使い方をされていた。

　北部の党官僚も、各省庁や部署から派遣されて、南部の資本家の工場を管理した。グエン・クアン・ロックもその1人だった。1975年9月、「買弁資本家」チャン・ヴァン・コイが経営する洗濯石鹸Visoの工場を接収したロックは、革命政府に「人道的政策の適用」を提案した。それは、コイが「革命側に工場管理の経験を伝える」間、思想改造収容所行きを2年延期するというものだっ

470　1980年代初めにホーチミン市工科大学の校長を務めた。

た。チャン・ヴァン・コイにとっては、2年後の1977年には収容所行きになるので、幸運とは言えなかった。しかし、彼がその2年間に、ロックのような人々を助けて、工場の生産力の大部分を回復させたので、政府としては幸運だった。

　グエン・クアン・ロックは語っている。「私が工場に行った時、コイは『君が社長になってくれ』と言った。私は社長ではなく、その補佐役になることを提案した。そして工員に向かって、『皆さん、安心して下さい。コイ社長が皆さんを雇い続けるなら、私もそれに従います』と言った。だが、私が一番心配していたのは、北部の党官僚が介入することだった」。ロックを含め、北部の党官僚は技師で、製品を流通させるところを見たことがなかったのだ。ましてや、窮乏した北部から来た者が、南部では工場にも良い物があると知れば、欲望を抑えきれないだろう。彼らは南部に学ぼうとせず、少なからず驕りたかぶって尊大に振る舞っていた。ロックは彼らにクギを刺さなければならなかった。「諸君はここにやってきたが、まだ専門技術を発揮していないのだから、道徳を守らなければならない。何かを持ち出して、人に軽蔑されるようなことがあってはならない」

　すべてがチャン・ヴァン・コイのような訳にはいかなかった。織物組合連合によって選出されたグエン・ティ・ドンが、1976年8月にタイタイン技芸社の接収にあたった時には、工場主のドアン・ティ・ミーは思想改造収容所に送られてしまった。「新しい組合支部を作って、工場の指導部の方針を打ち出さなければならない」というのがドンの考えだった。上級の党委はそれに同意し、彼女を支部長として13人による支部を作らせた。

　グエン・ティ・ドンは、「私は党員の同志たちに、それぞれの責任範囲を配分したのです。『機械をバラバラにするな』がスローガンでした」と言っている。つまり、古い機械の部品を取り外して、新しい機械に使うなということだった。1975年以後、タイタイン技芸社の生産活動は滞りがちになった。工場には130台の織機と、「革命側の人間には組み立てられない」ような、新しく導入した1台の糊付け機と14台の染色機があった。ドンによれば、腕のよい職工は元の工場主に追い出されてしまったという。追い出された職工の名簿から、ドンは52人の熟練工を呼び戻し、その頃はタインコン［成功］織物と呼ばれるように

なっていた工場で働かせた。

　グエン・クアン・ロックもそうだったが、グエン・ティ・ドンも党員たちに「どんなに貧しくても、けっして政治的に曖昧ではならない」と叱咤激励していた。ドンは最初、彼らを班長にしたが、党員たちはみな、彼女に言わせれば「兵士のように大手を振って歩いているが、何の仕事もしなかった」。だから「私は彼らを呼びつけて、副班長に降格するために思想工作の方を担当させ、熟練工を班長に昇格させたのです」という。

　工場を接収した当初は、ドンは積極的に「労働者階級の中で党を発展させた」。「目標は、1つの生産班に1人の党員がいること、そして1組の作業チームが1つの支部を持つようになること」だった。当時のドンの願望は、自分の郷里に「完成された社会主義のモデル」を確立することだった。彼女は、仕事を辞めた元工員たちにこう語っている。「あなたたちには本当のことを言うけれど、わたしも南部出身です。南部にすばらしい社会を作るために、北部で学んできたのです。あなたたちは、どうして仕事を辞めてしまったのですか？」。この時、ドンにはまだ分かっていなかった。彼女のような人たちが「すばらしい」と信じたものに社会が従わされた結果、南部で幾多の困難が生じたということを。

　グエン・ティ・ドンやグエン・クアン・ロックが直面した困難は、内部から生じたものだけではなかった。ロックは回想している。「工場は管理機構によってバラバラにされ、縦割りの省庁と横割りの地方当局の管理下に置かれた。Visoの60台のトラックは、接収されて交通運輸省に委譲された。2つの発電機は電力省に、化学物質の生産ユニットは化学物質総局に、洗剤を箱詰めするラインは軽工業省に委譲されるという具合だった」。1975年以前は、Visoの工場には5人の外国人技師がいて、原料が不足したり、部品の在庫が尽きた時も、電話1本で届けられた。「革命側はそのやり方を、外国への隷属と呼んでいた。だから、私が資本家のやり方に学んで引き続き外国と協力しようと提言しても、誰も認めなかったのだ」とロックは言う。

　工場が稼働し続けるように、グエン・クアン・ロックは機械に最も熟練した元工員たちを分廠の現場監督に配置した。ロックの月給はわずか117ドンだったが、この工具たちは2000ドン以上の高給待遇を受けた。ロックの証言では、文字が読めないある機械工を彼が第7号俸給で雇った時には、軽工業省技術局

の激しい反対を受け、身が縮む思いをしたという。そうかと思えば、燃料タンクをいくつか造ろうとして、ロックが北部から第7号俸給クラスの工具を呼ぼうとした時には許可が下りなかった。やむなく彼は華人の職人に声をかけ、呉という名の職工から「承知した」と返事を得た。雇用条件を交渉すると、華人の職工は「助手5人、溶接工2人、板金工2人を付けて、1日2回ソイ［餅米のおこわ］と清涼飲料の間食を出してほしい」と要求した。こうして、わずか15日後には4つのタンクを取り付けることができた。

　タイタイン技芸社の名前をタインコン織物に変えた時には、革命側は大きな自信を持っていた。しかし、2年も経たないうちに、タインコン織物は操業停止の危機に直面し、機械は蜘蛛が巣を張るままに放置された。当時最新の織物技術で知られた工場の工具は、端布や糸切れを利用して手袋を縫い、人形を作り、帽子や靴下を編み、パッチワークを作った。そのような内職も、ごく一部の労働者の役にしか立たなかった。後の大部分は、熟練した織物工、技師、電気工を含め、みな出稼ぎに行かざるを得なかった。彼らは、ロンアン省に行って農産物を収穫し、ロンタイン省に行って牧場を造った。カマウ省まで下っては田畑を耕し、ドンナイ省やソンベ省に上っては土地を切り開き、キャッサバを植え、酪農場を建てたのである。「食糧生産に行くという方針は、軽工業省が出して織物組合連合が実施したものです。指導部の人たちは、抗仏闘争時代から飢えの不安にとり憑かれていたからです」と、タインコン織物の支部長グエン・ティ・ドンは付け加えている。

　マイ・チー・トの個人秘書トゥー・ケットことグエン・ヴァン・リーによれば、工場の労働者だけではなかった。「解放の数日後、マイ・チー・トはペトロスキー校からルーザーの宿舎に移った。ド・キエン・ニェウ大佐（旧サイゴン都長）の住居だ。そこが不便だと感じると、書類を作成して私を呼び、ズイタン通り21番地の家に移った」。ズイタン通り21番地の家は、もともとESSO社長の私邸で、専用のプールと発電機を備えていた。トゥー・ケットによれば、生活が苦しくなると、「私と、マイ・チー・トの主治医No.10ルーは、花畑を潰して空芯菜を植え、プールでキノボリウオを養殖した」という。

　「自給自足のために生産を増加させる」という考え方は、地方から出たもの

471　現在のファムゴックタィック通り。

ではなく、1980年11月18日に首相が出した指示306-TTgによるものだった。それに従って、全国の公共機関・企業は、職員を交代で農村に送り、合作社の土地を借りて作物を栽培しなければならなかった。技師も、医者も、専門職にある者も、動員されて鋤や鍬を担ぐようになったのだ。ダラットのようなリゾート地もその指示に漏れず、花の代わりにキャッサバを植えなければならなかった。

　Viso洗剤工場のように「方針を実行」しない生産単位もあった。グエン・クアン・ロックの話では、常任書記のNo.10フオン［チャン・クォック・フオン］が「おまえはなぜ工員を田植えに送って自給自足を図らないのだ？」と訊いたので、彼は「私たちの仕事は田植えではありません」と答えた。「No.10が『中央の方針で、2ヵ月分の食糧をカットすることになっている。作物を植えないで何を食べるというのだ？』と言うので、私は『農民が工員になることはあっても、工員が農民になることはあり得ません。農業も1つの職業で、政治運動ではありません』『他人ができることを、なぜおまえができないのだ？』『連中はガソリンをキャッサバや米と交換するだけで、苗を植えて米を作るようなことはしません』。するとNo.10は言った。『おまえと議論する気はない。Visoの食糧を2ヵ月カットするよう命令するだけだ』」

4. 飢えからの脱却

　このような経済モデルを作ったレ・ズアン書記長自身も、また行き詰まっていた。ベトナム通信社社長のド・フオンによれば、「私が書記長同志に報告することは少なくなかったが、こういうNo.3は初めて見た。彼は聞いているのかいないのか、静かに座って、何も問い返さず、私の話を遮ろうともしなかった」[472]。ド・フオンが「あなたの意見が聞きたいのですが」と言うと、レ・ズアンは立ち上がり、ド・フオンが聞いたこともないような小さな声で囁いた。「それなら、君が党中央に何をするべきか、私が何をするべきか教えてくれ。党と政府の指導者たちは、みなその場に留まっている。状況が困難なら、そこから脱却する方法を見つけなければならない。じっとしたまま助けを呼んだところ

472　*Chuyện thời bao cấp*, 2011, p.10.

で、誰が救ってくれるというのだ」

ヴォー・ヴァン・キェットが言うには、地方レベルでは「ホーチミン市の指導者は毎日集まって、国営商業部門が肉を何トン、野菜を何トン買い上げたか、詳しい報告を聞いたが、私営部門ほどうまく行かないと聞かされるのが常だった。人々は、戦争が一番激しかった時でも、サイゴンには青い野菜も、新鮮な魚も、旨い肉もあった、こんなに欠乏したことはなかった、と言うのだった」。南部に急いで適用されたバオカップ制度に、真の原因があるということを、ヴォー・ヴァン・キェット自身も当時はまだ認識していなかった。「私は社会主義革命について何も分かっていなかった。党中央がやれと言えばやるだけだった。やってから初めて、適切ではないと悟ったのだ」。何とかして魚を、野菜を、肉を手に入れようと、キェットはひたすら頭を働かせた。そして、「1人も餓死させてはならない」と指示したのである。

最初、ヴォー・ヴァン・キェットは、上層部が困難から脱却する方法を示すだろうと予想していた。グエン・タイン・トーは語っている。「ある日、キェットは仕事でカントーに出かけた。食糧相のNo.7マイ[473]が米の貯蔵の監督にあたっていると聞くと、キェットはマイと会って、農産物、主に食糧の流通について議論しようとした。だが、マイが『私が耳を貸すのは正統な意見だけだ。誰の意見も聞く気はない』と言うと、キェットはノートの束を片付けて『仕事は終わりだ』と宣言した」

ホーチミン市に戻ったキェットは食糧局に赴いた。No.3ティーが、彼女自らメコンデルタに出かけて米の買い上げを実施し、サイゴンに運んでくることを提案すると、キェットは同意した。翌日、ヴォー・ヴァン・キェットは、ホーチミン市銀行頭取、ルー・ミン・チャウ、財政局局長、グエン・ゴック・アン市委事務局長、グエン・ヴァン・ナム、そしてNo.3ティーを自宅の「朝食会」に呼んだ。

食事が終わると、キェットは言った。「現在、ホーチミン市の米の備蓄は数日分しかない。原則として、食糧省は毎月4万トンから45万トンの米を市に供給する責任があるが、それでも多いと思えば、3万トンほどしか供給しない。農民が規定通りの値段で国家に米を売りたがらないため、食糧省には十分な米

473　ラー・ラム・ザーのこと。

がないのだ。市の食糧局は、独自に農民と交渉して米を買い上げることを許されていない。米を各地方省の外に運び出すことが禁じられているため、市の住民も自分で買い出しに行って、合理的な値段で農民から買うことができない。なぜ農村と都市が結びつかないのだろう？」

　その時期、農民の米の供給力と都市住民の食糧需要を結びつけることは、法に反していた。ルー・ミン・チャウの見解では、もしNo.3ティーが市の食糧局の名で籾を買い上げに行っても、農民と合意した価格で買う権限はなかった。もし彼女が個人の立場で買い上げようとしても、財政当局は予算を認めず、国家銀行も融資してくれない。仮に籾を買えたとしても、それを各地方省から運んでくることは難しかった。そうしたいと思えば、「障壁を突破」するしかない、というのがチャウの考えだった。ヴォー・ヴァン・キェットはすぐさま同意した。

　その朝、1つの行動モデルが出来上がった。財政局の会計担当者と、現金を持った銀行当局者がティーに同行し、彼女が米を買い上げると決めた所で、会計担当者が書類を作成し、銀行側が現金で支払うというものだ。No.3ティーが班長となるこのモデルは、「米買い出し班」と呼ばれた。

　この方針は、ヴォー・ヴァン・キェットが党政治局員候補・ホーチミン市委書記の権限で決定したのだが、No.3ティーはそれでも「実行できても、中央が私たちを投獄するかも知れない」と心配した。キェットは「汚職さえしなければいいんだ。それしか方法がなくて、諸君が刑務所に入るなら、私が米を差し入れてやる！」と言明した。そして、彼自身がNo.3ティーと共にバックリョウ省委とザライ県委のもとに行き、ホーチミン市に米を売るよう地方当局を説得したのだった。当時、多くの省は、地方からの米の搬出を禁止した命令に従っていた。ほぼすべての幹線道路に検問所が設置され、通行する者はみなチェックされた。キログラム単位で米を買って、県や省の外に持ち出そうとすれば、没収される可能性があった。そういうわけで、腐ってしまった米を豚やニワトリに食べさせたり、肥料にしなければならない所もあれば、人々が飢えているのに食糧が行き渡らない所もあった。地方の食糧局の権限といえば、ただ座して待つだけで、中央の食糧省からキャッサバが供給されれば、それを配給することだけだった。

米を買い付けて、それをうまくサイゴンに運ぶために、No.3 ティーはヴォー・ヴァン・キェットの威信に頼ると同時に、自分の個人的なコネを広げなければならなかった。当初は、各省から米を運ぶために、ホーチミン市軍司令部の赤ナンバーをつけ、銃を持った兵士に警護された車を使わなければならなかった。

西部で No.3 ティーが米を買う時の手法は、南部「解放」以前にメコンデルタで革命活動をしていた時のゲリラと何ら変わりはなかった。グエン・タイン・トーは次のように記している。「ある日、No.3 ティーはハノイに出かけ、世話になった人たちに贈り物をした。彼女の工場で造ったインスタントラーメン5パックだった。彼女は私にも持ってきてくれたので、『私は何も役に立っていないから、受け取れないよ』と言うと、彼女は『私の友達が米を買う時、あなたを探し出して、各地方の省に口を利いてもらったから、米を買い易くなったのよ。それに、私がラックザーに米を買い付けに行って拘束された時には、仲間があなたに助けを求めに走って、あなたの力で釈放してもらえたわ』と説明したので、『そうか、それじゃありがたく頂くよ』と応えた」

No.3 ティーの米買い出し班のスタッフだったウット・ヒエンは、「農村では、農民は発電のためのガソリンや、野良着にする黒い布、病気の治療薬などを求めていました。でも、お金が手に入っても、買う物が何もなかったのです」と語っている。当時は通貨切り換え政策がとられ、旧南ベトナムの500ドンは革命政府の1ドンに換えられた。物資が欠乏しているのに、通貨は不相応な価値を定められていた。ウット・ヒエンは、「私たちは、ドンで米を買うことができなくなりました」と付け加えている。

No3 ティーは市委に、食糧と引き換えにする商品を持って行くことを提案し

474　No.3 ことグエン・ティ・ザオは、ヴォー・ヴァン・キェットやファム・フンと同じヴィンロン出身で、幼少の頃から革命活動に参加していた。グエン・ヴァン・リンの下で長年活動し、抗仏戦争期にレ・ズアンと出会った。彼女の夫グエン・チョン・トゥエンは、ザーディン省［現ホーチミン市とビンズオン、ロンアン、テイニン省を含む地域］委書記だったが、1959年7月、第15号決議［南部での武装闘争を決定した党政治局決議］を受理するため、地区特派委員のチャン・バィック・ダンを迎えに行く途上で死亡した。北部を訪問した南ベトナム解放民族戦線代表団が、1969年3月5日にホー伯父さんに面会した時の写真では、No.3 ティーは4人の代表団の中で微笑む女性として、ひときわ輝いている。パリ協定締結後、解放戦線の捕虜受け入れ委員会の中で活躍したため、「ロックニン空港司令官」と呼ばれたこともある。
475　グエン・タイン・トー『晩年の回想』2004年の原稿。
476　Chuyện kể về chị Ba Thi, 1992, p.117.

ている。当時、「経済」という熟語は「物資の往復」と言い換えられていた。ガソリンや医薬品、黒い布地などが農村に運ばれるようになった。ティーが設定した購入場所に、農民が米を持っていき、物資の受領書と交換する。その受領書を持って、ガソリンや布地や薬を受け取りに行くという按配だった。ティーが買い付けて持ち帰った米は、「経営保証」価格に従って販売された。つまり、購入金額、輸送費、精米費、損耗分を差し引いて計算した価格である。1979年から、およそ150万人のホーチミン市民は、毎月1人6キログラムの米を7ドンで買えるようになった。1982年には、毎月9キログラムを12ドンで買えるようになり、それは同じ種類の米を個人的に買うよりも安かった。

　食糧買い付けで「障壁を突破」するのと併せて、ヴォー・ヴァン・キェットは、1978年末から1979年にかけて越勝（ヴェトタン）織物工場を訪れた。そこでは、数千人の工員が近代的な機械を使って作業していた。最初、キェットは共産党指導者として労働者階級の人々のもとにやってきた。彼はその訪問で工場経営者たちの猜疑心が晴れるよう望んでいた。当時は、ヴェトタン社のような残存資本家階級が経営する工場では、労働者勢力は「黄金の労組」に支配されていると考えられていたからだ。しかし、工場に来てから1週間も経つと、キェットは、労働者階級に必要なのは政治的資質ではなく、生計を立てるための仕事だと認識するようになった。国家が計画に沿って供給する資材や原料では、工場は2、3ヵ月しか稼働できなかった。にもかかわらず、工場には資材や原料を自力で調達する権限が与えられていなかったのだ。工員の大部分は、給料の70パーセント相当の日数は仕事がなく、休まざるを得なかった。

　ヴェトタン社以外にも、ヴォー・ヴァン・キェットは他の常務委員たちを伴って、15の工場を訪ねた。それらの現状から、ホーチミン市委常務委員会は、「各生産単位の自主権を拡大する」方針を採択し、企業に「3つの計画」を実施させた。それに従って、企業は国家に委ねられた計画のほかに、廃棄物や廃材を再利用して生産財にするという第2の計画、各企業と地方が連携して生産を行なうという第3の計画を実施することになった。市委はさらに、企業に「3つの利益」という制度を適用した。それに従って、国家の利益、集団の利益のほかに、企業が労働者個人の利益にも配慮する体制になった。

　また同時に、キェットは市の人民委員会に、資本主義改造作戦で押収された

資産の保管庫を開いて、中の物資を使用する許可も与えた。市委からも中央に対して、軍と中央政府の各部門が管理する資材を、市が使うことを認めるよう申し入れた。特に市からは、輸出入関連企業が、中央が計画した輸出のノルマを超過達成した後は、顧客と直接取引することを認めるという提案が出された。

5. 6中総決議

　サイゴンのような都市の食糧備蓄が、数日分しか残らないこともあるという状況は、ヴォー・ヴァン・キェットによって党政治局会議の議題に載せられた。1978年末には、都市部だけでなく、ほとんどすべての地方が極度の困窮状態に陥った。1979年初め、党書記局は南部の実状を調査した。調査団の報告に基づいて、政治局は1979年5月18日の第10号公報で、5ヵ年計画の残り2年の経済指標と、取るべき措置を示した。政治局の発表は、「以前は正しいと思われていたいくつかの措置は、実は効果がないことが明らかになった。逆に、現在の誤りについて厳粛に聴取、検証を行なう必要がある、と指摘する意見がある」と述べていた。第10号公報は「誤りを指摘する意見」だけでなく、ホーチミン市の米買い付けのケースや、ロンアンで砂糖や落花生を高値で買い入れているケースにも言及していた。それでも、政治局は、保留になっていた少なからぬ案件、特にロンアン省指導部の宙に浮いた事案に、次のように決着をつけたのである。

　ロンアン省では1977年から、農民から砂糖や落花生を市場価格で買い取り、それを国営商店で高値で販売していた。省当局は、義務として「指導価格」に沿った予算を計上する代わりに、中央政府に実際の購入価格に沿った予算を申請した。中央政府が承認しなかったため、ロンアン省は品物をホーチミン市輸出入公司に売却し、工業製品を買い入れて転売した。そのやり方で、ロンアン省は砂糖や落花生の購入資金を回収しただけでなく、かなり多くの余剰金を省の予算に充てることができたのである。しかし、この「原則に反する」やり方は、国内商業省によって政府に報告され、ファム・フン副首相はロンアン省当局に禁止命令を出したのだった。

　1979年8月、第4期党中央委員会の第6回総会が開催された。過去3年間の

誤りに、もはや楽観している場合ではなかった。「本来であれば、抗米救国戦争の偉大な勝利と、過去数年間のいくつかの勝利が、労働人民の意気を大いに高め、強大な推進力を生むはずだった。しかし、それらの力は制限され、最近では一部の住民に悲観的で動揺した心理が生じ、党への信頼が不足している」と中央委は認めた。

　第4期全体のスケジュールでは、この6中総では、計画委員会のグエン・ラム委員長が消費物資生産計画の報告を行なうはずだった。しかし、1979年9月、中央委総会の準備のため政治局が会合を開いた際、ヴォー・ヴァン・キェットは、全国の経済・社会状況について報告を聞く時間をとるよう提案した。それはもはや危機的なレベルに達していたのである。政治局はこれに同意し、中央委事務局と中央経済研究所は、わずかな時間で緊急報告書を用意した。それは、国家の「緊急の諸問題の解決」に対する措置を示すものだった。[477]

　第6回中央委員会総会は、国土が困難に陥っている原因を、相変わらず「社会主義体制破壊のために状況を利用する敵」のせいにしていたが、「主観的欠点［自分の側の欠点］」が原因でもあると認めた。[478] そして、生産力を解放して社会に多くの商品が流通するように、不合理で生産の障害になる政策を速やかに放棄し、生産の発展を奨励し、各部門・地方と末端生産単位の「合理的な自主権」を拡大することを主張した。特に、6中総決議が「地方間の交易と価格決定権」を認めたことは注目に値する。

　ヴォー・ヴァン・キェットは、6中総決議は1つの勝利だったと考えている。この決議以後、ホーチミン市委は多くの方面でますます障壁を突破するようになった。1980年10月に開催された第2回ホーチミン市党支部代表者大会では、「党中央委による経済政策に沿った方向転換」が決定された。

　10月14日、レ・ズアン書記長が出席する大会で演壇に立ったヴォー・ヴァン・キェットは、「南部における商工業改造工作の欠点」を批判した。同時に、

477　ヴォー・ヴァン・キェットの個人秘書ファム・ヴァン・フンの証言。
478　6中総決議は次のような点を批判している。(1) 官僚主義的集中経済計画の策定が、現実的・科学的な根拠に欠けていたこと、(2) 具体的な政策の決定過程が後進的で保守的だったこと、(3) 南部の社会主義改造工作を性急かつ単純に進めたこと、(4) 南部の私営経済および民族資本経済セクターの正しい活用に注意を払わなかったこと、(5)「左傾した風潮」により、私営セクターの合作社への編入、合作社の国営化を急いだこと、さらに6中総は、市場を違法とみなすことも批判した。

彼によれば「集団主人制度の原動力を削ぐほどの危機的な状況にある」という「政策の誤り」を指摘したという。キェットのこの演説の後で行なわれた討議の結果、大会は次のような分析を加えた。「南部の、特にサイゴンの情勢の特徴を把握していなかったため、北部で実施された改造政策が南部にも適用され、その結果、多くの誤りを生じ、高い代価を支払わなければならなかった」[479]

6. 物価手当て

　1979年末、財政の行き詰まりと深刻な食糧不足のため、中央政府はホーチミン市が成功させた「障壁突破」の実践に目を向けざるを得なかった。1980年初め、閣僚評議会は「6中総決議の光の下で」、ホーチミン市と同様の方法で食糧を供給する決定09-CPを採択した。それに従って、国家機関で働く人々は、引き続き配給価格で食糧を購入できた。その他の都市住民は、収支に見合った額で購入できるようになった。

　ロンアン省では、1980年9月22日に省委員会が「第1種の子豚の買い上げ価格を、従来の1キログラム5ドンから6.5〜7.5ドンに」修正することを決定した。当時の省商業局長ブイ・ヴァン・ザオによれば、その結果「以前は、国営企業が一般家庭に出向いて、豚を買い求めていた。捕えて脚を縛り上げた豚は、餌を食べなくなって体重が落ちた。新しい価格が適用されると、農民は自発的に豚を捕えて車で運び、国家に販売するようになった。子豚は健康に育ち、豚肉の味は良くなり、中央の企業もロンアンのやり方を歓迎するようになった」。ロンアンで改革のアイディアを出した人物が、このブイ・ヴァン・ザオである。

　ブイ・ヴァン・ザオは、1954年に南部から北部に集結した革命勢力の一員だった。ハノイ貿易大学を卒業すると、彼は「配給切符を生む」国内商業省に入った。計画室長を務めていたザオは、フェイバリット自転車やスウェーデンから援助された布地などが、ただ同然の値段で販売され、主に党官僚の妻子がそれを買って、露天商に売り払うのを目の当たりにした。ロンアン省に商業局長として赴任すると、彼は「省内のあらゆる部門・団体の委員会、さらには訪問団に至るまで、みな配給物資を買うように言った。公定価格は市場価格の5

479　『ホーチミン市党支部第2回大会文献』、ホーチミン市党歴史研究委員会図書館所蔵。

分の1、6分の1だったからだ。私は、省委や人民委や各部門が送って寄越す何千通もの伝票にサインしなければならなかった」という。

　砂糖や肉を高値で買い取るだけでなく、1980年にブイ・ヴァン・ザオはさらに大胆な一歩を踏み出した。物価補助手当ての制度である。1979年の物価は1976年の3倍に上っていた。配給切符上の価格と市場価格にも大きな差があり、豚肉1キログラムなら配給価格は3ドン、市場価格は70ドンという具合だった。ザオは9品目の配給物資を取り上げて、配給価格と市場価格の差額を計算した。そして、国家公務員が配給切符と国営商店に頼らず、自分で市場で買物ができるよう、給料にその差額分を上乗せすることを提案したのである。

　当時のロンアン省委書記グエン・ヴァン・チン、通称No.9カンは、ザオの大胆な提案の実現を支持した。1980年6月26日、省委常務委員会の会議が開かれた。ブイ・ヴァン・ザオによれば、商業局からこの提案が示されると、常務委員のある大佐が机を激しく叩き、「誰がこんな方針を提案した？」と反発した。北部出身や東欧に留学していた委員も反対の声を上げた。会議は翌日まで長引き、とうとう決議03-ĐBが採択された。「交渉価格による商品売買の方針を実施する措置」に関する決議だった。

　決議が採択された後に、No.9カンはホーチミン市に行ってグエン・ヴァン・リンに面会した。当時、政治局員として南部各省の決議の実施状況をフォローしていたリンは、「賃金に関する問題は、レ・ドゥック・トに報告しなければならない」と言った。組織委員長レ・ドゥック・トは、報告を聞き終わると「試しにやらせてみる」ことにした。リンは、No.6トが意見を示し、補佐官をロンアンに送って視察させると聞いてから、ロンアン省に試させることに同意した。

　しかし、その時から1980年9月まで、ロンアン省委は決議03-ĐBを実行するために必要な文書をまったく出さなかった。ブイ・ヴァン・ザオはNo.9カンから「君は、委員会を通さなければ何もできないのだ」と告げられていたと言う。1980年9月、ザオは委員会によって、分配と流通を担当する副主席に任命された。彼の最初の仕事は、提案を実行するための第31号指示を起草することだった。

　交渉による販売で最初の商品となったのは布地だった。最初の1日で、勢い

に乗った人々が市場に殺到し、争って品物を買い漁った。ブイ・ヴァン・ザオは語っている。「ドゥックフエ県では県委書記が、業務用車両で商品を運んで高値で売ることを禁止した。人々があまりに大量に買い込むのを見て、かねてから物価補助金に賛成していなかった人々は、歯止めをかけることを提案した。私は3日間の猶予を求めた。翌日、私は商品輸送車を省内のあちこちに行商に行かせた。人々は思いがけず、商品が市場のような値段で販売されるのを見て、どうにかして買おうと品物を抱え込んだ」。もうこれ以上買い溜めができなくなると、市場はやっと落ち着きを取り戻し、省は徐々に価格を下げるようになった。ザオによれば、「配給切符の印刷費を大幅に節約できただけでなく、9人いた配給切符室の職員は仕事がなくなるようになった」という。

　同じ1980年、No.3ティーは、農民から「高く買って高く売る」方法を実行する、というアンザン省の意見を取り入れて、地域的に食糧の取引を実施した。同省はこの年の初めから、ノルマを超えた余剰米を農民から買い取る際の値段を市場価格に近づけ、同時に肥料や資材も市場価格に近い値段で販売させるよう規定していた。また、この年からアンザン省は商品を点検する検問所も廃止した。1982年までには、省は「人民の往来を阻害することを禁止し、自家消費用や進物用の少量の品物を運ぶ一般人民と、商業者を区別することを禁止する」ようになった。さらに、同年6月29日には、省委員会が「人民が米を省外に持ち出して販売することを許可する。1人が1度に運搬できる量は米2トン、または籾3トンまでとする」という決定を出すに至った。

7. 障壁突破の旗印

　第4期4中総の後に、ヴォー・ヴァン・キェットは、流通システムという障壁に最初の突破口を開いたサイゴンの街に帰還した。そして、引き続き政治局員候補としての力を使い、市内にありながら中央に管理されているすべての企業で、現状の打開を推し進めた。

　彼は何日もかけて、Visoの洗剤工場、ヴェトタンやタインコンの織物工場、ヴィンホイ煙草工場などに脚を運び、機械類が放り出されている様を自分の目で確かめ、熟練の技師や職人たちから直接話を聞いた。キェットは、彼らの昔

の雇い主がどのように工場を運営していたかという話や、現在の強制的なシステムによって企業が手足を縛られている、という話に耳を傾けた。キェットの個人秘書だったファム・ヴァン・フンは、「彼は工場側の接待を受けようとしなかったので、私たちは工場にいる彼に弁当を持っていったものだ」と語っている。

　Visoの洗剤工場を訪れたヴォー・ヴァン・キェットは言った。「サイゴンの街は、完全に原状のまま勝者側に占領された。こんな終わり方をした戦争はほかにない。その後の困難や行き詰まりは、われわれが自ら引き起こしたもので、自分で自分を縛ってしまったのだ。そこから抜け出さなければならない。抜け出せなければ、じたばたとあがき続けるだけだ」。Visoのグエン・クアン・ロック社長は、「資本家のやり方を学ばなければなりません。資本家から学ぶのに、サイゴンほどふさわしい場所はないでしょう」と応えた。当時の市の総合室長でコンテスト委員長だったグエン・ヴァン・キックは、キェットに随行してこのような経営の「モデル」となる場所をよく訪れていたが、「Visoに行くと、キェットはいつもよりオープンになった。彼の訪問する先々では、筋道立てて問題を提示する者はいなかったが、ロック社長は、行き詰まりの状態と、そこから脱出する道をはっきり指摘したからだ」と語っている。

　ヴォー・ヴァン・キェットに激励されて、ロックは工員を田植えや芋作りに行かせる代わりに、工業力を駆使して産み出した製品を市場に持っていき、それと交換した食品や食糧を工場に持って帰った。グエン・クアン・ロック*は、「輸出のトライアングル」を最初に考え出した人物とされている。つまり、工業製品を農産物と交換し、農産物を外貨に換え、外貨で工業原料を購入するのである。彼はこう語っている。「総局には、もうVisoに提供する化学原料がなかった。やむをえず、私はミンハイ省［現バックリョウ省とカマウ省］に行ってヤシ油を買い付け、それを煮詰めて石鹸を作った。その石鹸を米や豚と交換した。ミンハイ省側は非常に喜んで、必要書類を発行してくれた。そして、われわれが速やかにホーチミン市に戻れるよう、豚や米を運ぶ車両に省委事務局の旗を掲げてくれた」

　Visoと同じように、タインコン繊維も布を織るための糸を買い付けに行く権限がなく、また工場で織った布地を自発的に市場に持っていって売る権限もなかった。国家は織物組合連合を通して、年の初めに生産計画を伝達し、糸を支

給した。糸が不足すれば、年末に生産計画が下方修正された。国家計画に沿った量の糸で、工場は幾許かの布地を生産し、それを織物組合連合に引き渡した。連合はさらにそれを国家の商業当局に引き渡し、当局は配給制度に従って布地を分配した。その一部は、「奪い取るような」安値で国家に農産物を買い上げられる農民との間で、物々交換するために用いられた。

　このようなシステムから脱却するために、Visoやタインコン織物、そしてレ・ディン・トゥイが社長を務めるヴィンホイ煙草などの工場は、自社で外貨を借りて生産原料を買い入れるという案を提出した。そして、出来上がった製品は、生産組合連合に引き渡して商業当局に売る代わりに、工場が自ら輸出入公司に直接販売して外貨を得るというわけである。問題は、外貨を持っているのはベトナム商業銀行（ヴェトコムバンク）だけで、この銀行は政府の命令に従って外貨を供給するだけで、いかなる事業所にも米ドルの融資をしないことだった。

　ヴェトコムバンク・ホーチミン市支店長のグエン・ニャット・ホンや、同市貿易局長のNo.10フィーは官僚主義的な役人ではなかった。この2人は、南部の革命勢力に送る武器購入資金を調達していた時期に、香港の金融業界と関係を持っていた。積極的な工場経営者たちの働きぶりを理解していた2人は、市委書記ヴォー・ヴァン・キェットと一緒に各工場を訪ねて説明を聞いた。そして、キェットが「青信号」を出すと、ヴェトコムバンクは工場が原料を買うための外貨を供給した。その後で、ヴォー・ヴァン・キェット自身が各工場に出向いて「作戦を指導」した。『サイゴン・ザイフォン』紙から派遣された記者がキェットに同行し、この障壁突破行動を「大胆な一撃」と評する社説を掲載した。[480] キェットが「旗を掲げた」工場に行く度に、システムという障壁群が突破されていった。

　ヴォー・ヴァン・キェットは、当時の実情について、そのどこかが完全に誤っていると認識していただけで、原因を見つけるだけの十分な理論を持っていなかった、と認めている。彼に分かるのは、工場経営者たちの政治的な運命だけだった。あえてキェットの「障壁突破」に従った経営者たちだったが、なおも首に縄を巻かれ、中央の各政府機関がその端を握っていたのである。米軍という「大要塞」を排除した1973年当時と同じように、キェットは再び生産競争と表彰の旗を掲げさせた。彼のような政治局員候補が下した判断は、ハノイか

480　*Sài Gòn Giải Phóng*, 1, Dec. 1980.

ら送られてきた官僚主義的な「特派員」たちを多少なりとも慌てさせ、その力を萎えさせることになった。彼らは、地方の委員会レベルで「先進的モデル」と太鼓判を押された経営方法を、無碍に切り捨てることはできなかった。

グエン・クアン・ロックはある程度の期間、南部の「資本家階級」と共に仕事をした上で、北部から派遣された人々は、けっしてサイゴンの工場主より愚かで無能という訳ではない、と考えるようになった。工場が接収されてからほんのわずかの間に、生産が衰え、工員が飢えるようになったのは、彼らが北部から持ち込んだ原則に従ったためだった。「われわれが障壁を突破したのは、彼らより優秀だったのではなく、ただ単に現実に逆らわなかったからだ」とロックは言う。Visoの工場で、グエン・クアン・ロックは管理機構を元のまま維持し、北部からの増員は2パーセントだけに留めた。ロックがVisoの管理者になってから6ヵ月で、工場が「解放」前の生産レベルまで回復した理由の1つは、彼が華人の熟練工の90パーセントを雇用し続けたことだった（華人が排斥された時期にも、Visoでは誰も解雇されなかった）。

しかし、ヴォー・ヴァン・キェットは、技師ズオン・キック・ニュオンが述べた意見が心に沁みた。それは、「国家というものは、決議や個人の考えではなく、法律によって政策を執行すべきだ」というものだった。現状打開とか合理的な自主権などという言葉は法規ではなく、それが正しいのか間違っているのか、執行する者が明確に線を引けるようなものではなかった。それらは単なる漠然とした概念で、どこに適用するかは意志と認識次第だった。ハノイからは「障壁突破」を指弾する文書が続々と送られていた。Visoが中央の省から部品が供給されるのを待つ代わりに、自ら市場で手に入れる算段をしたと聞いて、当時副首相だったド・ムオイは「こいつらは奸商と手を結んだな」と怒鳴った。タインコン織物の工場は金庫に1ドンもない状態から、1980年には最初に12万米ドルの融資を受け、8万2000ドルの利益を得た。1981年にはタインコン織物社が保有する外貨は130万ドルに及んだ。しかし、そのようなやり方は規則違反だった。ド・ムオイは工場の査察を命じた。

工場の書記グエン・ティ・ドンは「こちらが国家のためにお金を稼いでいる時に、国家の処罰を受けるのは、あまりにも悲しいことでした」と回想している。「最初、全国の公安警察の佐官級の人たちが80人以上のグループでやって

きて、私の説明を聞きました。キェットからは前もって『彼らに聞く気があれば、話し方を考えて話せ。聞かなければそれまでだ』と言い含められていました。それを聞いていたので、彼らがこちらを怒らせたり、挑発するようなことを訊ねても、私は黙っているか、うまく話題を変えるようにしました」と、彼女は語っている。

　査察団に向かってドンは言った。「私は党の理論をもって反論します。私が報告して、あなた方が糸を供給してくれなければ、本来なら工場を一時休止させるところでしょう。でも、私が工夫して利益を上げ、国家は飽きるほどお金を得ているのに、どうしてあなた方は私を逮捕するのですか？」。査察団長は「工具の賃金は700ドンと規定されているのに、なぜそれに従わず1000ドンも出しているのですか？」と尋ねた。ドンは説明した。「本来なら労働時間外には家にいる従業員に、ほんの少し手当てを出して、彼らが家族とくつろぐ代わりに、300ドン余分に稼ぐようにしたのです。彼らはけっして自分の家族のためではなく、国家のために働いているのです」。ドゥック団長が「それが障壁を壊すということか」と言うと、彼女は「障壁を壊さなければ何もできません」と率直に言った。

　帳簿の点検を終えて、赤字どころか多くの収益があることを確認したドゥック団長は言った。「タインコン織物がこのような仕事をしていることは非常に喜ばしい。だが、ここに来る前にド・ムオイから言われた。『南部に行って、障壁を壊すなどと言う輩をみな逮捕するんだ。誰も逮捕できなければ、私が君を逮捕するぞ』と。この査察から戻ったら、きっと私がド・ムオイに逮捕されるだろう」。しかし、ハノイに戻っても、ドゥック査察団長は逮捕されなかった。その時期に障壁を突破していたのは、ホーチミン市だけではなかったのだ。コンダオにあるヴンタウ–コンダオ漁業会社も、「解放」以前の個人営業のように、それぞれの船と漁民が自分で稼ぐ方法をとって成功していた。北部では、ナムディン絹織物の工場も、閉塞状況から抜け出すために「輸出のトライアングル」方式を適用して、かなりの成功をおさめていた。

　これらの「掟破りども」が成功をおさめても、その時はまだ、経済計画を策定する者たちが、集中的計画化経済の優越性に対する信頼を見直すことはなかった。しかし、中央政府は、末端の生産単位がシステムという障壁に穿ったい

くつかの「穴」を一定の範囲で公認するようになっていた。[481]

8. もぐりの請負い制

　同じ頃、農民たちがもう1つの戦線で2度目の一斉蜂起に及び、合作社という障壁に大きな亀裂を作った。1度目の一斉蜂起は1966年にヴィンフック省で発生したもので、その時に掲げられた主張は、後に「キム・ゴック[*]の請負い制度」と呼ばれるようになったものだ。しかし、キム・ゴック時代の戸別請負い制度は2年間で潰され、農業システムの障壁は、その後20年近くにわたって農民を閉じ込めたのだった。

　合作社について、共産主義の理論家たちはこれを「社会主義の最初の段階」と考えていたので、1959年4月の第2期16中総以来、合作社化が決議として拘束力を持つようになっていった。農民が合作社に入ることについては議論の余地はなく、その枠外にいるのはただ「反動分子」だけだった。

　「合作」とは言っても、土地や家畜、農具、給水用具などを接収された農民の手元には何も残らず、給水作業や耕作もみな計画に沿って、主任委員会の指導下に分業体制で行なわれた。農民の労働は成績と点数で計算され、税金と各種の徴収金から管理費を差し引いた合作社の収入は、労働点数に従って社員である農民に分配された。共同生活は農業省と党中央農業委員会が定めたノルマにかかっていた。

　このような集団化の方法では、労働者は自分が働く具体的なメリットを感じられなかった。積極的に働いた者も、怠け者や人に頼っている者と同じ点数しか貰えなかったからだ。その一方で、合作社の主任が県の役所に行って、そこで飲み食いしたことも労働点数に入れられた。合作社の職員は、棒で鐘を叩いて合図するだけで2点の労働点数がつくのだった。「労働点数のばら撒き」とい

481　1981年1月21日、閣僚評議会は第25号決定25-CPを公布した。それは、1978年末からヴォー・ヴァン・キェットが、ホーチミン市の各事業所に許可したことを追認するものだった。第25号決定によって、「3つの計画」システムの適用が認められるようになった。3つの計画とは、中央が公布した「法令の指標」に沿った計画、その計画を実現するための、企業間の連携による合営の計画、そして企業が自発的に作った計画である。このように、第25号決定は、経営単位間の連携を「合法化」するものと理解された。以前なら、「共謀罪」とみなされて投獄されたような経営方式である。

う偽善的な状態が一般化していた。ヴィンフック省委書記のキム・ゴックは、1960年代から、合作社の管理委員会が「食事をしてからも、集まって酒を飲むばかりで、ひと月のうち1日たりとも農場に出ることはないのに、労働点数は農場で辛い作業に耐えているすべての人たちより高い[482]」という認識を持っていた。一方で、「農民もバンヤン［イチジク属の樹木］の切り株に腰掛けて、何もせずに待っているだけだった[483]」。

　1966年、キム・ゴック書記は各農家に試験的に請負い生産をさせることにした。その結果、生産は大きく増えたが、この政策はチュオン・チンによって批判された[484]。キム・ゴックは「自己点検」して請負い制を放棄した。彼は1978年に定年退職するまで省委書記を務めたが、土地は再び合作社に戻されたため、農民の茶碗が満たされることはなかった[485]。

　ハイフォンでは、1962年にティエンランとアンラオの両県で、初めての請負い制度が登場した。当時のハイフォン市委書記フィン・ヒュー・ニャンはこの労働方式の効果を認め、請負い制度を広めるよう中央に提案した[486]。しかし、

482　*Tuổi Trẻ*, 19, Apr. 2009.
483　Đặng Phong, 2009, p.174.
484　1968年11月6日、ヴィンフー省［後にヴィンフック省とフート省に分離］を訪れたチュオン・チン国会議長は、省委の拡大会議を開くよう求めた。彼はその会議で、ヴィンフー省を批判する演説文を読み上げた。この省は「長い時間をかけても、社会主義と資本主義という2つの路線、農村における集団労働と個人労働という2つの方式の間の、徹底的な闘争の精神を明確に理解していない。党員と農民大衆は、農業の合作社化問題について、浅く単純な理解しか持っていない。ゆえに、合作社制度を地方の条件下で適用する際に、個人生産の方式に逸脱し、合作社の生産財の一部を社員各戸に移し、個人的な労働生活を徐々に復活させた」（『ホックタップ［学習］』誌、1969年2月号、19頁）。1968年12月12日、党書記局は「3つの請負い制を整理し、断固として戸別請負い制の誤りを正す」第224号通達を出した。それは、指導委員会を設置して、党要員を動員して中央の通達を伝え、「チュオン・チン同志による批判」の文書を検討し、すべての請負い制を検査して再整理するというものだった。その後、「自己点検」を強いられたキム・ゴック書記は、「修正を決意した」精神の実現について『ホックタップ』誌に記事を書いている。
485　グエン・ヴァン・トンによれば、「農産物の生産量は、籾換算で1960年には2万8520トンだったが、1968年には3万2782トンに増加した。しかし、1970年には2万5468トンに減り、1975年にはさらに1万8565トンにまで減った」（Đặng Phong, 2009, p.191.）。
486　中国では、「大躍進」による集団化政策（1959〜1961年）によって数千万人（中国の公式統計では1500万〜1700万人、外国の研究者によれば4500万人［Ezra F. Vogel, 2011, p. 41］）が餓死に追いやられた後、1962年に経済担当の党政治局員の陳雲が、農民各戸に生産を請負わせるという提案を示した。鄧小平はこの提案を支持したが、その直後に毛沢東がこれを「資本主義の道を歩む」ものと批判した（ibid, p. 436）。毛に激しく責められた陳雲は、数週間口が利けなくなるほど衰弱し、その後もなかなか回復しなかった（ibid, p. 723）。

当時の農村工作委員長グエン・チー・タイン大将が「請負い制度は諸刃の剣である[487]」として賛成しなかった。ハイフォンは1974年に請負い制が初めて復活した場所でもあるが、それも2年経たないうちに禁止されてしまった。[488]

　飢えが広がった1976年には、ハイフォンのドアンサー村では、60もの世帯で物乞いをしなければならない状態だった。社員にとっては、時々合作社の仕事をさぼってカニやタニシを獲った方がましだった。1977年6月、村の党委常務委員会は臨時会議を開き、合作社の役員・社員の90パーセントの票決により、生産請負い制を認める「口頭の決議」を採択した。[489] 全村民が手を取り合い、請負い事業を守り、役員を守るために秘密を漏らさない、という絶対の誓いを立てた。1978年、ハーソンビン省［現ハノイ市とホアビン省、ハナム省を含む地域］ウンホア県では、請負い制の秘密を守るため、ソンコン合作社の主任が村に入るただ1つの木橋の板を何枚か外させた。そうすれば、農民の肥料や籾を運ぶ改良車は橋を渡ることができるが、指導部の車は村に入れなくなるからだ。

　ドアンサー村にとって幸いなことに、県委のグエン・ディン・ニェン書記や、市委のブイ・クアン・タオ書記、市のドアン・ズイ・タイン主席らはみな、「菅笠を被り、ズボンの裾をまくって野良に歩いてきて、農民と胸襟を開いて話し合った」。その結果、1980年6月27日、ハイフォン市委常務委員会は、「農業用地の100パーセントで請負い制の適用を認める[490]」第24号決議を打ち出したの

---

[487] Đặng Phong, 2009, p.197.
[488] アントゥイ県のティエンラップ村とドアンサー村では、合作社社員の提案で、いくつかの生産部隊で各戸に生産を請負わせ、社員は1サオ［360平方メートル］につき籾70キログラムを合作社に納入することになった。1サオ70キログラムは、合作社の生産量と同じだったが、早くも最初の刈り入れには、請負いの土地では1サオで1.4〜1.5ター［1ターは約100キログラム］の籾が収穫され、社員は1サオにつき70〜80キログラムの利益を得た。しかし、1976年には請負いが露見して、県は党の監査対象となった。点検の実施を求められたドアンサー村の党委は、「請負い制は誤った路線で、合作社を全村規模に拡大する運動に悪影響を及ぼした」と認めた。
[489] Đặng Phong, 2009, p.204.
[490] 中国の改革は、逆に上から下に向かうものだった。1977年に萬里が安徽省の書記に就任した時、省では手のつけようがない飢餓状態が続いていた。「大躍進」によって300万〜400万人の餓死者を出した省である。萬里は「6項目の提案」を出し、それに沿って農民の小グループや、さらには個人にも生産を請負わせた。請負った者は、土地に関する自主権を持ち、農産物を地方の市場に持っていって売ることができた。当時、戸別の請負いを禁じる政策はまだ有効で、「6項目の提案」には多くの者が反対した。しかし、政界に復帰したばかりの鄧小平は請負い制を支持し、萬里が断固としてこれを実施したおかげで、安徽省は請負い政策の適用に成功したのである。華国鋒首相は、萬里を安徽省の書記に任命した人物だったが、請負い制を認めない大寨の合作社化モデルを擁護していた。農業担当副首相の陳永貴とその後継者も、大寨モデルの擁護者だった。しかし、鄧小平と陳雲は安徽省を支持した。

だった。タオ書記は、この決議の全文をハイフォンの放送局や新聞社に送って報道させた。北部の多くの地方から人々がハイフォンに学習にやってきた。[491] しかし、ハイフォン市委には、請負い制に賛成しない4人の委員がいた。隣のハイフン省［現ハイズオン省とフンイエン省］とタイビン省は、ハイフォンに人員を送って学ぶことを禁止した。中央のある理論研究機関は「このような請負いを続ければ、マルクス・レーニンの本をすべて焼き捨てることになる」と問題提起した。

そのような状況の中、ハイフォン市委書記ブイ・クアン・タオは、党中央書記局に直接訴えた。しかし、書記局員の中で請負い制に賛成したのは半数だけだった。中央農業委員会では、特にヴォー・トゥック・ドン委員長が、請負い制は「逸脱行為」で、「方向性を失い、社会主義を失うものだ」と激しく反対した。請負い制を支持した一部の委員は処罰され、グエン・タイ・グエン局長は党から除名された。だが、ハイフォン側は恐れなかった。多くの県で、相変わらず深刻な飢餓が続いていた。ブイ・クアン・タオは各県の書記に引き続き請負い制を実施するよう求め、同時にハイフォン市委は「イデオロギーの砦に攻撃をかける部隊を編成」した。その標的は、レ・ズアン書記長、チュオン・チン国家主席やファム・ヴァン・ドン首相だった。

ハイフォンの利点は、指導者たちがよくレジャーや会議に利用するドーソンという避暑地があることだった。レ・ズアンが南部で再婚したグエン・ティ・トゥイ・ガーは、1962年に中国から戻ってから第9区に移るまで『ハイフォン』紙で勤務している。そのような訳で、レ・ズアンは個人的な事情も含めてハイフォンに縁があった。レ・ズアン書記長は、ドアン・ズイ・タイン主席による、3時間にわたる「ハイフォン情勢報告」を聞いた。農業が衰退しているという

鄧が農業の非集中化と、農民の戸別請負い制に対する支持を初めて正式に表明したのは、彼が権力を固めた後の1980年5月31日のことだった（Ezra F. Vogel, 2011, pp. 436-440）。

491　この時期にハイフォンにいた新聞記者タイ・ズイは、こう語っている。「ハイフォンを訪れる団体は、たいていは隠密の訪問団で、紹介状もなければ出張費もなかったので、ハイフォン市は精一杯の支援をした。ゲティン省［現ゲアン省とハティン省］のような遠方からの団体もあり、地元に帰る時まで、市から食糧・食品を十分に提供されていた。タインホア省のティォウエン県の指導部までがやってきたのには、多くの者が驚いた。ティォウエン県は、ディンコン合作社がある場所だ。ディンコンは、タイビン省のヴータンと並ぶ全国的なモデル合作社だった。合作社化が呼びかけられた時期には、南部から何千もの代表団が、「ヴータン、ディンコンに学ぶ」ために北部をめざしたものだった。だが、実際には、社員を養い、訪問客をもてなすために、ディンコンもティォウエンも、密かに戸別の請負い制をとらざるを得なかったのである。

その報告は、「苗を植えても米は実らない。田に稲穂が実っても、誰も刈ろうとしない。穂に米が入っていないからだ」と告げていた。

　タインはオープンな性格で、淀みのない話し方をする上に、レ・ズアンとグエン・ティ・トゥイ・ガーの夫妻に好かれていた。そのタイン主席が「合作社の多くの不合理な要素」を分析したのである。主席はさらに、「役員が家を買い、車を買うために、みな1人で2人分働いている／主任が庭付きの豪邸を建てるために、みな1人で3人分働いている」という、カーザオ［民間伝承詩］の歌詞をレ・ズアンに読み聞かせた。ドアン・ズイ・タインによれば、レ・ズアンはそれを聞くとやにわに立ち上がり、「請負い制に賛成する！　すぐやれ！　もう誰の意見も必要ない。すぐにやるんだ！」と宣言した。

　1980年10月2日、レ・ズアンはハイフォンを訪問した。ドーソンからキエンアン［ハイフォン市］に向かった書記長は、請負い生産の田んぼに稲がたわわに実り、農民が活き活きとしていることをその目で確かめた。集団的な労働を維持している所とは、人民の暮らしぶりが明らかに違っていた。書記長に随行していた補佐官ダウ・ゴック・スァンは、ハイフォン当局に助言した。「No.3が請負い制を認めると言ったら、すぐさま実行することだ。上で反対する者がいても、下で既に結果が出ていれば、誰かが軌道修正したいと思っても、その時はもう間に合わないだろう⁴⁹²」

　書記長の視察が終わると、ドアン・ズイ・タイン主席は再びハノイに赴き、ファム・ヴァン・ドン首相に面会を要請した。彼はぬかりなく、レ・ズアン書記長がハイフォンを視察して、「請負い制を大いに支持した」ことを首相の耳に入れておいた。10月12日、首相がドーソンに避暑に行った時、ハイフォン市は再び報告した。ドアン・ズイ・タインは、書記長の時と同じように、悲痛な調子で訴えた。ファム・ヴァン・ドン首相は、「食べるために働くのにも、まだそんな困難があるのか」と心を痛めた。そして、ドーソンを去る前に、「同志たちは、No.5（チュオン・チン国家主席＊）の説得に努めて、早急に意見の統一を図らなければならない⁴⁹³」と申し渡した。

　No.5チュオン・チンにコンタクトするには、さらに時間がかかった。キム・

492　Đặng Phong, 2009, p.227.
493　Ibid, pp.229-230.

ゴックの請負い制に反対を唱えただけではなく、チュオン・チンは原則に忠実に動く人間だったからだ。そして、彼にとって最も大切な原則はマルクス・レーニン主義だった。当時、チュオン・チンの補佐官だったファン・ジエンは語っている。「1980年の夏、タン伯父さん（チュオン・チン）は休暇をドーソンで過ごしていた。ブイ・クアン・タオが伯父さんを訪ねてきたが、戸別請負い制については、ざっとしか話さなかった。まるで、ほんの2、3ヵ所で自然発生的に起こったことのようにだ。タン伯父さんも、相手の意図を知りながら、それ以上深く尋ねなかった」。中央事務局の職員ハー・ギエップは、チュオン・チンについての話は巧みに逸らし、「No.3とトー（レ・ズアン書記長とファム・ヴァン・ドン首相）は、末端の生産単位を視察して、ようやく請負い制に共感を示した」とだけ言った。そして、ハイフォン市に助言した。「市は国家主席を招いて、請負い制を実施している合作社の農民たちを訪問してもらうべきだ。もちろん、十分説得力のある場所を選ぶ必要がある」。

　1981年、ドーソンで休暇を過ごした折に、チュオン・チンは「ハイフォン市指導部と30分だけ面会する」ことを承知した。市の指導者たちは不安ではあったが、事実を伝えることが最良だと決意していた。ドーソン県委書記グエン・ディン・ニィエンは、「ドアンサー合作社では飢えのため50〜60戸が物乞いを強いられ、村では窃盗が横行していた」という話から始めた。「アヒルも、犬も、豚も、さらには合作社の水牛でさえ、人々は野良でこっそりと殺して食べたのです」と、ニィエンは主席に申し述べた。

　主席が眉をひそめるのを見て、ニィエンの不安は高まったが、主席は続けるように命じた。「災厄の度をさらに高めたのは、役人がやたらに飲食したことです。何かにつけて宴会がありました。4、5メートルほどの小さな水路ができただけでも式典をしなければならず、こういう時は、役人はひたすら飲み放題食べ放題でした。子宮リングを装着［家族計画による措置］する日さえも宴会でした！　役人たちがそのように飲み食いしていれば、人民が飢えるのも当然です」。ニィエン書記は時間を気にしたが、チュオン・チン主席はそのまま続けさせた。その日、党内で最も不動の地位にあるこの指導者は、30分どころか1

494　Ibid, pp.231-232.
495　Ibid, pp.233-234.

時間半以上にわたって、「障壁を突破」した話に耳を傾けたのだった。

　それに先立つ1980年8月、当時の党書記局常務委員レ・タイン・ギの主宰で合作社について協議する会合が開かれ、レ・ズアンと4人の党委書記が出席した。4人とは、ゲティン省のチュオン・キエン書記、タインホア省のホアン・ヴァン・ヒョウ書記、ハイフォン市のブイ・クアン・タオ書記、ハイフン省のゴ・ズイ・ドン書記である。

　レ・タイン・ギの秘書だったチャン・ドゥック・グエンは、次のように証言している。午前中の会議では農業委員会から1つの提案が示された。それは、以前はギが「古い思考から脱却していない」と考えていたものだった。午後の会議の冒頭で、中央事務局から会議の出席者に、約30頁にわたる提言書が提出された。それは、グエン・ミン・チュンという専門委員が昼休みの間に書いたもので、2つの問題が提起されていた。1つ目は肥大した合作社を再編することで、自然、経済、技術的な条件、および官僚のレベルに合わせて、合理的な規模にすることだった。2つ目は合作社に生産請負い制を実施させることで、最終的にはグループや個人単位で請負わせるようにするというものだった。

　会議では盛んな議論が交わされ、出席者の多くがこの提言に賛成した。レ・ズアン書記長は「これに県の問題を加えろ」と言った。一方、ハイフォン省書記ゴ・ズイ・ドンは「ハイフォンの生産請負い制がハイフンにまで広がらないように、鉄条網で防ぐことができるなら、いくらかかっても私はやるぞ」と率直に言った。中央農業委員会のヴォー・トゥック・ドン委員長は、何も発言しなかった。しかし、農業委のグエン・コン・フエ副委員長が、一番最後に言った。「もし、このやり方で請負いをすれば、3年後には、わが国は2度目の土地改革を実施しなければならないだろう！」

　この会議の直後、1980年8月14日にレ・タイン・ギが署名した書記局第22号通達が出された。それは、「合作社でグループや個人単位に生産を請負わせる」ことを許可したものだった。ディン・ヴァン・ニエムによれば、「中央農業委員会との間に理念の違いがあったため、この通達は新聞には掲載されず、末端機関にも送られなかった。しかし、それは手から手に渡され、情報は広まった」という。

　コンソン島では、1980年10月27〜29日に、党中央書記局員で『ニャンザ

ン』紙編集長も兼ねるホアン・トゥンが、党機関紙の名でシンポジウムを開いた。各地方省の指導者や、農業部門の要人、研究者、研究所の代表、主要紙の特派員を含め、100名近くが出席した。ホアン・トゥンによれば、このシンポジウムで、中央農業委員長ヴォー・トゥック・ドンは、相変わらず請負いの方針に反対した。コンソン会議での演説で、彼は「ドアンサー［ハイフォン市］に学ぶことは、乞食や怠け者に学ぶということだ」と宣言した。だが、ホアン・トゥンが請負い制支持の声が圧倒多数になるよう計らっていたため、ドンの立場はかなり孤立したものになった。

　続いてヴォー・チ・コンが、まさにドーソンを会場として、請負い制についての会議を主催した。ディン・ヴァン・ニエムによれば、ゴ・ズイ・ドンはハイフンからの出席を認めず、多くの省の代表はこっそりとドーソンに来なければならなかったという。ヴォー・チ・コンは、請負い制が公然と議論される前は、官僚主義的にノルマを課すやり方を批判していた人物だった。「請負い制とは、誰もあえて手を出さない祭壇のようなものではないだろうか」と彼は言っている。コンはまた、キム・ゴックの後にヴィンフー省［現ヴィンフック省とフート省］の省委書記となったホアン・クイが、ヴィントゥオン県で請負い制モデルを試験的に実施することを奨励した人物でもあった。ディン・ヴァン・ニエムの証言では、No.5［ヴォー・チ・コン］はホアン・クイに、「請負いを続けさせろ。そして、成功したら全省に拡大するんだ。同志たちは何も恐れることはない。もし、請負い制で天地がひっくりかえったら、私も責任をとるから」と言った。それから、ヴォー・チ・コンはハイフォンに行ってドーソンの書記グエン・ディン・ニィエンと市委書記ブイ・ヴァン・タオに面会した。ハノイに戻ると、彼は党書記局に状況を報告した。

　ドーソン会議で、ヴォー・チ・コンは「素手でパンチを繰り出す」ように、

496　キム・ゴックが引退する前の1978年に、ヴィンフー省委常務委員会は、「合作社が各世帯に生産を請負わせ、土地を貸与して冬季も耕作させることを正式に認める」第15号決議を採択した。しかし、ヴィンフーの請負い制は、矢を受けたことがある鳥のように、おっかなびっくりとしか進められなかった。まもなく、政治局員で農業担当副首相のヴォー・チ・コンが、ヴィンフーの中でも極めて活発なトータン村にやって来た。No.5ことヴォー・チ・コンの秘書ディン・ヴァン・ニエムによれば、No.5は、5パーセントの自留地と、合作社の土地の生産高を較べてこう言った。「第5区の戦闘に参加した者は、ほとんどが北部の人民で、非常に賢く勇敢だった。その彼らが、北部の制度ゆえに、このような貧しさに耐えなければならなかったのだ」

丸30分間話し続けた。彼は訴えた。「われわれが押しつけた方法のせいで、合作社は食物が不足するようになり、深刻な飢餓が発生する所さえあった。飢えた人民は満足な米と暖かい衣服を手に入れる方法を探さなければならなかったが、われわれは彼らのもぐりの行動を禁止し、ノルマの仕事をするよう強制した。彼らを飢えさせた仕事をだ。戦時であれ平時であれ、指導者が官僚主義的で、人民と乖離し、人民の声を聞かず、上意下達を当然とするなら、ただ人民を苦しめるだけだ」[497]。コンの演説はハイフォン・ラジオ局によって録音され、放送された。すると、各地方のラジオ局から、地元でも放送したいので録音テープを送ってほしいという要請があった。ドーソン会議のヴォー・チ・コンは、あたかも農民に一斉蜂起の命令を発した将軍のように描写された。

それから1ヵ月以上経った1980年12月10日の党中央委総会で、レ・ズアン書記は政治局を代表して結論した。「北部の農業合作社で新たな生産請負い制を試験的に実施したことは、良い方向に作用した。労働生産運動は勢いを得るようになった」[498]。他方、中央事務局のチャン・ドゥック・グエンの見方では、請負い制の方針は第22号公報という強制力のない文書でしか示されなかったため、多くの地方ではまだ実施されていなかった。中央委事務局長ヴー・クアン[499]は、請負い制がより強制力のある文書の中で策定されるよう促した。

中央委第9回総会の後に、書記局は請負い制に関する第100号指示を打ち出した。しかし、当時の党内には、まだためらう者が多かった。チュオン・チン主席は内心では請負い制を支持していたが、それでもまだ「農村で社会主義を喪失する」ことを心配していた。党組織委員長レ・ドゥック・トは、単に「先に進むために1歩退く」だけだとして、請負い制を受け入れた。そのような訳で、第100号指示は依然として、キム・ゴックの「グループおよび個人単位の労働者に請負わせる」という考え方から逸れたものだった。

ディン・ヴァン・ニエムはこう語っている。「書記局が第100号指示の草案作成を委ねた時、No.5チュオン・チンは『戸別』に、または『労働者』に請負わせると書くよう求めた。しかし、レ・タイン・ギは同意せず、2人の間は緊

497　タイ・ズイ記者への著者のインタビュー。
498　『党文献集　第41巻』、540頁。
499　党第4期中央委員会事務局長。

張した。その後、第100号指示の施行を延ばす訳にいかないため、No.5は妥協した。このようにして、1981年1月31日、レ・タイン・ギは『グループおよび個人単位の労働者に生産請負い制を拡大する』とした書面にサインした。それでも、No.5はグループには請負わせないという意見を留保した」

第100号指示には反対しなかったものの、チュオン・チンはまだ慎重な態度を示していた。1981年の初めに彼はハイフン省を訪れた。中央農業委員会に選ばれてチュオン・チンに随行したグエン・タイ・グエンは、次のように証言している。ハイフンのゴ・ズイ・ドン書記は請負い制に反対していた人物だった。彼は意図的に、細かく分割された土地にチュオン・チンを案内した。それは合作社員のために分けられた土地で、目印にフィーラオ［常緑樹の一種］の枝が刺してあった。「これが社会主義というのなら、請負い制になれば昔よりもさらにつまらない社会になるでしょう」と書記は言った。チュオン・チンはますます不安を感じた。ハノイに戻ると、彼は秘書のファム・ジエンとグエン・タイ・グエンに、「次回はヴィンフー省に行って、ホアン・クイがどんなふうに請負い制をやっているか見ることにしよう」と告げた。

「ヴィンフーに行ったらおしまいだ」。タイ・グエンはファン・ジエンと相談し、チュオン・チン夫人に、主席がヴィンフーではなくハナムニン省［現ハナム、ナムディン、ニンビン省］に行くよう勧めてもらった。旧正月が近かったので、チュオン・チンは帰省のついでにハナムニンに寄ることを承知した。スァントゥイ県では、省のはからいでホテルが用意されたが、チュオン・チンはスァンホン村に宿をとった。

グエン・タイ・グエンによれば、その夜、チュオン・チンの宿泊先に大勢の住民が訪ねて来た。誰もが「チュオン・チンの孫」を名乗ったので、守衛は制止できなかった。チュオン・チンの親戚たちは「伯父さん、合作社が解体されて請負い制になったおかげで、私たちはもう飢えなくて済みます」と無心に喜びを口にした。タイ・グエンはそれを聞いてとても怖くなり、「やっかいなことになったぞ」とファン・ジエンに言った。ファン・ジエンも恐れたが、思いがけないことに、チュオン・チンの子孫を誇る人々の正直な言葉のおかげで、伯父さんはその朝はスァントゥイに戻らず、スァンホン村で対話集会を開くことにした。そして、その場で初めて国家主席は第100号指示に言及し、請負い

制への支持を表明したのだった。

　1982年、閣僚評議会副議長に就任したトー・ヒューは、ハイフォンを訪問して詩を詠んだ。「4つの水路、3つの橋、5つの城門／川を掘り、海を越え、大事業を成す」。ハイフォンの人々は、すぐさま替え歌を作った。「水路も、橋も、城門もあるが／商売をしなければ大事業をする金もない」

9. キェットが障壁を破り、リンが標的になる

　ヴォー・ヴァン・キェットがホーチミン市で始めた障壁突破は、実に大きな反響を呼んだが、同時に一部から「社会主義の目標から逸脱する」ものと非難された。ヴォー・ヴァン・キェットによれば、そのことがレ・ドゥック・トを不安にさせたという。

　1976年の第4回党大会で、ヴォー・ヴァン・キェットは、トー・ヒューとド・ムオイと共に、候補委員という立場で政治局に入った。3人ともその後10年間に、肩を並べる勢力となるように配置された。ヴォー・ヴァン・キェットは語っている。「No.6 レ・ドゥック・トは私を直ちに中央委員会から外したかったのだ。No.3 レ・ズアンは、キェットにホーチミン市で仕事をさせろ、市の仕事をまっとうしたら何らかの有力な地位に就けてやれ、と言った。だが、No.6 トは、キェットを中央で訓練する必要もあると言った。後で知ったことだが、No.6 トは障壁突破をやった私を恐れて、身動きがとれなくなっていたそうだ」[500]

　1982年3月の第5回党大会で、ヴォー・ヴァン・キェット、トー・ヒュー、ド・ムオイの3名はみな正式に政治局員となった。同時に、カンボジア派遣ベトナム義勇軍の司令官レ・ドゥック・アイン*将軍と、党組織委員長グエン・ドゥック・タム*の2名も、新たに政治局員に就任した。一方、この時に政治局から外されたのは、グエン・ヴァン・リンとヴォー・グエン・ザップ将軍である。大会後、キェットはハノイに行き、閣僚会議副議長兼国家計画委員長に就任し、リンはホーチミン市に書記として復帰するよう命じられた。

　レ・ドゥック・トの予想通り、第5回党大会では、ホーチミン市と南部各省の障壁突破政策はほとんど歓迎されず、逆に多くの地方代表の批判を受けた。

500　著者のインタビューによる。

同市代表団の書記として第5回党大会に出席したファム・ヴァン・フンは、次のように語っている。「私は各会議に出席して、各代表団書記の報告を聞き、彼らがプラス面を評価しているのに、そのシグナルが重視されないばかりか、むしろマイナス面の方が遥かに激しく批判されているのが分かった」。そのような訳で、第5回大会は、最初は流通・分配における二重価格制度を廃止することを決定したにもかかわらず、最終的にはそれを維持することにした。大会決議では、「官僚主義的・集中的バオカップ制度に対抗する」とされたが、「勝手気儘、無組織、無規律への対抗」がより強調されていた。ファム・ヴァン・フンは、「党内の闘争は限りなく複雑だった」と述べている。

半年後の1982年8月10日、政治局はホーチミン市の新指導委員会との会合のため、同市に向かった。新聞記者ヒュー・トの証言では、専用機の中でトー・ヒューは「まだタンソンニュット空港に着かないのに、もうユーゴスラヴィアの匂いがする[501]」と言った。ホーチミン市にある中央事務局（T78）の第10会議場で行なわれた会合は、8月19日まで長引いた。ドーソンの農業合作社による「障壁突破」を支持した、まさにその指導者たちが、市が現状を打破したことを激しく批判したのである。この時の会合で採択された政治局決議は、「第1号決議」と呼ばれ、次のような認識を示していた。「社会主義革命について、また社会主義への過渡期についての認識は、まだ本当に明確になっていない。分配・流通戦線は、わが方と商業資本家・その他の敵対勢力との闘争では、最も激烈な戦線であるが、それに対するプロレタリア専制を軽んじている部分がある」

レ・ズアン書記長とファム・ヴァン・ドン閣僚評議会議長がこの会合を仕切り、ホーチミン市書記になったばかりのグエン・ヴァン・リンが槍玉に上げられた。この会合の際に第10会議場にいたフー・ト記者によれば、レ・ズアンは「書記は辞職すべきだ、主席ももう仕事をすべきではない！」と断罪したという。専門職として会合に出席していたチャン・ドゥック・グエン*は、非常に激しい批判を受けた。「私がホーチミン市に復帰すると、こんな状況になっていた」と、グエン・ヴァン・リンは述懐している。

レ・ドゥック・トによって第5期中央委員会から外されたグエン・タイン・トーは、当時グエン・ヴァン・リンと同じ意見を持つ数少ない人物の1人だっ

501　同上。

た。No.10 トーと No.5 ヴァンが訪ねてくると、リンはとても喜んだ。その日、グエン・ヴァン・リンはこの2人に、サイゴンで開かれた政治局との会合のことを語って聞かせた。「いくつかの場面で、ファム・ヴァン・ドンは座っていられず、会議のテーブルのまわりをコツコツ足音を立てて歩き、『破壊だ、破壊。辞職だ、辞職』とのたもうた。私はあまりにも腹が立ったので、『本来なら、国家の経済をここまで衰退させた書記長と首相が辞任すべきだ』と言ってやりたかった。しかし、改めてまわりを見渡せば、会議に出ているのは大臣やら次官やら、ややこしい連中だ。仕方なく椅子に体を埋めて、黙って煙草を1本また1本と吸い続けていた。午後には、市委の経済委員長に説明を任せた。その同志は立派にやり遂げたよ[502]」。当時、市委経済委員長を務めていたのは、グエン・ゴック・アンである[503]。「No.5アンが話し終わっても、みな溜息をつくばかりだった。それが、みな実際には何も分かっていないことを証明していた」とグエン・ヴァン・リンは語っている[504]。

　この政治局会合の後の1982年9月14日に公布された第1号決議は、ホーチミン市が「流通・分配戦線においてプロレタリア専制を宙に浮いたままにしていた」と認定したものの、具体的な処罰は何も求めていなかった。相変わらず「過渡期の最初の行程で、社会主義改造を基本的に完成しなければならない」と認定する一方で、決議は「改造と建設を固く結びつけ、社会主義生産関係と新たな生産勢力を確立する」とも主張していた。

　1982年9月30日、グエン・ヴァン・リン市委書記の主宰で、ホーチミン市

502　著者のインタビューによる。
503　政治局の会合で、グエン・ゴック・アン委員長はこのような説明を述べている。「同志たちが批判していたことを、われわれは受け入れて修正しました。今ここで、同志たちが見つけて認定した、具体的な問題について説明します。まず、外国の酒と同志たちが言っている酒は、われわれが香料を購入して蒸留し、現場で輸出向けに規格を設定した酒です。御覧になってみれば、区別できないでしょう。われわれの技術が他国と変わらないことを証明しています。次に、外国に商品を運ぶ船についてですが、新鮮な品物を輸出しようと思えば、船をまる1ヵ月チャーターする必要があります。傷んでしまった物を輸出する訳にはいきません。外国の船をチャーターすれば、24時間以内にやって来て、商品を目的地まで運んでくれます。破損しないという保証つきで、契約通りの場所まで運びます。さらに、貿易取引のために、われわれが銀行から借りた8億ドンの資金についてですが、1回の取引が終わる度に、銀行に返済しなければなりません。そして、次の新しい取引のために、改めて融資の手続きをします。しかし、1回の取引のための融資の手続きは、まる1ヵ月もかかるのです。われわれは、何とか続けて定期的に取引ができるように、前回の取引で得た金を、次回の取引にとっておかなければなりません。もし、今返済しろということなら、1週間のうちに8億ドンの全額を返しますが」
504　グエン・タイン・トーの証言。

委が会議を開いたのは、政治局第1号決議を実行するための1つの政治的な動きだった。会議は、物価上昇や密輸、脱税などを防ぐことができない原因は「市に5つの経済セクターがなおも存在している」ためと分析した。この日に採択されたホーチミン市委の第17号決議は、「流通・分配戦線におけるプロレタリア専制は、われわれと商業資本家その他の敵対勢力との最も緊迫した戦線である」としていた。

　5ヵ月後の1983年3月4日、ホーチミン市委はさらに第19号決議を採択し、その中で次のように求めた。「私営資本主義商工業に対する社会主義改造を継続し、商業資本家を徹底的に排除し、私営資本家階級を漸次改造する。運輸部門の資本主義経営者のすべての輸送手段、特に専用輸送手段を接収する」[505]

　第17号決議と第19号決議は、グエン・ヴァン・リンは「資本主義改造に反対する人間ではない」[506]、という見方を補う役割を果たした。しかし、ちょうどこの時期には、改造の空気が再び高まっていた。1982年12月、党中央委は「まず国営経済と国家機関の内部で社会主義の秩序を再確立する」ことを求める第3号決議を打ち出した。第1号決議で「ホーチミン市でプロレタリア専制が宙に浮いていた」ことが批判された後に、政治局は1983年1月21日にハノイで会合を開き、改めて第8号決議を採択した。それは、障壁打破という現象を激しく批判し、ハノイ市当局に「早急に社会主義経済の規律を強化する」ことを求めていた。

　1983年5月、北部の各省は、「Z-30」という暗号名の作戦を実施せよ、と指示する中央の極秘電報を受け取った。それに従って、地方行政機関には「不明瞭な資産」を持つとされる世帯の調査・捜索権が与えられた。しかし、Z-30号指示は、ほとんどハノイだけでしか実施されなかった。[507] ハノイでは、2階建

505　5ヵ月後の1983年3月4日、ホーチミン市委はさらに会合を開き、第19号決議と呼ばれるもう1つの「重要決議」を採択した。「1978年3月の商業資本改造以後、社会主義改造工作はあまりにも長い間、宙に浮いていた。その原因の一部は、私営資本主義商工業の改造工作は基本的に完了し、資本家階級は基本的に排除され、後は新たな生産関係の強化だけと評価したことにある。経済状況に多くの困難があるなら、誰もがより良く働き、社会に多くの生産物を提供すれば持ちこたえられる、という考え方もあった。しかし、実際には、それは階級闘争とプロレタリア専制を宙に浮かせたことになる。その結果、大きな隙を作り、改造の対象が復活し、多くの面で反撃するチャンスを与えたのである」
506　閣僚会議副議長チャン・フオンは、このように見ていた。
507　当時のハノイ市委書記は、レ・ヴァン・ルオンだった。彼は1956年に、「（1953年から開始された）組織整理作戦の指導で誤りがあった」として政治局から除名されたが、1960年にレ・ズアンが彼を書記局に戻し、1976年に政治局に復帰させた。

て以上の家を新築した世帯や、隣近所から「金を持っているようだ」「裕福だ」と密告された世帯はすべて、不正な手段で儲けているという疑いがかけられた。数百件の家が捜索され、不明瞭とされた家は接収された。1983年にハノイの住民が作った詩には、「テレビ　冷蔵庫　ホンダ［オートバイ］／その3つがあれば　たちまち家宅捜索」と歌われている。[508]

　ナムディンでは、公安警察が、捜索の必要な「不明瞭な財産」を持つ200世帯の名簿を作成した。しかし、当時のハナム省委書記グエン・ヴァン・アンは、それにストップをかけた。アン書記によれば、ハノイにいる時に、喪に服している一家が追い立てられて車に乗せられ、大声で泣き叫んでいる光景を目にしたという。当時のハイフォン市委書記ドアン・ズイ・タインは、アン書記は、中央政府に対してZ-30作戦に反対の声を挙げた最初の、そして唯一の人物だと認めている。

10. 誰が誰に勝つか

　第4回党大会が打ち出した「社会主義的大規模生産」をめざす路線の概容は、

---

[508] 『ハノイ・モイ［新ハノイ］』紙特派員グエン・ドック・ターは、改造の対象となったハイバーチュン区のある家を、次のように描写している。「家に脚を踏み入れると、快適な気分になった。レンガの壁は上塗りされ、1階にも上の階にもそれぞれバスルームがあり、電飾や鏡もあった。各部屋にはテレビ、冷蔵庫、ステレオ、マホガニーの椅子、サイドボード、モデック社製ベッド、天井扇風機、卓上扇風機といった家具が備えられ、フローリングでマットレスを置いたサロンもあった。しかし、それは不道徳で、長く続いてはならない不公平の象徴だった」（『ハノイ・モイ』1983年5月17日）。クアン・カット特派員も、同じ号で書いている。「誰もが次のように問うだろう。暮らしがまだとても苦しく、やっと食べられるだけの給料しか出ない時に、どんな人間が、こんな広壮な大邸宅を建てる金を持っているのだ？　2階建てで、凝った装飾を施し、花を模したバルコニーがあり、1階も2階もドアはみな金色に塗られている。何年も戦争に明け暮れて、国はまだ貧しいのに、どうしてこのような家屋敷を持てるのだろう？　ある白髪の老婆は、『処罰するべきだよ！　私らも見ていて不愉快だし、誰にとっても悪い見本だよ』と、きっぱりと言った」。また、グエン・ゴック・ヒョウという「読者」は、不明瞭な資産を接収することは、「党員と労働人民の切実な願い」だと述べている。ファム・ゴック・ハイという名の「法律家」は、Z-30作戦について、レーニンの「収奪する者から収奪する」という原則をもって、次のように分析している。「政府は不明瞭な資産を接収し、公共の福利厚生施設に転用するという明確な政策をとった。セメント、砂、鉄、木材のような戦略物資は、みな国家が管理して分配するものだが、捜索を受けた世帯は、高価な家屋を建てるために、常にそのような物資を豊富に蓄えていた。市当局の決定に人道性があることも、われわれは歓迎している。ハノイ市当局が、このように大衆の共感を得ながら闘争を続けるよう願う。わがプロレタリア専制体制は、搾取階級の抵抗を抑えるだけでなく、奸商や、汚職、窃盗、秩序攪乱を図る者を厳しく罰しなければならない。そのような者は社会主義の敵であり、わが社会の健全な空気に、日々害毒を流す者だからだ」

レ・ズアンと彼を補佐するグループがヴァンホア放送局の前のドーソンの浜辺で「自らを解き放って思考」した時期に形作られた。研究者ダン・フォンがヴァンホアでこの路線を考え出してから、ドアンサーの請負い制を認めるようになるまで、5ヵ年計画1回分の時間がかかったことになる。彼は大規模生産を夢見て合作社を統合し、日増しに大きくしていったが、そこからさほど遠くないドーソン県ドアンサーの住民は、物乞いをしなければならなかった。その唯意志［客観的法則から外れた恣意的な思考］的な路線を自ら放棄した時に、農民は初めて飢えから解放されたのだ。

　本来なら、ドアンサー村は、政策執行規程のモデルとして研究されるべきだった。村の執行委員会は、民衆の90パーセントの要求に沿って、請負い制の導入を決定した。ファム・ホン・トゥオン書記は共産党成立記念日の2月3日に党員証を発行されなかった時、部下の党員たちにこう言った。「今の緊急の課題は住民の生活で、党員証ではない。党員証があっても住民が飢えているなら、党員証をつけている方が恥だ。何としても合作社を向上させることを考えるのだ。そうしてこそ、党員証の価値があるというものだ」[509]

　レ・ズアンはハイフォンの報告を聞いていたので、1980年より前から請負い制の役割について知っていた。1968年にレ・ズアンの補佐官になったチャン・フォンによれば、「キム・ゴックの請負い制を批判するチュオン・チンの文を載せた『ホックタップ［学習］』誌が出た朝、レ・ズアンはテイホー・ホテルにある助手の部屋に入ってくると、つまらなそうな顔でその雑誌を机に投げ出したという。ダウ・ゴック・スァンによれば、レ・ズアンはその後、農民の現実を前に限りなく迷っていた。農民の命を支えていたのは、合作社に編入された95パーセントの土地ではなく、残りの5パーセントの自留地だったからである。

　レ・ズアンに近い人々は、この時代のことを話す時、彼らのNo.3がチュオン・チンのようにキム・ゴックを批判しなかったことを、いくつかの例で説明している。農民の土地を合作社に編入する際に、責任の所在が不明確で、そのようなシステムには限界があったことを物語る事例である。レ・ズアンはそれらを1968年当時から知っていた。にもかかわらず、1976年に経済路線を策定

509　Đặng Phong, 2009.

する時、彼はなおも合作社を大規模化する道を選び、その結果、以前の時期よりも深刻な事態を引き起こしてしまったのだ。

　政策決定者たちが「2つの道」の間で苦闘し、なおも闘争に没入していたにもかかわらず、幸いにも庶民はただ1つの道、つまり自力で生計を立てる道を選んだ。ベトナムの変化は、1人の個人から始まったものではなく、1つの思潮から始まったものでもなかった。経済がどん底まで落ち込み、生活が崖っ淵まで追い詰められた時に、人民が政府を動かしたのである。集中計画経済システムを打破できたのは、ソ連の援助が常に不十分で、南北両地域の個人経済を一掃できなかったおかげでもあった。扇風機や冷蔵庫、ホンダのオートバイなどが南部から北部にもたらされたことも、戦争指導者たちが自らの思考を解放するのに一役買っていた。1975年以後に「障壁突破」策を擁護した者の多くは、マルクス－レーニンの理論をあまり学んでいなかった[510]。彼らは「戦車の硝煙がまだ鼻をつく」戦場をくぐり抜けてきたばかりだった。彼らはキム・ゴックの時代のように孤立しておらず、思想・理念を決める指導者を恐れてはいなかった。

510　チャン・ディン・ブット教授は、中央高級経済管理学校に講義に来ていたソ連の教授グループを率いて、コンダオ−ヴンタウ漁業公司に行き、そこでNo.5ヴェーが1980年代初めに行なった「障壁突破」の経験を研究した。教授はこう語っている。「経営形態が成立するまでのプロセスとその効果について、すべての説明を聞いた後で、ソ連の団長が次のような問いを発した。『ソ連とベトナムの科学者、教授のみなさん、一言で簡潔に答えていただきたい。国営企業であるコンダオ漁業が、このように敬服すべき成功をおさめた理由は何だろう？』。みなが黙っていると、ソ連の団長は冗談とも本気ともつかぬ口調で言った。『No.5ヴェー氏が、われわれが教えているような、社会主義の管理や会計の原則を学ばず、それらに無知だったからだよ』」。ヴォー・ヴァン・キェットも、政治局員になるまでは、本当はどんな正式な理論教育も受けたことがなかったと認めている。

第10章
ドイモイ

バオカップ時代を象徴する集合住宅
（小高泰氏提供）

●訳者解説

　ベトナム共産党政府は、国家機関の公務員や国営企業の労働者などの給与生活者に対して、様々な補助金を支給し、消費物資を安く提供する「バオカップ」という制度をとっていた（日本語では「国庫補助金制度」や「国家丸抱え制度」と訳されることもある）。企業に対しては、必要な生産財や原料、従業員の賃金などが国家の管理価格に沿って供給された。企業へのバオカップは、生産実績や労働者の能率とは関係なく一律に適用された。しかし、配給ではしばしば入荷の遅れや品切れがあり、製品の質も粗悪だったため、必要な物を手に入れたければ、公定価格の何倍もの値段でブラック・マーケットで購入するしかなかった。

　バオカップのシステムを可能にしていたのは、社会主義諸国からの援助だった。しかし、ベトナム戦争終結後は、中国が援助を全面停止し、ソ連も無償援助ではなく、国際市場価格に沿った取引を要求するようになった。それでも、ハノイ指導部は戦時中と同じバオカップを戦後も継続したため、国家予算の赤字は莫大なものとなった。アメリカの経済制裁に加え、カンボジア侵攻とボート・ピープルの流出に対して諸外国が援助を削減したため、ベトナムはますます経済的に追い詰められることになった。

　1986年12月の第6回党大会でドイモイ路線が正式に打ち出されるまで、国内では経済破綻から脱却するための様々な試行錯誤が繰り返された。それは、国家が外国援助に依存し、国民が国家に依存した経済体質から脱却するための闘いでもあった。

第10章　ドイモイ

　1986年12月、ベトナム共産党は、土地や工場、そしてすべての生産・経営権を国家が集中的に握る体制を改め、各経済セクターの自由な活動を制限つきで認めた。同時に国家は、国内の商品流通も少しずつ自由化し、物価が行政命令による計画や決定で決まるのではなく、市場で調節されるよう図った。党は、市場経済がほぼ本来の規律通りに運営されることを認め、その路線を「ドイモイ」と呼んだ。ドイモイを提唱した者たちも、この決定に行き着くまでには、党内の同志たちと、そして自分自身を説得するために、長い時間を費やさなければならなかった。

1. ダラット会議

　1983年の半ばにVisoの工場——サイゴンで障壁を突破したモデルの1つ——を視察したチュオン・チンは、グエン・クアン・ロック社長に言った。「今回は、話を聞くために来たんだ。1人の専門家として、すべてを報告してくれ。余計な気遣いは無用だ」。ロック社長の報告が終わった時には、午前11時になっていた。チュオン・チンの専属医は、休憩するよう求めたが、彼は「まずは工場を見なければ」と言った。その年、チュオン・チンは75歳になっていた。
　チュオン・チンが中庭に戻ってくると、それに気づいた工員たちが、みな彼のまわりに集まった。ロックによれば、彼らは1975年以前からそこで働いている工員で、かつては行政当局から「敵」の疑いをかけられた人々だった。チュオン・チンは「労働者階級の人たちと写真を撮らねばな」と言った。撮影が終わると、彼は庭の真ん中でロック社長の肩を抱いてこう言った。「今日は1つだけ君に言っておく。やりたいようにやれ、それも首尾よく社会主義を建設するためだ、とな」。「その言葉は、まるでパパが話しかけているような感じだった」と、ロックは回想している。
　チャン・ドゥック・グエンによれば、チュオン・チンと当時の書記局で多数派を占めるような人々が第100号指示に同意したのは、それが生産資材の集団所有制度と抵触していなかったからだという。農業を請負い制にするという「障壁突破」も、「パパ」たちの承認を得ようとすれば、最も重要なことは、それがけっして社会主義路線に挑戦するものではないと信じさせることだった。

チュオン・チンがVisoを訪問したのは、ヴォー・ヴァン・キェットに勧められたからだった。チュオン・チンの息子ダン・スァン・キーによれば、「No.6ザン[キェット]は、特に1979年半ばの6中総以後、父が現実をより深く理解するように助言してくれた。No.6ザンは、もっと多くの生産現場を訪問して、自分の目で状況を確かめるよう勧めてくれた」という。1982年9月、政治局はサイゴンで会議を開き、きわめて厳しい言葉で障壁突破を批判した。ホーチミン市当局を「反動」と決めつける者さえいた。キェットの秘書グエン・ヴァン・ファンは、その会議でトー・ヒューが「No.6ザンがサイゴンの王になろうとしている、と遠回しに言った」と証言している。

この会議では、グエン・ヴァン・リンと同じように、ヴォー・ヴァン・キェットも沈黙する手段をとった。キェットとホーチミン市委は、中央が障壁突破を認めるよう説得するには、別の方法を探すべきだと考えていた。当時キェットの個人秘書だったグエン・ヴァン・ファンによれば、その方法とは「政治局のメンバーを生産現場に視察に連れていき、旧来の労働方式がもはや通用しないことを自分の目で確かめさせる」ことだった。

1983年4月、チュオン・チンは「テイグエンの少数民族同胞が社会主義に進む」方法を考えるためにテイグエンを訪問した。書類上は、テイグエンの住民世帯の93パーセントが生産集団や合作社に入ったことになっていた。しかし、その「社会主義経済」モデルの活動が単なる形式に過ぎないと知って、チュオン・チンは跳び上がるほど驚いた。少数民族は相変わらず旧態依然たるやり方で移動農耕をし、森林を壊し、焼畑耕作をしていた。合作社は、ノルマや労働点数の計算を知らないため、相変わらず均一なやり方で分配していた。チュオン・チンに随行していたダン・スァン・キーによれば、「ダックラック省書記イーゴン・ニエックダムは、閣下にこの事実を報告するのを手伝ってほしいと私に頼んだ」という。チュオン・チンは報告を聞き終わると、「まさか、政治局と中央委に嘘の報告をしていたのではあるまいな？」と問い質した。イーゴンは「はい、嘘を言っていました」と正直に答えた。

チュオン・チンの秘書チャン・ドゥック・グエンによれば、この視察の際にチュオン・チンは、ダックラック省が少数民族の各世帯に土地と森林を委託する政策を継続することに同意した。一方、ハノイに戻ると、彼は自分の考えを

文章化して、自分が署名した書記局指示の中に盛り込んだ。「お忍び」で各地の視察を終えた1983年5月、チュオン・チンは政治局会議で発言した。「われわれの周囲では嘘ばかりが広まっているが、働く者は誰も嘘を言わない」

Visoの工場を視察したチュオン・チンは、ヴォー・ヴァン・キェットが手がけて1979年からはモデルとなっている障壁突破の行動から、自分が知り得た問題を共有したいと考えた。1983年7月、他の数人の政府閣僚と共に、避暑でダラットに滞在していた時、チュオン・チンはホーチミン市委と連絡をとり、障壁突破について正式な報告を行なうよう求めた。

当時、ホーチミン市委書記だったグエン・ヴァン・リンは、Visoに行ってロック社長に告げた。「ロック、われわれはダラットに行かねばならん。指導部の連中が休暇であそこにいるんだ」。ロックが「No.10、行ってどうするんです？」と尋ねると、No.10クックことグエン・ヴァン・リンは説明した。「チュオン・チンは、君たちの仕事のやり方を、他の指導者たちに評価させたいのだろう。君たちも彼らに面会して、工場の新しい幹部たちを知ってもらうべきだ」。こうして、Visoのグエン・クアン・ロック社長のほか、ヴィンホイ煙草のレ・ディン・トゥイ社長、ヴェトタン織物のグエン・ティ・リー社長、2-9医薬品のチャン・トゥー社長ら、「ヴォー・ヴァン・キェットの障壁突破」の立役者たちがリンに随行することになった。

ロック社長は回想している。「レ・ディン・トゥイ社長は、会議室に入って『パパ』たちを見ると、やにわに声を上げて泣き出した。ファム・ヴァン・ドンが『どうして泣くのだ？』と咎めると、彼は泣きっ面のままで「私たちは苦労しているんです。計画を委ねられても、それに見合った物資は与えられません。上から委ねられた計画を達成して、労働者を養うために、借金に駆けずり回らなければならないのです。それでも調達ができない上に、今日は監査、明日は強制執行と次々要求されるのです」。それでもファム・ヴァン・ドンは、「計画を委託する時には、収支のバランスを考えているはずだ。なぜそのようなことになるのだ？」と問い質した。閣僚評議会副議長のヴォー・チー・コンが、「大雑把に委託して、バランスはまったく計算していないのだよ」と言った。ドンが「なぜド・ムオイに報告しない？」と尋ねると、「上に次官、大臣がいるのに、どうして閣僚会議副議長にまで報告を上げられる？」と、コンは答えた。

このダラット会議で、チュオン・チンはまた、ホーチミン市副主席ファン・ヴァン・カイ*と貿易局長のNo.10フィーから、分配・流通機構の活動で「障壁突破」をした話も聞いた。グエン・クアン・ロック社長は語っている。「4日間にわたって報告を聞いた後で、チュオン・チンはわれわれの肩を抱いてこう言った。『君たちは困難に直面しながら、とても勇敢に闘った。いやしくも共産主義者ならば、われわれは困難を恐れてはならない。間違うことを恐れてはならない。間違いは修正するのだ。だが、いずれにせよ理論と実践をうまく結びつけなければならない』」

　1981年12月末、ヴォー・ヴァン・キェットはハノイに上り、国家計画委員会の主任の座に就いた。中央で2年間の役職を果たしたキェットは、「見方を変えなければ制度からも解放されない」と認識するようになった。彼は織物組合連合のブイ・ヴァン・ロン会長に会い、織物業界の会合を開いて、社長らに自社の手詰まり状況を報告させてはどうかと提案した。「中央の指導者をできるだけたくさん招待して、話を聞かせた方が良い」と、彼は言った。

　1984年4月、フオックロン織物公司の敷地内に、織物業界の内外から20人以上の社長が集まった。そして、各省・市、中央省庁、各部門の委員会、さらには閣僚会議のメンバーを含む200人以上の代表の前で報告を行なった。会議は長引き、3日間にも及んだが、後になるほど開放的な雰囲気になっていった。

　ブイ・ヴァン・ロン会長は、「二重帳簿をつける」政策についての質問を受けて、次のように答えた。「私自身が二重帳簿をつけている。1つは国家の公定価格に沿った生産の収支で、合法的だが合理的ではない。もう1つは市場の実勢価格に沿った収支で、合理的だが合法的ではない。合法的な数字は上に報告するためのもので、合理的な数字は会社の運営のためだ。たとえば、竹を1本買うとすれば、売り手は1本を1.5ドンで売るが、物価委員会が設定した購入価格は1本わずか1ドンだ。竹を1本買ったら、合法的な帳簿に記入するために、二つに切って2本買ったことにするのだ」[511]

　ダラット会議や、フオックロン織物での会議で、指導者たちは公式の報告ではなく、現実に起きていることを直接聞くことができた。チュオン・チンの事務所にいたチャン・ニャムに言わせれば、公式報告は「機密」の印を捺されて、

511　Đặng Phong, 2009, p.66.

内部資料としてのみ流通していたが、決まって実状を正確に反映していないものだった。もし、ヴォー・ヴァン・キェットのような人々が、障壁突破を実行に移していなかったら、チュオン・チンのような人々が、国家計画システムの不愉快な現実を認識することはなかっただろう。しかし、もしチュオン・チンが政治家としての資質と思考力に欠けていたら――実情を説明して、当時の政治的環境にふさわしい理論的基礎を準備できなかったら――やはり党の同志たちを説得することは難しかっただろう。

2. 新しい作業グループ

　チュオン・チンの事務所にいたチャン・ドゥック・グエンは、テイグエン視察に随行した後に職を解かれた。彼の同僚だったチャン・ニャムは、「党組織委員会がグエンを更迭した表向きの理由は、彼にフランスに定住している姉がいるからというものだった。当時は、履歴書にそのようなことが書かれていると危険だった」と述べている。しかし、ニャムは「もっと深い理由は、事務所の作業グループの一般的な仕事をする間に、チャン・ドゥック・グエンが他の指導者たちをたびたび批評していたからだった」とも言っている。グループの中の1人が、発言をいちいち記録して、後で組織委員会に報告していたのだ。

　幸いにも、グエンの後釜にはハー・ギエップが納まった。1980年代に業績を上げた研究者で、当時は党中央委事務局の総務部長を務めていた。彼は大卒の資格があり、ソ連で機械工学の修士号を得て、帰国後は工科大学で教えていた。1975年に南部に派遣されて事業所の接収・管理にあたり、その後、党中央委事務局で勤務することになった。同じ頃にチャン・ドゥック・グエンも、国家計画委員会から中央委事務局に異動を命じられた。グエンはこう語っている。「ハー・ギエップと私は、いつも一緒に仕事をして、とても仲が良く、互いに理解し合っていた。というのも、彼の局は、書記局と政治局から、正式に研究や編集の仕事を請負っていたからだ。私は彼の考え方を尊重していた。彼の思考は普通の枠には納まらず、いつも実情に適した新しいものを追求していたからだ。その頃は、ドイモイ的な思想の持ち主は、すぐに批判の対象になった。ハー・ギエップは、『そういう連中は、あまりにも早すぎるという過ちを

犯したのさ』と、楽しげに言っていた」

　ダン・スァン・キーによれば、ハー・ギエップを指名して、彼を事務所に寄越すよう組織委員会に求めたのは、他ならぬチュオン・チンだったという。1983年7月、ダラット会議の準備で南部にいたチュオン・チンは、まだ組織委員会の手続きが完了しないうちから、ハー・ギエップをそこに呼ばせた。中央委事務局では、ハー・ギエップは「いつも逆のことを言う」人として有名だった。「中央委事務局のある指導者も、彼を追い出したがっていた。ハー・ギエップ流のやり方では、どうせチュオン・チンの下では3ヵ月ももつまいと考えたからだ。だが、予想に反して、ハー・ギエップはそこで働くにつれ、チュオン・チンに最も信頼される部下になっていった」とチャン・ニャムは語っている。

　チュオン・チンの息子ダン・スァン・キーは、「もし、1980年代前半に父が自分で部下を選んでいなかったら、1986年の（ドイモイ路線を選んだ）チュオン・チンはいなかっただろう」と考えている。彼はこう語っている。「私は1965年までロシアで学んでいた。2年の留学を終えて帰国すると、自分の所属機関では問題が持ち上がっていた。私は父に、中枢にいる幹部たちに仕事をさせるよう、職場からドイモイを始めることを提案した。彼らの多くは現実から遠ざかり、指導者たちの名声に寄りかかって禄を食んでいるだけだったからだ。だが、その年は、父は私の言うことに耳を貸さなかった。1972年になって、やっと父は第1補佐を交代させる必要があると認めた。だが、交代させた後で、私は父に『今度の人も、前の人たちと変わりませんね』と言った。父が聞き咎めて『組織委員会が選んだ人物だぞ？』と言ったので、私は『それでも、私たちが必要な人物ではありませんよ』と答えた。父は『組織委がどうして間違うんだ？』と驚いた」。レ・ドゥック・ト委員長の下で、党中央組織委員会の権力は、ほぼすべての場所で発揮されていた。しかし、キーによれば、「1980年以後は、父はもうレ・ドゥック・トには干渉させなかった。自分で部下を選び、もし組織委がその人選に同意しなければ、父は説明を求めた」という。

　1983年末、チュオン・チンはハー・ギエップとチャン・ニャムに告げた。「事態は切羽詰まっている。この状態が続けば、国は行き詰まってしまうだろう」。そして、顧問となる研究グループを設置するよう求めた。「新しい頭脳を

持ち、新しい経済政策が分かる人物を選ばなければならん」と言いつけた。即座に研究グループが結成された。ハー・ギエップとチャン・ニャムのほか、グエンアイクォック学院経済管理学部主任のダオ・スァン・サム、同副主任でレ・ドゥック・トの秘書レ・スァン・トゥン、世界経済研究所所長のヴォー・ダイ・ルオック、哲学研究所副所長のズオン・フー・ヒエップ、ハノイ国民経済大学講師でラオス人民革命党書記長の補佐官レ・ヴァン・ヴィエン、さらに中央機密委員会副委員長1名と、中央経済委員会の3名の上級研究員、すなわちグエン・ティォウ、チャン・ドゥック・グエン、グエン・ヴァン・ダオ元貿易省次官がメンバーとなった。

　ズオン・フー・ヒエップ教授は、「以前にも、レ・ズアン書記長が『集団主人』についての研究グループを作った前例があったので、チュオン・チンも自分の研究グループを設けることを、政治局に申告する際の根拠があった」と語っている。ヒエップ教授によれば、グループの顔合わせの時、チュオン・チンはこのように言った。「同志たちが学者であり、愛国者であり、国家への貢献を望む人々であることは分かっている。それでも、今のところ、外部に強く意見を示すと、簡単に反革命のレッテルを貼られてしまう。しかし、ここでは、われわれは率直に、言いたいことをすべて話せばいい。それを私が何とかして政治局に伝え、政治局が国家の窮乏状態を克服する措置を講じるようにするのだ」

　研究グループの会合では、チュオン・チンは聞き役に回り、質問するだけで、自分の意見や結論は述べなかった。チャン・ドゥック・グエンは、「チュオン・チンは、私たちが真に思想の自由を発揮し、教条主義的、保守的な観念に縛られないよう望んでいた」と言う。チュオン・チンは研究グループに、「私は同志たちの話を聞くが、歳のせいでメモを取るのが遅い。だから、記録は私の秘書たちに頼みたい」と言った。しかし、グループの専門家たちの話を聞くと、彼は聞くだけではなく、ノートを開いて一心不乱にメモを取った。それは真摯で控え目な態度だった。チュオン・チンの振舞いで、グループにはきわめて開放的な空気が醸し出された。

　一度、チュオン・チンがズオン・フー・ヒエップ教授に「いつになれば社会主義への過渡期の最初の段階が終わる？　いつになれば過渡期が終わる？」と質問した。ヒエップ教授は、「私にもまだ分かりません」と答えた。チャン・ニ

ャムとハー・ギエップが、「君は、社会主義をめざす路線の時期区分については専門家だろう?」と言うと、ヒエップはおもむろに「この質問に答えるために、ロシアのたとえ話を紹介させて下さい」と答えた。チュオン・チンは、「計画を立てている時にロシアの民話か?」と言いながらも、興味を覚えた様子で、ヒエップが座っている席に近づいて耳を傾けた。

　ヒエップ教授の話はこうだった。「ある人が道を歩いていました。森のはずれまでに来た時、1人の樵(きこり)に出会いました。その人は立ち止まり、『樵さん、どれほど歩いたら川岸に着くかね?』と尋ねました。樵は『分からんね』と応えました。尋ねた方はがっかりして、また歩き出しました。しかし、10歩ほど進んだかと思うと、すぐに樵が呼び止めて、『あと4時間だ』と告げました。驚いて『どうしてさっき言わなかったんだ?』と訊くと、樵は言いました。『さっきは、あんたが止まっていたから分からなかったんだ。今はあんたが歩いているから、どれだけ時間がかかるか分かるんだ』」。ズオン・フー・ヒエップはチュオン・チンに向き直り、「議長、われわれは今、同じ場所にじっと立っているだけで、進んでいません。だから、過渡期の終わりにいつ辿り着くか、答えるのが難しいのです」

　話を聞いたチュオン・チンは笑い、そして言った。「文芸家の同志には、私も文芸で貢献しよう」。そして、高伯适の立春節を吟じた。「昨夜春來破舊寒／今朝紅紫斗千斑／何當世事如花事／風雨江山盡改觀」。そして、彼の翻訳を吟じた。「昨夜春が来て　凍てつく寒さは消えた／今朝は千万の紫と紅が競う／世事はなにゆえ花の如し／風雨と共に　山河は一新する」。そして、部下たちに言った。「今、われわれは困難な状況にあるが、悲観し過ぎてはいけない。いつか雲が晴れ、風が止む時がやってくる」

　悲観しないということは、耳を塞いで何も聞かないという意味ではなく、チュオン・チンは人々の暮らしに何が起きているのか理解しようとしていた。ある日、ヒエップ教授が遅れて研究会にやってきた。チュオン・チンがどうしたのかと尋ねると、ヒエップは「昨夜は、夜中まで水を汲み上げていたものですから」と答えた。チュオン・チンは舌打ちして「忙しいことだな」と言うと、ヒエップは説明した。「私のことではありません。ハノイの集合住宅区域は、どこも水が不足していて、住民は夜中まで行列して、やっとバケツに2、3杯

の水を受け取って、持って帰るのです。議長、世間の人は『夜は家中で水の心配／朝は全国(カーニャー)で家事(ヌォック)の心配』と歌っているのです」。チャン・ニャムによれば、それ以来チュオン・チンは、民衆の心理や願望を理解する参考のため、世間で流布している言葉、特に政治的ジョークを集めるように指示した。

　おそらく、ベトナム人にとって1980年代とは、肉体的にも精神的にも、最も多くのトラウマを残す時代だろう。北部国境地帯とカンボジアの戦争に参加した兵士たちには、チュオンソン山脈で戦った兵士たちのような豪胆さはもうなかった。緑色の丈夫な蘇州製の軍服はもはやなく、凍てつくように寒い北部の戦場や、焼けつくような南西部の戦場を転々とする間に、ヴィンフー［現ヴィンフック省とフート省］製のカーキ色の軍服は、膝や尻の部分が擦り切れて穴が開いた。兵士たちは軍服のズボンを切って、後ろ側の傷んでいない布を膝頭に当てることを考えつき、それを「前線優先」と呼んだ。

　後方の人々の生活も八方塞がりだった。「釘1本も登録しなければならず／南瓜1個のために列に並ぶ／サツマイモにも伝票が必要／煙草も買うのも配給切符／結婚しても産児制限し／商人は警察官から逃げる／改造学習に行ったり来たり／米がなくなればハトムギを食べ／子供たちは学校に行けず……」。1980年代初めのサイゴンには、思想改造収容所から釈放された旧南ベトナムの士官や公務員が約5万人いた。当然ながら、彼らには就職口などなく、街に出てその日をしのぐ仕事を探すしかなかった。雄々しい革命軍の士官たちも、近頃では「通りの入口では大佐がポンプでタイヤに空気を入れ／通りの中ほどでは中佐が黒豆のチェー［ぜんざい］を売り／通りのはずれでは少佐がアイスクリームを売っている」と歌われるような日々を過ごしていた。国家の宣伝機関が声を張り上げても、民衆の精神には、もはや奮起しようという気力さえないようだった。[512]

512　1980年には、2つの画期的な出来事があった。1つは、ソ連のインターコスモス計画で、パイロットのファム・トゥアンがロシア人のゴルバトコ大佐と一緒に宇宙飛行したこと、もう1つは、ピアニストのダン・タイ・ソンがショパン・コンクールで優勝したことである。ファム・トゥアンの場合は、民衆は簡単に事の本質を見抜いた。公式メディアが、一日中「民族の誇り」を喧伝すれば、人々は逆にそれを他国の成功に便乗したプロパガンダだと考えるのだ。民衆の無関心は、現在のカーザオの2つの詩句に表されていた。「ハトムギをさらに麦に混ぜて／おまえは宇宙に行ってどうするのだ、トゥアンよ」。ピアニストのダン・タイ・ソンの場合は違っていた。当時、ソンはソ連のチャイコフスキー音楽院で学んでいた。彼の業績は本当に称賛に値するものだった（当時、ベトナムのメディアは

1980年代の終わり頃までは、ハノイやサイゴンのような都会でも、住民は豚やナマズを飼うなど、生きるためにあらゆる手立てを尽くさなければならなかった。多くの人々が、5階建てや8階建ての狭苦しい集合住宅の中で、豚と一緒に暮らしていたのだ。ハノイでは、公務員でさえやりくりに苦労していた。これについては、ヴァン・ニュー・クオン教授の笑い話が有名だ。教授は、ハノイの集合住宅の2階にある自宅で豚を飼っていたため、不衛生だとして住民に訴えられた。その地区の行政機関から人が来て調査し、「ヴァン・ニュー・クオン教授は2階の部屋で豚を飼育した」と調書に記入した。教授は抗議はしなかったが、調書に署名する前に一部修正してほしいと頼んだ。「豚が2階の部屋でヴァン・ニュー・クオン教授を養っていた」と。

　時には研究グループから、時には部下たちから、また時には家族の誰かや勇気ある党員からの進言など、チュオン・チンは様々なチャネルを通じて、嘆き苦しむ人民の心情を理解していった。人々は、1980年代前半の数年を、「バー[No.3 レ・ズアン] ― ドン[ファム・ヴァン・ドン] ― チン[チュオン・チン]の時代」と詠んでいる。この頃、このような唄を誰もが口ずさんだ。「ドン兄さん、ズアン兄さん、チン兄さん／御三方に人民の心が分からないはずがない／半束1ドンの空芯菜を／父は子にたべさせ　空腹に耐える　庶民の苦しみ」[513]

　ダン・スァン・キーによれば、彼の父は、自分に向けられた政治的ジョークさえ聞こうとするほど勇敢だったという。そのようなジョークの1つに、こういうものがあった。ある日、党の最高指導者3人が専用機に同乗して、地上を

まったく摑んでいなかったのだが、マルタ・アルゲリッチとニキタ・マガロフという2名の審査員がコンクールの審査委員会を辞していた。出場者のうち、彼らが最も才能があると見たイーヴォ・ポゴレリッチが、ロシア人の審査員が0点をつけたため、決勝に進出できなかったからだ）。しかし、ソンが優勝して称賛を浴びるほど、知識人層は彼の父親を思い出して心を痛めた。父親、すなわち革新的な詩人でニャンヴァン・ザイファム事件［1950年代の北ベトナムにおける文芸家弾圧］に連座したダン・ディン・フンである。ダン・タイ・ソンは次のように語っている。「1980年にショパン・コンクールがあったおかげで、父の寿命は10年延びました。当時、父は肺癌が進行していて、友人宅の階段の下で寝起きしていました。住む家はなく、病院に入ってもただ死を待つばかりという状態でした。コンクールの当日、父は入院しました。電報で、コンクールが終わったらすぐに戻れと言ってきました。私はその時、国内で父に治療を受けさせることができないなら、外国に連れていこう、と考えました。結局、トン・タット・トゥン教授とホアン・ディン・カウ教授が父の治療をしてくれて、おかげで父はそれから10年生きられました。ショパン・コンクールのおかげで、私の人生だけではなく、私の家族全員が大きく変わったのです」

513　「チン」は通貨の最小単位。

見下ろすと、うち捨てられ、飢え渇いて、悲しげな顔の人々が見えた。突然、1人が「今、何か投げてやったら、あの連中は満足するかな？」と尋ねた。ファム・ヴァン・ドンが最初に応えた。「きっと彼らは腹が減っているんだ。白米の飯を投げてやれよ」。チュオン・チンは「彼らに足りないのは理想だ。彼らに社会主義への過渡期の理論を投げてやれ」と考えた。すると、レ・ズアンが首を横に振って「違う違う、彼らは集団主人になる必要があるんだ」と言った。何を投げるべきか、3人のお偉方の意見が揃わないでいると、飛行機を操縦していたパイロットがおずおずと口を開いた。「失礼ながら、私の意見を述べてもいいでしょうか？」。レ・ズアンは即座に言った「もちろんだ。民主的にいこう」。そこでパイロットは言った。「はい、地上の人たちを大喜びさせたいなら、ただ1つの方法は、御三方が飛行機から飛び降りることです」

3. 歴史の目撃者

　チュオン・チンはこの時以外にも、ベトナム共産党の歴史上、最も困難な時期にはいつもその現場に居合わせていた。1945年にベトミン指導部が政権を奪取した時にも、1956年に土地改革で党が犯した誤りの責任をとった時にも。そして、1980年には自ら覚醒して、党が路線を誤ったために陥った閉塞状態から脱却させたのだった。[514]

514　チュオン・チンは1907年2月9日、ナムディン省スァンチュオン県ハインティエン村に生まれた。家族は、後陳朝時代の名将ダン・タットの末裔と言われている（1975年12月28日、チュオン・チン、本名ダン・スァン・クーは、ハーティン省を訪問し、祖先のダン・タットとダン・ズンの墓所に参拝した。これは、チュオン・チンの親族が結婚するので、新郎新婦の両家の顔合わせに出席したものと見られている）。高等小学校に在学中、チュオン・チンはファン・ボイ・チャウの恩赦を要求する闘争に参加している。彼はまた、ファン・チュー・チンの追悼のため、ナムディンで同盟休校を指導した人物の1人であり、そのために放校処分を受けている。1927年、貿易専門学校で学ぶためハノイに上ったチュオン・チンは、ベトナム青年革命同志会に入り、北部におけるインドシナ共産党設立運動の最初のメンバーとなった。1930年、彼はグエン・ドゥック・カインとともに逮捕された。カインはその後、死刑を宣告され、チュオン・チンは12年の懲役刑に処された。獄中でも、チュオン・チンは「ベトナム国民党のライバル」と論争する新聞の主筆となり、刑期満了より前の1936年に釈放された。出獄後は党の北部地区委員となり、地区委員会の機関紙『解放旗』の主筆を務めた。そのほか、『ル・トラヴァーユ』『ラサンブルマン』『アンナヴァン』のようなフランス語新聞や、『ティントゥック［ニュース］』の責任者にもなっている。1939年9月26日、第2次世界大戦が勃発すると、フランス大統領ルブランは、「フランスおよびフランス植民地の共産党を解散させる」大統領令を公布した。インドシナ共産党もその対象だった。開戦後1ヵ月の間に、フランス当局はベトナムで約2000名の共産党員を逮捕

1941年1月、革命の道を求める旅を終えたグエン・アイ・クォックが、カオバン省のパックボにやってきた。この地で、彼は1941年5月に第8回中央委員会会議を開き、チュオン・チンは正式にインドシナ共産党書記長兼宣伝訓練委員長に選出された。1942年初め、グエン・アイ・クォックは中国に戻り、その年の8月に中国国民党に逮捕、拘禁された。宣伝の仕事は、すべてチュオン・チンが準備し、実行した。ヴォー・グエン・ザップ大将は、「ホー伯父さんは抗仏戦争の魂だった。だが、『抗戦に必ず勝利する』の本に、理論についての具体的な路線、具体的な指導を提示したのはチュオン・チンだった」と語っている。特に、一斉蜂起に進む段階で、決定的な役割を果たしたのはチュオン・チンだった。この段階で、彼にとって最も鋭利な革命の武器はペンだった。[515]

　1945年3月8日、各情報を分析した上で、チュオン・チンは「日本軍はもうすぐフランス植民地政府を倒す」と判断し、すぐさま党の拡大中央常務委員会をドンキ寺に招集した。3月9日の黄昏時に開かれた会議には、チュオン・チン、グエン・ルオン・バン、レ・ドゥック・ト、レ・タイン・ギ、グエン・ヴ

した。南部だけでも、800名以上の党員が逮捕された。1940年1月17日、グエン・ヴァン・クー書記長が、続いて中央委員のレ・ホン・フォンとヴォー・ヴァン・タンが投獄された。クーの前任者ハー・フイ・タップは、1938年5月1日に投獄されていた。北部では、チュオン・チン、ハ・バー・カン、ホアン・ヴァン・トゥ、ルオン・カイン・ティエンが、逮捕作戦が展開される前に逃げおおせた。党中央委では、当時ただ1人残った委員のファン・ダン・リューが、組織を南部から北部に移すことを決定し、同時に「南部一斉蜂起」の際に北部と中部が協働することを検討した。ハノイでは、ファン・ダン・リューが北部地区委員会との会合を開き、臨時中央委員会を設置、ホアン・ヴァン・トゥ、ダン・スァン・クー（チュオン・チン）、ハ・バー・カン（ホアン・クォック・ヴェト）を委員として補充した。ファン・ダン・リューは書記長への就任を断り、会合の出席者は代わりに、チュオン・チンを臨時中央委員会書記長に選出することで一致した。

515　1942年1月15日、チュオン・チンは『キュークォック[救国]』紙に次のように書いている。「知識人、農民、労働者、商人、兵士たちよ！　各救国団体よ！　国を失ったすべてのベトナム人同胞よ！　過去80年間、愛する祖国は独立を失い、貪欲な敵フランスの奴隷の立場に貶められてきた。過去80年間、ベトナム民族の額には、幾多の義人英雄の血で国辱の惨めな烙印が押され、それは今に至るもまだ濯がれていない。今や国辱は度を増し、仇敵はいっそう憎むべき存在となっている。今や祖国の山河は、日本という新たな敵に踏みにじられ、奴隷の身はさらなる迫害を被ることになった。日本は英・米に宣戦布告し、わが国土を戦火の渦に巻き込んだ。その涙すべき境遇、家族離散の悲劇の中から、ベトナム独立同盟の宣伝隊である救国軍が誕生し、全国の同胞に痛切な呼びかけを行なった。今すぐ力を合わせ、心を1つにフランスと日本を追い払い、わが国土が受けた恥辱を濯ぎ、祖国を独立の栄光に導こう」。チュオン・チンは厳粛に呼びかけた。「救国軍は万民の悲痛な苦しみを解消するだろう。救国軍は庶民の切実な望みを体現するだろう。救国軍は同胞と共に、民族解放の道を進む忠実な道しるべとなるだろう。すべての愛国的同胞は心を尽くして、あらゆる方面から救国軍を支援しよう。固い意志をもって金星紅旗の下に進むのだ！」

ァン・チャンなどが出席した。書記長が会議を招集した理由を明かしたとき、犬が吠える声が響き、同時に誰かが扉を何度も叩く音がした。寺の住職が小僧に戸を開けさせると、懐中電灯を手にした2つの人影が入ってきた。住職は党員たちに警告するため、「ようこそ警備隊長、副長」と声を張り上げた。

　中央常務委員会は「第2の策」に転じなければならなかった。党の指導者たちは、履物と衣服を持って、寺の裏にある竹の茂みを抜け、南の方角にあるディンバン村をめざした。線路を越えてディンバン村に入ると、ハノイの方向から激しい銃声が聞こえた。チュオン・チンは、「みんな、日本とフランスが撃ち合ってるぞ！」と喜びの声を上げた。1945年3月9日の夜8時25分のことだった。会議後、チュオン・チンは難を避けてザン寺に移動し、「日仏の衝突とわれわれの行動」とする指示を起草した。それはすぐに秘密裡に印刷され、全国に流布された。[516]

　ホー・チ・ミンが中国からパックボに戻って来る前に、チュオン・チンは北

---

[516] 1945年3月9日の夜、クアンチ省の森の「狩り」から戻った皇帝バオ・ダイは、すぐさま日本軍に連れられて宮殿に帰った。日本軍のある士官が、御前文房のファム・カック・ホェアに告げた。「皇軍はフランス植民地当局から政権を奪取したに過ぎない。南朝を侵害することはまったくない」(ファム・カック・ホェア『フエの朝廷からヴェトバックの戦区まで』、国家政治出版社、2007年)。翌日、駐インドシナ日本大使の横山が宮廷に上り、ベトナムの独立を承認するという日本側の意思を上奏した。日本大使を迎えた際、ファム・カック・ホェアは大使にこう言った。「われわれは全人民の支持を得る必要がある。そうするためには、厳粛な独立宣言を行なうことで、わが政府の威信を高める必要がある」。横山大使は、主権を示すための独立宣言は国内問題で、ベトナム政府は絶対的な行動の自由があると考えていた。3月11日、機密院の会議の後で、バオ・ダイは、ベトナム独立宣言の勅書に署名し、1884年のパトノートル条約を破棄した。3月17日、皇帝は、民の同意に基づいて権力を掌握する、と声明するもう1つの勅令を出した。日本軍はまた、歴史学者チャン・チョン・キムから首相就任の同意を得た上で、彼をフエに連れてきた。4月17日、皇帝は政府樹立の勅令を公布した。その頃、北部一帯に飢饉が広がりつつあり、一方、鉄道は連合軍の恒常的な爆撃と艦砲射撃を受けていた(1945年5月には、ヴー・ゴック・アイン大臣がタイビン省の医療施設を視察後、米軍機の機銃掃射を受けて死亡している)。「民衆が要求し、多くの期待を寄せていると自認していても、政府はまだ大したことはしていなかった」とは言うものの、チャン・チョン・キム政府には、次のような目覚ましい実績がある。すなわち、すべての行政機関をベトナム人官吏に引き渡すよう日本軍に求めたこと、南部の直轄植民地およびフランスに割譲した領土を取り戻したこと、政治犯のすべてに恩赦を与えたこと、各勢力の政党樹立を認めたこと、公務員と工場労働者、貧困層の税を免除したこと、憲法の起草と政治・行政・教育機構改編のために各諮問委員会を設置したことだろう。わずか5ヵ月の政権だったが、チャン・チョン・キム政府は、教育カリキュラムにフランス語に代わってベトナム語を導入した(教育・芸術相ホアン・スァン・ハンの実績)。プロレタリア人民の税を免除し、貧困層の債務を帳消しにし、飢餓に苦しむ中部と北部に、南部から2000トン近い米を送った。そのほか、政治犯への大赦、汚職官僚の処罰、若手官僚の抜擢なども実行している。1945年8月、ベトミンの武装闘争が勃発し、チャン・チョン・キム内閣は崩壊の途を辿った。

部革命軍事会議を招集し、議長を務めた。会議では、7つの革命戦区を設置し、各武装勢力を統一する方針が採択された。チャン・クォック・フオンによれば、タンチャオ［トゥエンクアン省］に上る前に、ホー・チ・ミンが病気であることを知って、チュオン・チンは市外のATK［安全地帯］に戻り、No.10フオンを呼び出して「私はすぐに戦区に行かなければならないが、中央は革命活動のために、医師1名と薬を少々送る必要がある」と告げた。No.10フオンはレ・ヴァン・チャイン医師を選び、医師は医療用品と薬を携えて、チュオン・チンと共にヴェトバックに向かった。

　1945年8月15日、日本が連合国に降伏を伝えると知ったグエン・カンは、チュオン・チンの助言通りに党の地区委員会を招集した。レ・リエム、チャン・トゥー・ビン、グエン・ヴァン・ロックなどが出席した。3月12日のチュオン・チンの指示「日仏の衝突とわれわれの行動」が、ヴァンフック村の会議場で再び検討に付された。チュオン・チンが示した「総蜂起に必要な諸条件」を吟味した後に、出席した委員たちは喜びの声を上げた。「まったくこの通りだ。直ちに大衆の蜂起を指導して、総蜂起を起こすべきだ」。会議は、紅河デルタ地域の10省で大衆の一斉蜂起を指導するため、北部革命軍事委員会の設置を決定した。

　ホー・チ・ミンが主宰する大会に出席するため、代表者たちがタンチャオに集合している間に、各地方は地区委員会の指示に従って次々と蜂起を起こし、地方府や県の行政機関を占領、省の行政機関に迫っていた。ハノイでは、革命軍事委員会を設立した地区委員会のグエン・カン常務委員が、各蜂起を指導するために、直接その委員長に就任した。地区委員会はベトミン圻部［北部・中部・南部の地方支部］の名で、各地方に対し、蜂起を遂行して政権を奪取せよという通達を出した。1945年8月19日、グエン・カンの部隊は旧保護領総督府を占領した。[517]

---

[517] 1945年8月17日、ハノイの日本軍は旧保護領総督府でベトミンの代表と会見した。ハノイにおけるチュオン・チンの代理人チャン・クォック・フオンによれば、「ベトミンがチャン・チョン・キム臨時政府に参加する」ことを提案したが、ベトミン側はそれを拒否したという。チャン・チョン・キム政府は、8月14日に「なおも日本軍当局者と緊密に協力する」と声明していた。それに先立つ8月12日、同政府の青年担当相ファン・アイン弁護士が、各所に向けて電信でこう繰り返していた。「反乱組織・宣伝組織が混乱と無秩序の種を撒こうとしている。そのような一味に簡単に騙されるような浅薄な人間にならないように」。ファン・アインの電文が言う「反乱者」の一味とは、ベトミンを暗示していた。8月17日、「ハノイ公務員総会」がオペラハウスで、チャン・チョン・キム政府を支持する

ハノイが金星紅旗の輝きに満たされていた頃、タンチャオの国民大会に出席した代議員たちは、まだその拠点を離れていなかった。北部地区委員会とハノイ市委員会は、戦区のホー伯父さんと中央委員会の代議員を迎えに行くため、直ちに代表者を選出した。彼らはタイグエンまで行き、そこでチュオン・チンと合流した。チュオン・チンもニュースを聞いて、タンチャオから下ってくる途中だった。1945年8月25日、ホー・チ・ミンとその側近たちは、紅河沿いの道を下ってチェムに着いた。迎えの工作部隊のメンバーは、ATK[518]にある地区委員会の活動拠点フートゥオンの、チャイン・ハイ夫人の家にチュオン・チンを送り届けた。8月26日の夕刻、チュオン・チンは、シトロエンの自家用車でホー・チ・ミンを迎えた。T.A.20というナンバープレートをつけたこのシトロエンは、8月19日にネンという名の運転手が、蜂起を指揮するグエン・カンを乗せてハノイを駆け回った車だった。グエン・カンは、フードンから戻ったチュオン・チン書記長を迎えてから、この車を書記長に譲り渡したのだった。

チュオン・チンは、ホー・チ・ミンをハノイのハンカン通り35番地に連れていった。この家は、ハノイでは有名な資産家チン・ヴァン・ボ夫人の家であるハンガン通り48番地の裏手にあった。ホー・チ・ミンは毎朝、チン・ヴァン・ボ宅で朝食をとってから、家の中か、または北部府の建物で仕事をした。一方、チュオン・チンは、8月26日から一時的に、ハンダオ通り6番地に移った。

ホー・チ・ミンが連合政府を樹立した時、チュオン・チンは政府の役職には就かなかった。インドシナ共産党が地下活動に入っている間、彼は「インドシナ・マルクス主義研究会」［偽装解散したインドシナ共産党の表向きの組織］の会長を務めていた。第2回党大会で、彼は正式に書記長の座に復帰した。この大会で、

大規模なデモを組織した。集会が始まろうとした時、隠れて控えていた数人の共産主義者が壇上に駆け上がり、ステージを乗っ取った。そして、チャン・チョン・キムを支持する集会を、「傀儡政府」を告発する集会に変えてしまったのだ。別のもう1つのデモに対しても、党の地区委員会の決定で、また違った行動が仕掛けられた。それは、デモの乗っ取りだけではなく、政権を奪取することだった。1945年8月19日、ベトミンの兵士が北部府を占領した。北部府は旧トンキン理事長官の政庁で、この時はファム・ケー・トアイの事務局として使われていた。日本軍はその後、戦車部隊を展開させてデモを威嚇した。No.10フオンによれば、ベトミン側は日本軍の指揮官に「ベトナム人の内部問題に干渉すべきではない」と伝えたという。それは、単にその場で威嚇を阻止するために発せられた言葉だったが、同時に多くの予言を含んでいた。その頃、国民党とチャン・チョン・キム政府のメンバーは、みな「大越奸」と呼ばれていた。この段階では、共産主義者は、外敵だけではなく、非共産主義諸政党とも闘争していたのである。

518　安全地帯。

党は「ベトナム労働党」に改称した。

　1953年、ホー・チ・ミン主席がスターリンと毛沢東との間で、土地改革の実施に合意すると、チュオン・チンは中央改革委員会の委員長となった。3年後の1956年9月、中央委が土地改革の誤りを修正した時には、彼は誤りの責任をとって辞職した。チュオン・チンが最初に就いた国家機関のポストは、副首相兼国家計画委員長（1958年就任）だった。1960年7月、彼は国会議長に選出され、その後20年以上この地位にあった。1981年7月、彼は国家評議会議長のポストに移った。チャン・ナムによれば、この時期、「チュオン・チン同志の事務所は、各行政機関、各行政レベル、各分野、そして各地方から、党官僚や一般党員、人民から送られて来る、何百何千という報告書や提言書で溢れ返っていた」[519]という。

4. 新経済政策から

　チュオン・チンと彼の研究グループは、「マルクス・レーニン主義の基本的理念を再確認する」出発点を選んだ。ソ連がその陣営の国々に押しつけた「社会主義モデル」[520]は、ベトナムの党学校でも正式な教育カリキュラムとなった。[521]

519　Trần Nhâm, 2005, pp.14-15.
520　スターリンが設計したソ連経済は、1919年に出版されたプレオブラジェンスキーとブハーリンの著書『共産主義のABC』に書かれた理論的基盤に依拠していた。ブハーリンもプレオブラジェンスキーも、1930年代半ばにスターリンによって失脚させられていたが、彼らの著書は、フランス語、英語、ドイツ語、スペイン語、中国語など多くの言語に翻訳された。1930年代のソ連における社会主義建設についての、プレオブラジェンスキーとブハーリンの理論と実践から、スターリンは1952年に『ソ連における社会主義の経済的諸問題』を著している。1953年にソ連の理論家たちが執筆した『経済政治学テキスト』は、スターリンの著書に依拠している。これら2冊は、1年と少しの間に600万部も印刷され、社会主義諸国の党官僚たちの「枕」になった。ベトナムでは、1953年にスタット［事実］出版社がスターリンの著書を、1956年に『経済政治学テキスト』を翻訳、出版している。
521　ベトナム労働党が1950年初めに、戦区からハノイに移った時から設置した教育機関で、グエンアイクォック党学校と呼ばれた。抗米戦争勝利後の1975年12月22日、党書記局は「グエンアイクォック学校の規模を拡大」することを決定し、それに沿って、学校は次々とクラスを開設して研究生を受け入れた。その結果、研究生の数は、1975～1976年期の1500名から、その後2年間で1800名、2000名と増加した。1976年、書記局はサイゴンに第2グエンアイクォック校を、ザーラムに第3グエンアイクォック校を、そしてダナンに第4グエンアイクォック校を建設する決定を下した。同年末には、年間3000人の研究生を訓練する、現職高級党学校をハノイに建設させている。この年、書記局は他にも、ハノイの中央宣伝・訓練学校の拡大を決定し、その2ヵ月後には、第2宣伝・訓練学校をダナンに建設し、1000人の研究生を受け入れることを決定している。

重要な指導的ポスト就くには、党学校の課程を修了することが不可欠な規準だった。1980年代初めまでに、100万人以上のベトナム人が、党の学校でスターリン・モデルについての教育を受けた計算になる。それら党幹部の認識を変えるには、マルクス・レーニン主義の名を用いるしかなかった。

当時、ハー・ギエップやダオ・スァン・サム、チャン・ドゥック・グエンのような研究者たちは、ソ連の専門家が教えた学問を通して、「レーニンの新経済政策」に接した経験があった。1978年、高級幹部たちの理論面の限界を見てとったファム・ヴァン・ドン首相は、政治局を代表して国家政治学院と中央管理研究所で講演し、高級幹部に経済管理を教えなければならない、と問題提起した。

この時期、中国では鄧小平が「石を探って川を渡る」政策を進め、「白い猫でも黒い猫でも、鼠を獲るのが良い猫である」と認めていた。国の運命とは実におかしなものだ。ベトナムが中国に隷属することは少なくなかった。隷属と言う程ではなくても、中国の積極的な介入を受けることはよくあった。この時期、ベトナムはこの北方の隣国を「宿命的な敵」とみなしていた。そして、この時期の中国側の変化が、ベトナムとの間で表に出ると、やはりベトナムへの攻撃や批判となって表れた。そのような状況を背景に、ベトナムとソ連の全面協力協定が締結された。協定に基づいて、ソ連はベトナムに年間10億ルーブルの援助のみならず、頼もしい専門家の部隊も派遣した。

この時期にベトナムに派遣されたソ連の専門家には、管理顧問と学術専門家が含まれていた。顧問団長は、ソ連邦モルダヴィア共和国の元閣僚会議議長パスカルだった。ダオ・スァン・サム教授は「もしパスカルのような管理顧問が、古いタイプの頭脳の持ち主だったなら、彼らがベトナムの国家機関のために働いて、官僚主義的バオカップ制度を運用するほど、ベトナムの党官僚が積極的に思想面の逃げ道を探す役に立っただろう」と言っている。ベトナムからは、数千人もの党官僚が、長期・中期・短期の研修でソ連に送られた。そのほか、1979年3月からは最初の講師団が、NEPという略称で知られるレーニンの新

522 　大臣、次官、局長、党中央委の各委員長、地方省・県の書記および人民委員長、国営企業の社長・部局長・部長、研究所長など。
523 　Novaya Economisheskaya Politika

経済政策をベトナムに伝えにやってきた。

　レーニンが打ち出した新経済政策は、私有制を廃止する「戦時共産主義」政策をロシアで適用して失敗した直後に、ごく短期間実施されたものだった。ダオ・スァン・サムは次のように説明している。「NEPを実施した時、レーニンはこれが一時的な措置か、それとも長期的なものなのか明言しなかった。スターリンが権力を握ってからは、NEPは廃止されただけでなく、それに言及することは、学校の中でさえできなくなった。ソ連では、上級の理論専門家だけがNEPの研究を許されていた」

　1980年代後半、古いモデルが行き詰まりに陥ってからは、ソ連の理論家たちは新経済政策とレーニンに言及するようになった。ソ連経済学研究所の所長で、後に閣僚会議副議長になったアバルキンは、ベトナムについて、古いモデルの誤りは「市場を否定し、唯意志主義的に計画を立てた」ことだと考えている。ソ連農業アカデミーの会員イーゴリ・チホノフは、ベトナムの高級合作社という病理も、ソ連の集団農場という病気と同じようなものだと考えた。さらに、若手の専門家クリコフは、レーニンが個人経済・私営資本・外国資本の活用を支持したことを証明し、「資本家階級にその使命を果たさせるべきだ」と言っている。

　ソ連の専門家たちの講義は大胆かつ斬新で、パスカル顧問団長がたびたび不賛成の態度を示すほどだった。しかし、これらアカデミーのメンバー自身が力のある人物だったため、パスカルには何もできなかった。イーゴリ・チホノフは、当時の閣僚会議議長ニコラス・チホノフの実弟だった。ダオ・スァン・サムによれば、チホノフはパスカルのような管理顧問について、「連中は、ソ連でもよくわしらのグループを困らせてくれたよ」と語っていたという。

　ベトナム側では、一部の「志操堅固」な学習者が、党中央に報告を上げていた。ベトナムのイデオローグは、「ソ連はわが党の理論に反することを教えている」と考えた。レ・ズアンとチュオン・チン、ファム・ヴァン・ドンは、講義に人を送ってその様子を報告させたが、3人とも何の意見も示さなかった。ダオ・スァン・サムはこう語っている。「当時は、ソ連への信頼が回復してきたばかりだった。その理論は、レーニンのNEPから再び導かれたものだった。だから、マルクスの理論に反していても、党中央の急進的なイデオローグは、

これは一時的な措置だ、一時的な後退だ、マルクスが言ったように、また集中化に進み、私有制を廃止する時が来る、と自らを慰めたのだ」

　1979年半ばの第4期6中総で、中央委がいくつかの修正を始めるより前に、1000人以上のベトナムの党官僚が、NEPを研究するクラスに参加していた。ソ連は特に、大臣、次官、地方省の書記・人民委主席を対象に、5つのクラスを設けていた。6中総は、緊急の経済問題を分析して、生産活動への縛りを徐々に緩めるために、それまで以上に理論的根拠を用意していた。ホーチミン市の中央経済管理学校分校の校長チャン・ディン・ブット教授によれば、ベトナムでNEPの講義を担当したソ連アカデミーのメンバーは、ロンアン省の「物価手当」や、コンダオ－ヴンタウ漁業会社の「請負い」などの措置を知るに至り、大いに共感し、それらを支持したという。

　レ・ズアンとファム・ヴァン・ドンは、レーニンの新経済政策の講義には、報告を通して接するだけだった。しかし、チュオン・チンは彼らとは違って、自分の専門家グループと、NEPの内容についてしじゅう議論していた。特に1983年からは、チュオン・チンは続けざまに地方の視察を行なった。同年4月には、10〜14日にダックラック、15〜19日にザライ－コントゥムに出かけた。7月18〜22日にはラムドンに行き、8月には21〜22日にビエンホア工業区、23〜25日にヴンタウ－コンダオ経済特区を視察した。1984年には、カンボジアの独立記念日の祝賀から戻ってから、8月11〜15日にホーチミン市に、そしてロンアンの「物価手当」政策の視察に出向いている。[524]

　ロンアン訪問は、彼に良い印象を与えた。チャン・ニャムは「チュオン・チン議長がこれほど明るい表情で、心をわくわくさせているのを見たことがなかった」と語っている。1985年には、チュオン・チンは自分のドイモイ思考を固めるため、現状の分析を続けた。この年の1月16〜19日に、彼は再びホーチミン市に行き、グエン・ヴァン・リンと共に、新しい労働方式を取り入れている工場や企業を訪問した。20〜23日には再びロンアンに出向き、そこからさらにアンザン省、ドンタップ省を回った。3週間に及ぶ視察旅行の最後は、2月5日に訪れたカントーだった。8月にはさらにタインホアとゲティン、11月にはハイフォンを訪問しているが、チャン・ニャムに言わせれば、実質的にチ

524　チュオン・チンの秘書チャン・ニャム教授による。

ュオン・チンの新思考を方向づけたのは、南部の視察だった。

5. バオカップの城壁突破まで

　チュオン・チンが始めた、実情から理論に至る研究の結果は、1984年7月3〜10日に開催された6中総で公表された。総会でのチュオン・チンの演説は、彼と同志たちとの間に、かなり大きな隔たりがあることを示していた。彼の見解がレ・ズアン書記長の演説と並べ比べられると、その隔たりはますます明らかになった。

　6中総の始めに、レ・ズアンは周到に準備した演説文を読み上げた。その頃の経済情勢はもはや「進退窮まる」状態に陥っていたが、レ・ズアン書記長の報告は、なおも「重工業の発展を優先し、農業を速やかに社会主義的大規模生産に移し、国家の経済計画を経済管理システムの中心に据え、分配・流通で集団主人体制を実践する」というものだった。国家の経済計画では「物量と釣り合いのとれた商品価値が最も重視される」と、書記長は考えていた。[525]

　書記長の政治報告のすぐ後に、チュオン・チンが読み上げた約30頁に及ぶ演説文は、党中央に「経済生活の現実を直視する」ことを求めていた。彼は、「過去数年間のバオカップ制度は、われわれの経済を絵に描いた餅にしてしまった」と発言した。「上が官僚主義的であったがために、下は障壁を破ったのだ。すべての分野、すべての行政レベルで、事実を曲げて報告することが普通になっていた」と、彼は評価した。「官僚主義、バオカップ、保守性、後進性」と、「自由主義、無組織、無規律」という2つの現象を較べると、チュオン・チンは前者の方がより危険だと言明した。

　この中央委総会で、チュオン・チンは党に対して、好むと好まざるとにかか

525　レ・ズアンは次のように主張した。「資本主義では、金があるということは、すべての物を買えるということだ。しかし、社会主義では、貨幣はもはやそのような役割を持たない。集団主人に基づく社会的労働をいかに使用するかによって、物の価値が決まるのである。物価は市場での需給関係ではなく、生産の中から計画的に成立するものでなければならない」。彼は、国家が速やかに管理を統一し、主要な生産については経営を独占するよう求めた。「公定価格を決める際に、自由市場価格を規準にしようとする傾向を阻止しなければならない。改めて規制をかけ、食糧や農産物、主要な工業製品の自由な売買を許可してはならない。破壊・投機・密輸を企む者に闘いを挑み、市場に社会主義の秩序を再建するのだ」と、書記長は述べている。

わらず「市場価格が存在することも客観的に認めるべきだ」と求めた。「それは実勢価格であり、全社会が、日々それと共に暮らさなければならないのだ」。チュオン・チンは「経済活動の本質を復活させる」ようアピールした。彼に言わせれば、バオカップは国家を「日常の事務仕事に埋没させ、企業や事業所の仕事を変え、社会生活のあらゆる領域に深く干渉した。人々が自分の人生設計を考える暇さえないほど、多忙で煩雑な生活にしてしまった」のみならず、「融通のきかない、低過ぎる価格体系を設定し、国家と労働者の利益を大きく損なった[526]」のだった。

「パパ」チュオン・チンが「教員の給与が肥料で支払われている」場所があるという例を挙げた時には、少なからぬ中央委員が驚愕した。中央委員会を前に、チュオン・チンは「教員は、1キログラム7ドンの計算で受け取った肥料を、市場で1キログラム50ドンで売り、生活費を得ている」と語った。「現在の労働者の月給は、規程量の物資の配給を含めても、わずか10日分の生活を賄う程度だ。その月給も、さらに減額される傾向にある。だから、残りの20日間の生活をどうにかしなければならないのだ！」

チュオン・チンが「賃金問題を今解決することは、まさに生産の問題を解決することであり、同時に労働者階級を救済することだ」と強調すると、中央委第6回総会に出席していた人々は、立ち上がって熱烈な拍手を送った。それ以前に、彼が「自発的な障壁突破」に言い及んだ時には、会場がどっと沸いた。チュオン・チンの演説に、中央委員たちは我を忘れたようになった。ファム・ヴァン・ドンは、「タンの話を聞いて、私はぞくぞくした」と認めている。総会の直後から、各部門と地方機関はこの演説の要点を広く伝えた。

ハー・ギエップによれば、6中総のチュオン・チン演説は、レ・ズアンの報

---

526 チュオン・チンは、中央委総会で価格の計算表を示した。「物資を50パーセント以下の低価格で販売したため、実勢とはかけ離れた価格の計算がなされ、年間数千億ドンもの損害が発生した。このような価格政策のために、何年もの間、大量の輸入物資がわれわれの手をすり抜けて行くままになっていた。10億ルーブルの物資を輸入しても、わずか200億ドン程の利益しか得られなかった。1ルーブルが100ドンというレートで計算すれば、損失額はさらに多く、1300億ドンにも上る。電力は特別な生産物で、国家が経営権を独占しているが、生産コストと較べると、実際の数十分の1という非常に低い料金を設定して、毎年400億ドン近い損失を生んだ。石油、石炭、鉄、セメントなども状況は同じで、国家に年間数千億ドンの損失をもたらしている。1983年末から現在までに、新たに公債を買おうというキャンペーンを行なったが、まだ20億ドンしか売れていない。われわれの失ったものはあまりにも大きく、それを補える収入源はないのだ」

告とは大きく異なっていたが、両者が対立していたわけではないという。人民と党におけるチュオン・チンの威信は大きかったが、それでも彼は、いつも演説の草稿を持って直接レ・ズアンの所に行き、意見を交わしていた。[527] その時期、レ・ズアンの健康は衰え始めていた。おそらく、彼がもっとも関心を持っていたのは、自分の理論的思考の体系化だったろう。そのため、今起こっていることを把握する代わりに、彼の70頁以上の演説草稿は、主に「経済の中心的な10の規律」に関するものだった。そこには、彼が『党の輝かしい旗の下に』を執筆した頃から研究してきた社会主義的計画化がぎっしり詰まっていた。[528]

6. 価格・賃金・通貨の改革

6中総以後、多くの地方が、「物価手当」と「生産コストを考慮した販売価格」政策を試験的に導入するようになった。実際、その結果は予想以上に良好だった。5ヵ月後の1984年12月17日に開かれた7中総で、チュオン・チンはこうアピールした。「官僚主義的バオカップ制度を断固廃止しよう。なるべく早く手術をして、この腫瘍を摘出しなければならない。ぐずぐずしている時間はないのだ」。7中総はチュオン・チンの提案を支持し、価格・賃金・通貨研究小委員会を設置して、次の8中総に向けて提言を準備することを決定した。

1985年6月に行なわれた8中総は、価格・賃金・通貨問題の解決は「経済を社会主義的な運営に移行するための決定的な打開策」とみなした。総会決議が出てから2ヵ月の間に、物価手当を導入する地方行政単位の数は増えていった。

---

[527] チャン・ヴェト・フオンは語っている。「チュオン・チンとレ・ズアンは、いつも互いに敬意を払っていた。私は、2人から獄中の話を聞いたことがある。ホアロー刑務所の後ろには、裁判所に続く1本の道があった。フランス人は、いつも午前2時から3時頃に、銃殺する死刑囚を連れてここを通るのだった。チュオン・チンは、『それは辛い瞬間だったが、われわれは泣かずに路上の処刑を見守った』と語った。彼らは生死を共にした仲間だったのだ。政治局員たちはみな、何らかの演説の草稿を書いた時には、他の局員たちに送って意見を求めていた。レ・ズアンは『私の演説について、他の政治局員に意見があれば、私に知らせるように。No.5がどこか修正したら、それに従え』と指示していた。レ・ズアンは、チュオン・チンがとても慎重なことを知っていた。チュオン・チンは、自分とレ・ズアンの意見の違いをわかっていたが、けっして修正を加えることはなく、字句を直すだけだった」
[528] レ・ズアンは、6中総の何ヵ月も前から、10人の専門家の助けを借りてこの草稿を執筆していた。チャン・フオンによれば、レ・ズアンの「経済の10の規律」が出来上がるまでの議論に参加した人物、つまり自分とチャン・クイン、ホアン・トゥン、ドン・ガックが、レ・ズアンの上記の演説草稿の主な執筆者になったという。

28の省・中央直轄市が試験的に実施し、その他12の省と市も積極的に準備を整えた。価格・賃金・通貨改革の「参謀本部」を率いたのは、集中計画化システムの第1人者だった閣僚会議副議長チャン・フオンで、6名の大臣と国家銀行頭取がその補佐役を務めた。ハー・ギエップは、チャン・フオンのことを「保守派の筆頭」だった人物と称している。チャン・フオン自身は、「当時、われわれの派は、価格についてあまりにも天真爛漫だった」と認めている。

ロンアンやハイフォンのような地方で、物価手当の試みが成功したのは、石鹸や布、米、肉など「賃金に換算される現物」の販売価格に基づいて、物価手当の額を決めたからだった。一方、8中総決議を実行するため、政治局は1985年8月10日、第28号決議を打ち出した。決議は、籾の買い取り価格の規準を、収益のある地域では1キログラム15〜18ドン、困窮した地域では同26〜28ドンと定め、工場管理職の最低賃金を月2200ドンと定めていた。籾の買い取り価格は、1キログラム10ドンという案もあったが、26〜28ドンにするというチュオン・チンの意見に基づいて決められた。チュオン・チンはちょうどその頃、籾を10ドンで買い上げるようでは、まだバオカップ思考から脱却していない、と考えていたのだ。しかし、チャン・フオンによれば、この籾価格を規準に、他の様々な商品の価格も調整されて、10倍ほど上がったという。

チャン・フオンはこう語っている。「1980年代初めには、ベトナムは150万人の兵力と、200万人の国営企業管理職、1000万人の都市住民を抱えていた。この人口に食糧・食品を供給するために、国内商業省は農民に強制して、人々が市場で取引する価格の半分の値段で、籾と豚を買い上げていた。私は一研究者という立場から、その不合理な政策に反対した。1981年に国内商業相に就任すると、私は、物価を市場の取引価格に合わせて、すべての物の価格と賃金を修正するべきだと主張した。私が示した提案は爆弾のようなもので、中央省庁はどこも震え上がった。レ・ズアンの結論は、『計画には従わなければならないが、価格は市場に従うべきだ』というものだった」

1985年にチャン・フオンが示した価格・賃金・通貨改革の提案は、1981年のものより慎重だった。彼が言うには、「1985年には、物資買い付けの予算が、さらに切り詰められていた」からだという。この頃、レ・ズアンは病気で、1度ソ連に治療に行くと2〜3ヵ月留守になった。慣例に従い、党No.2のチュ

オン・チンが、代理で政治局の会合を取り仕切った。彼は、「私の提案に沿って、一歩一歩ではなく、今すぐ一気に実行するのだ」と結論した。しかし、提案を閣僚評議会にかけると、機械工業相が、物資の販売価格がそのようになれば、機械工業の会社を閉鎖せざるを得ないと言明した。他の大臣たちも、一気に行なうと工業製品が売れなくなると言った。そこでファム・ヴァン・ドンは、「工業用物資は市場価格の70パーセントにする」と結論した。現実として、工業と農業の2分野で生産品を掌握している国家は、工業製品を市場価格のわずか70パーセントで販売する一方で、農産物は100パーセントの値段で買い上げなければならなかった。工業製品の販売で農産物の買い取り分を補えないことは、最初から明らかだった。

ヴォー・チ・コンが、書記局と各地方代表との会合を主宰した時には、理論面のバランスがとれていないことが、ますます明らかになった。賃金の現物支給を廃止して、現金を渡すという提案が出されたが、計算では、賃金は20パーセントしか増額できなかった。その賃金レベルでは1週間しか食べられない、と各省の代表は言った。南部諸省の代表は、賃金を100パーセント増額することを提案した。チャン・フオンが反対すると、ヴォー・チ・コンは、「フオンの言うことが分からない。この賃金レベルでどうやって暮らせるのだ？」と言った。チャン・フオンは、「この賃金レベルでは、生活が非常に苦しくなることは理解しています。しかし、国家には予算がないのです」と応えた。予算はなかったが、それでもヴォー・チ・コンは結論した。「南部諸省の提案を受け入れ、最低賃金を100パーセント増額する」。まさにこの2つの決定が、インフレーションにつながったのである。

新たな価格水準に従うと、閣僚評議会の計算では、1200億ドンの現金を流通させる必要があった。だが、実際に発行されている通貨は、せいぜい600億ドン程度だった。あと600億ドンの紙幣を、どこから調達すればよいのだろう？　チャン・フオンによれば、1985年8月に、東ドイツで印刷された120億ドンの紙幣が送られてきた時、閣僚評議会は計算した。必要な紙幣を増刷しても間に合わず、損失を生むことになる。それならば、この新紙幣の価値を10倍高く設定して新通貨に切り換え、120億ドンで1200億ドンにすれば、新しい価格・賃金・通貨改革に沿った流通の要求を満たせるだろう。

しかし、チュオン・チンはこのやり方に賛同しなかった。1985年8月29日、彼は、レ・ズアン書記長、閣僚会議のファム・ヴァン・ドン議長と同副議長ら、そしてヴォー・チ・コン、ド・ムオイ、トー・ヒューに書簡を送った。その中で、チュオン・チンは次のように書いていた。「通貨については、現在の1200億ドン相当の120億ドンがもうすぐ到着する。新しい賃金・価格体系に対して、その量はまだ十分ではない。通貨の問題はこの先も逼迫するだろう。それゆえ、諸君にもう一度考えてもらいたいのだが、新通貨に切り換えずに2種類の通貨を流通させ、新通貨に旧通貨を駆逐させてはどうか。そうやって、現在の600億ドン以上の通貨は引き続き流通させ、新通貨が来たところで、さりげなく回収して徐々に廃止し、現金をめぐる緊張を回避する。そして、新たなシステムに移行しつつある生産・買い上げ・経営の要求に対応し、心理的な混乱を防ぐのだ」。9月1日、この書簡にまだ返事が来ないうちに開かれた政治局会議で、チュオン・チンはこの提案を繰り返した。それに対してファム・ヴァン・ドンは、「No.5の意見も理に適っているが、もうすべて準備が整っている。われわれは虎の背中に乗っていて、もはや降りることはできないのだ」と説明した。チャン・ナムによれば、「チュオン・チンは政治局の決定を実行した。9月3日の朝、彼は大きな不安を抱きながら、閣僚評議会議長の名で通貨切り換えの政令に署名したのだった」

それから1週間後、南部のタンソンニュット空港に新紙幣が運ばれてきた。国営商店は高級品を売らず、銀行は現金を受け取らなかった。1985年9月11日、銀行員の大部分が本店に留められた。通貨が切り換わるという情報が漏れ始めたのだ。一方、9月12日には『トゥオイチェー』紙が1面に「奸商が流す通貨切り換えのデマに反論する」という大きな見出しを掲げた。記事は、「プロレタリア専制の国家機関が力を強化し、デマのあらゆる影響を徹底的に払拭する」と断固声明していた。

その後、9月14日になると、街頭のあちこちに設置された拡声器が、通貨切り換えの政令を流し始めた。『トゥオイチェー』紙自身も、9月14日に出した続きの号で、閣僚評議会議長ファム・ヴァン・ドンの「新しい銀行券を発行し、古い通貨と交換する」という決定を伝えたのだった。ホーチミン市人民委員会

529　Trần Nhâm, 2005, p.117.

主席ファン・ヴァン・カイも、新聞上で「通貨切り換えは労働人民の利益のため」と説明した。

「一般の人々にとって、通貨切り換えの決定は少しも意外ではなかった。それでも、9月14日土曜日の午前6時から、街頭の拡声器が『ベトナムの声』ラジオの特別放送番組を伝え始めて、7時15分まで延々と流れるのを聞いた時、路上の人々はみなすぐに立ち止まり、あちこちに寄り集まって、決定と通達の1つ1つに耳をすませた。そして、その時から、通貨切り換えはすべての場所、すべての人々にとって最大の関心事となった」[530]

全市の400万人近い住民に対して、行政当局が「労働人民のための両替窓口」をわずか900ヵ所、しかも9月14日の6時から12時という短時間しか開設しなかったとしても、驚くにはあたらない。当局はリストを作成して、1人1度だけ、現金の一部だけを交換するようにしたのだ。ファム・ヴァン・ドンによる9月13日の決定に従って、各世帯は最高2000ドン、単身者世帯および共同生活者（軍隊、警察、国家機関）は最高1500ドン、高級営業許可書を持つ事業所は最高5000ドンまで、新通貨に交換できた。交換制限額を超えた通貨については、通貨交換所に納めて受領証を貰い、省・市レベルや区・県レベルの両替指導委員会が確認し、対応することになっていた。特に、「投機・密輸で得た現金、資産を分散して受け取った現金、その他の不正な収入源による現金は、すべて没収し、予算の原資に組み込まれる」とされた。

国家が不意打ちのようなやり方で通貨を処理したため、泣くに泣けず、笑うに笑えない話が無数に生まれた。旧通貨で40ドンしかないという家庭もあったため、現金を持たない人々の間で「両替サービス」が登場した。金持ちの家庭を対象に、新通貨2000ドンの制限を超えた両替えを行なうというものだ。最初の通貨切り換え「X-3作戦」の経験から、人々は将来を予見していた。交換制限を超えて銀行に納められ、「追って確認して対応する」とされた通貨は、やがて価値を失うのだ。そう考えた多くの人々が買いだめに走った。

『サイゴン・ザイフォン』紙は、早くも9月14日の朝には、アンラック市場で、アヒル1羽が旧通貨で3000ドン、豚肉1キログラムが同2000ドンまで値上がりした、と報じた。通貨切り換えの前までは、豚肉の赤身1キログラムが旧通

---

[530] *Sài Gòn Giải Phóng*, 15, Sep. 1985.

貨でわずか325ドンだった。9月14日の午前9時までに、検査部隊は米9トンを買い占めた「ある奸商」を逮捕していた。やはりその日の朝に、市場管理当局は、ホーチミン市第10区で「自転車部品の投機を行なったある世帯、非合法に布地を所蔵していたある世帯、金と宝石を密輸したある世帯」を「発見」し、「旧通貨で38万ドンに上る現金を押収した」という。

　国家機関も悲劇から逃れられなかった。通貨切り換えを前もって知っていた銀行は、預け入れを拒んだだけでなく、公共の機関や事業所に現金を放出したのである。ビンミン織物会社のチャン・ヴァン・テム社長は、「（通貨切り換え前日の）9月13日の朝、銀行がわれわれに100万ドンを押しつけたので、今その説明に大わらわだ」と語っている[531]。

　9月15日のうちに、多くの企業が操業を停止せざるを得なくなった。旧通貨を納めてからも、新通貨はまだ手に入らず、休憩時間に工具に出す食事さえ賄えなかったのだ。ビンミン織物は900人の工具を抱えていたが、わずか5000ドンしか受け取ることができなかった。ホアビン縫製会社が受け取ったのは2500ドンだったが、多くの個人、特に「よそ者［反革命］」の立場に置かれた人々の悲劇はさらに倍増した。

　通貨切り換えの数日後、ヴォー・ヴァン・キェットはファム・ヴァン・ドンとチュオン・チンに報告の手紙を送った。「通貨切り換えの結果、人民の手にある通貨は比較的少なく、交換金額が低い世帯がかなり多いことが分かった。現在の労働人民の生活水準について、われわれの頭を悩ませるような結果が出たわけだ。もう1つの結果は、資本家の手には、大した量の通貨が残っていなかったということだ。われわれは奴らに、事態に対応する時間を多く与え過ぎて、『攻撃』に失敗した。連中は国家の物資をかき集め、奪い取り、財産を貨幣ではなく他の形に変えたのだ」[532]。

　ヴォー・ヴァン・キェットは、こうも書いている。「通貨切り換えには多くの遺漏があり、いくつかの不利な結果をもたらした。これには関心を払うべきだ。守秘が不完全だったために、国家の物資が金持ちに流れ、金はすべて大規模な密輸世帯から国営企業に流れ、国営商店はたちまち品物不足になり、市場

531　*Tuổi Trẻ*, 16, Sep. 1985.
532　Trần Nhâm, 2005, p.120-121.

での競争力が衰えた。われわれは、新1ドンを旧10ドンに切り換えるための実質的な準備をしていなかった。小売りの現場の会計に必要な、新しい紙幣を発行する用意もなかった。もし、50ドンの新紙幣と細かい単位の紙幣を発行していれば、状況はこれほど悪化しなかっただろう」

新通貨が出回ると、物価はますます、馬が走るより速く上昇した。9月15日には、ホーチミン市青年団の会議が開かれ、その後に「物価検査青年部隊」が編成された。市の人民委員会は、「価格破壊を行なう者がいれば、営業許可書を没収する」と声明した。だが、政府を驚かせたのは物価だけではないことが証明された。多くの人々は、新通貨を受け取った時、購買力は旧通貨を国家に納入した時の数十分の一に低下したのだ。状況の悪化は、様々な所に表れていた。銀行には金がなく、商店には品物がなく、工場には原料がなかった。価値のない通貨を摑まされた労働者は腹をすかし、生産コストより低い値段で農産物を売らざるを得ない農民は涙にくれていた。生産は減少し、国家が投入する予算も減少した。自由市場の小売り額だけが伸び、1986年には前年比587.2パーセントとなった。

経済面での災厄は、インフレだけではなかった。キェットが分析したように、新通貨の価値をいきなり10倍に設定し、新1ドンの購買力が、理論上は旧10ドンに等しくなった。10ドン以下の旧紙幣がまだ流通していたが、新1ドン紙幣でアイスキャンデー1本を買えば、お釣りは旧紙幣の束を受け取らなければならなかった。社会には不満がみるみる高まっていった。

1985年12月、第7期国会の第10回会議が開催された。クーロン省の議員団は、ハノイに上る前に、価格・賃金・通貨改革に「銃弾を撃ち込まなければならない」と決めていた。代表でこの役を担ったのは、No.6チャウの名で知られるダオ・ティ・ビォウ※だった。彼女はこう回想している。「会議に出る前に、団長のチン・ヴァン・ラウが『誰が意見を表明する？』と尋ねました。多くの者が名乗り出ましたが、団長は『非常に込み入った問題なので、女性が柔らかい口調で穏やかに話すべきだ。そうやって'抵抗戦争'の成果を上げるのだ。'犠牲'になるかも知れないが、勇気を出せ』と言いました。私は、自分が発言することは、党に民意を伝えることだ、党に対する人民の信頼を喪失させたら、それは私の罪なのだと思いました。こうして、私はその役を引き受けたのです」

国会での発表は、前もって地元で準備され、当時の原則に従って国会議長団に提出され、議題として登録された。しかし、No.6チャウによれば、閣僚会議副議長ド・ムオイが、国会開会前に「経済・社会情勢報告」を読んで、地方が「通貨切り換えの効力を活かせない」と批判し、「火に油を注ぐ」ことになったという。No.6は語っている。「当時、物価は10倍にはね上がっていました。生産者の賃金は低くて物価に追いつかず、一方、経営者の賃金は天にも昇るほどでした。通貨については、煙草やフーティゥ［米粉で作った平たい麺］を買うような小額紙幣がなく、身分証明書を形（かた）に入れて買わなければなりませんでした。長距離バスの切符の値段は5〜7倍に上り、遠方に向かう人たちは、お金が足りないとバスターミナルで寝泊りしなければなりませんでした。社会生活の苦しさは、そういう所にはっきり表れていて、選挙民たちの苛立ちは頂点に達していました。それが社会主義の優勢というものでしょうか！」

No.6チャウとクーロン省の国会議員団は、問題をより率直に述べるように、発表の原稿を書き直すことにした。演壇に上がる前に、No.6チャウは同志たちに告げた。「私の家族から5人が革命戦争に参加し、4人が犠牲になりました。今また'犠牲'が出ても、どうということはありません。もし私に何かあったら、子供をよろしく頼みます。子供をよく教育して、母親に恥ずかしくない人間にして下さい」

会期の最終日、閉会の直前に、No.6チャウは演壇に上がった。「檳榔（びんろう）をクチャクチャと噛んでいる慈悲深そうな顔の南部女性」の姿は、500名近い議員たちに強い印象を与えた。彼女は、単刀直入に質問した。「過去10年間、私たちは人民が声高に言い争ったり、不平を口にするのを一度も聞いたことがありません。たとえ、先頃実施された価格・賃金・通貨の改革に憤っていてもです。私たちは、無数の店舗が潰れ、数知れない小競り合いや、不祥事を目の当たりにしてきました。小額紙幣がないのに小額で売り買いするため、便乗値上げが起こりました。中央は、地方が通貨切り換えの利点を活かしていないと言いますが、どんな利点を活かせばよいのでしょう？ 物価は以前の5倍にも7倍にも上り、物によっては10倍、15倍になっています。上乗せしても、市場価格とはかけ離れているのです。自分で生産・販売していた者が、公定価格よりも安い値段で売ったために逮捕され、商品を押収される場面を目の当たりにして

きました。このようなことをしなければならない道理があるのでしょうか？ド・ムオイ同志は、現在の工・農産物の価格は合理的なもので、農民は以前より多くの利益を上げている程だとおっしゃいますが、私たちは、そのような見方に賛成していません」。No.6チャウの一言一言に、「議場から盛んに拍手が湧いた」という。その日、彼女が部屋に戻ると、多くの国会議員が扉をノックして、たくさんのプレゼント――檳榔を進呈した。「どの地方も同じように苦しく、彼らも同じように思っていたのですが、あえて口には出さなかったのです」と、No.6ダオ・ティ・ビョウは語っている。

チャン・フオンの回想では、この会議後に彼は「辞職を決意したが、交通相ドン・シー・グエンに相談すると、グエンは『辞職するなら、閣僚評議会全体が辞職すべきだ』と言った。私は、『いずれにしても、誰かが責任を取らねばならない。もし私が人民に対して責任を取れば、多くの者が道連れになるようなこともない』と言い張った」。チャン・フオンは処分を受けたが、それ以来、世間では「通貨切り換えは朝廷が決めたこと／どうしてチャン・フオン1人が罪を着る」と歌われるようになった。

チュオン・チンによる政治には、いくつかの不安定な要素があった。彼は通貨切り換えには反対したが、政治局を説得するには至らなかった。1985年9月3日にも、彼は閣僚評議会議長の名で通貨切り換えの政令に署名している。党の最高指導者の1人でありながら、チュオン・チンはまた同時に、自らが率いる集団にも従わなければならなかったのだ。彼は、1951年の第2回党大会で、社会主義への「3段階論」を打ち出し、それに従って、まず租税と利息を引き下げ、そして次に土地改革に進んだ。しかし、ホー・チ・ミン主席が、毛沢東とスターリンの圧力を受けて土地改革を急ぐようになると、チュオン・チンはさらに土地改革委員会主席の責任を負うようになった。後にホー・チ・ミンが土地改革の「誤りを訂正」すると、チュオン・チン1人が引責辞任したのである。

チャン・ニャムは次のように記している。「チュオン・チンが通貨切り換え令に署名すると、あちこちから不満の手紙が送られてきた。高名な革命功労者たちが彼に面会して、『君にはドイモイの理念があるのに、なぜまったく違うことをするのだ？』と難詰した。チュオン・チンは鷹揚に笑い、『それは政治局の決定で、いかなる一個人の決定でもありません』と言った。彼は民主集中原

則に違反するよりも、彼個人が批判の矢面に立つ方が良いと考えた。土地改革の時も同様で、彼は厳しく自己批判し、自発的に党書記長の座から退いたのだ。彼はいつも私たちに、心の中を語っていた。『革命の道は、いつも順調とは限らない。やりたい事ができなかったり、やるべきではない事をあえてやる場合もある。人が何か言えばそれに従う。ただ自分の心に恥じなければ良いのだ』と。通貨切り換えについては、彼は全力でそれを阻止しようとしたが、とうとう実施されてしまったのだ[533]」

　価格・賃金・通貨改革の後に、この政策の失敗の原因は8中総決議にあるという意見が出た。1985年12月9～16日に開かれた9中総で、チュオン・チンは、8中総決議は「国民生活に最も速やかに浸透し、最も効果を上げた」と評価した。「だが、残念なことに、指示を実行するにあたり、われわれは一連の誤りを犯し、欠点を露呈した。われわれは、価格・賃金面の調整を重視して、管理システムのドイモイを軽視した。8中総決議はいまだにうまく実施されておらず、新たな管理システムはまだ形成されていない。そのような中で、われわれは受動的な態勢で、通貨の切り換えをいきなり実施したのだ。通貨不足の問題は、本来は別の方法で解決すべきものだった[534]」

　チュオン・チンの考えを支持する政治局のメンバーは、ますます増えていった。1986年2月19日、グエン・コ・タィック外相が政治局の会合で[535]「社会主義の力とプロレタリア専制の力は、経済の法則と逆行することはあり得ない」と発言した。タィック外相は、「国家が先頃実施した政策は、何を生産して何を買うかを人々が素早く計算して決めなければならない、というものだった。しかし、物価委員会の価格計算部門が計算を終了するまで、さらに1年かかった。その価格体系は、地方各省に年間40トンの紙を無駄にさせた」。タィックは、非合理的な物価計算の典型的な例を挙げた。「『ニャンリン』紙の値段があまりにも安いので、ずる賢い商人が新聞を買い占めて、包装紙として売り、新聞を読みたくても品切れという状態だった」

　10中総の開会直前、チャン・フオンは、90頁を超える解説を各中央委員に

533　Ibid, p.119.
534　Ibid, p.58-60.
535　チャン・ディン・ブット教授の個人的資料から。

送りつけた。政策の失敗の原因をなおも8中総決議に求める内容だった。直ちに、チュオン・チンの専門家グループの中から、チャン・ドゥック・グエンが、一昼夜かけて演説の原稿を準備した。30頁に及ぶその草稿は、中央委経済委員長グエン・ラムが読み上げるためのもので、チャン・フオンの92頁の解説の論点に逐一反論していた。1986年6月、10中総は「価格・賃金・通貨に関する、中央委員会決議および政治局第28号・第31号決議は、正しいものだった」と正式に結論した。

7. 総司令部に銃弾を撃ち込む

　チュオン・チンは、1986年初めから各方面の反発を受けるようになっていたが、10中総決議は、彼が起こしたドイモイの風が優位にあることを示していた。おそらく、党内でのチュオン・チンの威信があまりにも大きく、また彼が自分の考えを表に出すにあたって、細心の注意を払っていたからだろう、あえて実名で彼に異を唱える者はなかった。

　それでも、1986年の初めに、チュオン・チンのブレインの1人ダオ・スァン・サム教授が「組織された市場」の概念を公表すると、それはまるで「爆弾」のような作用を及ぼした。計画経済の最も神聖な部分に抵触していたからである。ダオ・スァン・サムは、官僚的バオカップ制度から脱却したければ、「市場から逃げ出すことはできない」と主張し、「狼と共に行くなら吠えなければならない」というレーニンの言葉を引き合いに出した。1986年3月、書記局が開催したシンポジウムに招かれたサムは、「社会主義的経営と経営者の自主権」という講演を行なった。書記局員の一部がその講演を称賛したので、『ニャンザン』紙は1986年3月17～19日の「演壇」というコーナーで、3回連続でこの講演について報道した。しかし、サム教授によれば、「ちょうどその頃に政治局の会合があり、ド・ムオイとトー・ヒューが私の講演を激しく批判した。ド・ムオイは『こいつは総司令部に銃弾を撃ち込んだ』とまで言った」ということである。

　1986年3月20日、国家物価委員会のファン・ヴァン・ティエム委員長が、委員会で引き継ぎが行なわれた際に、「この前の『ニャンザン』に載った教授の論述は、まったく馬鹿な話だ」と決めつけた。その後、『ニャンザン』紙も、ダ

オ・スァン・サムに批判的な記事を次々に掲載した。同時に、『経済研究』や『理論情報』などの雑誌も、教授を指弾する文章を載せた。「志操堅固な理論家」たちは、ダオ・スァン・サムはベトナムのオタール・シックだと評した。サムはオタール・シックのように、「市場システムに沿った社会主義経済の自由化」について修正的な理論体系を構築していたわけではないが、グエンアイクォック学院と正統派の研究者たちは、それでも彼を「修正主義者」とみなしたのだった。

ソ連の専門家たちも、特にパスカル団長が直々に閣僚評議会副議長ド・ムオイに講義を行なった後は、ダオ・スァン・サムの論文を批判するようになった。1986年5月8日、ソ連の上級経済専門家団が、ベトナムに着いて1ヵ月以上経ってから、初めて閣僚評議会のファム・ヴァン・ドン議長と各副議長、ヴォー・チ・コン、トー・ヒュー、ド・ムオイ、ヴォー・ヴァン・キェットらと面会した。ソ連側には、セップリン大使、パスカル顧問団長のほか、全連邦経済研究所長を含む3名の博士、経済学の修士3名、その他の経験豊富な専門家がいた。

パスカルは、いくつかの「重要な変化」を認めてから、経済発展における「深刻な過ち」を指摘した。工業については、「一部の生産部門が、計画目標に達していない。建設された工場のうち、稼働しているのはわずか50パーセント」であると指摘した。物資の供給状況については、パスカルは「障壁突破」の成果を批判した。そして、「国営企業と工場の困難は、各企業が市場価格に沿って、物資を売買する権利を持っているところにある」と評価した。彼は、「中央に権力が十分集中していない」現象に警告を発し、さらに「われわれは、ベトナムのメディア上の論争をフォローした。それによると、官僚的中央集中原則を批判する者たちが、地方の活力を奪っているようだ」と述べた。

「中央政府の権力」を強調した後に、パスカルは言った。「われわれは、現在のベトナムには2つの流れがあると思っている。1つは、地方に権力を委ね、自由市場のために流通・分配を行なう非集中化の流れ、もう1つは、権力と計画の集中化だ」。ここで一息ついてから、パスカルは宣言した。「われわれは、

536　チェコスロバキア（当時）の経済学者。1960年代にその理論が適用された。
537　この場でのパスカルの発言と、ダオ・スァン・サム教授の報告に関連する意見は、1986年5月8日の閣僚評議会議事録から引用した。

この第2の流れに沿って行くのだ！」。これに対し、閣僚評議会議長ファム・ヴァン・ドンは、「パスカル同志の言うことに異存はあり得ない」と追従した。ヴォー・チ・コンは、「1つ目の流れは、ほんのわずかなものだ。ダオ・スァン・サムの論文は間違っている。われわれは、彼の文章の掲載を禁止して、編集をチェックした」と補足した。パスカルは興奮して言った。「その論文のことを言いたかったのだ。私営業者のための流通・分配では、社会主義はあり得ない。計画的な生産でなければ、社会主義はあり得ないのだ。計画を放棄すれば、社会主義は単なるスローガンでしかなくなる。誰もそれを社会主義だとは認めないだろう」。そして、「今や、規律を強化し、秩序を再確立しなければならない」という言葉で会合を締め括った。この時、ソ連はベトナムに年間10億ルーブルの援助を提供していた。

8. レ・ズアン時代の終わり

　ド・ムオイとパスカル顧問の判定が下った後、グエンアイクォック校では、ダオ・スァン・サム教授の学位認定手続きが遅れたにもかかわらず、サム教授は引き続きチュオン・チンの研究グループの会合に呼ばれていた。その時期には、国土の状況はこれ以上ないほど急迫していた。党が「ドイモイか、さもなくば死か」という瀬戸際に立っていることを、チュオン・チンははっきりと理解していた。まさにこれは、彼の革命人生におけるチャンスだった。党だけでなく、彼個人の誤りの結果を克服するチャンスだったのだ。

　チャン・ニャムはこう記している。「チュオン・チンが亡くなる前日の1988年9月29日、彼と一緒に仕事をしながら、私は、『なぜあの時、ヴィンフーの請負いの例を出さなかったのですか？』と尋ねた。チュオン・チンは、『あの時は、報告で上がってくる情報も正確ではなくて、たぶん私の認識は現実に追いついていなかったのだろう』と、穏やかに答えた」[538]

　チャン・フォンは、次のように考えている。「チュオン・チンのドイモイは遅過ぎた。書記長を辞任してから25年間、もっと研究する時間があったのに、彼が覚悟を決めたのは、もう人生も終わりに近づいた頃だった。もし、南部を

538　Trần Nhâm, 2005, p270.

解放した当初に、チュオン・チンがレ・ズアンと同じような見方ができていれば、状況は変わっていただろう。あの頃レ・ズアンは、北部で行なったような経済政策を南部に適用することはできないと認識していた。だが、どれだけ見渡しても共鳴する者はなく、チュオン・チンはといえば沈黙を守っていた」。チュオン・チンは、南部解放の時のチャンスを捨てただけではなかった。第4期6中総での第1回の改革にも、彼は携わらなかったのだ。

　1979年の第4期6中総決議は、各地方での「現状打破」を激励していたが、それは思考を根本的に変えたのではなく、半端な「脱却」を試みただけだった。思考に変化がないため、第5回党大会以来、困難な状況が続いた時には、いつも逆戻りの傾向が出てくるのだった。1983年12月の第5期5中総と、1984年7月の同6中総は相変わらず、困難の原因は「社会主義改造と自由市場の改造が遅れている」ためである、と評価していた。1983年1月には、ハノイの専門的課題に関する政治局8号決議が出された。それは、第2回目の改造を実施するZ-30作戦の「重みを増す」細目を補足するものとされた。チュオン・チンはこれにも署名している。

　1986年になると、チュオン・チンは「象牙の塔」から出て、長期にわたる視察に出かけた。彼は、もはや嘘と分かっている報告を信用する代わりに、実際に人々の声を聞くために、末端の生産現場にまで赴いた。1982年から1986年までの間、チュオン・チンは中央の各会議の場で率直かつ説得力のある発言をし、妥協することなく闘った。そして、現実を説明し、ドイモイを始めるために、少しずつ理論的基盤を確立した。第5期国会で首相に選出されたファン・ヴァン・カイ党中央委員候補は、「当時、チュオン・チンが演説すると、割れんばかりの拍手が続いた。彼の意見はとても斬新で、実際に党の思考に変化をもたらした」と回想している。

　レ・ズアン書記長の力も、第6回党大会の前に起こった政治的変化に重要な役割を果たした。レ・ズアンの2番目の妻グエン・ティ・トゥイ・ガーは、次のように語っている。「1986年初め、コンダオの刑務所時代にできた肺の鬱血がまたぶり返して、水が出て肺に溜まるようになったのです。夫はソ連に治療に行き、戻ってきてからは西湖7番地の別邸で療養しました。見舞いに行った私の手を握った夫の掌は燃えるように熱く、唇は真っ赤になっていました。夫

の主治医ヒエン先生によれば、いつも38度や39度も熱があるとのことでしたが、夫はそれでも中央の会議に出たり、あちこちの同志と面会して、党大会の内容や人事を心配していました」[539]

　レ・ズアンと最初の妻ヴェト・フオンの娘レ・ティ・ムオイによれば、ホーテイ7番地の別邸で病臥していた時期でも、レ・ズアンはチュオン・チンが来たと聞くと、いつも起き上がって迎えた。チュオン・チンが、ベッドの脇に座って話せばいいから、といくら言っても、レ・ズアンは彼の手を引いて、2階の病室から客間に降りたという。一方、レ・ドゥック・トが来たと見ると、レ・ズアンは逆に「手を払って追い返した」という。

　ホアン・トゥンは、「レ・ズアンは時が経つにつれて、人を操るレ・ドゥック・トのやり方を見抜くようになった。特に1982年の第5回党大会の人事でレ・ドゥック・トが采配を振るった時にだ」と語っている。チュオン・チンの個人秘書だったチャン・ニャムは、こう回想している。「ある政治局の会合に、レ・ズアンは重い病をおして出席した。その席で、彼がレ・ドゥック・トの顔を指差して、『君が手品のように袖から出してきた中央委員らがいるだろう？』と言い、レ・ドゥック・トは青くなった。チュオン・チンは、レ・ズアンの袖を引っ張って彼を座らせ、『仲間を怯えさせてはいかんよ』と言った。ある政治局の会合では、レ・ズアンはレ・ドゥック・トに『君は今後、政治局の会合に出るな』と宣告した。しばらくたって、レ・ドゥック・トが再び会合に出てくると、レ・ズアンは『もう来なくていいと言ったろう。帰りたまえ』[540]と告げたのだった」

　第6回党大会の準備会議が1986年4月に開催され、その席でレ・ドゥック・トは間接的にレ・ズアンを非難した。「長い間、大局的な路線は正しいが、具

539　Nguyễn Thị Thụy Nga, 2000, p.204.
540　ドアン・ズイ・タインとホアン・トゥンによれば、1985年12月にはレ・ズアンはだんだん衰弱し、政治局の会合に出られなくなったため、チュオン・チンが党内のほとんどの仕事を処理していた。にもかかわらず、レ・ドゥック・トは相変わらずホーテイにレ・ズアンを訪ねて、「あなたは病気だから、健康上の制約があるということで、後任として私を政治局と中央委員会に推薦してほしい」と頼んでいた。レ・ズアンは「今の党の状態では、君にチュオン・チンの代わりは務まらないだろう」と応えた。1986年4月にレ・ドゥック・トは、今度は妻と一緒にやってきた。この時、レ・ドゥック・トはレ・ズアンの足元に跪いたというが、レ・ズアンはそれを払いのけた。「君は本当におかしい。私は断っただろう。君は、名を上げたい時には、いつも私に頼んできた。パリにも行き、戦勝直前には南部にも行った。だが、私の後任はもう決まっている。チュオン・チンだ」

体的には誤っていると言われてきた。だが、この言い方は正しくない。1976～1980年の5ヵ年計画は唯意志的で、無謀だった。本来は2、3年かけて復興し、その後に経済建設に入る方が良かったのだ」。人事に関しては、レ・ドゥック・トはこう述べた。「わが国の指導者は高齢過ぎる。1980年から現在まで、批判・自己批判が行なわれていない。ホー主席が歳を取って日常的な仕事ができなくなっても、毎日主席に業務報告をしなければならなかった。ここ数年、諸機構が働かなくても、チュオン・チンも私も批判はしなかった。政治局は5年の間、自己批判・批判をしなかったのだ。わが党の政治局員は、最年少が65歳、最年長は80歳で、これは異例なことだ。人事については、多くの声があったが、今まで意見が統一されていなかった。No.3が世代交代したら、通貨や物価など、敵が利用するものは多くある」。そして、レ・ドゥック・トは名指しで「チュオン・チンは書記長を18年務めた。No.3は25年だ。2人とも80歳を超えている。私としては、書記長は2期以上務めてはならないと、党規約に明記すべきだと考える[541]」。レ・ドゥック・トは、自分のチャンスを増やすために、党主席のポストを再び設置するよう働きかけていた、と言われている[542]。

　1985年、チュオン・チンはグエン・ヴァン・リンを政治局に再度推薦した。1986年6月、リンはハノイに送られ、書記局常務のポストを与えられた。それは、当時トー・ヒューが就任を待っていたポストだったが、10中総でチュオン・チンが自ら議事を仕切り、グエン・ヴァン・リンがこの地位に就く方向に持っていったのである。リンはホーチミン市での役目を終え、1986年7月1日にハノイに入った。7月10日、レ・ズアンが死去した。7月14日、党中央委は臨時会議を開き、正式にチュオン・チンを書記長に選出し、チュオン・チンは、

541　会議でのレ・ドゥック・トの演説記録。
542　1982年3月の第5回党大会を前に、レ・ドゥック・トは党内に主席団の制度を設けるという提案を用意していた。それによると、現在の党のトップ5名で党主席団を形成し、序列第1番のレ・ズアンには、主席団主席の称号が与えられる。このほか、主席団の中からレ・ドゥック・トが書記長のポストに就く、という案だった。レ・ズアンの秘書ヴェト・フォンによれば、それは中国モデルの模倣だった。中国では、このモデルを適用していた時、主席団に入っていなかったにもかかわらず、鄧小平が総書記の座に就いた。党内のあらゆる日常業務を処理するため、比較的低い地位でも実権があったのである。レ・ドゥック・トの提案で、多くの者が不安を抱いた。「長老」レ・ズアンが主席になったら、レ・ドゥック・ト書記長が実権を握ることになるからだ。だが、会議が始まると、レ・ズアンはこの提案を握り潰した。そして「ベトナムでは、党の主席にふさわしいのは、故ホー・チ・ミン主席だけだ。主席になりたい者はなればいい。私がなるなど、とんでもないことだ」と宣言した。

実に35年ぶりにこの地位に復帰したのだった。

9. ゴルバチョフが果たした役割

　チュオン・チンは1986年6月から、それまでトー・ヒューが担当していた党大会文書準備小委員会の委員長を務めるようになった。レ・ズアンが死んだ時、チュオン・チンが最も心配したのは政治綱領だった。ダン・スァン・キーは、「私は、2つのことについて直ちに調整を進めるべきだ、と提言した。1つは、政治報告、2つ目は人事だった」と語っている。チュオン・チンは「時間が足りない」と心配したが、キーは「組織の仕方が分かっていれば3ヵ月で終わるが、問題は人事です」と言った。

　1986年5月13日と14日の政治局会議で、チュオン・チンは「古い考え方とやり方が、人材の発掘と養成を妨げ、人材を埋もれさせた」と語った。彼の分析では、そのような状態に陥った原因は、「長く生きた者が村の長老になる」という家父長主義に沿った、封建的で狭量な観念が押しつけられたために、われわれの視野が狭まり、本来あった貴重なものを見落とした」ことだった。

　この演説の中でチュオン・チンは、業務上の必要からそれに適した人材を選ぶのではなく、「まず人を選び、その後で与える仕事を探す」という状況に警告を発した。しかし、レ・ドゥック・トは、この意見に賛同しなかったばかりか、「誰がチュオン・チンの演説草稿を書いたのだ？」と難詰した。チュオン・チンが提示した問題が11中総で公表され、中央委が彼に賛同を示すまで、レ・ドゥック・トの反発は収まらなかった。ハー・ギエップに言わせれば、「第6回党大会は、路線の面では成功だったが、人事面では失敗だった」という。

　レ・ズアンの死より1ヵ月余り前の1986年6月2日、国家評議会議長チュオン・チンは、価格・賃金・通貨改革の責任者だった数名の党官僚を解任する決定に署名した。そのうちの2名は、閣僚評議会副議長のチャン・クィンとチャン・フオンだった。7月下旬には、チュオン・チンは、レ・ズアンの下で政治

543　当初、トー・ヒューは書記長の職務を受け継ぐために、レ・ズアンの訓育を受けていたが、「価格・賃金・通貨」改革の失敗で、この「経済政策を決定する詩人」に残っていた威信は、すべて失われてしまった。

544　トー・ヒューは解任されず、第6回党大会ではまだ中央委員の立候補者に名を連ねていたが、

報告の編集をしていた、トー・ヒューとチャン・クィンを長とするグループを交替させた。トー・ヒューの文書編集グループにいたヴェト・フオンによれば、その時までにグループは、やっと綱領の編集を終えたばかりだったが、レ・ズアンの容態が悪化していたため、この綱領はまだ書記長にまで上げられていなかった。

　第6回党大会の政治報告の編集班は、10名のメンバーで新たに組織された。班長はホアン・トゥン、副班長はダオ・ズイ・トゥンで、チュオン・チンの専門家グループの中から、ハー・ギエップ、レ・ヴァン・ヴィエン、チャン・ドゥック・グエンの3名が参加していた。レ・ヴァン・ヴィエンは当時、ラオス人民革命党のカイソン・ポムヴィハーン書記長の顧問として、ラオスで勤務していた。編集グループに入れられた最後の1人は、レ・スァン・トゥン*だった。「第6回大会の文書編集グループの中で、レ・スァン・トゥンは、ドイモイ路線の執筆には最小限の働きしかしなかったが、その後のドイモイ時代には、政治局員という最高指導者の地位に就いたのだった」と、ヴェト・フオンは語っている。

　党大会の文書の準備も整った1986年8月初め、チュオン・チンはソ連を訪問した。これは異例の訪問だったが、それでも慣例に則ったものだった。社会主義兄弟諸国は、路線や指導者が変わる度に、モスクワの長兄に伺いを立てることになっていた。チュオン・チンはモスクワに1週間滞在し、8月12日に初めてゴルバチョフ書記長と面会した。

　チュオン・チンの2度目のモスクワ訪問は、党大会の準備が最終段階に入った1986年11月のことだった。今回は、各国共産党の書記長・第1書記と、経済相互援助会議（COMECON）の会合に出席するためだったが、実際には、ベトナムの改革に対するソ連の支持を求めるという重要な使命を帯びていた。ベトナム共産党第5期中央委事務局長グエン・カインによれば、「ベトナム共産党の党大会がある度にソ連と中国の共産党から路線に対する同意を受けるのが、以前からの慣例だった。中ソの同意がなければ、路線を実行することができなかった。当時はベトナムと中国はまだ緊張関係にあったため、チュオン・チンはソ連に行くだけでよかったのだ」という。

---

* 選出されなかった（ホアン・トゥンも同様）。

チュオン・チンは11月9日にモスクワに着いた。ゴルバチョフとの面会は、11月12日に設定されていた。ハー・ギエップは、「われわれはとても心配だった」と語っている。ソ連訪問の少し前、10月19日に開かれたハノイ党支部代表大会で、チュオン・チンは「われわれは社会主義への過渡期の時期にあり、おそらく資本主義を飛び越えて社会主義に進むだろう。しかし、商品生産を飛び越えることはできない」と宣言していた。その時点で、もしゴルバチョフがベトナムのドイモイを認めていなければ、チュオン・チンは国内の保守派との間で、困難な立場に立たされていたに違いない。

　1986年5月18日の政治局会議で、チュオン・チンが市場経済の役割を強調した時、ファム・ヴァン・ドンは、「君ときたら、いつでも商品、商品だな」と言った。チュオン・チンは、茶碗をそっと顔の高さまで持ち上げて、「それでは訊くが、この茶碗を店で売ったとしたら、それは商品でなければ何だと言うのだ？」と問うた。「国中が熱く煮えたぎっているのに、君はいつも理論ばかりだ」とドンが言うと、チュオン・チンは、「そう、私は理論を考えている。だが、家が燃えている時に、手段を選んではいられない。火の中に突進すれば、家も人も焼けてしまうだろう」と言い返した。[545] 閣僚評議会副議長のド・ムオイはと

---

[545] ファム・ヴァン・ドンは、部下たちから「経済の専門家というより文人」だと評されていた。彼は他の指導者たちのように、演説文を秘書に準備させるのではなく、いつも自分で自分の演説を起草し、できた原稿を秘書に見せて修正させていた。ヴェト・フオンは、「彼は書いたり話したりする前に、深く考えをめぐらす人だった」と言っている。ファム・ヴァン・ドンは、流暢なフランス語のおかげもあって、報道陣や諸外国の要人たちに容易に感銘を与えることができた。国内でも、その素朴で人情あふれる振る舞いで、下の者たちや大衆に人気があった。
　ファム・ヴァン・ドンは、1906年にクアンガイ省モドゥック県ドゥックタン村に生まれた。いつもトという通り名で呼ばれていた。彼の革命生活は、1925年に志士ファン・チャウ・チンの葬儀に際して、学生・生徒が計画した抗仏同盟休校の運動に始まる。1926年に中国の広州に渡り、ホー・チ・ミンが組織した革命訓練クラスに参加し、ベトナム青年革命同志会に入った。1929年7月にフランス側に逮捕され、10年の懲役を宣告されて、コンダオの刑務所に送られた。1936年には釈放され、1940年にヴォー・グエン・ザップと共に中国に密入国、インドシナ共産党に加入した。グエン・アイ・クォックは彼に、ベトナムに戻って、中越国境地帯に革命根拠地を建設する任務を委ねた。1945年のタンチャオ国民大会で、民族解放委員会のメンバー5名から成る常務委員に選出され、8月革命の準備を進めた。
　独立後初のホー・チ・ミン政府で、ファム・ヴァン・ドンは財政相となり、後に国会常務委員会副委員長も兼任した。1946年6月、グエン・トゥオン・タム外相がフォンテンブロー会議出席のための渡仏を拒否すると、ホー・チ・ミンは代わりにファム・ヴァン・ドンをベトナム民主共和国代表団の団長に選び、会議に参加させた。1949年7月から、ドンはホー・チ・ミンが率いる政府の唯一の副首相となったが、党政治局員に就任したのは、1951年の第2回党大会の時だった。インドシナに関するジュネーヴ会議に出席する政府代表団の団長に選ばれた時、ファム・ヴァン・ドンは歴史的な使命を

言えば、「社会主義はダー河［ソ連の援助でホアビン・ダムが建設された河］であって、ドンスァン市場［ハノイの自由市場］ではない」という、ソ連の国家計画委員会のバイバコフ委員長の言葉をたびたび引用した。

チュオン・チンのモスクワ公式訪問には、ハー・ギエップとチャン・ニャム、それにグエン・カイン事務局長が随行した。ズオン・フー・ヒエップ教授も参加した。「スケジュールでは、ゴルバチョフとの面会は午後3時に設定されていた。チュオン・チンは午後1時にわれわれを呼んで打ち合わせをしたが、不安を顕わにしていた」と、ヒエップ教授は語っている。

しかし、すべては杞憂だった。ハー・ギエップによれば、ソ連共産党書記長

担うことになった。その会議で、ベトナムを南北に分断することになった協定に署名したのである。彼は1955年9月に首相に就任し、その後、閣僚評議会議長となり、1987年までその地位にあった。経済が集中的計画化の原則に基づいて運営されていた時期に、政府のトップにいたことになる。北部全体が1つの機械のように計画に組み込まれ、政策形成の役割は大したものではなかった。ファム・ヴァン・ドンは、1958年には北部全体で、そして1977年には南部で、商工業改造政策の実施についての政府議定書に署名しているが、彼は承認しただけで、けっして政策を考案したわけではなかった。ファム・ヴァン・ドンが首相を務めた時期に打ち出したいくつかの政策、たとえば1979年6月の第4期6中総決議や、1981年1月21日の政府決定25-CPに基づく政策などは、生産事業を困難から脱却させる効果があった。しかし、ファム・ヴァン・ドンがドイモイで果たした役割は、非常にあいまいである。ハー・ギエップによれば、その時期、ファム・ヴァン・ドンのまわりには、すぐれた人物はもういなかったという。最も優秀な補佐官で、後に詩集『扉を開ける』を出版したヴェト・フォンは、既に解任されていた。

個人生活の面では、ファム・ヴァン・ドンはあまり幸運な人間ではなかった。彼は1946年にファム・ティ・クックと結婚したが、結婚式のわずか1週間後に抗仏戦争が勃発し、彼は党中央委と政府に選ばれて中南部に派遣された。1948年末には、妻クックも夫の許に送られた。何週間も歩き続けた末に、彼女は1949年3月に夫のいる場所に着いたが、再会して1週間も経たないうちに、ファム・ヴァン・ドンは再び北部に戻るよう命令された。その年、クックはやっと23歳だった。おそらく、そのような境遇が精神に大きく影響したのだろう、彼女は1950年から統合失調症を患うようになった。チャン・ヴェト・フォンは語っている。「当初は、発作的に鬱状態になる程度だった。ロシアと中国の医師たちが手を尽くしてくれたが、それでも治癒しなかった。ある時、医師たちは、クックは夫が恋しいのだろうと判断して、彼女を夫に会わせるべきだと私に言った。それで彼女の病状がいくらか改善するかも知れないし、希望を託したのだ。私はファム・ヴァン・ドンに相談し、彼は承知した。ただし、クックが妊娠しないよう、避妊具を都合してくれと私に頼んだ。しかし、2日後には、私が用意したコンドームを返しに来た。彼は首を横に振って、『医師たちの見立て違いだった』と言った。その後、クックはフックハオ通りにある1軒の家に移された。面会に行く度に、ファム・ヴァン・ドンは妻に手を差し伸べ、クックも夫に手を差し伸べた。しかし、彼女の両手はぶるぶると震え、空しく宙を掻き、夫の手を握ろうとしても握れなかった。それを見ていた私は、かたや正気で、かたや病気の夫婦は、共に辛い思いをしているのだと感じた」。党中央の多くの人々が、たびたび彼に新しい妻を迎えるよう勧めたが、ファム・ヴァン・ドンは最後まで孤独な生活に甘んじた。「ホー・チ・ミン主席は、ファム・ヴァン・ドンの選択を支持した」と、ヴェト・フォンは証言している。クックは、病気が手の施しようがないほど悪化する前に、夫との間に息子ファム・ソン・ズオンをもうけている。

との会見は順調に進んだという。ゴルバチョフは、ベトナムの改革は先見の明があると評価し、チュオン・チンの提案したことに同意した上で、「いくつかの点では、ベトナムの同志たちの方がわれわれより遥かに進んでいる」と認めた。ゴルバチョフの言葉は、チュオン・チンを喜ばせただけではなかった。ベトナムでは「多セクター商品経済」が公認されるようになったが、その1週間後の1986年11月21日、ソ連最高会議は、改革の1つの試みとして、ようやく個人・家族経営の工場設立を許可する法令を出した。それに従って、ソ連の人々はやっと、「自分と家族の力を頼りに」生産することを許されたのだった。

1986年7月28日、極東ロシアを訪問したゴルバチョフは、「中越国境地域が平和・善隣の地域になることを望む」と声明して、ベトナムへの関心を示した。そして、その訪問の際に、ゴルバチョフは改革についても言及した。7月31日、彼はウラジオストックで「ソ連共産党と全ソビエト連邦は、社会主義陣営諸国の生活上の問題に対する回答を探し求めなければならないことを完全に理解している」と声明し、「いずれにせよ、われわれも古い路線で生きることはできない」と協調した。その頃のベトナムの新聞も、ソ連のニュースに多くの紙面を割くようになった。ゴルバチョフの一挙一動は、ベトナムのメディア、特に『トゥオイチェー』で詳しく伝えられた。[546]

ベトナムのドイモイは内部からの要求から生じた流れだったが、ソ連の変化がベトナムのドイモイに果たした役割は大きかった。1982年11月10日のブレジネフの死去で、彼がソ連共産党書記長に就任してからの、18年に及ぶ停滞の時代に終止符が打たれた。後任のアンドロポフが、書記長の地位に就いていたのはわずか15ヵ月で、死去するまでの数ヵ月間は病床にあった。ゴルバチョフはアンドロポフの後継を望んだが果たせず、代わりにもっと病弱な政治局員チェルニェンコが書記長に就任した。チェルニェンコが13ヵ月後に死去して、やっとゴルバチョフに書記長の椅子が回ってきたのだった。ゴルバチョフ

---

[546] ゴルバチョフは、1986年9月20日の『プラウダ』紙上で、「ドイモイ、主人になることと優れたアイディア」に言及している。10月1日には、「古いものは容易には屈服しない。新しいものをもたらすためには、勇敢でなければならない」と語っている。10月11日のベトナムの各紙は、ゴルバチョフとレーガン米大統領のアイスランドにおける会談や、それに先立つグラスノダ地区党委におけるゴルバチョフの演説「民主主義とは、社会全体にドイモイへの推進力をつける空気のようなもの」を掲載した。

が就任した1985年3月11日は、世界史に新たな時代の始まりが記された日だった。[547]

モスクワから戻ったチュオン・チンは、万事が順調に運んでいると思った。しかし、党大会が始まった時には、多くの代議員が落ち着かない様子だった。ヴォー・チ・コンと共にハンガリーのCOMECON会議に出席したチャン・クィンが、帰国後に「ソ連首相が、ベトナムが社会主義市場経済の方向に進むことに、ソ連は賛成しないと述べた」と伝えていたのだ。チャン・クィンの話を聞いて、多くの者は恐れをなした。党大会に出席した代議員のほとんどがグエンアイクォック校で学んでおり、かつてソ連を無視して社会主義市場経済を実行したチェコスロバキアの運命を知っていたからだ。

しかし、ズオン・フー・ヒエップ教授によれば、チュオン・チンはきわめて細心に事を進めた。彼は事務局に、「チャン・クィンは、何かの文書に基づいて発言しているのか？」と訊ねた。事務側が「いいえ」と答えると、チュオン・チンは言った。「それでは通用しない。私には文書がある。私とゴルバチョフは、互いに合意した文書に署名しているのだ」。文書が公表されると、チュオン・チンの支持者たちは「ソ連はベトナムのドイモイを妨げるものではない」という文言を確かめて、やっと安堵の息をついた。そこで初めてチュオン・チンは、ソ連の世界政治経済研究所の所長による「ソ連にも、よく脅しをかける者がいる」という言葉を出した。それは、ゴルバチョフが好んでいた言葉だった。[548]

10. ドイモイ宣言

めまぐるしい日々だった。チュオン・チンは、レ・ズアンの後継に任命されると、第6回党大会政治報告の編集班長を務めるホアン・トゥン以下、編集班

547　ゴルバチョフが1986年2月のソ連共産党第27回大会で打ち出した、グラスノスチ（公開）やペレストロイカ（建て直し）によって、彼1人の任期の間に、冷戦の完全終結と社会主義陣営の崩壊という結果に行き着いたのだった。

548　オゴモロフは「私の考えでは、経済の改革で要となる問題に対して、われわれは物怖じして、正面から向き合っていない。それは、社会主義体制下の市場の問題だ。大部分は否定的に語られる、市場に由来する問題なのだ」と述べている。この発言が『スタット［事実］』紙に掲載された後に、経済学者のクラゴリエフがやはり『スタット』紙上で、「修正資本主義を宣伝するあらゆる大法螺のうちで、市場についての神話が最も危険だ」と書いている。

のメンバーたちと一緒にドーソンのヴァンホア保養所に赴いた。その豪壮な建物は、かつてレ・ズアン書記長が第4回党大会の決議案を練った場所だった。ホアン・トゥンは、「ここでわれわれは、現状から出て来る20の問題に次々と対応し、党大会政治報告の精神を『刷新(ドイモイ)』という2文字で貫徹した」と言う。

　編集班はその後、主にホーテイで仕事をした。政治報告の各項目を編集班のグループがそれぞれ分担し、チュオン・チンが直接目を通して修正した。1975年以来の誤りを評価する際、チュオン・チンの息子ダン・スァン・キーは、「私は、『われわれの誤りは、主要な方針・政策の誤りだけではなく、路線の誤りだった』と言明した。レ・フオック・トも、『わが党は、この時期の路線は誤っていたと、終始一貫して認めるべきだ』という意見だった。しかし、父は『No.3が亡くなったばかりで、路線の誤りを云々すると、前書記長への評価にかかわる。適切な評価をするには、その時代の歴史的環境も考慮しなければならない』と言った」。しかし、「事実を直視する」という圧力によって、チュオン・チン自身も、党大会の文書に「何年もの間、党は主要な方針・政策について、重大かつ長期にわたる誤りを犯した」と書き込まざるを得なかった。1986年10月19日、ハノイ党支部代表者大会でチュオン・チンはさらに、「それは左傾化した、幼稚で、唯意志的な誤りで、客観的な規律に反する結果になった。誤りを重ねた挙句、保守的で遅れた状態に陥っても、修正する勇気がなかったのだ」と分析を加えた。

　編集班は、ファン・ジエンに「経済構造に関する思考のドイモイ」の項目を、ハー・ダンに「多セクター経済の受容」、チャン・ドゥック・グエンに「経済管理システムのドイモイ」を、それぞれ執筆させた。伝統的な慎重さで、チュオン・チンは1つ1つの問題について入念に準備し、党大会の中央委政治報告に

549　政治報告の中で書き直しを求められたのは、主に経済の項目だった。編集班がチュオン・チンに意見を求めた3つの大きな課題は、次のようなものだった。(1) 経済構造・投資構造に関する思考のドイモイ：重工業と大規模プロジェクトを偏重する傾向を克服し、経済－社会的恐慌を突破するため、食糧・食品－消費物資－輸出品という3つの基本的かつ緊急の目標に向けて、投資と生産の発展に方向転換する。(2) 多セクター経済の受容：社会主義への過渡期には個人・私営経済がなお必要であり、長期的に存在すると考える。国営経済が主導的な役割をもち、集団経済・家族経済と1つになって社会主義経済勢力を形成し、経済の大きな比重を占める。その他の経済セクターの改造は長期的な任務であり、それらが持つ可能性を党の方針通りに活用・発揮するという要求に沿うものである。つまり、改造のために活用し、より良く活用するために改造する。(3) 経済管理システムのドイモイ：集中官僚主義的バオカップ制度を一掃し、民主集中原則に沿った社会主義的事業経営システムに移行する。現

盛り込む前に、各項目を1つずつ政治局で検討して承認を得た。

　それでも、チャン・ドゥック・グエンによれば、「大会が近づいたある日の朝、ホーテイの編集班の作業場所に行くと、ダオ・ズイ・トゥンが、政治報告の20ヵ所以上を書き直すと告げた。政府の役職にいる政治局員たち（ファム・ヴァン・ドン、ド・ムオイ、ヴォー・チ・コンを含む）が、修正の必要ありと判断したと言う。私はその部分を確認してから、トー（ファム・ヴァン・ドン）の秘書を務めるナンに電話をかけた。そして、私にもう1度説明させて欲しいと、トーに伝えるよう頼んだ。もし、政府側の意向に沿って文書を修正すれば、検討済みの3つの課題について、政治局の結論とは違うものになってしまうからだ。数分後に、ナンが折り返しの電話で、政治局の結論通りに書けというトーの意向を伝えてきた」。

　内部で意見を統一した上で、チュオン・チン書記長は大会に出席するハノイ党支部の代表を選び、一般人民に公表した。1986年10月19日、チュオン・チンはハノイで演説した。「社会主義共同体にとって、ドイモイは時代の要求に応じ、日に日に高まっている人民の正当な要求に応じて、道を切り開くものである。わが国にとって、ドイモイは差し迫った要求であり、生存にかかわる重要性を持つ問題である。その要求は、わが国の内部からのものでもあり、現代のドイモイの趨勢に沿ったものでもある」。この演説は、各公認メディアでその日のうちに報道され、後に「ドイモイ宣言」として受け止められるようになった。

11. レ・ドゥック・トの掌

　ホアン・トゥンによれば、第6回党大会の前に「レ・ドゥック・トは政治報告には関心を払わず、次の任期の人事を固めることに最終的な努力を注いでいた」という。この時ほどレ・ドゥック・トが本領を発揮して、不屈の忍耐力を見せたことはなかったと言えよう。というのも、地方レベルや各分野、特に人

在は、社会主義経済建設のために、ようやく商品経済を受容し、商品－通貨関係を活用するようになったばかりで、市場経済と市場システムは社会主義に相応しくないという認識から、まだ脱却していない。

民軍の党大会で、彼が最も信頼を寄せていた者が次々と解任され、この段階に至って彼の威信が落ち込んでいたからだ。

　レ・ドゥック・ト自身、1986年4月の党組織工作会議で、「生活上の困難から、多くの好ましくない事態が生じている。軍隊でさえも、恐ろしいほどの不祥事が起こっている」と評価している。彼は、「この56年間で、今ほど党員の質が低下したことはない。党の中で、特権・利権を 恣 にする階層ができ上がっていて、多くの権利を失いたくないあまりに、その地位にしがみついている」とも認めている。「そのような者が引退後に死亡した場合でも、国葬にするべきだろうか？と疑念を持つ者もいる。葬儀で花輪を手向ける際に、故人が革命に大なり小なり貢献した徴として花輪を多く供え、いずれかの記念墓地に葬れば、それで良いのではないか？」。このような好ましくない事例を、レ・ドゥック・トは他人事のように語っているが、軍の指揮官たちは、その原因がどこにあるのかはっきり分かっていた。

　第4回党大会の人事で、ヴォー・グエン・ザップが政治局の序列でレ・ドゥック・トの下に置かれたことは、人民軍将校たちの自尊心を傷つけた。続いて、チャン・ヴァン・チャ将軍が中央委員会から外される［1982年の第5回党大会。同年に国防次官も解任］という出来事があった。ヴォー・グエン・ザップの後任は、ヴァン・ティエン・ズン将軍だった。彼は革命に多くの貢献があったが、回想録『春の大勝利』を出版した時に、自分の威信をかなり失墜させていた。著書の中で、ザップ将軍がホーチミン作戦で果たした役割をほとんど無視したためだった。

　1986年10月13日、ハノイで第4回全軍党支部代表大会が開かれた。軍の代表者たちは、開会式の時から明らかな態度を示した。会場では、ヴァン・ティエン・ズン大将にはまばらな拍手しかなかったのに対し、ヴォー・グエン・ザップ大将が入場した時には全員が起立し、雷鳴のような拍手が湧き上がったのだ。ザップ将軍は単に一代議員として出席したのだが、軍人たちは歓声を上げ、涙さえ浮かべて彼を迎えた。軍の内部で多くの不祥事が起こる一方で、各方面の戦場で兵士が欠乏と苦痛に喘いでいる現実には、将兵たちから厳しい批判の声が上がっていた。ヴィスェン［ハザン省］の戦場で直接指揮をとり、帰還したばかりのレ・フィー・ロン少将の報告は、中越国境地帯で兵士が苦しい日々を

過ごし、毎日命を落としている様子を伝えていた。それは、一部の将校が軍隊の設備備品を横領して金を儲け、自分と親族の懐を肥やしている現実と、極端な対称をなしていた。

10月18日、全軍党支部代表大会は、第6回党大会に出席する全軍代表者71名のリストから、軍の最高指導者であるチュー・フイ・マン大将とヴァン・ティエン・ズン大将の名前を削除した。両将軍を擁護したのは2人だけで、うち1人は副参謀長レ・ゴック・ヒエン将軍だった。ヒエン将軍がチュー・フイ・マン大将とヴァン・ティエン・ズン大将を代表に推挙した時には、激しい反対の声が上がった。

ヴァン・ティエン・ズンとチュー・フイ・マンは第5期の政治局員だったため、党規約に従えば、第6回党大会に出席するのは当然だった。しかし、2人とも既に威信を失っており、推薦を受けて党中央委員に留任するほどの条件がなかった。ホアン・ヴァン・タイ大将はと言えば、1986年7月2日に急逝していた。軍内では、現在の地位に留まるのはレ・チョン・タン大将だろうと予想されていた。[550]

しかし、党組織委員長レ・ドゥック・トにとって、対策を立てるには1ヵ月もあれば十分だった。1986年12月5日、折りしもレ・ドゥック・アイン大将がカンボジアから国防省のT66ゲストハウスに戻り、全国の各省・市の代表が党大会のためにハノイに集まっている時、中央のある会合を終えたレ・チョン・タン将軍が、その足でグエンカインチャン通り6番地のレ・ドゥック・トを訪ねた。この慌しい会見で何が起きたのか、誰にもはっきりとは分からない。タン将軍は、グエンカインチャン通りから車でリーナムデー36Cの自宅に戻った。そこでは、レ・ゴック・ヒエン将軍が食事を共にするために彼を待っていた。

レ・ゴック・ヒエン将軍は、レ・チョン・タン将軍の妻の弟だった。だが、ヒエンが以前、力のあるヴァン・ティエン・ズンとチュー・フイ・マンにすり

---

[550] レ・チョン・タン将軍とホアン・ヴァン・タイ将軍は、ヴォー・グエン・ザップ将軍と並んで抗仏・抗米戦争の指揮をとった人物で、ディエンビエンフー作戦にも参加している。ザップ将軍はレ・チョン・タンを「歴代のベトナム軍人の中で、最も優れた将軍の1人」と称している。ド・カストリ将軍の塹壕の上に軍旗を掲げて、ディエンビエンフー戦役の勝利を告げたのは、ほかならぬレ・チョン・タンの第320連隊だった。その31年後、やはりレ・チョン・タンの東部方面軍所属の第390号戦車が、独立宮殿の門に突入して、南北統一の戦いに終わりを告げたのだった。1986年10月18日の全軍党大会で、レ・チョン・タンは、第6回党大会に出席する軍代表団の団長に選出された。

寄っていたため、この義兄弟は相容れない立場にあった。レ・チョン・タンとレ・ゴック・ヒエンは二言三言短い言葉を交わしたが、その時、タン将軍が突然テーブルに突っ伏した。騒ぎを聞きつけて、タン大将夫人のレ・ティ・ミン・ソンが、下の階から駆け上がってきた。報せを聞いて、真っ先にヴォー・グエン・ザップ将軍が、ホアンジェウ通り30番地の自宅から駆けつけた。続いてディン・ドゥック・ティエン将軍もやってきた。ザップ将軍が悲痛な面持ちで歯を喰いしばっている傍で、レ・ドゥック・トの実弟であるティエン将軍は、「タンよ、誰がおまえをこんな目に遭わせた？」と声を上げた。ベッドに寝かせられたタン将軍は、肌身離さず持っていたティモニーの時計をはずして、内孫のレ・ドン・ザンに与え、かろうじて「大きくなれよ」とだけ告げた。

　タン将軍はすぐに家から運び出された。夜になって、家族は彼が死亡したという報せを受けた。12月7日の葬儀の日に、新聞は初めて党中央委の広報を掲載した。「レ・チョン・タン大将が、1986年12月5日18時50分に死去した。享年72歳。同志は長く心臓の血管を病んでおり、発作の後に息を引き取った」というものだった。人ひとりの死因について、これほど胡散臭い書き方をした訃報もめったになく、人々はますます懐疑の念を募らせた。

　レ・チョン・タン将軍が死亡した時、レ・ドゥック・トは党の組織工作と同時に、中央保健衛生委員会の責任者でもあった。この委員会は、党の指導者たちが服用する薬の1つ1つまで決定していた。党大会直前のレ・チョン・タン大将の死と、その少し前のホアン・ヴァン・ホアン大将の死は、党中央委広報のように、単に高齢と病気によるものだった可能性は高い。しかし、「非正統的」な歴史の中では、彼らの死は犯罪が疑われる件として記されている。

　レ・チョン・タンの死から1ヵ月余りの1987年1月20日、ディン・ドゥック・ティエン将軍は狩りに出かけた。車から銃を取り出そうとした時、銃が暴発した。弾は彼の顎から頭頂部まで貫通し、車の天井に穴を開けた。数々の戦場を勇猛に突き進んだ将軍が、最後は「銃の暴発」で命を落としたのだった。

　党大会の会場のロビーでは代議員たちがひそひそと囁き交わしたが、本来なら大会後も国防相に留任したはずのレ・チョン・タン将軍の突然の死が、公然と語られることはなかった。レ・ドゥック・トがなおも監督していた人事工作は、ほぼ絶対的なものだった。

ヴェト・フォンの評価によれば、第3インターナショナル［コミンテルン］の幹部工作規程には、もともと問題があったが、スターリン、毛沢東、ベリヤ、康生のような人物の個人的なお墨付きを得た後に、レ・ドゥック・トによってベトナムに持ち帰られてからは、ますます「奇怪な」ものになったという。ヴェト・フォンに言わせると、「誤ったやり方が規則になった」のだ。

その規程では、次期の中央委員は、理屈では大会で選出されるはずだったが、代議員が投票するための名簿は、前期の中央委員、つまりやがて役職を去る人々が、定員数にぴったり合わせて作成していた。もし、中央委員会が賛成しない人物が大会の場で推薦されれば、人事小委員会から「辞退」するよう求められるのだった。毎度の大会でそのような例があり、推薦された人物が辞退しない場合もあった。そのような場合には、人事小委はいつも譲歩して、その人物の名前を候補者名簿に載せた。しかし、ベトナム共産党が政権を握ってから、歴代の党大会で、正式な名簿に載らない候補者が前期中央委員によって次期中央委員に選ばれたことはほとんどない。中央委員会と言っても、決定的な役割を担っているのは、やはりレ・ドゥック・トだった。

ヴェト・フォンは、レ・ズアンとファム・ヴァン・ドンの2人ともが、レ・ドゥック・トに人事工作を任せていたと見ている。チュオン・チンも関心はあったが、やはり原則的な問題ばかりを重視していた。ヴェト・フォンは、「レ・ドゥック・トが幹部工作で権力を濫用していたため、晩年のレ・ズアンは、トへの反感を露にしていた。われわれ部下に、『中央委員は150人いるが、幸いにも私は20人しか知らない。後はみなレ・ドゥック・トが選んだ委員だからな』と、たびたび語っていた。レ・ドゥック・トが単なる報告をした場合でも、政治局と中央委は、おおむねその内容に沿った決定を下した」。やはりヴェト・フォンによれば、ホー・チ・ミン自身も、「われわれの幹部工作は、すべてトがやっている。彼は気に入った相手のことは良く報告して、嫌いな相手のことは悪く報告する。政治局にはそれが分かっているのか」と、嘆かなければならなかったという。

32年間首相を務めたファム・ヴァン・ドンは、任期が新しくなる度に、新政府の閣僚名簿を国会に提出した。その名簿はファム・ヴァン・ドンが作るものではなく、閣僚の顔ぶれも文章も、すべてレ・ドゥック・トが決めていたの

だ。ヴェト・フオンは、次のように語っている。「組閣の度に、ファム・ヴァン・ドン首相は、国会の批准にかける閣僚名簿の文書の一字一句を、手間をかけて修正した。そこまでしたのは、彼が文字にうるさい知識人で、成句になっていないと嘆きたくなるような文章を、国会の前で読み上げる訳にはいかなかったからだ。しかし、彼ができるのは文法、正字法の修正だけで、内容については、たとえ首相といえども変更する権限はなかった」。レ・ドゥック・トが政府のメンバーに入れた人物は多いが、ファム・ヴァン・ドン首相は、彼が連れてくるまでは、どの人物とも顔を合わせたことがなかった[551]。

　第6回党大会の人事も、依然としてレ・ドゥック・トが規程から具体的な人選まですべてを仕切った。トの後任者となったグエン・ドゥック・タムは、次のように語っている。「大会の準備の過程で、トはいつも、われわれは方針に気をつけて、慎重で民主的でなければならない、と繰り返していた。大会の人事委員長として、1つ1つのケースについて、トはいつも時間をとって注意深く話を聞き、不明な点があれば詳細を細かく質問した[552]」。しかし、多くの中央委員が経験したところでは、レ・ドゥック・トの説教じみた言葉は、実際の人事のやり方とまったく違っていて、完全に「タテマエ[553]」でしかないこともあった。

---

[551] レ・ミン・チャウは次のように語っている。ホーチミン市の国家銀行支店長だった彼に、1986年6月のある日、中央組織委員会からハノイに来るようにとの電報が入った。極秘電報を手にした彼は、果たして良い用件で呼ばれるのか、それとも悪い用件でなのか、訳が分からなかった。午後の「ベトナムの声」放送を聴いて、彼は初めて自分がベトナム国家銀行の頭取になることを知った。政治局が彼の任命を決定したというニュースが伝えられたのだ。ハノイに上ったレ・ミン・チャウに最初に面会したのは、政府の頂点に立つ人物ではなく、レ・ドゥック・トだった。ド・クォック・サムも、1982年6月に、同じような唐突なやり方で、建築大学の学長から国家基本建築委員会の委員長に格上げされている。サムが初めて政府の閣議会議に出席した時、ファム・ヴァン・ドン首相が「君は誰だ？なぜここに座っている？」と尋ねたという。会議の書記を務めていた政府事務局の総務部長が「首相、こちらはド・クォック・サムといって、政府の新しいメンバーです」と説明しなければならなかった。
[552] レ・ドゥック・ト『志操堅固な共産主義者…』国家政治出版社、2011年、69頁。
[553] 以下は、グエン・タイン・トーの回想録からの引用である。
　第4回党大会の前に、レ・ドゥック・トは私を呼びつけた。ホーチミン市農業局の並び、8月革命通りと並行して、公安警察が管理する高級住宅街に続く道がある。私はその中の一軒の豪邸にレ・ドゥック・トを訪ねた。彼は自分のスタッフたちに、それぞれ近所の家に行っておれと命じ、私を上の階に案内した。彼と私の2人だけが並んで座り、トはノートにメモを取った。「君のことを決めるために、いくつか聞きたい。まず、君の郷里はどの党支部に属しているかね？」。私は次のように説明した。地区委員会のチャウ・ヴァン・リエム常務委員が、青年同志会から改めて安南共産党を設立した時に、党活動で私の村に来たことがあった。ヴィンロン省のニュンが、オモンで教師をしていた時、チャウ・ヴァン・リエムに誘われて、ウン・ヴァン・キエムやハー・フイ・ザップと一緒に入党した。その時に、コード支部も設立された。私の故郷の党支部は、当初はチャウ・ヴァン・リエムの党支部に所属し

第10章　ドイモイ　　　　　　　　　　　　　　　　　　　　　　　　　　469

ていた。私の答えを聞いたNo.6トは、しばらく黙って考えていた。そして、さらに「チャン・ヴァン・ザウを知っているかね？」と尋ねた。私は答えた。「小さい時に新聞で、フランスが50人以上の共産主義者を逮捕して裁判にかけた、デシャン事件の記事を読みました。裁判官の質問とチャン・ヴァン・ザウの答えが書いてあり、私はそれがとても気に入りました。裁判官が『被告の職業は？』と訊くと、ザウは『言った通りだ。私は専業の革命家で、他の仕事はしていない』と答えていました。『どうやってロシアに行けたのか？』という質問には、『革命の意志があったから行けたのだ』と答えていました。後にザウに会った時にその話をすると、彼は笑って『法廷では、フランスからソ連に行くのに何の苦労もなかったと、はったりの陳述をしてやったのさ』と言いました」。私がチャン・ヴァン・ザウと何も関係がないことを確認すると、レ・ドゥック・トは「君を党大会で中央委員に推薦する。中央委員に選出されたら、君をホーチミン市から異動させる」と宣言した。こうしてNo.10トーは第4期中央委員になったのだ。

　1982年3月の第5回党大会で、私は党中央執行委員会によって、ハウザン省からの中央委員立候補者として紹介された。私は第4期の最後の中央委総会に出席して、第5回党大会に出す報告の草案と、中央委員立候補者名簿を作成した。その中には、初めて私の名前が上がっていた。午後になって、No.6トから私に呼び出しがかかった。私は作業班の同志たちに、「きっと私は、この立候補者名簿からはずされるんだ」と言い、笑って鞄を提げて出ていった。そして、書記局のゲストハウスに行き、個人のサロンでNo.6トと向かい合って座った。彼は私に椅子を勧め、そして言った。「私がしようと思っていることは、何でも分かっているだろう。政治局の同志たちは、君に対してとても意地になっている。同期の中央執行委員会の中でも対立があって、それが中央の指導部に影響すると思われる。そこで、党の大事のために君に提案するのだが、われわれのために犠牲になってくれないか。第5期中央委員の候補者名簿から君の名前を外させてもらいたいのだ。大会が終わったら、君には北部から南部に異動して、楽な仕事に就いてもらうつもりだ」。私は言明した。「私は幼い頃から革命活動に加わって、いつも難しい場所に派遣され、困難な時に重い責任を負ってきました。自分が独立・統一の時まで生きられるとは思っていませんでした。今も生きていられるのは、人智を超えた力のおかげですから、犠牲は厭いません。私が中央委に入って、中央委の団結が損なわれ、役割を発揮する妨げになるなら、喜んで辞退します。中央委員の立候補者名簿から、私の名前を削除して下さい」。そう言い終えると、私は立ち上がって一礼し、仕事場に引き返した。中央委の会議に出された立候補者の名簿に、私の名前はなかった。No.10キーがレ・ズアンの所に行って、No.10トーを中央委員候補者名簿から外した件について尋ねると、No.3ズアンは「私は、No.2ヴァン、No.10トー、No.5ヴァン、No.10キーの名前を外すことには不賛成なのだ」と言った。第5回党大会の開会日に、会場に行く途中でマイ・チー・トに会った。彼は私を抱きしめて、熱のこもった口調で「長途知馬力、久日見人心（長い道のりを経て、初めて馬の能力を知る／長い時間を経て、初めて人心を知る）」という詩を詠んだ。会議の休憩時間には、ディン・ドゥック・ティエンが私を庭に連れ出してこう言った。「わしの方が何歳も年上だから、おまえさんのことは"おまえさん"と呼ばせてもらうよ。わしは西部の省を全部回ったが、もしおまえさんが彼らの言うような人物なら、西部はあれほど英雄的にはならなかっただろう。わしはNo.6トに、こんなふうに幹部の人事を決めていたら、いずれ墓穴を掘る、自分の父母の墓を掘ることになるぞ、と言ってやった」。私はティエンの両手を強く握って、「あなたを実の兄のように思っています」と言った。会議中にも、No.2ヴァンが私を電話で呼び出して、クーロン省［現ヴィンロン省とチャヴィン省］の代表団の所に行けと告げた。クーロン省の代表は、テーブルに突っ伏して泣いていて、涙がテーブルを濡らしていた。大会終了後に、グエン・ヴァン・リンが私に会ってこう知らせた。「君を中央委立候補者名簿から外した件について、No.6トに尋ねたら、彼はこう答えた。『グエン・タイン・トーにその話をしたら、彼は了解して、3分も経たないうちに、立ち上がって出ていった。もし中央委員になりたいと懇願していれば、私は彼をそこに引き止めていたよ』。そこで、私はNo.6トにこう言った。『私がどうやって正義のために闘ってきたと思う？　君は私の状況を知っているだろう？　今回の大会で、人は私に投票しないよう働きかけたが、私が当選する結果になったのは幸いだったよ』」

グエン・ドゥック・タムは、次のように語っている。人を政治局員として推薦する場合にも、「トはますます慎重に、繰り返してその人物をチェックし、政治局に報告した上で、1人1人を面接した。そのようにして、政治局内部で意見が一致した時に、初めてその人物を中央委に紹介した。第6回党大会までは、基本的に同じ方法で人事が行なわれたが、この大会では特に、書記長の選出が最も困難だった。政治局、書記局の同志1人1人と何度も相談を重ねたが、それでも意見が一致しなかった。[554]

12. 指導部の交代

　党の最高指導者の選出について、政治局内で意見が一致しなかったため、1986年11月17〜25日の第5期11中総と、12月5日からの12中総でも具体的な人事が決まらなかった。12中総と同時に、人事決定会議と言われる「内部大会」も開かれたのだが、当時中央委員候補だったレ・ヴァン・チエットによれば、中央の各会議では、具体的な人事ではなく、原則についての議論しか行なわれなかったという。

　中央委員と代議員が具体的な人事を話し合わなかったために、党大会に空白が生じた。ハノイに向かう前に、地方の各代表団、特に南部の代表たちは、チュオン・チン書記長が第6期も続投してくれるよう働きかけた。彼らはグエン・ヴァン・リンをよく知っており、チュオン・チンに大きな希望を託していたのだ。チャン・ニャムによれば、チュオン・チンは当初、政治局に「私はもういい歳だから、引退させてくれ」と言っていた。だが、その後、チュオン・チンは沈黙を通した。おそらく、彼に任せたいという党員たちに対して、自分の使命を意識し、またレ・ドゥック・トのやり方を不愉快に感じたためだろう。

　経験豊かなレ・ドゥック・トは、その時点で、自分にはもはや最後のチャンスに賭けるほどの威信がないと見きわめていた。[555]だが、戦略家だけあって、

554　Lê Đức Thọ, 2011, p.69.
555　グエン・ドゥック・タムによれば、誰が書記長になるかについて、まだ政治局を説得できないでいる時に、彼はレ・ドゥック・トに「事態はこじれ切っているから、あなたが書記長になれば、すんなり行くのでは？」と尋ねた。するとレ・ドゥック・トは、「私は歳をとって、体も弱っているから、他の同志がやってくれる方が良い」と答えたという（グエン・ディン・フオン提供のグエン・ドゥック・タムの手記）。

新指導部での自分のポストをちゃんと確保していた。チャン・ニャムによれば、具体的な人事を公然と議論に乗せなかったのは、レ・ドゥック・トの個人的な動機によるものだったという。内部大会では、第6回大会に出席する1129名の代議員のうち900名以上が、チュオン・チンが書記長に留任するという案に賛成票を投じた。各代表団、特に南部の代表たちは、チュオン・チンに会って説得させてほしいと、引き続き要請した。

内部大会のスケジュールに従って、1986年12月13日の朝、代議員たちはバーディン会議場に集まった。しかし、9時まで待ったところで、組織委員会から「代議員はいったん戻って、午後3時にまた会議場に集まって下さい。予備会議で最終的な人事を決定します」とアナウンスがあった。それに先立つ数時間前、チャン・ニャムは、「午前6時に、グエンカインチャン通り3番地のチュオン・チン書記長の自宅を訪ねた。6時半に、中央委事務局長のグエン・カインがやってきて、『書記長は起きたか？』と尋ねた。私が『昨夜は遅くまで政治局の会議があったから、まだ起きていないようだ』と答えると、グエン・カインは引き返した。7時30分までに、ファム・フン、レ・ドゥック・ト、ファム・ヴァン・ドン、グエン・ドゥック・タム、ヴォー・チ・コンらが続々と詰めかけた。レ・ドゥック・トはチュオン・チンに、「立候補辞退」の書類にサインするよう求めた。チュオン・チンが返事をする前に、閣僚評議会副議長と内相を兼任するファム・フンが、「君が辞退しないと、党内が緊張するだろう[556]」と横から口を出した。チュオン・チンは承知するしかなかったが、グエン・カイン事務局長が用意した辞退の書類にはサインしなかった。

1986年12月13日の午後3時、代議員たちが続々と会議場にやってきた。チュオン・チン、ファム・ヴァン・ドン、レ・ドゥック・トが次期中央委員への立候補を辞退することが伝えられた。発表したのは、政界を退くこの3名に次いで政治局員歴の長いファム・フンだった。彼は続いて、3名の功績を讃える文書を読み上げた。[557]

---

[556] チュオン・チンの秘書チャン・ナムは、書記長は圧力や脅迫さえ受けて、辞退せざるを得なかったと言う。一方、グエン・カインは、脅迫はなかったと言っている。

[557] 立候補辞退の発表は、12月18日の公開大会でも読み上げられた。「われわれは、新しい中央執行委員を選出しようとしている。第6期中央執行委員の候補者名簿については、チュオン・チン同志、ファム・ヴァン・ドン同志、レ・ドゥック・ト同志の申し出に従い、代表団は一致して、3名の同志

党内の序列ではファム・フンが第1位となり、引き続き中央執行委員会に参加した。彼は1956年に政治局員に就任したが、当時グエン・ヴァン・リンは、まだ中央委員にもなっていなかった。ファム・フンは1967～1975年に南部中央局の書記を務めたが、グエン・ヴァン・リンはその副書記だった。しかし、当時、党で最も力のある人々が、グエン・ヴァン・リンを引き立てるよう働きかけた。グエン・ドゥック・タムは、「レ・ドゥック・トはグエン・ヴァン・リンを書記長にするという強い意見を持っていた[558]」と言う。ホアン・トゥンは、「ファム・フンは経済を深く研究していないから、アイディアもあまり出せなかった。副首相だった間も、ファム・フンはファム・ヴァン・ドン首相にさえ柔軟に対応しなかった」と語っている。

　ファム・ヴァン・ドンは、もっとグエン・ヴァン・リンを気に入っていた。というのも、1930年代に彼らは共にコンダオの刑務所に投獄されていたのだが、その時やっと16歳の少年だったリンは、ドンが教えてフランス語から訳したマルクス・レーニン主義の資料を夢中で読んだからだ。1986年11月13日にヴィエンチャンでラオス人民革命党の大会に出席したファム・ヴァン・ドンは、兄弟各党の指導者たちにグエン・ヴァン・リンを熱心に紹介した。その時は単なる随員だったリンを、次世代の後継者として紹介したのだった。

が高齢と健康上の理由から立候補しない権利を尊重する。3名の同志の高邁な決意は、前の世代が次の世代を親切に導き、次の世代が前の世代の事業を忠実に引き継ぐという、わが民族、わが党の価値ある伝統を雄弁に物語っている」。3名の同志を盛大に称えてから、ファム・フンは、大会からこの3名の功労者に、党顧問という「最高の責任」を委ねることを提案した。

558　Lê Đức Thọ, 2011, p.70.

第11章
カンボジア

ポル・ポト派に殺害されたとされるベトナムの村人たちの遺骨
(アンザン省バーチュック、訳者撮影)

●訳者解説

　カンボジアでは、中国が支援するクメール・ルージュのポル・ポト派が、1975年4月17日に首都プノンペンを制圧した。ベトナム戦争の終結直後から、ベトナム・カンボジア国境での軍事的緊張が高まり、両国は1977年12月に国交を断絶した。

　国土の北方に中国、南西方面にカンボジアという二方面の敵を抱えたベトナムは、より小さな敵を排除するために、1978年12月末にカンボジアに軍事侵攻した。ポル・ポト派はタイとの国境地域に逃れ、プノンペンでは親ベトナムのカンボジア人民共和国政府が樹立された。タイに拠点を置いたポル・ポト派勢力は、中国などの後押しで、シアヌーク派、ソン・サン派とともに民主カンボジア連合政府を形成し、カンボジア領内ではこれら反越3派勢力と、駐留ベトナム軍・カンボジア人民共和国軍との戦争が継続した。カンボジア戦争でのベトナム人の犠牲者は、5万人に及ぶとされている。

　軍事支出はベトナムの経済を圧迫し、ハノイ指導部はドイモイ路線に転換、国内経済の復興のため、対外的な対立の解消を図った。その第一歩は中国との歩み寄りであり、その前提はカンボジア問題の政治的解決だった。ベトナムは、「カンボジア人民は十分に強くなった」として、1989年にカンボジア駐留軍を完全撤退させ、1991年には中国との関係正常化に至った。

第11章　カンボジア

1979年1月7日の正午、レ・ズアンの娘婿ホー・ゴック・ダイ教授は、昼寝をしていた義父を起こして「ベトナム軍プノンペン入城」のニュースを伝えた。しかし、レ・ズアンは「よし」と言っただけで、また眠ってしまった。ホー・ゴック・ダイは「とても驚いた。作戦局から電話を受けて、いきなり天地がひっくり返るような話を聞かされたのだが、義父は暢気に眠っていたのだから」と語っている。他国の首都に軍を差し向けた程度では、「君主」の昼寝が妨げられることはなかった。しかし、ベトナム軍がそこから撤退するまでには、実に10年の歳月を要したのだ。領土の外の出来事とはいえ、その10年はベトナム史に刻まれることになった。それも他国に干渉した歴史としてである。

1. ポル・ポト派は村の入口に、われわれは村の出口に

レ・ドゥック・アイン*将軍によれば、「カンボジアを攻撃した時、わが党の指導部は2つの意見に割れた。敵を倒した後は友人［ここでは親ベトナム派の「カンボジア救国民族統一戦線」を指す］に任せて、速やかに撤退すべきだという意見と、敵を倒した後も復興を助けて、その上で友人に後を任せて撤退するべきだという意見だった」という。「レ・ズアン書記長は、敵を倒して友人に後を任せたら、軍を撤退させてベトナム南部の農作業に復帰させろと主張した」[559]。ゴ・ディエンは、「レ・ドゥック・トは、プノンペンに入城した当初、『われわれは、3ヵ月から6ヵ月程度ここで働いて、後を友人に引き継ぐ』という意味のことを話していた」と証言している。だが、ベトナム軍はクメール・ルージュをただ追い払っただけで、殲滅したわけではなかった。そのような状態で、どうして3ヵ月から6ヵ月の間に南部の農作業に復帰できただろうか。

ベトナム軍部隊は、カンボジア進攻開始から1ヵ月も経たない1979年1月17日、コーコン市社に残っていた最後のポル・ポト派の行政府を打倒した。しかし、作戦局のレ・ヒュー・ドゥック局長は、「わが軍はプノンペンとその他の都市、市社を占領したが、ポル・ポト派の師団は1つも殲滅できなかった。敵の力は大して消耗していなかったのだ」と認めている。レ・ヒュー・ドゥック中将は「わが軍は、大槌でハエを叩き潰した。1つのゲリラ部隊を攻撃するた

559　『大将レ・ドゥック・アイン』人民軍隊出版社、2005年。

めに、フランス軍やアメリカ軍と戦った時のような各兵種の混成部隊を用いたのだ」と証言している。

　クメール・ルージュは敗走したが、彼らは敗残兵になった訳ではなかった。ドゥック将軍は、「中国人顧問たちは奴らに、戦車を見たら逃げて地雷を仕掛けろ、と巧みに教えていた。中国製の地雷は、人を殺さずに負傷させる目的で作られていた。1人が地雷を踏むと、負傷兵を運ぶために、わが軍は4人分の兵力を失うことになった」と語っている。ベトナム軍は、プノンペンには破竹の勢いで進撃したが、遥か向こうのカンボジア－タイ国境地帯に行き着くと、すぐさまクメール・ルージュに囲まれ反撃された。この段階から、ベトナム軍は最も大きな犠牲を払うようになった。

　1980年から1981年にかけての乾季に、クメール・ルージュは最初の反撃に出た。その時は、カンボジア駐留ベトナム義勇軍はまだレベルが高かった。ポル・ポト派は、領土を奪い返すことはできなかったが、ベトナム義勇軍とヘン・サムリンの軍隊を熾烈な戦闘に引き込んだ。両軍は、多数の死傷者ばかりではない大きな損害を被った。

　1983年の雨季、当時は第979戦線の副参謀長だったファム・ヴァン・チャは、自ら第4師団を率いてコーコンの国境地帯に入った。「5月から10月までの雨季を通して、前線のほとんどが後方との連絡を完全に断たれていた。特に補給・輸送活動は完全に麻痺していた。一方、敵はタイ領内から、わが軍の駐屯地や陣地に、来る日も来る日も砲撃を繰り返した。敵が至る所に布設した地雷原が、わが軍を取り囲んでいた。歩き慣れた土地の外側に出たばかりに、地雷を踏んで負傷、死亡した仲間は非常に多かった。師団の野戦病院や救護所に行くと、地雷で脚を失った若く逞しい兵士たちが大勢担ぎ込まれている光景に出くわした。両脚とも切断されてしまった同志もいた。私は涙をこらえきれず、自分が仲間に対する責任をまっとうしていないことを痛感した。1つの乾季、1つの雨季が過ぎるごとに、隊列から櫛の歯が欠けるように兵士の姿が消え、数がごっそり減っているのを見ると、実に痛ましい思いに駆られた[560]」

　ファム・ヴァン・チャ将軍によれば、戦場の兵士の食事は、腐った米と干魚、傷んだ肉だけだった。もう少しましな食事を作ろうと仲間を励ましても、手に

560　Phạm Văn Tra, 2009, pp.326-327.

入るのはせいぜい菜っ葉ぐらいだった。気候は過酷で、毎日が熱病、それも「鎌を持った死神」のような悪性の熱病との闘いだった。チャ将軍の部下だった兵士は、わずか18歳でこの病のため命を落とした。

「私自身は熱病にはやられなかったが、やはりひどい発熱を経験した。最も恐ろしかったのは、基地に向かう途中、森の樹を切って部隊の防衛陣地をチェックしている時だった。不意に発熱して体がガクガク震え、目眩がして足がよろめいた。仲間が支えてくれなかったら、ジャングルの道の真ん中でくずおれてしまっただろう。兵士が病気になっても、砲弾や地雷で負傷しても、通常の場合なら、すぐ救護して適切な治療を施せば回復するものだ。しかし、後方に運ぶことができないため、やむを得ず寝かせておく間に死んでしまうのだった」と、チャ将軍は語っている。特に、乾季に飲料水が不足することは「パニックになるほど恐ろしかった」という。「私は、部隊の党員や兵士たちから、非常に痛ましい話を聞いた。『渇きに苦しんで地面に倒れた兵士は、何か青い柔らかい草でもあれば、しゃにむに歯で食いちぎる。1滴でも水分があれば御の字じゃないか』というのだ。人は、そういう時には、ほとんど本能的に反応するのだ。兵士が渇きのために死んでしまったケースもあって、実に心が痛んだ」[561]

乾季は、最も重要な作戦の季節でもあった。1984年の乾季にあたる5月25日に、第330師団が火蓋を切った攻撃作戦は、勝利に終わったとみなされている。だが、ファム・ヴァン・チャ将軍に言わせれば、その勝利を得るために、師団は大きな代償を支払わなければならなかった。103名の党員・兵士が戦死、485名が負傷したのだ。クメール・ルージュの4つの基地が占領され、300丁以上の銃が確保された。「クメール・ルージュ700人の包囲網から脱した」と言われているが、そのような戦闘では、クメール・ルージュは兵力を温存するため、自らその場を放棄するのが常で、兵力の損耗はきわめて軽微だった。

1983年から1984年にかけての乾季、クメール・ルージュは「2度目の反撃」を仕掛けてきたが、失敗に終わった。1984年から1986年にかけての乾季には、ベトナム軍が大規模な作戦を開始し、タイ－カンボジア国境沿いにあるクメール反動3派［カンボジアの反越3派］の根拠地に攻撃をかけた。その中には、タイ領内深くに位置しているものもあった。ベトナム軍は16ヵ所に及ぶ3派の根

561　Ibid, pp.327-328.

拠地を破壊した。その後で、レ・ドゥック・アイン将軍は、カンボジアの軍隊と人民を国境地域に運ぶ措置をとった。K5と呼ばれる建設事業を通じて、彼らが国境地域の主人になるためである。K5とは、800キロメートル以上のタイ国境線沿いの樹を伐採して、巡視ラインを作り、竹を植え、塹壕を掘り、地雷を仕掛け、タイ領内の根拠地から侵入するポル・ポト派に対する防衛線を作るというものだった。

　第478専門団の団長だったマイ・スァン・タンは、次のように語っている。「K5の実施には、非常に明確で現実的な意味があった。第1に、国境に防衛線を構築すれば、カンボジアの部隊がより安心し、国境線を自力で防衛する気になる。そうなれば、ベトナムの義勇軍も、戦略機動主力部隊の任務からようやく手を引くことができる。第2に、カンボジア人に大規模な攻撃、もしくは大規模な作戦、大規模な革命運動を組織せよと言ってもまだ無理だったが、人民を動員して樹を伐採し、塹壕を掘り、竹を植えて国境巡視ラインを作ることはできたし、徐々にうまくなった[562]」

　敵の侵入を防ぐ国境防衛線の構築は、大胆な計画だった。しかし、数千キロメートルに及ぶタイ－カンボジア国境地帯には、高い山や深い森があった。クメール・ルージュは、鹿でも水牛でもなく、黒服の兵士だった。その黒い影は相変わらず、プレアビヒア、ダンレック、パイリン、ポイペト、プノムマライ、アンロンヴェンなどから忽然と現れては、また国境の向こうに引っ込んだ。まるで機織の杼のようだった。K5事業の後も、ポル・ポト派は、なおもカンボジア領に深く入った場所に根拠地を構えていた。

　マイ・スァン・タン将軍は「K5事業の実施は、カンボジアの友人たちが大衆を動員し、組織する耕作に習熟するための訓練として、現実的なものだった」と説明している。しかし、「その当時、また現在でも、一部の同志がK5には欠点があり、必要なかったのではと疑うのも無理ないだろう[563]」。実際、カンボジアの友人たちはK5を恐れていた。ゴ・ディエンによれば、K5の実施のため、「われわれはカンボジア側を促して、後方の各州から大衆を動員し、延べ約700万労働日を費やして国境防衛線を建設させた」という。

562　Mai Xuân Tắn, 2005, p.176.
563　Ibid.

K5事業の現場で、ヘン・サムリンの軍隊と協働して勤労奉仕をした数十万の人々は、クメール・ルージュのみならず、熱病の病原体にとっても生きた標的だった。ある者は待ち伏せ攻撃や奇襲攻撃を受け、ある者は伝染病の猖獗地帯で斃れた。この「大衆動員工作の訓練」で、地雷を踏んで負傷したり、銃撃や疾病で命を失ったカンボジア民間人の数は計り知れない。

　K5事業の後、特にベトナム義勇軍が5万人以上撤退してからは、戦闘はさらに激しさを増した。「カンボジア軍は1983年から、各村落の防衛と、プノンペン、コンポンソムを除く各都市の防衛任務を担当するようになった。1984年からは、スヴァイリエン、プレイヴェン、コンポンチャム、カンダルの4州の全域を自ら受け持った。1985年には、カンボジア-タイ国境の一部を自ら引き受けた[564]」とされている。それでもなお、ベトナム軍は広大な戦闘地域のあちこちに配置されていた。戦闘部隊に直接投入された兵士たちは、そのことをはっきりと感じ取っていた。チャン・ヒュー・ロン上尉も例外ではなかった。

　第7軍区の軍政学校の教員だったロン上尉は、1986年5月、第479戦線の第5師団第4連隊第11大隊の隊長としてカンボジアに赴任した。「部隊は戦闘が最も激しい場所に配置されていたが、武器はまったく足りなかった。大隊の110人の兵士に対して、90丁の銃しか残っていなかった。理屈では、火力は小隊の末端まで装備されているはずだったが、B40迫撃砲や軽機関銃を持っている分隊もあれば、持っていない分隊もあった」

　ロンの部隊は、ジャングルのはずれに駐屯していたが、そこは、クメール・ルージュの部隊がタイから国境を越えてカンボジア領内に侵入して来る場所だった。「まるで冗談のような戦争だった。われわれは無防備に姿を曝け出しているのに、クメール・ルージュは闇に紛れ、民間人を装って潜んでいるのだった。ポル・ポト派の兵士は国境を越えてやってくると、立ち止まってわが軍と一戦を交え、さらに往復しつつ、ひとしきり銃撃戦を展開した。われわれは兵営のまわりに土嚢を積み上げ、塹壕を掘って、砲台の形を整えなければならなかった。だが、土で囲った砲台と、竹と茅で建てた兵舎を焼き尽くすには、B40迫撃砲1発で十分だった」とロンは語っている。

　ベトナムの兵士がカンボジアで経験した戦いの熾烈さは計り知れない。クメ

564　Ibid, p.177.

ール・ルージュの根拠地1つを落とすことは、とても簡単そうに見えるが、ポル・ポト派を殲滅するとなれば、それは非常に難しかった。完全に「一掃」されてしまったベトナム義勇軍の部隊もあった。ロンは語っている。「1986年の乾季の初め、連隊は敵を追跡する作戦を実施した。私の大隊は、基地の守備を命じられた。夜間、私が第13大隊に立ち寄ると、仲間たちが部隊を送り出す晩餐会に誘ってくれた。食事をしている時に、トゥ大隊長が『K54の弾はまだあるか？』と尋ねた。私は、腰に着けていたK54の弾倉から、弾を抜いてトゥに渡した。翌日の昼に村に行くと、数人の年老いたクメール人がうずくまって、『トゥ隊長の部隊が全滅してしまった』と泣いていた」

作戦に参加した第13大隊は、重機関銃担当の兵士1人が生き残っただけで、後は全員戦死していた。その戦闘があった夜、第4連隊は300人近いクメール・ルージュの部隊を包囲し、追い詰めて攻撃をかけた。敵は砲撃で応じるしかなかった。敵が選んだ場所は、第13大隊が押さえたエリアの中だった。残忍なクメール・ルージュ兵は、遮る物のない野原に身を晒している大隊の兵士に、背後からB40迫撃砲を雨霰と撃ち込んだのだった。ただ1人生き残った兵士は、かろうじて敵が来る前に身を伏せ、戦友の遺体を引き寄せて、その下に隠れたのだと語った。クメール・ルージュ兵は、ベトナム兵の遺体に続けざまに銃弾を撃ち込んだので、彼がどうして生き延びたのかは分からない。翌朝、住民がジャングルから牛車で運び出した40体の遺体の中には、トゥ大隊長の遺体もあった。

その作戦の後で、ロン上尉は部隊を集合させ、「わが勢力は手薄になり、いつ攻撃を受けても不思議はない」と言った。そして、弾薬庫を開け、警報のレベルを上げて、部隊を戦闘準備の態勢に着かせるよう命令した。1987年の初め、ロンの大隊が駐屯する区域に、ポル・ポト派の1個大隊が出現した。当時、ロンは第12大隊に移って指揮をとっていた。村の住民は「ロン隊長、あいつらはこの第12大隊を攻撃する準備をしていますよ」と言った。

クメール・ルージュのグオンという大隊長が、住民を通じて「兵営の外に出て、村のはずれに来たら、わが方がすぐに撃つとロンに言え」と伝えて来た。ロン上尉は、「頭があるなら、軍をここから撤退させろとグオンに言え」と伝言を返した。クメール・ルージュは、すぐには攻撃してこなかったが、ロン上尉

の部隊を長い緊張状態に置いて疲弊させる目的で、数ヵ月にわたってそこに布陣していた。ロンの部隊は、その間よくこんな唄を口ずさんだものだ。「ポル・ポト派は村の入口で／われわれは村の出口で／同じ川の悪臭芬々たる水を飲む／収穫期が何度過ぎても／ポル・ポト派はまだ入口に、われわれは出口に」[565]

ロン上尉は次のように語っている。「カンボジアの夜は真っ暗で、顔の前に掌をかざしても見えないほどだった。夜の行軍では、燐光体を持つ昆虫を捕まえ、前を歩く兵士の背嚢にその光体を塗りつけて、はぐれないよう目印にしなければならなかった。夜に広々とした平地を行く時、もし落伍して後方に取り残されたら、横たわって顔を地面につける。運が良ければ、夜空を背景に行軍する兵士の影が見えた」。敵の待ち伏せ攻撃によく出遭うのは、特に月が昇った直後の一瞬だった。クメール・ルージュは、月の光で目標がはっきり見えるまで待ち伏せ、引き金を引くだけで事足りた。グオンのクメール・ルージュ大隊がまだ森の外で見張っている時、ロンは「私は2時間に1回のペースで起きて、夜警に回らなければならなかった。照明が1つもない状態で、暗闇の中を前進した。柵に接近したクメール・ルージュ兵もわれわれを見つけるのは難しかっただろう」

包囲4日目が過ぎ、第12部隊は張りつめた弦のように緊張していたが、クメール・ルージュ兵はまだ攻撃に出てこなかった。第4連隊も、その時は兵力が分散していたので、支援に駆けつける見込みはなかった。大隊長は「集まって防守態勢をとれ」と末端まで伝えた。午前4時30分頃、ロン上尉は最後の夜警に出た。兵士たちが命令を厳格に実行しているのを確認すると、彼は宿舎の小屋に戻った。「横になったその瞬間、AKライフルの銃声が1発また1発と響いた。外に駆け出す前に、B40迫撃砲の第1弾が司令部の小屋の近くで炸裂した。私は壕に飛び込んだ」

ポル・ポト派は銃弾をほぼ撃ち尽くしたようだったが、味方が撃ち返す銃声は聞こえなかった。ロンは伝令係に「反撃しなければ全滅だぞ」と告げた。歩を進めようとした時、B40の砲弾が小屋の扉の近くで炸裂し、彼はさっと身をかわした。伝令係が口をぱくぱくさせているのを見て、ロンは怒鳴った「俺はまだ生きてる、攻撃だ！」。小屋を出ると、数十棟の兵舎が炎を上げていた。

565　ハン・フィン・ディォウ作「あなたは川上に、私は川下に」の替え歌。

82型臼砲を担いだ一群の兵士が、後方に走っていった。「砲脚を立てて、集中砲火を浴びせろ！」とロンは叫んだ。大声で命令した後もまだ臼砲の音がしないので、ロンは叱りつけた。「もういい、俺が今やつらを撃ってやる」。怒鳴ってから振り返ると、臼砲が続けざまに火を噴くのが見えた。兵士らは砲脚を立てる暇もないまま、砲に弾を込めて発射していた。その時初めて、ロンは自分の耳が聞こえなくなっていることに気づいた。

第1小隊に駆けつけると、腹を負傷して腸がはみ出した兵士がいた。戦友たちは、彼の腹に鉢を押しつけて、腸が出るのを防ごうとしていた。第2小隊では、ネ小隊長が銃弾に胸を貫かれて死んでいた。その手は、紅いクッションをしっかりと握り締めていた。ロン大隊長は驚愕した。わずか2日前、そのクッションを見たロンは「誰のプレゼントだね？」とからかった。ネは「恋人がくれたんです。死ぬ時もこのクッションの上で死ぬつもりです」と自慢していたのだ。ネ隊長の恋人は、知り合ったばかりのクメール人女性だった。ネ小隊長が戦死した瞬間に居合わせた兵士は「彼は指揮をとっている最中に突然足を止めました。胸の小さな傷口から、血が滲み出ていました。彼はすぐさま私に、小屋に行ってクッションを取ってこいと言いつけ、そして『撃て！』と命令を下しました。顔から血の気が失せ、だんだん意識が薄れていくその時まで、彼はそのクッションを握り締めていました」

夜が明けて、クメール・ルージュの部隊は引き揚げていった。第3小隊では2人の兵士が、B40の弾で真っ二つに引き裂かれた戦友の体を懸命に拾い集めていた。大隊の小屋をほとんど焼き尽くした炎は、まだ消えていなかった。3名が戦死し、別の3名が負傷していた。兵士たちの遺体は司令部に運び込まれた。ロンは手ぬぐいで1人1人の顔を拭いてやり、クメール人の牛車を待った。牛車は、不運な兵士たちの遺体を連隊まで運んでいった。「夜は水牛の木鐸の音のように乾き／森は米粉で作った皮のように乾き／風はそよとも吹かない」[566]。カンボジアの乾季には土が固くなるため、2、3人で1日かけても、やっと戦友1人分の墓穴しか掘れなかった。

陣地の正門のところに、1人のクメール・ルージュ兵の遺体があった。その男は、砲弾を装塡したB40を担いでいる時、それを撃つ前に自分が撃たれてし

---

[566] ヴァン・レの詩。

まったのだった。背中には、さらに6個の砲弾を担いでいた。ロンが宿舎に戻った時に聞いたAKライフルの銃声の1つは、彼が夜警の時に出会った兵士のものだった。クメール・ルージュ兵がその7発のB40迫撃砲を柵越しに撃つのを、もしその兵士が防がなければ、陣地はもっと危険な状態になっていただろう。その夜、ポル・ポト派は3方面だけから攻撃を仕掛け、1方面は空けたままにしていた。もし第12部隊がその方向に逃げ出していたら、敵の待ち伏せ攻撃の罠に完全に落ちていただろう。それは、第12部隊の駐屯地に対するクメール・ルージュの最も激しい攻撃だったが、攻撃はその1度だけではなかった。ロン上尉は1986年5月に第479戦線に着任したが、その時から1987年の半ばまで、彼はクメール・ルージュへの反撃、待ち伏せ攻撃、追撃など、全部で68回の戦闘を経験した。

　同じ時期、サイゴンでは、ロンが戦死したという噂が流れていた。ロンの母ド・ティ・ビック・ハーは、息子のことを尋ねるため、軍区の幹部室を何度も訪れた。しかし、戦場との情報のやり取り、特にロンの部隊のように、タイ国境付近に駐屯する部隊との連絡は極めて困難だった。3ヵ月問い合わせ続けて、ロンの母がやっと知り得たのは、その時期に第479戦線で3名のロンという名の上尉が戦死したということだった。

　1987年8月、チャン・ヒュー・ロンは戦場から戻るよう命令を受けた。ロンが帰国すると聞いて、彼から第11大隊長の地位を引き継いだトゥアンは、ジャングルに伝令を送ってロンに短い手紙を届けさせた。「君が帰国すると聞いたが、会うことはできない。国に帰って幸せに暮らしてくれ」と書かれていた。トゥアンとロンは、かつてはジャングルの駐屯地で、ハンモックを並べて夜通し語り合った仲だった。その手紙は、2人の間で交わされた最後の1通となった。

　ロンが第5師団の司令部に戻る少し前に、トゥアンと彼の副官の遺体が師団の支部に運び込まれていた。戦場では、予想のつかない死が待ち構えていた。トゥアンはクメール・ルージュに殺されたのではなく、味方の兵士が放った弾で落命した。その兵士は長い緊張に耐えるうちに心を病み、正気を失った挙句、戦友に銃を向けたのだった。

　いったい何人の「義勇軍」兵士がカンボジアで戦死したのか、今も正確には知らされていない。カンボジア駐留10年間に戦死したり、ZIP地雷やK58地

雷で障害者となったベトナム人兵士の数は、数十万人に上っている。[567]当時の党 - 国家の文献は、ベトナムの様子を「わが国は半ば平和で、半ば戦争勃発の危機に瀕している」と表現している。

だが、危機的というだけではなかった。カンボジアへの派兵とは、南西部国境から遠く離れた場所に戦争の空間を持ち込むことで、サイゴンやカントーの軍病院はいつも傷病兵で溢れ返っていた。「戦場K［カンボジア］」で長く消息を断っていた兵士たちは、戦争の空間を持ち帰り、それで村落や街角を一杯にしたのである。

2. 革命の輸出

1978年、カンボジア東部軍区のある地域の党書記で、クメール・ルージュの1グループのリーダーだったオック・ブン・スオンが、ベトナムに逃亡してきた。オック・ブン・スオンは国境沿いに「解放区」を建設し、武装勢力を組織するために、ベトナム側の支援を求めた。そうやってクメール人自らが戦い、クメール・ルージュの体制からカンボジアを「解放」するという訳だった。B68委員会の副委員長だったゴ・ディエンによれば、「この理に適った提案は受け入れられなかった」という。

B68委員会は、1978年6月にレ・ドゥック・トがサイゴンに入り、「南西部国境の紛争を解決し、国際的任務を遂行して友人を支援する」ため、指導委員会を立ち上げた時からスタートした。レ・ドゥック・アイン将軍は、「レ・ドゥック・トは当初から計画を立て、武装勢力の組織や、作戦の進め方、戦闘の方策、戦闘態勢の整え方など、大きな問題について決定を下した」と述べている。

クメール・ルージュ政府が素早く逃げ出した時、ナチス・ドイツの収容所のような集団農場にいたカンボジア人たちは、恐怖に打ちひしがれ、飢え渇き、悪臭を放っていた。カンボジア進攻当初のベトナム軍の主な仕事は、息も絶え絶えのクメール人数万人を、飢えや命の危険から救い出すことだった。この小

567　ZIP地雷やK58地雷では、普通は人は死なない。ZIP地雷の場合、踏んだ者は足首を吹き飛ばされる。K58地雷の場合は、約80センチメートルの高さに跳ね上がって爆発し、地雷を踏んだ兵士の両足を吹き飛ばし、その前後の兵士まで殺傷するほどの威力がある。

さな国土の何千という村落、集落で、多くの死体をまとめて埋めた穴や、人骨で埋まった井戸が発見された。

3年9ヵ月以上ポル・ポトの掌の中にあったカンボジアは、文字通り「死の荒野」と化していた。何百万という人々が、処刑されるか、集団農場や大作業場で死ぬほどの虐待を受けていた[568]。ベトナム軍は、彼らの1人1人が家に戻ったり、生き残った家族を探したりするのを手伝い、カンボジアの人々が農作業を復活させるために、ベトナムから持参したトウモロコシや豆の種を与えた。同時に「革命の種」も持ち込まれ、カンボジアにベトナムをモデルにした体制が形成された。

ベトナム義勇軍の各部隊は、行く先々の土地で、現地の行政機関を設置する任務を担った。県を解放した大隊は県レベルの行政機関の設置を手伝い、村を解放した分隊は、それぞれの村の「自治委員会」と呼ばれる暫定行政機関の設置を手伝った。「ポル・ポト派を憎み、人民に血の負債を持たず、ベトナムと団結する」者が、この委員会のメンバーに入れられた。

20代で未婚のベトナム軍兵士で、一度も役人になったことのない者が、いきなり村の、時には県の「専門家」に任命された。レ・ドゥック・トは「プノンペン解放」前には、全部で61人のクメール人要員しか集められなかったにもかかわらず、カンボジアにベトナムをモデルにした安全なシステムを確立したいと考えていた。

1978年の後半、ベトナムの新聞は、カンボジアで諸勢力が蜂起したというニュースや、「カンボジア救国民族統一戦線」のニュースを繰り返して伝え、ラジオでヘン・サムリンやチア・シムのアピールを流し続けた。しかし、その時点でも、カンボジアの領内で蜂起は発生しておらず、カンボジア人がベトナムに脱出してくるだけだった。1978年9月、これらの脱出者たちは初めて集結し、「ホーチミン市に出向いてベトナム側に支援を求めるカンボジア勢力の代表団」

---

568 ベン・キアナンが著書『ポル・ポト体制』に記した調査結果では、当時のカンボジアの人口（789万人）の21パーセントに当たる167万人が、クメール・ルージュの手で殺されたという。カンボジアの都市部に1万人、農村部に1万人住んでいたベトナム人は、クメール・ルージュによって100パーセント殺害された。クメール・ルージュ政府は、北京政府の後ろ盾を得ていたにもかかわらず、華人の命も容赦なく奪った。カンボジア在住華人の約50パーセントに当たる21万5000人が、ポル・ポトの掌の中で死ななければならなかった。

を結成した。

ゴ・ディエン[569]によれば、当時のベトナムの指導部は、カンボジアから来た各グループをどう評価するかで悩んでいた。1954年のジュネーヴ協定以後に、北ベトナムに集結したカンボジア人の党員を信頼するべきだ、ということはよく分かっていた。だが、やっかいなことに、ある程度の資質のある党員は、1970年以降カンボジアに戻され、次々とポル・ポト派に暗殺されていった。1978年まで生き延びた党員は、使いものにならなかった。レ・ドゥック・トは「寄せ集め、小物連中」と呼んだが、それでも確保できたのは、わずか40人ほどだった[570]。ゴ・ディエンは、「実際、われわれは70人のカンボジア人指導者グループを作った。14名からなる救国民族統一戦線中央委員会を組織し、戦線の11項目の綱領を起草し、1978年12月2日にミモット地区で戦線の公開式典を開催したのだ」と証言している。

ベトナム軍に連れられてプノンペンに進攻した「蜂起勢力」に入っていた中堅党員は、わずか20名ほどだった。ゴ・ディエンは語っている。「われわれは、『ベトナムの軍事援助を受けた、カンボジアの友人による総攻撃と蜂起』と宣伝した。しかし実際は、プノンペン解放後、わが軍の撮影隊が映像作成に使った『カンボジア革命軍』とは、カンボジアの軍服を着たベトナム人兵士だった。彼らが1979年1月7日に、赤地に金でアンコールワットの5つの塔を描いた旗を掲げて王宮を占拠する様子は、まるでロシア10月革命の冬宮占領のようだった」[571]

1979年1月8日の夜、蜂起したカンボジア人による「カンボジア人民革命評議会」設立の声明が世界に発信された。しかし、ゴ・ディエンによれば、実際にはその数時間前に、「第7軍区司令部で、レ・ドゥック・トは初めて、B68の指導者と国防省が派遣した前線司令部を含めた会合を開いた。そこで、カンボジア新政府の閣僚名簿を、公開の前に最終的にチェックしたのだ。会合には、カンボジアの友人たちは出席していなかった。『政府』ではなく、『人民革命評議会』と呼ぶことに決めたのは、われわれだった。このように、重要なことは

569　1979～1991年の時期にカンボジア駐在ベトナム大使を務めた。
570　Ngô Điền, 1992, p.63.
571　Ibid.

われわれが即決し、みなそれで当たり前だと思っていた」[572]

　1979年1月20日になって初めて、レ・ドゥック・トは、ヴォーヴァンタン通り14番地のゲストハウスで、プノンペンで政権を握る40人以上のカンボジア人党員のために、送別会を催した。出席者の中には7人の中心人物、ペン・ソヴァン、チア・シム、ヘン・サムリン、ヴァン・ソン、ボー・トン、ナン・サリンことチャン・キリー、そしてフン・センがいた。

3. 大国思想

　1979年1月末、ド・ムオイは数名の専門的スタッフと共に、プノンペンに送られた。2月11日、「友人」の中央委員全員が、レ・ドゥック・トとド・ムオイおよびB68のメンバーを迎えた王宮に集まった。ド・ムオイは協定の草案を提示し、それに沿って、ベトナムはカンボジアに4億ドン、当時の6000万〜7000万米ドル相当の援助を行なうことになった。1週間後、ファム・ヴァン・ドン首相がカンボジアに飛び、ヘン・サムリン議長と、有効期限25年の「平和友好協力条約」と呼ばれる文書に調印した。それに基づいて、「カンボジアはベトナムに義勇軍の駐留を要請」した。

　カンボジア進攻から1年後、レ・ドゥック・アインは中将から上将に昇格した。1981年5月20日、中央軍事委員会は、カンボジア駐留ベトナム義勇軍司令部の設置を決定し、「719司令部」と名づけた。当時、第7軍区司令官兼政治委員だったレ・ドゥック・アインは、この義勇軍の司令官に任命された。

　レ・ドゥック・アインは、719司令官を務めるかたわら、カンボジアの国防省設立と、武装勢力の組織を支援する478軍事顧問団の団長としても直接勤務した。義勇軍部隊のほかに、文民政府組織の編成を支援する顧問団というものがあり、B68という暗号名で呼ばれた。責任者は、ベトナム共産党中央委員チャン・スァン・バィックだった。チャン・スァン・バィックは、1982年3月のベトナム共産党第5回大会で書記局員となり、ハノイに戻って中央委事務局長に就任した。同大会で政治局員に選出されたレ・ドゥック・アインは、カンボジアに戻って、B68顧問団と義勇軍双方を統括するようになった。

572　Ibid, p.62.

その頃のベトナムは、経済的に行き詰まっていた。経済運営の経験といえば、官僚主義的バオカップ制度だけだった。ベトナム自身が、政治、経済、文化のモデルを刷新する必要があったのだ。にもかかわらず、そのモデルがカンボジアに輸出され、適用されたのである。そのカンボジアは、もともと文化的にベトナムとはまったく異なる国で、クメール・ルージュ時代からプロレタリア政権には強い恐怖心を抱いていた国だったのだが。

　カンボジアで国際的任務を遂行するベトナム人は、レ・ドゥック・アインに言わせれば、大国的な思想も持っていなければならなかった。ベトナム人党員の1人1人、特に「友人を支援する専門家」たちは、カンボジア人党員それぞれの理論的基盤をよく分かっていた。いきなり国家レベルの指導者の立場に置かれた彼らに、その地位にふさわしい態度をとらせることは、実に難しかった。

　実際に能力があり、クメール・ルージュの組織で高い職位に就いていて、ベトナムに逃げ出したという者は、まだ信用されていなかった。1979年から1981年までの段階では、「ベトナム集結」組は、レ・ドゥック・アインによって重要な職位に就かされた。書記長、閣僚評議会議長、国防相をはじめ、政治局員8名のうち3名、閣僚17名のうち8名、州および都市の主席や書記29名のうちの7名は、そのような人々だった。

　北ベトナムに集結して、カンボジアに戻った人々の資質は、非常に限られていた。新政府の「旗手」に選ばれたペン・ソヴァンも、元はと言えば「ベトナムの声放送」のクメール語室長でしかなかった。ペン・ソヴァンに代わって閣僚評議会議長の地位に就いたチャン・シーは、ベトナムにいた時はヴィンフー省［現ヴィンフック省とフート省］ヴェトチーの火力発電所の分廠長に過ぎなかった。第1兵団司令官を務め、その後プノンペン市主席に就任したカン・サリンは、元はソンテイ［ハノイ］の市守備隊の上尉だった。レ・ドゥック・アインに呼び出された時、カン・サリンは既に引退して、ドラム缶を1個2ドンで洗う仕事をしていた。メン・ソモルは第7軍区で看護師をしている26歳の女性だったが、レ・ドゥック・アインによって国防省幹部局副局長の職位を与えられた。工場の門衛だったソム・ソソルは、やはりレ・ドゥック・アインにコンポンスプー州の書記として配置された。

　カンボジアの上位レベルの人事決定権は、すべてレ・ドゥック・ト1人の手

に握られていた。1979年1月、カンボジア人民党の党建設委員会が設置された。その数日後となる1月20日から、この組織はレ・ドゥック・トによって「カンボジア人民革命党中央委員会」と呼ばれるようになった。そして、ゴ・ディエンによれば、レ・ドゥック・トが「書記長」と呼んだペン・ソヴァンが、チア・シムやヴァン・ソンと共に中央委員会の常務委員会を構成するようになった。ゴ・ディエンの話では、中央委、常務委とは言っても、「実際には会合が開かれることはなく、重要な決定はすべてベトナム側が行ない、それをペン・ソヴァンに伝えていた。ペン・ソヴァンは、それをあたかも常務委の提言であるかのように、中央委に提示していた。事実上、トップにいるのはベトナム共産党、具体的にはレ・ドゥック・トだった。支援というのは言葉だけで、実際には代行だった」。このような現実から、ベトナム人党員はどうしてもカンボジア人党員を下に見る意識を捨てられなかった、とゴ・ディエンは認めている。

　ゴ・ディエンは、カンボジア駐在大使とカンボジア外務省顧問を兼務していた。外相は、その年やっと27歳になるフン・センだった。ゴ・ディエンはフン・センに、グラスやフォークの持ち方から、手取り足取り教えたのである。1985年に閣僚評議会議長の地位に置かれた時も、フン・センは内閣の公開式の最中に、ゴ・ディエンを「私の偉大な先生です」と紹介している。カンボジア外務省は、最初は外相1人、スポークスマン1人から出発した。ヘン・サムリン主席が各国の元首に送る書簡から、重要な対外的声明まで、あらゆる文書はゴ・ディエン1人の手で起草された。ディエンは、「期限に間に合わせるために、フランス語で書かなければならない時もあった」と認めている。「国家元首」ヘン・サムリンに、ゴ・ディエン大使が「国書」を提出する時はもちろん、「国家元首」が大使を接見する時も含めて、すべての活動はゴ・ディエンの采配によるものだった。

573　Ngô Điền, 1992, p.60.
574　フン・センは1952年（履歴書では1951年）にコンポンチャム州ストゥントレン県に生まれた。普通教育課程［小学校から高校までの12年間］にいる時、学生運動に参加して命を狙われるようになり、クラティエに逃げて、ベトナムの南部解放軍に供給する物資の売買を手がけた。ロン・ノルのクーデターを機にベトナム軍に合流し、その後、ベトナム軍が訓練する武装勢力に入隊した。1972年、フン・センは大隊長に昇級した。1975年、コンポンチャム解放作戦に参加した時、重傷を負い、左の目を失った。ポル・ポト政権時代には、第21地区連隊の副連隊長・参謀長を務めた。1977年6月、フン・センの連隊は、戦闘準備、偵察と報告を命じられた。指示された目標は、ベトナムのホアルー国境防衛

フン・センは「カンボジア人民共和国の主体」の役割という意識を持って、プノンペンに戻ってきた人々の1人だった。持ち前の聡明さと積極性、勉強熱心のおかげで、外交には素人だったフン・センは、1人前の外交家に成長した。「彼と会う度に、いつも関連問題をもっと説明するよう時間をとった。フン・センは一生懸命に聞き、分からないことは正直に分からないと言って、必ず質問した」とゴ・ディエンは語っている。

　逆に、ゴ・ディエンの言葉では、「突然新しい地位に上って、多くの権力を握ったために、夢の中で生きているようになった」人々もいた。「彼らは、自分がもともと単なる石灰入れ［檳榔をキンマの葉で包んだベッテルにまぶす石灰を入れる容器］だったことをつい忘れて、ガジュマルの樹の根元に置かれ、線香と灯を捧げられたために、自分が神になってしまったのだ。彼らは瞬く間に、権力を濫用し、気儘に暮らして金や女を欲しがる人間になってしまった[575]」。その典型がペン・ソヴァンだった。ゴ・ディエンによれば「ペン・ソヴァンはいつも、あたかも物事に通じた指導者のように、横柄にふるまった。時には、私にさえ説教することもあった。そして、いくらも経たないうちに、独裁者になりたいという彼の野望が曝け出された[576]」。「誠実かつ無条件に友人を支援する」と言いながらも、実質的にカンボジアで権力を握っていたベトナム人にも、ペン・ソヴァンのやり方は受け入れ難かった。1981年12月2日、ペン・ソヴァンは逮捕された[577]。

隊の陣地だった。連隊の要員数名が、「学習」のためとして軍区に呼び戻されたまま帰ってこなかったことから、フン・センは逃亡を決意し、腹心の部下数人と一緒にベトナム側に脱出した。彼を迎え入れ、最初に支援を与えたのは、No.8クアンとNo.3.クンというベトナム人の党員で、2人はフン・センを高く評価した。最初の訓練課程を終えたフン・センは、戦略的な見通しを含む提言を書いて、ベトナム人党員らを驚かせたと言われている。カンボジア外相に就任すると、フン・センは、自分がゼロからスタートすることをわきまえ、持ち前の聡明な資質を発揮して、学ぶことに力を入れた。ゴ・ディエンは語っている。「ベトナム外務省は、外交についての基礎的な教育プログラムを急いで作り、速習クラスを開設する私を補助するスタッフを送って寄越した。フン・センは真っ先に、自分自身で、非常に熱心に学び、後には自ら教壇に立って、他のカンボジアの党員たちに講義をした」。このやり方は、フン・セン自身がより教育を身につけると同時に、カンボジア人党員の間で、彼の威信を高める役にも立った。ゴ・ディエンによれば、自分の能力をひけらかし、顧問の助けを借りようとしないペン・ソヴァンとは違い、フン・センは最初から顧問を十分に活用し、学んでは質問をしたという。しかし、外務省の人事や、内部問題の解決については、彼はいつも自分で決定した。

575　Ngô Điển, p.65.
576　Ibid, p.76.
577　ペン・ソヴァンはハノイに連れ戻され、1992年1月25日まで監禁されていた。

クメール・ルージュ時代がジェノサイド体制だったことを否定する者はいない。また、ベトナムの「侵略」を告発しても、ベトナムがカンボジア人民を助け、ポル・ポト派の手から逃れさせたことは、シアヌーク自身も認めざるを得なかった。ベトナム軍将兵は、10年以上カンボジアに駐留する間に、ポル・ポト派の復帰を防ぐために大いに貢献し、多大な血の犠牲を払った。だが、同時に彼らは、カンボジア政府の決定に少なからず干渉した。この「プロレタリア国際精神」は、だんだんと多くの誤りを犯すようになった。シエムリアップ事件もその1つである。

　1982年から1983年にかけての乾季、クメール・ルージュは「二重スパイ」という手を使い、投降を装って1人の副連隊長を送り込んできた。この投降者は、カンボジア政府の職員の中に、プノンペンで勤務しながらポル・ポト派のために働いている者が大勢いる、と打ち明けた。当時のカンボジアには、個人のみならず、地方行政機関の職員にも、昼はヘン・サムリン政権に仕え、夜はポル・ポト派のために働いている人間がいた。このようなスタイルは、「2つの顔の政府」と呼ばれた。2つの顔の政府に係わっている者が、誰でも反ベトナム派という訳ではなかった。クメール・ルージュが相変わらず夜な夜なジャングルからこっそりやってきて、ベトナムに忠実なクメール人がいれば、いつでもその首を鉈で切り落とすような状況では、人々は生きるために彼らに協力するしかなかったのだ。レ・ドゥック・アインは、「投降を装った副連隊長の供述に基づいて、わが軍の兵士たちはカンボジアの党要人を捕え、家宅捜索を行なった」と語っている。

　偽の投降者の陰謀にかかって、およそ40人のカンボジアの党要人が逮捕された。そのほとんどは、シエムリアップの行政機関の中心的人物だった。シエムリアップの省季書記は、ベトナムの同志たちが彼を逮捕しに来た時に自殺した。「捕縛、追跡、訊問によって、多くの無実の一般人と党員が殺され、暴力の犠牲になった。カンボジア人の党員が『ベトナム人の党員は、なぜこれほど酷いことをするのか』と問う世論を耳にした時は、この上なく心が痛んだ」と、ゴ・ディエンは語っている。シエムリアップは騒然となり、ベトナム人を恐れ、恨む空気は、この街からカンボジア全土に急速に広がった。

　シエムリアップ事件に対応する前に、719司令部はハノイ政府に「上位レベル

の意見」を求めていた。ゴ・ディエンによれば、シエムリアップ事件のような過ちの根源には、みな大国ナショナリズムがあるという。「大国思想が最も明らかに表れていたのは、われわれがカンボジア革命を建て直すことに無関心で、自らの役割を自覚せず、カンボジアの国家機構を上から下まで整えなかったことだ」と、ゴ・ディエンは語っている。レ・ドゥック・トは、カンボジアの「元首」が部屋の外で待っているのに、悠々と風呂に入っていた。レ・ズアン書記長といえば、友人の書記長［ヘン・サムリン］に対して、けっして礼儀ある態度をとらなかった。[579]

---

[578] レ・ドゥック・アインは、次のように語っている。「ハノイに戻ると、政治局の会議でこの事件について検討した。その時の記憶では、トー（ファム・ヴァン・ドン）が479と719司令部を非常に厳しく批判し、事件に連座した司令部の中心的な指導者を厳重に処罰することを提案した。私が考えたことは、当時、権力のある地位にあって、私のような任務に就いている者なら誰でも、この状況では処罰は難しいと感じただろう、ということだ。単純な事件なら、仲間たちは自分で対応し、どこかに誤りがあれば点検して、それなりの処罰をすれば問題なかった。だが、この時は、ホー・クアン・ホア同志がハノイに来て、上の者に報告をしていた。そのような場合、一定の責任がある上級の指導者たちは、政治局に決定を仰がなければならなかった。そういうわけで、私は政治局に提案した。私に処理を任せてくれるなら、719と479司令部で事件に関連する具体的な事案と、具体的な人物だけについて処罰を求めるようにする、と。政治局はそれを承認した。私はまた、高官レベルの同志を1人選び、わが党を代表してカンボジアに行き、友人の党に謝罪するべきだ、とも提案した。政治局は全会一致で、チュー・フイ・マンをその役に選んだ」（『レ・ドゥック・アイン大将』人民軍隊出版社、2005年、186-187頁）。レ・ドゥック・アインはさらにこう語っている。「最初の仕事として、私は電話ですべての逮捕を中止し、拘束された者を全員釈放するよう伝えた。私はホーチミン市を経由してカンボジアに戻り、479戦線のみならず、その他すべての戦線の責任者に、状況を報告するよう求めた。注意深く報告を聞き、慎重に質問し、実態を調査して、同志たちにけっして悪意があった訳ではなく、悪い手段を用いるつもりもなかったこと、単なる幼稚さや未熟さのために誤りを犯した訳でもないことが分かった。処罰しない訳にはいかなかったが、重すぎる処罰も望ましくなかった。最終的に、2人だけを処罰することにし、それぞれ1階級降格して帰国させた」（同、188頁）。レ・ドゥック・アインが処罰の対象としたのは、479戦線のホー・クアン・ホア少将とトゥー・タイン少将で、両名は大佐に降格された。ホー・クアン・ホアは、1982年3月に党中央委員に選出されていたが、それも罷免された。

[579] 1985年10月、レ・ズアン書記長はプノンペンで、カンボジア人民革命党第5回大会に出席した。ゴ・ディエンによれば、「当時、レ・ズアンは78歳で、食事には注意しなければならなかった。ヘン・サムリンはベトナム代表団との夕食を考えていたが、レ・ズアンは夜は自室で軽い食事をとるだけだったので、ヘン・サムリンはチャムカーモン迎賓館で昼食会を催した。No.3 ズアンは酒に酔って、食事の間中、彼の十八番の『集団主人になる』『県レベルに400の砲台を建設する』云々を繰り返した。ヘン・サムリンはあまり口をはさまず、聞き役に回っていた。No.3 ズアンはほとんど食べず、食べ終わると『では失敬して、休ませてもらうよ』と言い、椅子から立ち、背後の自室に引っ込んだ。ヘン・サムリンは食べるのをやめて立ち上がった。レ・ズアンは何ら疑問を感じることなく、自分の態度が普通だと思っていたに違いない。友人に対するわれわれの大国思想は、ここまで染み込んで、当たり前のものになっていたのだ」（Ngô Điến, 1992, p.86.）。

4. 孤立

　シアヌークは、国連で「侵略者ベトナム」を告発した時、同時にクメール・ルージュの「ジェノサイド」も告発の対象にした。しかし、世界は20万人近いベトナム軍がカンボジアに駐留している事実にだけ注目し、クメール人民を救援するという視点から戦争を見ようとする者はいなかったようだ。

　アメリカは再びベトナムへの禁輸措置をとり、ASEANの多くの加盟国が、カンボジアの反ベトナム勢力の後ろ盾に回った。ベトナム戦争終結後に、グエン・コ・ティックがバンコクを訪問した時、ASEAN諸国の外相たちは、並んで彼と握手する順番を待ったものだった。しかし、ベトナム軍のカンボジア進攻後は、ティックがバンコクを訪れると、彼のことを「犬肉喰い(ドッグイーター)」と侮蔑する者たちもいた。

　1984年4月、ベトナム軍は、タイーカンボジア国境地帯の「クメール反動3派」の拠点を攻撃する作戦を開始した。拠点のいくつかはタイ領内に深く入った所にあり、ベトナム防空部隊の銃弾が、タイのL19偵察機1機に命中したほか、ヘリコプター1機を破壊した。1984年5月には、ベトナム義勇軍の砲弾が、タイのスリン県の領域深く落下し、村民の数人を死傷させた。タイとベトナムの関係はますます緊張した。1980年代前半にタイ駐在ベトナム大使を務めたチャン・クアン・コによれば、当時のタイ政府は、ベトナムに対抗するポル・ポト派を庇護する政策で、中国と緊密に連携していた。そのため、バンコクのベトナム大使館前では、「カンボジア侵略、タイ領侵犯」に反対を叫ぶ人々のデモが、毎月のように組織されていたという。

　ベトナムとタイの緊張関係で、タイ在住のベトナム人に対する圧力も高まった。東北タイの各県には、ベトナムのハーティン省とゲアン省から出稼ぎに来ている者が多かった。彼らは、かつてはタイ側から歓迎されていた。1920年代後半、グエン・アイ・クォックは、革命運動の拠点を構えて、ベトナム人共同体に共産主義を広め、国内の組織と連絡をとる目的で、しばしばこの地域を訪れていた。この地域にはまた、共産主義に共感し、革命の意志を抱く何千ものタイ人がいた。

1947年、ホー・チ・ミンに親近感を持つプリーディー・パノムヨンの政府が倒れ、親米政権が取って代わった。新政府は共産主義への脅威感を高め、共産主義の宣伝を禁じる法律を施行、結社を禁止し、言論の自由を制限した。東北国境地域には戒厳令が敷かれた。出稼ぎに来ていたベトナム人は、そのまま雇われ続けたが、非合法の難民とみなされるようになった。

　チャン・クアン・コは語っている。「彼らは外国人居留者としての証明書も支給されなければ、タイ国籍も取得できなかった。何十年もタイの国内で働き、生活しているにもかかわらず、何十万人ものベトナム人が監視の対象となった。居住地の外に行こうと思っても、旧正月や独立記念日にバンコクのベトナム大使館に行きたい時も、いつも許可書が必要なのだった。ベトナム大使が、ベトナム人を訪ねて東北各県に行くことさえできなかったのだ」[580]

　1979年、シアヌークは、国連の会議に出席した際、難民認定を受けるためニューヨークにかなり長い間滞在した。しかし、アメリカ側が沈黙を続けたため、彼は中国の庇護下に戻った。中国と北朝鮮がそれぞれ贈呈した、北京と平壌の邸は、まだ殿下を待ち続けていた。シアヌークは戻ってから、まず最初に「ポル・ポトと協力することはない」と声明した。彼は鄧小平に「閣下が私のためにパーティーを開いても、われわれはポル・ポトやクメール・ルージュ側との話し合いをしません。そうでなければ、われわれは互いの顔にグラスや食器を投げつけることになります」と告げたことがあった。しかし、中南海側が、シアヌークが重要視していた周恩来の未亡人・鄧穎超との会見を設定すると、殿下もそれ以上強情を張るわけにはいかなかった。鄧穎超はシアヌークに「閣下の個人的な苦しみはお忘れになるべきです」と言った。

　国連は依然として、カンボジアの議席をポル・ポト政府のために維持していた。1982年6月22日、クアラルンプールで、ノロドム・シアヌーク殿下のフンシンペック党は、殿下の親族を18名も殺害したクメール・ルージュ一派と同じテーブルに着いた。そして、ソン・サン率いるクメール民族人民解放戦線（KPNLF）と共に、シアヌークを主席とする「民主カンボジア3派連合政府」を結成したのだった。シアヌークは、中国のためにもう一度チェスのプレイヤーとなり、連合政府の主勢力となるクメール・ルージュの政治的地位を固めたのだった。

580　Trần Quang Cơ, 2003.

5. 北方の脅威

　1973年のパリ協定締結後、ヘンリー・キッシンジャーはベトナムを訪問した。彼が「これからは、ベトナムは北方から脅威を受けることになるだろう」と警告した、というエピソードは、あちこちで伝えられている。しかし、キッシンジャー元国務長官は、本書の著者によるインタビューに次のように答えた。「ハノイに行った時、レ・ドゥック・トは私を歴史博物館に案内した。そこでは、アメリカとの戦争に関する物はまだ何も展示されていなかった。一方、中国との戦いについては、かなり詳しく解説されていた。ハノイ側は、自身が歴史を通じてすっかり諳んじていることを、私に言わせる必要があるのだ……私はそう思った」

　中国人に対する警戒心は、ベトナム人の血の中に脈々と流れている。しかし、民族の生存を賭けて「天朝」に抵抗してきた数千年の歴史の中でも、レ・ズアン書記長の時代のように、中国を「伝統的・長期的な敵」と公式文書で明示している王朝はない。中国がベトナムを攻撃していた10年間の間も、ハノイは北京に大使館を維持し続け、北京もまたハノイに自国の大使館を置いていた。しかし、それは通常の国際関係ではなかった。

　1974年から1987年まで中国駐在大使を務めたグエン・チョン・ヴィン将軍によれば、ベトナム在住華人の処遇問題が持ち上がった時、将軍は「中国の子供だましの脅しに非常に煩わされた」という。「中国はベトナム大使館の2つの出入り口に常に2台の乗用車を待機させ、大使館員がどこに行く時でも尾行させた。大使が外出する時でさえ、後をつけさせたのだ。ある時など、私がベトナム国旗をつけた車に乗って大使館を出て、1ブロックほど行ったところで、中国の警察に止められた。運転手のクアン同志は厳格に交通法規を守って運転していたにもかかわらず、警官が笛を鳴らして車を止め、運転手に証明書の提示を強いた。もちろん書類は完璧だった。われわれを引き止める理由が何もなかったので、警官もどうすることもできず、そのままわれわれを通行させた。大方、私の行動を妨害して、面会相手あるいは他国の大使との約束に遅れるよう仕向けたのだろう」。北京の空港スタッフも、外交官としての特権があるヴ

ヴィン将軍に対して、出入国の際に荷物検査を強要した。ヴィン将軍が「国際協約違反として北京当局に訴えるぞ」と抗議し、平等原則に従ってハノイ駐在の中国大使にも同様の措置を取ると脅すと、相手はやっと荷物検査なしの出入口を通らせた。

1979年3月18日に中国軍が撤退を完了してから、中越両国は、主に捕虜の問題に関する交渉に入った。第1ラウンドの交渉は、同年4月18日から5月18日までハノイで行なわれ、第2ラウンドの交渉は、6月28日から翌年の3月6日まで北京で行なわれた。チャン・クアン・コは次のように語っている。「1980年から1988年の終わりまで、ベトナムは中国に書簡または公電を20回近く送り、交渉の継続を提案したが、中国はことごとく拒絶した。そして、交渉の条件を徐々に厳しくしていった。軍事面では、ベトナム軍のカンボジアからの撤退を要求し、政治面では、カンボジアにクメール・ルージュを含む連合政府を樹立することを認めるよう要求した」

中越国境からの撤退を声明してからわずか1年余りで、中国は再び戦争をしかけてきた。北方の戦争が続くことは、ベトナムを消耗させるだけでなく、中国がカンボジアの反越勢力と協働して、タイ–カンボジア国境地域のベトナムを追い払う余裕を与えることにもなった。1979年2月の時点と比べると、1984年の中国軍の攻勢は、確実に作戦のレベルを高めていた。転進してからわずか18日後の5月16日には、中国軍は国境沿いの29地点を占領した。

ベトナム人民軍は、1984年6月11日に最初の反撃を開始し、233高地、685高地を攻撃したが、成功しなかった。7月12日にはより大規模な反撃を試みた

581　1980年8月、シンマンの1992高地で激戦が展開された。1981年5月には、中国軍がハトゥエン省［現ハザン省とトゥエンクアン省］ラオチャイの1800A-1800B高地に進撃した。同月、東北戦線では、ランソン省カオロックの400高地、タットケーの820、630高地に進撃している。1982年2月にはドンヴァン、メオヴァックを、1983年4月にはムオンクオンを攻撃している。
582　1984年3月26日、ベトナム義勇軍は大規模な攻勢をかけ、タイとの国境地帯にあるクメール・ルージュの各拠点を破壊した。これに応じて、中越国境の中国軍は転進し、4月2日から27日まで、4週間以上にわたって国境6省（ハトゥエン、ランソン、クアンニン、カオバン、ホアンリエンソン、ライチャウ）の20地域、205ヵ所の目標に集中砲火を浴びせた。1日の間に、中国軍が6000発以上の砲弾を発射し、1000〜3000発も被弾した場所もあった。最も長く伸びた砲弾は、国境から18キロメートルのハザン市社［市より小規模な地方都市］にまで届いた。4月28日から30日にかけては、ベトナム領内の6ヵ所に連日1万2000発の砲弾を撃ち込み、300-400、226、233、772、1509の各高地を次々と攻撃・占領する歩兵部隊を援護した。1984年5月15日、中国軍は強化された1連隊を用いて、ロー川の東方に進撃し、その日のうちに1030高地、シカーラー高地、1250高地を占領した。

が、これも失敗したとみなされている。戦闘は1985年1月までだらだらと長引いた。ベトナム軍の占領地点と中国軍の占領地点がわずか6〜8メートルしか離れていないような場所もあった。両軍が30〜40回も戦闘を重ねて、占領したりされたりを繰り返した高地もあった。ベトナム側の険しい山岳の地形のおかげで、1985年3月には、中国軍は第2軍区に属する重要な4つの高地を再び占領し得た。ハザン省の国境地帯の各区域は特に重要だった。この時期、中越戦争での死傷者数は最高を記録している。[583]

1979年2月に鄧小平の中国がベトナムを攻撃した時、ソ連は中国との国境地帯に56個師団を配備していたが、いかなる軍事行動もとらなかった。ソ連側がこのような態度をとったのは、事前に鄧小平がモスクワと意を通じていたからである。そのため、鄧は中国軍の弱さを認識していたにもかかわらず、軍事の近代化を急ぐ必要はないと決断したのだった。[584] しかし、鄧は相変わらず、国境地域で小規模な戦争状態を抱えていた。80万人以上のベトナム軍が常時配置され、国境地帯は中国軍が訓練するための実戦場となっていた。[585] 中国国内のほぼすべての歩兵部隊は、1980年代に中越国境地帯での作戦行動に派遣されていた。[586]

戦局に従って、ベトナムの北部国境では、独立の70個大隊、13個連隊、11個師団、3軍団からなる防衛部隊が配備されていた。国土の2正面に派遣し、

---

583 ヴィスェン-イェンミンの国境［ハザン省］では、戦争は1984年4月から1989年4月まで延々と続いた。ハザン省では、ヴィスェンの1545、1509、1030の各高地、あるいはイェンミンのバック山の1250高地が、血と炎の戦場と化した。攻撃の対象となったこれら主要な高地では、中国軍と寸土を争って何千人ものベトナム兵が斃れた。

584 Vogel (2011) では、次のように記されている。「中国軍がベトナム領内から撤退してから2週間後、黄華外相は北京駐在ソ連大使と会面し、中ソ関係の正常化のため、両国間で検討すべき諸問題のリストを示した。1979年4月から10月までの間に、両国間で5回の次官級会談が行なわれた。ソ連に外モンゴルから軍を撤退させ、カンボジア駐留ベトナム軍への援助を停止するよう圧力をかける、という目的は果たせなかったが、鄧小平はソ連の軍事的脅威をひとまず抑えることができた (536頁)。ベトナムから撤退してから3日後の3月19日、科学技術担当軍事委員会との会合で、鄧小平は『少なくとも向こう10年間は、世界規模の戦争はないだろう。軍の近代化を急ぐ必要はない。むしろ、多すぎる兵力を削減しなければならない』という見解を示した。中国の国防予算は、1979年には対GDP比4.6パーセントだったが、1991年には同1.4パーセントまで削減された。1980年代、中国の武器輸入量は、ベトナムのそれと比して6分の1に過ぎなかった (540-541頁)。中国軍の兵力は、1975年の610万人から、1979年には520万人、1982年には420万人、1988年には320万人に減少した (526頁)」

585 ベトナムの北部国境では、独立の70個大隊、13個連隊、11個師団、3軍団からなる防衛部隊が配備されていた。

586 Vogel, 2011, p.534.

常駐させる兵力は160万人に上った。ゴルバチョフがソ連共産党の書記長に就任すると、ソ連のベトナムへの援助は削減されるようになった。北方国境地帯の兵士は物資が欠乏する一方で、精神的にも極度の緊張を強いられていた。このままではいけないことは、ハノイ政府も認識していた。

　レ・ズアン書記長が死去する前日の1986年7月9日、政治局は第32号決議（32/BCT21）の中に、中越関係の正常化と関連した「カンボジア問題の政治解決」を盛り込んだ。この会議を仕切ったのはチュオン・チンだった。チャン・クアン・コに言わせれば、第32号決議が採択されたのは「偶然ではなかった」。その20日ほど後の7月28日、ゴルバチョフがウラディオストックで新外交政策を発表した。それは、「ソ連は中国と歩み寄り、中国が挙げる『3つの障害』、すなわち、アフガニスタンからのソ連軍撤退、中ソ国境地帯における衝突の解消、カンボジア問題の解決をめざす」というものだった。「カンボジア問題は、遠い国の首都や、国連では解決できない。社会主義の隣国どうしであるベトナムと中国の間で、解決されなければならない」と、ゴルバチョフは声明した。

　カンボジア駐留ベトナム軍の撤退問題は、1982年10月の中ソ交渉第1ラウンドで、中国側から持ち出されていた。中国は1984年の4月から6月までベトナム北部国境全域で大規模な砲撃と急襲作戦を展開した後で、「ベトナムがカンボジアからの撤退を約束さえすれば、中越両国は交渉を開始するだろう」と声明した。1985年1月21日、中国の呉学謙外相は、ベトナム外務省宛の書簡で「中越関係は悪化しつつある。その中核となる問題は、ベトナム軍のカンボジア侵略である。ベトナムが軍の撤退を約束し、実行すれば、中越の交渉は実際的な意味を持つだろう」と記している。[587]

　レ・ドゥック・アインは、国防相に就任してから3週間に満たない1987年3月7日、政治局の内輪の会合で「中国が国境で武力衝突をしかけているのは、侵略ではなく、別の目的のためだ」と述べた。[588] その会議の後に、レ・ドゥック・アイン将軍は次のような考えを示した。「北部国境の戦闘配置を再編成する。主力の機動部隊は後方の第二線に下がり、第一線には民間人を配置して、生活・生産活動に従事させ、民兵・地方部隊・国境防衛隊を配置する」。将軍に

587　Trần Quang Cơ, 2003.
588　Khuất Biên Hoà, 2005, p.216.

よれば、この再編成は「中国側の出方を見る最初の一歩[589]」だった。

1987年前半、ベトナムは反中国宣伝をトーンダウンするようになった。チャン・クアン・コ外務次官は、こう述べている。「1987年5月20日、外務省は党政治局に提言書を送り、憲法の前文を修正し、党規約と同じように、中国を『直接かつ最も危険な敵』とする文言を、削除するよう提案した。1988年8月26日、国会はこの修正案を採択した[590]」

1988年5月20日、政治局は第13号決議を打ち出した。「中国との関係正常化は、困難で複雑な過程であり、時間を要する。正常化後、両国の関係が直ちに1950年代や1960年代のような状態に戻ることは難しいであろう。覇権主義という中国の限界のみに目を向けて、社会主義の面を見ないか、あるいは逆に、社会主義の面のみに目を向けて、覇権主義・膨張主義の面を見ないような、偏った思想を予防、克服すべきである[591]」

この時には、ハノイもプノンペンも、ベトナム軍のカンボジア撤退が遅くなってはならないと認識していた。月日が経つにつれて、カンボジア政府は、ますます国際的な圧力を受けるようになっていた。プノンペン指導部には、はっきりと分かっていた。ベトナム軍が撤退すれば、ポル・ポト派が政権を奪い返すかも知れないが、ベトナム軍が駐留し続ければ、プノンペンの政治的立場は隷属的なものとみなされ続けるだろう。彼らは、自分たちにとってのチャンスを認識し、かつてその国内で凶悪の限りを尽くした敵と自力で戦うことを受け入れたのだった。

1989年1月5日、グエン・ヴァン・リン書記長は「1月7日［プノンペン解放記念日］」の記念式典に出席するためプノンペンを訪れた。同日午後16時からのヘン・サムリン主席との会談で、リン書記長は主席の提案に従って、ベトナムで用意してきた演説草稿を修正した。1月6日の午後、両国の指導者は共同声明を発表した。「もし紛争が政治的に解決されるなら、ベトナムは、遅くとも1989年9月までに、すべての軍隊を撤退させる[592]」。完全撤退の前に、ベトナムは、クメール・ルージュの活動の危険度が高い5つの地域に、総領事館を設置

589　Ibid.
590　Trần Quang Cơ, 2003.
591　Ibid.
592　2004年の著者によるチャン・クアン・コへのインタビュー。

した。配置された総領事は、いずれも外交官ではなく、戦場経験の長い佐官級の軍人だった。

ベトナム軍が撤退を完了した4日後の1989年9月30日、ソン・サン派の部隊がトゥマルポンクを攻撃して占領した。10月22日には、クメール・ルージュがパイリンを攻撃、占領し、バッタンバンを制圧した。パイリンのカンボジア軍部隊は敗走した。プノンペン政府はベトナムに救援を要請し、ベトナムは特別部隊を派遣して、プノンペン政府のパイリン奪還を支援した。カンボジア軍は、まだベトナムに見捨てられた訳ではないと感じたことだろう。クメール・ルージュもそのことをよりはっきりと悟ったため、その後はもう大きな制圧作戦に出ることはなかった。[593]

ベトナム軍が1989年にカンボジアから完全撤退したことで、多くの行き詰まりが打開され、カンボジア問題についての対話の道が開けた。中国は、なおもベトナムと敵対する道を求めて、1988年3月に南シナ海の南沙群島海域でベトナムとの衝突を引き起こした。[594] しかし、もはや以前のように、ベトナムと

---

[593] チャン・クアン・コによれば、1989年12月2日、グエン・コ・ティック外相がプノンペンを訪問して、カンボジア人民革命党政治局にこう告げたという。「カンボジアの戦争は内戦であり、ベトナム軍は再び派兵することはない。中国は、政治解決が達成された時にのみ、クメール・ルージュへの後方支援を止めるだろう。それが、プノンペンを脅かす最大の勢力を弱体化させるために必要な条件である」

[594] 1988年2月14日、中国は3隻の戦闘艇を南沙海域に送り込んだ。2月15日1時30分、ベトナム海軍司令部の命令を受けて、HQ701艇がダーロン礁に突っ込み、その船体をもってベトナムの主権を示す「石碑」とした。HQ701は、2月6日に旧正月用の物資を積んで、ナムイェット礁に向けて出発したが、その途上でダーロン礁に停泊、待機を命じられていた。1988年3月初め、中国は2艦隊を動員して南沙群島に向かわせた。ベトナム海軍司令部は、ガックマー、コリン、レンダオ各礁を防衛するため、第83工兵連隊と第146旅団の一部の小隊を第125輸送旅団の船でその海域に派遣した。3月12日、HQ605艇がダードン礁からレンダオ礁に向かい、14日朝までにレンダオを占領せよとの命令を受けた。29時間の航行後、HQ605は3月14日午前5時にレンダオに到着し、ベトナム国旗を掲げた。13日午前9時、HQ604とHQ505がダーロン礁からガックマー、コリン方面に向かうよう命じられた。中国船が接近して威嚇する中を、ベトナム海軍は3月13日に密かにガックマーに上陸し、国旗を掲げた。3月14日、中国の大型船4隻がガックマーに接近し、メガフォンでHQ604の暗号名を告げて、礁から立ち退くよう要求した。ベトナム海軍第4管区第146旅団の副司令官チャン・ドゥック・トン中佐は、HQ604の乗組員から選んだ3名の班で、ガックマー礁の国旗を守備するよう命じた。中国海軍は、3隻のアルミ製の船で40名の兵士を上陸させ、チャン・ヴァン・フォン少尉とグエン・ヴァン・トゥ水夫を射殺し、グエン・ヴァン・ライン伍長に重傷を負わせた。中国側の2隻の戦闘艇から発射された100ミリ砲で、HQ604が撃沈された。副旅団長チャン・ドゥック・トン、船長ヴー・フィー・チュー大尉をはじめ多数の士官、兵士がHQ604と運命を共にした。HQ505の船長ヴー・フイ・レは、HQ604が撃沈されたことを知ると、船を発進させて現場に急行した。コリン礁が砲撃で焼かれるまでに、HQ505は島に流れ着いた遺体の3分の2を回収した。同日、ベトナム海軍のHQ605艇もレンダオ礁で中国軍艦船に

ASEAN諸国に圧力をかけることはできなかった。

6. 成都会議

　1989年10月7日、ラオスのカイソン・ポムヴィハーン書記長を迎えた鄧小平は、70分の会見時間のうち60分を費やしてベトナムについて語った。鄧はレ・ズアンを強く批判する一方で、グエン・ヴァン・リンの聡明さを称賛した。［ラオスを通して］鄧小平からグエン・ヴァン・リンに、関係正常化のための対話の意思が伝えられた。しかし、チャン・クアン・コによれば、グエン・ヴァン・リンが前向きな回答を送ってからも、北京の態度は相変わらず冷たかったという。

　北京との間にはさらに、レ・ドゥック・アインにも外務省にも分からない溝が横たわっていた。1989年9月、国家計画委員長ファン・ヴァン・カイが日本を訪問し、自由民主党の渡辺美智雄政調会長と面会した[595]。自民党本部で行なわれた親密な会見で、両者は経済協力に関する戦略的な問題や、アメリカがベトナムへの経済制裁を解除した後の方策について話し合った。ファン・ヴァン・カイによれば、会見の最後に渡辺が「私は外国に友人がたくさんいます。何かお役に立てることがありますか？」と尋ねたので、彼は「ベトナムは諸外国、特に中国との関係正常化を願っています」と答えたという。

　渡辺美智雄は、1990年の半ばに北京を訪問して江沢民と面会した。その訪問後、5月7日に、彼は非公式にサイゴンに飛んだ。案内されたディエンビエンフー通り261番地の邸では、グエン・ヴァン・リン書記長、ファン・ヴァン・カイ国家計画委員長、マイ・チー・ト内相、そして仲介役を務めるチャールズ・ドゥック[596]が待っていた。ファン・ヴァン・カイによれば、渡辺はグエン・ヴァン・リンに良い報せを持ってきたという。渡辺がサイゴンを発った後、

銃撃を受け、船員たちはシントン礁に泳ぎ着いた。その時までは、中国側が攻撃してくるとは誰も予想していなかった。ベトナム海軍の兵士はAKライフルしか持っておらず、しかも武器をすべて船に置いたまま上陸していた。中国軍は、身に寸鉄も帯びずに上陸してきたベトナム兵に銃を掃射し、なぎ倒した。その一方的な戦闘で、ベトナム海軍側は、3隻の艦船が焼失し、士官と兵64名が死亡、11名が負傷するという損失を被った。コリンとレンダオの主権は守られたが、ガックマー礁は中国に占領された。
595　1991～1993年外務大臣、1980～1982年大蔵大臣。
596　海外ビジネス公司（OFTC）社長。

北京は徐敦信外務次官をハノイに派遣した。

　徐敦信のハノイ訪問に先立つ6月5日、グエン・ヴァン・リンは中国大使の張徳維を党中央委のゲストハウスに招いて「親密な対話」を行なった。リンは大使に、北京を訪問する用意があると伝えた。「両国間では、この10年の間に多くの誤りがあった。ベトナム憲法の前文のように、既に修正したこともあり、現在修正中のこともある」と、書記長は認めた。翌6月6日の朝、レ・ドゥック・アイン国防相も張大使を食事に招いた。もともと通訳だった大使はベトナム語が達者だったので、会談は2人だけで行なわれた。外務省は6月10日の午後に、中国大使館1等書記官の胡乾文からこの会見の様子を知らされただけだった。[598]

　1990年8月29日、張徳維大使はグエン・ヴァン・リン書記長とド・ムオイ閣僚評議会議長に面会を求め、北京の意向を伝えた。それは、「カンボジア問題と中越関係正常化問題について秘密の会談を行なう」ため、1990年9月3日にグエン・ヴァン・リン、ド・ムオイおよびファム・ヴァン・ドン党顧問を四川省の成都に招待するというものだった。9月2日、この3人に党中央事務局長ホン・ハー、対外委員長ホアン・ビック・ソン、外務次官ディン・ニョー・リエムが随行して、ベトナム代表団は成都に向けて出発した。グエン・コ・タック外相は代表団に加わっていなかった。

　成都会議は、中越関係正常化を進める上で、決定的な役割を果たした。それは、戦場となっていた中越国境を市場へと変えるチャンスを開くために、平和

597　Trần Quang Cơ, 2003.
598　チャン・クアン・コは次のように記している。「1990年6月19日になって、レ・ドゥック・アインは政治局の会合で、初めてチャン・クアン・コと徐敦信次官の交渉について話し、それを評価した。彼は、グエン・ヴァン・リン書記長が6月5日に伝えた3つの提案、すなわち中越間の高級レベル会談を実施すること、両国が社会主義防衛で団結すること、カンボジア政府とクメール・ルージュが対話することについて、さらに具体的に話を詰めるため、中国大使に張徳維と会見した。この会見については、レ・ドゥック・アインの伝記にも記されている。「彼（レ・ドゥック・アイン）は、軍事対外局のヴー・スァン・ヴィン局長に、クアドン通り28番地の国防省ゲストハウスでの食事会に、張大使を招待するよう伝えた。アインと張だけの秘密の席で、2人は食事をしながら話し合った。彼は、かつて中国がベトナムを支援した事実を高く評価し、中国指導部にそれを伝えるよう大使に求めた。彼は（政治局員に）就任したばかりだったが、自分も中越両指導部が会談して問題を解決するよう、ベトナム指導部に伝えると言った。その日、張大使は彼の言葉に驚きつつも、喜びを顕わにした。『それなら、本国に戻って指導部に報告しなければ』と大使は言った」（クァット・ビエン・ホア、2005年、220頁）。

的な基盤を固める会議だった。しかし、グエン・ヴァン・リン書記長が望んだのは、両国間の問題を包括的に話し合うことだけではなかった。

　6月5日の中国大使との会見で、ベトナム共産党書記長は、中国を訪問して北京指導部と社会主義の防衛について協議することを熱心に提案した。「われわれは真正の共産主義者と、社会主義防衛問題について協議したいのです。友好的な関係を回復するために、中国首脳と会う用意があります。中国の同志たちが声をかけてくれれば、私はすぐに行きます。中国は社会主義の旗を高く掲げ、マルクス・レーニン主義を堅持する必要があります[599]」と、彼は張大使に告げた。中国との関係改善は、一国だけの独自の立場で自らの国益のためだけに進めるのではなく、中国を兄弟とみなし、2つの共産主義国という関係性の中で、ベトナムの新たな時代を開こうとしたのだ。これは、ハノイとプノンペンの関係にも影響を及ぼすものだった。

　6月5日の張徳維大使との会談で、リン書記長はさらに「赤い解決」と呼ばれる問題も持ち出した。つまり、クメール・ルージュを新しいプノンペン政府のメンバーとして受け入れる問題である。「共産主義者が共産主義者と話し合えない道理はありません。彼らはシアヌークと会ったのですから、われわれと会えないはずはありません[600]」と、グエン・ヴァン・リンは説明した。6月6日、レ・ドゥック・アインは張大使に、次のように伝えた。「シアヌークは単に象徴的、名誉的な役割を担うだけで、ヘン・サムリン政府とポル・ポト派がカンボジアの主要な2勢力となります。中国とベトナムは、それぞれのカンボジアの友人と協議して、この2派が問題解決を話し合うようお膳立てをするのです。これは内輪の話し合いで、対外的には通常の外交活動を続けます」。アインは、「昔、ポル・ポトは私の戦友だったのですよ[601]」と言った。

　成都会議では、ベトナム指導部が提示した「赤い解決」は、李鵬と江沢民によって拒否された。江沢民は「現在の国際情勢に照らして、カンボジアの両共産主義勢力に手を結ばせることは、われわれにとって不利な策略だ」とベトナム側に説教した。チャン・クアン・コによれば、成都会議で合意された「統一

599　Trần Quang Cơ, 2003.
600　Ibid.
601　Ibid.

カンボジアに関する7項目」のうち、2項目では中越の立場が共通していたが、後の5項目は完全に中国側の要求に沿ったもので、ベトナム側の要求に応じたものはなかったという。[602]

7.「ポスト・ベトナム」のカンボジア

　ソ連軍撤退後のアフガニスタンはタリバンの手に落ちたが、ベトナム軍撤退後のカンボジアは、幸いにも国土が再びクメール・ルージュの手に落ちることはなかった。そして、カンボジア人にとって実に幸運なことに、ハノイ政府によってプノンペンで政権の座に据えられた人物、特にフン・センは、盲目的にハノイに従う人物ではなかった。彼らは、新たな時局の前で、自らの民族的権利に基づいて決定できる人々だった。

　成都会議直後の1990年9月5日、グエン・ヴァン・リン、ド・ムオイ、グエン・コ・タィック、レ・ドゥック・アインがカンボジアに飛び、中国を同盟国とみなす成都会議での合意を受け入れるよう、プノンペン政府を説得した。だが、このことは、プノンペン政府をいっそうハノイから遠ざける結果にしかならなかった。ゴ・ディエン大使は、「公の場では、カンボジアの友人は、ベトナムに隷属していると見られないよう努めていた。自らの国益を計算して、自分で決定して対策を講じていた。多くの問題について、われわれに前もって相

---

[602] カンボジア問題の解決後、1991年11月5日、ド・ムオイ書記長とヴォー・ヴァン・キェット閣僚評議会議長が北京を公式訪問した。中越関係は、両国が互いに外交関係を維持していた頃のように正常に戻った。しかし、中国はもはや、1950年代や1960年代のような「同盟」国ではなかった。1991年6月のベトナム共産党第7回大会では、グエン・ヴァン・リンが書記長の座から退き、ド・ムオイがその後任となった。レ・ドゥック・アインは序列第2位に納まり、1992年からは国家主席兼国防・治安・外交担当書記となった。ヴォー・ヴァン・キェットは閣僚評議会議長に就任した。党のイデオローグであるダオ・ズイ・トゥンは、書記局常務委員に留まった。中越間の折衝の際に、中国側によって蚊帳の外に置かれていたグエン・コ・タィックは、政治局員から外された。チャン・クアン・コは記している。「第7回党大会以後、国家の対外的な重要問題については、すべて党中央委外交担当のホン・ハー書記局員が決定を下した。彼はレ・ドゥック・アインに直接指導されており、当然ながら、その決定はド・ムオイが同意したものだった。本来なら外務省が采配するはずの業務分担は、今やすべてホン・ハーと党対外委員会が仕切っていた」。コによれば、「1991年8月5日、閣僚評議会の会合で、ホン・ハーは『今後、中国との関係では、各分野の事案が張徳維（中国大使）の許に送られ、北京のベトナム大使館を通す必要はなくなる』と宣言した。中国共産党対外委員会の周良副委員長は、『技術的な理由で、中越両共産党の関係は、張徳維を通して処理してもらいたい』と提案していた」という。「これは外交の原則を無視するのみならず、国家の名誉と体面に関わる問題だった」とコは記している。

談しないか、あるいはわれわれの意見に逆らうと決めていた」と語っている。

　グエン・ヴァン・リンとレ・ドゥック・アインは、プノンペン政府が「赤い解決」を選んで、共産主義のクメール2派が互いに協力することを望んでいた。しかし、カンボジアの指導者たちは、ポル・ポト体制の下で生きた3年以上の間に、あまりにも多くの人命が失われるのを見て、いわゆる「共産主義」の恐さを知り尽くしていた。ベトナム軍が完全撤退する5ヵ月前の1989年4月30日、プノンペン政府は「カンボジア人民共和国」の国名を「カンボジア国」と改めることを決定していた。

　ベトナムがもはやプノンペンの決定に干渉できなくなると、カンボジアは1991年10月18日に、社会主義を放棄し、市場経済と多党制を受け入れた改正憲法を採択した。国名、国旗、国歌、国慶節も、シアヌーク時代のものが再び用いられるようになった。ベトナムの支援で設立されたカンボジア人民革命党は、党名から「革命」の2文字を削除した。

　1985年、レ・ドゥック・アインは専門家の訓練クラスを総括して、「プノンペン政府が軍事面で自立するようになった頃に、ベトナム義勇軍は撤退するだろう。だが、専門家の顧問団は2000年までカンボジアに残る必要があるだろう」と述べた。実際には、ベトナムが専門家の引き揚げを表明すると、カンボジアの友人たちは喜んで同意し、予定より早くその手続きを進めた。そして、派遣団は1988年12月30日に解散された。

　ごく一部の本当に有能なベトナム人党官僚を除いて、大部分の専門家は、ただバオカップ時代の官僚主義体制の経験と、機械的な仕事のやり方を押しつけることだけにやたら熱心だった。1989年4月の第2回全国幹部会議で、フン・センはタケオ州の書記ポル・サローンを賞賛したが、それはこの書記が、農業合作社建設の成果について、ベトナム人顧問に干渉されないよう「虚偽の報告」をしたためだった。彼は、顧問が要求したような生産団結組のモデルを作らず、作ったという報告だけしておいたのだ。そのおかげで、タケオは他の州よりもかなり農業生産を伸ばしたのである。

　その会議で、カンボジアはまた、かつてベトナム人顧問が押しつけた人事を根本的に改編した。1979～1981年の時期には、レ・ドゥック・トによって派遣された「集結」組が、プノンペンの指揮官のような立場にあった。しかし、

1989年4月からは、ポル・ポト政権期にベトナムに脱出したチア・シム、フン・セン、ウック・ブン・スオン、ヘン・サムリンが率いる東部軍区（第203区）出身のグループが、権力を握るようになっていった。[603]

これは、けっして差別ではなかった。ゴ・ディエンによれば、ベトナムの顧問団は最初から第203区出身者を信用していなかったという。内務省では、シン・ソンのような真に実力のある者がヘン・サムリンやチア・シムによって推挙されたが、顧問団は彼らも認めようとしなかった。一方、カン・サリンのような「能力は低く、道徳的に劣り、仕事ぶりは乱雑な」者が大臣に抜擢された（1981年）。カン・サリンがその任務に耐え得ないと見ると、ベトナム人顧問はナイ・ペナと交替させたが、彼の能力も大して変わらなかった。顧問団が引き揚げて、やっとカンボジアの友人たちはシン・ソンを大臣に据えることができたのだった。

元看護師のイム・チャイリーも、ベトナムで短期間の研修を受けただけで、ベトナム人顧問によって、カンボジアの医療相のポストに就けられた。ゴ・ディエンに言わせれば「無教養でいつも酔っ払っていた」ソ・ニェットは、内務次官に選ばれた。第7軍区の女性看護師メン・サムオンに至っては、レ・ドゥック・アイン大将や、チャン・スァン・バィック、ド・チン、ファム・バイら顧問の意向により、古参軍人のサイ・プートンに代わって党中央組織委員長に就任している。[604] ヘン・サムリンやチア・シム、フン・センらは、顧問団が撤退する前から、彼らに代わって人事の主要な決定を下すことになった。1989年4月以降は、メン・サムオン看護師は言うまでもなく政治局員から外され、かろうじて労働組合の議長のポストに留まるのみとなった。フン・センは日に日にその本領を発揮するようになり、ベトナムの影響力から脱して、より実情

603　1991年には、第203区出身者が、党中央委員62名中の19名、政治局員16名中の8名を占めるようになった。一方、「集結」組は中央委員のうち5名、政治局員のうち1名だけとなった。書記長、首相、国会議長、プノンペン市委書記、内相、中央組織委員長などの要職は、すべて第203軍区出身者が就任した。カンボジア政界の残りの部分は、1979年1月7日［ベトナム軍のプノンペン占領］以降に「革命に参加」するようになった勢力が占めた。それは、中央委員のうち24名、政治局員のうち2名、大臣のポストの40パーセント、州・市書記の28.5パーセント、州主席の57.1パーセントだった。

604　メン・サムオンはクメール人だが、17歳の時からベトナム軍に入隊していた。彼女は一介の看護師だったが、プノンペンに派遣されてからは、国防省幹部局副局長のポストに就き、その後、党書記局に入れられて、宣伝訓練委員会の委員長に就任した。

にふさわしい決定を打ち出していった。

　パリで開かれていたカンボジア和平国際会議は、1991年10月23日夜に終了した。和平協定に基づいて、国連がカンボジアにUNTAC〔国連カンボジア暫定統治機構〕と呼ばれる平和維持軍を派遣した。UNTACは、カンボジア最高国民評議会（SNC）と共に、カンボジアの政府の役割を果たし、総選挙を実施することになっていた。しかし、チャン・クアン・コによれば、グエン・ヴァン・リン書記長は、同年2月24日にハノイでヘン・サムリンに面会した際に、相変わらず「民族和解政策をうまく実現せよ、大量虐殺のことは強調するな、SNCはシアヌークを議長に13名で構成されるべきだ」と強要したという。だが、プノンペン側がその勧めに耳を傾けることはなかった。

　パリ和平協定が発効して、カンボジアはもはやヘン・サムリンではなく、シアヌークを新元首に戴くようになった。その一方で、情勢に乗り遅れたハノイは、相変わらずフン・センの「師匠」ゴ・ディエンを、大使をとしてプノンペンに残していた。フン・セン政府は、対外政策で新たな秩序を打ち立てようとしていた。つまり、他のクメール各派につけ入られないように、国際的な支持を獲得するため、ベトナムの影響から脱する策略を用いたのだった。各級行政機関はベトナムに関連する文書を破棄し、公式の場でベトナムに言及しないように、という秘密の指令が、当時のカンボジア人民党内部に伝えられた。

　1991年半ばの時点では、ゴ・ディエン大使をなおもプノンペンに駐在させているベトナムの方針について、フン・センもシアヌークも明確な態度を示さなかった。しかし、同年9月3日、フランスの『ル・モンド』紙のJ. C. ポモンティ記者が、プノンペンのゴ・ディエンを訪ね、「シアヌークは、自分が『太守（proconsul）』と認める人間が大使としてSNCの側にいれば、満足するのでは？」と質問した。10月、パリ会議の場で、ベトナムのグエン・マイン・カム外相はシアヌークに、ゴ・ディエンがSNCの側の大使でいることについて意見を請うた。シアヌークは、ソン・サンが納得していないから、という理由をつけて、言外に不満を示した。カム外相がフン・センの意見を尋ねると、彼は「おそらく、殿下の意向に沿わなければならないだろう」と答えた。

　1991年9月の半ば以来、フン・センは4度にわたって自分の「偉大な師匠」との面会を断っていたが、プノンペンに対するハノイの政策が変わったのは、

その数ヵ月後になってからだった。11月5日にゴ・ディエンが連絡をとると、フン・センは多忙だと断った。翌6日、カンボジアの党政治局員ソック・アンがインドとキューバ、および一部の旧共産主義国の大使と面会し、11月14日までに本国に引き揚げるようにと告げた。シアヌーク政府寄りの国々の大使が引き揚げたことは、フン・センからシアヌークに伝えられた。殿下は黙って粛々と、お忍びでプノンペンに戻った。

その頃、ド・ムオイ、ヴォー・ヴァン・キエット、グエン・マイン・カムらベトナムの指導者たちは、中国を訪問していた。11月10日、ゴ・ディエン大使は、ようやくカンボジアから引き揚げるよう命令された。彼はわずか2日間で、友人たちに別れを告げ、出発の仕度をしなければならなかった。13年間も「太守」を務めたゴ・ディエンだったが、カンボジアを去る時には、国家指導部の誰ひとりとして彼を見送ろうとする者はなかった。

11月13日、ベトナム大使館の炊事係だった2人のクメール・クロム［ベトナム出身のカンボジア人］が、盛装でゴ・ディエンに花束を贈り、一緒に写真を撮った。数分後には、大使は夫人を伴って車に乗り、陸路でプノンペンを出て、カンボジアに永遠の別れを告げた。フン・センはその頃、シアヌーク殿下を迎えに北京に向かっていた。

フン・センは1987年以来、シアヌークと何度も会見しており、カンボジア人民党は殿下の国際的な役割と、彼を敬う人民の気持ちを熟知していた。11月14日の正午、中国民航のボーイング737型機がポチェントン空港に到着した。詰めかけた群集の熱烈な歓声に迎えられて、殿下は飛行機から降り立った。その後ろにはフン・センがつき従っていた。少女たちがシアヌークとフン・センの首に花輪を掛けた。

シアヌークの帰国に先立ち、プノンペン政府はシボレーのオープンカーを調

605　1991年12月19日、政治局は第5号指示（05/CT-TW）を打ち出した。それは、「わが党とカンボジア人民党との関係は、独立自主の尊重、相互の内政不干渉、平等、相互尊重の原則に従う。主に国内問題では新たな方式に従い、国家にとって、またカンボジアに関するパリ協定の実施にとって、悪しき不利な結果をもたらすようないかなる隙も作らない。当面、わが党はカンボジア人民党とのみ関係を維持し、他の党および勢力については情勢を見守り、個別の状況に応じてそれらとの関係を決定する。ベトナムとカンボジアは、カンボジアに関するパリ協定と国際慣習に沿って、各大衆団体、友好協会、社会団体との関係を維持し、両国人民間の友好を強化する。両国の地方各省・市間の友誼関係は停止され、両国の各省・市間の関係は国家間関係の枠内で決定されるものとする」

達していた。殿下が最高権力の座にあった時に、愛用していた車種である。シアヌークを迎える車の運転役に選ばれたのは、かつての彼のお抱え運転手だった。空港から王宮まで約8キロメートルの道沿いには、カンボジアの人々が詰めかけ、国旗と花束の波の中、自分たちの王様に歓迎の挨拶を送った。シボレーのオープンカーの上でシアヌークと並んで立つフン・センは、国民から敬意を捧げられる栄誉を殿下と分かち合っていた。シアヌークの帰還に備えて、カンボジア人民党はやはり多額の予算を割いて王宮を修理し、調度を整えていた。[606]

　カンボジアの総選挙に先立ち、UNTACは20の政党、4つの人権団体の設立を認め、多くの在野のメディアの設立を許可した。プノンペン駐在ベトナム大使チャン・フイ・チュオンは「一部のメディアが宣伝、扇動したために、多くの場所でベトナム系住民が殺害される事件が発生した。中国はP5［国連安全保障理事会常任理事国］の各会合で、常にベトナムの利益を侵害する態度をとった」と語っている。

　カンボジアの各政治団体は、ベトナム軍がまだカンボジアから完全に撤退していない、と告発していた。1992年1月25日、シアヌークは、ベトナム軍はもう残っていないと言明しなければならなかった。しかし、5月12日には、シアヌークの息子ラナリット殿下が、カンボジアには40万人のベトナム兵と100万人の在外ベトナム人がいる、と発言した。2週間余り後の5月28日、国連事務総長特別代理の明石康が「ベトナム軍がカンボジアに残存している証左はない」と声明することで、事態の収拾を図った。

　UNTACがプノンペンに入る前に、フン・セン政府は「ベトナム系と疑われる」可能性がある人員も国家機関から排除した。UNTAC自身もフン・セン政府の5つの省を査察、監査して、ベトナム系と見られる数名の人員を罷免した。

　チャン・フイ・チュオン大使は次のように語っている。「UNTACは『外国勢力』という定義に従って何度も調整した末、1993年3月1日に、元ベトナム軍兵士で、除隊後カンボジア女性と結婚して子供をもうけ、カンボジアに住んで

---

[606] 1991年11月16日、帰国後初めての王宮での会合で、ベトナム軍のカンボジア進駐についての『トゥオイチェー』紙記者の質問に、シアヌークは次のように答えた。「この問題には2つの面がある。ベトナムが私と家族、そしてカンボジア人民を大量虐殺から救ってくれたことには感謝している。他方で、私はベトナムがカンボジアを植民地化したことを糾弾する。祖国の独立を失うよりは、ポル・ポトの手中で死んだ方がましだ」

いたという3名のベトナム人を発見した。われわれは、彼らを国外に追放することは法的に間違っているだけでなく、非人道的な犯罪で、人権侵害だと訴えた。最終的にUNTACはこの件を不問に付し、その3名がカンボジアから追放されることもなかった」

クメール・ルージュと連携した反フン・セン派の諸勢力は、ベトナム系住民を追い払うためにたびたびテロ行為をしかけた。1992年末には、フン・セン政府がクメール・ルージュとみなす一派が、ダムベーで92名のベトナム人を殺害した。彼らは、カンボジア和平後に第7軍区が設立したミエンドン公司が、ベトナム軍とプノンペン政府の協定に基づいて、木材調達のために派遣した労働者だった。

1993年3月15日、シアヌーク殿下は「カンボジアはもはや安全ではない」として、「ベトナム人に帰国を勧告」した。チャン・フイ・チュオン大使は、次のように語っている。「UNTACはテロ行為に無視を決め込み、何世代にもわたってカンボジアに住んでいた数万人のベトナム人が、カンボジアを離れて帰国せざるを得ないようにした。選挙運動が終了した1993年5月18日までに、クメール・ルージュによって131名が殺され、250名が負傷し、53名が拉致されている。あまつさえ、2万5000人ものベトナム人が、国境を越えてカンボジアから避難しなければならなかった。その大部分は、ベトナム南部のいくつかの省に定住したが、4000人が国境のコルトゥムで足止めされた」

1993年5月23日に行なわれた総選挙の結果、ラナリットのフンシンペック党が45パーセントの得票で第1党となった。フン・センのカンボジア人民党は38パーセントしか得られず、ソン・サンのKPNLF［クメール人民民族解放戦線］は4パーセントに留まった。しかし、フン・センの圧力で、シアヌークは息子に譲歩するよう説得しなければならなかった。6月15日、国連安全保障理事

607　2004年の著者のインタビュー。
608　1993年6月11日、クメール・ルージュは選挙結果を受け入れないと宣言し、カンボジア人民党の6名の人物を暗殺すると表明した。一方、フン・センは、UNTAC主導の選挙は不正であると抗議した。政権から追われる立場になったカンボジア人民党は、各地で「分離と自治を求める運動」を立ち上げた。党の2名の代表シンソンとチャクラポンは、議員就任を拒否してこの運動を指導した。国土の分裂と内戦の再発を恐れたシアヌークは、議席をフンシンペック党に45パーセント、人民党に45パーセント、KNLFに10パーセントの割合で配分することを提案した。シアヌークの威光のおかげで当選したフンシンペックは、その提案を受け入れざるを得なかった。

達していた。殿下が最高権力の座にあった時に、愛用していた車種である。シアヌークを迎える車の運転役に選ばれたのは、かつての彼のお抱え運転手だった。空港から王宮まで約8キロメートルの道沿いには、カンボジアの人々が詰めかけ、国旗と花束の波の中、自分たちの王様に歓迎の挨拶を送った。シボレーのオープンカーの上でシアヌークと並んで立つフン・センは、国民から敬意を捧げられる栄誉を殿下と分かち合っていた。シアヌークの帰還に備えて、カンボジア人民党はやはり多額の予算を割いて王宮を修理し、調度を整えていた。[606]

　カンボジアの総選挙に先立ち、UNTACは20の政党、4つの人権団体の設立を認め、多くの在野のメディアの設立を許可した。プノンペン駐在ベトナム大使チャン・フイ・チュオンは「一部のメディアが宣伝、扇動したために、多くの場所でベトナム系住民が殺害される事件が発生した。中国はP5［国連安全保障理事会常任理事国］の各会合で、常にベトナムの利益を侵害する態度をとった」と語っている。

　カンボジアの各政治団体は、ベトナム軍がまだカンボジアから完全に撤退していない、と告発していた。1992年1月25日、シアヌークは、ベトナム軍はもう残っていないと言明しなければならなかった。しかし、5月12日には、シアヌークの息子ラナリット殿下が、カンボジアには40万人のベトナム兵と100万人の在外ベトナム人がいる、と発言した。2週間余り後の5月28日、国連事務総長特別代理の明石康が「ベトナム軍がカンボジアに残存している証左はない」と声明することで、事態の収拾を図った。

　UNTACがプノンペンに入る前に、フン・セン政府は「ベトナム系と疑われる」可能性がある人員も国家機関から排除した。UNTAC自身もフン・セン政府の5つの省を査察、監査して、ベトナム系と見られる数名の人員を罷免した。

　チャン・フイ・チュオン大使は次のように語っている。「UNTACは『外国勢力』という定義に従って何度も調整した末、1993年3月1日に、元ベトナム軍兵士で、除隊後カンボジア女性と結婚して子供をもうけ、カンボジアに住んで

---

[606] 1991年11月16日、帰国後初めての王宮での会合で、ベトナム軍のカンボジア進駐についての『トゥオイチェー』紙記者の質問に、シアヌークは次のように答えた。「この問題には2つの面がある。ベトナムが私と家族、そしてカンボジア人民を大量虐殺から救ってくれたことには感謝している。他方で、私はベトナムがカンボジアを植民地化したことを糾弾する。祖国の独立を失うよりは、ポル・ポトの手中で死んだ方がましだ」

いたという3名のベトナム人を発見した。われわれは、彼らを国外に追放することは法的に間違っているだけでなく、非人道的な犯罪で、人権侵害だと訴えた。最終的にUNTACはこの件を不問に付し、その3名がカンボジアから追放されることもなかった」[607]

クメール・ルージュと連携した反フン・セン派の諸勢力は、ベトナム系住民を追い払うためにたびたびテロ行為をしかけた。1992年末には、フン・セン政府がクメール・ルージュとみなす一派が、ダムベーで92名のベトナム人を殺害した。彼らは、カンボジア和平後に第7軍区が設立したミエンドン公司が、ベトナム軍とプノンペン政府の協定に基づいて、木材調達のために派遣した労働者だった。

1993年3月15日、シアヌーク殿下は「カンボジアはもはや安全ではない」として、「ベトナム人に帰国を勧告」した。チャン・フイ・チュオン大使は、次のように語っている。「UNTACはテロ行為に無視を決め込み、何世代にもわたってカンボジアに住んでいた数万人のベトナム人が、カンボジアを離れて帰国せざるを得ないようにした。選挙運動が終了した1993年5月18日までに、クメール・ルージュによって131名が殺され、250名が負傷し、53名が拉致されている。あまつさえ、2万5000人ものベトナム人が、国境を越えてカンボジアから避難しなければならなかった。その大部分は、ベトナム南部のいくつかの省に定住したが、4000人が国境のコルトゥムで足止めされた」

1993年5月23日に行なわれた総選挙の結果、ラナリットのフンシンペック党が45パーセントの得票で第1党となった。フン・センのカンボジア人民党は38パーセントしか得られず、ソン・サンのKPNLF［クメール人民民族解放戦線］は4パーセントに留まった。しかし、フン・センの圧力で、シアヌークは息子に譲歩するよう説得しなければならなかった。6月15日、国連安全保障理事[608]

607　2004年の著者のインタビュー。
608　1993年6月11日、クメール・ルージュは選挙結果を受け入れないと宣言し、カンボジア人民党の6名の人物を暗殺すると表明した。一方、フン・センは、UNTAC主導の選挙は不正であると抗議した。政権から追われる立場になったカンボジア人民党は、各地で「分離と自治を求める運動」を立ち上げた。党の2名の代表シンソンとチャクラポンは、議員就任を拒否してこの運動を指導した。国土の分裂と内戦の再発を恐れたシアヌークは、議席をフンシンペック党に45パーセント、人民党に45パーセント、KNLFに10パーセントの割合で配分することを提案した。シアヌークの威光のおかげで当選したフンシンペックは、その提案を受け入れざるを得なかった。

会は総選挙の結果を承認し、シアヌークの指導的役割を高く評価した。翌16日、シアヌークはラナリットとフン・センの両名を臨時連合政府の首相に任命し、国会に議席を持つ各党が入閣することを認めた。

8月8日、政府軍は豹の柄のように点々と散らばっているクメール・ルージュを一掃するため、コンポントム、プレアビヒア、シエムリアップ、バンテイミエンチャイなど、UNTACの活動時期にクメール・ルージュが占領していた区域を攻撃した。政権を握る3派が連携した攻撃は大きな成果を納め、クメール・ルージュはパリ協定以前の支配地域に撤退しなければならなかった。

9月24日、カンボジア憲法が正式に公布された。国王は国家元首の資格を持ち、ラナリットは第1首相、フン・センは第2首相に任命された。シアヌークは国王の座に就くことを宣言し、モニクは王妃となった。10月25日、カンボジア国会は最初の会議を開き、次の日に政府への権限委任式が執り行なわれた。

UNTACの各部隊は、11月15日に撤収した。政治的な実権は、相変わらずフン・センの手に握られていた。中央政府では他の派と権力を分かち合わなければならなかったが、地方の行政機関は基本的にまだカンボジア人民党が掌握していた。ほぼ完全に権力を手にするまでに、フン・センはさらに3度の挑戦を受けることになる。[609]

フン・センは独裁者として批判されることもあったが、カンボジアで彼の権力が強化されるにつれて、ベトナムの指導者たちも安堵した。ベトナムの南西方向には、友好的な隣人の国が出来上がった。中国と接する方面でも、国境貿易のルートが形成されるようになった。ベトナムの戦争は終わった。ハノイ指導部に残されているのは、その権力を永続させる問題だった。

---

609 1度目は彼の同志たちから辞任の圧力をかけられそうになった時、2度目はチア・シムの後ろ盾でシン・ソン内務相がクーデターを企てた時(1994年7月2日)。3度目は、フンシンペックとクメール・ルージュ勢力によるクーデターで、フン・センがベトナムのヴンタウにいた1997年7月5日に発生し、ラナリットは国外に逃避した。フン・センは、帰国した翌日の7月6日にクーデターを鎮圧し、フンシンペックの7人の将軍が殺害された。

補遺1.
戦車390号と843号の真実

　1975年4月30日から20年以上もの間、国内のメディアは、独立宮殿の門に突入した戦車が実はレ・ヴァン・フオン少尉の390号で、ブイ・クアン・タンの843号ではなかったという事実に関心を払わなかった。ブイ・ヴァン・トゥン中佐は、次のように語っている。「タンが旗を立てた人物だと分かると、報道陣は彼を取り囲んだ。タンは何も言わなかったのだろうが、記者たちは、彼が旗を立てたのなら、彼の843号戦車が先に独立宮殿に入ったはずだ、と考えたのだろう。戦友たちは、ロンビンに戻った時に、390号が独立宮殿の門に突入したと報告したのだが、843号だという報道を訂正しなかった。時間が経って、誰が旗を立てたかはうやむやにされてしまったので、多くの人は訂正しても話がややこしくなるだけだと思ったのだろう。390号は中国が援助したT59型戦車で、一方、843号はソ連が援助したT54型だった。そのため、その後ベトナムが中国と衝突するようになると、事実をはっきりさせようと思う者は、ますますいなくなったのだ」

　第203旅団の4台の戦車が、独立宮殿に到着する前に攻撃を受けて破壊されていた。午前9時には、敵味方の戦車どうしの激烈な戦闘によって、第203旅団の戦車は足止めされた。第1大隊の隊長ゴ・クアン・ニョーは、戦車の砲塔のハッチから身を乗り出して指揮をとっていた時に額を撃ち抜かれ、戦争終結の直前に死亡した。第866号戦車も、ティゲーに到達した時に被弾し、1名がその場で死亡、1名が重傷を負って道路に放り出された。戦争の最後の瞬間に居合わせた兵士たちは、生き残ることこそ最大の「勲章」だと認識していた。390号戦車の4人の兵士たちは、その後20年間、引き続きカンボジアや北部国境地帯の戦闘に参加し、栄光を求めることもなく、ひっそりと倹しい生活を送っていた。資料映像を見ると、ブイ・クアン・タンが非常に大きな旗を持っているのが分かる。それは、4月30日に独立宮殿に入った戦車には備えられていなかった種類の旗である。390号戦車のレ・ヴァン・フオン少尉は映像を見て舌打ちし、「歴史は時として、メディアによって作られるのだ」と思ったという。

　1975年5月1日、ロンビンの基地に引き揚げたレ・ヴァン・フオン少尉は、事実についての詳細な報告をしたためた。上層部が「公的史観」のために、どのように報告するかは分からなかったが、彼はただブイ・クアン・タンの戦車のことを指摘した。独立宮殿の門に突入する戦車を映した数フィートのフィルムと、数枚の写真は復活し、ひっそりと暮らしている人々からかけ離れたところで、事実を書き替え、そこに描き出

された人々の運命を変えたのである。ブイ・クアン・タンは、サイゴン陥落後は司令部に配置された。一方、レ・ヴァン・フオン少尉と390号戦車の仲間は、カンボジアでの戦争に備えて、テイニン省の国境地域に派遣された。さらに、1979年3月には北部に派遣されて、中国との戦争に加わったのだった。390号戦車の3人の仲間は1981年に、レ・ヴァン・フオンは1986年にそれぞれ除隊した。それ以来、4人が顔を合わせる機会は訪れなかった。

除隊したレ・ヴァン・フオンは、上尉の階級を得て故郷に戻った。1992年、彼は理容術を学び、マック朝時代の城の堀端に掘っ立て小屋を構えたが、取り締まりの警官に追い払われる度に場所を替えなければならなかった。独立宮殿に戦車で突入した兵士は、警官から逃げ回った挙句、ソンテイの陸軍士官学校の近くに店を開くことになった。国家機関で権力を得ることはなくとも、この元兵士は、祖国のために働いたことを心の奥底で誇りに思っていた。そして、子供たちに「独立宮殿突入」の話を語って聞かせた。しかし、学校の歴史の授業では、事実とは違うことが教えられていた。小学生だった彼の娘は、泣いて訴えた。「お父さんが390号戦車を指揮して独立宮殿に真っ先に入ったと言うから、私はクラスメートや先生に自慢したのよ。でも、教科書には、ブイ・クアン・タンさんが最初に戦車で入って、宮殿に旗を掲げたと書いてある。みんなは、私が嘘をついているって言うのよ。もう学校に行きたくないわ」。レ・ヴァン・フオンは、地方当局に事実関係を説明したが、彼と教科書のどちらが正しいのか、誰にも判断がつかなかった。

あの歴史的な仕事をした戦車兵たちが、初めて顔を合わせたのは、1995年に、フランソワ・ド・ミュールというフランス人ジャーナリストが、ベトナムを訪問した時のことだった。390号戦車が宮殿の門を踏み潰し、レ・ヴァン・フオンが戦車のハッチから頭を出した時に、ほんの一瞬目にした女性がド・ミュール記者だった。彼女が、フオンの写真を撮影していたのである。1944年生まれのフランソワ・ド・ミュールは、弱冠19歳だった1963年から、フォト・ジャーナリストとしてベトナムで活動した。1976年にはレバノンに行き、右派ファランヘ党によって死刑を宣告された数百人のパレスチナ難民を取材した。ベイルートのカランテーヌ区の難民キャンプにいた時に撮影した写真には、首都の真ん中の燃えさかる路上で、兵士たちに夫の助命を嘆願している1人の女性が写っている。この写真は、1976年の世界最高の報道写真として、第20回WPPA賞の最優秀賞を獲得した。ド・ミュールは、この賞を受けた初めての女性フォト・ジャーナリストでもある。彼女は2003年に白血病で倒れ、2005年にパリで死去した。享年61歳だった。

フランソワ・ド・ミュールは、1995年にパリで、サイゴン陥落の日に撮影した写真の展覧会を行なった。その時の写真が、当時フランス駐在武官だったベトナム人将校

の目に止まり、彼のはからいで、ド・ミュールは1995年3月初めにベトナムを訪問したのである。彼女が最初に面会したのは、390号戦車の運転手で、今はタイビン省で3輪輸送車の運転をしているグエン・ヴァン・タップだった。続いて、当時は大隊の政治委員を務め、今はフンイェン省で豚を飼育しているヴー・ダン・トアンと面会した。第1軍区の砲手ゴ・シ・グエンは、もう地元に住んでおらず、探し出すことができなかった。最後に、彼女はソンテイを訪れ、床屋をしていたレ・ヴァン・フオンに会った。その面会の後、6月22日に、レ・ヴァン・フオン少尉は、第203旅団(現・第203戦車連隊)の設立記念式典に招かれた。彼はそこでグエン・ヴァン・タップとヴー・ダン・トアンに再会し、3人は一緒に、現在は統一会堂と呼ばれている旧大統領官邸を見物した。その時、彼らは初めて、第843号戦車の実物はハノイの戦車博物館に展示されていて、会堂に展示されている「第843号戦車」なるものは、同型の戦車を塗り替えて、新たに番号を書いたものだと知った。ブイ・クアン・タンの第843号戦車が、1975年4月30日以来、ワックスをかけて保全され、磨かれ、大事にされているのに、かたや彼らの第390号戦車はカンボジアの戦場を駆け回り、1995年にやっと戦車博物館に保管されるようになったのである。

　フランソワ・ド・ミュールのベトナム訪問は、ベトナム・テレビで放映され、その後、感動的なドキュメンタリー映画に編集された。第390号戦車の4人の兵士も有名人になったが、知名度が上がったのは、視聴者が彼らにつけた名前の方だった。ヴー・ダン・トアンは「魚を養殖する人」、グエン・ヴァン・タップは「籠で魚を獲る人」、ゴ・シ・グエンは「3輪輸送車の運転手」、そして、レ・ヴァン・フオンは「堀端で警官に追われる床屋」として有名になった。映画「第390号戦車の4戦士」でレ・ヴァン・フオンを知った陸軍学校の学生たちは、それからはいつも恐縮しながら彼の理髪店に来るようになった。学校の守衛も彼に同情して、追い払うことはなくなった。3輪輸送車を運転していたゴ・シ・グエンは、やがて友人からガット69型トラックを買い取り、ハノイとトゥオンティンを結ぶ道路沿いの店舗に商品を運ぶようになった。グエン・ヴァン・タップの窮状を見かねて、ハイズオン省ザーロック県の郵便局は、彼を村の郵便配達員として雇い入れた。2003年、第390号戦車の4戦士と交流する催しで、実業家である知識人がこの4人と知り合った。彼は、1人1人に手紙を書いて、自分はある会社の理事長だと自己紹介し、彼らを会社に招待した。2003年11月、ヴー・ダン・トアンは、この会社のはからいで、交通標識の塗料を生産する会社の副社長となった。グエン・ヴァン・タップも、その会社で倉庫を管理しながら、フォークリフトを操縦する仕事に就いた。2人の英雄は、この会社に入れたことは天恵だったと語っている。

補遺2.
その後のビッグ・ミン

　ズオン・ヴァン・ミン将軍は、一度は「独立国家の民となる」ためにベトナムに留まる決意を固めていた。しかし、ヴォー・ヴァン・キェットの丁寧な対応にもかかわらず、彼は、1970年代の末にはベトナムを離れることを決めた。生活上の困難だけでなく、おそらくその頃南部で起こったことが、それまでの彼の心を変えたのだろう。しかし、彼はあらゆる面で慎重な態度をとっていた。フランスに移住する前にも、彼は、幼なじみでもある「南部共和国」の医療相No. 5メー（ブイ・ティ・メー）に、「フランス総領事が食事に招いてくれたのだが、私は招待に応じるべきだと思いますか？」と尋ねている。メーがそれをヴォー・ヴァン・キェットに伝えると、キェットは「総領事と会うように言え。だが、ミンに伝える時は、私が無理にそうさせたと思われないよう、くれぐれも気をつけろ。ああいう人間には、私は口出し無用だからな」と答えた。領事館の会食で、フランス総領事は、ミン夫妻がフランスを定住地に選んだことを歓迎した。「大使からの連絡で、あなたに伝えるよう言われました。『フランス政府は、あなたのフランス行きに配慮します』と」。ズオン・ヴァン・ミンは、その時でも、「わが政府が配慮してくれたことに感謝しています」と応じた。ミンがフランスに渡る前に、キェットはファム・ヴァン・フン書記を呼び、No. 5メーの自宅で「鶏粥の会食」を催すよう命じた。フンの証言では、キェットとミンは、その席で長時間にわたり、本音で語り合ったという。

　1984年、ドイツ民主共和国［旧東ドイツ］の国家記念日の式典に参加し、続いてアルジェリアを公式訪問したヴォー・ヴァン・キェットは、帰途フランスに立ち寄り、ズオン・ヴァン・ミンの許を訪ねた。2人は長い時間、キェットによれば「胸襟を開いて」語り合った。フランスに定住してからも、ズオン・ヴァン・ミン将軍はNo. 5メーと連絡をとっていた。1988年8月28日付けの自筆の手紙には、彼の心情が次のように語られている。「モントニーは、ベトナムの村のように閑静なので、私も家内もとても元気にしています。草原の空気のおかげもあって、健康状態は良好です。体調が悪くても、医師もいれば、薬も十分にあります。2ヵ月に1度、健康診断に行き、（余計な）血液検査までしています。すべて無料なので、まずは安心です。しかし、それでも故郷が恋しくてならないのですよ！　友人や親類縁者が懐かしい。この人、あの人と思い出しています。とりわけ、もういい歳になるのに、遠くに置いてきた母のことを。故郷には、2人の息子と1人の娘が残っていますが、あの子たちが、私の老母を十分気遣ってくれ

るとは思えません」。1990年代には、国内事情も徐々に改善され、ヴォー・ヴァン・キェット自身も、ドイモイの成果の証として、ズオン・ヴァン・ミンの帰国を望むようになった。1994年、ホー・ゴック・ニュアンが、フランスを訪問した際にミンと面会し、必然的にヴォー・ヴァン・キェットの意思も伝えられた。

1990年代の半ばに、No.5メーがズオン・ヴァン・ミンに送った手紙には、ミンのサイゴン帰還を受け入れる動きが、かなり進んでいることが表れている。手紙には、次のように書かれている。「拝啓。敬愛するミン様、新年にあたり、あなたの健康と幸福をお祈りします。ドゥック［ミンの息子］から2通のファックスを受け取りました。私が心臓発作で緊急入院したため、まだドゥックに返事ができていません。あなたからのファックスを受け取ったので、安心していただくために急ぎお返事します。あなたからの新年の祝辞は、仲間たちに伝えました。あなたの家のことは、仲間たちが気をつけていますから、心配なさることはありません。ライは家の建築を完了し、旧正月が過ぎたら、ライの家族が片付けをしてくれるでしょう。あなたは帰国のことだけを考えて下さい。仲間たちは私に、あなたに手紙を書いて、安心させるように言いました。何も問題はありませんから、心配なさらないで下さい。帰国の準備を進めればよいのです。ライが建てた家を、皆がチェックしました。No.7女史も太鼓判を押しています。今朝、仲間たちから聞いたところでは、ライの家族が旧正月明けに、新築の家を整頓するそうです。難しいことは何もありません。皆あなたを待ちわびています。あなたのご健康と、近いうちにお目にかかれることを祈っています。子供たちも、小父さんに会いたがっています。家の修繕も終わっています。かしこ」。No.5メーの手紙には、チャン・ゴック・リエン弁護士の手紙も同封されていた。「拝啓。親愛なるミン君、私もNo.5メーとまったく同じ考えで、君には安心して帰国してもらいたい。私が見たところ、No.5の友人たちが気をきかせて手伝ってくれるので、万事ぬかりなく進んでいる。君が健康で、安らかな気持ちでいてくれれば、個人的にも、また周りの皆にとっても幸いだ。敬具。リエン」

No.5メーに宛てた1996年4月10日付けの手紙には、帰国を切望するズオン・ヴァン・ミンの心情が表れている。「お手紙拝受しました。手紙を読み、故郷の報せを聞くたびに、翼さえあればすぐに飛んで帰るのに、そうできればどれほど嬉しいだろう、と思います。今回はちゃんと字が書けず、読み難いでしょうがお赦し下さい。というのも、1週間前に左の目を手術したばかりで、まだ診療を受けなければならないのです。たぶん、9月になったら、もう一方の目を手術することになるでしょう。こちらの医師たちはあまりにも慎重で、また、多くの人が入れ替わり立ち替わりやってくるため、帰国は当分待たなければなりません。本当に待ちきれない思いで、早く帰れるならどこでも手術してくれ、と言いたいところですが、あれやこれやで事が進まず、ひたすら苛々

するばかりです。No.6に電話して、彼に私の気持ちをはっきり伝えて下さるようお願いします。……ここまで書いて、目がしょぼしょぼしてきました。少し休んで、また続きを書くことにします……。気の毒なドゥック。あれはいつも、私が故郷に戻れるよう、あれこれ手を尽くしてくれている。いつもNo.6とあなたに、すべての希望を託している。そして、必ずうまく行くと信じている。あれの言葉から、あれとダオ(No.5メーの息子)が意気投合していることが感じられます。そう感じると、私もとても嬉しくなります。故郷に戻って子供たちと再会できれば、きっと楽しいことでしょう。早く会いたいものです。鶴首」

その後、No.5メーはズオン・ヴァン・ミンに会うためフランスに行ったが、帰国の件については明らかにしなかった。そして、ミンはそれ以来、考え直すようになった。彼は2001年8月6日にアメリカで死去したが、「ズオン・ヴァン・ミン大統領」の葬儀で追悼文を読んだグエン・ヒュー・チュン議員が、ホー・ゴック・ニュアンに電子メールを送っている。2004年1月29日付けのそのメールには、「あなたにはっきり伝えたいことがいくつかあります」と書かれている。その話というのは、次のようなものだった。「ズオン・ヴァン・ミン将軍は、夫人の死去後、ひどくふさぎ込んでいました。それは特に、2人の嫁が彼に対してあまり手厚い対応をとらなかったためでした。そのような事情から、ミンはベトナムに戻って暮らしたいと望み、私に意見を求めました。私はOKと答え、ただし、ベトナムに戻ったら、赤十字通り(蘭の宮殿)ではなく、トゥードゥック通りに住むように、なぜならトゥードゥックの家があなたの自宅で、赤十字通りの家は国家が所有しているから、とだけ伝えました。また、いかなる活動もするべきではない(私はミンに、この点を警告しました。なぜなら、私が見たところ、ベトナムには多くの派閥があり、彼のことを悪し様に言うだけならまだしも、『国家が彼を帰国させるのは、彼がその昔、革命側と通じていたからだ』という声もあったからです。ドゥック(ミンの息子)がベトナムに通い、何らかの運動をして、ヴォー・ヴァン・キェットに面会してからは、ミンの帰国の話はますます複雑になりました。キェットは非常に親しげな調子で、ミンに帰国を促す手紙を送っています(ミンが私にコピーを送ってくれました)。その間に、リー・チャイン・チュンの妻メーも、たびたびミンの許に出入りして、彼の周囲に革命側の賑々しい雰囲気を醸し出しているので、彼の多くの近親者たち(彼の友人や、長女のマイも含めて)は気を悪くしています。そのうち、ミンはパリの喧騒に耐えかねて、アメリカに行ってマイと過ごすようになるでしょう。何度か行き来するうちに、アメリカの方が落ち着くと思い、そこに永住すると決めるでしょう)」

同じ2004年、グエン・ヒュー・チュン議員の上記の手紙を読んだヴォー・ヴァン・キェットは、ド・ムオイ個人もズオン・ヴァン・ミンの許に人を送り、帰国して祖国

戦線に加わるよう勧めた、と証言している。ホー・ゴック・ニュアンによれば、ド・ムオイがミンのところに派遣した使者は、元上院議長レ・フオック・ダイ女史だったという。グエン・ヒュー・チュンは、ホー・ゴック・ニュアン宛ての2004年1月29日付けの電子メールで、次のように心境を明かしている。「もし、私がミンに帰国を勧めていたら、彼はそうしただろうと言えます。なぜなら、彼は何度も私に意見を求め、一緒に帰ろうと誘っていたからです。しかし、私は何やら不穏なものを感じたので、彼に帰国を勧めませんでした。気の毒なことに、彼は晩年を孤独のうちに生きなければなりませんでした。ベトナムに戻れば、もっと楽しく過ごせたでしょうに。……少し疲れたので、ひとまずここで筆をおきます。続きは後ほど……。ミンの葬儀の時の追悼文は、チャン・ヴァン・ソンに頼んで、あなたに届けてもらうようにしました。無事届きますように。草々」。これが、グエン・ヒュー・チュンがホー・ゴック・ニュアンに送った最後の手紙となった。チュンはその後、癌のためカナダで死去した。

　グエン・ヒュー・チュンによれば、ホー・ゴック・ニュアンや彼の近親者たちも、またズオン・ヴァン・ミンも、1行の回想録も残さず、沈黙のうちに世を去ったという。誰がゴ・ディン・ジェム兄弟の殺害を命じたのか、なぜ自分が投降者として歴史に残る役割を選んだのか……ミンは賢明にも、後世の人々の議論に委ねたのだろう。

訳者あとがき

　本書が刊行された2015年は、ベトナム戦争終結から40年、ベトナムの独立から70年という節目の年で、ベトナム国内では様々な記念行事が行なわれた。
　しかし、今やベトナム国民の大多数が、戦争も社会主義改造の混乱も知らず、ドイモイ後の市場経済時代に成長した人々である。現在、この国の若者は、一般的に自国の歴史への関心が薄く、大学の入試科目でも歴史を選択する受験生は少ない。戦中と戦後の世代間の意識に、隔たりがあるのは日本も同じだが、ベトナム人の歴史に対する無関心には、時の経過とは別の要因があるように思える。
　ある調査で、ベトナムの大学生数十人に、自国の歴史に対する意識を尋ねたところ、全員が「関心がない」と回答した。党が描く民族解放のストーリーを、小学校から何度も繰り返し聞かされて、うんざりしているという。むしろ、日本国内のメディアが、「サイゴン解放40年」をたびたび取り上げていることが、彼らには理解し難いようである。確かに、アメリカや日本に憧れ、先端技術や経営を学ぶベトナム人学生と比べれば、反戦運動世代の日本人の方が、ベトナム戦争へのこだわりは強いと思われる。
　ベトナムの若者が歴史に興味を持たない理由の一つは、共産党政府の公的史観に固定された歴史教育だろう。ベトナムの公教育で語られる歴史は、もっぱら勝者の側によって綴られたものである。共産党が「常に正しい指導」で民族を解放した、という輝かしい筋書きは、事実関係に疑問を呈したり、教科書に書かれていない部分を明らかにすることなどは一切許さない。南北統一の時期と方法は正しかったのか、南ベトナム臨時革命政府は戦後どうなったのか、南部の中立化構想はなぜ消えたのか…等々の問題は、戦後40年を通して、議論や批判の俎上に載せられることはなかった。日本側で南ベトナム解放民族戦線を熱心に応援していた人々も、これらの問題については、あまりこだわってい

ないようだ。

　そうした中で、自国の戦争と革命の歴史を見直そうという人々もいる。本書の著者フイ・ドゥックもその一人である。彼は1962年に北ベトナムで生まれ、13歳の時に終戦を迎えた。17歳で兵役に就き、当時まだベトナム「義勇軍」が駐留していたカンボジアに派遣されている。除隊後は、ベトナム国内の新聞社で記者を務めたが、思うところあって退職し、奨学金でアメリカに留学した。

　本書は、著者が記者時代から執筆を始め、アメリカでさらに史料を収集し、関係者にインタビューを重ねて完成させたものである。社会主義経済の失敗や難民流出など、共産党政府にとって不都合な事実も盛り込まれているため、ベトナム国内の出版社はどこも出版を引き受けてくれなかった。それどころか、著者自身が「反国家宣伝罪」などで逮捕される恐れさえあるのが、ベトナムの現実である。アメリカから帰国後は、「自分はどうなるかわからない」と言っていた著者だが、幸い今のところは無事に、ホーチミン市でフリーランスのジャーナリストとして生活している。

　本書の原題Bên Thắng Cuộc（勝者の側）は、まさに勝者の側によって語られてきたベトナムの現代史を見直し、事実を客観的に検証しようという試みである。著者は、アメリカ留学の機会と、ジャーナリストとしての手腕を活かし、ベトナム側とアメリカ側の資料に依拠し、共産党幹部、知識人、芸術家、難民、中国系ベトナム人などからの聞き取りに基づいて、さまざまな角度から歴史を再構成している。

　本書には、主にサイゴン「解放」後に起こった出来事が記されているが、その多くは、日本ではほとんど知られていない。革命指導者の回想も紹介されているが、登場人物の多くは、非政治的な立場の文化人や、名もなき一般庶民である。日本人の中には、敗戦後の南ベトナムで苦労した人々について、戦時中は国民を弾圧していた者だから自業自得だと、いまだに考えている人もいる。しかし本書で、思想改造収容所に送られた人々、排斥された華人住民、何度も国外脱出を試みたボートピープルの記録などを読めば、それが先入観による思い込みだとわかるだろう。

　著者が最初はインターネット上で、この著作を公開したこともあって、本書について、主に在外ベトナム人の間で賛否両論が出た（ベトナム国内では、共産党

政府に不都合なサイトはブロックされている)。著者はもともと社会主義体制内部の人間で、従軍経験も持つ人物である。そのような立場で、独りで行なった調査に限界があるのはやむを得ない。中越戦争については、ベトナム軍の果敢な抵抗で中国軍を撃退したという認識に立っており、クメール・ルージュによるベトナム人虐殺についても、公的記録以上の踏み込んだ調査はしていない。

　しかし、議論も批判も一切受けつけない歴史教科書に、若者たちが無関心になってしまう状況を思えば、本書の内容が議論を喚起すること自体に意味があるだろう。それをきっかけに、若い世代の中から、歴史の真実を追求しようという動きも生まれるかも知れない。近い将来、ベトナム人の手で、より綿密な調査に基づくドキュメンタリーが刊行されることを期待したい。

　フイ・ドゥックの原著は上下2巻で、『勝者の側』はそのうちの第1巻である。翻訳者の力不足のため、第1巻を訳すだけで足かけ3年を費やした。『権力』と題する第2巻も、いずれ日本に紹介したいと願っている。

　最後に、貴重な写真を提供し、専門用語などのアドバイスをして下さった小高泰先生と、本書の意義を理解し、出版を引き受けて下さった株式会社めこんに深い感謝を捧げる。

2015年11月

中野亜里

参考文献

単行書

1. Archimedes L. A. Patti (2007), *Why Vietnam*, Nhà xuất bản Đà Nẵng.
2. Ban Tuyên giáo Thành ủy — Cục Chính trị quân khu 7 Viện nghiên cứu xã hội thành phố Hồ Chí Minh (2008), *Sài Gòn Mậu Thân 1968* (1968年テト攻勢時のサイゴン), Nhà xuất bản Tổng hợp thành phố Hồ Chí Minh.
3. Bernstein, C. (2008), *Hillary Rrodham Clinton: người đàn bà quyền lực* (ヒラリー・ロドハム・クリントン：権力の女), Nhà xuất bản Công an Nhân dân.
4. Bộ Ngoại giao (2006), *Phạm Văn Đồng và Ngoại giao Việt Nam* (ファム・ヴァン・ドンとベトナム外交), Nhà xuất bản Chính trị Quốc gia.
5. Braestrup, P. (1977), *Big Story*, Presidio.
6. Bùi Diễm (2000), *Gọng kìm lịch sử* (歴史的な鋏撃), cơ sở xuất bản Phạm Quang Khai.
7. Chính đạo (2000), *Việt Nam niên biểu 1939-1975* (ベトナム年表 1939-1975), Nhà xuất bản Văn Hoá.
8. Clinton, B. J. (2004), *My life*, Vintage Books.
9. Đặng Phong (2009), *"Phá rào" trong kinh tế vào đêm trước đổi mới* (ドイモイ前夜の経済における「障壁突破」), Nhà xuất bản Tri Thức.
10. Đào Xuân Sâm (2000), *Viết theo dòng đổi mới tư duy kinh tế* (経済思考のドイモイの流れに沿って記す), Nhà xuất bản Thanh Niên.
11. Dương Đức Dũng (1992), *Nhà doanh nghiệp cần biết Những gương mặt tỷ phú Sài Gòn trước năm 1975* (経営者は1975年以前のサイゴンの富豪を鏡にすべし), Nhà xuất bản thành phố Hồ Chí Minh.
12. Duyên Anh (1987), *Nhà tù hồi ký* (獄中回顧録), Nhà xuất bản Xuân Thu.
13. Hà Văn Thư – Trần Hồng Đức (1996), *Tóm tắt Niên biểu Lịch sử Việt Nam* (ベトナム歴史年表要略), Nhà xuất bản Văn hoá-Thông tin.
14. Hoàng Dũng (2000), *Chiến tranh Đông dương III* (第三次インドシナ戦争), Nhà xuất bản Văn Nghệ.
15. Hoàng Minh Thắng (2003), *Nơi ấy tôi đã sống* (私が生きたその場所), Nhà xuất bản Chính trị Quốc gia.
16. Học viện Chính trị Quốc gia thành phố Hồ Chí Minh (2007), *Đồng chí Trường Chính -*

Nhà lãnh đạo kiệt xuất của Cách mạng Việt Nam（同志チュオン・チン——ベトナム革命の傑出した指導者）, Nhà xuất bản Lý luận Chính trị.

17. Huỳnh Bá Thành (1983), *Vụ án Hồ Con Rùa*（亀の池事件）, Phụ bản báo Tuổi Trẻ.
18. Karnow, S. (1983), *Vietnam - A History: the first complete account of Vietnam at War*, QGBH Educational Foundation and Stanley Karnow.
19. Kissinger, A. H. (2003), *Những năm bão táp (Cuộc chạy đua vào Nhà Trắng)*（波乱の時代［ホワイトハウスへの競争］）, Nhà xuất bản Công an Nhân dân.
20. Kissinger, A. H. (2003), *Ending the Vietnam War*, Simon & Schuster.
21. Krenz, E. (2010), *Mùa thu Đức 1989*（1989年ドイツの秋）, Nhà xuất bản Công an Nhân dân.
22. Lê Duẩn (1985), *Thư vào Nam*（南への手紙）, Nhà xuất bản Sự Thật.
23. Lê Xuân Khoa (2004), *Việt Nam 1945-1995*（1945〜1995年のベトナム）, Nhà xuất bản Tiên Rồng.
24. Lưu Văn Lợi – Nguyễn Anh Vũ (2002), *Các cuộc thương lượng Lê Đức Thọ - Kissinger tại Paris*（パリにおけるレ・ドゥック・ト - キッシンジャーの交渉）, Nhà xuất bản Công an Nhân dân.
25. Marr, D. G. (1995), *Vietnam 1945 - The quest for power*, University of California Press.
26. Nghiên Xuân Hồng (?), *Cách mạng và hành động (1789 – 1917 – 1933 – 1949)*（革命と行動［1789 – 1917 – 1933 – 1949］）, Nhà xuất bản Quan Điểm.
27. Ngô Thảo (2011), *Dĩ vãng phía trước*（前方の過去）, Nhà xuất bản Hội Nhà văn.
28. Nguyễn Đình Đầu (2009), *Tìm hiểu Thềm lục địa - biển Đông hải đảo Việt Nam*（ベトナムの大陸棚・南シナ海諸島を知る）, Ủy ban đoàn kết Công giáo thành phố Hồ Chí Minh.
29. Nguyễn Duy Oanh (1974), *Chân dung Phan Thanh Giản*（ファン・タイン・ザンの肖像）, Tủ sách Sử học, Bộ Văn hoá Giáo dục và Thanh niên.
30. Nguyễn Nhật Lâm (2012), *Trở lại*（復帰）, Nhà xuất bản Văn Học.
31. Nguyễn Thế Anh (1970), *Việt Nam dưới thời Pháp đô hộ*（フランス植民地時代のベトナム）, Nhà xuất bản Lửa Thiêng.
32. Nguyễn Thị Ngọc Hải (2011), *Trở lại xứ Ka Đô*（カドーへの帰還）, Nhà xuất bản Công an Nhân dân.
33. Nguyễn Thị Ngọc Hải (2012), *Chuyện đời Đại sứ*（大使生活の話）, Nhà xuất bản Văn hoá - Văn Nghệ.
34. Nguyễn Tiến Hưng (2010), *Tâm tư Tổng thống Thiệu*（ティウ大統領の思い）, Cơ sở Xuất bản Hứa Chấn Minh.
35. Nguyễn Văn Linh (1985), *Thành phố Hồ Chí Minh 10 năm*（ホーチミン市10年）, Nhà

xuất bản Sự Thật.

36. Nguyễn Văn Linh (1991), *Đổi mới để tiến lên* (前進のためのドイモイ), Nhà xuất bản Sự Thật.
37. Nguyễn Văn Linh (1999), *Hành trình cùng lịch sử* (歴史と行程), Nhà xuất bản Trẻ.
38. Nguyễn Văn Trung (1963), *Chủ nghĩa thực dân Pháp ở Việt Nam* (ベトナムにおけるフランス植民地主義), Nhà xuất bản Sơn.
39. Nguyễn Văn Vịnh (2003), *Như anh còn sống* (君がまだ生きているように), Nhà xuất bản Tổng hợp thành phố Hồ Chí Minh.
40. Nguyễn Xuân Oánh (2001), *Đổi mới - vài nét lớn của một chính sách kinh tế Việt Nam* (ドイモイ―ベトナム経済政策の大きな特色), Nhà xuất bản thành phố Hồ Chí Minh.
41. Norodom Shihanouk & Criser, B. (1999), *Hồi ký Shihanouk* (シアヌーク回顧録), Nhà xuất bản Công an Nhân dân.
42. Phạm Khắc Hòe (2007), *Từ triều đình Huế đến chiến khu Việt Bắc* (フエの朝廷からヴィエトバック戦区へ), Nhà xuất bản Chính trị Quốc gia.
43. Phạm Văn Trà (2009), *Đời chiến sĩ - hồi ký* (戦士の生涯―回顧録), Nhà xuất bản Quân đội Nhân dân.
44. Phan Lạc Phúc (2000), *Bè bạn gần xa* (遠近の友), Nhà xuất bản Văn Nghệ.
45. Short, P. (2004), *Polpot: Anatomy of a nightmare,* Henry Holt and Company, LLC.
46. Tạ Chí Đại Trường (2004), *Sử Việt đọc vài quyển* (ベトナム歴史読本), Nhà xuất bản Văn Mới.
47. Tạ Chí Đại Trường (2011), *Người lính thuộc địa Nam kỳ (1861-1945)* (南圻植民地の兵士 1861～1945年), Nhà xuất bản Tri Thức.
48. TGM F. X Nguyễn Văn Thuận (2000), *Chứng nhân hy vọng* (希望の証人), Công đoàn Đức Mẹ La Vang.
49. Thành ủy, Ủy ban nhân dân thành phố Hồ Chí Minh & Viện lịch sử Quân sự Việt Nam (1998), *Cuộc Tổng tiến công và nổi dậy Mậu Thân 1968* (1968年のテト攻勢と一斉蜂起), Nhà xuất bản Quân đội Nhân Dân.
50. Thụy Khuê (2002), *Nói chuyện với Hoàng Xuân Hãn và Tạ Trọng Hiệp* (ホアン・スアン・ハン、タ・チョン・ヒエップと語る), Nhà xuất bản Văn Nghệ.
51. Trần Công Tấn (2009), *Nguyễn Chí Thanh sáng trong như ngọc một con người* (人間の玉のように澄み輝くグエン・チー・タイン), Nhà xuất bản Văn Học.
52. Trần Nhâm (2009), *Trường Chinh - Một tư duy sáng tạo, một tài năng kiệt xuất* (チュオン・チン―創造的な思考、傑出した才能), Nhà xuất bản Chính trị Quốc gia.
53. Trần Trọng Kim (1969), *Một cơn gió bụi* (塵まじりの風), Nhà xuất bản Vĩnh Sơn.

54. Trần Trọng Kim (2002), *Việt Nam Sử lược* (ベトナム史略), Nhà xuất bản Đà Nẵng.
55. Trần Văn Trà (1982), *Những chặng đường của "B2 - Thành đồng". Tập V - Kết thúc chiến tranh 30 năm* (「B2―防衛線」の道のり　第5巻―30年戦争の終結), Nhà xuất bản Văn Nghệ thành phố Hồ Chí Minh.
56. Văn phòng Quốc hội (2006), *Quốc hội Việt Nam 60 năm hình thành và phát triển* (ベトナム国会60年　形成と発展), Nhà xuất bản Chính trị Quốc gia.
57. Văn Tiến Dũng (1976), *Đại thắng mùa xuân* (春の大勝利), Nhà xuất bản Quân đội nhân dân.
58. Viện nghiên cứu Xã hội thành phố Hồ Chí Minh (2008), *Đô thị hoá ở Sài Gòn - thành phố Hồ Chí Minh từ góc nhìn lịch sử-văn hóa* (サイゴン――ホーチミン市における都市化　歴史−文化的視点から), Nhà xuất bản Tổng hợp thành phố Hồ Chí Minh.
59. Viện nghiên cứu Xã hội thành phố Hồ Chí Minh (2009), *Khoa học Xã hội thành phố Hồ Chí Minh; Những vấn đề nghiên cứu* (ホーチミン市の社会科学　研究上の諸課題), Nhà xuất bản Tổng hợp thành phố Hồ Chí Minh.
60. Vĩnh Sính (1991), *Nhật Bản cận đại* (近代日本), Nhà xuất bản Tổng hợp thành phố Hồ Chí Minh & Khoa Sử trường Sư Phạm.
61. Võ Nguyên Giáp (2000), *Tổng Hành Dinh trong Mùa Xuân Toàn Thắng* (完全勝利の春の総司令部), Nhà xuất bản Chính trị Quốc gia.
62. Võ Nhân Trí (2003), *Việt Nam cần đổi mới thật sự* (ベトナムには真のドイモイが必要), Nhà xuất bản Đông Á.
63. Võ Văn Kiệt (1981), *Quyết thắng trên mặt trận Văn hóa và Tư tưởng* (文化・思想戦線上の決勝), Nhà xuất bản thành phố Hồ Chí Minh.
64. Vogel, E. F. (2001), *Deng Xiaoping and the Transformation of China*, The Belknap Press of Harvard University Press.
65. Vũ Đình Hòe (1997), *Hồi ký Thanh Nghị tập 1* (タイン・ギ回顧録　第1巻), Nhà xuất bản Văn Học.
66. Vu Đinh Hoe (2008), *Pháp quyền nhân nghĩa Hồ Chí Minh* (ホーチミン的仁義の法権), Nhà xuất bản Trẻ.
67. Vũ Quốc Thông (1971), *Pháp Chế Sử Việt Nam* (ベトナム法制史), Tủ sách Đại học Sài Gòn.
68. Yoshiharu Tsuboi (2011), *Nước Đại Nam đối diện với Pháp và Trung 1847-1885* (フランス・中国と対峙する大南　1847～1885年), Nhà xuất bản Trí Thức.
69. Zhao Ziyang (2009), *Prisoner of the State*, Simon & Schuster.

備忘録、草稿、共著、その他の文献

1. *Ba mươi năm Công giáo Việt Nam dưới chế độ Cộng sản 1975-2005*（共産主義体制下のベトナムのカソリック30年 1975～2005年）, Nguyệt san diễn đàn giáo dân và phong trào giáo dân Việt Nam hải ngoại cơ sở Đức quốc, 2005.
2. *Báo cáo đề tài nghiên cứu khoa học "Kinh tế vỉa hè" tại thành phố Hồ Chí Minh : Hiện trạng và các giải pháp*（ホーチミン市における「歩道の経済」研究プロジェクト報告：その現状と対策）, Ủy ban Nhân dân thành phố Hồ Chí Minh & Viện kinh tế. Bản thảo, 1/2005.
3. *Biên Niên sự kiện (1986-1995)*（事件編年）, Thành ủy thành phố Hồ Chí Minh & Ban Tư tưởng-Văn hóa Thành ủy, Bản thảo, 2000.
4. *Campuchia Hậu UNTAC*（UNTAC後のカンボジア）, Trần Huy Chương, Hồi ký – bản thảo, 2002.
5. *Campuchia nhìn lại và suy nghĩ*（カンボジア 回顧と考察）, Ngô Điền. Bản thảo, 30/7/1992.
6. *Chuyện kể về chị Ba Thi nữ anh hùng lao động*（女性労働英雄No. 3 ティーの物語）, Ban Tuyên giáo Tỉnh ủy Vĩnh Long, 1992.
7. *Chuyện thời bao cấp tập 1*（バオカップ時代の話 第1巻）, Nhà xuất bản Thông tấn, 2011.
8. *Cuộc tổng tiến công và nổi dậy Mùa Xuân 1975*（1975年春の総攻撃と一斉蜂起）, Viện lịch sử quân sự Việt Nam, Bản thảo, 4/2005.
9. *Đại Việt Sử ký toàn thư*（大越史記全書）, Nhà xuất bản Văn hóa-Thông tin, 2003.
10. *Đây là Đài Phát thanh Giải phóng*（こちら解放ラジオ局）, Nhà xuất bản Văn Nghệ thành phố Hồ Chí Minh, 1997.
11. *Đề án Quy hoạch, phát triển hạ tầng giao thông đô thị, khắc phục tình trạng ùn tắc giao thông, đáp yêu cầu phát triển kinh tế-xã hội thành phố Hồ Chí Minh và vùng kinh tế trọng điểm phía Nam*（都市交通インフラの発展、交通渋滞の解消、ホーチミン市および南方重点経済区の経済・社会発展の要求に応える企画案）, Ủy ban Nhân dân thành phố Hồ Chí Minh, Bản thảo, 11/2007.
12. *Đời hay Chuyện về những người tù của tôi*（わが囚人たちの生涯、または物語）, Hồ Ngọc Nhuận, Bản thảo, ?.
13. *Giáo dục và đào tạo – mấy cảm nhận và đề xuất*（教育と育成―雑感と提言）, Đào Công Tiến, nguyên Hiệu trưởng Đại học Kinh tế thành phố Hồ Chí Minh, Bản thảo, 6/2009.
14. *Giới trong đấu tranh đô thị qua hai thời kỳ Nam Bộ kháng chiến (1945-1975)*（南部両抗戦期を通じての都市闘争の中の教育界［1945～1975年］）, Bản thảo tháng 6 năm 2004.
15. *Hồi ký Nguyễn Kỳ Nam 1945-1954*（グエン・キー・ナム回顧録1945～1954年）, Xuân Giáp Thìn 1964.
16. *Hồi ký Ngô Công Đức 1936-2007*（ゴ・コン・ドゥック回顧録1936～2007年）, Bản

thảo, ?.
17. *Hồi ký Phạm Sơn Khai*（ファム・ソン・カイ回顧録）.
18. *Hồi ký Trần Văn Giàu 1940-1945*（チャン・ヴァン・ザウ回顧録1940〜1945年）.
19. *Hội thảo Khoa học: Tuyển tập các báo cáo toàn văn*（シンポジウム：報告集全文）. Văn phòng Chính phủ, 9/2000.
20. *Hồi ức Mai Chí Thọ. tập 2 – Theo bước chân lịch sử*（マイ・チー・トの思い出　第2巻—歴史の歩みに沿って）, Nhà xuất bản Trẻ.
21. *Hồi ức và suy nghĩ, Trần Quang Cơ*（記憶と考察　チャン・クアン・コ）, Bản thảo, 2003.
22. *Kỷ yếu Thủ tướng Phan Văn Khải làm việc với Ban nghiên cứu và tổ kinh tế đối ngoại của Thủ tướng Chính phủ*（ファン・ヴァン・カイ首相と研究委員会、政府首相対外経済班の会議要録）. Bản nghiên cứu của Thủ tướng Chính phu, Bản thảo, 13/2/2004.
23. *Lịch sử Phong trào đấu tranh của học sinh sinh viên Sài Gòn-Gia Định và các thành thị Nam Bộ trong kháng chiến chống Pháp và chống Mỹ (1928-1975)*（抗仏・抗米戦争期におけるサイゴン－ザディン地区学生・生徒の闘争史［1928〜1975年］）, Bản thảo, 9/2004.
24. *Mao Trạch Đông ngàn năm công tội*（毛沢東千年の功罪）, Thông tấn xã Việt Nam, 2008.
25. *Một khoảng Việt Nam Cộng hòa nối dài*（ベトナム共和国の継続期）, Tạ Chí Đại Trường, ?.
26. *Nền Kinh tế trước ngã ba đường – Báo cáo thường niên Kinh tế Việt Nam 2001*（岐路に立つ経済—ベトナム経済年次報告2001年）, Nhà Xuất bản Đại học Quốc gia Hà Nội, 2011.
27. *Ngã ba Đồng Lộc – Ngã ba anh hùng*（ドンロック三叉路—英雄の三叉路）, Bản thảo, 1971.
28. *Ngọn cờ tiên phong*（前衛の旗）, Vũ Mão, Bản thảo, 2005.
29. *Nhà Ngoại giao Nguyễn Cơ Thạch*（外交官グエン・コ・タィック）, Nhà Xuất bản Chính trị Quốc gia, 2003.
30. *Nhớ về anh lê Đức Thọ*（レ・ドゥック・トを思う）, Nhà Xuất bản Chính trị Quốc gia, 2000.
31. *Những kỷ niệm về Bác Hồ*（ホー伯父さんの思い出）, Hoàng Tùng, ?.
32. *Những kỷ niệm về Lê Duẩn*（レ・ズアンの思い出）, Trần Quỳnh, ?.
33. *Những năm tháng làm việc bên anh Trường Chinh*（チュオン・チンの傍で勤務した年月）, Trần Quốc Hương, Bản thảo, 5/2002.
34. *Những sự kiện lịch sử Đảng Bộ thành phố Hồ Chí Minh (1975-1995) tập 1*（ホーチミン市党支部の歴史的事件［1975〜1995年］　第1巻）.
35. *Những sự kiện lịch sử Đảng Bộ thành phố Hồ Chí Minh (1975-1995) tập 2*（ホーチミン市党支部の歴史的事件［1975〜1995年］　第2巻）.
36. *Những tên biệt kích của chủ nghĩa thực dân mới trên mặt trận Văn hoá -Tư tưởng*（文化－思想戦線上の新植民地主義の遊撃隊員たち）, Nhà Xuất bản Văn Hóa, 1980.
37. *Phong cách Võ Văn Kiệt*（ヴォー・ヴァン・キエットの人柄）, Nguyên Khánh, Bản thảo,

20/10/2009.

38. *Phong trào đấu tranh của công nhân Nam Bộ 1945-1975* (南部労働者の闘争1945〜1975年), Liên đoàn Lao động thành phố Hồ Chí Minh, Bản thảo 6/2004.

39. *Phong trào đấu tranh của phụ nữ Sài Gòn-Gia Định trong Nam Bộ kháng chiến (1945-1975)* (南部抗戦期のサイゴン−ザディン女性の闘争[1945〜1975年]), Bản thảo, 5/2004.

40. *Quá trình phát triển nhận thức của Đảng về con đường XHCN qua cuộc đổi mới* (ドイモイを通じた社会主義路線に関する党の認識の発展過程), Chương trình Khoa học Công nghệ cấp nhà nước KX. 01, Bản thảo, 1994.

41. *Quốc triều Hình luật* (国朝刑律), Nhà Xuất bản Chính trị Quốc gia, 1995.

42. *Sách lệnh điền thổ 21 tháng 7 năm 1925* (1925年7月21日田地法令), Nguyễn Văn Xương lược dịch và chú giải, In lần thứ nhì, 1971.

43. *Tài liệu Sử: Những ngày cuối cùng của Tổng thống Ngô Đình Diệm* (史料：ゴ・ディン・ジェム大統領の最後の日々), Hoàng Ngọc Thành và Trần Thị Nhân Đức, ?.

44. *Tình bạn hay Những lá thư tâm tình về tình hình chính trị tại miền Nam Việt Nam trước 1975* (友情、または1975年以前のベトナム南部の政治情勢についての心情を綴った手紙), Hồ Ngọc Nhuận, Bản thảo, ?.

45. *Tuyển tập Đào Duy Tùng tập 1* (ダオ・ズイ・トゥン選集 第1巻), Nhà Xuất bản Chính trị Quốc gia, 2008.

46. *Tuyển tập Đào Duy Tùng tập 2* (ダオ・ズイ・トゥン選集 第2巻), Nhà Xuất bản Chính trị Quốc gia, 2008.

47. *Văn kiện Đảng toàn tập 1 (1924-1930)* (党文献全集 第1巻[1924〜1930年]), Nhà Xuất bản Chính trị Quốc gia, 1998.

48. *Văn kiện Đảng toàn tập 36 (1975)* (党文献全集 第36巻[1975年]), Nhà Xuất bản Chính trị Quốc gia, 2004.

49. *Viết cho mẹ và Quốc hội* (母と国会のために記す), Nguyễn Văn Trấn, ?.

50. *Việt Nam – cộng đồng người Việt tị nạn trên thế giới 1975-2004* (ベトナム—世界のベトナム難民コミュニティー 1975〜2004年), Nhóm nghiên cứu lịch sử Việt Nam cận và hiện đại, 2004.

51. *Với các Dự thảo văn kiện trình Đại hội Đảng XI – Mấy trao đổi, đóng góp* (第11回党大会提出文書の各草案と共に—意見交換、貢献), Đào Công Tiến, Bản thảo, 2005.

52. *Vụ Nhân văn–giai phẩm từ góc nhìn Một trào lưu tư tưởng dân chủ, một cuộc Cách mạng văn học không thành* (民主主義思想の潮流から見たニャンヴァン−ザイファム事件、未完の文学革命), Lê Hoài Nguyên, ?.

中野亜里（なかの・あり）

慶應義塾大学法学研究科博士課程満期退学。博士（法学）。2010年より大東文化大学国際関係学部教授。現代ベトナム政治を研究。著書に『現代ベトナムの政治と外交』（暁印書館、2006年）、『ベトナムの人権──多元的民主化の可能性』（福村出版、2009年）、編著に『ベトナム戦争の「戦後」』（めこん、2005年）、中川明子の筆名で訳書にタイン・ティン著『ベトナム革命の内幕』（めこん、2007年）、『ベトナム革命の素顔』（めこん、2002年）などがある。

ベトナム：勝利の裏側

初版第1刷発行　2015年12月20日

定価5000円＋税

著者　フイ・ドゥック
訳者　中野亜里
装丁　臼井新太郎
発行者　桑原晨
発行　株式会社めこん
〒113-0033　東京都文京区本郷3-7-1
電話03-3815-1688　FAX03-3815-1810
ホームページ http://www.mekong-publishing.com

組版　字打屋
印刷　株式会社太平印刷社
製本　株式会社三水舎

ISBN978-4-8396-0291-8　C1022　¥5000E
1022-1506291-8347

JPCA 日本出版著作権協会
http://www.jpca.jp.net

本書は日本出版著作権協会（JPCA）が委託管理する著作物です。本書の無断複写などは著作権法上での例外を除き禁じられています。複写（コピー）・複製、その他著作物の利用については事前に日本出版著作権協会（http://www.jpca.jp.net　e-mail：info@jpca.jp.net）の許諾を得てください。

ベトナム戦争の「戦後」 中野亜里 編 定価3500円+税	1975年のベトナム戦争終結後の30年のベトナムを総括。「ベトナム世代」以降の研究者・ジャーナリストによる新しいベトナム論。
ベトナム革命の素顔 タイン・ティン　中川明子 訳 定価3500円+税	ベトナム共産党機関紙『ニャンザン』元副編集長による決死の告発書。ホー・チ・ミンの失敗、土地改革の誤り、知識人の弾圧など、隠蔽されたベトナム現代史の事実を明らかにし、特権的党官僚を弾劾する。
ベトナム検定 小高泰 編 定価2000円+税	観光・産業・歴史・政治・経済・文化・日常生活など、ベトナムのあらゆる側面について、あなたの知識が試されます。
ベトナムの皇帝陶磁 関千里 定価5500円+税	全世界の美術愛好家が注目する五彩と青花の名品のコレクション。650枚のカラー写真でベトナム陶磁の真髄が味わえます。
おいしいベトナム料理 ファム・ドゥック・ナム／ グエン・マイ・ホア／小高泰 定価2000円+税	代表的ベトナム料理80品の完全レシピ。北部と南の料理の特徴、食べ方など、ベトナムの食文化にも踏み込んだ本格的な料理本です。
オリエンタリストの憂鬱 ――植民地主義時代のフランス東洋学者とアンコール遺跡の考古学 藤原貞朗 定価4500円+税	★サントリー学芸賞受賞★ ★渋沢・クローデル賞受賞★ 19世紀後半にフランス人研究者がインドシナで成し遂げた学問的業績と植民地主義の政治的な負の遺産が織り成す研究史。